国家出版基金2018年度资助项目

国家出版基金项目
NATIONAL PUBLICATION FOUNDATION

中国历代书画名家年谱系列

邢侗年譜

丁惠增题

谭平国/著

中国出版集团 東方出版中心

图书在版编目(CIP)数据

邢侗年谱 / 谭平国著. —上海：东方出版中心，2018.10

（中国历代书画名家年谱系列）

ISBN 978-7-5473-1334-3

Ⅰ.①邢… Ⅱ.①谭… Ⅲ.①邢侗(1551—1612)-年谱 Ⅳ.①K825.72

中国版本图书馆CIP数据核字(2018)第178069号

邢侗年谱

出版发行：东方出版中心

地　　址：上海市仙霞路345号

电　　话：(021)62417400

邮政编码：200336

经　　销：全国新华书店

印　　刷：上海万卷印刷股份有限公司

开　　本：710mm×1000mm　1/16

字　　数：630千字

印　　张：41　插页　6

版　　次：2018年10月第1版第1次印刷

ISBN 978-7-5473-1334-3

定　　价：120.00元

邢侗读书处

邢侗墓

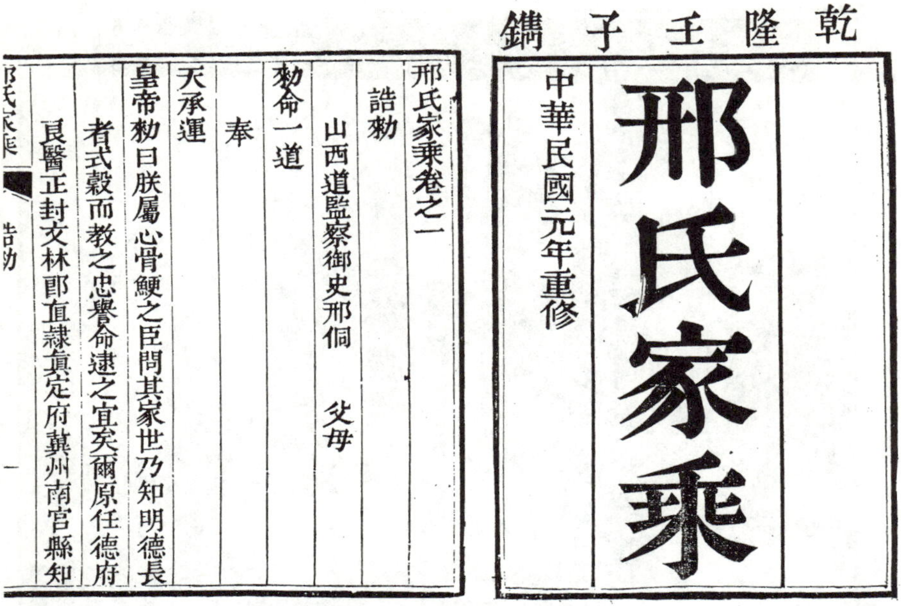
乾隆壬子鐫

邢氏家乘

中華民國元年重修

邢氏家乘卷之一

誥勑

山西道監察御史邢侗　父母

勑命一道

奉

天承運

皇帝勑曰朕屬心骨鯁之臣問其家世乃知明德長

者式穀而教之忠譽命逮之宜矣爾原任德府

良醫正封文林郎直隸真定府冀州南宮縣知

民国重修本《邢氏家乘》

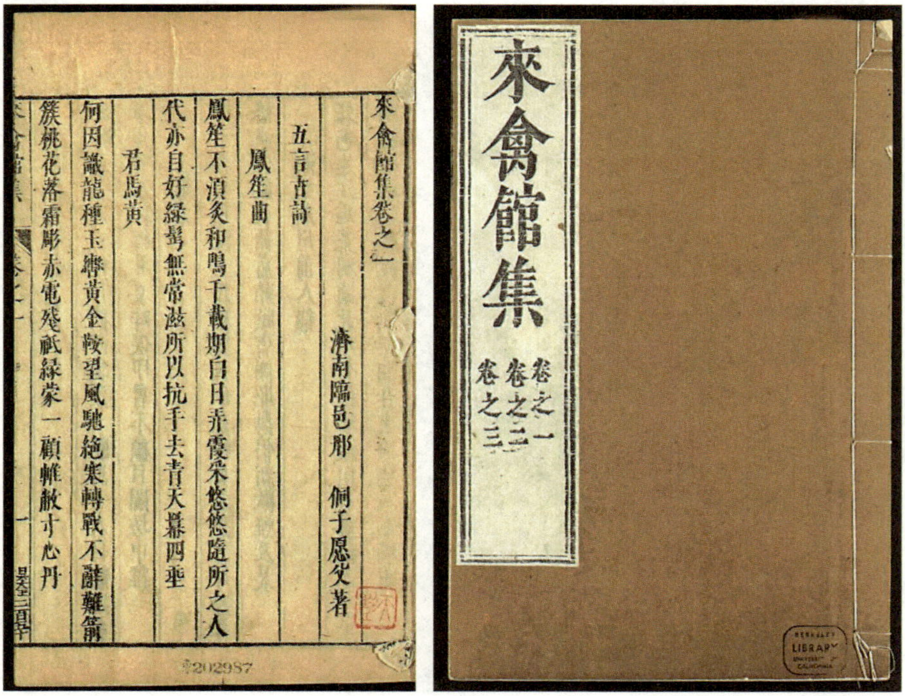
來禽館集

卷之一

卷之二

卷之三

來禽館集卷之一

濟南臨邑邢侗子愿父著

五言古詩

鳳笙曲

鳳笙不須炙和鳴千載期白日弄霞朵悠悠隨所之人

代亦自好綠髮無常滋所以抗手去青天慕四垂

君馬黄

何因識龍種玉轡黄金鞍望風馳絕塞轉戰不辭難篇

簇桃花落霜彫赤電殘祇綠蒙一顧輒敝寸心丹

万历四十六年本《来禽馆集》

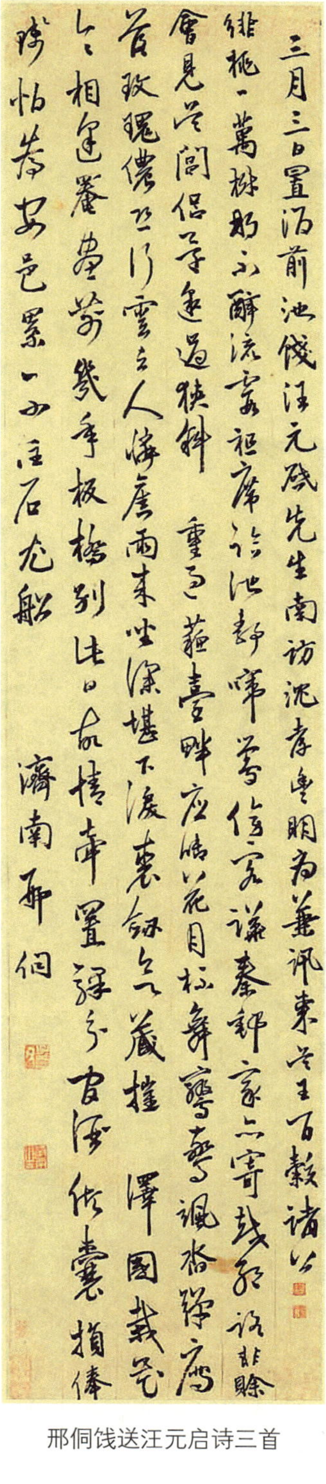

邢侗饯送汪元启诗三首

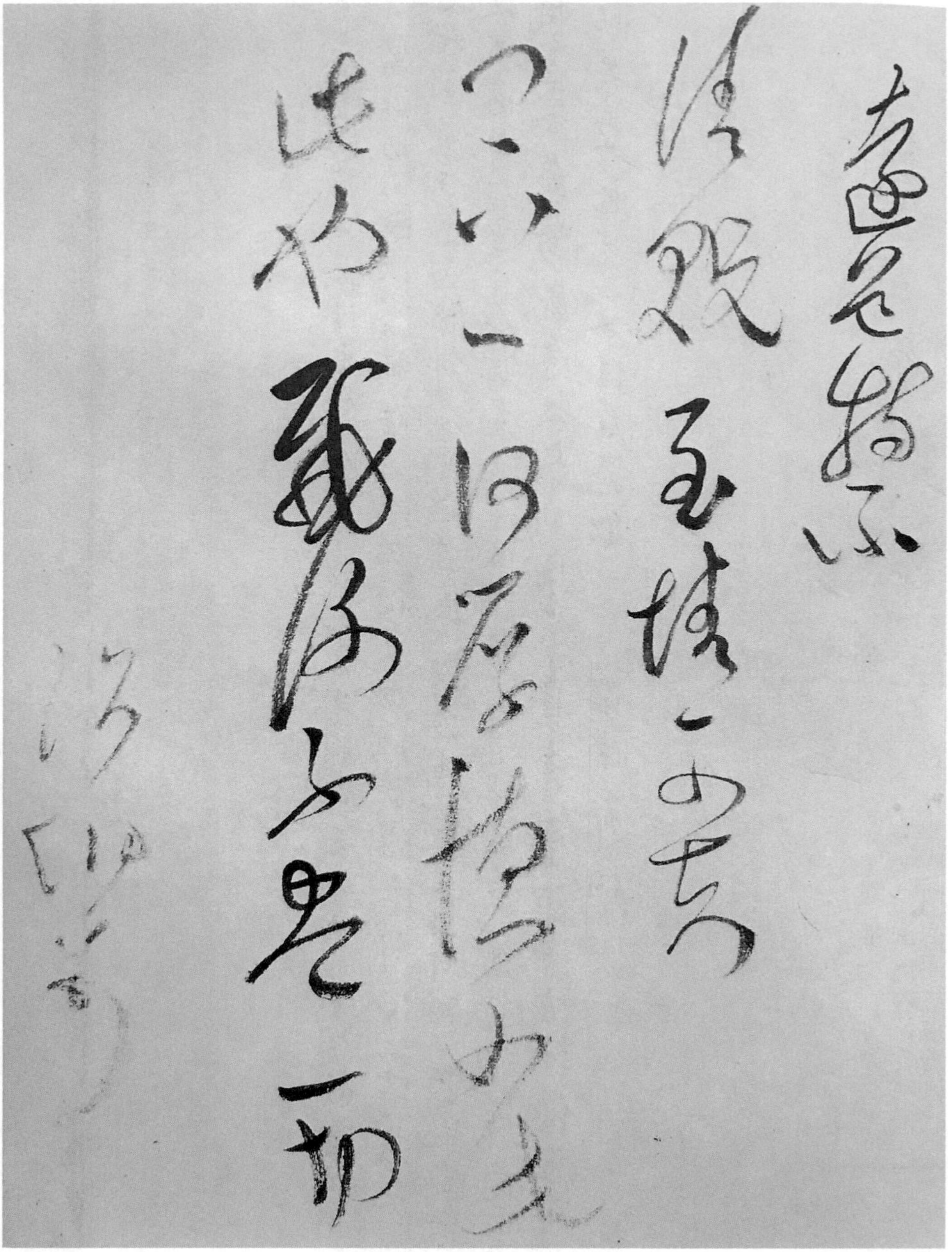

邢侗《远道帖》

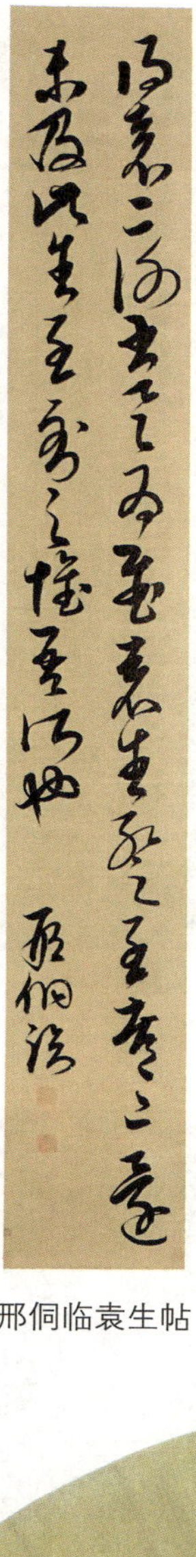

邢侗临袁生帖

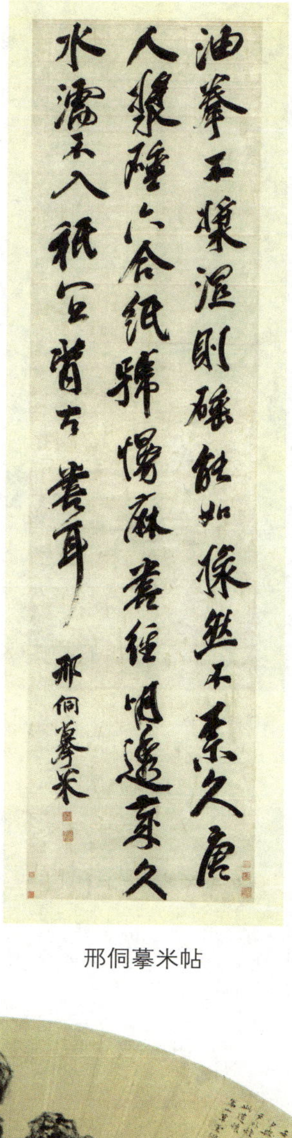

邢侗摹米帖

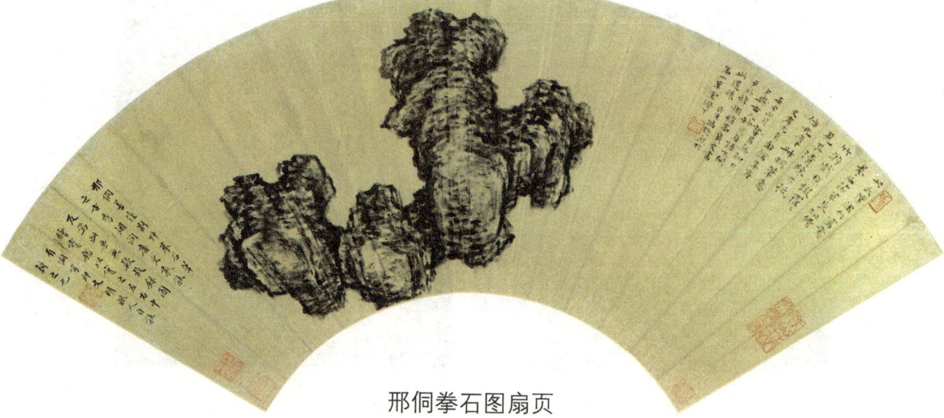

邢侗拳石图扇页

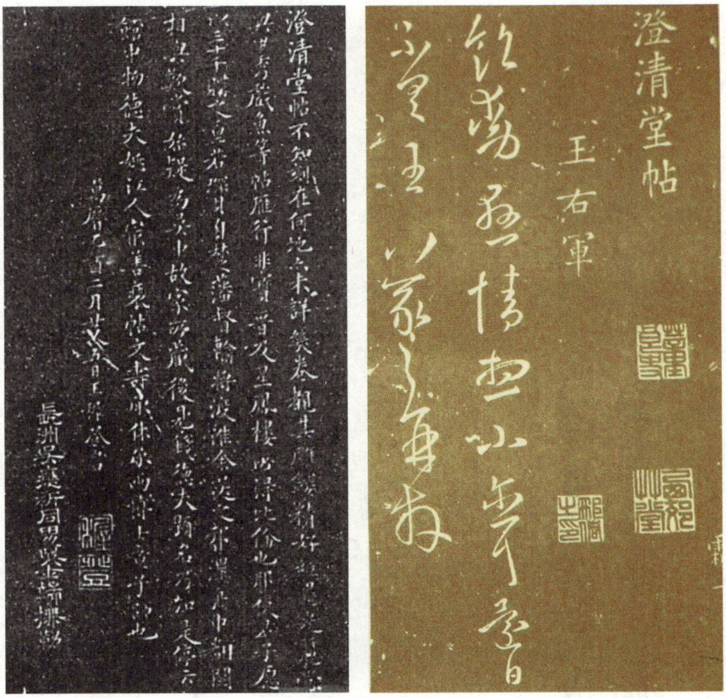

邢侗刻《来禽馆帖》

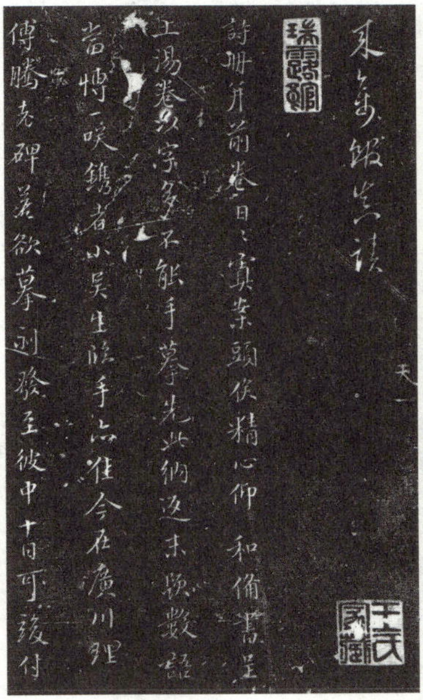

王洽刻《来禽馆真迹》

邢侗藏《澄清堂帖》

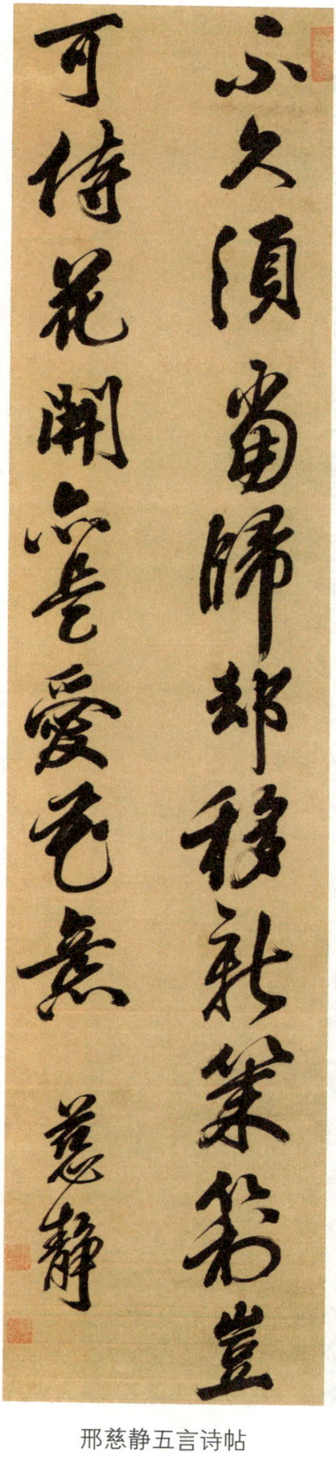

邢慈静五言诗帖

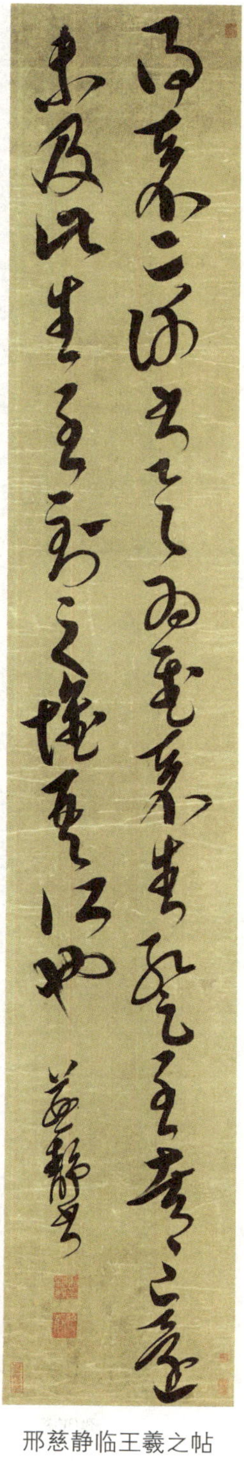

邢慈静临王羲之帖

邢慈静画大士轴

序

文学鉴赏研究要遵循以意逆志的方法原则，但该方法原则得以实现的基础是知人论世；故知人论世更为重要，是中国文论一大传统。所谓知人论世，就是考查作家的生平事迹、思想活动和文学思潮，以及文学作品的产生背景、创作环境与写作动机。其实施途径与表述形式多种多样，有传记、评传、编年、年谱等；而在这众多形式中，又以年谱最具优长。传记有广义与狭义之分，狭义的传记一般以“××传”题名，包含专篇的人物传记之作，以及正史中的人物本传、总集中的作家小传；广义的传记则可以放得很宽泛，举凡有关作家生平的文字资料都可称传记，诸如行实、行状、碑志、墓铭、赠序等。狭义的传记有剪裁，有文采，但往往受篇幅体制所限，难以陈述传主生平全貌，且多为次生文献，几经转抄易失真；广义的传记较繁杂，其篇幅体制可灵活选用，但又可能因缺乏剪裁或有所讳言，而有道听途说、夸饰失实之嫌。

评传，自古或许就有，但因体制不明，往往与传记类文字混同，故古之评传发育不完善；至若评传之独立成体，则是现代的著述体例。评传之文或长或短，长者可以写成专著，短者容或仅成篇章。这种体例有不少优点，既重史事行迹的考述，又有思想观点的分析，比较适合读者阅读之需，因而近世以来颇为流行。但评传之体也有缺陷，因是评、传混合之体，两相照顾，恐难兼善，或者评语多出主观臆想，或者传文不够完备精确。故窃以为，评传作为一般读物是可行的，作为研究之参考则未必好用。

编年之体自古即有，其源出自史家职事，后亦用于文学家编年，或用于文学作品系年。自唐宋以来，像李白、杜甫、韩愈、黄庭坚诸大家的生平及作品，多有编年、系年或编年辑证、系年考辨之著作形式；及近代以来，又有文学编年史之著述形式，或为通代编年或为断代编年。这种著作形式颇有时间脉络感，作家生平事迹亦排列清晰，因而方便阅读，大受读者欢迎。但不论是通代还是断代的，其编年的时间跨度都很长，在篇幅有限的编年史著作里，不可能容纳该时段更多信息，因而只好按所设体例来取舍剪裁，其挂一漏万、考述不全是难免的。特别是到了宋以后的许多文学事件，其发生时间可精确到年月日甚至时，而有些时辰是有特定的文学意义的，但通行的文学编年难以精准描述之。因之我一直认为，最好的知人论世方式，就是给作家编撰年谱。年谱以谱主为中心，既能聚焦式地考述，又有足够篇幅容量，将作家生平事迹和作品进行分年按月逐日定时编排，以全景式、依时序、有条理、分层次陈述谱主信息。编撰得好的年谱，就应该是这样的。好年谱兼具传记、评传、编年之美，而又能克除诸体的种种不足和缺陷，使之成为知人论世的样本，为鉴赏研究提供可靠参考。这样的年谱既适合阅读，也能满足学术研究之需。

所以，我做研究恒常习惯用年谱，当然是利用编得好的年谱；对一些尚未编有年谱的作家，则自己动手编写简谱或年表，其或繁或简，以适用为度。至若材料充足，谱主影响又大，则可能编写一部完整的年谱，以待不断充实之后择机出版。但年谱的补充完善是个漫长的过程，没有经年的补苴修订是难以问世的；所以我早年编撰的几种年谱，至今搁置案头不敢率然出版，为此心头痒痒，常有不快之感。因而，当获睹谭平国先生《邢侗年谱》，并知悉该年谱即将公开出版面世，我由衷地欣羡不已，且慨然允为之撰序。

邢侗（1551—1612），字子愿，号知吾，自号啖面生、方山道民等，山东临邑人。邢侗是明晚期的官员、作家和书画家，生平活动历经嘉靖、隆庆、万历三朝。他出身诗书科第之家，家境殷实，早承庭训，获得很好的教养熏染。从万历二年（1574）进士及第，及至万历四十年（1612）病逝，他的功名、仕宦、治学、创作诸活动都是在万历朝，因而他人生重要阶段伴随着明晚期社会急剧转衰。这个时候，政治风候乖戾，党争频繁发生，邢侗作为新科进士，虽然辗转历官多职，却因受张居正狱案的牵连，而一直沉落不得舒展胸抱，终于万历十四年五月得以请辞告归，从此远离政争、退隐家居二十六年。这一年他才三十六岁，着实让时人感到可惜；但他栖心安居乡园，专心诗文书画创作，取得巨大的艺术成就，也曾博得海内外盛名，堪称不朽，故亦可喜。其文名得预李攀龙、王世贞“后七子”之流，后来还名列王稚登、董其昌辈“中兴五子”；特别是他的书法成就巨大、声名卓著，时膺“北邢南董”“晚明四家”之誉。

邢侗作为一位有科名的作家和书画家，在明代群星璀璨的艺苑中可能不太耀眼，却无疑是个非常重要的人物。其造诣名位虽不在大家之列，但这种地位的诗文、书画家，理应得到适度的关注和研讨。而且基于他在书法史上的重要地位，我们更是不能忽略对他的深入研究。然在近世以来明代文学及书画研究中，受重点关注的往往是那些一二流作家；而二三流乃至末流、底层作家，则往往不受关注或被忽视遮蔽。因之，将邢侗等作家纳入研究视野，是拓展相关研究的必由之路。从这个意义上说，谭先生该年谱以邢侗为谱主，对这类作家和书画家展开知人论世，实具有开拓之功和填补空白的意义，值得中国文学和书画研究界的肯定。

更重要的是，谭先生系大学中文专业出身，虽长期在企业从事管理工作，但笃志好学，恒孜孜不倦，阅读了大量文史类书籍，打下了扎实的学术基础。他前几年即牛刀小试，撰有《伊秉绶年谱》，在年谱编撰上得到很好的训练，业已引起相关领域学者的重视。这部《邢侗年谱》长六十余万字，引用书目文献多达四百余种。特别是对谱主别集的征引，作者能力求采录多个版本。如《来禽馆集》，采用了万历四十六年刻二十九卷本和崇祯十年版筑居刻二十八卷本；再如《泲园集》，也采用了万历年间刊刻的一卷本和天启四年赐绯堂所刻五卷本。全书将谱主一生分韶年风华、南宫初仕、宪参岁月、泲园隐退、生命余响五个阶段，每个阶段卷前设引言概述谱主在该阶段发生的主要事件和人际交往、思想情感经历。谱中编排考述邢侗生平事迹，大都能详尽清通、精切到位，并且多有思想意味和理论观点的阐发，颇见作者精益求精、追求完美之匠心。如对邢侗三十六岁告病归居之因缘及心态，即广泛搜讨各类资料作出极为详细的描述；如于万历十四年夏月特系文人交谊趣事之条目，即屠隆遣族孙向邢侗索要他曾允赠的买山之资，并列述相关之诗文，再下按语切实考释。像这样精彩有趣的内容，在该谱中不时纷至沓来，不仅增强了谱文的思想性和趣味性，而且使邢侗其人其事变得生动可感。

总之，谭先生所作《邢侗年谱》堪称精善，于谱主邢侗诚可谓知其人而论其世。这首先是填补了明代人物年谱的一项空白，其次拓展了名位稍低的诗文、书画家的研究；职此多项重要的学术价值，故我乐意向读书界推荐之。听说，谭先生还有新的年谱编撰计划，愿他循此更加锐进、后出转精，力求在文献考辨、理论阐发及艺术分析等方面，能与谱主生平事迹的编述相得益彰、两善兼美。

饶龙隼
上海大学教授

前　言

明代文学家、书法家邢侗(1551—1612)生活的时代,为明嘉靖、隆庆、万历三朝。他启蒙、求学的青少年时期,主要在嘉靖、隆庆朝,而从万历二年(1574)进士及第,到万历四十年(1612)病逝,其一生仕宦、治学、创作等活动,则主要是在万历朝。

这一时期,正处于晚明大变局的前夜,也是明王朝由盛转衰的时期。孟森指出:"明之衰,衰于正、嘉以后,至万历朝则加甚焉。明亡之征兆,至万历而定。"① 万历朝累积的政治、军事、经济矛盾,至天启、崇祯朝而积重难返,在李自成、张献忠农民起义及清军关外入侵的双重打击下,最终导致明王朝的覆亡。陈田《明诗纪事》中说:"万历中叶以后,朝政不纲,上下隔绝,矿税横征,缙绅树党,亡国之象,已兆于斯。"② 而此期间的思想文化生态也呈现出不同以往的变化,思想多元、结社成风、风格变异、名家辈出,形成了一个更为复杂的多元化形态。

邢侗处于这样一个时代,尽管宦途坎坷,仍不失有精彩的人生演绎,风标高远,蔚然流采。尤其是其文学和书学成就,从继承到创新,从复古到变革,标帜齐风,主盟坛坫,无论在生前或身后,都为世所重并享有盛誉。

邢侗,字子愿,号知吾,又自号啖面生、方山道民、云云亭亭间人等,世人尊称子愿先生、来禽夫子。明山东济南府临邑县(今属山东德州市)人。邢氏原籍直隶河间府任丘县,于明初迁徙山东临邑,而世居焉。至邢侗出生时,邢氏经数代人的苦心经营,家境殷实,诗书传家,"五代以上皆有科第"③,成为当地的世家望族。尤以大伯邢如默最为显赫,嘉靖八年(1529)进士及第后,仕至吏科都给事中,"廷诤岳岳,有古直臣风"④。其父邢如约善医术,礼部试为第二人,当供奉太医令,因母老乞养,辞归为济南德藩府良医正。在济南与当时的文坛领袖李攀龙以及名流刘天民等结组诗社,酬唱往还。

邢侗少颖异，七岁能写擘窠大字，十四岁尽读家中藏书，为山东督学邹善所赏识："此儿文笔当以古作擅场，书法有前辈风。"⑤"异日当文名天下。"⑥邹善招其至济南泺源书院深造，邢侗亦常至其府上陪伴邹氏二子德涵、德溥读书。邢侗成年的加冠礼，也是邹善亲自主持的，一时传为美谈。

隆庆元年(1567)，新即位的穆宗下诏博访人才，开选拔萃贡入太学。"天下禀生郡贡二人，州县贡一人，以充国学。"邢侗应诏被选中贡入北京国子监读书，此时他十七岁。在太学的两年，有名师指导，同学中不乏天下俊才如孟秋、郭子章、曲迁乔等，"尽友天下士，学日益博，文日益有名"⑦。诸人无不以高第相期许，除科举学业外，亦不废研讨王阳明"心学"，上下古今，讲学问辩。四年(1570)，参加顺天府乡试，中举，时年方二十。

万历二年(1574)，邢侗参加进士考试，殿试三甲一百八十二名，赐同进士出身。虽然"三甲落落后半"，名次不算靠前，但殿试阅卷官见侗试卷，用沈度、王宠、赵孟頫书，数千言竟无一字遗落，惊曰："徐淮以北无人可比。"⑧在是科同年友人中，有状元、仕至吏部侍郎的孙继皋，有会试第一、仕至南兵部尚书的孙矿，有守卫辽疆、平定播州叛乱勋绩显耀的朝廷重臣李化龙，有东林党首领赵南星、李三才，还有与邢侗同被视为"五先生"，因张居正案而被贬、被逐，中年退隐的顾尔行、陈与郊、方范等。⑨

明初规定，新进士授官前先在六部等衙门实习，时间至少为三个月，视官位空缺情况而定。二十四岁的邢侗被分在刑部视政，实习时间恰好一年，开始熟悉朝廷律令，也是在官场的初步历练。万历三年(1575)四月，他授南宫县知县，临行前，向父亲邢如约问吏治之道，父亲戒以廉静慈爱为本。他在任公正廉洁，多施善政，倡修学宫，奖拔人才，续修县志。"在任五年，野无不耕之田，下无废学之事。"⑩南宫士民为其建"生祠"，立去思碑，号曰"邢父"，又有邑人为作《德政歌十九章》。

万历八年(1580)六月，邢侗行取山西道御史，又以品望充经筵官。九年(1581)三月，任河东巡盐御史。十一年(1583)三月，改任直隶苏松巡按御史。明制，监察御史为正七品，品秩不高而位尊权重，尤其是十三道"巡按御史"，大事奏裁，小事主断，被称为"代天子巡狩"。此时邢侗三十岁刚出头，春风得意，踌躇满志，也是他十三年仕途生涯中最为出彩的一段。尤其是任苏松巡按御史时，他力主为受灾严重的嘉定县蠲免税赋、开仓救赈，在当地士民中口碑甚佳。三十年后，他在《与苏松徐按台》中也颇为自诩："当年嘉定救荒事，极仗苦心，不知曾有记述者否？良夜静思，唯此一段无惭官下。回首三十年，都成陈迹，计吾子孙能标我于圆石间耳。"[11]

万历十二年(1584)二月，邢侗升任正四品的湖广承宣布政使司右参议，名升实贬，离开了权力中枢。且湖广参议负责督运漕粮，长期漂泊水上，又有浪涛风险，是艰难危险的苦差。史高先《来禽馆集小引》说："先生少而慧，长亦博雅，弱冠登路为循良吏，为名御史，偶罣浮议，迁楚参藩、秦冏卿，移疾乞休，年甫三十余辄被发入山矣。"[12]所谓"偶罣浮议"，是指受到当时朝廷正在追究张居正及其同党的牵连。张居正万历十年(1582)六月病逝后，不断遭到台宪谏官弹劾。次年三月，追夺张居正官阶，贬其子张简修为民，其党曾省吾、王篆等遭撤职查办。此时，刑部右侍郎丘橓上章弹劾御史张一鲲、钱岱，又带出王篆子之鼎、之衡夤缘中式案，"列名评骘"中赫然有邢侗之名，由此受到牵连。凡与其子游者，俱罢官，而邢侗对"列名"事并不知情，因得从轻外转湖广参议。[13]

然而事情并未就此结束。邢侗为湖广督粮参议，二度督粮淮上，数千里水路往返风涛，艰险万状。至万历十四年(1586)二月，却以前事重提，量移陕西太仆寺少卿。王稚登《忆昔行寄邢子愿》云："泪痕迸作黄河流，秦中太仆曹何冷。众口含沙犹射影，潘舆莱彩乐未央。"[14]朝中一再有人"众口含沙犹射影"，到底指摘邢侗哪些问题呢？据邢侗《答刘华石年兄》所说："仆所坐非有贪婪不检、濡足权门、簸弄政柄而修报恩郄也。其所连染直以吴兴故，嗣后以海宁故，彼二丈者，仆有无要结贿赂为声援，其事在大明中不须别白。"[15]其所中"蜚语"，主要为"贪婪不检、濡足权门、簸弄政柄"三项。首先，所谓"贪婪不检"根本不存在，邢侗知南宫、督鹾政、按三吴、参楚藩，公正廉能，"无所取报，谢无所受"，人"咸服其廉"。[16]其次，所谓"濡足权门"，指其巴结张居正、王篆等权贵，也证据不足。如果仅凭邢侗为曾省吾《平蛮余录》[17]、王篆之子《制义》作序，难以论定"濡足权门"。再次，关于"簸弄政柄"，指借用御史权力买恩。李维桢《南康守顾公施孺人墓志铭》云："余善子愿，子愿言江陵客有撼于参政某，属缇绮迹之，公解构不令人知，所言事皆职守，未尝阿色中伤善类，诸附江陵党贵者，叛去反噬公不避。"[18]邢侗与王篆等很少直接来往，同年顾尔行从中斡旋沟通居多，有些事可能邢侗并不知情，他说"所言事皆职守，未尝阿色中伤善类”,也是可以理解的。但其中“权贵”或顾尔行是否别有企图,就不得而知了。故以此论定他“不直”“失节”,“遂废不起”,对邢侗来说实在太冤屈了。

这一次,新任太仆寺少卿邢侗没去上任,而以父母双亲年老为名,三次上疏辞官乞养。此年五月,他的请辞终于获准,告病归里。正当壮年、曾满怀政治抱负的他,从此告别了政坛,年仅三十六岁。此年,其父邢如约七十六岁,母万太夫人六十四岁。归里后,邢侗悉心奉养,陪伴在父母身边,嘘寒问暖,无微不至。为颐养双亲,他在临邑城东南购得十多亩地,仿好友王世懋“澹圃”,营建了江南园林风格的“泲园”。“泲园”有二十六景,景物的名字大多与“二王”以及魏晋风物有关,每景邢侗分别题诗。其中“来禽馆”最为出名,邢侗在此处读书会友,著述习字,经常与四方宾客和文人雅集于此。

邢侗性情豪爽,高风好义。辞官归里后,他隐居泲园,减产奉客,仗义疏财。“性复喜客,客来致饩授馆者多至十百人,远至经岁,房蒸殽蒸,终承权舆。”⑲慕名远来的客人络绎不绝,有的是好友如王稚登、邹迪光等介绍来的,邢侗好客有加,款待热情,临走还要根据路程赠送一笔路费。“垂橐而入,捆载而出。”⑳由于连年歉收,家产日薄,客人络绎而来不敷应接,邢侗不得已下谢客疏,遭至交王稚登质疑,说“谢客疏乃似逐客书”㉑。邢侗碍于情面,复待客如故,窘困更甚,以致后来只能以书画馈赠聊当酒赀了。“晚年客益填委,书画外酬币宴货鲜矣。对酒谈噱锋起,三教九流能端辨之,博能上下比之,穷日夕应答无舛迕,坐立无欠伸。”㉒由于连年灾荒,他生命的最后几年,是在极度贫困中度过的。“人以文艺富,而子愿以文艺贫。”㉓

他退隐家居二十六年,虽然远离了政坛纷争,躲避了流言蜚语,但心中并未泯灭重新复出的期望。他与朝中故旧、同年契友赵焕、赵世卿、冯琦、郭正域、李廷机等仍时常通信,关注朝中政情、人事变动。他胸中激荡着天下风云,对于皇上不朝、“言官启事蒸仍”、东宫“不册不婚”、边境战事、矿使横敛等忧心忡忡,时发愤懑之语。㉔朝鲜战事发生后,他的好友邢玠、万世德率军援朝抗倭,他把关注的目光投向了朝鲜,编纂《汉书朝鲜志注》,上《倭国论》于朝,谋划倭事十余条,惜不能用。万世德叹曰:“先轸有谋,胥臣多闻,子愿兼之矣。”㉕邢侗颇为自信,认为自己与屠隆有运筹韬略、统兵之才:“而吾两人者,羽扇纶巾自若也,斯不亦儒绅而上将,羸秀而雄武哉!”㉖当政者也待以“国士”之知,推毂于朝章数十上,两次被推荐纂修国史,然为前事所累,终未起用,其政治抱负和才能无以施展而抱憾终身。对于邢侗的遭遇，座师于慎行为其鸣不平说："子愿自以治行高第拜御史，于王夷陵何与？夷陵慕子愿才名以其子举业丐之延誉，且不直夷陵子也，所请不直子愿也。与子愿同台为夷陵奔走交者自有人，奈何以子愿同类并观乎？"[27]

邢侗三十六岁致仕后，开始专注诗文书画的创作。他入仕后主要精力在于政事，所作诗文并不多见，但他的文学、书法仍在当时享有盛名，得到文坛领袖王世贞的青睐，说他"以文学名海内"[28]，"书探会稽室，文匠东京前"[29]。詹景凤谓"先生方以豪翰文章主中国盟"[30]。退隐泲园后，邢侗以诗文书画为务，以倡言"复古"、振颓起衰为帜，诗文创作和书法创作都有值得称道的成就，声名显赫，并对晚明文化有开一代风气之先的影响。李维桢《来禽馆集序》说："国家文治休明，几与三代等埒，自二三作者沦丧，坛坫虚无人。邢子愿崛起山东，而海内倾乡之，如岱宗之长五岳，如东海之表大风，其文出周秦汉晋诸家，殊非六朝所能尽。虽然即目子愿为六朝，亦吾丘寿王所谓天下少双、海内寡二者也。"[31]

邢侗在文学思想和书学思想上，有着自己的鲜明主张。他在《与傅金沙》中说："唯是绮语障更深，觉今人一字不迹古。元美畅美，于鳞艰深，皆非班、左斯文正髓，泲水其将兴乎？更五年而不肖五十，当以三十册书求印，可矣。"[32]"泲水其将兴"的核心，是以"复古"为旗帜，兼具时代内涵和地域特征，文学与书法互动。在文学上，承继"后七子"文学复古的余绪，标帜"齐风"，文出周秦汉晋，诗本性情自然。在书法上，力挽吴门书派渐呈衰飒之颓势，以魏晋"二王"为宗，力矫积习，"略景象而重神髓"，开启新的一代书风。

在嘉靖、隆庆年间，"后七子"是当时影响最大的复古文学流派，主张"文必秦汉，诗必盛唐"。邢侗自幼深受"后七子"领袖济南李攀龙影响，一方面接受了"复古"的文学主张，另一方面对时弊也有切肤之痛。朱彝尊说："子愿虽有诗名，为书法所掩。其言曰：'诗盛于嘉、隆七子，以为尽词人之变矣。然效趋者高趾，促柱者急张，往往不病而呻吟，匪乐而强笑。江河日下，七子之盛，七子之衰矣。'盖深中时流之弊。"[33]

晚明文学发展有两个现象值得关注，一是文人结社的普遍化，二是文学流派的地域化。隆庆四年，李攀龙英年早逝，在其身后，万历间"后七子"逐渐衰微，公安派、竟陵派、山左派相继崛起，整个文坛开始向多元化的方向发展。

邢侗与王稚登、李维桢、冯时可、董其昌齐名，“才藻同，气谊同，郁塞沉浮同”[34]，被称为“中兴五子”。同时，邢侗与山左文人于慎行、冯琦、公鼐等共同标举“齐风”，“联七子之雄”，延续历下诗脉，主张宏大雅正，闳音鸣世，巧夺自然，独树自我，对晚明文坛产生了深远影响，后世称为“山左诗派”。公鼐《长歌赠邢子愿席上》诗云：“关中作者擅辞场，海内争传李梦阳。一自源流归历下，至今大雅在东方。”[35]其推崇“复古”，激扬“齐风”，意不在全盘承续前后“七子”的复古主张，也不甘于囿守复古的坛砧，而是基于齐鲁厚重的文化传统而共同倡导高古雄浑的风调，提出具有山左地域特色的文学主张。

邢侗参与了晚明山左地域人文的构建，从文学到书法，他不仅是山左文学流派的重要参与者，而且是卓有成就的实践者。邢侗为文，深受六朝文风影响，“文追汉魏”，古奥隽永，气格遒上，行文酣畅，“好作骈俪语”，“文体则更近于涩”。[36]黄克缵《邢子愿先生传》说：“子愿夙以古文词鸣，最熟太史公、班孟坚，晚乃驰骋于东汉晋宋间，好作骈俪语。一时操觚之士于大江以北，咸推子愿狎主齐盟。”[37]

邢侗一生创作诗歌数量不算多，《来禽馆集》所存五百多首，未收入仕之前的诗作，为官十三年间所作亦屈指可数，绝大多数为辞官归里后所作。黄克缵评其“诗则出入李、杜、王、岑，高古典雅”。[38]面对晚明社会现实，他的诗不乏哀时悯政之作，其古风直追汉魏，如《平倭歌》，颇有“建安风骨”；《春风歌》《榷税歌》等，颇近汉魏乐府。一些反映连年灾荒、民生困苦的诗，由于感同身受，写得深刻感人，如《木绵坏》：“下邑浮沙白，微生傍木绵。绽才堪再摘，雨已濯枝捐。泥淖盈霜霰，田农苦涕连。谋生已无策，况复急官钱。”再如《敝邑今岁几大熟，连遭阴雨，十不一得，室庐半毁，徙爨通逵，即事成诗，且以呈诸当路》：“有岁占天意，淫霖奈浃旬。壤垣连万屋，浮瓮及比邻。无计医禾耳，还谁念甑尘。裁书报凭轼，临纸泪痕新。”[39]但邢侗的诗作，多数风格典雅清丽、风神俊逸。宋弼《山左明诗钞》说：“《来禽馆集》诗五卷，去其应酬之作，大抵气体清逸，风神隐秀。渔洋山人云‘来禽夫子本神清’，非虚语也。”

邢侗一生的成就，对后世影响最大的是书法，时有“北邢南董”之称，又有邢（侗）、张（瑞图）、米（万钟）、董（其昌）“晚明四家”之誉。钟惺评说：“今言书必称江南，以江南人遍地皆书也。是叩之以精神学问，应者几人哉？乃齐得一人焉，即为子愿。”[40]清初王士祯先世与邢氏有戚谊，对邢侗书法颇有研究，他说："临邑邢太仆卿邢子愿先生（侗）以书名万历间，取法晋人，不落唐宋窠臼。"[41]邢侗书法初取法于吴门书派，中年崛起于山左，晚年形成成熟的书风。史高先在《来禽馆集小引》中说："书法工诸体，章、怀、钟、索、虞、米、褚、赵，规模肖像，咄咄逼人。而其最会心慊意，尤在晋王。"[42]崇尚魏晋"二王"，是邢侗"复古"书学思想及书法创作的最显著特征。邢侗在《论书册》中说："晋自渡江以来则右军王羲之，穷微入妙，卓然为千古书家之冠。后此虽有佳者，终不及也。隋唐五代几乎扫地矣。宋兴，诸君子不能无辽璞之叹，下此吾不欲观之矣。"[43]

邢侗的书画墨迹作品，存世的并不多，比较可靠的有六七十幅。但其生前，创作数量却是十分惊人的。时人争相宝藏，且有以黄金同价购买者，声名远播朝鲜、琉球。"四方以佳箑名笺求书者，常置盈几。"[44]同年淮抚李三才因"送赠"一次求书扇百柄，他十日即完成；他应好友王稚登之请，一次为书百幅之多。[45]他在一封给朋友的信中言及字债之苦："暑月文债、字债动盈箱箧，苦唯自知。"[46]他的书作，比较常见的是临帖，而临帖中又以临"二王"帖居多，临米帖亦偶有所见。其他书作则以尺牍尤以晚年尺牍居多，诗轴则较少见。从书法本身来看，早期临习《圣教序》和《十七帖》等，忠实原作，几近乱真。中晚期临帖及自书尺牍、扇面或条幅，除采用"二王"笔法，也杂用米芾、赵孟頫等多种笔法，并自出机杼，以至于出神入化。其自言："于右军书，坐卧凡三十年，始克入化。"[47]

对二王书法的仿临及摹刻，是邢侗书法活动的重要内容。他刊刻《来禽馆帖》，最著者为《十七帖》《澄清堂帖》，对书法文化的传承，功莫大焉；通过刊刻《来禽馆帖》，他树起了书学复古尚晋主张的"赤帜"。与此同时，他的儿女亲家和同道挚友王象乾主持刊刻《忠勤堂碑版集古法书》，葛昕刊刻《平昌葛端肃公家乘集古法书》，前者集古以晋唐为主，而后者则唐及唐以后的书家一概不选。邢侗为这两部大型刻帖撰序，声气相通，推波助澜，由此推动了山左集古刻帖风气的形成，更重要的是，宣示了他们复古尚晋的书学主张。

邢侗于绘事，"偶作意写卷石、莎草、长松、修竹，游戏点缀，罗罗见其清疏，大抵仿叔明、元章笔意"[48]。但不多作，存世之作多为晚年作品，所作多为拳石图、画竹。

邢侗胞妹慈静（约 1562—1625），为明一代才女，"博学善属文，诗有清致，书画俱称绝品，与兄侗齐名”[49]。年二十八始嫁武定州马拯，随夫宦游多年。万历四十四年(1616)，慈静携幼子从夫宦黔中，未久马拯卒于贵州左布政使任，慈静历尽艰险扶梓还乡，并入京诣阙上奏，列夫劳绩。皇上悯之赠太常寺正卿，赐祭一坛，时人称慈静以“义烈”为之。

邢慈静生于书香之家，自幼聪慧，大伯邢如默第九子邢倌妻杨氏，曰“九嫂”，为吏科给事中禹城杨士鸿(磐石)之妹，硕学善诗文。杨氏初嫁时，慈静才垂髫少女，杨氏试抽架上书，戏令慈静读之，则应口背诵，尽卷不讹一字。慈静与九嫂时相唱和，称“闺中诗友”。[50]慈静诗、词、书、画皆精。受乃兄影响，“善仿兄书”，对“二王”书法用力最勤，存世作品中临王帖居多。《之室集帖兰亭序》为邢慈静的临作，笔画细腻精到，结体疏朗俊逸，有“魏晋风度”。明刘重庆评曰：“夫人禊帖，自是夫人帖。然而笔法婉劲，晋体独存。”[51]苏州博物馆藏其自书诗册，行书，自署：“时在天启甲子(1624)花朝月书于兰雪斋中，蒲团主人马邢慈静。”[52]此册有傅增湘跋称：“此邢慈静女士自书诗册，何君亚农于新春游厂甸时所得者也。笔致苍古乃不类女郎书，或疑为其兄所书，然余阅明人笔记，言当时乞子愿书者，其妹时为之代笔，则其翰墨风趣宜有雅相肖似者，后人观于此册可无庸致疑矣。”(同上)又善画山水、花卉、竹石，而以白描观音像成就最高。《秘殿珠林目录》著录其《莲瓣观音图》，现藏台北“故宫博物院”。其文有《为夫请恤典疏》和《追笔黔途略》传世，后人评价甚高。清王士禄辑《然脂集》收入《追笔黔途略》，并称“文笔高古，存班惠姬之风”。其诗“有清致”，现存有四十多首。清道光间临邑知县莫树椿《邢慈静夫人赞》说：“夫人生天地间，倘专一长，即足以垂不朽，况巾帼乎？乃夫人以古贤媛之罕见者，兼而有之以视左芬辈，兄妹齐名流传艺苑者为何如哉？”[53]

邢侗，这位在万历文坛声名显赫、光耀一时的诗文和书法大家，其文学和书学思想以及流风遗韵，一直到明末仍享有盛名，并在文坛产生了相当大的影响。尤其是他宗法魏晋“二王”的书学观念，对晚明五家的崛起起了重要的前引作用。清初以后，邢侗在文坛的光芒逐渐黯淡，至于今天仍显得寂寞。“北邢南董”，曾经齐名的邢侗与董其昌，如今的书坛地位和影响，不可同日而语。历史给我们留下了诸多遗憾。

以往海内外的邢侗研究，主要集中于书法领域，而对其家世生平、政治态度、文学作品的研究比较薄弱；且发表的研究成果以单篇论文居多，有深度的系统研究专著并不多见。另外，对相关文献资料的挖掘深度和全面统合利用不够，如邢侗同时代人的文集存世不少，散存于各省市及大学图书馆，有的藏于海外，其中不乏与邢侗相关的诗文尺牍，有的还存有邢侗集外佚文佚诗，可资发掘利用及辑佚校勘。再如，《邢氏家乘》有丰富的邢侗家世、生平资料，但除当地研究者外，外地学者知道、利用的还不多见。就邢侗生平事迹来说，其当地学者作过不少研究，兰州大学解学青也编纂了硕士论文《邢侗年谱》，但总体上还比较简略，邢侗生平还存在一些问题和悬疑需要解决。

本书以邢侗为研究对象，通过全面搜集邢侗诗文及墨迹、碑帖作品，广泛浏览他与同时代人的唱酬诗文与往还尺牍，利用《明实录》《邢氏家乘》及各地方志等史料文献，爬梳史料，钩沉事实，对邢侗的家世生平、宦绩交游、诗文书画作了深入考察，廓清迷雾，纠讹正误，勾勒出谱主一生的行迹，对邢侗诗文进行考索系年，对所知见邢侗墨迹作品进行著录，兼及考索邢慈静的生平事迹，旨在为邢侗研究乃至了解明万历时期的政治、社会和文艺生态提供一些参考。

① 孟森：《明清史讲义》，页246，中华书局，1981年。

② 陈田：《明诗纪事》庚签卷八，页2361。

③⑦⑯㉓㊲㊳㊹ 黄克缵：《邢子愿先生传》，《数马集》卷二七，页22B。

④㉘ 王世贞：《邢氏五世志略》，《邢氏家乘》卷一〇“艺文志二”，页28A。

⑤⑧《漫题》，《来禽馆集》卷二一，页31A。

⑥ 朱国祯：《涌幢小品》卷一一，页236。

⑨ “五先生”，盖指邢侗、顾尔行、陈与郊、方范及王篆。吴正志《言官受旨党护大臣排挨善类乞赐罢斥以快公论以伸士气疏》：“与郊方王篆用事时，与邢侗、方范、顾尔行等投篆门下为客，后篆事败，‘五先生’相继劣处。”（《万历疏钞》卷一九，页81A）黄景昉《国史唯疑》卷九：“张季子允修爱尤笃，尝以制义求冯时可序，不应。属邢侗为之，邢卒蒙讥。陈与郊亦雅往来，时有‘五先生’之号。”（页261）

⑩ ［康熙］《南宫县志》卷九，页7B。

⑪《来禽馆集》卷二五，页17B。

⑫㊷㊽《来禽馆集》卷首。

⑬ 关于“偶罡浮议”，指邢侗为王篆子同社人《制义》撰序，李维桢《陕西行太仆寺少卿邢公墓志铭》：“初为御史，夷陵王篆慕名，以子同社人制义请子愿序，为重忌者乃生之言抑

之，久而论定。”（《大泌山房集》卷七九，页38A）

⑭《南有堂诗集》卷三，页65B。

⑮《来禽馆集》卷二九，页13A。

⑰ 曾省吾《司空校奏翰牍一卷抚蜀翰牍一卷平蛮余录二卷》，顾尔行编选，万历九年顾尔行、杜和春刻本。其中卷三、卷四为《司空平蛮余录》，卷端题“郢郡确庵曾省吾著，古越环洲吴兑校阅，门人吴兴顾尔行校梓”。有万历九年邢侗《确庵先生平蛮余录序》、赵慎修《确庵先生平蛮余录序》。

⑱《大泌山房集》卷九三，页20A。

⑲⑳㉒㉕ 李维桢：《陕西行太仆寺少卿邢公墓志铭》，《大泌山房集》卷七九，页38A。

㉑ 王稚登：《寄邢子愿》，《谋野集丙集》卷八，页12A。

㉔《来禽馆集》卷二六《与王百谷》：“……而仆以疾所患在龋，食饮都妨，正因击齿时事太多，故堕此口业耳。山泽林盐之外，靡所不搜。刑臣四出，亡命景从，用钺如戏。顷者清源告变，枭者三人，斫而不殊者四十五人。……三春无雨，禾尽卷焦，畿辅之间，嗷嗷转剧。天子第坐深宫啖肉，肆帝之使不假神明，东朝妙善居质，不册不婚，言官启事蒸仍，褎如充耳。剑擞周卫，仅及钩陈，足下试谓今天下治耶，乱耶？”（页12A）

㉖《与屠长卿祠部》，《来禽馆集》卷二五，页10B。

㉗ 李维桢：《祭邢子愿》，《大泌山房集》卷一一六，页18B。

㉙ 王世贞：《邢侍御侗》，《弇州续稿》卷三，页19A。

㉚ 詹景凤：《题少参邢公所藏右军澄清堂帖后》，《詹东图玄览编》卷四，页462上。

㉛《来禽馆集》卷首。

㉜《来禽馆集》卷二五，页22A。

㉝《静志居诗话》卷一五，页444。

㉞ 冯时可：《五子赞》，《冯元成选集》卷三二，页49B。

㉟《问次斋稿》卷八，页103下。

㊱ 纪昀：《四库全书总目》卷一七九，页1613中。

㊴《来禽馆集》卷二，页26A；又同卷，页11A。

㊵ 钟惺：《题邢子愿黄平倩手书》，《隐秀轩集》题跋二，页16A。

㊶《分甘余话》卷一，页23。

㊸《论书册》，《中国书法全集》52卷，荣宝斋出版社，2005年。

㊺《来禽馆集》卷二五《答淮抚李道甫》：“乞照鄗式作百柄来，十日写去，以备送赠。”（页19B）又卷二九《与王百谷》：“拙书百幅非多，一俟彩毫滴然而至，实时课上也。”（页10B）

㊻《来禽馆真迹》，页114。

㊼ 张忻：《题来禽馆手摹十七帖》，《邢氏家乘》卷一一“翰墨志一”，页2B。

㊾［崇祯］《武定州志》卷一九，页3A。

㊿《杨氏传》,《邢氏家乘》卷六,页 8A。

51 刘重庆:《芝兰室兰亭序》跋,见《之室集帖》拓本。

52《书法》1981 年第 2 期,页 9。

53《之室集帖》卷末,见拓本。

凡　例

一、本谱在前人研究基础上，全面搜集邢侗诗文及墨迹、碑帖作品，广泛浏览谱主与同时代人的唱酬诗文与往还尺牍，爬梳史料，钩沉事实，对邢侗的家世生平、官绩交游、诗文书画作了深入考察，勾勒出谱主一生的行迹，并揭示了谱主生活的明中晚期的政治、社会和文艺生态。

二、本谱记载邢侗的行迹为主，兼及其妹邢慈静的生平事迹，对深化邢慈静研究或有裨益。

三、本谱采取系年的形式，“文省于前，事增于后”，先述谱主事行，后征引文献，凡考证、说明、评述等则以案语形式出现。每年谱文后列“本年”，选辑相关的时事和人事，以利于知人论世。

四、目前所见邢侗诗文尺牍超过一千篇（首），以往对这些作品缺乏系统研究。本次对其诗文全面地进行了整理研究，对诗文涉及的时代、人物、事件作了多维度的考证，并尽可能进行系年。每年谱文后附“诗文系年”。

五、邢侗诗文集生前印行的有《沸园集》一卷本及《邢子愿杂著》，去世后又有明万历四十六年刻本《来禽馆集》、明崇祯十年版筑居刻本《来禽馆集》、明天启四年赐绯堂刻《沸园集》。《来禽馆集》在清代又续有补刻、重刻，诸本在卷帙、篇目、文字上有所不同。为方便阅读，本谱以明万历四十六年刻本《来禽馆集》为底本（省作《来禽》），引文、卷数、页数均以是本为准，需要校以他本的，文中一一注明。

六、各条目按时间顺序排列。凡本年事行日月无考者，悉称“是年”，列于该年谱文之末；本月事行某日无考者，悉称“是月”，列于该月谱文之末；事行年月日均无考者，附相关内容之末。

七、本谱均采旧历，一般不作公历换算。如需用公历者，另加注明。旧历、公历对照，悉详郑鹤声编《近世中西史日对照表》（省作“郑《表》”）。

八、谱中所涉人物之生卒，参考吴荣光《历代名人年谱》，其未收或有异说的，皆加说明。所涉进士年份及名次，以《明清进士题名碑录》为据，有异出者则另加注明。

九、凡引用文献，必详出处，其版本、版次见《征引书目》。

（一）引用旧版古籍，必详其卷数、页数、翻数（A或B）。新印古籍与现代著作，详其册数、页数。

（二）已见之文，再引时如需省略，则用“（引略）”标示。

（三）除人名、地名、书籍名等专名外，异体字一般改为规范字。

（四）引用文献中如有误字，则将正字用“[]”表示其右。凡原文空缺或漫漶、原版挖去未补者，悉以“□”代之。

十、为方便查检，本谱凡分五卷，按年月排次。谱主一生大致可分为韶年、初仕、宪参、隐退四个阶段，卷一至卷四即分别反映谱主各个阶段的生平事行；卷五反映谱主逝后至继室赵氏逝世期间的情况，包括《来禽馆集》刻印、《来禽馆真迹》镌刻以及家庭变故等，这些既是邢侗生命的延续，也是邢侗研究的一个侧面。每卷前有引言，综述这一时期谱主的思想、生活、为官和家庭情况。

（一）卷一　韶年风华　嘉靖三十年至万历二年（1551—1574）

（二）卷二　南宫初仕　万历三年至万历七年（1575—1579）

（三）卷三　宪参岁月　万历八年至万历十四年（1580—1586）

（四）卷四　沛园隐退　万历十五年至万历四十年（1587—1612）

（五）卷五　生命余响　万历四十一年至天启三年（1613—1623）

十一、为省繁文，部分经常引用文献采用简称，主要有：

（一）《邢氏家乘》，省作“《家乘》”。

（二）邢侗《仲父南陂先生传》，省作“《南陂先生传》”。

（三）邢侗《先侍御史府君行状》，省作“《府君行状》”。

（四）于慎行《明敕封监察御史邑涯公暨配赵万二孺人合葬墓志铭》，省作“于慎行《邑涯公暨配墓志》”。

（五）邢侗《累敕封孺人先妣万太君行状》，省作“《万太君行状》”。

（六）邢侗《延安府同知进阶朝列大夫元兄小原邢公传》，省作“《元兄邢公传》”。

（七）李维桢《陕西行太仆寺少卿邢公墓志铭》，省作“李维桢《邢公墓志》”。

（八）冯时可《明中顺大夫陕西行太仆寺少卿知吾邢公墓道碑铭》，省作“冯时可《邢公碑铭》”。

（九）黄克缵《邢子愿先生传》，省作“黄克缵《邢子愿传》”。

（十）邢侗《累敕封孺人亡妻陈氏墓志铭》，省作“《亡妻陈氏墓志》”。

（十一）邢王称《先妣恭人赵太君行状》，省作“邢王称《赵太君行状》”。

（十二）邢侗《乡进士遵道邢长君行状》，省作“《遵道行状》”。

（十三）李维桢《临邑邢庄惠公墓表》，省作“李维桢《邢庄惠公墓表》”。

传　略

邢侗，字子愿，号知吾，自号啖面生、方山道民、来禽济源山主、云云亭亭间人，世尊称子愿先生、来禽夫子。斋名泲园、来禽馆、啖面斋、玄霜绛雪之居、漱阳合霞斋。

明山东济南府临邑县人。邢故河间望，原籍直隶河间府任丘县石门桥，于明初徙为山东临邑，而世居焉。王世贞《邢氏五世志略》："邢故河间望，其先以国为氏，周公旦之叔子所谓邢茅胙祭者也。"

始祖邢伯通，明初奉旨迁民，遂与弟伯住先至商河，后移临邑，于邑北钟家庄后距城五里居焉，今名任家楼。伯住后投军籍，居遵化县，清初犹相往来。伯通生一子，仲玉。

二世祖邢仲玉，精堪舆，配时氏。生二子，鑑、铎。

高祖邢鑑，字克明。处士。配赵氏，继张氏。生三子，孜、敏、政。

曾祖邢政，字不详。成化十九年(1483)举人，授静海县知县，满九载，考有惠政，擢任知州。会当编役，邑人诣阙留之，俟竣事乃之任岢岚州知州。任数年，以节惠著闻，大布青衫为听政服，不以素也。尝坐忤阉人刘瑾，称诏罚粟千石，方忧之计无出，州民夜辇负粟，数日而谷溢与城门平。遂谢事归，有去思碑，号称循良。配王氏，生四子，溥、洲、洪、沂。

祖邢溥，字不详。贡生。行乎里间，博通经学，以古雅自负。长子如默累迁吏科都给事中，而溥时甫膺贡，顾不肯受封，曰："使我何以见岢岚公?"然终不第，以博野教谕卒，时约嘉靖十六年(1537)。卒后因如默贵得赠吏科都给事中。配许氏，同邑人。卒于嘉靖四十年(1561)，年逾八十。生三子，长如默，次如愚，次如约，即侗父。大伯邢如默(1498—1555)，字宣甫，号可庵，又号北原。嘉靖四年(1525)举人，八年(1529)进士，历任浚县知县，兵、刑科给事中，工、吏二科都给事中。数长青琐，廷诤岳岳，有古直臣风。而与其僚论事不合,为所中,谪郡司理,谢政归。孝友敦睦,祀乡贤祠。卒于嘉靖三十四年,年五十八。配赵氏,生九子。二伯邢如愚(1508—1564),字契甫,号南陂。豪爽有风概,及冠为弟子员,例补太学上舍,中岁稍仕为甘州行都司断事。后辞官归里,善经营持家,修业以息,十年之内渐拟中陶之家。卒于嘉靖四十三年,年五十四。配李氏,生一子。

父邢如约(1512—1602),字信甫,号邑涯。善医,御试第二名,念亲老乞德藩良医正以归。在济南游从甚广,与李攀龙、刘天民等结诗社。邢侗任官,每教之在官廉,岁以农入佐之。醇心善行,赡宗戚,缮学宫,远近仰其德,曰"邢佛",王世贞有"诸方衲子俱称佛,一邑婴儿半姓邢"之句。以子贵封南宫县知县,加封山西道监察御史。卒于万历三十年,寿九十一。举乡宾,殁入乡贤,里谥"庄惠先生"。配赵氏,无出。继万氏,嘉靖三年(1524)生,万历廿九年(1601)卒,寿七十八,为侗生母。侧室靳氏,佑、伉为其所出。

弟邢佑,字子馨。邑廪生,北业太学,为国子生。以子王玺贵赠大兴主簿。配张氏,商河光禄寺署正张邦辅女,操江都御史九叙侄。继于氏,德州处士公鳌女。生三子,王玺、王壁、王鼎。

弟邢伉,字子頫,号参吾。贡生。任兴化县训导,训士有方,升陕西礼县知县,中途谢病归,年逾耄耋。配葛氏,德平光禄寺监事守贞女,左都御史端肃公守礼侄。继魏氏。生二子,王牧、王枚。

姊邢大姊(1543—1590),邢如默长女,与侗同母生。逾时及笄,适同邑茂才李易知(子乾),李氏时产中削,怡然自适。天性孝谊,温厚敕备。年四十八,卒。有二子,托孤于侗。

妹邢慈静(约1562—1625),自号蒲团主人、兰雪斋主。在兄弟姐妹中排行第八,故称"八妹"。天资颖慧,博学善属文,诗有清致,画宗李卫、管道升,善画白描大士,书画俱称绝品,与兄侗齐名,一时士绅见片纸只字拱璧珍之。母万太君爱慈静甚,必欲嫁贵人,年二十八始嫁武定州马拯,以夫贵累诰封恭人。万历四十四年(1616),马拯任贵州左布政使,携幼子从夫宦黔中,会苗夷作乱,马拯尽瘁卒于官。慈静不辞艰险扶梓还乡,并入京诣阙上奏,列夫劳绩。万历帝悯之,赠太常寺正卿,赐祭一坛,时人称慈静以"义烈"为之。著有《芝兰室非非草》,刻《之室集帖》。卒年约六十四,邑人王洽为之立传。

原配陈氏(1552—1587),为同邑兰陵主簿陈完次女,母于氏。陈氏有姊适大伯邢如默第六子侗，幼孤依姊，为万太君收养，抚同亲生，年十五与侗成婚。万历七年(1579)、万历十年(1582)凡两得封，俱封孺人。万历十五年(1587)卒，年三十六。生子一，王瑞；女三，长适齐河元戎尹公秉衡子、指挥佥事功懋，次适禹城给事杨士鸿子、太学生焘，次适乐陵宪副使史邦直子、湖广襄阳太守史高先。

继室赵氏(1575—1623)，山东平原人。太医院吏目赵熠女，福建按察使赵焞侄女。万历十七年(1589)，邢侗续娶赵氏，时方及笄。孝惠慈仁，梱帷全德，邢侗卒后，家计日窘，然子女婚嫁毕。患拳挛之疾在床褥者五年，卒于天启三年三月，年四十九。生二子，王藹、王嘉。二女，一适同邑副使王再聘子、庠生钟恒，一字新城太子太保兵部尚书王象乾子与定。

侧室冯氏，事迹未详，崇祯十一年(1638)犹在世。生二子，王称、王恒。

长子王瑞(1579—1611)，字无咎，号玉符，一号伯符。禀生。少而韶秀，四岁授唐诗百首，不再语而识之；九岁为文有惊人语，一时先达以圣童目之；十四岁隶学宫三试都冠。夙以才彦自负，应省试屡试落榜，万历三十七年(1609)秋试，竟以余场犯忌落第。益感愤下帷，经岁伏案不出户，卒于万历三十九年(1611)。邢侗伤其长子卒而无子，哀伤逾年，遂大病四十日卒。配副都御史马九德子、禹州判官兆明女。无出，以邢王藹仲子琪为嗣。

次子王称(1593—1638)，字无誉，号玉衡。禀生。能诗，著《雪浪斋诗稿》一卷。古文词出入班、马，自成一家言。临池之妙，继美其父，称“小邢”。崇祯十一年冬，兵犯临邑，慷慨结众，与县令分城而守，城陷遇害殉节，年四十六。明年，奉公柩祔于邢侗之墓。配德平尚宝葛昕女、太子太保左都御史葛守礼曾孙，进士、户部主事如麟之妹。无出，以邢王藹三子珽为嗣。

三子王藹，字无贰，号玉相。庠生。约生于万历二十五年(1597)。配思州太守殷麟女、少保大学士殷士儋孙；又配王氏。生五子。

四子王恒，字无威，号玉节。庠生。配平原刑部侍郎宋仕女。学父书，善楷法。生四子。

五子王嘉(1604—?)，字□□，号玉褒。奉祀生。乡饮大宾。配王氏，生一子。

又嗣女一，即季弟邢伉女，适东阿礼部尚书、大学士于慎行孙、中书舍人纬子、官生元熿。万历三十六年(1608)定亲，天启二年(1622)成婚。

邢侗幼颖异，入塾从诸兄学，七岁能写擘窠大字，年十四尽读家中藏书，补博士弟子员。隆庆元年(1567)，山东督学邹善考校济南诸生，为临邑县第一，召至济南读书，并入其府与二子德涵、德溥共读。应诏拔贡选入太学读书。四年(1570)，参加顺天乡试中举。万历二年(1574)，进士及第，视刑部政。三年(1575)四月，授南宫县知县。八年(1580)六月，行取山西道御史，又以品望充经筵官。九年(1581)三月，任河东巡盐御史。十一年(1583)三月，改任直隶苏松巡按御史。十二年(1584)二月，因张居正案牵连，"偶罣浮议"，外放湖广参议。十四年(1586)二月，又以前事量移陕西太仆寺少卿。五月，三上疏乞病辞官，获准告归，年仅三十六。他退隐乡居二十六年，修建"泲园"颐养双亲，于"来禽馆"读书会友，著述刻帖，纵情笔墨，挥洒风雅。当事者待以"国士"之知，推毂于朝章数十上，两次被荐入朝纂修国史，然为前事所累，终未起用。万历四十年(1612)卒，年六十有二。入祀乡贤祠。

邢侗仕宦仅十二年，凡知南宫、督鹾政、按三吴、参楚藩，俱公正廉能，颇有政声。他自撰一联"囊空甘拙宦，琴在有知音"，誓以明志，廉洁为官，无所取报，谢无所受，人咸服其廉。

邢侗笃于人伦，厚于故旧，古谊高风，人共向之。他对父母长辈至孝，对妻儿子侄至爱，对朋友宾客至义，行谊甚高，虽古人不能及也。冯时可《邢公碑铭》曰："子愿在日，四方客迂道往访，长者车不绝。当事推毂于朝章数十上。陈文宪修国史，议以子愿及二三儒硕载笔，会卒不果。其所交，与王氏二美、郭美命、屠长卿、焦弱侯、赵梦白、李本宁及不肖时可，高孩之一时独步，然推子愿为海内杰出。"黄克缵《邢子愿传》曰："噫，名盛矣！不令他美！俱为所掩乎！唯焦弱侯之言曰：'吾乡子愿礼义之宗也。'噫，舍其小而取其大，世之深知子愿者，其在斯人乎！"

其所交皆擅诗文、书画，与于慎行、冯琦、公鼐等山左文人标帜"齐风"，狎主齐盟。黄克缵《邢子愿传》曰："子愿夙以古文词鸣，最熟太史公、班孟坚，晚乃驰骋于东汉、晋、宋间，好作骈俪语。一时操觚之士于大江以北，咸推子愿狎主齐盟。"诗则"出入李、杜、王、岑，高古典雅"，王士祯论诗绝句有"来禽夫子本神清"之语。与王稚登、李维桢、董其昌、冯时可共称"中兴五子"。

邢侗书法成就最高，为海内外所珍视，文名反为所掩。邢侗、张瑞图、米万钟、董其昌并称"晚明四家"，又称"北邢南董"。黄克缵《邢子愿传》曰："临池之美，上下晋、唐、元、宋，而尤工二王法。四方以佳箑名笺求书者，常置案几。子愿兴至，为一挥洒之。其精工斐亹，焕若神明，杂之阁帖真迹中，殆不可复辨，此品当为第一。小楷临米，似拙而媚；挂壁书多临大令，而时杂用米体。今世书法，类称'邢董'，然董仅工方寸行书，其余诸体不能及也。"亦善画，但不多作，所画多为文石。姜绍曾《无声诗史》："间写文石，亦艺林片玉也。"

勤于著述，有多种著作存世。诗文集生前刻有《沛园集》一卷（南京图书馆藏）、《邢子愿杂著》（上海图书馆藏）、《邢进士举业稿》（佚）、《汉书朝鲜传疏》一卷（佚）、《拟古十书》一卷（佚）。逝世后，其子邢王称、女婿史高先编集《来禽馆集》二十九卷，李维桢序，史高先跋，明万历四十六年（1618）刻本；又《来禽馆集》二十八卷，范景文序，邢侗外孙史以明跋，明崇祯十年（1637）版筑居刻本；又《沛园集》五卷，陈与郊子陈祖皋序，明天启四年赐绯堂刻本（国家图书馆藏）。邢侗编选、校订、刻印有《于氏家藏诗稿》二卷、《南翥集》一卷、《葛端肃公集》十卷、《世说新语广抄》二卷、《汪明生诗选》一卷、《洞庭渔人续集》十六卷、《谷城山馆诗集》二十卷。又编纂《南宫县志》十三卷、《武定州志》十五卷、《临邑县志》十六卷，手纂《邢氏家乘》若干卷，合编《东阿于文定公年谱》。

所刻《来禽馆帖》，为传世名帖，现藏临邑县邢侗纪念馆。此帖包括《唐人双钩十七帖》《澄清堂帖》《兰亭序》（定武本、褚遂良本和赵孟頫临本三帖）《出师颂》《黄庭经》《西园雅集图记》，共八帖，尤以《唐人双钩十七帖》《澄清堂帖》著称于世。邢侗逝后，其墨迹多有搜集镌刻，王洽刻《来禽馆真迹》七卷（乐陵市文化馆藏），张忻刻《来禽真迹》一卷（佚），黄之芳刻《来禽馆真迹》四卷（佚），邢慈静木刻之兰室《来禽馆真迹》（临邑县邢侗纪念馆藏），张孔印刻《来禽馆法书》八卷（有拓本传世），冯桢卿刻《邢来禽先生法帖》（佚），陈祖夔（瓛）刻《观复堂帖》不分卷（佚）及《海宁陈氏石刻》四卷（佚），亦刻入邢侗墨迹。

临邑邢氏世系表

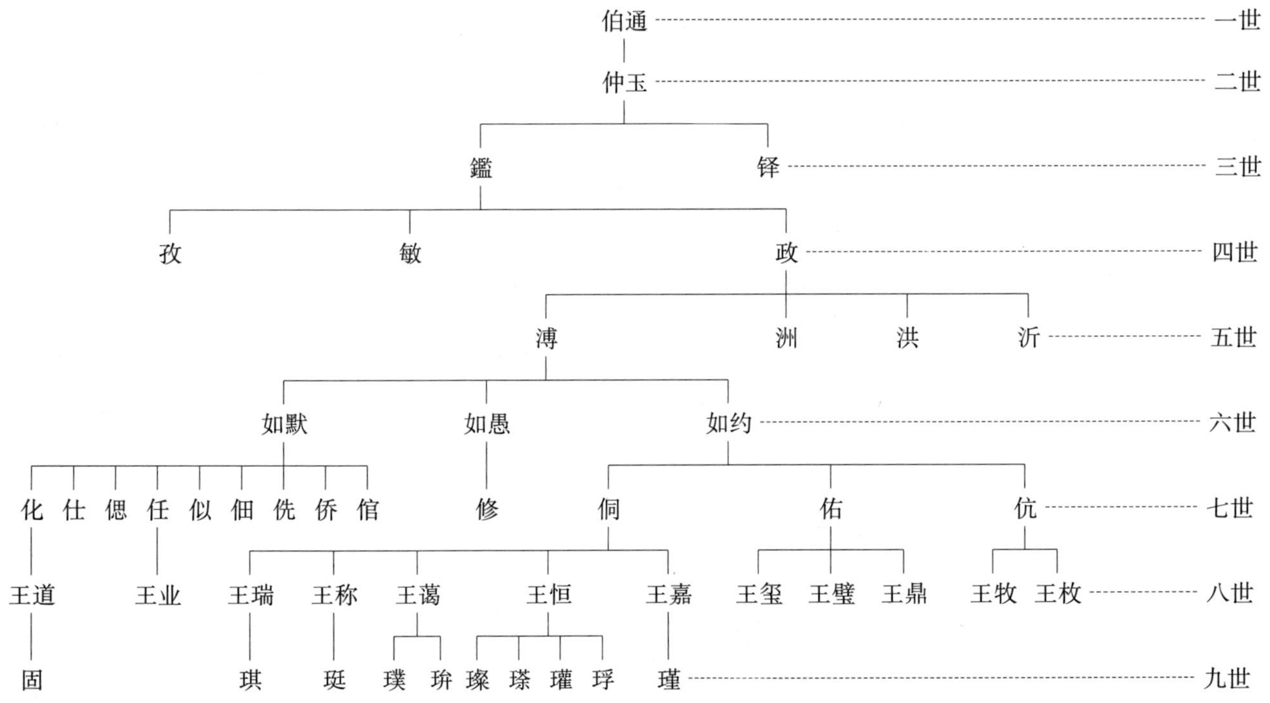
伯通
一世
仲玉
二世
鑑
铎
三世
孜
敏
政
四世
溥
洲
洪
沂
五世
如默
如愚
如约
六世
化
仕
偲
任
似
佃
侁
侨
倌
修
侗
佑
伉
七世
王道
王业
王瑞
王称
王蔼
王恒
王嘉
王玺
王璧
王鼎
王牧
王枚
八世
固
琪
珽
璞
玠
璨
琜
瓘
琈
瑾
九世

目　　录

卷一　韶年风华

嘉靖三十年至万历二年

（1551—1574）

引　言

齐鲁大地东连大海，西接泰山，富庶强盛，素称“泱泱大国”。明嘉靖三十年(1551)十一月廿六日，山东济南府临邑县的世族望家邢氏，一个男孩呱呱落地，全家处于“弄璋之喜”的兴奋之中。

新出生的这个男孩，是济南德藩府良医正邢如约的长男。邢如约时年四十岁，夫人万氏二十八岁，中年喜得贵子，邢氏后继有人，血脉延长，自然是欣喜异常了。在邑人亲友纷纷高调道贺之时，邢如约倒是冷静清醒，他给此儿取名“侗”。按《说文解字》的解释，“侗”即“大儿”，符合他的长男身份。又《论语》曰：“侗而不愿”，孔注：“侗，未成器之人。”邢如约先娶赵氏，赵氏无嗣而逝。续娶万氏，婚后十多年生育数女，望子心切，视此儿若掌上明珠，而赋名寓意为“未成器之人”，也是顺从“贱名好养活”的传统民俗。

邢侗出生之时，父辈们都还健在。邢氏原籍直隶河间府任丘县，明初迁徙山东，先至商河，后定居临邑。曾祖父邢政中过举人，为静海令，仕至岢岚知州，颇有政声。祖父邢溥以博野教谕终，以大伯贵赠吏科都给事中。父亲邢如约兄弟三人，大伯邢如默为嘉靖八年(1529)进士，仕至吏科都给事中，“有古直臣风”，为人所嫉，“以左迁归”，时闲居在家，教授子弟读书。二伯邢如愚“豪爽有风概”，曾官甘州行都司断事，时也辞官归里，经营持家。父亲邢如约“醇心善行”，“精篆书”，通医术，试礼部高等，当授太医令，以母老乞归，为济南德藩府良医正。大伯为官时有些积蓄，二伯善于治家，父亲从旁协助，此时邢氏“席资巨万，美田宅，甲沛水上”。

邢氏在当地是一个颇有声望的大家族，不仅经济富裕，而且诗书礼仪之风不绝，“诸昆弟亦鲜不具衿绅者”，科贡起家，选授入仕，与当地缙绅家族几乎都有姻亲关系。邢氏三兄弟各有家庭子女，但居住于一个大院不分家，上百口人吃饭不分灶，田亩、邸店、资产共同经营滋殖。大伯九子，二伯一子，加上邢侗以及侄辈，共十多个男孩，蝉联斐尾，就读家塾。父辈们课责甚严，不惜高薪招延名宿为师，购买经史典籍亦不吝啬。由是邢氏家塾闻名遐迩，“家不支，为邢师”，在馆师们中间传为佳话。

父亲对邢侗的成长，寄予了很高的期望，却从不流露出来。邢侗自幼聪慧，在家塾童生中虽年最幼，但学业最优。父亲却忧心忡忡，常对人说：“早慧非福也。”邢侗七岁能写擘窠大字，十三岁学写王宠楷书，十四岁尽读家中藏书，十七岁考临邑县第一，为山东督学邹善所赏识。隆庆元年(1567)，全国开选拔萃，“郡贡二人，州县贡一人”，他应诏考中，选入北京国子监读书。二年中“尽友天下士，学日益博，文日益有名”。隆庆四年(1570)，二十岁的邢侗参加顺天府乡试，一举中式。

尽管邢侗的科举之路走得很顺，也显示了超轶不凡的才华，但邢如约“亦弗善也”，谓：“驹齿未成，徒益此儿，过耳。”直到万历二年(1574)邢侗考上进士，邢如约才大笑道：“儿今日真所为命也，夫吾所望汝者，今日也。”这次考试，邢侗殿试名次为三甲一百八十二名，“三甲落落后半”，但他的殿试卷用沈度、王宠、赵孟頫书，数千言无一字遗落，博得殿试阅卷官的高度评价：“徐淮以北无人可比。”

邢侗的房师是山东同乡于慎行。于慎行善于鉴人，对这位门生欣赏有加，而邢侗则始终以门生礼尊而敬之。在邢侗的一生中，对他影响最大的几位良师，一是临邑县训导江都李应旸，他与欧大任、李攀龙、王世贞等名士游，诗文书翰渊源有自，均有古风，对临邑学子影响深远。再有山东督学江西邹善，他出身于王阳明心学世家，在山东竭力传播心学，邢侗、张敬、吴道卿等学子都深受影响。邢侗十七岁时为其赏识，招至济南泺源书院深造，还常去邹府陪伴二位公子读书，讲学论道。邢侗成年的加冠礼，也是邹善亲自主持的，一时传为美谈。还有邢侗顺天乡试的主考官丁士美、申时行，都名重一时，丁士美为嘉靖三十八年(1559)状元，因早逝未见有更多往还；申时行为嘉靖四十一年(1562)状元，后来位至首辅，邢侗以门生礼多有信札来往。而邢侗与于慎行的友谊，亦师亦友，终其一生。后来邢侗谈到于师的知遇之恩时，感慨地说：“侗不肖，越在甲戌与诸南北士专经而辱先生，先生子蓄不肖辈，其所为纯湛，被服何翅！”

考中进士后，邢侗开始进入仕途。明代有进士观政制度，新科进士例应观政三月后授官,晓习部务,理繁治剧。但实际的情况是,因为官位空缺不多,观政常超过三个月,至有一年未授者。邢侗被分在刑部视政。明中期刑部地位重要,人才荟萃,翰林院招“天下英茂博闻之士”,刑部出“奇才逸翰著于人间”,故京师称刑部为“西翰林”。时刑部尚书为王之浩,和他一起在刑部观政的,有同年尹应元、邹迪光、江铎、方范等,都是一时的才俊之士。自本年五月至次年四月授南宫县知县,他在刑部观政恰好一年,初步熟悉了朝廷律令、政务处理程序,得到了官场的历练。

新科进士邢侗,此时意气风发,心高气傲。有一天,他骑马外出,在京城道上与司礼监掌印太监冯宝的车队相遇。冯宝为明神宗顾命大臣,与张居正共同辅助幼帝,兼总内外,权倾一时,气势赫然。冯宝的随从要邢侗避让,邢侗大声喊道:“余山东邢侗,岂畏人者! 吾将叫诸天阍。”冯宝及其随从只能让路而去,“举朝以为快”,邢侗也因此赢得高风好义、藐视奸佞的好名声。

嘉靖三十年辛亥(1551),一岁

出生。

十一月廿六日亥时,诞生于山东济南府临邑县。

李维桢《邢公墓志》:"(卒)岁在万历壬子四月二十有七日,距生嘉靖辛亥十有一月二十有六日,年六十二岁。"(《大泌山房集》卷七九,页38A)

《家乘》引《前贤履历纪》:"邢某字知吾,诗四房,济南府临邑县人。……寿六十二岁,生于嘉靖辛亥十一月二十六日亥时,卒于万历壬子四月二十七日子时。"(卷四上"世系表二",页11B)

案:邢侗,明山东等处承宣布政使司济南府临邑县人,偶有书籍误为"临清"人,前辈学者多有考辨,此不赘言。

字子愿,号知吾,自号啖面生、方山道民、云云亭亭间人,晚号来禽济源山主,世人尊称子愿先生、来禽夫子。

黄克缵《邢子愿传》:"邢子愿,名侗,济南临邑人。曷为称字,贤也,贤不可名,故齐之三尺童子,皆知有子愿先生云。"(《数马集》卷二七,页22B)

李应期《齐河旅中寄邢无誉四首》诗注:"先太仆师晚号方山道民。"(《家乘》卷一〇"艺文志三",页18A)

《家乘》卷一一"翰墨志一":"石章二:啖面、来禽济源山主。"(页9B)

邢侗《刻泲园诗小引》末署:"万历癸巳夏六月上旬,云云亭亭间人邢侗子愿父书。"(《邢子愿杂著》)

案:邢侗又号"云云亭亭间人",诸书均未及。《鸥陂渔话》卷六载邢侗画《拳石图》,有一印曰"云云亭亭间人"(页6B)。邢侗此号,用泰山云亭故实。《中国书画家印鉴款识》著录邢侗印章第十八印,录自上海博物馆藏邢侗《行书吕氏家训卷》,释为"云云亭亭闲人"(页638),"闲"为"间"之误释,《邢子愿杂著》为邢侗生前编纂刻印,当不误。又,中国嘉德2014秋季拍卖会中国古代书画专场有"邢侗草书临《十七帖》手卷",钤有三印,释为"邢侗之印""邢氏子愿""云云亭亭闲人"(中国嘉德2014秋季拍卖会中国古代书画专场图录),"闲"亦误。

斋名泲园、来禽馆、啖面斋、玄霜绛雪之居、漱阳合霞斋。

泲园为邢侗辞官归里后所筑。《家乘》卷一一"坊表志":"泲园,在儒学前,太仆公建,以养封公者。景凡二十有六,各有题辞,而缀以五言诗。来禽馆藏札载某公书云:'药饵之暇,辄取名园佳咏吟哦数过,神游二十六景中,应接不暇,顿祛病魔什之七八,昔人谓辋川图能愈人疾,此庶足拟之矣。'"(页 2A)

来禽馆为沸园二十六景之一,为邢侗读书处。"来禽"二字来自王羲之草书《十七帖》中的《来禽帖》。《沸园吟·来禽馆》:"土产甚伙,家园在所不乏,每展右军囊盛书,令人神爽,乃锡馆以嘉名。"

冯时可《跋邢侍御子愿千字文书》:"余与子愿最相厚,馆余啖面斋旬余。"(《壬子续北征稿》"跋",页 1A)

《家乘》卷一一"翰墨志一":"玄霜绛雪之居匾,正书。"(页 9A)又:"十七帖,板存宿安街邢文田家。石板十八页为玄霜降,木板十页是雪之居。"(页 12A)潍坊市博物馆藏冯起震与冯可宾合作之竹画屏刻石十方,其三"竹石图"左上有邢侗题跋:"青方先生访余绛雪斋,余案头偶画奇石一娑,青方乃补竹二,蟠竹毓毓成龙,似飘飞去,石则一拳顽然示士品。妍媸如此,余安能强焉。来禽生邢侗观于玄霜绛雪之斋。"(吉树春、衣可红《明代冯起震画竹赏析》,《中国书画》2016 年第 9 期,页 86)

《家乘》卷一一"翰墨志一":"漱阳合霞斋匾,正书。"(页 9A)

生而美皙清扬,左眉有黑子,相者以为文星。

冯时可《邢公碑铭》:"子愿名侗,美皙清扬,左眉有黑子,相者以为文星。既长,声如钟,目如电,发鬒如云,须髯如戟。"(《家乘》卷五"家传二",页 12B)

史以明《重订来禽馆集跋》:"当万历辛亥,府君携赴南京民部任,计方五岁。时过外家,仅记外祖右目傍一大黑痣。"(崇祯本《来禽馆集》卷末)

案:冯时可《邢公碑铭》云"左眉有黑子",史以明跋云"右目傍一大黑痣",此从冯说。

父邢如约时年四十,母万太君年廿八。

《府君行状》:"府君生正德壬申十月十四日,卒万历壬寅十月初二日,得寿九十有一。太君少府君一纪。"(《来禽》卷一八,页 1A)

《万太君行状》:"太君生嘉靖甲申八月初七日,卒万历辛丑正月十四日,未登八袠者裁二年。"(同上,页 23A)

案:据《府君行状》,邢如约卒于万历三十年壬寅(1602),生于正德七年壬申(1512),是年四十岁。又《万太君行状》,万太君生于嘉靖三年甲申(1524),

万历廿九年辛丑(1601)卒,是年廿八岁。万太君较邢如约少十二岁,与《府君行状》云"太君少府君一纪"合。

父邢如约时任济南德藩府良医正。

王世贞《邢氏五世志略》:"季封公如约,习经术不就,傍晓医家言,试礼部高等,当得给事太医令,念亲老乞德藩良医以归。"(《家乘》卷一〇"艺文志二",页 28A)

李维桢《邢庄惠公墓表》:"有诏试诸善方书者,公为第二人,当待诏金马门,非其好也,乞就德王侍医,将母而东。王知其贤,礼之与诸大夫齿,宫府严重之。"(《大泌山房集》卷一〇五,页 8A)

案:邢如约以体羸多病,自习医经脉方,遂精其业。《府君行状》:"府君以身夙抱疴,好观医经脉方,久之大得其解,鬼神通之矣。用是名,精其业。"(《来禽》卷一八,页 1A)然邢如约何时应御医试?据《万太君行状》:"越笄二岁,授绥来归……居年余……顷之,王母北就世父,养于官,府君以家太君副车随至邸。……已而,府君用专岐黄学,御试大医,名在第二,而坐母老自请外,遂从德藩庶寀,以我王母归。"(同上,页 23A)万太君生于嘉靖三年(1524),"越笄二岁"即嘉靖二十年(1541)出嫁,"居年余",随祖母许氏至大伯邢如默京中官邸,"已而"邢如约御试"名在第二",因邢如默嘉靖廿三年(1544)辞官归里,故邢如约以母老乞得德藩良医正当在嘉靖廿一二年间。

胞姊邢大姊时年九岁。

《邢大姊传》:"邢大姊者,不肖侗女兄也。姊为家侍御公、家慈万太君子女合第一,今岁四十加八。而不肖尚后八年生,为第一弟。"(《来禽》卷一二,页 7B)

案:邢大姊卒于万历十八年(1590),"岁四十加八",则生于嘉靖廿二年(1543),为家中长女。

自祖父邢溥以来,邢氏善富以数世,邸店上田甲一邑。

《来禽》卷五《沸园诗小引》:"余家济北,善富以数世,王父殆世父相沿,邸店、上田甲一邑。"(页 1A)

《列朝诗集》丁集第一五:"(侗)先世席资巨万,美田宅,甲沸水上。"(第 11 册,页 5782)

父亲兄弟三人,于临邑城内一庖三院,相邻而居,同食共饮。

《南陂先生传》:"迨我世父晚得谢归,橐中装垂尽矣。公为治大第,堂室翼如。次第营庄居,岿然而楼。……洎我侍御公一庖三院,钱帛无私藏。……以故家无常父,人无常衣,童仆千指,卒岁授衣,给馔食器,莫可訾省。击钟而食,有九世公艺之风。"(《来禽》卷一二,页1A)

《府君行状》:"孤家自王父相沿多故敝宅,及仲父邸店稍增矣。府君不靳人请宅,尤不靳族子请。环邑之居,什四皆河间菟裘,然多族子疏属请以居,无一钱僦也。"(《来禽》卷一八,页1A)

大伯邢如默以吏科都给事中辞官家居已八年,时年五十四。其长子邢化年三十七,长孙邢王道九岁。

[同治]《临邑县志》卷一五《都谏北原邢公合举乡贤公移》:"蚤荐南宫,试官赤县,唯浚实股肱之近要,论绩则古昔之循良。脱粟浣衣,争颂当时。……色动明光,辟居禁掖,由兵垣一二岁而陟刑、工、吏诸科,历齿则丰城宝铗。自嘉靖十二年以迨二十有三祼,后凋则鲁殿灵光。……相嵩貌严心忮,积岁不迁,计资旬日之间,已拟银台之选,而嵩乃风使同科比党罗事,相持一日,即出禁闱,万里去为郡理,人皆促公宜就,公则怡然赋归。……家人生产,一以付之二昆,郭外菟裘,聊尔辟乎三径。多男逾九,孙从成行,口遍授其诗书,手数传其字画,十年之内,联翩科贡,仕籍相仍,几同万石。"(页41A)

案:邢如默(1498—1555),字宣甫,号可庵,又号北原,嘉靖四年(1525)举人,八年(1529)进士,历任浚县知县,兵、刑科给事中,工、吏二科都给事中。(《家乘》卷四上"世系表二",页8A)因得罪权相严嵩,嘉靖廿三年(1544)辞官归里,至是八年。据上引《都谏北原邢公合举乡贤公移》"自嘉靖十二年以迨二十有三祼"可知。时大伯长子邢化(1515—1591)年三十七,长孙邢王道(1543—1597)年九岁,详见后考。

二伯邢如愚是年或稍前,辞去甘州行都司断事一职,回家主持家政,时年四十四岁。

《南陂先生传》:"仲父讳如愚、字契甫,卜筑城南五里许,遂号南陂先生。公为封都谏翁次子,后我都谏世父十年生,生实先我封侍御公四年云。"(《来禽》卷一二,页1A)

案:邢如愚,字契甫,号南陂先生。例贡,任甘州行都司断事。(《家乘》卷四上"世系表二",页8A)据《南陂先生传》,二伯先于邢如约四年生,可推知其生于正德三年(1508),是年四十四岁。又后大伯十年生,则邢如默生于弘治十一年(1498),是年五十四岁。二伯曾出仕为甘州行都司断事,《南陂先生传》云:“公中岁稍仕,为甘州行都司断事,观塞下风气,弥益忼慨。唯时蒲州杨襄毅公为抚中丞,最加激赏,图所为尉荐公,而公坚意莫回,趣装归。杨公当世人伦,鉴裁于公,亦足以观矣。”(《来禽》卷一二,页1A)“杨襄毅公”即杨博,时任都察院右佥都御史,巡抚甘肃。《明世宗实录》卷三〇九:“(嘉靖二十五年三月丙子)山东布政司左参政杨博为都察院右佥都御史,巡抚甘肃。”(《明实录》第45册,页5815)杨博何时离甘肃巡抚任不可详考,据上书卷三六二,杨博嘉靖廿九年(1550)闰六月仍在任。(页6456)又据《明史》卷二一四杨博传:“以母忧归,仇鸾镇甘肃。……服阕,鸾已诛,召拜兵部右侍郎。”(第19册,页5660)仇鸾接任甘肃巡抚后,于嘉靖三十一年九月伏诛(《明实录》第46册,页6833),则杨博大约嘉靖三十年前丁母忧辞官,邢如愚“趣装归”应在是年之前。

本年,正月,锦衣卫经历沈炼以疏劾严嵩,谪于边。三月,杨继盛抗疏陈十不可、五谬,请罢马市,遂下狱。四月,开大同马市。五月,开宣府马市。是年,李攀龙三十八岁。吴国伦二十八岁。王世贞二十六岁。王稚登十七岁。王世懋、顾尔行十六岁。李汝相十三岁。邢玠十二岁。赵焕、冯时可十一岁。屠隆九岁。陈与郊八岁。于慎行、葛曦七岁。王象乾六岁。万世德、李维桢、傅光宅五岁。马允登四岁。徐迪吉三岁。黄克缵、赵南星、邹迪光、汤显祖二岁。王汝训生。

嘉靖三十一年壬子(1552),二岁

幼年。

十月初八日,原配陈氏生。

《亡妻陈氏墓志》:“余邑称科第蝉联者,唯余不腆河间氏,而家累巨万、任侠慷慨,则归两陈翁。陈孟翁尤慕义好施予,则余亡妻孺人之王父云。孟翁生兰阳主簿完,是生孺人。兰陵公通经术,内行醇备,而其配夫人于氏,则畿内亚魁于次公之妹,于吾邑称女师。于夫人凡生两女子,长适余从兄佃,次则孺人。……孺人生于嘉靖三十一年十月初八。”(《来禽》卷一三,页1A)

案：陈氏为同邑兰陵主簿陈完第二女，较侗小一岁，母于氏。其姊嫁堂兄邢佃，为大伯第六子。《家乘》卷二“世系表二”：“佃，字子治，例贡，配王氏、陈氏，过任子王赏为嗣。”(页9B)

本年，罢大同马市。三月，礼部尚书徐阶兼东阁大学士，入阁预机务。四月，俺答兵败仇鸾于镇川堡。倭大掠浙东。八月，诏罢各边马市。十月，筑京师外城。是年，李攀龙、王世贞、徐中行、梁有誉、宗臣等结诗社，后又增谢榛、吴国伦，被称为“后七子”。

嘉靖三十二年癸丑(1553)，三岁

幼年。

本年，正月，兵部员外郎杨继盛上疏论严嵩十大罪、五奸。七月，俺答大举入寇，大同总兵李涞战死。是年，葡萄牙侵占澳门。冯起震生。

嘉靖三十三年甲寅(1554)，四岁

幼年。

本年，倭寇大肆流劫东南沿海，山东震动。李三才、郭正域生。

嘉靖三十四年乙卯(1555)，五岁

幼年。大伯邢如默卒。

春，大伯邢如默及堂兄邢仕首议重修县学，未及成相继病逝而罢。

马庭若《临邑县尚义世家重修儒学记》：“邑之有学，修自嘉靖丙戌，年来圮败，风雨弗除，而有司方难于国计，势不暇及。乙卯春，邑乡老先生先都谏北原邢翁暨仲嗣丙午乡荐君仕，尝念为家世本原之地，首议修之，未及以疾相继逝。”([同治]《临邑县志》卷一五，页29B)

案：“北原邢翁”名如默，号北原。“仲嗣丙午乡荐君”名仕，大伯第二子，嘉靖廿五年(1546)举人。《家乘》卷四上“世系表二”：“仕，字子义，嘉靖丙午举人，配李氏。”(页8B)是年(乙卯)春，邢如默父子首倡重修县学，未几相继病

逝而未成。嘉靖三十九年(1560)冬,邢如愚、如约兄弟与子侄重议此事,次年正月兴工,至四十二年(1563)四月落成。

自小身体孱薄,是年患痘甚,愦不省事,幸万太君及大姊朝夕看护方愈。

《邢大姊传》:"弟生孱薄,五岁痘创甚,愦不省事,而姊偕家太君朝夕视,身受溺,手受痂,不少厌,余热极中焚,从第间儛鸟兽抵,姊为小损,辄亦肤受之,嘿不令我太君知也。"(《来禽》卷一二,页7B)

《万太君行状》:"孤四岁患痘,贷骇趠趬兽抵于床,滨死屡矣。而太君偕大姊护之良勤。孤踢中姊,姊目小损,太君无譽怨也。孤寻下痢,颈项不自持,太君为不去烛者十宵。孤时遏坠,夜啼不休,太君儿幞不离怀,急则呼叫应,缓则嘘噫答,转转申旦以为常。"(同上卷一八,页23A)

案:侗何年"患痘",《邢大姊传》曰"五岁",《万太君行状》曰"四岁",以《邢大姊传》撰成时间早十多年,姑从之。

大伯邢如默卒,年五十八。

案:邢如默卒于何时,史籍未详,据前引马庭若《临邑县尚义世家重修儒学记》云,重修县学"未及以疾相继逝",可知卒于是年春后,姑系于是。邢如默生于弘治十一年(1498),是年(1555)卒则五十八岁。

大伯邢如默临终,以《家乘》、子侄托付父邢如约。

《来禽》卷二〇《家庙告长兄主入祠文》:"……自兄见背,业三十年。……委我《家乘》,付我子侄。一念朴诚,期不相负……"(页2A)

案:"委我《家乘》",殆指以纂修《家乘》相托。《邢氏家乘》始创于邢侗,创修若干卷,后佚。《邢氏家乘》附"纂修渊源图"有《太仆公原本》云:"《家乘》原本为太仆公手著,不知共几卷,今存二卷。一古狂伯藏,载封公遗像、像赞、议、寿文诸篇。一兆祥侄得于陵邑康氏,载《五世志》《封公行列》《万太君行状》,想太仆当年于所宜载备录无遗,惜不见其全矣。"(页1B)

堂兄邢化丁忧归里,时为合水县知县。

《元兄邢公传》:"稍迁为合水长。合水地滨羌虏,旦旦虞外警。一日,虏薄城下,元兄擐甲操刃,率编民戍守。日从陴上饭一杯青稞及沾少酪酒,三日不解甲。已督抚发兵至,得解去,遂起雄武名,谓'合水长实边材',台拟特荐起授臬使,会丁都谏世父艰归。归治丧,一禀文公家礼。"(《来禽》卷一二,页4A)

案：邢化为大伯长子，时任陕西合水县知县。《家乘》卷四下“世系表二”：“化，字子成，号小原，善书法，荐辟明世宗御试，钦定第三人，实授中书舍人，与甲科列。历任合水、故城知县，保定、真定通判，绛州知州，延安府同知，晋阶朝列大夫。配李氏、贾氏，生三子，寿七十七岁，居乡宾。”(页8A)

大伯卒后，二伯邢如愚当户，最善治生，家业益富。

《府君行状》：“世父卒，仲父当户，最善治生，府君以柔道辅，九族各沾恩。”(《来禽》卷一八，页1A)

《南陂先生传》：“一日无幸，世父见捐背，则为挺身号家众曰：‘吾今无弛担所矣。’上而王母太孺人在蓐，下而累累藐诸孤，公俛抑无宁时。洎我侍御公，一庖三院，钱帛无私藏。世父孺人者姆，一意禀成二叔。无或有携，日三饭，二父必同杯碗。”(《来禽》卷一二，页1A)

本年，十月，杨继盛为严嵩所害，年四十。十二月，俺答大举入袭大同。是年，董其昌、李化龙生。

嘉靖三十五年丙辰(1556)，六岁

幼年。祖母许氏目眚。

大伯邢如默逝后，祖母许氏哭目眚，母万太君悉心照顾。

李维桢《邢庄惠公墓表》：“姑哭长公目眚，意所欲言，身所欲安，咸先为逢而左右之。洟唾必以子承，沐浴溲遗必身扶掖。姑没，佐治丧事物必备。”(《大泌山房集》卷一〇五，页8A)

《万太君行状》：“亡何，王母目忽眚，世父又从家食捐宾客，两伯母势难数数矣。而太君共养膝下，舌为主母目，指为王母言，隤龄委顿，唾洟不时，太君掌承之，即传婢心厌，太君无几微色见也。”(《来禽》卷一八，页23A)

案：祖母许氏，亦临邑人。《府君行状》：“政生第一子讳溥，为孤王父，以邑教谕赠吏科都给事中，人称博野公，从已爵云。至行孚里閈，博通经学。配许太君，实孤王母。许邑乔木，给事广平守侃、华州牧广，王母曾王父、叔父也。”(《来禽》卷一八，页1A)邢侗《鸿胪寺近班近田许公墓志铭》，墓主许继光即祖母之侄，其父许义为祖母之兄：“许公先大母之诸侄，不肖中表叔也。……义，官天佑，是为公父。”(《来禽》卷一三，页24B)祖母许氏目眚时间记载歧异，李维桢

《邢庄惠公墓表》云“姑哭长公目眚”,《万太君行状》云“王母目忽眚,世父又从家食捐宾客”,姑系于此。

自幼聪慧,父邢如约担忧儿子“早慧非福”。

《来禽》卷二一《漫题》:“仆七岁能作擘窠书,先侍御公勿善也,对人云:‘早慧非福也。’”(页 31A)

案:邢如约四十得子,见侗自幼聪慧,故而担忧“早慧非福”,虔诚祈福。

本年,九月,朝廷以平浙江倭,祭告郊庙社稷。

嘉靖三十六年丁巳(1557),七岁

家塾读书。能写擘窠大字。大姊出嫁。

邢氏子弟就学家塾,招延名宿为师,邢如约课责甚严。

《万太君行状》:“世父子孙者属,久之犹同居,蝉联斐尾,都授一塾,悉我太君供餐食,计口散遗,毕罗面起,无弗果然,下逮洒扫僮庸,亦称是。所延师朝晡进食,芳酸不乏,不至叹苜蓿阑干。吴越大师投诚告至,曰:‘邢大母隆师重道,声问满江南,我等漓然而止于斋。’以此,卒之诸郎科贡起家,彬彬向用,咸母之力焉。”(《来禽》卷一八,页 23A)

《南陂先生传》:“诸犹子孙从,浸浸成立,不惮一岁数更师。束脩之费朱提十流,所招延皆吴、越名孝廉及邑宿老。远近为语曰:‘家不支,为邢师。’”(《来禽》卷一二,页 1A)

授读家塾,从诸兄学,年最幼。

《府君行状》:“世父诸子孙悉付府君课责,府君群于塾。即举人侄、举人从孙,有过亦跪受让。诸为诸生异等以下、童子以上,尽受榎楚,世父一切不问。所以延师动百千,购书动四五十千,一堂之内弦诵嗷如也。侗则其最后授读,两弟及儿则又后。”(《来禽》卷一八,页 1A)

《南陂先生传》:“于时,侗以最幼侪其间。”(《来禽》卷一二,页 1A)

能写擘窠大字。

《来禽》卷二一《漫题》:“仆七岁能作擘窠书。”(页 31A)

案:榜书,又称“擘窠大字”。《明史》卷二八八:“(王稚登)四岁能属对,六岁善擘窠大字。”(第 24 册,页 7389)

是年前后,父邢如约仍在济南德藩府良医正任,游从甚广,与李攀龙、刘天民等结诗社。

《府君行状》:“比刘选君希尹、李先辈于鳞、胡三老、陈道鸣、薛仪卫相拉为社,府君以官为家,意于于安之矣。”(《来禽》卷一八,页1A)

于慎行《邑涯公暨配墓志》:“齐列大夫自函山刘公、沧溟李公以下,又无不慕与之交,以为‘邢叔子儒者也’。”(《谷城山馆文集》卷二三,页26B)

案:邢如约与济上名流刘天民、李攀龙辈多有交往,相结诗社,谈说人物。邢侗《明待赠奉直大夫济南石川赵公墓志铭》:“若赵侍御督学先生继本,则更记忆其谈说梗概,大抵志操鉴识、文章论著,非但矫矫今世人,以济前古名流大雅,不虞怏墨。”(《济南历代墓志铭》,页174)

刘天民(1486—1541),字希尹,号函山。山东历城人。正德九年(1514)进士,授户部福建司主事,不久调任吏部文选司主事,后历任吏部员外郎、稽勋司郎中、寿州知府、河南按察司副使、四川按察司副使等职。[乾隆]《历城县志》卷四〇有传。(页14A)

李攀龙(1514—1570),字于鳞,号沧溟。山东历城人。嘉靖廿三年(1544)进士,历刑部主事、员外郎、郎中,出守顺德,升陕西按察司提学副使、浙江按察司副使、河南按察使。因母逝扶柩归里,卒。主盟文坛二十余年,与谢榛、王世贞等诗酒唱和,倡导文学复古运动,史称“后七子”。著有《沧溟集》。事具殷士儋《明故嘉议大夫河南按察使李公墓志铭》(《金舆山房稿》卷一〇,页3A),[乾隆]《历城县志》卷四〇有传。(页17B)

时往济南,闻悉缙绅掌故。

邢侗《明待赠奉直大夫济南石川赵公墓志铭》:“盖先侍御公往从济南称王国人,颇悉济南诸大夫人门世次,而侗时在龆龀,至今记忆不能忘。”(《济南历代墓志铭》,页174)

案:“时在龆龀”,当为七八岁。白居易诗云:“龆龀七八岁,绮纨三四儿。”姑系于是。

邢大姊出嫁,姊夫为同邑茂才李易知。

《来禽》卷一二《邢大姊传》:“逾时及笄,适邑李子乾茂才易知,实继我仲父者,姊而室有家矣。子乾两世父俱甲第,名荐绅,父亦入赀有官阀,不龊龊乡里。而会姊嫁时产中削,一切不类富人居,姊怡然自适也。又其时吾家袭

素业，衣补仅仅襆囊，木棱不华鲜，无以藉称名豪送女者，姊怡然自适也。”（页 7B）

案：邢大姊嫁同邑诸生李易知为继室，其先娶二伯邢如愚女。《府君行状》：“女七：一适邑京卫经历李公钝子诸生易知。”（《来禽》卷一八，页 1A）时李氏家道中落，邢家亦非富足之家，故嫁妆“无以称名豪送女者”。

本年，山东福山县、邹县地震，十一月，免山东灾伤田租，仍赈之。

嘉靖三十七年戊午(1558)，八岁

家塾读书。

七月，堂兄邢化为《重刻陈邑侯去思碑》书丹，碑文同邑菅怀理撰。

[同治]《临邑县志》卷一五《重刻陈邑侯去思碑》末署：“按碑为邑人菅怀理撰，邢化正书，嘉靖三十七年七月知县王永寿立石。”（页 28A）

案：时邢化丁忧在家。邢化善书法，曾经明世宗御试钦定第二人，实授中书科中书舍人。《元兄邢公传》：“性近法书，学书辄大成，十八工为院体，二十以书得幸肃皇帝。不三年，真拜中书舍人。”（《来禽》卷一二，页 4A）

菅怀理，字复斋，嘉靖八年(1529)进士，历任户、礼二科都给事中，江西副使，陕西参政、按察使、右布政，湖广左布政。[同治]《临邑县志》卷九有传。（页 3B）

堂兄邢仕、邢任先后患病，父邢如约百方护视，夜以十起。

《府君行状》：“孤从仲兄举人仕、季兄学生任先后疾，府君护视以百方，夜以十起，两兄每从枕上呼曰：‘无以报叔父，愿叔父多福多寿多男耳！’”（《来禽》卷一八，页 1A）

案：邢仕为大伯次子，嘉靖廿五年(1546)举人，已前见。邢任为大伯第四子，《家乘》卷四上：“任，字子力，例贡。”（页 9A）

目睹父邢如约被督租吏辱骂不休，益发奋勤学。

李维桢《邢公墓志》：“给事公没，父当户，督租吏谇不休，子愿发愤：‘大丈夫不致身青云，乃辱其亲耶？’学日勤。”（《大泌山房集》卷七九，页 38A）

《太仆崇祀文》：“公髫时见封公困于庸调，户外有追呼吏，即汗流浃背，抗志下帷，功苦修励。……例应顺天乡试，过德水，遂念我都谏世父弃世不几年，我

家君至以徭役受徼卒凌谇，何子之为？”(《家乘》卷一〇“艺文志二”，页60A)

案：侗目睹父亲被督租吏谇之时间，《太仆崇祀文》云“公髫时”，即八岁，又云“都谏世父弃世不几年”，大伯邢如默卒于嘉靖三十四年(1555)，距此四年，二者相合，故系于此。

本年，冯琦、公鼐生。

嘉靖三十八年己未(1559)，九岁

家塾读书。原配陈氏以孤为万太君收养。

是年，临邑大旱，邢如愚、如约兄弟商议捐粮三百石救赈，又购棺葬已逝之饥民。

《府君行状》：“嘉靖己未，嗛，人多析骸以炊，富室蕴年矣。府君谋诸仲兄，输粟三百石，流人鬻于官，且为期要，无赘聚焉。自余私哺庐儿贫戚边忠、李敖、南华、李朝宗等百十有奇。是年乡人石崇仁、邵表正、刘堂等死，凡二十七干，悉棺掩之。”(《来禽》卷一八，页1A)

《南陂先生传》：“嘉靖己、庚末，岁大侵，先李芝辈输粟百斛，振起饥人。”(《来禽》卷一二，页1A)

案：捐赈时间，《府君行状》云“嘉靖己未”，《南陂先生传》云“嘉靖巳、庚末”，此从《府君行状》。冯时可《犁丘邢庄惠先生祠堂碑记》亦同：“嘉靖己未岁大祲，道殣相望无恤者……”(《冯元成选集》卷一九，页41A)

元兄邢化服阕，谒补故城县知县。

《元兄邢公传》：“谒补故城，敢决犹昔，数治大狱，邻境虞、芮质台恃以平，然不名甘陵一钱。”(《来禽》卷一二，页4A)

原配陈氏父母双逝，母万太君悯而收养，视同己出。

《亡妻陈氏墓志》：“吾邑称科第蝉联者，唯余不腆河间氏。而家累巨万、任侠慷慨，则归两陈翁。陈孟翁尤慕义好施予，则余亡妻孺人之王父云。孟翁生兰阳主簿完，是生孺人。兰阳公少通经术，内行醇备，而其配夫人于氏，则畿内亚魁于次公之妹，于吾邑称女师。于夫人凡生两女子，长适余从兄佃，次则孺人。孺人数岁从之兰阳官，无何，二尊人皆暴亡。而适余从兄者姊将孺人归，归甫八岁。盖兰阳公无三尺之胤，而余孺人以一孤弱女子无可栖托，

则吾母夫人女蓄之。”(《来禽》卷一三,页 1A)

案:陈氏为兰阳县主簿陈完幼女,“归甫八岁”,是年父母双逝,其姊为邢侗堂兄邢佃之妻,携之归邢家,万太君怜其孤无所依,便收养视同己出,与同生六女同食宿。

本年,清太祖努尔哈赤生。黄辉生。

嘉靖三十九年庚申(1560),十岁

家塾读书。

冬,邢如愚、如约兄弟及元兄邢化再议重修县学。先是,邢如默首议重修,未及而逝,至是谋卒成之。

马庭若《临邑县尚义世家重修儒学记》:“邑之有学,修自嘉靖丙戌,年来圮败,风雨弗除,而有司方难于国计,势不暇及。乙卯春,邑乡老先生先都谏北原邢翁暨仲嗣丙午乡荐君仕,尝念为家世本原之地,首议修之,未及以疾相继逝。越庚申冬,乃原翁弟断卫公如愚、藩相公如约暨翁冢嗣、前中书君化集诸子侄迨孙者,数辈皆庠彦也,谋卒成之。”([同治]《临邑县志》卷一五,页 29B)

是年,元兄邢化升真定府通判。

《元兄邢公传》:“用前资地升通判,驻真定焉。亡何,承大母重,家食凡三年。”(《来禽》卷一二,页 4A)

案:祖母许氏卒于明年(详后),故邢化升真定府通判系于是年。

嘉靖四十年辛酉(1561),十一岁

家塾读书。祖母许氏去世。

祖母许氏年逾八十,卒于是年。

《府君行状》:“王母卒则后世父盖棺六年,诸所营综丧具,靡不葳备。会葬千人皆名绅国士,府君比及于备,曰:‘吾将以异日地下报吾伯兄也。’”(《来禽》卷一八,页 1A)

《万太君行状》:“王母逾耋大归。”(《来禽》卷一八,页 23A)

案:据《府君行状》,祖母许氏“后世父盖棺六年”,邢如默卒于嘉靖三十四

年(1555),则祖母应卒于是年。又《万太君行状》云“王母逾耋大归”,则卒年逾八十。

元兄邢化时任真定府通判,丁忧归里。

《元兄邢公传》:“用前资地升通判,驻真定焉。亡何,承大母重,家食凡三年。”(《来禽》卷一二,页4A)

侄邢王道随父归里,时年十九。

《遵道行状》:“而以从朝列公官远方,比十九岁始还籍。一试冠其曹,郡守义[宜]兴曹公招前而问之:‘郎君骅騄之足,不蚤就簪袅,而置诸野,何以故?’遵道对以所由,曹公遂为游之诸大寮,自是屡试无不居第一者。”(《来禽》卷一八,页30A)

案:邢王道为元兄邢化长子,从父官远方,时随父归里,是年十九,故云“比十九岁始还籍”,则生于嘉靖二十二年(1543)。“郡守义[宜]兴曹公”为曹三旸,[道光]《济南府志》卷二七“知府”:“曹三旸,南直宜兴人,进士,升湖广副使。”(页3A)

本年,袁宗道生。

嘉靖四十一年壬戌(1562),十二岁

家塾读书。邢慈静约生于是年。

临邑境内棉花丰收,数千万计棉花堆满谷仓与地窖,贩者四方至。偶收伪金,邢如约取以投井,不肯骗人。

《府君行状》:“壬戌,境大熟,吉贝以数千万计狼藉,与仓城囷窌衡矣。贩者四方至,府君则视市价赢其货,缩其直,贩乃蚁集。贩去,伪金见,府君委诸涂,傔人拾曰:‘人其尝我,我将尝人。’府君曰:‘此等小贾,安得问金所从来?’取以投井中。曰:‘尔曹识之,吾不令吾三户邑见傀然者币也。’”(《来禽》卷一八,页1A)

八妹邢慈静约生于是年。

《列朝诗集》“闺集第四”:“慈静,临邑人。太仆卿侗之妹。善画白描大士,书法酷似其兄。母万,爱慈静甚,必欲字贵人。年二十八,始适武定人大同知府马拯。有《芝室集帖》、《芝兰室菲菲草》。”(第12册,页6559)

案：邢慈静为邢侗胞妹，同为万太君所生。慈静在兄弟姊妹中排行第八，故曰“八妹”，邢侗有《季第、八妹之云中塞》诗可证。(《来禽》卷二，页19A)关于其生年，山东席文天先生据《列朝诗集》：“年二十八，始适武定人大同知府马拯。”考订马拯万历廿八年(1600)任大同知府，进而定慈静生于万历元年(1573)，党月异、孙建功著《邢侗邢慈静研究》(页66)，解长青著《邢侗年谱》(页11)同之。笔者据[崇祯]《武定州志》、[乾隆]《平阳府志》，考订马拯万历三十一年(1603)始任大同知府，故席文天先生的考证有误。邢侗有《送马妹丈明府之唐山》(《来禽》卷三，页20B)，可知马拯任唐山知县时已续弦慈静，而马拯知唐山据考在万历十七年(1595)十二月。(详后)据此，笔者考订邢慈静万历十七年或稍前出嫁，倒推二十八年，慈静约生于此年。此时父邢如约五十二岁，母万太君四十岁，兄邢侗十二岁。

本年，五月，严嵩以罪免，其子严世藩下狱。是年重修《永乐大典》。

嘉靖四十二年癸亥(1563)，十三岁

家塾读书。作王宠楷书。

四月，邢氏兄弟重修邑学，历时二年四个月竣工。

《南陂先生传》：“学宫岁久，上雨渗漉，神座为淖。旁风昼夜号门，隙柱础欹欲仆，硕鼠白日人立，穴壁尽空矣。公乃徬皇谋诸弟侄，概损二千金，撤而新之，诸台监司竞署‘世德尚义’，标榜门阀。乃今素王之宫，俨名为河间宗祊，岂虚乎哉？”(《来禽》卷一二，页1A)

《万太君行状》：“邑文庙圮，府君以两兄指叶谋，揆日具徒敦匠以百数，皆太君综营。手制糗饼，日数千枚，腕尽为肿，至今邑子能言之。”(《来禽》卷一八，页23A)

案：[同治]《临邑县志》卷四“学宫”：“嘉靖四十二年，邑人邢如约、邢如愚重修。”(页26A)据马庭若《临邑县尚义世家重修儒学记》，邢如默及次子邢仕嘉靖三十四年(1555)春首议，未及动工而逝。三十九年(1560)冬，邢如愚、如约及侄邢化谋卒成之，次年正月动工，至是年四月竣工，历时二年四个月，费二千金。马庭若《记》曰：“工起于辛酉之正月，而以癸亥之四月落成，所费殆余千金云。”([同治]《临邑县志》卷一五，页29B)又，马庭若，邑人，与兄马

庭荆嘉靖二十八年同举乡试。[同治]《临邑县志》卷八“举人”:“(嘉靖)己酉科,马庭若,庭荆之弟。”(页26A)

山东巡抚张鉴等为竖门坊,署“世德尚义”。

《家乘》卷一二“事纪”:“嘉靖四十二年,抚按张公鉴等下记,竖邢如愚等兄弟叔侄尚义门坊。”(页1A)

案:“抚按张公鉴”,即山东巡抚张鉴。[道光]《济南府志》卷二五“巡抚”:“张鉴,四川南充人,进士,历副使。”(页26A)

学作王宠楷书。

《来禽》卷二一《漫题》:“仆七岁能作擘窠书……又六年,作雅宜楷书。”(页31A)

案:“雅宜”即王宠(1494—1533),字履吉,号雅宜山人,南直隶吴县人。工书法、精小楷、尤善行书。善学王献之,以拙取巧,婉丽道逸,疏秀有致。

于家塾读书诸儿中年最幼,独为二伯邢如愚所期许。

《南陂先生传》:“于时,侗以最幼侪其间,独见期许,谓:‘是儿十三,有先伯之遗风。’先伯者,世父都谏公也。自余子姓彬彬,英实相剂,试辄冠首。”(《来禽》卷一二,页1A)

本年,四月,副总兵戚继光统浙兵,总兵官刘显、俞大猷合攻平海卫之倭。至是,浙、闽倭乱渐平。十月,擢戚继光为福建总兵官,镇守全闽。

嘉靖四十三年甲子(1564),十四岁

入济南府郡学,为诸生。二伯邢如愚卒。

春,邹善督学山东,到县学巡视,识侗有天下才,取为郡学弟子员。

李维桢《邢公墓志》:“学日勤,十四为诸生。”(《大泌山房集》卷七九,页38A)

《涌幢小品》卷一一:“嘉靖甲子,安福邹颖泉督山东学,得邢知吾侗,曰:‘异日当文名天下。’时邢年方十四,召读书省之司衡堂。亲行冠礼,东方传为盛事。”(页236)

《来禽》卷二一《漫题》:“越春,邹督学莅齐,取仆弟子员。谓:‘此儿文笔,当以古作擅场,书法有前辈风。’”(页31A)

案:“邹督学”名善,字继甫,号颖泉。《明史》卷二八三:“邹善,嘉靖三十

五年进士，以刑部员外郎恤刑湖广，矜释甚众。擢山东提学佥事，时与诸生讲学。万历初，累官至广东右布政使，谢病归。久之，以荐即家授太常卿，致仕。”（第24册，页7270）

郡学同学者十三人，年最幼。

《遵道行状》：“其所与同研席，皆多睦以上之属，满十三人，余最幼。而此十三人无不争自负，恃累代门风，操觚行墨，油素杂前，膏烛映窗，瓯檠狼藉，真若百工之肆，而遵道颜行颇下，韫抱独奇。此十二人人人问业遵道前，俨若经师。遵道抗声对，各厌其意乃已。即累岁倾赀延傅，赘疣耳。”（《来禽》卷一八，页30A）

案：同学十三人，考得有邢侗、邢王道、曲迁乔、徐迪吉、葛曦，侗年最幼。

徐迪吉（1549—1609），字汝惠，别号心禹，山东陵县人。隆庆元年，督学邹善校济南，迪吉为陵县第一，葛曦德平第一，邢侗临邑第一。二年，选拔萃，入太学，与诸文士游。屡试不上，无复科举望，从铨次得洛南令，任满辞去归里，卒于家。事具邢侗《文林郎洛南县知县心禹徐公元配郭孺人暨次配王令人合葬墓志铭》。（《来禽》卷一四，页10A）

葛曦（1545—1592），字仲明，号凤池，山东德平人。葛守礼孙。万历十一年（1583）进士，授翰林院庶吉士，升翰林院检讨。万历十七年（1589），充会试同考官，所拔士二十二人，皆宇内俊彦，号称得人。著有《葛太史集》五卷。事具葛昕《翰林院检讨亡弟仲明行述》。（《集玉山房稿》卷五，页50A）

曲迁乔（1548—1618），字允升，号带溪，山东长山人。隆庆四年（1570）乡试中举，万历五年（1577）进士。除沁水知县，拜工科给事中，历户、礼、刑三科，前后二十余疏，上皆嘉纳。出参淮扬藩政，晋按察使，迁广西右布政使，改左布政使，擢顺天府尹。以前调兵食有功，晋通政使司通政使，寻乞辞归。著有《光裕堂文集》。[道光]《济南府志》卷五〇（页42B）、《掖垣人鉴》卷一六（页26B）有传。

选入郡学，父邢如约并无喜色，戒以“驹齿未成，徒益此儿过耳”。

《来禽》卷二一《漫题》：“仆七岁能作擘窠书……又六年，作雅宜楷书。越春，邹督学莅齐，取仆弟子员，谓：‘此儿文笔，当以古作擅场，书法有前辈风。’先侍御公亦弗善也，谓：‘驹齿未成，徒益此儿过耳。’”（页31A）

是年，尽读家藏书。

黄克缵《邢子愿传》：“子愿夙禀灵慧，家多藏书，年十四已能尽读。”（《数

马集》卷二七,页22B)

案:邢家富藏书,邢如约督课诸子侄读书,"延师动百千,购书动四五十千"。(《府君行状》,《来禽》卷一八,页1A)又《南宫县学藏书记》:"往不佞居里塾,好购诸古今书读之。而家故泲北,非通都,觌觌屑屑耳,不能举群众也。"([道光]《南宫县志》卷一二,页21B)

二伯邢如愚病重,交代田产账务,纤介无遗忘。

《南陂先生传》:"及年望六,意忽忽不乐,徐属家侍御公、诸犹子孙从曰:'前,前!吾且不讳,奈何?'口授簿录,一切田庄第宅及小藏蓄物,纤介无遗忘。已,乃厉声誓:'平生一簪着身、一钱自名者,其畴与血食。'随呼其子修曰:'硗确之区,仓积之余,尔食尔居。傥从若叔与世父子孙口量心竞者,吾死且必尔褫。'家侍御公以下心骨寒震,莫忍仰视。未几,逝。"(《来禽》卷一二,页1A)

二伯邢如愚卒,年五十四。

《南陂先生传》:"仲父邢如愚,字契甫,卜筑城南五里许,遂号南陂先生。公为封都谏翁次子,后我都谏世父十年生,生实先我封侍御公四年云。"(《来禽》卷一二,页1A)

案:二伯邢如愚之卒年,据《南陂先生传》:"而侗举进士,王道举乡举,俱于公大故六七年后。"(《来禽》卷一二,页1A)侗举进士为万历二年(1574),侗与王道同中举人为隆庆四年(1570),前推六七年应为嘉靖四十二三年。又上年侗十三岁受二伯期许、重修邑学竣工,可证邢如愚卒于本年。二伯生于正德三年(1508),卒年五十四,检《南陂先生传》云"及年望六",《家庙告长兄主入祠文》云"仲逾中寿"(《来禽》卷二〇,页2A),均与邢如愚卒年吻合。

二伯卒后,父邢如约主持家政。

《南陂先生传》:"后数年,侍御公一用治命,分部家事,各厌大小心意,毛氂无间言。"(《来禽》卷一二,页1A)

嘉靖四十四年乙丑(1565),十五岁

在郡学,为诸生。邢家首次分箸。

邢家分箸,邢如约分上田美宅与诸侄。

《府君行状》:"仲父卒,府君乃分与诸侄田宅器物,率自取瘠敝。又不鈲

平，三娑自取少。既分箸，府君产渐以削，班施以为常，又教侗在官廉，家遂不支矣。”（《来禽》卷一八，页 1A）

《来禽》卷五《沸园诗小引》：“自余读书解事，则诸院谋为秦人出分计。家侍御公适当户，一切部录瓜分，率用河南卜式指，多推美田宅。”（页 1A）

案：邢如约当户后始未分箸，数年后“诸院谋为秦人出分计”。《沸园诗小引》云“自余读书解事”，姑系于是年。

分箸后，有侄对所分田不满请换者，邢如约均允诺。

《府君行状》：“中岁分与侄田，已田差次列也。侄一日忽请田：‘侄田不稔，请易叔父者。’府君诺。逾年，侄复请人给：‘吾叔父田田亦不稔，愿更得先所分箸田也。’府君诺。人谓：‘公不惮烦乎？’府君轩渠曰：‘失之东菑，得之西畴，失之西畴，得之东菑。此直赋芧戏耳，庸何伤？’”（《来禽》卷一八，页 1A）

本年，严嵩被贬为平民，严世蕃及党羽被处死。李日华、顾起元生。四月，吏部尚书严讷、礼部尚书李春芳并兼武英殿大学士，入阁预机务。

嘉靖四十五年丙寅（1566），十六岁

在郡学，为诸生。新婚，迎娶原配陈氏。

是年新婚，迎娶原配陈氏。

《亡妻陈氏墓志》：“盖兰阳公无三尺之胤，而余孺人以一孤弱女子，无可栖托，则吾母夫人女蓄之。吾母同生六女子，介孺人其间，不问不知其异胞也。吾孺人视吾六姊妹，不遍举七箸不食也，不俱眠不就枕也。盖自八岁如成人，即不自谓陈氏孤女介在姑爱女间过自挹损，乃若自托于吾门冢妇也者，志意复扬扬矣。八岁又七年，称有家。”（《来禽》卷一三，页 1A）

冯时可《邢公碑铭》：“元配陈孺人少失怙，万孺人迎以为女，笄而婚，佐夫学仕、处家、教子，无不惮心。”（《家乘》卷五“家传二”，页 12B）

案：据《亡妻陈氏墓志》，陈氏八岁为万太君所收养，与侗六姊妹同食宿，“八岁又七年”，与侗成亲时当陈氏十五岁，与“笄而婚”合。

本年，十二月，明世宗崩。世宗第三子即位，是为穆宗，以明年为隆庆元年。

隆庆元年丁卯(1567),十七岁

在郡学,为诸生。督学邹善召入臬署与其二子游。应拔萃贡。

三月,葛引生卒,德平士民荐谥"贞悫先生",代撰应诏呈词。

《来禽》卷二二《代德平诸生为葛东山应诏呈词》:"窃照本县禀膳生员葛引生,受性孤高,得天迥异,蚤当舞象,矩度已迈于成人;顷及束脩,颖悟殆邻于上智。追游胶序,不逐时流,他人跛倚以睨师傅,而君独矗立如斋;同侪狎昵以倡友朋,而君但静观若塑,足无横履,目不傍观。……往当与川先生被上诏书,司徒拜命,会君夙婴羸惫,鞭策不胜,众谓暂假篼舆,似为良便。君乃至竟冒炎北发,单御一羸,见者惊谓'犹童',识者服其大度。率以不任倦觞,未两月而无禄告终。此其得正,何论结缨易箦乎哉!君所著有《通礼考》《过庭纪》《宗约族谱》《易经解》《四书》《说文》《东山论草》,良堪羽翼乎圣经,兼足鼓吹乎聋俗。以故门人亲鄙,聚族而谋,昉文范之易名,准黔娄于美号。在里人曰'文肃先生',在曹司马曰'贞悫先生',二谥并摽,唯所抉择。窃独怪夫世人作事,于寒素则镶首抗颜,于阀阅则逃声匿影。盖谓避嫌瓜李,远谤甑尘,不知理求当实,事贵得真。必也尤绝之资,尽出蓬蒿之贱,则是松柏果生于培塿,醴泉必出于溷流。忝世点宗之为肖子,而绳武耀代者之为下材也。此值诏征明世,独此足当异伦孝子、义夫、真儒、节士,一字饰虚,罪当连坐,正恐大东六郡亦屈此为第一指也。"(页7B)

案:此为目前所见邢侗最早撰著之文。"葛东山"名引生,德平葛守礼子。文云:"往当与川先生被上诏书,司徒拜命……未两月而无禄告终。""与川"为葛守礼别号,是年正月起为南京户部尚书。《国榷》卷六五:"(隆庆元年正月)起前南京礼部尚书葛守礼……"(第4册,页4042)则葛引生卒于是年三月。据葛昕《翰林院检讨亡弟仲明行述》:"嘉靖乙卯,弟年甫十一岁,陡遭先妣变。"(《集玉山房稿》卷一〇,页1A)葛引生妻靳氏卒于嘉靖三十四年乙卯(1555),又葛昕《题考文肃先生妣靳行述》:"(父)乃年方四十有奇,竟溘焉。……(妣)年三十余,先先君十二年卒。"(《集玉山房稿》卷五,页46B)从嘉靖三十四年倒推十二年,亦可证葛引生卒于隆庆元年(1567),年约四十。邢侗《奉政大夫修正庶尹尚宝司卿加四品服俸德平龙池葛公行状》:"厥考为赠户部员外公引生,器业所诣,足俪孔门四科，邑士林荐谥‘贞悫先生’，所司以行履上闻，付史馆，备正史。俱在邑志。”（卷一九，页8A）邢侗所撰呈词即代为荐谥葛引生为“贞悫先生”。

葛引生（1528—1567），字长伯，号东山。守礼之子。邑禀生，闻见赅博，未第而卒。著有《家礼摘要》《东山余墨》《东山论草》各集，子葛昕校刻《孝经》，著有《郎中疏草集》《集玉山房古法书》。［光绪］《德平县志》卷七有传。（页12A）

郭宗皋起为兵部右侍郎，过临邑来访邢如约，见侗喜曰：“是宜有佳儿。”

《府君行状》：“福山大司马郭公，往为御史，用星变应诏，上事激切，肃皇帝怒。逮狱，杖创露骨矣。已免就邸，创数发动。世父比在言议，时时过相劳也。会入直，则以府君往。府君时弱冠，业精仓、扁家言，则为扬潘洗手，注善乐。越日诊审，以为恒。郭公家每不举火，府君与清坐相对，或间市饼邀啖，府君曰：‘今晨已大进食。’归则毕世父余啜。世父谓府君：‘季从郭侍御所来，秏悴困乎？’府君答：‘弟幸周旋直臣，如饱太牢。’郭每向人：‘吾创不死，则以宣甫弟故。’宣甫，世父字也。且四十年，郭公起，历南大司马，驾而问府君，欢若同袍。顾不肖侗曰：‘是宜有佳儿。’又曰：‘三兄福人，福人宣甫今且为地下陈矣。’为哭失声。”（《来禽》卷一八，页1A）

案：“福山大司马郭公”名宗皋，嘉靖十二年（1533），其为御史，上事激切触怒明世宗，被杖创伤露骨，“府君时弱冠……注善乐，越日诊审，以为恒。”（《府君行状》）又云“且四十年，郭公起，历南大司马”，至是恰四十年。宗皋是年正月起为兵部右侍郎，《国榷》卷六五：“（隆庆元年正月）起……兵部右侍郎郭宗皋……”（第4册，页4042）不久升南京兵部尚书，《明穆宗实录》卷一一：“（隆庆元年八月己亥）户科给事中庄国祯劾南京兵部尚书郭宗皋、总督南京粮储都御史游震各衰庸不职，部覆二臣精力尚强，得旨俱留用。”（《明实录》第49册，页309）于慎行《明故资政大夫南京兵部尚书赠太子少保郭康介公墓志铭》：“隆庆改元，廷臣奉遗诏讼公，从戍中起刑部右侍郎，改兵部，协理戎政，至则擢南京都察院右都御史，道中升南京兵部尚书，参赞机务。”（《谷城山馆文集》卷一九，页1A）

督学邹善考校济南诸生，徐迪吉为章丘第一，葛曦为德平第一，邢侗为临邑第一。

《来禽》卷一四《文林郎洛南县知县心禹徐公元配郭孺人暨次配王令人合葬墓志铭》：“丁卯，督学安成邹公校济南郡，公复为其邑第一。德平葛太史

曦，德平第一，不肖侗佹亦如之。三人用一时气调相结，为襟契盟。”(页 10A)

黄克缵《邢子愿传》：“十七试于督学安福邹公，文第一，召至济南读书，为亲行冠礼，齐中以为美谈。”(《数马集》卷二七，页 22B)

督学邹善召邢侗、张敬、吴道卿入臬署与二子德涵、德溥游。

《来禽》卷一三《刑部江西司郎中平原张公墓志铭》：“丁卯，安成邹夫子来棅文柄，复首拔公。夫子世传道学，见公举止应对而说之，曰：‘此非徒艺文士，将衍吾南宗。’乃檄入臬署，与其二子游，即佥宪公德涵、编修公德溥是也。侗亦在列，共矢不为口耳剽窃，务究厥懿实。公名遂先我噪东秦间矣。”(页 20B)

《来禽》卷一七《东郡大方伯吴公诔》：“方伯公姓吴氏，名道升，字名辅，东郡聊城人也。……比安成邹公以累代渊源为东人师，延入内署，共诸郎学，一时奕奕，名振曹耦。”(页 12B)

案：“张公”名敬，山东平原人。[乾隆]《平原县志》卷七“举人”：“张敬，丁卯科七名，罗山知县，历升刑部郎中。”(页 10B)“吴公”名即道升，又名道卿，山东聊城人。[康熙]《聊城县志》卷三“进士”：“吴道卿，字公辅，平山卫人。登隆庆辛未进士，仕至浙江布政使，祀乡贤。”(页 16B)据侗自述，张敬、吴道卿及邢侗时为督学邹善召入臬署共其二子学。“二子”即德涵、德溥。《明史》二八三邹善传附：“(邹善)子德涵、德溥。德涵，字汝海，隆庆五年进士。历刑部员外郎。张居正方禁讲学，德涵守之自若。御史傅应祯、刘台相继论居正，皆德涵里人，疑为党，出为河南佥事。御史承风指劾之，贬秩归。(父)善服习父训，践履无迫，称其家学。而德涵从耿定理游，定理不答。发愤湛思，自觉有得，由是专以悟为宗，于祖父所传，始一变矣。”“德溥，由万历十一年进士，历司经局洗马。”(第 24 册，页 7270)德溥(1549—1619)，字汝光，号泗山。

选拔萃贡，入国子监读书。

《遵道行状》：“会岁丁卯，穆皇帝即大位，诏取拔萃贡，余以髫季应选去。”(《来禽》卷一八，页 30A)

《太仆崇祀文》：“十七岁领恩荐。”(《家乘》卷一〇“艺文志二”，页 60A)

案：是年明穆宗即位，诏博访人才。《国榷》卷六五：“(隆庆元年)十二月辛巳朔，命礼部博访人才。”(第 4 册，页 4047)又开选拔萃贡入太学。《资德大夫兵部尚书郭公青螺年谱》：“(隆庆元年)穆宗皇帝即位，诏天下禀生郡贡二人，州县贡一人，以充国学，以备异日。”(《北京图书馆藏珍本年谱丛刊》第 52

册，页 503）

李应旸来任临邑县训导。

［顺治］《临邑县志》卷八："李应旸，江都人。元年任，升龙游教谕，南雄府推官。"（页 19A）

案：李应旸来任临邑教谕，时邢侗已入济南郡学，其《谢邢太学子愿为作暖床长句》云："太学邢生真义士，一朝邂逅莫逆超寻常。"（［顺治］《临邑县志》卷一五，页 46B）可知邢侗受学于李应旸，应旸旧与欧大任、李攀龙、王世贞等名士游，诗文书翰渊源有自，均有古风，对临邑学子影响深远。［顺治］《临邑县志》卷一一："李应旸，维扬人。为邑分训，洽贯书场，该综文府，旧与岭南欧大任游，结竹西诗社，一时名士，毕在颜行。古乐府有汉魏风，他论著率沈古脱去近习，字学精深，二王章草，枝山、雅宜纵其出入，点笔为烟岚水石，妙有胜国遗法。邑故朴质，赖公帅作，士人知有翰墨文字，彬彬蔚起，厥功匪细云。"（页 4B）

本年，穆宗皇帝即位。冒愈昌、谢肇淛、王一鸣生。二月，礼部尚书陈以勤兼文渊阁大学士，吏部左侍郎张居正兼东阁大学士，入阁预机务。时阁臣徐阶、高拱因考察事嫌隙益深。

【诗文系年】

《代德平诸生为葛东山应诏呈词》。

隆庆二年戊辰（1568），十八岁

在京师，入太学读书。

拔萃贡入太学读书。

《家乘》卷四上"世系表二"："戊辰恩选。"（页 11B）

黄克缵《邢子愿传》："穆宗即位，诏选天下髦士，县一人贡太学。子愿应诏至京，尽友天下士。"（《数马集》卷二七，页 22B）

在太学，日与孟秋、郭子章、曲迁乔、崔淳、徐迪吉游，诸人无不以上第相期许。科举学业外，亦不废心成学。

《来禽》卷一四《文林郎洛南县知县心禹徐公元配郭孺人暨次配王令人合

葬墓志铭》:“戊辰,诏天下郡邑昉古拔萃异等科举士,公时弱冠,首应诏,侗亦与在选中。会入太学,日与孟尚玺秋、郭侍御大夫子章、曲京兆迁乔、崔郡丞淳、不肖侗辈,卜居萧寺,下上古今,制业而外,不废为安成学。……诸同人无不上第相期许。”(页10A)

案:侗在太学交游同学中,孟秋、曲迁乔、崔淳、徐迪吉均山东人,仅郭子章为江西泰和人。值得注意的是,“制业而外,不废为安成学”。“安成”为三国时郡名,治所平都在江西安福县东南,故“安成”即指安福。“安成学”即安福心学,其代表人物为邹守益,为山东督学邹善之父,来自山东及江西的学子“不废为安成学”,显然由于邹守益、邹善父子的倡导和影响。而孟秋尤服膺王守仁“心学”,讲学问辩。孟化鲤《孟我疆先生传》:“既入太学,鼓集天下士讲天仙庵,是时鲤亦游太学,一见先生遂契合。”([康熙]《茌平县志》卷四,页26A)

徐迪吉(1549—1609),字汝惠,别号心禹,山东陵县人。天资颖拔,督学邹善校士,与德平葛曦、临邑邢侗各考本邑第一,推为湖南书院都讲。隆庆初选拔贡入太学,屡试见落,无复科举望。后从选次,得洛南县知县。未久,谢职去。事具邢侗《文林郎洛南县知县心禹徐公元配郭孺人暨次配王令人合葬墓志铭》。(《来禽》卷一四,页10A)

孟秋(1525—1589),字子成,号我疆,山东茌平人。隆庆五年(1571)中进士,历任昌黎县令、兵部主事、刑部员外郎、尚宝司少卿等职。事具孟化鲤《孟我疆先生传》。([康熙]《茌平县志》卷四,页26A)

郭子章(1543—1618),字相奎,号青螺,别号蠙衣生。江西泰和人。隆庆五年(1571)进士。万历十年(1582)迁广东潮州府知府。廿六年(1598)任右副都御史巡抚贵州兼制蜀楚军事,与李化龙合力剿平播州杨应龙叛乱,平定贵州苗、瑶起义。归里卒,年七十六。谥文定。著有《粤草》《蜀草》《楚草》《闽草》《浙草》《晋草》《留草》等。参见郭孔延《资德大夫兵部尚书郭公青螺年谱》。

崔淳,字仲素,号兰溪,山东平度人。隆庆四年(1570)选贡,历任北直隶威县知县、昌平州知州、永平府同知。工诗。[道光]《重修平度州志》卷一八有传。(页10B)邢侗《二月上旬送仲素先生北游》(《来禽》卷二,页10A),即酬崔淳之作。

本年,穆宗第三子立为皇太子,后为神宗。严嵩流窜死。于慎行、李维桢、冯时可中进士。袁宏道生。五月,以都督同知戚继光镇蓟门。七月,徐阶罢。

隆庆三年己巳(1569),十九岁

在京师,入太学读书。十一月,廷试恩贡生。

是年,黄辉入太学,与侗相善慕悦。

《来禽》卷一四《文林郎洛南县知县心禹徐公元配郭孺人暨次配王令人合葬墓志铭》:“戊辰,诏天下郡邑昉古拔萃异等科举士……蜀黄太史辉稍后至,更相慕悦为尔汝昵。”(页10A)

案:黄辉(1559—1612),字平倩,一字昭素,号慎轩,四川南充人。幼颖异,稍长,博极群书。年十五举乡试第一。万历十七年(1589)成进士,选翰林院庶吉士,为编修。迁右春坊右中允,为皇长子讲官,升少詹事兼侍读学士,卒于官。诗清新轻俊,自舒性灵,状景抒情。工书,“布局疏朗,行气脱落,韵致潇洒,墨法圆润”,誉为“诗书双绝”。著有《铁庵集》《平倩逸稿》《怡春堂集》《慎轩文集》等。《明史》卷二八八有传。(第24册,页7394)

在京师,尽交天下士,学益博,名日甚。

黄克缵《邢子愿传》:“子愿应诏至京,尽友天下士,学日益博,文日益有名。”(《数马集》卷二七,页22B)

冯时可《邢公碑铭》:“隆庆戊辰,以诸生高等入成均,下键诵读,足绝侠邪。”(《家乘》卷五“家传二”,页12B)

案:时拔贡入太学者均为各地才俊,与侗交善游从者又有晋江李廷机、长洲顾其志、龙溪张廷榜、崇德郭子直等。李廷机有《报邢知吾》忆及当年情形:“自吾侪曳裾太学,迄今几三十年,桥门黉舍之观有加,而章缝之盛、弦诵之声大不如昔,教法士习盖日趋而下矣。”(《李文节集》卷一三,页8B)同学者又有顾其志,故侗《顾水部竹梧集序》云:“侗视方伯君同舍友也,公视侗孔李通家子弟也。”(《来禽》卷六页,17A)又有张廷榜,张燮《与邢子愿侍御》:“家君于明公两附同籍。”(《霏云居集》卷四二,《张燮集》第1册,页743)又《先大夫府君行状》:“庄皇帝改元,诏郡国各贡诸生一人,府君遂入彀高等。既游息太学,大司空朱衡为其子博采诸名下置幸舍,于是海内吐凤雕龙之士尽西园矣。府君年最少,而最受知大司空,与公子后光禄丞维京及今司马中丞郭公子章,为莫逆交云。明年庚午,举京兆试。”(上书卷三六,页649)又有郭子直,《来禽》

卷二五《报郭使君舜举》:“束发之年即识明公于璧门。明公谓是东方孺子,四蹄间具雷雹者也。已附京兆荐书,歌鹿之辰,两人联席,共相咨嗟于遇合之难,南北东西,风马牛耳。”(页5B)陈懿典《汾源郭公墓志铭》:“公应贡北雍,庚午举顺天乡试。”(《吏隐集》卷一二,页16A)

李廷机(1542—1616),字尔张,号九我,福建晋江人。隆庆四年(1570)顺天乡试解元,万历十一年(1583)会元、榜眼,累官至礼部尚书,入参机务,遇事有执,性廉洁,然刻深偏愎,言路以其与申时行、沈一贯辈密相授受,交章逐之,遂乞休。卒,谥文节。著有《李文节集》。《明史》卷二一七有传。(第19册,页5739)

顾其志(?—1612),南直隶长洲人。隆庆五年(1571)进士,授长兴县令,升南昌府同知,历部郎、山东布政使。进右副都御史,巡抚陕西,极论矿税之害,力裁税使,深受秦人爱戴。再进为兵部左侍郎,总督陕西三边,御敌有法,统将有威,论功升兵部尚书,掌南京都察院事,加太子少保。以守制归里,卒。著有《筹陕存牍》。[乾隆]《长洲县志》卷二四有传。(页34A)

张廷榜(1545—1609),字登材,万历甲戌进士,曾任太平县令,后擢镇江丞,署篆吴江,他为官清廉,但“竟以不善事上官论罢”,三十岁就退隐,结庐石江。事具张燮《先大夫府君行状》,[光绪]《龙溪县志》卷一六有传。(页31A)

郭子直(1528—1606),字舜举,号汾源。浙江崇德人。隆庆五年(1571)进士,除行人,转礼部、兵部主事,迁广东佥事提督学政,升山西右参议,官至福建按察使司副使,以病乞归。里居二十多年,不谒公府,嗜书苦吟,卒年七十九。著有《二京三游草》。事具陈懿典《福建按察使司副使汾源郭公墓志铭》。(《吏隐集》卷一二,页16A)

十一月,廷试天下恩贡。阅卷总裁李春芳、张居正。

《资德大夫兵部尚书郭公青螺年谱》:“(隆庆三年)夏四月,如京师。江西恩贡一百名,公名列三十七。冬十一月,廷试天下恩贡。上卷十名,公第一,《四书》题:‘尊贤使能,俊杰在位。’《易经》题:‘出门同人,又谁咎也。’……阅卷总裁兴化李文定公春芳、江陵张公居正。”(《北京图书馆藏珍本年谱丛刊》第52册,页505)

案:“郭公青螺”即郭子章,侗与郭子章同为恩贡,入太学读书,是年廷试恩贡,侗亦应参加,惜史料阙如。

为临邑训导李应旸作新炕,应旸赋长句谢之。

李应旸《谢邢太学子愿为作暖床长句》:“南人不识炕,冬夏唯筐床。自我来齐中，始知北地寒莫当。斋舍冷觳觫，短檠无晶光。碎裂青毡毳毾秃，那有绛帐空荒凉。惨凛不异牛衣宿，蝇蟉会殊蚕室僵。太学邢生真义士，一朝邂逅莫逆超寻常。察余职冷绨纩尠，熏彼德燠沉檀炀。周览寝庐叹啧啧，傍睇敝榻增遑遑。亟令童仆具材甓，遣工作炕抨之康。仍复躬督尽坚致，雅情恋恋不，不翅火齐珠琳琅。向夕展裯试高卧，融融暖煦生春阳。燕谷吹律不足拟，矧数肉屏温柔乡。昼坐把帙快披阅，宵眠偃仰忘渠央。不用负黄袄，不用暖足汤，不用金帐兰闼饮羊羔，不用锦衾角枕袭鹔鹴。都失痒瘷苦展转，亦免溧冽成痟疡。中怀畅适信非偶，外貌豫恺尤无量。因厌趋炎徒，便欲老此玄冥方。申戒鹭凰走尺牍，报谢愧乏琬琰璆璜璜……”（[顺治]《临邑县志》卷一五，页 46B）

案：李应旸隆庆元年任临邑训导，接任者为：“张栗，东阿人，（万历）元年任。”（[顺治]《临邑县志》卷八，页 19B）则李应旸隆庆元年（1567）至六年（1572）在临邑训导任。诗题“邢太学”，当为侗在太学尚未中举前作，即是年十一月廷试后，归里准备明年秋季乡试期间所作。

本年，米万钟生。三月，改总理练兵都督戚继光为蓟镇总兵官。八月，吏部尚书赵桢吉兼文渊阁大学士，入阁预机务。十二月，召高拱复入阁。

隆庆四年庚午(1570)，二十岁

家居。秋，顺天府乡试中举。

山东督学邹善亲自主持邢侗加冠礼。

冯时可《邢公碑铭》：“十七，督学使安福邹公奇之，曰：‘是天下才也。’召读书于其堂，为亲行冠礼。”（《家乘》卷五“家传二”，页 12B）

案：古男子二十岁行加冠礼，表示成年。汉刘向《说苑·修文》：“冠者，所以别成人也……君子始冠，必祝成礼，加冠以厉其心。”邢侗是年二十岁，上年十一月参加恩贡廷试后，自太学归里，督学邹善为其亲行加冠礼。邹善为邢侗终身敬重，李维桢《邢公墓志》：“其于师若前邹公，为主祀于家，祭必斋，如终其身。”（《大泌山房集》卷七九，页 38A）

八月，赴顺天府乡试，路过德水，且誓且泣，誓取一第。

《太仆崇祀文》：“例应顺天乡试，过德水，遂念我都谏世父弃世不几年，我家君至以徭役受儆卒凌谇，何子之为？此去不一第，誓以身质之河。且誓且泣，乃竟第。”（《家乘》卷一〇“艺文志二”，页60A）

父邢如约在京陪伴，疽发背，病危，侗终日侍候，幸得痊愈。

《府君行状》：“府君庚午疽发背危，孤京邸侍获全。”（《来禽》卷一八，页1A）

是科顺天乡试主考官为右春坊右谕德兼翰林院侍读丁士美、翰林院修撰申时行。

《国榷》卷六六：“（隆庆四年八月壬寅）右春坊右谕德兼翰林院侍读丁士美、修撰申时行主试顺天。”（第4册，页4138）

案：是科顺天乡试主考官均为状元，丁士美为嘉靖三十八年状元，申时行为嘉靖四十一年状元。申时行有《顺天府乡试后序》：“皇上稽古，右文吁俊，尊帝建首善，自京师始。乃隆庆庚午当大比士，诏特允儒臣言，增两都解额，而臣士美、臣时行实奉命典顺天试事。录成，臣时行当序诸末简。”（《赐闲堂集》卷九，页6B）丁士美、申时行为邢侗乡举恩师，侗有《上申相公》云：“不肖侗自束发厕迹师门，迄今且二十余年。中间造就之恩，曲成之谊，即历万亿不能指数。”（《来禽》卷二七，页11B）

丁士美（1521—1577），字邦彦，号后溪。南直隶清河人。嘉靖三十八年（1559）状元。历任翰林院修撰、右春坊右谕德、侍读学士、掌翰林院事兼教习庶吉士、太常寺卿、国子监祭酒、礼部右侍郎、吏部左侍郎，历事三朝，辅佐二帝。凡五司文衡，皆称得人。充东宫侍班、经筵日讲官，要以正言格论，反复开导，万历皇帝亲书“责难陈善”四字。曾主持纂修国史、实录及重录《永乐大典》。万历三年（1575），归里守丧，服未满卒于家。赠礼部尚书，谥“文恪”，赐祭葬。参见许国《通议大夫吏部左侍郎兼翰林院侍读学士特赠礼部尚书谥号文恪丁公后溪墓志铭》。（《御书堂·丁氏族谱》，页326）

申时行（1535—1614），字汝默，号瑶泉，晚号休休居士。南直隶长洲人。嘉靖四十一年（1562）状元。历任翰林院修撰、礼部右侍郎、吏部右侍郎兼东阁大学士、首辅、太子太师、中极殿大学士。著有《申定公赐闲堂遗墨》《纶扉奏草》等。《明史》卷二一七有传。（第19册，页5737）

中顺天乡试第九十五名。

《万历二年进士登科录》“邢侗”：“山东济南府临邑县，……顺天府乡试第九十五名。”（《天一阁藏明代科举录选刊》“登科录”点校本下，页514）

［同治］《临邑县志》卷八："（隆庆庚午科）邢侗，京闱举人。"（页 8A）

时李廷机、郭子章等同举于顺天府，李廷机为本科解元。侗年最少，而名甚盛。

李廷机《寿邢太公九十序》："临邑有邢太公者，其子冋卿子愿，余所与同举于北畿者也。时隆庆庚午，冋卿年最少，而英爽博雅。其为文出入先秦两汉间，其书法学晋人，其与当时贤豪长者游，一见如平生欢，人人自以为子愿亲己。其见事敏，其于世故、时务、朝章、国体，无所不明习，人谓：'子愿其少成者欤。'或曰：'本太公之教也。'盖是时太公年六十。"（《家乘》卷一〇，页 42A）

案：《资德大夫兵部尚书郭公青螺年谱》："（隆庆四年）秋八月，举顺天乡试。主试丁文恪公士美、申少师公时行，本房连江教谕王公一岳。王公初以公卷第一，李九我公卷第二，呈丁、申二公，谓李卷平正，公卷太奇，抑置本房第二，故公名次十八。丁公谓公曰：'顺天首善地，毋令天下议我好奇。'"（《北京图书馆藏珍本年谱丛刊》第 52 册，页 506）本科顺天试，又有朱勋作弊，主考官丁士美、申时行各夺俸二月。《国榷》卷六六："顺天府丞朱勋上试，录有复纸，勋及考官丁士美、申时行各夺俸二月。"（第 4 册，页 4140）同年生尚有马允登，孙继皋《亚中大夫湖广布政使司右布政瀛浒马公墓志铭》："以庚午举顺天，明年成进士。"（《宗伯集》卷九，页 13B）

李廷机以解元中举，为恩师丁士美所重。李廷机曾为其祖丁凤（1463—1504）撰《诰赠通议大夫太常寺卿兼翰林院侍读学士丁公朝阳（凤）像赞》，《李文节集》未载，附录如下："猗欤！先生端性粹，大鸟峨冠，孕祥毓瑞。肇锡佳名，朝阳爱字。笃亲本仁，还金矢义。有急我周，唯力所至。有才我储，唯塾是置。光流文孙，大魁用炽。遂晋铨衡，备位卿贰。三锡褒崇，九京光贲。年虽未加，报终不匮。敬告宗盟，引绳志事。"（《御书堂・丁氏族谱》，页 190）

侄邢王道中山东举人。

《元兄邢公传》："值庚午举士，元兄长子王道举东省，而侗举顺天。"（《来禽》卷一二，页 4A）《遵道行状》："庚午，遵道举山东，余举顺天。"（《来禽》卷一八，页 30A）

［同治］《临邑县志》卷八"举人"："（隆庆庚午科）邢王道，化之子。"（页 8A）

是年，获褚遂良碑帖。

《来禽》卷二九《答青州赵太史》:“褚帖不肖弱冠时所获。”(页 9A)

元兄邢化闻邢侗、邢王道中举人，触及乡思，引疾致仕。

《元兄邢公传》:“值庚午举士，元兄长子王道举东省，而侗举顺天。元兄曰:‘张翰思莼鲈，未必有佳子第。六百石、千石不止，车且生耳，吾行归矣。’会抚中丞大简士，元兄仆于阶，又寮董公一夕无疾死，元兄触念一切，遂用疾请，不俟报，促驾归。陈守发骑驰椟，遮迟境上。元兄笑谓:‘陈公意良厚，劳苦诸君，吾忆梦不离沸水也。’诸台叹惜勉留，檄及于家，不能挽。已，为会奏，以礼致仕焉。”(《来禽》卷一二，页 4A)

案：元兄邢化以延安府同知致仕。

本年，李攀龙卒。袁中道、张瑞图生。八月，俺答与子锡林阿大举入攻，宣府、大同告急。十一月，礼部尚书殷士儋兼文渊阁大学士，预机务。

隆庆五年辛未(1571)，二十一岁

家居读书。与邢王道赴京会考，落第。

二月，与侄王道结伴赴京会考，落第而还。与王道共读书三年，备考甲戌科会试。

《遵道行状》:“辛未，余与遵道俱落进士举，归而共业，复三年。”(《来禽》卷一八，页 30A)

同学曲迁乔来，切磋学业。

《遵道行状》:“此三季中，今按察曲公迁乔自长白来，及向所谓十三人者，无恙也。余与曲公颇穷先古，而遵道独歜攠本业，余与曲公实内逊遵道，南宫一上第矣。”(《来禽》卷一八，页 30A)

十月，礼部尚书殷士儋致仕，归居历城。父邢如约、元兄邢化从之交游。

殷士儋《寿临邑封君邑涯邢先生七十叙》:“余自都下识贰守及侍御，稔其世。归济南，两生从余游，雅知公行谊甚备。”(《家乘》卷一〇，页 37B)

案：殷士儋时以少保兼太子太保、礼部尚书、武英殿大学士致仕在家。“贰守”为邢化，“侍御”为邢如约。两家世交，结为姻亲，侗第三子邢王蔼娶殷士儋孙女，《府君行状》:“王蔼，聘历城户部郎中殷公盘女，少保文庄公士儋

孙。”(《来禽》卷一八,页 1A)

殷士儋(1522—1582),字正甫,山东历城人。嘉靖二十六年(1547)进士,选庶吉士,授检讨,进右赞善兼检讨、洗马兼侍讲。擢侍讲学士,进礼部右侍郎,改吏部。进礼部尚书,署詹事府,主礼闱,教习庶吉士,进太子太保。穆宗帝即位,兼文渊阁大学士,寻加少保,进武英殿。隆庆五年(1571)十月,致仕。年六十一卒,赠太保,谥文庄,予祭葬。《国榷》卷七一有传。(第 5 册,页 4412)

本年,王象乾、赵世卿、冯时可、万世德举进士。

隆庆六年壬申(1572),二十二岁

家居读书。

葛昕有书寄至,刻其尊人葛引生举业稿册相赠。

葛昕《邢子愿孝廉》:“日前扰厚,渥领诲言,太翁溽暑远来,冒雨而归,竟未能一摅下悃,歉负可知。再披魁章,芜衷为爽,三复玩味,真有不忍释焉者。神畿脱颖,万里图南,以振公家之文声,步乡达之故事,非吾丈而谁也?……先君论草得心书纸,尝愧套袭驰炫,每又恐至近名,竟从其逸失,或贮笥为蠹鱼之薮。……因妄次为编,加之梓然。亦只求知齐鲁间,不至随草木忽忽淹没,此中豪杰云集,似未可从旁观期众是也。谨缄一册,但献知契,余以鲁讹方在校点,欲赐全阅,当第陈之匆冗中。乘隙为复,草率不庄,唯心原谅。”(《集玉山房稿》卷八,页 1A)

案:题作“邢子愿孝廉”,当侗中举后、成进士前所作,姑系于此。

本年,五月,明穆宗崩。六月,皇太子即位,是为神宗,以明年为万历元年。礼部尚书吕调阳兼文渊阁大学士,入阁预机务。时高拱罢,张居正为首辅。是年李若讷生。

万历元年癸酉(1573),二十三岁

家居,与侄邢王道结伴读书。

与侄邢王道结伴苦读,准备参加明年会考。

《遵道行状》:“辛未,余与遵道俱落进士举,归而共业。”(《来禽》卷一八,

页30A)

秋，偕侄邢王道过武定州，游三学寺，发现赵孟頫书题额。

邢侗《武定州三学寺赵文敏书额论》："余往者癸酉秋将上公车，偕余侄王道过武定，诣兵使者刘公，就州寺憩焉。见其刹宇雄古，意必前代经营。摩挲殿前螭首，得赵文敏碑。碑是文敏笔，为恶手摹丹失真，又刻手不佳，愈益失真，甚为慨噫者久之。时日已西薄，又入殿礼佛，已遍礼十八罗汉，度西南壁，仿佛一大额倚墙角，闪烁有光怪。余私忆碑为文敏书，额亦应是，亟呼烛烛之。则先觌'吴兴赵孟頫'题名，数字大于巨杯。遂狂呼趣住持僧及随从苍头数人，舁出台砌谛观，乃一竖额。竖可五尺，阔三之，额为'三学资福禅寺'六字。字正书，无行笔，庄严肉好，当是真临池本色。左方上首题'功德主扬州路总管田可宜'，亦文敏书，大可棋筭许。稍下下方数寸，即所谓吴兴题名。右方上首题为'大元延祐七年十二月初一日，功德主棣州达鲁花赤管金万山'。稍下下方数寸，则为'主持提点释道成立'。二题名亦俱文敏书。上书与扬州总管式相直，下则直文敏自题名。大小书刻，俱不失真，都作黄金饰字，空青嵌空，居然一巨丽伟观也。边匡亦浑质，不类时匠斫。余为拂曲尘，依依其下，若坐碧落碑间，不忍去。已，属住持寻问故处，署置之，僧唯唯。复数年，业悬天王殿中央。嗟乎！文敏一墨本残蠹书，世尚宝若珍贝，而一署书巨额，金碧荡辉，为敕赐名蓝标榜，几同中郎爨余之物，良可悲也！非余有翰墨嗜痂之癖，则此神物者，终与坏壁之泥同尽，胡睹所谓'焕若神明、顿还旧观'者哉！此亦州一大文献，不知从余踪迹后十余年，而州《志》属余手，特为书额之兴复如此。嗟乎！彼夫韬光埋照，而世人曾不过而傍睨者，独此额乎哉？"(《家乘》卷一〇"艺文志二"，页7A)

案：此文为万历十六年邢侗编纂《武定州志》所撰题跋，见[崇祯]《武定州志》。三学寺，又名"三学资福禅寺"，在武定州治东南。[崇祯]《武定州志》卷二六："三学寺，梵宇宏丽，法相庄严，赵文敏真笔，吴道子大士像、转轮藏，尤称奇古。"(页4B)又卷二八："三学寺：资福殿、千佛殿、祖师殿、地藏殿、伽蓝殿、天王殿、转轮阁、藏经阁、禅室方丈。"(页2B)武定州辖属武德兵备使。[崇祯]《武定州志》卷七："本朝置兵备佥事，正五品。……属按察司，正德七年始置，后兼驻德州。"(页18B)"兵使者刘公"即武德兵备刘世赏。上书卷七"武德道"："刘世赏，巴县人。隆庆戊辰(1568)进士，万历元年任，升贵州参

议。”（页 19A）

本年，神宗皇帝即位，年仅十岁。张居正请考核京官，贬斥高拱旧人，株连众多官员。

万历二年甲戌(1574)，二十四岁

入都参加甲戌科会试，进士及第。分刑部观政。

二月，奉旨甲戌科会试主考官为吕调阳、王希烈，同考官有沈一贯、王锡爵、于慎行等十六人。

《明神宗实录》卷二二：“（万历二年二月辛亥）命太子太保、礼部尚书、武英殿大学士吕调阳、吏部左侍郎兼翰林院侍读学士、掌詹事府事王希烈充会试考官。”（《明实录》第 51 册，页 577）

《万历二年甲戌科会试小录》：“总考：太子太保、礼部尚书、武英殿大学士吕调阳，吏部左侍郎兼侍读学士、掌詹事府事王希烈。同考：编修徐显卿、检讨沈一贯、检讨习孔教、兵部陈允升、左中允范应期、编修沈懋孝、户左给陈蕖、编修田一俊、编修韩世能、编修张一桂、编修于慎行、编修朱南雍、右谕德王锡爵、吏给刘不息、编修陈于陛、刑郎林如楚。”（《中国科举录汇编》第 8 册，页 233）

案：郑《表》，二月“辛亥”为初六日，是日奉旨吕调阳、王希烈充会试主考官。而会试同考官则初三日已确定。《东阿于文定公年谱》卷二：“（万历二年甲戌）二月戊申，充会试天下举人同考试官。”（《山东文献集成》第三辑第 10 册，页 619）郑《表》，“戊申”为初三日。诸人为同考官见于记载的，有《沈文恭公（沈一贯）年谱》：“甲戌，典试零陵吕相公、南昌王少宗伯，余从王太仓、范乌程、范平湖同考。”（页 4B）又《王文肃公（王锡爵）年谱》：“（万历二年甲戌）三月，府君充会试同考官。”（页 7B）

吕调阳（1516—1580），字和卿，一字豫所。湖广大冶人。嘉靖二十九年（1550）廷试第二人，累官至建极殿大学士，同张居正辅政，卒赠太保，谥文简。立朝重名义，门无私谒，以廉正闻名，为帝讲学，引经据古以规时政，深得敬重。参见张居正《太保吕文简公墓志铭》（桂海碑林博物馆藏）。［康熙］《湖广通志》卷三二有传。（页 47B）

王希烈(？—1577)，字子忠。江西南昌人。嘉靖三十二年(1553)进士，改翰林院庶吉士，授编修，累官国子祭酒、礼部侍郎，改吏部兼侍读学士，掌詹事府，充经筵日讲官，尝摄礼部尚书事。万历二年典会试，居正子弟落第，人服其不私。卒，赠礼部尚书，谥文裕。[乾隆]《南昌府志》卷五三有传。(页10B)

初七日开考，二十六日试毕。

《东阿于文定公年谱》卷二："(万历二年甲戌二月)壬子，陛辞。赐宴南宫，遂入簾。辛未，试事毕，宴于南宫。"(《山东文献集成》第三辑第10册，页619)

案：据郑《表》，二月"壬子"为初七日，"辛未"为廿六日。于慎行为本科同考官，《诗经》房，所取士有赵南星、李三才、倪涷、邢侗等。倪元璐《拜于文定公墓》自注："东阿于文定公名慎行，万历甲戌分校礼闱，琼州公为所取士，同门如赵忠毅南星、李淮抚三才其最著者也。"(《倪文贞集》诗卷下，页14B)"琼州公"即倪涷。

与侄邢王道结伴参加是科会试。礼部会试邢侗中式第二百四十二名，王道落榜。

《万历二年进士登科录》："邢侗，贯山东济南府临邑县，军籍。国子生。治《诗经》。……会试第二百四十二名。"(引略)

《遵道行状》："甲戌计偕，余叨下次，遵道复不见收。"(《来禽》卷一八，页30A)

三月十五日，参加殿试，以三甲一百八十二名赐同进士出身。是科状元孙继皋。

《国榷》卷六九："(万历二年三月)庚寅，策贡士孙矿等二百九十九人于皇极殿。赐孙继皋等进士及第出身有差。"(第5册，页4244)

案：郑《表》，是月"庚寅"为十五日。《万历二年进士登科录》："其进士出身等第，恭依太祖高皇帝钦定资格：第一甲例取三名，第一名从六品，第二、第三名正七品，赐进士及第；第二甲从七品，赐进士及第；第三甲正八品，赐同进士出身。"(引略)

殿试阅卷官见侗试卷，惊曰："徐淮以北无人可比。"

《来禽》卷二一《漫题》："殿试，卷杂用沈度、王雅宜、赵荣禄数千言，一字无遗，从今少师见之，颇惊骇，谓'徐淮以北故无此'。乃竟不知何说，落落三甲后半，末余五十许人耳。先侍御笑相谓：'儿今日真所为命也，夫吾所望汝

者，今日也。而向未启齿言也。少慧果泄机减福乎？’又向亲友大笑，乃已。”（页31A）

案：侗殿试卷用沈度、王宠、赵孟頫书，数千言竟无一字遗落，故阅卷官“从今少师”有此惊叹。“从今少师”未详，有谓于慎行，失考，于慎行曾为太子少保，未任太子少师。据《万历二年进士登科录》，是科殿试读卷官及执子等官六十员，无于慎行。（《天一阁藏明代科举录选刊》“登科录”点校本下，页478）

中进士后，分配刑部视政。

《亡妻陈氏墓志》：“不肖寻举南宫，视刑部政。”（《来禽》卷一三，页1A）

邹迪光《与邢子愿》：“记昔视事西曹，我二三兄弟联镳并席，臭味金兰，侈为盛事。居亡何，而萍梗东西，升沉异路，然或一二年一会，或三四年一会，或五六年一会，今与足下且三十年别矣。无百年人而有三十年别，能不扼腕？犬马齿加足下一龄。”（《石语斋集》卷三五，页16A）

案：明代进士观政之制，始于明太祖洪武十八年三月。新科进士例应观政三月后授官，因为少缺，常超过三月时限，至有一年未授者。《大明会典》卷二〇九：“宣德三年令，都察院选进士、监生、教官堪任御史者，于各道历政三个月，考其贤否。”《皇朝经世文编》卷一七：“国初进士，原照历来旧例，发榜之后，分拨各部观政三月，然后铨选，盖欲令新进之臣晓习部务，为理繁治剧地耳。”《明史》卷七〇：“（洪武）十八年廷试，擢一甲进士丁显等为翰林院修撰，二甲马京等为编修，吴文为检讨。进士之入翰林，自此始也。使进士观政于诸司，其在翰林、承敕监等衙门者，曰庶吉士。进士之为庶吉士，亦自此始也。其在六部、都察院、通政司、大理寺等衙门者仍称进士，观政进士之名亦自此始也。”（第6册，页1696）新科进士入部与前辈共事，其礼各部不同，刑部行同同僚。《万历野获编》卷一六“观政进士礼不同”：“新科进士，分观政衙门，本同时共事，而其礼则大不同；其在吏部、都察院者，见司官及道长，用堂属礼；在礼部用师生礼；在兵部用前后辈礼；在户、刑、工用同寅礼，直于厅内，并揖分宾主。而刑曹与大理寺，又以西署闲寂，郎官及新进诸君，轮日会饮，吉凶庆吊，恩同僚旧。”（页426）

时刑部号曰“西翰林”。尚书为王之诰，同在刑部视政之同年，有尹应元、邹迪光、江铎、方范等。

李雯《白云草序》：“国家右文为治，翰林之选，既招天下英茂博闻之士矣。

而其奇才逸翰著于人间,若李攀龙、王世贞诸人者,往往出于刑部,故京师号刑曹曰‘西翰林’。”(《陈子龙诗集》附,页766)

案:时刑部尚书为王之诰,《明史》卷二二〇:“王之诰,字告若,石首人。嘉靖二十三年进士。……神宗嗣位,召拜刑部尚书。张居正专政,之诰与有连,每规切之。万历三年,乞假送母归,逾时不至,被劾。会之诰亦奏请终养,遂报许。”(第19册,页5784)同年进士视政刑部者,有尹应元、邹迪光、江铎、方范等。

江铎,字士振。浙江仁和人。万历二年进士,授刑部主事,累官至山西按察使,擢抚偏、沅,夹攻杨应龙有功,又讨皮林诸洞蛮,平之。以劳疾归,卒。《明史》卷二二八有传。(第20册,页5986)

邹迪光(1549—1625),字彦吉。南直无锡人。万历二年进士。除工部主事、员外、郎中,出知黄州府,升福建提学副使,左迁浙江佥事,调湖广提学佥事。著《郁仪楼集》《调象庵稿》《始青阁稿》等。参见《静志居诗话》卷一五小传。(页444)

方范,字循道。南直昆山人。[乾隆]《昆山新阳合志》卷一五“万历二年甲戌孙继皋榜”:“方范,循道,凤子,铜仁知府。”(页14A)父方凤,进士,官至侍御,母张氏,归有光有《方母张孺人墓志铭》(《震川先生集》卷二一,页504)。万历六年,任刑部湖广清吏司主事,参与编撰了《问刑条例》,舒化《重修问刑条例题稿》云:“万历六年二月内,该原任本部尚书严清札委本职及原任湖广清吏司主事李伯春、方范,将各条例及大明令、大明会典、累朝诏敕、宗藩军政条例、漕运议单,并节年各衙门题准事例,凡有关于刑名者,各查照本律,参酌事情,逐一呈堂,再三校勘,裒集成帙。”(《新刻御颁新例三台明律正宗》卷首)仕至铜仁府知府,卒,年逾七十。参见邢侗《方中宪先生七十暨配陆恭人偕寿序》(《来禽》卷九,页13A)

视政刑部,暇时常习书法。

邹迪光《跋邢子愿与范穆其书楱十幅后》:“忆在西曹视政,时见子愿常以手指画几作字,戏之曰:‘山东人亦思拈不律耶?’相与大笑。不数年,而子愿遂擅临池矣。子愿书初学王右军,未闯藩篱,后学蔡君谟,乃登堂奥,近世字学寥寥,不得不以此事推君。惜哉!人琴俱亡,为之三叹。”(《石语斋集》卷二二,页6B)

案："范穆其"，万历间诗人，事迹未详，李维桢有《范穆其诗序》(《大泌山房集》卷二四，页40B)，梅鼎祚有《海阳范穆其诗评》(《鹿裘石室集》卷一八)。侗有《秋日送范穆其北游》："蕴惬投余好，清狂见尔真。霜风催压酒，灯火解亲人。歧路阮家泣，新篇孟氏邻。预愁寒序逼，未别已伤神。"(《来禽》卷二，页18B)疑即是年秋作。

原配陈氏随之入京，至是始有家。

《亡妻陈氏墓志》："八岁又七年，称有家。而余时就外傅，兄弟子侄群处一堂，不时时窥阁门，即间一入卧内，孺人不色见也。余十八岁应拔萃贡，又二年，叨荐京闱，仆仆车马半在长安道，而孺人犹女侍母夫人，一幞被从夫人床笫间，不知其既有家也，经岁无一语及不肖，不知其在远也。不肖寻举南宫，视刑部政，孺人随之京。"(《来禽》卷一三，页1A)

案：文云"八岁又七年，称有家"指原配陈氏嘉靖四十五年嫁邢侗，而因侗在外就学而无自己的小家，至是在京师安家。

父邢如约来居侗京邸。

于慎行《邑涯公暨配墓志》："邑有两生构隙，伏阙相告，言下御史台治。会公在子愿邸，夜过葛端肃公，葛公迎，谓方欲有质于公。公曰：'某来亦有为彼，两生书生耳，所争至微细，而重勤大宪，势且破产，幸公贳之。'葛公举手曰：'公长者言，固当遂寝其狱。'"(《谷城山馆文集》卷二三，页26B)

案："葛端肃公"即德平葛守礼，时在京任左都御史。文云"会公在子愿邸"，当在侗京中寓宅。李维桢《邢庄惠公墓表》曰："邑诸生某与孝廉某构，诣阙上书，事下御史大夫葛端肃公。会太仆成进士，公往视，间过葛公。"(《大泌山房集》卷一〇五，页8A)亦指在侗成进士后未久。

在京城，道遇阉人冯保不避，保卒让路而去，举朝以为快。

冯时可《邢公碑铭》："往邢子愿以甲戌成进士，余闻其出，而与司礼冯保相直于道。保时负上宠，气势赫然，从者驱公马使避。公大声曰：'余山东邢侗，岂畏人者！吾将叫诸天阍。'保卒让路而去，举朝以为快。"(《家乘》卷五"家传二"，页12B)

早秋，有诗送友人还闽。

《来禽》卷五《秋日送友人还闽》："枫树青青桂子丹，送人时节早秋寒。知君不浅怀乡思，一夜魂飞五百滩。"题注："甲戌作。"(页38B)

案:“友人”不详其人。诗云“送人时节早秋寒”,知是年七月作。“五百滩”,在浙江金华西南五里金华江中。古时相传舟行过此,需五百人牵挽方可渡,故名。

侄王道落第后,入太学,与冯琦拜名师吴嵚门下。

《遵道行状》:“甲戌计偕,余叨下次,遵道复不见收,遂鼓箧游成均。唯时六馆率多宿老大师,而毗陵岷麓吴公尤为显铄,遵道乃即其门。同门受学则为今少宗伯学士青州冯公,吴公弟孝廉今参议吴次公,吴公丈夫子今参政宪副、邑令诸吴公,下上探讨,月日有程。而遵道独与冯公昵近,僦同舍,居同食,每向所知言:‘冯公器宇恢恢,可容数十万人,百王道何敢望冯公?’直以气调相许耳。此亦庶几人伦之鉴矣。”(《来禽》卷一八,页30A)

案:“毗陵岷麓吴公”名嵚,字宗高,南直无锡人。吴氏为科举世家,吴嵚为科举名师。“吴公弟孝廉今参议吴次公”即吴嶙,嵚之弟,仕至福建参议。[道光]《武进阳湖合志》卷一八“举人”:“(嘉靖)三十七年戊午科,吴嶙,福建参议,分产与侄倍于己子。”(页12B)又“吴公丈夫子今参政宪副”即吴之龙,嵚子,万历八年进士,仕至江西参政。(上书同卷,页42B)又“邑令”即之美,亦嵚子,“以贡知平谷县”。(上书卷二六,页9A)

[道光]《武进阳湖合志》卷二六:“吴嵚,字宗高。初为丹阳学生,领嘉靖丙午乡荐,尝师事荆川、方山两先生,学有矩矱,著有《四书》《诗经》讲义,任长垣教谕,升汀州府通判,不赴,归。嵚倜傥不羁,负意气,重然诺,坐上士常满。子五人,之鹏、之龙皆进士,之美以贡知平谷县。”(页9A)

在京师与张复游,从其壁间见元王渊《秋海棠》。

《来禽》卷二一《跋王若水画》:“甲戌,余初释褐,从娄江高氏张复壁间见王若水《秋海棠》一枝,上栖白头翁二,深钩浅渲,真逸品也。此轴艳冶中见澹致,肖似处去痕态,骨韵兼绝,工士两擅。源自富燮、夏奕来,不直师承黄叔要、赵荣禄而已。公名渊,钱塘人,都不作浙派祖。余有扬迈金,定铸此夫。”(页20A)

案:据“甲戌,余初释褐”,此事系于是年。时张复旅居都门,与侗多有交往。侗《送张元春》(《来禽》卷三,页32A)、《送张元春暂如都下,旋归吴门》(上书卷二,页11A)、《八月中浣,清源信至,知元春即日南还,怆然赋此》(上书卷五,页8A),均此间赠张复。

张复(1546—约1631),字符春,又字元春,号苓石,南直太仓人。从钱谷学画,其规摹荆、关、马、夏、黄、倪诸家山水,无所不肖,而能自运其生趣于蹊径之外。参见《明画录》卷四。(《中国书画全书》第10册,页18下)

仲冬,张复为画《秋林策杖图》。

《听帆楼书画记》卷四"集明人山水扇册":"第十三幅张元春《秋林策杖图》:'万历甲戌仲冬,为子愿先生写。张复。'"(《中国书画全书》第11册,页862下)

在都门旧市,觅得署款"辛亥"墨一挺。

《来禽》卷二一《墨谈》:"仆十五年前于都下得一挺,署记为'辛亥',正与我生之辰相直,此三十八年间,阅几家梅月幽香,乃落余手。"(页26B)

案:据"此三十八年间,阅几家梅月幽香,乃落余手",《墨谈》为侗三十八岁即万历十六年(1588)作,"十五年前于都下得一挺",当为是年。

本年,同年进士有孙继皋、孙矿、李化龙、赵南星、李三才、邹迪光、顾尔行、陈与郊、方范、尹应元、郑材、张廷榜等。张燮生。

【诗文系年】

《秋日送范穆其北游》《秋日送友人还闽》。

卷二　南宫初仕

万历三年至万历七年

（1575—1579）

引　言

邢侗在刑部观政一年，将夫人陈氏接到北京安了家，生活逐渐安定下来。公事之余，他在京中交游甚广，除了刑部同事以及同年朱期至、沈璟、邹迪光、尹应元、方范、袁应祺等，还有京中称诗者王世懋、欧大任、梁鹏、汪道贯等，与画家张复也有交往。他暇时常以手指画几作字，在张复壁间赏王若水画，与欧大任、陈忠甫等游摩诃庵，听无弦上人弹琴。诗文唱和，宴饮雅集，禅寺问道，书画鉴赏，广泛的交游使他开阔了视野，丰富了阅历，积累了人脉。

万历三年(1575)四月，循例邢侗被授以南宫县知县。明例，进士出身授官，首重翰林，次为台省，再次为州县守令，一般按殿试名次进行选授。邢侗殿试"三甲落落后半"，故出知南宫县知县，好在南宫辖于北直隶真定府冀州，为三辅赤县，距京师不过七百里，也算是差强人意。

南宫县历史悠久，因西周"八士"之一的南宫适封侯于此而得名。这里交通便利，商贾云集，曾有"临清水码头，南宫旱码头"之说。地势平坦，土壤肥沃，农作物生长条件好，尤以棉花种植高产优质，享有"金南宫"之美誉。赴任之前，他向父亲邢如约问吏治之道，父亲戒以廉静慈爱为本，说："吾家故温，不需若养，祓除其心，以和惠民。"邢侗主政南宫五年，清廉政简，不取南宫一钱，日常供仪悉取办于家，与其父亲经济上的支撑大有关系。

京中同年友人闻其外任南宫，纷纷赋诗撰文、设宴饯行。尚宝丞王世懋为文坛领袖王世贞的弟弟，也有文名，与邢侗有文字之交，撰《送邢子愿序》赠行："友人邢子愿少有文章，多艺能，以甲第选为县令，其能脱于俗吏必矣。为人温恭而易直，敏而谨于事，是又文于吏而不蹈其过者。南宫辖中山，三辅赤县也，旦夕上课考功，称高第入矣。某请拭目而观吾子之政成。"又赋《送邢氏诗》以赠。时任国子监助教的广东诗人欧大任也赋诗《送邢子愿出宰南宫》为他送行："燕酒垆头送别离，南亭双旆拥轻飔。河流似带胡卢下，秋色如花巨鹿吹。云起常山谈赵剑，风来东海奏齐诗。共知才子今循吏，丹陛行看赐对时。”友人们无不以文学治行相期许，勉以“共知才子今循吏，丹陛行看赐对时”。

明代知县的职责在于“治百里之地，抚百里之民，以上承乎治化者”。邢侗到任后，一是重道德教化。明初太祖高皇帝颁布《圣谕六条》，即“孝顺父母、尊敬长上、和睦乡里、教训子孙、各安生理、毋作非为”。邢侗每逢初一、十五给民众宣讲，讲礼读法，百姓淳心向化。二是定庸调，均税赋，劝农耕作，土地备垦。三是廉正树威，惩治豪强，严肃法纪，不徇私情。四是重视文教，倡修学宫，创文星阁，开玉带街，捐俸购置图书，此后文风丕振，科甲蝉联。五是广集群彦，岁课月试，推贤爱士，奖拔人才。“于诸生中得韩方伯策、郭参知士吉，其登科第者相继不绝。”

邢侗任南宫县知县，邑人称曰：“先生善书法，能文章，宰吾邑政教卓绝。”他在为政之暇，仍不忘文事，与京中友人诗文酬和，于县署东建弹琴室，好友魏允中有《寄题邢明府弹琴室》诗云：“我闻宓子贱，单父有琴台。东国千年后，南亭一室开。松风弦上落，花雪案头回。为政妙如此，摛词别有才。”弹琴室至清乾隆时尚存，黄易《小蓬莱阁金石文字》有多篇文字写于“邢子愿之弹琴室”。他还为座师于慎行刻《于氏家藏诗稿》，为友人欧大任刻《南翥集》，重修增补《南宫县志》十三卷。

邢侗知南宫县，同年好友南宪仲知枣强县，两人声气相求，两县地望相接。万历五年(1577)，南宪仲因劳瘁卒于任，“后事一无所备”，其子南居益方才六七岁，葬无余赀。此时直隶督学正在南宫校士，邢侗特向督学请假亲往枣强为好友治丧。督学“素重公名，许之，竟为停察事，听往治丧”。邢侗到了枣强县，亲自操办丧事，安排稚子，还捐助了几个月的俸钱。他的古风高谊不仅博得时人的称道，也使“南氏子孙感公高谊不忘”。南居益后来在邢侗关照下，于万历二十九年(1601)中进士，崇祯时仕至工部尚书。他将邢侗与其父的往来书札视作珍秘，装潢成册，诗人汪元范有《邢子愿往令南宫，与枣强君小札，思受装潢藏之，因邀题志，感而赋此》诗志其事。

邢侗知南宫，多有善政，颇具政声，每次御史、中丞考核治行，往往奏为第一。“在任五年，野无不耕之田，下无废学之事。”南宫士民号曰“邢父”，有邑人为作《德政歌十九章》。万历八年(1580)四月，邢侗考选监察御史，离开了南宫,“邑人怀其德,祠而祝之”。同年友人陈与郊,时任顺德府推官,应南宫士民之请,为撰《南宫令济南邢公去思碑记》,赞曰:“夫百辟卿士,有益于吏民者,得世世奉祀不绝。若子愿者,祠可矣。”

万历三年乙亥(1575),二十五岁

在刑部试政。四月,授南宫县知县。原配陈氏随同迁居南宫。

在京师,与王世懋、欧大任等称诗者游。

欧必元《家虞部公传》:"擢国子助教……时馆阁诸公称诗者云集辇毂,如许歙县、张建新、沈四明、赵兰溪四相国,王定安、刘邱任、何信阳三宗伯,沈君典、赵汝师、王胤昌、范伯桢、黄懋中数太史,王奉常敬美,方银台允治,邱计部谦之,邢侍御子愿,汤尧文、韦显纯两国子,李宛平袭美及吾岭南梁舍人思伯,争相把臂。"(《欧虞部集》卷首)

案:王世懋时为尚宝丞,欧大任是年春来京任国子监助教。《广东通志》欧大任传:"万历乙亥,升国子监助教。"(《欧虞部集》卷首)

春,与同年袁应祺、梁鹏及欧大任、朱正初、顾叔潜、汪道贯集黎民表宅,分韵赋诗。

欧大任《初至燕京,袁文谷、邢子愿、梁孔适三进士,朱在明、顾叔潜二光禄,汪太学仲淹,同集黎秘书唯敬宅,得"春"字》:"蒯缑歌肯向时人,倦揽征裘万里尘。字挟风霜沧海气,路停车毂蓟门春。一官直阁怜君老,诸子高阳笑我贫。清世已知容结绶,岂堪枚叟更游秦。"(《欧虞部集·北辕集》卷一,页21B)

案:时诸友人同集黎民表(惟敬)宅,侗与袁应祺(文谷)、梁鹏(孔适)进士同年,朱正初(在明)、顾叔潜(名未详)为光禄寺丞,欧大任为国子监助教,汪道贯(仲淹)在太学就学。顾叔潜,无锡人,欧大任有《送顾叔潜使辽阳便归无锡省觐》(《欧虞部集·痈馆集》卷三,页2B)。

梁鹏,字孔适。广东顺德人。万历二年进士,时将任浙江仁和县知县。[乾隆]《杭州府志》卷六三"仁和知县":"梁鹏,顺德人,万历三年任。"(页26B)欧大任有《送梁孔适试令仁和》诗。(《欧虞部集·痈馆集》卷三,页1B)

袁应祺(1538—1593),字文谷,号肖海。南直兴化人。万历二年进士,授黄岩县知县,擢户部主事,督理昌平粮饷。擢昌平道,未任卒,年五十六。有《浮玉山人集》。[咸丰]《兴化县志》卷八有传。(页10B)

黎民表(1515—1581),字惟敬,号瑶石。广东从化人。嘉靖十三年

(1534)举人，久不第，授翰林孔目，迁吏部司务。执政知其能文，用为制敕房中书，供事内阁，累官至河南布政参议。万历七年(1579)致仕。以诗名，尤善画，与欧大任、梁有誉、李时行、吴旦称“南园后五子”。著《瑶石山人稿》。《明史》卷二八七有传。(第24册，页7366)

欧大任(1516—1596)，字桢伯。广东顺德人。以岁荐起家，历仕至南京工部虞衡郎中，又称“欧虞部”。少时有声，督学曾集十郡生会考，三试皆列第一，名噪诸生。嘉靖四十二年(1563)，以岁贡生试于朝，考官惊曰“此一代才”，特荐御览，列为第一。授江都文学，于广陵开竹西社，迁光州学正、邵武府教授。服除，擢国子监助教，改大理评事，迁屯田司主事，转南京工部虞衡郎中。致仕归，卒。著有《欧虞部集》。事具欧必元《家虞部公传》。(《欧虞部集》卷首)

朱正初(？—1595)，字在明。南直隶靖江人。援例仕鸿胪署丞，意落落不治生产，好古玩，多蓄法帖名画及汉晋间彝器，性尤爱客，辟园亭台榭，选声命酒，日挥千缗，海内名流无不知有正初者。能诗，书法亦遒俊，与王世贞兄弟、李维桢诸公往来酬和，诗卷成帙。尝偕王稚登同修《马沙小志余》，有《燕游集》《菰蒲集》。[光绪]《靖江县志》卷一四有传。(页2B)侗有《秋日寄在明兼讯百谷》(《来禽》卷三，页5A)、《谢朱在明寄至精缣》(卷二，页21A)、《寄问半偈庵、江云楼两主人，故迭主人》(卷五，页26B)，所题均此人。

与欧大任、陈忠甫等游摩诃庵，听无弦上人弹琴。

欧大任《同邢子愿、陈忠甫诸君过摩诃庵听无弦上人琴》：“鸣琴何似在山中，幻住师今念已空。右室客为骀处士，西游人似稷丘公。冷冷石上诸天雨，谡谡松间万壑风。玉几金床吾欲就，但留双目送飞鸿。”(《欧虞部集·北辕集》卷一，页27A)

案：摩诃庵在京师慈寿寺塔东，建于嘉靖二十五年(1546)，向以宏敞净洁称，文人墨客游此，观景赏花多有题咏。“陈忠甫”疑为陈经翰，广东增城人，从军有边功，授狼牙总镇，迁镇潮州。欧大任有《虬髯行送陈忠甫赴戚将军幕》。(《欧虞部集·痈馆集》卷一，页19B)

春末，送张复还吴门。

《来禽》卷二《送张元春暂如都下，旋归吴门》：“秋杪欣相过，春深忍送君。花泥融跕跕，水瀫乱沄沄。去拂千门柳，归占九夏云。乡愁兼客思，都付野桥

曛。”(页 11A)

案:“张元春”即张复,上年秋末与侗相识于京师,至是年春末归吴门。故云:“秋杪欣相过,春深忍送君。”张复是年上巳尚在都门,欧大任有《上巳朱在明见邀,同管建初、安绪卿、张元春修禊韦园,时在明南迁将行》(《欧虞部集·北辕草》卷一,页 22A),即作于是时。

四月,授南宫县知县。

《家乘》引《前贤履历纪》:“乙亥四月,授南宫县知县。”(卷四上“世系表二”,页 11B)

案:邢侗在刑部试政近一年,授南宫县知县。据《明史》卷四〇“地理志”,南宫县辖于北直隶真定府冀州。(第 4 册,页 893)明例,进士出身入仕,首重翰林,次为台省,再次为州县守令。《万历野获编》二二“邑令轻重”:“国初极重郎署,凡御史九年称职者,始升为主事。既而台省渐重,有大臣保荐者,得同部属出为藩、臬、知府。而给事、御史多从新进士除授,以故外官极轻。如程篁墩之言曰:‘国家初以他途授令,至宪宗始重亲民之任,乃以第三甲进士为之,然久袭重内轻外之说,自任其劳,受人之挫,任是职者情都不堪。’罗一峰之言曰:‘人中进士,上者期翰林,次期给事,次期御史,又次期主事,得之则忻。其视州县守令,若鹓鸾之视腐鼠,一或得之,魂耗魄丧,对妻子失色,甚至昏夜乞哀以求免。’盖当时邑令之轻如此。”(页 579)

王世懋撰序送侗赴任南宫知县。

王世懋《送邢子愿序》:“世俗之论云:文士少达于从政,岂尽然哉?……友人邢子愿少有文章,多艺能,以甲第选为县令,其能脱于俗吏必矣。为人温恭而易直,敏而谨于事,是又文于吏而不蹈其过者。南宫辖中山,三辅赤县也,旦夕上课考功,称高第入矣。某请拭目而观吾子之政成,愿为文章之士,一洗庇诟焉。”(《王常侍集》卷二,页 1A)

案:此文又载[康熙]《南宫县志》卷一二,题为《送邢子愿讳侗令南宫序》。(页 4B)

王世懋(1536—1588),字敬美,别号麟州。王世贞弟。嘉靖三十八年(1559)进士,即遭父丧。父雪,始任南京礼部主事,擢员外郎,母丧归。改北祠部,迁尚宝丞,出为江西参议,擢江西按察副使,历陕西、福建提学副使,擢南京太常寺少卿,移疾归,卒于家。精古文辞,能诗,工书,亦能品书。名亚其

兄。著有《王奉常集》。《明史》卷二八七有传。(页 7382)

王世懋又赋诗送行,当以赠言。

王世懋《送邢氏诗》序曰:“不佞于子愿不数面也,雅闻其清标好学,襟怀日上,乃心慕之。一樽燕市,便尔有千秋相向意。今当远别,辄附先民赠言之义,子愿,子愿,为复赏此否?”诗曰:“射策多君雅负奇,青春谢病使人思。霜清岱色家看近,雪满河梁马去迟。辞赋自怜终小道,风流不尽有新知。红颜莫遣寻常好,掷作他年会有期。”(《王常侍集》卷九,页 13A)

欧大任亦赋诗送别。

欧大任《送邢子愿出宰南宫》:“燕酒垆头送别离,南亭双旆拥轻飔。河流似带胡卢下,秋色如花巨鹿吹。云起常山谈赵剑,风来东海奏齐诗。共知才子今循吏,丹陛行看赐对时。”(《欧虞部集·痈馆集》卷三,页 1A)

上任行前,向父邢如约问吏治之道,父亲戒以廉静慈爱为本。

《太仆崇祀文》:“初任南宫知县,承封公诲命,以廉静慈爱为本。历官五熟,一切日用以地近而悉取办于家,不染南宫一毫。”(《家乘》卷一〇“艺文志二”,页 60A)

李维桢《邢公墓志》:“授南宫令,请于父曰:‘若何为政?’父曰:‘吾家故温,不需若养,祓除其心,以和惠民。’子愿敬诺。之官,一切供仪率取诸家。”(《大泌山房集》卷七九,页 38A)

之任南宫,原配陈氏率家眷由都门随同至南宫,居知县府邸。

《亡妻陈氏墓志》:“已领南宫令,孺人复随之南宫,居邸中可五岁。”(《来禽》卷一三,页 1A)

同年南宪仲任枣强县知县。

沈一贯《赠枣强令南子章》:“圣代搜瑰异,山泽无遗英。公车纷射策,哲彦俨在廷。卿家本三秦,年少豪功名。祖父拥大藩,世德伟见称。凤皇非羽族,生雏辄异鸣。三年长羽毛,五色如织成。往领三辅邑,万里途始营。送子及清秋,感喻怀所经。佳木贵晚岁,花实不并荣。庸人徇纷华,君子念笃诚。牛刀有往譬,尼父笑武城。”(《喙鸣诗文集》诗集卷四,页 12B)

案:据《明史》地理志,南宫、枣强同属北直隶真定府。(第 4 册,页 893)沈一贯为南宪仲万历二年会试房师。沈一贯《朝列大夫山东布政使左参议阳谷南宫墓碑》:“南公卒,明年子太史师仲以王太史图状来请表,余雅属公,而公

仲子余所进士。"(《喙鸣诗文集》文集卷一七,页51B)

南宪仲,字子章,南轩次子。隆庆四年(1570)举于乡,万历二年成进士。授枣强令,至即条陈兴革大者十事,见之施行。四年秋,两台檄核边,不一月遍历紫荆等关,凡圻堠增修,军饷羸缩,将领贤不肖,悉当硕画,两台论定功罪,咸以枣强为的。以劳卒。所著《广川集》。[雍正]《渭南县志》卷九有传。(页25A)

到任即多善政,颇有政声。

李维桢《邢公墓志》:"削邑市货者籍,不复用问遗。训咨故实,不干不犯,民有讼,悉其聪明尽之,两造俛首无言。或摘其隐如神,他邑人争来质成。上官崇信,子愿所上爰书,皆报可。有当死而荐贿者,声其罪,坐如率。豪夺小民,捕而正法。直指以贵人关说,欲出之,不可。狱囚冻馁,予糜予纩,无瘐死者。铨度丁口众寡,定庸调,无或不均。土备垦,纪农协功。冏寺马直侵牟多端,上书主者,尽言无讳。"(《大泌山房集》卷七九,页38A)

每月讲解太祖高皇帝《圣谕六条》,讲礼读法,道德教化。

李维桢《邢公墓志》:"月朔集父老子弟讲礼读法,申以高皇帝《六条》,摩厉之于义,虽穷里,躬行化诲,而奖其善者。月朝乡长,复事孝子、弟弟、顺孙、贞妇,闾史累书矣。盗贼不入界,夜户不闭。"(《大泌山房集》卷七九,页38A)

《太仆崇祀文》:"月朔讲解《圣谕》,开示谆切。百姓淳心向化,义夫、节妇、孝子、顺孙相继迭出。五稔以还,绝无患盗,几于道不拾遗之风。"(《家乘》卷一〇"艺文志二",页60A)

案:明初太祖高皇帝颁布《圣谕六条》:"孝顺父母、尊敬长上、和睦乡里、教训子孙、各安生理、毋作非为。"要求知县每逢初一、十五给民众宣讲。

侄邢王道自国子监归里,备考后年丁丑科会试。

《遵道行状》:"……逾年归,归复上丁丑春官。"(《来禽》卷一八,页30A)

冬,同年陈与郊因祖母丧丁忧去职归里。

案:陈与郊上年任河间府司理,至此一年四个月。汪道昆《海宁陈处士暨配王氏合葬墓志铭》:"岁甲戌,陈伯子与郊、仲子与相并与计偕。伯子举太常第三人,出理河间,寻以当室奔王母丧。"(《太函集》卷四九,页7A)李维桢《太常寺少卿陈公墓志铭》:"授河间府推官,时王母王孺人年九十有三,公留朱孺人事两姑,独之任。其冬,王母卒,公承重归。"(《大泌山房集》卷七八,页34A)

是年，继室赵氏生。

案：继室赵氏生年，邢王称《赵太君行状》云："先府君赐告之明年，岁在丙戌，我前妣陈孺人免身没矣。……居再岁，王父母以大义开勉之，府君意稍稍动。……及笄，归府君。"(《家乘》卷六，页 14A)原配陈氏卒于万历十五年(1587)，"居再岁"即邢侗万历十七年(1589)续娶，由"及笄"知赵氏年方十五，倒推之，则应生于是年。

本年，八月，吏部侍郎张四维为礼部尚书兼东阁大学士，入阁预机务。葛守礼告老还乡，神宗下诏加封太子少保，驰驿归。

【诗文系年】

《送张元春暂如都下，旋归吴门》。

万历四年丙子(1576)，二十六岁

在南宫知县任。编纂《南宫县志》十三卷。

三月廿四日，自书诗二首赠祝鹤。诗为沈璟奉使太原取道来访南宫而作。

诗云："故人相对一尊倾，不识平原十日情。底事筵前偏不夜，使星郎宿聚中明。""柳禅莺啼会暮春，相逢一笑梦耶真。从今莫谩伤离别，人世口非去住身。"题识："伯英年兄奉使太原，取道相访，再赠别去，短赋为赠，书似鸣皋词丈览教。丙子春三月廿又四日。济南邢侗。"(《中国古代书画图目》第 16 册，页 253)

案：此七绝诗二首，《来禽》未收，墨迹藏济南市博物馆，草书，纸本。末署"丙子"，当作于是年。"伯英年兄"即沈璟，为同年进士，时任兵部职方司主事。姜士昌《明故光禄寺丞沈公伯英传》："沈公讳璟者，吴江人也，字伯英。年二十一举于乡，明年成进士第三人。授兵部职方司主事，以祖母丧乞差移疾归。"(《雪柏堂稿》"传"，页 14A)又《家传》："(璟)授职方主事，奉使归，移疾。"(《沈氏宗谱》，转引自《沈璟集》，页 773)则沈璟移疾归里前"奉使"，与此诗题识谓"伯英年兄奉使太原"契合。"鸣皋词丈"即祝鹤，浙江兰溪人，寄籍京兆。诸生。以古文、诗歌著闻于时，性嗜酒，数斗不醉。参见胡应麟《长安酒人传》(《少室山房集》卷八八，页 1A)，[嘉庆]《兰溪县志》卷一三

有传(页 47B)。

沈璟(1553—1610),字伯英,晚字聃和,号宁庵,别号词隐。南直吴江人。万历二年(1574)进士,任兵部职方司主事,吏部验封司员外郎等职。十四年(1586)上疏请立储忤旨,左迁吏部行人司司正。升光禄寺丞,充顺天乡试同考官,因科场舞弊案被劾,辞官回乡。家居三十年,潜心词曲,考订音律,有所建树。参见姜士昌《明故光禄寺丞沈公伯英传》。(引略)

四月初八日,临邑县戒珠寺新建藏经堂三间,为撰文并书。

邢侗《临邑县戒珠禅寺藏经堂记》:"戒珠禅寺之在临邑,其来已古,人代蔑纪,寺有藏经,则自今始。其造经者,则礼忏社善男子周思顺等,寺僧佛传等。经既得请,又为经堂三间以藏经云。诸学人念善果难成,尘劫易散,今兹不着,后何述焉?爰伐石须弥,鸠工生众,谒属宰官之言,永昭沙门之业。余唯道之为用,高陵天表,广逾地圻,摘其数端,若九牛之拔一毛;赞其大千,若太仓之投一粟。劳逸唯人,损益非道,盖天毒假人,见于虞益;泥洹入善,申自史聃。唐虞之际,期已盛矣。四二之章,岂必待兰台而后重;三藏之教,又何资玄奘而后彰乎?信乎!世之大者道之小,人所遐者天所迩。超乎生外,论所难存,多所见明,其怪自释。愿而佛子,循尔天阶,唯一唯精,乃博乃约。亿万千言,不出西来妙指;面墙咫尺,自有十大神州。元通一心,功施三品,抚教得崖,莫非尔极。即经不能为功,又何疣于言也。假尔毛颖,聊纪岁月云耳。"([同治]《临邑县志》卷一五,页 36B)

案:此文《来禽》未载。戒珠寺在临邑县西街,万历三年(1575),寺僧周思顺等建藏经堂三间。[同治]《临邑县志》卷六"寺观":"戒珠寺,在西街迤北山门,栋宇雄古,柱壁精整,相传唐尉迟敬德监造。万历三年置藏经堂。"(页 25A)藏经堂成,属邑人邢侗撰并书,碑为行书。[同治]《临邑县志》卷一五"金石志下":"《临邑县戒珠禅寺藏经堂记》,赐同进士出身、知南宫县事邑人邢侗撰并书。……万历四年岁舍丙子四月八日。"(页 36B)《家乘》卷一一"翰墨志一":"撰文,行书。……在寺前右方南向。"(页 1B)

于南宫县公署内新建知县宅。

[康熙]《南宫县志》卷二"公署":"成化十六年建,厅事一楹,雨翼六曹,廊房之后为恪共堂,又后为知县宅,其东为县丞宅,东南为典史宅。"(页 2B)

[道光]《南宫县志》卷二:"万历四年,知县邢侗建知县宅,有堂三楹,室三

楹，东有书房三楹，土神庙一楹。”(页 2B)

又于县公署恪共堂东建弹琴室，魏允中有诗寄题。

魏允中《寄题邢明府弹琴室》:“我闻宓子贱，单父有琴台。东国千年后，南亭一室开。松风弦上落，花雪案头回。为政妙如此，掞词别有才。”(《魏仲子集》卷二，页 534 下)

案:“县公署”恪共堂东有弹琴室。[康熙]《南宫县志》卷二:“弹琴室在恪共堂东，万历四年知县邢侗建。”(页 3A)黄易《陈氏晤言室珍藏书画》边跋:“南宫过重九，无蟹无花，萧瑟已甚。唯幽窗长几，罗列图书;一室清欢，不异故国，兴到为西堂作此以寄。斯时晤言室秋花满庭，晚桂尤香，三五良朋论诗味古，此乐定无虚日矣。天涯游子，能不神往哉！乙未九月小松刻于邢子愿之弹琴室。”又黄易《三公山碑》跋:“乾隆甲午，三通馆方辑《金石略》，长吏搜古碑上之朝，关西王君(治岐)宰元氏，得此刻于城外野坡。……黄易记于南宫弹琴室。”(《小蓬莱阁金石文字》第 4 册)

魏允中(1544—1585)字懋权，河南南乐人。时为诸生，游学京师。副使王世贞大器之，乡试第一，与顾宪成、刘廷兰并称“三解元”。中万历八年进士，任太常博士，擢吏部稽勋主事，调考功。未几卒。与其兄允贞、弟允孚先后举进士，时称“三魏”。著有《魏仲子集》。《明史》卷二三二“魏允贞”传附。(第 20 册，页 6058)

在南宫，大小狱察之以情，不徇私情。上官视之以才器，兼令决旁邑讼。

黄克缵《邢子愿传》:“授南宫令。……小大之狱，察之必以情，邻邑有讼，久不能决，得君片言而决。至于法无可贷者，虽权贵居间，上官示意，不少徇也。”(《数马集》卷二七，页 22B)

冯时可《邢公碑铭》:“民有讼，片言决断，两造咸服，称为神明。上官才之，兼令决旁邑讼。所上爰书，文无害。以贿干者，声其罪，坐如率。豪夺小民，以三尺绳之无贷。直指欲出之，执不可恤。囚亲给糜纩，无一庾。”(《家乘》卷五“家传二”，页 12B)

编纂《南宫县志》十三卷。

案:《南宫县志》最早为嘉靖十四年叶恒嵩修、刘濂纂，共五卷，有嘉靖三十八年刻本。邢侗重修《南宫县志》十三卷，其刻本清初已存而不全。康熙年间胡景铨序云:“是志也，一修于叶令讳恒嵩者，年远矣，书弗获存矣;再修于邢令讳侗者，亦百年远矣，书虽存，存而弗备犹弗存也。”（[康熙]《南宫县志》卷首）从[万历]《南宫县志》记事至万历三年来看，此书编纂大约在万历四年。国家图书馆藏[万历]《南宫县志》清钞本，一说为明写本，该本首页有“南宫邢氏珍藏善本”钤印。[道光]《南宫县志》首有邑人郑宏庆《邢公南宫志序》：“余尝读邢子愿先生《临邑志》，喜其简洁古茂，不尚浮华。因思余邑志曾出先生手，经胡邑侯重修，失先生本来面目。而原版经兵燹成烬，不可复得。其书多遗失，即间有旧家珍藏，无从访问，数十年悬结于心。一旦得之李氏箧中，喜不自胜，披而读之。……肖古貌今，须眉具在。篇寡字严，简帙省缩，孰与夫剜精铲采、言枯而体晦者？先生善书法，能文章，宰吾邑政教卓绝，每公务暇，竭其罴罴，力肩邑乘。本叶公五卷而增补之，觅卢生凤旧编，而致慨于诸生之乱其稿，留神于荒刹古庙、断碣残碑中。征其故实，汇订成帙，然先生之劳绩，胡可湮也？……原书无序。”《志》又载邢侗《白大母孟夫人传》（[道光]《南宫县志》卷一四，页55B）、《微山先生传》（同上，页57A）。

赏拔南宫学生张庚，延为家塾馆师，在临邑数年。

[康熙]《南宫县志》卷一〇：“张庚，字文西，母刘氏。……公生而颖慧嗜学，年十七补弟子员，博涉强记，凡经史诸子罔不淹贯，立志以圣贤为则，一言一行必轨于道，性至孝。……尝举孝子，其匾邢公手书，至今尚存。时邢邑侯雅重公，延聘弟子师，在临邑数年。时方失耦，邢欲以妹嫁之，托人以此意语公，公正色曰：‘邢公吾父母，若嫁妹亦父母行也，为此是禽兽之行也。’乌呼！可竟辞其请，邢公益敬公。……中己卯科举人，成丙戌科进士。……选渑池县令，未就，再补褒城令，莅任以为国为民存心，执法不阿，爱民如子，几三载以俭素自守，别号曰‘雅中子’。其斋中书一联曰：‘道脉衍为家国系，心田留与子孙耕。’亦足以见其立心行己、学修醇正之概矣。”（页19B）

又为张庚母刘氏题匾“节孝之门”。

[康熙]《南宫县志》卷一一：“张鸣鹤妻刘氏，嘉靖二十二年鸣鹤故，刘年二十六，饮泣自誓。时前妻子廉并己子庆、庚俱幼，拮据织纺，抚育前子一如己出。次子庆以疾故，遗妻吕氏年十七，成婚期年而寡，菲衣粝食，事姑唯谨。一门双节，知县邢手题扁旌之曰‘节孝之门’。刘教季子庚中万历丙戌进士，享年九十三卒，吕享年七十八卒。”（页7B）

案：刘氏为张庚之母，知县邢侗为其题匾“节孝之门”，前张庚举孝子，侗亦为其题匾。

为欧大任刻《南翥集》,由邵正魁携至京师,大任有诗致谢。

欧大任《邵长孺自南宫携邢子愿所刻南翥集至》:"操觚吾计拙,覆瓿故人怜。词组堪陵劲,千秋敢浪传。诗名余白首,世态老青毡。笑问藏书地,恒阳石匮悬。"(《欧虞部集·痈馆集》卷二,页7A)

案:"邵长孺"名正魁,南直休宁人。《千顷堂书目》卷二六:"邵正魁《梁园集》,又《燕台集》。字长孺,休宁人,国子监生。"(页659上)邵正魁又辑《续列女传》九卷,见《四库全书总目》卷六二。(页562中)欧大任撰《南翥集》一卷,为"君自光州还家后所为"(见万历乙亥长至张鸣凤序),亦即隆庆间归家持服三年所作。《南翥集》万历四年南宫刻本已不可见,清刻本《欧虞部集》收入《南翥集》一卷。

十二月,于慎行进侍讲,有诗寄贺。

《来禽》卷五《东阿先生》:"讲筵初散转铜凫,思绕冬青一万株。闻道后堂时置酒,可能还忆戴崇无?"(页19A)

案:"东阿先生"即于慎行,此诗当其初进侍讲时作。《国榷》卷六九:"(万历四年十二月乙亥)叙日讲之劳,进申时行詹事仍兼翰林侍读学士,署院;陈经邦、何洛文左右谕德兼侍读;许国司经局洗马兼修撰;张位侍读;于慎行侍讲。"(第5册,页4303)

本年,四月,辽东巡按御史刘台以论张居正,逮下狱,削籍。六月,遣内臣督苏杭织造。

【诗文系年】

《送伯英年兄奉使太原》《临邑县戒珠禅寺藏经堂记》《白大母孟夫人传》《微山先生传》《东阿先生》。

万历五年丁丑(1577),二十七岁

在南宫县知县任。春,入计京师。

春,赴京入计。

《遵道行状》:"复上丁丑春官,余时以南宫令入计阙庭。"(《来禽》卷一八,

页 30A)

春夜,同年朱期至、沈璟及欧大任招饮,众人分韵赋诗。

欧大任《春夜同朱子得、沈伯英酌袁文谷、邢子愿、于子冲,得“人”字》:“少别已三载,都亭把袂新。兕觥飞莫算,鸾烛坐偏亲。歌岂燕中侠,谈多稷下人。上林花事早,能几醉芳春。”(《欧虞部集·西署集》卷三,页 5B)

案:“朱子得”名期至,“沈伯英”名璟,“袁文谷”名应祺,“于子冲”名达真,均万历二年(1574)进士,于达真当年会试中式,因父病驰归,本年补殿试中榜,授泽州知州。袁应祺中进士后,次年授黄岩县知县,是时亦上计入京,由推官田乐义署任知县。(见[光绪]《黄岩县志》卷一〇,页 29B)此次饮饯朱期至、沈璟、欧大任为东道主,朱期至任职户部,沈璟任职兵部,欧大任时任国子监博士。

于达真(1547—1592),原名瑱,字子冲。山东历城人。中进士,授泽州知州,升为兵部员外郎,历山西佥事、山西按察副使、备兵蓟州。迁为河南参政,官至山西布政使。事具于慎行《明故亚中大夫山西布政使右参政完璞于公墓志铭》。(《谷城山馆文集》卷二〇,页 19A)

朱期至,字子德,又字子得。湖广蕲水人。布政朱衫子。万历二年(1574)进士,与江夏萧良有、李维桢俱以佳公子登上第。期至仕至怀庆府知府。与苏州山人胡之骥善,相唱和,期至卒后,之骥为铨次其稿,有《王屋山人集》。[光绪]《蕲水县志》卷九有传。(页 7B)

在京有诗赠魏允中,允中有诗酬答。

魏允中《答邢明府子愿》:“一杯乐氏论文夜,洛下栖栖又见春。我自诸生疲翰墨,君犹计吏傍京尘。朝衣尽省明星在,旅食空斋暮雪频。不谓风流能绝俗,槭诗那复报情亲。”(《魏仲子集》卷四,页 565 上)

案:诗云“我自诸生疲翰墨,君犹计吏傍京尘”,可知在侗入计时作,魏允中上年乡试中举,为“解元”。[康熙]《南乐县志》卷一二“乡科”:“(万历)魏允中,孚之仲兄,丙子解元。”(页 4A)

侄邢王道复试春官,再落选。

《遵道行状》:“逾年归,归复上丁丑春官。余时以南宫令入计阙庭,按覆其所为三试文,计当得隽也,以质吾师东阿先生。先生比官两坊,谓此举子业成诸百炼者,得爵宜前。又督学汝南吴公时方为刑曹,先生上足也,从先生得

其文,亟称之,播诸同舍郎。同舍郎无不谓‘邢君得隽者’,而竟不第也,悲夫!”(《来禽》卷一八,页30A)

案:文云:“督学汝南吴公时方为刑曹,先生上足也。”“吴公”即吴同春,字伯与,河南固始人(固始县属地汉时辖汝南郡),万历二年进士,亦于慎行师门下及第。授桐川知县,有惠政,升刑部主事,万历十五年二月任山东提学副使,详后。

计吏毕复还南宫,与欧大任醉别彰义门外,大任有诗。

欧大任《邢子愿还治南宫,醉别彰义门外》:“新知斗酒意偏深,欲别垆头更一斟。何客赵城携白璧,几人汉诏赐黄金。春衣马上滹沱色,夕馆灯前大陆阴。明府他年还揽辔,澄清宁少范滂心。”(《欧虞部集·痫馆集》卷三,页25B)

案:是春上计毕,邢侗复任南宫,袁应祺复任黄岩。汤显祖《都门送袁文谷复任黄岩》:“眼见黄岩去,皇门春事晓。窗桃红片片,岸柳绿条条。别绪人难醉,行光马自骄。天台吾意久,可待故人招。”(《汤显祖集全编》诗文卷三,页146)

夏,为座师于慎行刻印《于氏家藏诗稿》,请贾三近撰序。

贾三近《于氏家藏诗略序》:“余髫稚时,数从家大人闻册川翁童丱称神,落笔万言,翩翩李供奉之流也。……翁古诗直逼汉、魏,近体当于武德、开元中求之。……翁官南州西土,所在有惠政,吏民尸祝,类朱仲卿。投绂归田,家徒四壁,淡然诗酒,类陶靖节。殷殷种德,卒应高门,如持左券,类君家于公。……太史君门人邢南宫,博雅君子也。走使请梓,因书此付之。万历丁丑夏日,赐进士第、中宪大夫、太常寺少卿、前翰林院庶吉士、户部都给事中峄阳贾三近顿首谨序。”([道光]《东阿县志》卷一八,页6A)

秋,祝鹤由京师还济南,路经南宫,赋诗送别。

《来禽》卷二《送祝鸣皋还苍玉斋》:“且住亦不恶,欲归将奈何?临风堪陨涕,立马一悲歌。客梦舟边雨,乡心月下萝。还家问蘘竹,秋至几茎多。”题注:“丁丑作。”(页13A)

案:“祝鸣皋”名鹤,从邢侗游,侗为其买田济上并家焉。“苍玉斋”未详何处,疑即侗为其所置济上寓斋。胡应麟《燕中与祝生杂柬八通》之七:“闻邢直指为足下买田济下,当去历下生故居不远,新秋烦足下携彘肩斗酒以大白往

酹其墓，曰兰阴胡元瑞寄声，闻谷中有响答者以报我。”（《少室山房集》卷一一六，页 18B）

同年枣强县知县南宪仲卒于任，亲往枣强为治后事，捐俸以助。

李维桢《邢公墓志》：“其于友，若枣强南令，同榜稔交也。南卒，督学使方按南宫校士，子愿请急为治后事。学使曰：‘君行古人高谊，吾当下拜。’至枣强，南子居益甫龀，箧仅三十金，阳附老苍头去，以杜窥伺，而捐累月俸为费。”（《大泌山房集》卷七九，页 38A）

案：南宪仲与侗同榜进士，又同官直隶畿县。邢侗闻宪仲之逝，亲往枣强吊唁为治丧，高风古谊为时所称。《池北偶谈》卷七“邢太仆”：“吾乡太仆邢公子愿侗，以书法文章名神宗朝，然其行谊甚高。初知南宫县，同年渭南南公宪仲，工部尚书居益之父，为枣强令。会御史按真定，皆在郡候察，而南公病殁，后事一无所备，先生直入白御史曰：‘南枣强死，无为经纪后事者，某愿请旬日之假驰往治丧，毕事后赴郡听察，幸甚！’御史素重公名，许之，竟为停察事，听往治丧。至今南氏子孙感公高谊不忘。御史亦贤者，惜逸其姓字。”（页 162）南宪仲子居益，时年十二岁（详后），李维桢《邢公墓志》云：“南子居益甫龀”，据《说文》：“男八月生齿，八岁而龀；女七月生齿，七岁而龀。”李《志》似不确。

侗与南宪仲交善，常有书札往来。宪仲子南居益视作珍秘，后装潢藏之。汪元范《邢子愿往令南宫，与枣强君小札，思受装潢藏之，因邀题志感而赋此》：“丰原城边桃李春，濯翼馆中珍秘陈。图书如云相焕发，开函恍睹平生人。朗疑璧月辉珠斗，载看涛怒蛟龙走。真宰下索奔六丁，何意璇玑在君手。君言严亲释褐时，邢侯接羽翔凤池。割锦联封骈黼黻，和声比律吹埙篪。岂谓衰门凶备至，祖耄卿辽弃孤稚。哀讯侯闻告绣衣，宵驰百里营丧事。感侯高养九渊深，未报琼瑶愧寸心。地隔秦齐经廿载，空藏翰墨同球琳。我聆此语欷歔久，今见千秋生死友。傥成先志敦素交，君谊邢书均不朽。”（《汪明生秦草》下）

本年，冯琦、傅光宅、屠隆举进士。丁士美卒。

【诗文系年】

《送祝鸣皋还苍玉斋》。

万历六年戊寅(1578),二十八岁

在南宫县知县任。刻《于氏家藏诗稿》成。

二月,荥阳丞李洁卒,为撰墓志铭。

邢侗《明荥阳丞李公墓志铭》:“公讳洁,字伯清,其先青州乐安人。……以选贡称国子生。寻以母张命,拜河南荥阳丞。公于家大人为同生姊夫。……于万历四年十一月二十九日卒,距生于弘治十二年二月二十五日,得寿七十有八。”文首署:“赐进士第、文林郎、南宫县知县犁丘邢侗撰,眷家邑庠生张仕路书。”末署:“大明万历六年岁次戊寅二月朔日吉旦立。”(见拓片)

案:此文《来禽》未载。李洁(1499—1576),为侗姑父。

倡修学宫,创文星阁,开玉带街,翼以两坊。

[道光]《南宫县志》卷三:“万历戊寅,知县邢侗修学宫,东开玉带街,以环宫墙。前凿二井,以通文脉。”(页2A)

《太仆崇祀文》:“堪舆家言,学宫郁塞,闭锢文明,乃为开玉带街,度坊于其左右,广集群彦,赡贫课读,自是文风丕振,科甲蝉联。如左辖韩公、参藩郭公、明府张公、奉常李公,正其征也。”(《家乘》卷一〇“艺文志二”,页60A)

捐俸购置图书,藏于学宫,撰文记之。

邢侗《南宫县学藏书记》:“往不佞居里塾,好购诸古今书读之。而家故泲北,非通都,覙覙屑屑耳,不能举群众也。既从子大夫后,始得以其间物色《宛委》《二酉》之藏,乃《七略》《四部》而下,书稍稍具。顾无几出令南宫,一行作吏,百务纷沓,思欲键户下帷,综览千古如诸生时,什伯不逮矣。夫以不佞之好古,又力足以办之,然少也,苦于聚之不广。而今复尼于学之无时,犹怲怲不慊于志。矧诸士子亦僻在乡邑,家半不自赡,或欲有所考览探涉,则安从致之?且无论经纬元化叙别伦,则阐发性灵,参错万变,不可一日废竹素也。即顷岁省会比士秉文者,录制义外,尤必于再试、终试加研核焉。业请于上,申之功令矣。诸士子生当右文之代,幸优游黉序,得肆其力于问学,而司牧者文献弗备,谓作新何?于是特镌月俸,捐少赎锾,为置经史子集及国朝制典诸书若干部,庋之学宫,俾邑之为博士弟子者,请而诵,或假而录,已则还之故处。爰勒其籍于石,俾无损佚,觊来者有稽焉。嗟乎!漱六艺之芳润,撷百代

之菁华。今而后，于诸君子有厚望矣。若徒以玩物丧志为解，而曰吾一以贯之，安所事多识也者，则不佞兹举诚赘疣也夫！”（[道光]《南宫县志》卷一二，页 21B）

案：此文《来禽》未载。

在任重教育，奖人才，周寒士，岁课月试，供给赏劳甚丰。

李维桢《邢公墓志》：“月试邑校诸生，寒畯则给餐钱，得韩、郭两参知，周郡守若干人。孝廉若任给事、李侍御、阎博士，经承为文，褎然高第。……士通籍者相踵。”（《大泌山房集》卷七九，页 38A）

黄克缵《邢子愿传》：“君治邑如家，廪食囊衣悉自家中具之，不以烦邑人。……稍有余羡，即以修学宫，周寒士，岁课月试，供给赏劳甚丰。于诸生中得韩方伯策、郭参知士吉，其登科第者相继不绝。”（《数马集》卷二七，页 22B）

案：邢侗在任期间重视教育，奖拔人才，“韩、郭两参知”指韩策、郭士吉。韩策，字念劬，万历十四年(1586)进士，仕至刑部右侍郎。郭士吉，字希参，万历十七年(1589)进士，历官宣府口北道大参。其他如周郡守(友程)、任给事(让)、李侍御(文熙)、阎博士(汝哲)、张庚等，登科第者相继不绝。(见[道光]《南宫县志》卷九，页 2A)

荐南宫诸生张庚至保定巡抚张卤家做馆师。

《来禽》卷二五《与真定守尹春寰》：“南宫张进士庚……一椎朴布衣，读书三十年，寝处不愧其形影。不肖弟延之邸中，授弟辈经。征其行止，郭有道之流亚也。乃荐之大中丞张浒东先生为西席。”（页 7B）

[康熙]《南宫县志》卷一〇：“又尝馆于抚院张公讳卤者，于考馆诗之初，试题七道，公于案前立就，抚院叹为真正理学，奇才天产，遇之甚厚。有袭爵指挥犯大法，狱于抚院，托时贵情面以求宽释，书入抚院，不从，微示于左右曰：‘必张馆师居间乃可。’指挥闻之即向公恳求，愿持千金为公寿，公谓：‘彼犯王法，天理所不容者，使之漏网，如天理何？’却之，其做秀才时廉介如此。”（页 19B）

案：张庚为南宫诸生，侗所赏拔。“张浒东”名卤，是年七月来任保定巡抚。《明神宗实录》卷七七：“(万历六年七月丁巳)以原任巡抚浙江、都察院右佥都御史张卤以原官巡抚保定等府，兼提督紫荆关。”(《明实录》第 53 册，页 1654)又卷一〇四：“(万历八年九月乙未)升巡抚保定、右副都御史张卤为大理寺卿。”(同书,页2036)姑系事于是年。

张卤(1523—1598),字召和,号浒东。河南仪封人。嘉靖三十八年(1559)进士,任婺源、高平县令,以政绩拜礼科给事中,先后任南京都察院佥都御史,提督操江,巡抚浙江、保定,加副右都御史。入拜大理卿,以忤张居正,左迁南京太常寺卿,旋乞休归。著有《张浒东集》十四卷。参见冯琦《大理卿浒东张公墓表》。(《宗伯集》卷一七,页23B)

秋,刻《于氏家藏诗稿》二卷成,撰跋。

邢侗《于氏家藏诗稿后序》:“盖吾乡于鳞先生有言:‘齐鲁于文学,故其天性。’侗也执鞭往昔,兴怀骏烈,则慨焉长慕之矣。矧夫生同轸域,谊托门墙,即或英标未觏,而获以铅椠,附垂不朽,宁无忘味兰言、比音玉步、晞远日笃、处近弥亲者哉!我册川翁夙韫瑰奇,天挺间世,薄生人之常恋,营竹素之令图。虽稍复婴轮鞅,而冲襟雅韵,一寄之诗,思既川腾,辞亦林蔚,朝华夕秀,丹霞之气,以舒写物伦,类黄钟之律斯罍。哲嗣自吾师太史公外,伯仲翩翩,并富篇什。珠星宵聚,踵陈氏之遐踪;玉树春晖,分谢庭之茂荫。今揽兹集,即言不相袭,格以类殊,而究厥体裁,率沉雄郎润,妙入玄解。盖缘本乎天趣,发之性灵,是以机动神随,意无乏绪,微云河汉,抑亦庶几秋水芙蓉。畴庸雕饰,洋洋乎,缅缅乎,斯已奇矣!太史公经帷之暇,搜厥遗逸,属付剞劂。于乎!龙门莫仰,愧任昉之非才;凤池有毛,知鸿业之未竟。三复终篇,聊志梗概云尔。若乃翁行履家世,则贾石葵先生《序》详之矣。《集》四卷,总万有余言。万历戊寅秋日,犁丘邢侗顿首谨书。”([道光]《东阿县志》卷一八,页8B)

案:《于氏家藏诗稿》,侗刻于南宫。“贾石葵先生”名三近,其撰《于氏家藏诗略序》见前。于慎行《先考遗集跋语》云:“先考赠宗伯公,少负才名,数奇不偶,薄游关陇,宦业萧条,平生赋咏撰述,遂多散佚残编,旧箧中余二三,未尽其大都也。往岁,邢子愿氏略取二卷,刻于南宫。李北山先生及中立王孙裒集海岱名家,皆有采摭。及同年张子阳氏,来索全稿刻于安州,始幸有成集矣。”(《谷城山馆文集》卷三四,页26A)据此跋,《于氏家藏诗稿》四卷,侗所刻二卷。

同年陈与郊服阕,复为顺德府推官,常往来于县署,谈艺论文。

陈与郊《南宫令济南邢公去思碑记》:“子愿为人公正廉洁,文章妙天下,予数从谭艺署中,尝示予二椟,一曰:‘此讼田土婚媾牒也,讼已,吾辄置不问。’一曰:‘此尽显者私谒吾,未尝阴发,谒而阳谩欺吾民。’嗟嗟!此岂直与

方隆比烈哉？即西京诸循吏何让焉！夫百辟卿士有益于吏民者，得世世奉祀不绝。”（[道光]《南宫县志》卷一二，页22B）

李维桢《太常寺少卿陈公墓志铭》：“服除，谒选人，奉母以往，复除顺德府宪令理官。”（《大泌山房集》卷七八，页34A）

本年，四月，兵部尚书谭纶卒，纶与戚继光齐名。十月，以论张居正夺情，杖编修吴中行、检讨赵用贤、员外郎艾穆、主事沈思孝，罢黜谪戍有差。杖进士邹元标戍边。十一月，以星变考察百官。葛守礼卒。

【诗文系年】

《明荥阳丞李公墓志铭》《南宫县学藏书记》《于氏家藏诗稿后序》。

万历七年己卯(1579)，二十九岁

在南宫县知县任。任满考最，父母俱受敕封。长子邢王端生。

南宫县任满考最，父母俱受敕封。

《府君行状》：“府君原任德藩府良医正，以孤南宫县满考，封直隶真定府冀州南宫县知县。……配为万，孤等者母，状名太君。以孤初任，封孺人。”（《来禽》卷一八，页1A）

王世贞《临邑邢氏父子赠封省台诗叙》：“不谷由进士除南宫令，满三载最，以其官官公。”（《弇州续稿》卷四六，页20B）

案：“敕封”时间为“己卯”，即是年。殷士儋《寿临邑封君邑涯邢先生七十叙》：“岁己卯，公伯子尹南宫奏最绩，获貤恩封父母如令。”（《家乘》卷一〇，页37B）又《家乘》卷一“诰敕”有《直隶冀州南宫县知县邢侗父母敕命一道》，然目存文阙。（页1B）

三月廿三日，座师于慎行予告。

《国榷》卷七〇：“（万历七年三月戊辰）翰林侍读于慎行予告，赐金币。”（第4册，页4346）

案：于慎行得罪首辅张居正，告疾还乡。郑《表》，是月“戊辰”为廿三日。

秋，南宫张庚乡试中举。

[康熙]《南宫县志》卷一〇：“张庚，中己卯科举人。”（页19B）

堂兄邢化妻李氏卒。

《遵道行状》:“归再逾年,而李宜人亦既谢杯棬矣。遵道生于贾令人,鞠于李宜人,宜人视遵道笃于所生仲。遵道居丧及毁,自状母懿行绝哀,越祥而葬,一禀先儒礼制。”(《来禽》卷一八,页30A)

案:李宜人为堂兄邢化妻,《家乘》卷四上:“(邢化)配李氏、贾氏。”(页8A)邢王道为贾氏生,养于李氏。据“归再逾年”,知王道万历五年(1577)会试落榜二年后李氏卒,故系于此。

致书陈与郊,告知近得硬黄纸旧拓圣教本,惊为“神物”。

邢侗《与陈广野(一)》:“自领送茶帖子,嗣后不奉声问。弟以数马祇役衡晋间,旋抵郡中。往复廿余日。归来营营簿领,数欲奏书门下未果,非敢一瞬相忘,政恐草猝取讥尊贵耳。向与嘉茗,入暑赖已自度,第坐中不见采芳主者,即令喉吻相游,何若抵足深宵剌剌,就李依家也。伯修书来,道魏博佳会,每口不佞不置耳。汪司马志太母夫人,那可不令侗见之。近得硬黄纸旧拓《圣教》本,足称神物。足下连宵见斗女间紫气乎?盖在冀分,一笑。”(《泲园集》卷五,页75B)

案:此文《来禽》未载。“陈广野”名与郊,上年服阕为顺德府推官。“伯修”即万世德,时任元成县知县。唐在魏州设魏博节度使,后改魏州为大名府。元成县辖属大名府。书云“汪司马志太母夫人”,指与郊属汪道昆撰《海宁陈处士暨配王氏合葬墓志铭》,见《太函集》卷四九。(页7A)又云“近得硬黄纸旧拓《圣教》本,足称神物”。此硬黄纸旧拓《圣教》本未见记载,唯王文治《快雨堂题跋》云:“《圣教》宋拓之在人间尚不为少,急而求之虽重赀亦不易得。此本前一二叶纸色略为黝黑,后半愈有神采,真佳本也。邢子愿跋亦有别趣。”(《中国书画全书》第10册,页795上)未知王文治所见“《圣教》宋拓”与此书言及“硬黄纸旧拓《圣教》本”是否一物,“邢子愿跋”亦无从得见。

原配陈氏随居南宫,五年未尝私市一缣帛,岁时生日寄奉新衣美食至家,双尊数称“贤妇”。

《亡妻陈氏墓志》:“居(南宫)邸中可五岁,身袭嫁时衣补,簪弭无华,曰:‘廉吏,君好为之,所愧新妇不能为廉吏妇耳。’竟任,未尝私市一缣帛,乃岁时生日,则手制轻吹纯绵及甘脆茗醪,封题寓里中,问尊章万福。家僮回报亡恙,则谓:‘余舅姑冉冉老矣,新妇一日之奉及里门,则一日朝餐下咽。未知狄

公之妻当年作何状，有如新妇无似，倘亦宽君家望云之思乎？’舅姑从里中数数称：‘贤哉，妇矣！’”（《来禽》卷一三，页1A）

张庚辑集邢侗举业稿，属同年顾尔行作序。

顾尔行《邢进士举业稿序》：“不佞为诸生时，业闻济上邢子愿名，其人少年而奇，喁喁慕古，即属辞务，视诸作者。暨而游燕，都人士无不私口道曰：‘邢子愿方今天下士。’又高于所闻为诸生时者。万历甲戌，不佞与子愿同对公车，即稠人广坐中，固已心识为子愿，子愿亦心识为余也。两人者，由是深相结云。居无何，不佞奉命理魏郡，子愿亦以次得南宫令，中间相去不三百里，不佞又时时从诸使者往来，以故知子愿，益悉子愿。每与不佞纵酒课艺，慨然谓：‘东、西京以下无文，开元、天宝以下无诗，今之时有能绍明世统、佑启后喆者，意在兹乎？意在兹乎？’不佞自唯木强少文，而发日以短，即欲从子愿上下千秋志名于不朽，未能也。一日，邑士张庚辈持子愿举业稿，语不佞曰：‘邢侯名在寓内，寓内士无不欲得邢侯文为重者，诸士卑卑自度，终无益于邢侯。唯公与邢侯为知交，微公言无能使邢侯重。’不佞听然而笑曰：‘若知夫云门之瑟不从郑声，狐父之戈不钃牛矢乎？’且也邢侯方以循良起三辅，异日者宰衡理运，勋业烂焉。附古立功者之列，乃见邢侯耳。即文丽卿云，诗翔鲍谢，犹其土苴者，区区举业可与重邢侯也与哉？若其寓内重邢侯，则是稿不可无刻矣。稿凡若干首，大都语语务惊人，亦其慕古一券云。同年友吴兴顾尔行孟先甫撰。”（《家乘》卷一〇“艺文志一”，页8B）

案：《邢进士举业稿》，南宫士子张庚所编，据“邢侯方以循良起三辅”，知此时邢侗将选任监察御史入都。

顾尔行（1536—1611），字孟先，号儆韦。浙江吴兴人。万历二年（1574）进士，官大名府推官，征拜陕西道御史，巡通仓河漕，为张居正所知。居正卒，其党遭追究，迁南康知府，致仕归。晚年篮舆画舫以声伎从，登涉境内山水累月，唯日不足者。卒年七十七。初，张翰撰《疏议辑略》，所截止武宗以前。尔行复录世宗、穆宗朝诸疏为《两朝疏钞》。事具李维桢《南康守顾公施孺人墓志铭》。（《大泌山房集》卷九三，页20A）

是年，长子邢王瑞（玉符）生。

《茂才玉符公传》：“公讳王瑞，字无咎，号玉符，先太仆公长子。母陈恭人方娠有异征而生。公玉立如半天之霞，清扬如云中之鹤。”（《家乘》卷五“家传

二”,页 28B)

案：邢王瑞为陈氏所生，其生年据《亡妻陈氏墓志》:“孺人自十七八讫今，间岁有身。凡产四男子，其三殇，今一独存王瑞，年九岁，颇韶秀，能读不肖书。”(《来禽》卷一三，页 1A)陈氏卒于万历十五年(1587)五月，王瑞“年九岁”，则应生于万历七年(1579)。党月异、孙建功《邢侗邢慈静研究》定于万历五年(页 417)，解长青《邢侗年谱》定于万历八年(页 16)，非是。

张登云授凤阳府知府，有诗送其赴京入觐。

邢侗《赠别张府尹入觐》:“鸣珂此去建章宫，袅袅垂杨驿路中。台上黄金仍购骏，天边龙剑久成虹。漫夸屏翰周方伯，快睹钧衡汉上公。一曲骊歌成远别，相看莫遣酒杯空。”题注：“登云守凤阳时作。”([光绪]《宁阳县志》卷二四，页 2B)

案：此诗《来禽》未收。“张府尹”名登云，字攀龙，山东信阳人。隆庆五年(1571)进士，万历五年(1577)至十年任凤翔府知府。[光绪]《凤阳府志》卷六中“知府”:“张登云，宁阳，进士，(万历)五年任。”(页 22B)又《明神宗实录》卷一二二：“(万历十年三月壬申)升职方司郎中赵云翔、凤阳府知府张登云俱陕西副使。”(《明实录》第 54 册，页 2282)此诗题注“登云守凤阳时作”，疑为张登云凤翔府知府三年任满入觐时路经南宫作，故系于是年。

张登云(1553—1639)，字攀龙。山东宁阳人。父仆，字济文，官富平主簿，佐治有声，以忤长官，投劾归。卒，祀乡贤。登云少颖悟，博学工文。隆庆五年(1571)成进士，先后任凤阳知府、辽海道副使，累官至河南右参政，解组归。好为诗古文词，规橅汉唐，音节笃雅。曾裒集兖郡诸家诗编为《鲁雅》，副使戴燝为之序。著有《芝楼草》十卷。[光绪]《宁阳县志》卷一三有传。(页 15B)

本年，正月，诏毁天下书院。时士大夫竞讲学，张居正恶之，尽改各省书院为公廨。刘重庆生。

【诗文系年】

《与陈广野(一)》《赠别张府尹入觐》。

卷三　宪参岁月

万历八年至万历十四年

（1580—1586）

引 言

万历八年(1580)六月,邢侗在南宫县任上考绩优异,考取山西道御史。明代监察御史属都察院。都察院设左右都御史(正二品)、左右副都御史(正三品)、左右佥都御史(正四品),再下设十三道监察御史一百十人(正七品)。监察御史品秩不高权限广,主察纠内外百司之官邪,或露章面劾,或封章奏劾。

不久,他又以品望充经筵官,赐绯衣一袭。明制,皇上每年春秋两季御文华殿进讲,"勋臣一人知经筵事,内阁学士或知或同知。尚书、都御史、通政使、大理卿及学士等侍班,翰林院、春坊官及国子监二员进讲,春坊官二员展书,给事中、御史各二员侍仪,鸿胪寺、锦衣卫堂上官各一员供事"。从众多御史中选充侍经筵,当以其盛孚众望。

这一年,他刚三十岁,春风得意,年轻有为。与他同时被选拔为监察御史的,有同年进士顾尔行等二十多人。顾尔行先为大名府司理,以治行为张居正所知,且与张居正亲近的重臣曾省吾、王篆走得很近,"登荐书三十许",而选为监察御史。顾尔行与邢侗私交不错,曾为邢侗《邢进士举业稿》撰序,还引荐同年邢侗、陈与郊、方范与曾、王游从。万历九年(1581)五月,顾尔行为曾省吾编纂刻印《司空校秦翰牍一卷抚蜀翰牍一卷平蛮余录二卷》,由顾尔行、邢侗、陈与郊等撰序。王篆有子之鼎、之衡正攻读举业,其同社人《制义》稿又请顾尔行、邢侗等撰序,"邢卒蒙讥",这是他后来仕途充满坎坷的真实原因,也是一再受到某些人攻讦的一个借口。

邢侗在京任监察御史不满一年,即于次年(1581)三月改任河东巡盐御史。据《明史》记载,巡盐御史一般派往主要盐产区,"两淮一人,两浙一人,长芦一人,河东一人"。巡盐御史肩负着查察盐政、纠举不法的使命。邢侗出使之时,好友魏允中、欧大任有诗送行,魏允中《别知吾邢侍御》云:"群公皆绣斧,吾子独红颜。且喜乘春去,那辞隔岁还。清霜凋晋树,紫气荡秦官。不数终家少，长缨系百蛮。”其中“清霜凋晋树，紫气荡秦官”，即指河东巡盐御史负责巡视河南、陕西、山西三省盐务。

盐政关系国计民生，巡盐御史差肥权重。邢侗在任两年，多有善政，且保持了清廉本色。他分别致书宰相张四维、申时行，建言废除盐务弊政，祈免山西池盐不生之积欠，两相均有复书，对所议各条颇有好评，称赞“此亦权宜中善计”，有“恤民忧时之诚”。过去官府打击贩私盐者，主事者不达要求必遭惩罚，抓不到人就由士卒冒名顶替，牵涉者往往“十不一生”，“子愿罢无逮，活数千人”。他还多次拒绝下级和盐商的贿赂，“所举方面有司谢仪，悉不纳亦不开其牍”。长芦巡盐御史林休征，为邢侗的同官好友，济南有一巨商欲通过邢侗请托于林御史，携重礼辗转求于邢侗父亲邢如约，被邢如约谢绝，“属街卒送之出境，乃告子愿”。邢侗离任时，库存羡余累万，但他一无所取。晚年贫困时，他《与王百谷》开玩笑说：“往日盐官阿堵且巨万，悔不携归饱孥子也。笑笑。”

万历十一年（1583）三月，邢侗改任苏松巡按御史，巡视范围为苏州、松江、常州和湖州四府。他在任一年，精察练达，兴利除弊，不畏权势，抑制豪强，惩治了横行三十年的云间海盗张邦陵，民赖以安。对其余党则“抗章乞宥”，视情节宽大处理，执事者谓“市恩”，罚减俸三月，他却觉得很值：“三月奉全三人命，所得多矣。”当年，江南遭受严重灾荒，他力主为受灾最重的嘉定等县开仓救赈、蠲免税赋，救活灾民无数，免于流离失所。对此一段政绩，吴人感其恩德，他离任时，当时致仕在里的原礼部尚书徐学谟、文坛盟主王世贞均赋诗送行。对此，邢侗也不无自豪地说：“良夜静思，唯此一段无惭官下。”邢侗离开三吴时，行李中“仅十金、吴绫二匹耳”，可见其为官清廉。

苏松地区为当时经济最富庶、文化最发达的地区。邢侗巡按三吴，深受吴门文化的影响，结交了当时主盟文坛的王世贞、名士王稚登等。而最值得一提的，则是拜谒王世贞并受其褒赏，使他在万历文坛声誉鹊起。邢侗崇仰王世贞多年，在刑部试政及在巡盐御史任上，与其弟王世懋往还甚密，但与王世贞并无一面之缘。巡按三吴不久，他即往太仓访王世贞先生于弇园，又在其陪同下往澹圃访其弟世懋。邢侗订交王世贞始于此并师事之，在诗文信札中均尊称以“先生”。两人谈说文事甚洽，邢侗请先生撰家世文章、邢氏父子赠封省台诗叙、邢如约像赞等，先生均一一允诺。王世贞赋诗《四十咏》评骘

“诸贤”，誉侗“书探会稽室，文匠东京前”，对其文章、书法评价很高。《明史》评王世贞说：“世贞始与李攀龙狎主文盟，攀龙殁，独操柄二十年。才最高，地望最显，声华意气笼盖海内。一时士大夫及山人、词客、衲子、羽流，莫不奔走门下。片言褒赏，声价骤起。”

万历十二年(1784)二月，邢侗升任湖广承宣布政使司右参议，正四品。看似升迁，实则因为“偶罣浮议”，朝廷追究王篆子之鼎、之衡贪缘中式案，“列名评骘”中有邢侗之名，由此受到牵连。凡与其子游者，俱罢官，幸好邢侗从轻外转湖广参议，负责督运漕粮。尽管此官既长期漂泊水上又有浪涛风险，但座师于慎行还是寄诗劝慰：“依然法从偏承宠，三十参藩是壮游。”邢侗时年三十四，官居四品，邢侗思虑再三还是上任了。妻子陈氏随之入楚，两从漕粮船行大江间。

他仕宦楚中，结识了不少楚中友人。如“后七子”之一的吴国伦，文名甚盛的鄂人李维桢、郭正域，以及名列“十二友”的姜夔、王一鸣、瞿九思、朱期昌等。最值得一提的是，此间他以三十千从汪道贯手中购得宋拓《澄清堂帖》，奉为至宝，于扬州舟中与王稚登共赏鉴，还先后请王稚登、詹景凤、汤焕题跋。邢侗一生都对此帖十分珍视，他的女婿杨焘说：“寝处不离，啻什袭而珍，百朋不易也。”后来，他将此帖刻入《来禽馆帖》，成为传世经典之作。

然而，好景不长，两年后的万历十四年(1586)正月，邢侗又为前事所累，“招妒而蒙谴”，量移陕西行太仆寺少卿兼宁夏河东兵粮道观察司佥事。明太仆寺，掌牧马之政令，属兵部，分置于山西、北平、陕西、甘肃、辽东。陕西行太仆寺少卿驻平凉府，虽品秩与湖广参议同为正四品，然为僻署冷官。更为他所不能忍受的是，有人一再前事重提，以不实之词指证他“贪婪不检、濡足权门、簸弄政柄”，以此论定为“不直”“失节”。邢侗最终下决心以亲老乞养为由，三次上疏辞官归里。直至五月，他的请辞获得批准。三十六岁正当壮年的他，带着冤屈告归还乡，从此告别了仕途。

万历八年庚辰(1580),三十岁

在南宫县知县任。六月,考选山西道监察御史。又以品望推侍经筵,赐绯衣一袭。

知南宫五年,一切所用悉自家饷。

黄克缵《邢子愿传》:“授南宫令。邑当燕齐之郊,鸡犬之声相闻。君治邑如家,禀食囊衣,悉自家中具之,不以烦邑人。”(《数马集》卷二七,页22B)

冯时可《邢公碑铭》:“受南宫令,益自祓除其心,以爱民为主,罢一切供亿,所用悉自家饷。……金矢之罚,悉以市谷二千石责之,辄充以家廪。”(《家乘》卷五“家传二”,页12B)

南宫士民为立“生祠”,号曰“邢父”。

[康熙]《南宫县志》卷九:“邢侗,临邑人。万历中知南宫县事,公正廉洁,先教化,后文法,在任五年,野无不耕之田,下无废学之士,盗息讼简,吏民亲爱之,号之曰‘邢父’。寻擢御史,邑人怀其德,祠而祝之。”(页7B)

又有邑人作《德政歌十九章》,颂其德政。

陈与郊《南宫令济南邢公去思碑记》:“子愿姓邢氏,名侗,济之临邑人,甲戌进士。其详具《德政歌十九章》中。”([康熙]《南宫县志》卷一二,页23A)

《太仆崇祀文》:“至今南宫有《邢侯去思亭》《德政歌十九章》。”(《家乘》卷一〇“艺文志二”,页60A)

六月,以廉吏高第考选山西道监察御史。

《明神宗实录》卷一〇一:“(万历八年六月)丙辰,考选……曹一夔、吴定、刘士忠、任养心、韩国祯、马允登、范鸣谦、蔡梦说、何倬、丁宾、杨楫、邢侗、赫瀛、李廷彦、徐鸣鹤、孙梦麟、唐天祥、孙旬、顾尔行、王国祚、洪一谟、敖选、刘养元、姚士观、苏万民、傅好礼、王言为监察御史。”《明实录》第53册,页2000)

《家乘》引《前贤履历纪》:“庚辰六月,行取山西道御史。”(卷四上“世系表二”,页11B)

冯时可《邢公碑铭》:“以廉吏高第征拜御史。”(《家乘》卷五“家传二”,页12B)

以品望充经筵官,赐绯衣一袭。

《家乘》卷一二“事纪”:“万历八年,太仆公以山西道监察御史充经筵官,

赐绯衣一袭。”(页1A)

《太仆崇祀文》:“公为御史时,曾以品望推侍经筵,赐绯衣一袭。”(《家乘》卷一〇“艺文志二”,页60A)

案:《明史》卷五五“经筵”:“明初无定日,亦无定所。正统初,始著为常仪,以月之二日御文华殿进讲,月三次,寒暑暂免。其制,勋臣一人知经筵事,内阁学士或知或同知。尚书、都御史、通政使、大理卿及学士等侍班,翰林院、春坊官及国子监二员进讲,春坊官二员展书,给事中、御史各二员侍仪,鸿胪寺、锦衣卫堂上官各一员供事,鸣赞一赞礼,序班四举案,勋臣或驸马一人领将军侍卫。……万历二年定春讲以二月十二日起,至五月初二日止,秋讲以八月十二日起,至十月初二日止。”(第5册,页1405)

父邢如约闻报,焚旧日债券千万,罢偿。

《府君行状》:“仲父遗子钱齿券者,千万矣。孤入台报至,即日取焚之,罢偿焉。”(《来禽》卷一八,页1A)

入都为监察御史,原配陈氏随宦安家京师。

《亡妻陈氏墓志》:“余以庚辰被征为御史,则孺人复随之京。居数月,余按鹾三河。已,按三吴,孺人兀然一室,昼督姬婢纺,夜篝灯刀尺声不绝,臧获数百指,所需衣褐,半出手指,即朝晡所御食,率用疏粝。吾母夫人时时甘滑饷,则以食儿女。母谓:‘新妇何自苦乃尔?’曰:‘良人以身勤国事数千里外,新妇坐享荣华,复自逸美服食,他日何以谢夫子?不亦隤吾姑勤俭家声乎?’”(《来禽》卷一三,页1A)

同年顾尔行拜陕西道御史,巡通仓河漕,以治行为首辅张居正所知。

李维桢《南康守顾公施孺人墓志铭》:“初司理大名郡,归省王父,九十无恙,语之:‘无以赠若,唯多活人耳。’奉其言,平亭疑狱傅生比甚众。有后母与前母子讼,不问,第下其子狱中。居数日,泣而自言无状,请服要领之罪,其母亦泣请释子,遂为母子如初。晋万公世德为属邑令,擢司马,浪吏挽舟不得发,以失帑金数百,曰:‘万君干时之器,宁有此?’按之则诸司交际下县括赎锾,亡何,有假常供应者也,劳谢万公勉旃自爱,捐月奉若羡赋为偿,万后以功名终。旁郡令张延廷悃愊无华,独推毂仕郡守,为时循吏也,进诸教士,课其文艺,周其空乏,拯其患难,起家天官尚书郎者三人,他称是。诸台风江陵教,裁冗役冗食,毛举细故,亏损大体,公裒益适中,论覆往返,莫能易也。议上江陵，知出公手，称善，治行冠诸君，登荐书三十许。最后江陵入朝过邯郸，诸郡吏修谒咨公事，应当时之变，如数一二，江陵益喜，征拜陕西道御史，巡通仓河漕。”（《大泌山房集》卷九三，页20A）

案：“江陵”即首辅张居正，时顾尔行为大名府司理，以治行为张居正所知。顾与侗同年且交往甚密，李维桢《南康守顾公施孺人墓志铭》：“公与济南邢子愿举进士同科，授御史同台，被谤同事。”（《大泌山房集》卷九三，页20A）

诗人宋登春自新河寄书至，欲面谒呈诗。

宋登春《上邢子愿使君书》：“仆新河鄙人也，自束发时讲业于齐鲁之间。既而西走秦晋，南历吴越楚蜀，逾汉渡洛，绝河阅峄，循濮水而归，至于今三十余年矣。所过都邑，闻有贤豪长者，骚人墨卿，大雅君子，未尝不得见也。敝邑虽小，界在大国之间，鸡闻畛接，烟火相邻，民俗歌谣相同。经此地者，望郭门而笑，闻巷言而喜者，人之情也，岂矫然哉！仆抱未伎，进谒明侯，愿赐游观之暇，望见颜色而足矣，况闻咳唾之音哉？谚语曰：‘匪媒而嫁者，士女之丑行也。’无因而至于前者，人莫不贱也。投珠按剑之诮，仆将不免矣，何喋喋为之哉？”（《宋布衣集》卷一，页27A）

案：题曰“邢子愿使君”，则侗在监察侍御任上作。宋登春三十岁即浪迹天下，万历五年归新河乡里。据《宋登春传》：“万历五年，自峄山还乡里，拜丘垄，邑侯结庐以处之。”（《宋布衣集》卷首）

宋登春（约1515—1586），字应元，号海翁、鹅池。北直新河人。少孤，依兄嫂生活，聪慧好学，能诗善画。三十岁间，妻儿五人俱丧，须发皆白，自号海翁。此后携义子宋鲸弃家远游，以书画为资，行程五万余里，北出居庸，南涉扬子，西越关陕，东泊沧海，广泛结交诗画文人。定居江陵天鹅池，更号鹅池，晚年因事归里闲居，后投钱塘江而死。事具徐学谟《鹅池生传》。（《宋布衣集》卷首）

分别六载，王世懋时入觐进京，闻侗任监察御史，有书寄贺。

王世懋《与邢子愿侍御（一）》：“故人契阔，倏焉六载。上计长安，深冀得一握手。不谓狗马之疾陡作，跧伏萧寺，疏请归骨，自分永绝。鞭弭之缘，已病少间，属明公方有棘闱之选，未获相闻。比蒙恩复奉朝请，走谒邸舍，则阒然无应门者，归而忽辱手教，庭实罗案，乃知明公犹在近郊，病冗中强书二扇以报，策急足亟之坛所，而其人竟成空返。扣之，云：‘行甫一日矣。’生之疏节类尔，即故人怜其病而薄其罪，其若区区之心何？盖自是奔走枳途，转瞬驹隙，而依依大雅之怀，终无以释也。顾各天弥隔明，雁字无繇，昨接邸报，承已席重霜台，庙堂妙选柱下，而词人首见风裁，诚为世道举手加额，宁独其所私沾沾而已！兹颛力兴居，一写夙抱，窃恃素交，门状倨然犹是狂奴故态，并希鉴原万荷。”(《王常侍集》卷三八，页8A)

案：书云“比蒙恩复奉朝请”，指王世懋进京入觐上计，八月，调任陕西提学副使。《明神宗实录》卷一〇三：“(万历八年八月丁未)升湖广武昌府知府曹慎为本省副使，调江西副使王世懋于陕西，各提督学政。”(《明实录》第53册，页2021)

为礼部侍郎王篆子《制义》撰序，卒蒙时讥。

李维桢《邢公墓志》：“初为御史，夷陵王篆慕名，以子同社人制义请子愿序，为重忌者乃生之言抑之，久而论定。”(《大泌山房集》卷七九，页38A)

案：李维桢《邢公墓志》云“初为御史”，当为初任监察御史在都门时事。王篆有子之鼎、之衡，以同社人《制义》稿，请诸名人作序。此书疑即《羔羊同声录》，王汝训《贪险科臣大乱朝政乞赐罢斥以清言路疏》：“顾尔行结纳王篆，为其子改课，《羔羊同声录》传笑海内，然此犹少年故态也。”(《万历疏钞》卷一九，页85A)又王明《憸媚邪臣因劾蹴转乞赐罢斥以诏公道疏》：“皇上试查《续羔雁同声录》，一观之可证也。”(《万历疏钞》卷一九，页98A)为此书作序者，除邢侗外，尚有顾尔行，李维桢《南康守顾公施孺人墓志铭》：“已按顺天，江陵乡人为少宰，以子制义求评目，公序行之。”(《大泌山房集》卷九三，页20A)“江陵乡人”即王篆，时为礼部侍郎。据御史王明所劾，陈与郊入京也“为伊子讲改”，其《憸媚邪臣因劾蹴转乞赐罢斥以诏公道疏》曰：“(与郊)方其司理河间时，见王篆气焰薰灼，考满入京，辄因同门顾尔行投入门下，为伊子讲改。日前吴正志误指为行取时事，与郊遂张目强辩曰：‘行取时王篆已败。’彼时篆势方盛，乃指为败，举朝缙绅，谁不知之？”(引略)此事后来讹传为张居正子允修《制义》作序，黄景昉《国史唯疑》卷九：“张季子允修爱尤笃，尝以制义求冯时可序，不应，属邢侗为之，邢卒蒙讥。”(页261)此系误传。

王篆(1519—1603)，字绍芳，湖广夷陵人。嘉靖三十四年(1555)举人，四十一年(1562)进士，初知吉水县事，历官两京都御史，晋位少宰，仕宦三十余年，固有“铁御史”之号。张居正柄政日，以天下才推之，“对边饷马政、吏治民隐”等治国之事，问政于王篆。殁犹荐以自代，神宗书其名于御屏。居正卒后，篆亦坐废。归里后闲居无事，唯日以书史自娱，一时碑版文章多出其手。［同治］《宜昌府志》卷一三有传。（页 6B）

十一月，妹邢慈静作《墨石图》与兄共赏。

邢慈静《墨石图》轴题跋：“瑶浴汉日，金峙翔烟，寓尔形于萧斋几案之间，游吾神于寥廓壶中之天。庚辰孟冬日，写似兄丈清玩。”（《书画鉴影》卷二二，页 23B）

案：此画现藏山东省博物馆。“庚辰”为万历八年，慈静约生于嘉靖四十一年（1562），是年十九岁。党月异、孙建功著《邢侗邢慈静研究》定“庚辰”为崇祯十三年（1640），并据以考订慈静卒于此后（页 71），失考。“写似兄丈清玩”，应是写给长兄邢侗的。侗兄弟三人，邢佑、邢侃年龄均小于慈静，慈静《追笔黔途略》：“视弟侄辈疏眉秀目、鱼轩青衿者几三十人，乃文弱无为，不能为氏白，又禁氏不得自为白。何河间之族为氏弱小儿，日作蠹鱼窗几间，大类渭阳文弱，氏即意气填胸奈何哉？”（《家乘》卷一一“翰墨志一”，页 9B）“弟侄辈”中，弟应包括佑、侃。

本年，黄克缵举进士。十一月，清丈天下田亩。

万历九年辛巳（1581），三十一岁

在监察御史任。三月，巡按河东盐政。访宋登春。

过新河，顺道访诗人宋登春。其录杂文三十首、诗十四首奉呈。

宋登春《答子愿书》：“昨足下过敝邑，访寻侧陋，明扬幽隐，鄙人不足以当之。若乃数言相投，一夕千古，或有之矣，试尝论之。作者非难，而识者为难；识者非难，而合者尤为难也。物有似是而非、似非而是者，所以为难也。鱼目混珠，非海客不能识之；燕石似玉，非良工不能辩之。海客难遭，良工稀遇，鄙人所以老于天下而不复见也。今幸而见知于足下，岂不为难哉！因录杂文三十首，诗十四首，亦鱼目燕石之类也，足下其裁之。”（《宋布衣文集》卷一，页 29A）

案：邢侗往新河访宋登春，缘于上年得宋登春所寄书后，顺道访之。

宋登春又有书至，谢知遇之恩。

宋登春《再上子愿书》：“子愿足下。鄙人年三十，合室尽丧，弃乡里、别坟

墓,糊口四方,担囊履屩。行五万里,发敝齿腐,踪迹遍海内矣。唯江左徐夫子辩之,山东李少卿能谅之。嗟夫!天下作者虽多,无分难遇。自二子之后,方见足下一人,后不知其谁耶?牙弦旷律,千古绝响,矧此末艺哉!古诗曰:‘不惜歌者苦,但伤知音稀。’斯言信乎!若足下为一代骚主,下礼泥途之子,鄙人生色矣。况猥辱题品,名施后世者乎!以此论之,盖青云之士,乌可不附哉!”(《宋布衣文集》卷一,页31A)

案:“江左徐夫子”指徐学谟,“山东李少卿”指李先芳,与宋登春均有诗文唱酬,侗或由之介而闻其名。

访李先芳,其言王世贞所称“前五子”有李攀龙而无先芳,意甚不平。

《来禽》卷一九《奉训大夫尚宝司少卿北山先生濮阳李公先芳行状》:“先生辛巳向予言:‘余为诗成而于鳞始学诗,余见于鳞于元美,而元美悦。元美竞称五子,而余见汰。余归,独往独来,而五子疏试,取余言而与五子较,同乎?异乎?是宜弗相急而寝相遐也。’余时冰衿口噤不敢答。”(页38B)

案:侗与李先芳时有交往,于慎行《尚宝司少卿北山李公先芳墓志铭》:“方先生在官,所交皆天下名流,及罢吏家居不通造请,唯从苏大司马游,及与诸郎君酬唱久之,又皆先逝。而东省才士邢子愿、傅伯俊辈稍得雁行前矣。”(《谷城山馆文集》卷二一,页1A)文中所言“五子”,指“前五子”。《明史》卷二八七:“其所与游者,大抵见其集中,各为标目。曰前五子者,(李)攀龙、(徐)中行、(梁)有誉、(吴国伦)、(宗)臣也。”(第24册,页7379)

李先芳(1511—1594),号北山,祖籍湖北监利,迁居山东濮州。嘉靖廿六年(1547)中进士,翌年任新喻知县,升户部主事,改刑部郎,累官至尚宝司丞,升少卿。后因得罪权要,降为亳州同知、宁国府同知。万历初辞官归里。急公好义,热心乡里,与郡人祝尧焕、苏濂等编修《濮州志》,万历十八年(1590)志成,为之序。著有《东岱山房稿》。参见邢侗《奉训大夫尚宝司少卿北山先生濮阳李公先芳行状》。(《来禽》卷一九,页38B)

三月,上疏武学生尹文妻丘氏事,诏旌表之。

《明神宗实录》卷一一〇:“(万历九年三月甲申)诏旌表武学生尹文妻丘氏。氏工部郎中丘瓒女,幼适文,文病危,氏即以死誓。文死,尽鬻衣饰为夫及已营葬具,乃拜辞舅姑,水浆不入口,凡十四日而绝。御史邢侗上其事,故

有是命。"(《明实录》第53册,页2113)

案:"丘氏",福建惠安人,为户部郎中丘瓒(一作邱瓒)女。[同治]《泉州府志》卷三四"嘉靖二十六年进士":"邱瓒,户部主事、员外郎、郎中,左迁州同知、两淮运判。"(页9A)

是月,以监察御史巡按河东盐政。

《家乘》引《前贤履历纪》:"辛巳三月,巡盐河东。"(卷四上"世系表二",页11B)

案:邢侗新职名为"奉敕巡按山西等处、赞理盐课监察御史"。(见邢侗《确庵先生平蛮余录序》)其任职时间,《前贤履历纪》云"辛巳三月",与欧大任诗"蓟门春送雪花寒"(《送邢侍御子愿按河东》语)契合。

赴任将行,魏允中赋诗送别。

魏允中《别知吾邢侍御》:"群公皆绣斧,吾子独红颜。且喜乘春去,那辞隔岁还。清霜凋晋树,紫气荡秦官。不数终家少,长缨系百蛮。"(《魏仲子集》卷二,页542下)

案:诗云:"群公皆绣斧,吾子独红颜。"时侗拜官河东巡盐御史,之任送别。魏允中上年中进士,授太常博士。

欧大任亦有诗送行。

欧大任《送邢侍御子愿按河东》:"蓟门春送雪花寒,西去千人望据鞍。泽潞曲通河水下,条华高并太行看。岁收斥卤归盐策,部有均输佐县官。八使只今如汉日,风云应傍惠文冠。"(《欧虞部集·西署集》卷六,页20B)

案:欧大任时任大理左评事。杨瑞云《虞部公行状》:"己卯,改大理左评事。……辛巳,迁南京工部屯田司主事。"(《欧虞部集》卷首)此诗当其迁官赴南京前作。

五月,为曾省吾《平蛮余录》作序。

邢侗《确庵先生平蛮余录序》:"往世宗朝,两广诸猺贼讧乱,居民侵败王略,世宗拊髀而叹者数四。后采辅臣言,起都御史王文成公,得以便宜行事,宜抚则抚,宜剿则剿,故文成因以毕见其才,而八寨束首待命,功施至今,其筹策秘不可闻。不佞窃读其奏疏公移,诸略大都归本于酌量事势,通融审处,苟无不尽之心,自无难处之事,尝叹服以为知言。国家患不得人如文成耳,得之则彼冯山啸海之酋,朝发而夕至如征会然。而山都诸蛮,当川贵之交,独蹂躏恣睢其间,明兴盖十有一征,而率未有得志者。自天顺、成化来,第事观望,羁縻有司,繁费无已,时谭者以为臣主异指,文武不并用之效,即计画见以无复之耳。会今天子神圣,莅服眷顾西南夷,与元辅计得鸿望巨材者,使往视蜀。而元辅故尝知曾公于监司,谓可属大事,于是简公往,令以便宜行,如文成公例。公至,跋涉山川,谘诸父老,得贼状益悉,嘻而曰:'此数月可了耳,奈何廑国家数百年之忧哉!'于是上书请亟发兵,诛山都蛮。而是时群议汹汹,谓公奈何为祸首,事成则国家受其利,事不成则已蒙其害,籍第令此属可除。先是,任事诸臣宁靳一臂画之为兢兢哉,而元辅独主其议,谓论德不和俗,成功不谋众,非常之原,黎民惧焉,若何以是嚣嚣阻大计也。于是秘授公方略,言剿之便。公于是用前大将军佐显征兵积饷,为坐困之形,而募敢死士为奇兵捣其虚,发策陈谋,动中机宜,盖挟月凡四,而凌霄都都、九丝诸大小垒以百数,俘馘暨所灭者以万数,山都遂平。置官吏,缮城郭,兴学校,供赋役,隐然一冠带国矣。嗟嗟!僰不变服,而蛮不化俗,自古记之。此其患,何论两广诸徭?而公业以英伟沉毅著名,无不人人称文成再见也。今天子明武,与世庙等埒,第不谂当时庙堂,诸臣颛听文成得以元辅不也?而摧朽振槁,异地同勋,孰谓落落难合哉!汉臣赵充国有言:'人臣举事,当为后法。'天子端委听治,而相臣决策帷幄,颛听阃外,为国家图万世之安,则其事足传不朽。而一切批详条陈,湮灭无闻,将令后世当事者安所听览焉?于是,公之门下士顾侍御孟先辑其略,将就梓焉,而委序于不佞侗。侗闻之延陵子卓之御,苍龙翟文也。前有错饰,后有利锥,策则引之,退则刺之,马前不得进,后不得退,遂奔逸而远避,此无他掣肘之为患也。故执辔者先后惟宜,而后苍龙翟文,得以效其足握衡者。操纵如式,而后鸿望钜材,得以展其猷,故夫当大事、决大策者,唯在择任将相哉!唯在择任将相哉!万历九年岁次辛巳仲夏之吉。赐进士第、奉敕巡按山西等处、赞理盐课监察御史济南晚生邢侗顿首书。"(《司空平蛮余录二卷》卷首)

案:此序《来禽》未载。"确庵先生"即曾省吾,与王篆同为张居正乡人,为其所倚重。王世贞《张公居正传》:"王篆与曾省吾益横南北,给事、御史则傅作舟、王蔚、秦耀、李选、朱琏、顾尔行为之牙爪,而作舟、琏尤恣肆,巽鄙无耻,人所羞而不道者。"(《国朝献征录》卷一七,第2册,页641上)"顾侍御孟先"即顾尔行,为曾省吾门生,编选《司空校秦翰牍一卷抚蜀翰牍一卷平蛮余录二卷》,请刘一儒、王篆、吴兑批点校阅,邢侗、陈与郊、赵慎修、张升、顾尔行撰序,有万历九年顾尔行、杜和春刻本,中国科学院图书馆藏。卷一题作“司空校秦翰牍”,卷端题“郢郡确庵曾省吾著,西陵小鲁刘一儒批点,门人吴兴顾尔行校梓”。卷二题作《司空抚蜀翰牍全》,卷端题“郢郡确庵曾省吾著,夷陵少方王篆批点,门人吴兴顾尔行校梓”。前冠万历九年顾尔行《确庵先生秦蜀翰牍叙》、张升《确庵先生秦蜀翰牍叙》、陈与郊《大司空秦蜀两书跋》。卷三、卷四题作《司空平蛮余录》,卷端题“郢郡确庵曾省吾著,古越环洲吴兑校阅,门人吴兴顾尔行校梓”。有万历九年邢侗《确庵先生平蛮余录序》、赵慎修《确庵先生平蛮余录序》。刻印者之一杜和春,万历八年至十一年任清丰县知县。[同治]《清丰县志》卷四:“杜和春,陕西陇西进士,万历八年任,升刑部主事。”(页 17B)顾尔行为曾省吾校刻是集,属邢侗、陈与郊等人作序。顾尔行与邢侗、陈与郊、方范同年且交善,顾尔行与王篆来往密切,为时人侧目,有“五先生”之号。黄景昉《国史唯疑》卷九:“张季子允修爱尤笃,尝以制义求冯时可序,不应,属邢侗为之,邢卒蒙讥。陈与郊亦雅往来,时有‘五先生’之号。”(页 261)吴正志《言官受旨党护大臣排摈善类乞赐罢斥以快公论以伸士气疏》:“与郊方王篆用事时,与邢侗、方范、顾尔行等投篆门下为客,后篆事败,五先生相继劣处。”(《万历疏钞》卷一九,页 81A)

顾尔行《确庵先生秦蜀翰牍叙》:“翰牍辞命之流也。盖十二国仿乎彼其人,咸味道沈经,缘务撰略,揽盈思于片颖,罗群芳于尺裁。故叙寒温则秋凄春融,陈利危则海涸山谷,郁郁乎极辞人之致矣。……维是吾师确庵先生,风起楚材,蔚称代宝,聚免薨之篇辞,发衷胃之苑绪。案牍日对,而六籍百家之纂不停披;勋猷时茂,而两都六代之藻不辍挥。业抚三川,登峨眉,临岷江,想大夫之玄法,忆工部之悲壮,所得益多经奇。故灏篇巨帙,则漆园之秋水,寸幅片牍,则安石之石碎。玉颐垢涚,清参翱翔于昔喆矣。不佞行希当国士之知,若声与沈寔所度律。间得此帙,读之一字一绝,未尝不慨然曰:‘超乘而上,意在兹乎?’窃念入江湖者适然充腹,不如普其润也;睹麟凤者谔然知瑞,不如传其仪也。会清丰杜会雅好文,同为先生门下士,遂属梓之。……时万历九年岁次辛巳季春之吉,赐进士第、奉敕巡按直隶巡视京通等仓监察御史门人吴兴顾尔行顿首拜书。”

陈与郊《大司空秦蜀两书跋》:“今大司空曾公著载极博,下上三坟六艺,而海内堇堇睹其简书。公车辙半天下,笔泚汗牛,而学士大夫争脍炙其秦蜀中牍。盖两书者,非檄诸司即闻问缙绅间,公固不得罔也。……乃门人顾侍御汇梓之,余小子受而读之曰:'洋洋乎,文武宪邦,唯吉甫也哉。'……已而夫子校秦秦化,抚蜀蜀理,平夜郎蛮,而群蛮骈首回面,贾其余勇。为移牍凡二万六千九百六十言,恶论一吉甫,第令师尚父坐筹帷幄,叔铎赞鞭弭,少正公孙侨受策,游吉穷掌故佐之,有盛于此者乎?……万历九年秋九月望,后学陈与郊谨跋。"

陕西督学王世懋有书寄至,言及将乞养归里。

王世懋《与邢子愿侍御(二)》:"台下以柱后惠文,董鹾三晋,秦陇、河洛咸在纲纪。三方万里,风采交映,足使龙门增色,嵩华添气,诸文武大吏莫不延颈望风。职于众中独有故人文字之雅,闻命之日,喜剧忘寐。比承霜旌至此,延见吏民简书严重,未敢造次唐突。按鹾台故事,亦有行部三秦者,计且率诸生伏道左,为二华山灵乞句。而临淮李侯书来,颇道台下雅意,愿得老博士为布衣十日欢,职虽惴惴文法,何敢自外?第单车病客,本无固志,抱庄生亡羊之感,窃有中散养生之志。业已决策移文,冀以病躯生还,而时事迫之,恐不能逡巡时月,慨焉永叹。有怀良觌,何异踯躅于青莲,徘徊于紫气也。行部三原,谨遣下吏泥首代叩,并赍照详,公移请裁。临楮无任瞻依驰恋之至。"(《王奉常集》卷三八,页9A)

案:王世懋时督学陕西,书云"比承霜旌至此",当指侗巡盐至陕西。又云"第单车病客,本无固志,抱庄生亡羊之感,窃有中散养生之志,业已决策移文,冀以病躯生还"。时世懋已有退意。

寄书座师申时行,告以河东盐课事,申师复书答之。

申时行《答邢巡按》:"河东之课,原仰天时,不借人力,其以浇晒充办者,非土宜也。召商中盐原听其乐从,不强其不欲,其佥商办课,以逋负而责之者非法也。公前请蠲积逋,少纾商困,贻利甚博,而兹禁缉私煎,令东商稍得骛利于西,此亦权宜中善计,具领教矣。诚有幸池中得遂生结,真大快也,倾拭以俟。"(《纶扉简牍》卷一,页72B)

案:申时行为侗乡举座师,时为礼部尚书兼文渊阁大学士,书云"此亦权宜中善计",对侗所议各条颇有好评。

又致书宰辅张四维,祈免山西池盐不生之逋,其有书回复。

张四维《复邢知吾》:"在前池盐不结,即将盐课查豁,嘉靖七八年间,有鹾院题疏可验。于时部复：'宣大岁额，发帑金补之。'殆隆庆间池盐不生，鹾院具奏，以帑藏空竭而边供甚棘。支部乃创为预责商办，待池盐盛生补给之说，迄今为河东大害。环中条数百里间，富家无故破产者十室九矣，其实非法也。兹承明台恻然动念，祈免逋课八万，固为诸商大幸，若求长便，则帑金纵不能补发，或如丘文庄所议，解盐不生，将河南、汝南等处用解盐引暂行淮盐，河北、开封等处用解盐引暂行长芦盐，陕西等处用解盐引暂行灵州盐，令三处解银河东运司充课，待盐生复旧，此亦通变一术也。今岁盐花未知此时何如，商困既极，若将来仍责预办，不唯理有不通，即力亦不敷，而势亦不行矣。览明台揭谕，恤民忧时之诚，溢于言外，故敢布其愚，希赐鉴，幸甚。"（《条麓堂集》卷一八，页21A）

案：张四维时为礼部尚书兼东阁大学士。侗上书"祈免逋课八万"，张四维复书称赞其"恤民忧时之诚"，并提出实施"盐生复旧"之法。

张四维（1526—1585），字子维，号凤盘。山西蒲州人。嘉靖三十二年（1553）进士，改庶吉士，授编修，进右中允，直经筵，寻迁左谕德。擢翰林学士、吏部右侍郎，参与朝政。擅长文辞，明习时事，熟知边防事务。神宗即位，张居正逐高拱，代为首辅。万历三年（1575），任礼部尚书兼东阁大学士，入阁参预机务。张居正卒，即为首辅，累官加至少师、吏部尚书、中极殿大学士。万历十一年（1583），归里服丧，病殁于家。赠太师，谥文毅。著有《条麓堂集》。《明史》二一九有传。（第19册，页5769）

巡盐河东，为官廉能，理旧狱案，活数千人。

黄克缵《邢子愿传》："以卓异征拜监察御史，出按河东鹾政，所部秦晋中州，地甚广远，鹾禁故严，州县游徼，捕不及格，往往以其人抵罪，械送赴台。疲于奔命，子愿戒勿逮，始免道毙云。"（《数马集》卷二七，页22B）

冯时可《邢公碑铭》："以廉吏高第征拜御史，按河东盐法，所部数千里。故事，游徼捕私盐，不满品有罚，不得其人，尝谬举其名，而请卒代之赎。主者惩其妄，狱上必系，诣台十无一生。公令罢无逮，活数千人。"（《家乘》卷五"家传二"，页12B）

八月，遣使至洛阳送别王世懋，有钱物之赠。其因事为台臣指摘，予告归里，有书寄谢。

王世懋《与邢子愿侍御（三）》："职先闻台臣指摘职不当为昙仙弟子，职即日具呈抚按两台乞休。迂缪谓督学之官被论,虽未蒙明旨处分,廉耻所关,自合投劾求去。虽抱夙疴,当以为次,着须再举,方敢言病。旋蒙两台温谕勉留,职以为事体当然耳。乃大僚中有责职不当以迂琐之言渎听者,至谓幸而立案,倘行查奈何?职谓病夫求归,正患立案耳。如行查,重则参劾,轻则放归,皆职所甘,何患之有?其意大都欲职从容杜门请告,去之无迹,且恶职自认,好道非由,从兄异端,不可训士,必欲使首鼠两端而后可。职方校士未终,怀实不堪,幸所遣讯牒台下者同时而至,既璀璨烂然如奉颜色,而深斥谤真之辈,极许投劾之人,两地同时,天壤异色,病郁垂死之人,赖此顿苏。今因考延安毕,回至耀州,再具病呈,即缴敕印,身至潼关候疏,以死坚请。昨蒙龚按院见惠两书,虽生平无素,颇似意气流辈。李抚院与职两同年,极厚,但所见止知留职,兼之畏事,恐其相商惑于两司领袖者之言,淹留不题,使职进退狼狈,非遭弹射而归,则抱抑郁而死,徒为台下悲挽无益也。大都非常之事,固不当轻望于人,但职事体虽至无知至无耻者,亦知其必不可留,奈何欲坐观其败且死,而不为之所耶?今具再呈,及揭送各同僚稿,遣役驰叩恩台,亟为移书两台,激以意气之辞,勿露职悲愤同僚之意,求其速题,免使久待,则职自今至死,余年皆台下所赐也。职德望不及江、赵,且口语之余,万不敢求佳话以重台臣之怒,但得决绝之辞,更以为快耳。职临楮无任瞻系哀祈之至。"(《王奉常集》卷三八,页9B)

案:王世懋为"昙仙"案所累辞官归里,《国榷》卷七一:"(万历九年八月)陕西提学副使王世懋予告。"(页4393)"昙仙"即王桂,字焘贞,自号"昙阳子",为王锡爵次女。出家修行,王世贞与其见面论道,即拜其为师,世懋亦为其弟子,同时文人拜其门下者甚多。万历七年九月九日羽化,送行者有十万之众,经日不绝。后为台谏举劾。王世贞《亡弟中顺大夫太常寺少卿敬美行状》:"昙阳子既以化,元驭具其事属世贞传,而弟手书授之梓,给事某、御史某乃极论元驭与不谷诪张为怪幻,而留省应之,至波及弟与故沈太史懋学,业已报闻,弗竟矣。而弟慨然谓:'学使者,为诸生师帅,即弗竟,而业已见指摘,何颜复教授诸生?'乃移文两台,乞骸骨。"(《弇州续稿》卷一四〇,页1A)。书中"李抚院"即李尧德,山西武乡人,嘉靖三十八年(1559)进士。万历七年(1579)八月至九年七月任陕西巡抚,《国榷》卷七一:"(万历九年七月)己丑,以光禄寺卿萧廪为右佥都御史巡抚陕西地方。"(第5册,页4393)时李尧德似仍未卸任。邢侗闻王世懋辞归，遣使至洛阳相送，使其感动不已。王世懋《与邢子愿侍御》："方不佞之长啸出函谷，徘徊嵩，少买舴艋于洛浦之上。弃一官如敝屣，狎黄河如衣带，尔时自谓由光去人不远，及夫停桡欲发，飞骑西来，捧明公金币之锡，涕泗呜咽，若还装之待轻肥在此举者。明公视不佞岂百金之士哉！噫嘻！士伸于知己，而赏在同心，干霄属云，千载不可磨灭者，此耳。以负俗之人，当不常之事，而投当世之所忌讳，傅会者詈之行，拘挛者疑其去。当是时，有能是其说而赏其行者，明公一人耳，而万里黄河实藉生色。"（《王奉常集》卷三八，页 11A）

十月十四日，父邢如约七十寿辰。座师于慎行赋诗贺寿。

于慎行《寿临邑邢封君七十长歌》："邢翁济北之名族，世代门庭罗绣毂。长公谏草青蒲伏，群从咸登天府录。翁独翛然在岩谷，芝房萝壁薜荔服。牛角挂经眠抱犊，学儒不干五斗禄。种田往往皆成玉，瑶环瑜珥多如簇。一枝炯炯先出椟，名都十五不敢赎。天风吹作华林木，走马春城十二街。雕龙翠殿三千牍，少年出宰称民牧。……千金称寿起相属，参差玉管间琴筑。主人浮白自捧腹，生事唯余陶令杯。年华不问君平卜，我家乡邑不朝宿。郎君旧谊敦羔鹜，蹇予抱拙长碌碌。弹铗归来头不沐，仙闾东望地可缩，缄词且效如川祝。"（《谷城山馆诗集》卷五，页 1B）

案：于慎行为侗座师，两人关系亦师亦友。邢如约七十、八十、九十寿庆，于慎行均有诗文为寿，详后。

元兄邢化遣弟倬、倌请殷士儋撰文为邢如约寿。

殷士儋《寿临邑封君邑涯邢先生七十叙》："岁己卯，公伯子尹南宫奏最绩，获貤恩封父母如令甲。又明年辛巳，公春秋七十矣，十月十四日悬弧矢辰也。唯时伯子亦侍御按试三吴盐荚，乃犹子延安贰守君介二弟倬、倌丐余言为封君寿。曰：'往先君谏议公背弃，诸孤茕茕未立也。叔起当户，门内无虑数千指，一切倚办无所诎。当分箸则推美田宅，而自居瘠敝。居恒诵太史公行德散积语，岁时扶颠拯困，埋胔粥饥，不难倾橐授之，婚者拮据羔雁，葬者匍匐衾绋，亲族贫窭者，尝待以举火焉。诸孤席故业，幸不佚先世遗训，实维大造，乃今并寿偕对，抚有三世。若食其报者，敢祈一言，愿效百岁之祝。'余自都下识贰守及侍御，稔其世。归济南两生从余游，雅知公行谊甚备，不得辞。……余与里中二三子方讲识仁之旨，自愧行履未纯，无能感发如公仁人，盖喜闻而乐道之。矧侍御君文章行业为时推重,树勋明盛之世,策足述作之林,所以显扬光大,贻公不朽之闻者,即百岁不翅也。此之为寿,盖超于富贵利达外矣。……遂操牍载之归遗延安君,以为公寿。光禄大夫、少保兼太子太保、礼部尚书、武英殿大学士同郡通家侍生殷士儋拜撰。”(《家乘》卷一〇,页37B)

案:“犹子延安贰守”指邢化,“二弟”即邢倬、邢倌,均大伯邢如默之子。殷士儋时致仕在家。

殷士儋(1522—1582),字正甫。山东历城人。嘉靖廿六年(1547)进士,选庶吉士,授检讨,进右赞善兼检讨、洗马兼侍讲,擢侍讲学士。进礼部右侍郎,改吏部。又进礼部尚书,署詹事府,兼文渊阁大学士,寻加少保,进武英殿。隆庆五年(1571),致仕。卒,年六十一。赠太保,谥文庄,予祭葬。参见《国榷》卷七一。(第5册,页4412)

父邢如约拒济南巨商贿,其有求于长芦巡盐御史林休征,林为侗好友。

《府君行状》:“辛巳,闽侍御林公以长芦鹾政出矣,孤亦领三河鹾,唯时过家。济南大商极有所欲请,携橐隆然也。府君逆诸门曰:‘西鹾使者而乃交关东鹾使者前,身将行法而教人骫法,此与自攫其货而乱其官常者何殊?公且休矣。’因属街卒送之二十里外,而后为孤言。”(《来禽》卷一八,页1A)

于慎行《邑涯公暨配墓志》:“子愿按河东鹾政,而所善林侍御按长芦。济南有大贾有所请求,怀重赀以进公,逆谓曰:‘西鹾使者而交关东使者前,此与自攫何异?公且休矣。’属街卒送之出境,乃告子愿。”(《谷城山馆文集》卷二三,页26B)

案:“长芦鹾政”为林休征。[道光]《济南府志》卷二五“巡盐”:“林休征,字景征,福建莆田人,进士。(万历)十年任。”(页16A)[雍正]《畿辅通志》卷五九“巡视长芦盐课御史”:“林休征,莆田人,进士。”(页36B)此事《府君行状》谓“辛巳”即万历九年,[道光]《济南府志》谓林“(万历)十年任”,稍有差异,此从邢《状》。

本年,全国推行“一条鞭法”。

【诗文系年】

《确庵先生平蛮余录序》。

万历十年壬午(1582),三十二岁

在巡盐御史任。父母及前母赵氏、原配陈氏蒙恩封赠。

在大丈田中,父邢如约将自家田地皆登记为腴田,实为一般良田。

于慎行《邑涯公暨配墓志》:"壬午,大丈田,公令田中尽署腴田,实半饶也。主干以请,公曰:'生人之几何,而为是数亩者役,喋喋向三老啬夫以挠主者?'而公不忍为也。武定兵使李公闻而服之。"(《谷城山馆文集》卷二三,页26B)

案:"大丈田"指清丈田地,万历六年(1578)在闽试点,"闽人以为便",万历八年(1580)在全国陆续展开。"武定兵使李公"即李涞。[崇祯]《武定州志》卷七:"李涞,雩都人,隆庆辛未进士,万历七年任,升广西参议。"(页19B)

五月,上疏请蠲免河东运司逋粮,从之。

《明神宗实录》卷一二四:"(万历十年五月己巳)免河东运司逋粮。先是,自万历元年至九年,共该宣大、山西年例银一百五十五万六千四百余两,未完尚八万五千二百九十余,两节因水旱池盐不生以致逋欠,于是巡盐御史邢侗比照带征民粮事例请蠲,从之。"(《明实录》第54册,页2313)

六月,首辅张居正卒于京邸。

《国榷》卷七一:"(万历十年六月)丙午,太师兼太子太师、礼部尚书、中极殿大学士张居正卒。"(第5册,页4414)

陈与郊有书寄至,其校士南宫县,见县署旁有"邢公祠"。

陈与郊《与邢子愿》:"久不得动定耗,校士南宫,署旁有吾丈去思祠在焉。十步之内,德容、德范俨然玉立,弟仰止知己,那得不兄事之而又师事之?鹊山四履,咏甘棠者,念年如一日,前无召杜哉?唯是入山太深,弃世太果,遂令海内苍生无由望见安石颜色,弟睹遗爱能无遗恨?顾吾丈才名日盛,舆论共推,恐终不免尔。辱芳讯极慰远怀,惜不见扇头一新诗耳。弟蚊负此役,所在迷罔,望教如渴,容专诚以叩,并丐所为近制者。"(《快独集》卷一七,页15A)

案:陈与郊万历六年为顺德推官,适为南宫上官。萧彦《掖垣人鉴》卷一六:"陈与郊,字广野,号隅阳,浙江海宁县人。万历二年进士,十年六月由直隶顺德府推官选吏部给事中。"(页20B)故此书应作于六月前。

同年李廷机道过临邑,父邢如约骑马访于传舍。

李廷机《寿邢太公九十序》:“曩余尝取道临邑,太公骑而过余于传舍,是时年已逾七十余,讶其不舆。太公谓:‘吾尚能骑,俟他年舆耳。’太公虽贵无所芬华,亦矍铄有过人者。”(《家乘》卷一〇,页42A)

案:文云“时年已逾七十余”,姑系于是。李廷机与侗隆庆四年同举于顺天府,且为是科解元,万历十一年(1583)举进士第二名。隆庆初二人在国学就读,应有交游,邢如约时常往京师看望邢侗,或与李有一面之缘,故闻讯骑马来访。

八月,皇长子生,蒙恩封邢如约山西道监察御史、万太君孺人,前母赵氏赠孺人。侗授阶文林郎,原配陈氏重封孺人。

《山西道监察御史邢侗父母敕命一道》:“奉天承运,皇帝敕曰:朕属心骨鲠之臣,问其家世,乃知明德长者,式谷而教之忠,誉命逮之,宜矣。尔原任德府良医正,封文林郎、直隶真定府冀州南宫县知县邢如约,乃山西道监察御史侗之父,簪绅世阀,诗礼名家。仁术从王,邹阳之裾不曳;义声范里,卜式之产颇分。身托鸿冥,训昭燕翼,风节方扬于宪府,寿祺正永于严庭。是用加封尔为文林郎、山西道监察御史。洊承赫奕之华恩,丕衍昌繁之庆祉。”“敕曰:积庆生贤,遡本闺闱之德,然亦有开先焉。劳虽殊于鞠子,善乃著于发祥,肆疏恩曷可遗之?尔赵氏,乃山西道监察御史邢侗之前母,繁衺穆然,筥筐安止。功多蚕织,助振厄之仁声;志效鹿车,成逃名之义节。虽莞簟未征乎锡允,而藻苹爰兆乎兴宗,是用赠尔为孺人。箴图传中壶之芳,赞册表下泉之懿。”“敕曰:士官宪府而著风裁,朕所重也。矧其庭闱,具庆令范,咸彰恩褒,可不并乎?尔封孺人万氏,乃山西道监察御史邢侗之母,维德之行,其仪不忒。操馌佐哲人之隐,共适邱园;断机成贤嗣之名,弥昌阀阅。西府之树声正茂,北堂之偕老方宁。是用仍封尔为孺人。承宠命以恒升,介遐龄而益豫。敕命。万历十年□月□日。”(《家乘》卷一“诰敕”,页1A)

《山西道监察御史邢侗并妻敕命一道》:“奉天承运,皇帝敕曰:侍御史之职,入则执法于岩廊,出则贞风于郡国,能为朕提系纪纲而振扬之者,肆庆赉宜先逮焉。尔山西道监察御史邢侗,纯衷介节,邃学宏才。奏策公车,分符壮县,蔚为循令,征列辟台。立朝则謇谔腾声,行部而澄清著效,远猷宣于六察,英望冠于一时。朕甚嘉之,兹以覃恩,授尔阶文林郎,锡之敕命。朕方励精治理，乃若定国是，纠官邪，达民隐，深有赖于秉宪之臣。尔卓然称名御史，其尚殚竭忠忱，以副朕意。朕将图尔之功，钦哉。”“敕曰：凡吾西台执法之臣，风采茂扬，殚心公家，而无私顾，其内襄之益，彰已偕荣，岂非义哉？尔山西道监察御史邢侗妻封孺人陈氏，静正有齐，柔嘉无遂。奉尊章之温养，肃肃鸣环；佐君子之好修，雍雍赠佩。尔夫花封畅誉，栢府宣猷，尔实先后之，是用仍封尔为孺人。弥励鸡鸣之儆，遹光豸指之功。敕命。万历十年□月□日。”（同上，页2B）

案：《府君行状》：“寻遇今东宫初恩，重封文林郎、山西道监察御史。（万太君）寻以孤御史任，重封孺人……府君先配为赵，孤等前母，以孤御史任赠孺人。”（《来禽》卷一八，页1A）“东宫初恩”指是年皇长子朱常洛生，生母为王恭妃。

为邢如约立“豸绣承恩坊”于临邑县。

［道光］《临邑县志》卷二：“豸绣承恩坊，封山西道监察御史邢如约建。”（页27A）

祖父邢溥因大伯官赠给事中，父邢如约新封监察御史，于临邑立“赠封省台坊”，王世贞撰文荣之。

［道光］《临邑县志》卷二：“赠封省台坊，为给事邢溥、侍御邢如约立。”（页27B）

《家乘》卷一一“坊表志”：“邢氏父子赠封省台坊，中丞、侍御为赠给事公讳如约立，王弇州有诗叙。”（页1B）

案：“赠封省台坊”，应从《县志》即“为给事邢溥、侍御邢如约立”。《家乘》谓“为赠给事公讳如约立”，不确。万历十一年（1583）春，侗巡按三吴访王世贞先生，乞其撰序，先生有《临邑邢氏父子赠封省台诗叙》。（《弇州续稿》卷四六，页20B）

是月，议将前地税银摊发各县，防止奸徒煎贩私盐，抚按会议从之。

《明神宗实录》卷一二七：“（万历十年八月乙未）河东巡盐御史邢侗题：解池官盐，多被陕西富平等三县卤泊滩地附近奸民倚藉纳粮为名，私自煎贩，以致官盐阻滞，议将前地税银洒入各县地内，勿令奸徒借口，明立界限，轮拨保甲巡守。部覆行，抚按会议从之。”（《明实录》第54册，页2363）

南宫邑人念侗治绩，拟立“生祠”，请陈与郊撰《去思碑》文。

陈与郊《南宫令济南邢公去思碑记》：“宣成间，有方、隆两御史皆擢自南宫令云。初,隆公英循循以孝弟力田,诱进众庶;方公中则廉毅凛凛,不受私谒,民到于今并祠之。当是时,承平方百年,禁网疏阔,而太和、邓州三四公以宽大为政,吏得晏然,有由然已。……乃子愿令南宫五年,独先教化,后文法,若欲缓收其治效,而不急尽其才者。初年,邑中无不耕稼滋殖,又一年,无不好古学道。季年,盗贼狱讼衰止,化蒸蒸然,吏民亲爱之,号之曰'邢父'。时御史中丞辈奏治行,往往第一,天子贤之,征拜监察御史。去邑且三岁,邑长老咸谋而祠之玉带街东。予每过之,辄邀之祠下,请曰:'明府善,吾邢父,天下莫不闻,非明府畴纪祠事。'予谢不敏者久之,请益坚。余曰:'思深哉,子愿何得此乎?岂其治之绳墨之外耶?盖闻政患无实,实则泽究,泽究则思深,故子愿非能黜簿书也,非能除更徭不践也,非能去纠墨镢鈇不刑辱人也,非能罢游徼不事禁察也,非能户说孝子、悌弟、贞妇,顺孙而家赡鳏寡贫穷也,而能政平讼理,百姓向化,主上尊宠之,邑人思之、奉尝之。'……夫百辟卿士,有益于吏民者,得世世奉祀不绝。若子愿者,祠可矣。子愿姓邢氏,名侗,济之临邑人,甲戌进士,其详具德政歌十九章中。虎林同年友陈与郊撰。"([康熙]《南宫县志》卷一二艺文志下,页 23A)

案:据"去邑且三岁,邑长老咸谋而祠之玉带街东",此文应作于是年,又与郊是年六月离顺德司理任,应作于六月前。

与同年朱期至刊刻《葛端肃公集》,并撰序。

邢侗《葛端肃公集序》:"……我端肃葛公以宏词解起家,连捷春宫。自筮仕而竟宫保、尚书、御史大夫,历资凡二十许政。弱冠以逮白头,中间才十余禩予告里居耳,余皆当职日也。其所在官言官,别有疏草。及今所汇稡卷中,班班朋寮处赠之章,一切忧国恤民之大致,理畅事核矣。而暨乎里居闲适鸿制短篇,刻烛之所成,而分阄之所占,又无不伦常道素之毕陈。取而配之骚盟之列,骨强神王,散采流葩,无一不引于绳墨者。夫以当职而兼儒雅矣,而儒且能兼乎骚,三歧之合于大涂,而确然心竞之,归乎漭瀁之野,公其文章之大全乎!公立朝忠鲠,岳峙铓寒,而至宣恩尽下,则又沛乎春雨,穆如清风,一节靡得而专名焉。《诗》曰:'维其有之,是以似之。'言者心之符采,宁渠有异乎哉?余忝公姻戚世讲之末,及公门墙有素,兹者按鹾中州,浥公余烈,则李官学省拊循之碑口咸在焉。因与怀守朱君窃窃钦慕,咨嗟不已,偶捡箧中得公遗稿,遂属守序次劂行之。守,公御史院故属子大夫也,禀成犹昔,出自悬丹。

公哲孙幼明、仲明，博奥多文，绍明世统。则此编也者，傥亦足为家乘之副在乎！万历壬午八月吉旦，赐进士第、文林郎、巡按山西等处监察御史，年家眷晚生邢侗顿首拜撰。”（嘉庆七年葛周玉刊本《葛端肃公集》卷首）

案：此文《来禽》未载。《葛端肃公集》十八卷、《家训》二卷，葛守礼撰，嘉庆七年树滋堂重刊本，上海图书馆藏。有万历壬午秋九月庚午南京兵部尚书福山同年友郭宗皋序、万历十年郑材序、万历壬午八月邢侗序、嘉庆七年葛周玉重刊序。周玉序曰：“先端肃公撰著原自署《静思斋集》，藏于家。公薨后五载，为万历壬午，时冢宰赵汝泉公掮循山东，征去属济南太守仁和宋公应昌编次，厘为十八卷，授梓，题曰《葛端肃公集》。……其版久阙，书亦不全。又有临邑邢太仆公子愿镌本，盖公按鹾中州时，用行箧中稿梓于怀庆，具各体诗文，无奏议，系十卷，编叙则怀（庆）守蕲水朱公期至，原本已亡，所存印本仅有一部完整。嗟乎！由开雕迄今才二百余岁，已残阙如此，良可慨已。……乾隆辛亥，闽中钟公大受宰吾邑……补码十页，赵刻仍阙……孝子周玉，年来静中，取赵、邢两公刻本，参互考订……仍编为十八卷，另辑阙文者于后，曰《识阙》。……缅自丁巳迄辛酉，五历寒暑，始校辑成编，幸先泽未斩，重付梓人。”“怀守朱君”即朱期至，与侗进士同年。

书《泗水桥碑》，碑文万克赞撰。

《钦定续通志》卷一六九“金石略三”（今有）：“《泗水桥碑》，万克赞撰，邢侗书，行书，万历十年，滋阳。”（页38B）

案：“万克赞”，未详俟考。泗水桥在山东滋阳县，此碑万历末似已不存。［康熙］《滋阳县志》卷一：“泗水桥，在东南五里，贯庄铺北岸，乃泗水急流，当南北之要途。万历三十七年鲁宪王所建。中通十五洞，每洞五丈有奇。”（页56A）时山东巡抚黄克缵有《泗水石桥碑铭》。（［康熙］《滋阳县志》卷四下，页77A）

杨巍奉召入京任吏部左侍郎，七月，改南京户部尚书。杨公赴官途经临邑，询及邑人，均言“邢太公天下善士”，后每向人语。

《府君行状》：“海丰杨公往由卧内起南大司徒，首途临邑之道。中道渴，下车汲，佯问傍汲者：‘汝邑孰善人也？’汲者谓：‘邑有邢太公，天下善士独吾邑。’已憩败刹间，僧徒五六，合爪礼杨公。公复佯问如前汲次言，僧徒答：‘我邢太公，无少长皆名佛，公岂不知而犹见问耶？’凡行七十里，参问二十许辈，

无贰词。杨公在冢宰每向人语,取为里党范焉。”(《来禽》卷一八,页1A)

于慎行《邑涯公暨配墓志》:“往闻之太宰海丰杨公云:尝行济北境中,下车问道旁汲者:‘邑有仁人为谁?’汲者曰:‘邢太公,天下仁人也。’已憩败刹,又问如前,僧言:‘我邢太公,无少长皆名为佛公,何不闻?’凡问二十余辈,皆如其言。”(《谷城山馆文集》卷二三,页26B)

案:杨巍万历三年(1575)二月致仕终养,母年逾百岁卒。至是年五月服阕,起复为吏部左侍郎,七月,改南京吏部尚书。《国榷》卷七一:“(万历十年五月),甲申,起杨巍吏部左侍郎。”(第5册,页4411)又七月:“丙寅,吏部左侍郎杨巍为南京吏部尚书。”(同上,页4417)杨巍赴官途经临邑,讯问邑人二十余辈,均言“邢太公天下善士”,后杨巍在官每向人语及此事,并将邢公作为乡邑典范。

此事又有续篇,演绎出杨巍因钦慕邢公为人,次年将妹嫁邢如默第九子邢倌为妻,亦即“九妹”。《邢氏家乘·内传》“杨氏传”:“杨氏,贡生讳倌妻,海丰梦山太宰之妹也。梦山夙以文章经术主盟东国,以故氏雅善诗文。相传于归初,衣物簪珥外,即有书十余架自随,时慈静方垂髫,辄以小弱戏,抽架上书试使读,则应口背诵,尽卷不讹一字,氏大惊,因乱抽他帙,历试又已,莫不皆然,愈益叹服。自是时相唱和,称闺中诗友。……卢德水先生尝谓‘子愿太仆九嫂为冢宰杨盘石女弟,书法自成一家,博学能文,过于慈静云。’”(《家乘》卷六,页8A)然考之文献,此事颇有疑问:一、关于杨巍讯问邑人之事,最早见于邢侗《府君行状》、于慎行《邑涯公暨配墓志》记载,并无嫁妹之说。二、从杨巍及其父母年龄考察,杨巍不可能有适龄婚嫁的妹妹。杨巍是年六十七岁,其母万历五年前后卒,“年百十四岁”(《万历野获编》卷一二,页313),其父母年应相若,故应无二十岁左右的适婚妹妹。三、《杨氏传》为后人所作,引用材料随意删改,不可信。如“卢德水先生尝谓:‘子愿太仆九嫂为冢宰杨盘石女弟,书法自成一家,博学能文,过于慈静云。’”此段文字引自钱谦益《列朝诗集》“闺集第四”:“卢德水云:‘子愿九嫂乃杨盘石女弟,书法自成一家,博学能文,过于慈静。”(第12册,页6559)《杨氏传》加了“冢宰”两字,“杨盘石”变成了冢宰杨巍,其实“杨盘石”另有其人。四是《邢氏家乘》在收录《杨氏传》时,编者亦有疑问,同时节选张光裕《宿安镇白衣庵碑》,异说两存,并加按语:“杨夫人所出二说互异,旧乘亦无明文,故分载之,俟再考证。”据笔者考证,“九妹”即山东禹城人杨士鸿之妹。第一,《列朝诗集》载卢德水云“子愿九嫂乃杨盘石女弟”,“杨盘石”即杨士鸿,“盘石”为其字。[民国]《平原县志》卷七:“杨云鸿,字盘石,占籍禹城,改名士鸿。己丑科,密云知县,行取刑科给事中,改吏科。”(页7B)第二,张光裕《宿安店新建白衣菩萨庵碑记》明确说九妹即“士鸿元妹”,原文为:“邢善士倌为都谏公第九子……其室杨信士为今谏议讳士鸿元妹,娴于女史,工于书翰。”([同治]《临邑县志》卷一五,页64B)杨士鸿之父与邢如默世交,其妹嫁邢倌为妻,其子杨焘聘邢侗次女,杨太公卒,邢侗有《祭封吏部给事中杨太公文》(卷二〇,页18B)。又邢侗与杨士鸿相善,《来禽》有《送杨子渐姻丈之密云令》(卷三,页21A)、《寄杨密云子渐姻家》(卷二,页8A)等诗。

杨巍(1516—1607),字伯谦,号梦山,别号二山。山东海丰人。嘉靖二十六年(1547)进士,由武进知县选兵科给事中,万历时累官至吏部尚书。时申时行当国,巍年老耽骰,多听其指挥,巍初扬历中外,甚有声,及秉铨,素望大损。然有清操,性长厚,不为刻核行。工诗,有《存家诗稿》。年九十二卒。事具《明史》卷二二五本传。(第19册,页5916)

山西副使胡同文初至任,问以华山,寄书答之。

邢侗《胡从治中丞问华山》:“经云:‘华山四方削成。’果如削成,从华阴望山际,长松才如簇荠。希夷峡突出歧路,不甚险绝,洗头盆不中,与天女膏沐。仙人掌赪色,隐起石壁间,指掌殊不了了。”(《邢子愿杂著》)

案:“胡从治中丞”即胡同文,万历十年(1582)至十五年(1587)任山西副使,《明神宗实录》卷一二一:“(万历十年二月辛卯)调江西湖西道副使胡同文于简辟。”(《明实录》第54册,页2253)又卷一八六:“(万历十五年五月)庚子,升山西副使胡同文为江西左参政。”(上书第55册,页3480)明年侗即巡按三吴,此间两人有交集,姑系于是。胡同文与屠隆交善,屠隆有《答胡从治开府》(《白榆集》文卷一四,页24A)、《寄胡从治开府二首》(《白榆集》诗卷七,页15B)。

胡同文,字子尚,又字从治,号松麓。浙江寿昌人。嘉靖四十四年(1565)进士,历刑部郎,擢守瑞州,转兵备南瑞道,复转粮储。历江西副使、山西副使,升江西布政司左参政。政尚简约,人皆颂之。致政里居,年甫六十而卒。所著有《松麓文集》。[民国]《寿昌县志》卷八有传。(页14B)

回京报命,与祝鹤聚饮甚欢,未料次日其猝死寓中,年仅四十。为经纪其丧,丧返齐东。

胡应麟《长安酒人传》:“居五载,以岁俭入长安询所知,适故人邢直指来报命,会晤甚欢,牛饮过丙夜,甫就榻,痰涎泥膈间,欲路弗得,时吃吃有声,童子以鸣皋醉梦呓语耳。迨明,直指就呼之,死矣。直指为经纪其丧,卒返之齐东。直指名侗,字子愿,故齐东产也。始鸣皋居长安,以酒人自呼,既去之而复入,一以是终,竟符其谶。”(《少室山房集》卷八八,页1A)

案:《少室山房笔丛·甲部》卷四:“里中友人祝鸣皋,束发与余同志,书无不窥。每燕中朔望日,拉余往书市,竟录所无,卖文钱悉输贾人,诸子啼号冻馁罔顾,惜年仅四十而夭。每念辄损神夜。”(页49)据“惜年仅四十而夭”,则祝鸣皋生卒年为1543—1582。胡应麟为其里人,有《哭祝鸣皋》序云:“鸣皋既避地齐东,复客长安而死,同里友人胡应麟闻而悲之,作歌吊焉。”诗云:“青衫一领不得消,掷向齐东营耒耜。胡为复作长安游,蹩躠芒鞋污泥滓。……孤愤三尺暮云白,白马生刍者谁子。我歌薤露生莫愁,自昔贤豪并如此。”(《少室山房集》卷二四,页5B)

王世懋有书寄至,告知王世贞子士骐为江南解元,将入京赴试。

王世懋《与邢子愿侍御(四)》:“……日夜思一介之任,羞竿牍之敬,以暴区区之感。属霜旌西狩未返,而问遗京师,雅非野人所便。逡巡迄今,幸从子计偕,乃敢践故约,囊《晋书》为献也。衰谢之人,幸不关朝事,而岁值大侵,德音虽下,未能救流亡之苦,以执事者犹靳上恩,有司催科不拙也。骄兵在吾肘腋,将来不知所止,即欲高枕闾巷,为齐民得乎?此在明公所当廑虑者。纵野人自为身谋,明公非为野人谋也。从子名第逾望,虽知慕古而志性未立,幸明公进而教之。青浦令屠长卿曾识其人否?非特文章士也,意气故当有合耳。积怀缕抱,仓卒不具。”(《王常侍集》卷三八,页11A)

案:“从子”指王世贞长子王士骐,是年八月,王士骐乡试第一,参加次年会试。书云:“幸从子计偕,乃敢践故约,囊《晋书》为献也。……从子名第逾望,虽知慕古而志性未立,幸明公进而教之。”应本年冬间事。又云:“青浦令屠长卿曾识其人否?非特文章士也,意气故当有合耳。”指屠隆,万历六年(1578)冬任青浦,十二年(1584)八月离任。邢侗结交屠隆,即由王世懋之介。次年春,屠隆入计京师,侗托友绍介识屠隆于朱汝修宅中,详后。

王士骐（1554—?），字冏伯，南直隶太仓人。王世贞长子。万历十年(1582)江南乡试解元，十七年(1589)登进士，授兵部主事，转礼部员外郎，有政绩，后署吏部郎中。三十一年，为权者所嫉，坐妖书狱削籍归。屡荐不起，刚直以终。天启初，赠太仆寺少卿。著有《醉花庵诗选》等。事具《明史》卷二八七王世贞传附。（第24册，页7380）

是年，长子邢王瑞四岁，置之膝授唐诗百首，一读而能记诵。

《茂才玉符公传》："少不好弄，四龄俨若成人。太仆公时置之膝授唐诗百首，不再语识之。"（《家乘》卷五"家传二"，页28B）

本年，钱谦益生。六月，前少保兼太子太保、礼部尚书、武英殿大学士殷士儋卒。八月，明神宗长子生，颁诏天下。

【诗文系年】

《葛端肃公集序》《胡从治中丞问华山》。

万历十一年癸未(1583)，三十三岁

在巡盐御史任。三月，改任直隶苏松巡按御史。

春，与陈文烛、傅光宅、屠隆、莫是龙、胡应麟夜集朱汝修斋中。初识屠隆，与订交。

屠隆《春夜同陈玉叔、莫廷韩、傅伯俊、邢子愿、胡元瑞集朱汝修斋中》："同心能得几回论，肯惜天涯尽此尊。高咏直侵红烛冷，幽居长有白云屯。玉河星转海疑曙，金柝霜沉夜不喧。乍可对君清飒飒，别来魂梦在丘樊。"（《白榆集》卷六，页13B）

陈文烛《邢子愿侍御，屠长卿、傅俊伯二明府，胡元瑞、莫廷韩孝廉饮朱汝修，谈李于鳞感赋》："帝京休沐暂停骢，况有飞凫到汉宫。双塔更连花径好，五云谁赋柏梁工。春华强半俱天外，禁漏依稀似梦中。词客先朝零落尽，吾侪尊酒几回同。"（《二酉园诗集》卷一〇，页28B）

案：是年春，邢侗入都述职，与诸友人夜集。"朱汝修"即朱宗吉，太医院御医，安徽寿州人。好藏金石碑铭，交游文人名士甚广，王世懋、欧大任、胡应麟、梅鼎祚等诗集中多有酬唱之作。其寓斋"修竹馆"，为京师文人卿士聚饮

之所。温纯有《七夕同董惟益司寇，蔡弘甫、薛鲁叔二太史集朱汝修保御修竹馆，分得"身"字》(《温恭毅集》卷二二，页29A)、《秋日同董惟益司寇、蔡弘甫内翰集朱汝修保御修竹馆，得"开"字》(同上，页24A)，汪元范有《过朱汝修修竹馆有赠姚叔祥》(《汪明生诗草》)，方问孝有《过朱汝修修竹斋》(《苍耳斋诗集》卷一〇，页32A)、《题朱汝修修竹斋》(同上卷四，页8B)。陈文烛诗题"傅俊伯"应为傅伯俊之讹。

屠隆时为青浦县知县，入京计吏，此时首识邢侗。屠隆《与李济南》："往岁以计吏在长安，偶集朱汝修宅，邢君走一介托友生求见不谷。时邢君已将有持斧三吴之役，不谷谢不敢见。邢君少还至：'奈何以一鸡肋物骄天下士，邢生伧父哉！及命未下，第讲交游礼。'不谷慨然起：'世乃有大雅若君卿，仆安可过自局促而不以成君高？'长揖据上座，长安以此两贤之。"(《白榆集》文卷一四，页7A)邢侗闻屠隆并欲与之交，盖由王世懋之介，王世懋《与邢子愿侍御》："青浦令屠长卿曾识其人否？非特文章士也，意气故当有合耳。"(《王常侍集》卷三八，页11A)

陈文烛(1525—1609)，字玉叔，号五岳山人。湖广沔阳人。嘉靖四十四年(1565)进士，授大理寺评事，历官汝南知府、四川提学副使、山东和四川左参政、福建按察使，官至南京大理寺卿。著有《二酉园集》。事具费尚伊《南京大理寺卿陈玉叔先生墓表》(《市隐园集》卷一三，页1A)，[光绪]《沔阳州志》卷九有传。(页1A)

傅光宅(1544—1601)，字伯俊，别号金沙居士。山东聊城人。万历五年(1577)进士，初授灵宝县知县，改吴县，升河南道监察御史，按行两关、浙江、陕西，擢南京兵部郎中，转工部郎中，出为重庆府知府，仕至四川督学道副使。为人乐易润达，喜施予亲戚旅人。为文流丽，诗在岑孟之间，书模黄庭坚，苍郁有致，尤善榜书，所过祠庙寺院，每为题额。著有《傅伯俊诗草》。于慎行有《四川按察司提学副使傅光宅墓志铭》(《谷城山馆文集》卷二二，页22A)，[康熙]《聊城县志》卷三有传(页8A)。

屠隆(1541—1605)，字长卿，又字纬真，号赤水。浙江鄞县人。万历五年(1577)举进士，授颍上知县，转青浦，以仙令自许，然于吏事不废，士民皆爱戴之。迁礼部主事，蒙受诬陷，削籍罢官。为人豪放好客，纵情诗酒，好宾客，卖文为活，怅悴而卒。著有《由拳集》《栖真馆集》《白榆集》等，戏剧作品《昙花

记》《彩毫记》《修文记》等。《明史》卷二八八有传。(第24册,页7388)

胡应麟(1551—1602),字元瑞,自号少室山人,别号石羊生。浙江兰溪人。自幼警敏,授书成诵,长于诗。以诗谒王世贞,大受赞赏,收之"末五子"之列,后入汪道昆白榆社。屡试不第,居家读书著述。先后购经史子集四万余卷,筑室曰"二酉山房",旦夕坐卧其间,手自编次,多所撰述。著有《少室山房稿》《少室山房笔丛》《诗薮》。[嘉庆]《兰溪县志》卷一三有传。(页44A)

莫是龙(1537—1587),字云卿,以字行,更字廷韩。南直隶华亭人。十岁善属文,以诸生久次,贡入太学。有才情,意气豪逸,妙于书法,词翰清丽,王世贞激赏之。著有《石秀斋集》行世。参见《列朝诗集》丁集第七小传。(第8册,页4624)

闰二月,屠隆计吏毕,将返青浦,有诗相赠。

屠隆《赠邢子愿侍御二首》:"才子乘骢侍玉皇,红云紫雾照仙郎。青山面带烟霞色,白简身依日月光。霜落城乌三殿曙,光粘宫燕六街香。彩毫更濯银河水,夜傍天孙赋七襄。""风期潇洒佐清欢,银烛高斋卜夜阑。欲罄厨中桑落酒,不知头上惠文冠。君将气色看龙剑,我自泥沙问马鞍。此日千秋肝胆在,他年万顷水云宽。"(《白榆集》卷六,页13A)

案:屠隆是月计吏毕,与同年傅光宅同行归任,屠隆为青浦县知县,傅光宅为吴县知县。屠隆《再与子愿》:"青浦入觐事竣,而南行橐罄矣,分聊城傅伯俊装,乃得抵家。"(《白榆集》文卷一四,页5A)

是年癸未科榜发,同年李廷机考取会试第一,殿试第二,授翰林院编修。两人会于都下。

《明史》卷二一七"李廷机传":"万历十一年,会试复第一,以进士第二授编修。"(第19册,页5739)

李廷机《寿邢太公九十序》:"癸未,按三吴,而余乃官翰林。会子愿于都下,问太公起居。"(《家乘》卷一〇,页42A)

是科,马拯中进士,授宁陵县知县。

[万历]《武定州志》卷一一"进士":"马拯,万历癸未科,任宁陵知县。"(页2B)

邢慈静《为夫请恤典疏》:"臣夫系山东济南府武定州人,由万历十一年进士筮仕县令、府道,以至今官。"([同治]《临邑县志》卷一一,页10A)

案：马拯，字吉甫，号镜石。山东武定州人。生父马志杰，自幼过继给伯父马志仁。马志仁嘉靖年间岁贡，终身未仕，受其熏陶，马拯幼有才华。[崇祯]《武定州志》卷一七“马拯”传：“公行秉廉介，学有渊源。为诸生时器重于耀州王公，携之京师，与弟衷白共笔砚，后衷白相业，多得力于此。”(页6A)“耀州王公”指王国，字伯正，山西耀州人。万历五年(1577)进士，以庶常改御史，出为督学江南，以疾归。起掌河南道，升山西副使，擢兵部侍郎、巡抚保定。国刚介，与弟图并负时望，为党人所忌。乞归，寻卒。[光绪]《续耀州志》卷六有传。(页1A)“衷白”指王国弟王图，字则之，万历十四年(1586)进士，历仕万历、天启朝，官至礼部尚书。《明史》卷二一六有传。(第19册，页5706)马拯万历十年(1582)考取举人，是科殿试取第三甲第一百二十六名，授河南归德府宁陵县知县。[康熙]《宁陵县志》卷六：“马拯，山东武定州人，由进士万历十一年任。”(页5B)

[崇祯]《武定州志》卷一七：“马拯，字吉甫，号镜石。公行秉廉介，学有渊源。为诸生时器重于耀州王公，携之京师，与弟衷白共笔砚，后衷白相业，多得力于此。成癸未进士，历严邑剧郡，各著循声。擢宪辽东宁前，知奴酋包藏不轨，移书当事，言酋将来必有大逞，急宜预防。在任六年，抚之以德，震之以武，虏不敢肆。纪卓异，转山西廉宪，寻升贵阳方伯。时苗仲猖獗，人多规避，乃独慨然抵任。定策筹饷，日夜拮据，苗赖以平，事在叙功疏中。以劳绩过甚，卒于贵阳藩署。公以颀秀之质，北抵沙漠，南历瘴乡，鞠躬尽瘁，后夫人邢氏诣阙奏闻，赠太常卿，予祭一坛，亦异数也。”(页6A)按国家图书馆藏[崇祯]《武定州志》卷一七“马拯传”刻印、装订有误，原卷一七“事功”页五错刻为卷一九“文学”页五，装订时置于卷一九之末，原本完整之“马拯传”遂分置两处，致不可读，附识于此。

侄邢王道参加是科会试，不第。

《遵道行状》：“癸未、丙戌间再上，竟不第也。”(《来禽》卷一八，页30A)

三月，改任直隶苏松巡按御史。

《家乘》引《前贤履历纪》：“癸未三月，巡按苏松。”(卷四上“世系表二”，页11B)

案：明设十三道监察御史，分区掌管监察，称为“巡按御史”，正七品。巡按御史职为“代天子巡狩”，大事奏裁，小事主断，官位虽不高，但权势颇重。

侗由山西巡盐御史改任苏松巡按，全称为“直隶苏松巡按御史”，参见《修华严寺殿台碑记》题署：“赐进士第、中宪大夫、陕西苑马寺卿、前直隶苏松巡按御史邑人邢侗撰。”（[同治]《临邑县志》卷一五，页39B）

既受代，盐差遗金累万一无所取，所荐方面有司谢仪悉不纳。

黄克缵《邢子愿传》：“使回赎锾，无所取报，谢无所受。一时以柱后惠文按部者，咸服其廉。”（《数马集》卷二七，页22B）

李维桢《邢公墓志》：“既得代，羡课赎锾累万，一无所取。盖余后二十年入晋，晋人犹诵说不置。所举方面有司数十百人，往往受谢，子愿不内一牍。”（《大泌山房集》卷七九，页38A）

冯时可《犁丘邢庄惠先生祠堂碑记》：“（公）复谆谆举古清白忠孝事为训，子愿以故益自克。按鹾竣，不以一铢归，所与方面郡邑修谢金可千镪，一无纳。太公闻而喜曰：‘是真我子矣。’”（《冯元成选集》卷一九，页41A）

案：邢侗在河东巡盐任内之廉，黄传、李《志》俱予以首肯，其本人于“羡课赎锾累万，一无所取”亦不避讳。其《与王百谷》书云：“往日盐官阿堵且巨万，悔不携归饱孥子也。笑笑。”（《来禽》卷二九，页10B）李维桢《祭邢子愿》：“理盐政河东，捐万金不顾。”（《大泌山房集》卷一一六，页18B）然嗣后有影射邢侗者，“盐差遗金”是指摘他“贪婪不检”的重要证据，实为无中生有。侗有书云：“凡若于盐差遗金之说，于条牒□政封事内稍及一语，大足为恩诏、两台荐剡之佐，欲为之地，何患之辞？”

临邑县为立“乌台执法坊”。

[道光]《临邑县志》卷二：“乌台执法坊，山西道监察御史邢侗建。”（页27A）

案：此坊建置时间未详，当为侗山西道监察御史任满时立。

抵任，首巡即往昆山，访铜仁府知府同年方范宅。

《来禽》卷九《方中宪先生七十暨配陆恭人偕寿序》：“余向行部首昆丘，获以故事，式先生闾舍。先生于时赴铜仁，守门阒其无人也。微见署楣若逢礼，若宫寀，若台寮云。问其乡大夫，则曰：‘逢礼，先生大父；宫寀，先生世父；台寮，先生父也。盖兄弟父子间致位通显，蝉联赫奕。而其庐儿守舍蓝缕，若阒其无人者。’余因窃窃叹焉，曰：‘异哉！’又三年，则先生谢铜仁归，膂力方刚，发黳然纯漆，有与疑年，先生实逮艾期耳。”（页13A）

案：方范时任铜仁府知府，据“又三年，则先生谢铜仁归”，则方范万历十四年(1586)卸任归里。“逢礼”指其祖父方麟，赠承德郎，礼部主事。(见归有光《亡友方思曾墓表》,《震川先生集》卷二三，页 539)“宫寀”即其伯父方鹏，《千顷堂书目》卷二二:“方鹏《矫亭集》十八卷又续集八卷又诗集八卷。字时举，昆山人，南京太常寺卿。”(页 547 下)“台寮”即其父方凤，《千顷堂书目》卷二二:“方凤《改亭存稿》十卷续稿六卷。字时鸣，昆山人，鹏弟，广西提学。”(同上)

往太仓访王世贞先生于弇园，谈说文事甚洽。

王世贞《邢子愿侍御枉驾弇园二章》:“星郎南代大家巡，海国东停使者轮。绣斧宁为暴公子，朱颜妒杀尹夫人。篝灯疏草三吴泪，隐箧芸编万古身。怪得弇园霜色薄，尊前笑语尽阳春。”“一叟沾沾喜自论，浣花全胜百花村。停骢众讶桓君辔，罗雀吾骄翟尉门。树暝忽回春雪照，台孤迥见法星尊。即能倾盖输肝胆，无那初筵黯别魂。”(《弇州续稿》卷一六，页 23B)

案：王世贞时罢官闲居。王世贞与李攀龙同为“后七子”领袖，李攀龙卒后，其独冠海内主盟文坛二十年。《明史》卷二八七本传:“(王世贞)才最高，地望最显，声华意气笼盖海内。一时士大夫及山人、词客、衲子、羽流，莫不奔走门下。片言褒赏，声价骤起。”(第 24 册，页 7379)邢侗交王世贞始于此时，并师事之，在诗文信札中均尊称以“先生”。邢侗《与万伯修》云:“弇州先生晚岁得齐两生，不肖之亚，是为张君，张君见明公风彩，当不后壁门石鼓，拜阳城而服其训词也。”(《来禽》卷二五，页 12B)“张君”指德州张凤翼，亦侗好友。“弇园”即“小祇园”，为王世贞家园，号称“东南第一名园”。王世贞谓“第居足以适吾体，而不能适吾耳目，计必先园”，因建“弇山园”。园中有三山(西弇、东弇、中弇)、一岭、三佛阁、五楼、三堂、四书室、一轩、十亭、一修廊、二石桥、六木桥、五石梁、四洞、四滩、二流杯。园广七十余亩，土石占十分之四，水占十分之三，室庐占十分之二，竹树占十分之一。参见王世贞《弇山园记》。(《弇州山人续稿》卷五九，页 1A)

王世贞(1526—1590)，字元美，号凤洲，又号弇州山人。南直隶太仓人。年十九，中嘉靖二十六年(1547)进士。授刑部主事，升员外郎、郎中。出为青州兵备副使，迁浙江左参政、山西按察使，补湖广按察使，寻改广西右布政使，入为太常卿。以右副都御史巡抚郧阳，因不附张居正被劾罢归。居正殁，起南京刑部右侍郎，累官至南京刑部尚书，卒赠太子少保。王世贞与李攀龙、徐中行、梁有誉、宗臣、谢榛、吴国伦合称“后七子”。李攀龙死后，王世贞独领文坛二十年，著有《弇州山人四部稿》《弇山堂别集》《嘉靖以来首辅传》《觚不觚录》等。事具王锡爵《太子少保刑部尚书凤州王公神道碑》(《王文肃公全集》卷六，页 23B)，《明史》卷二八七有传。(第 24 册，页 7379)

与王世贞先生同往澹圃访王世懋，留宿二日。时世懋赋闲家居。

王世贞《复陪子愿侍御过家弟敬美澹圃作》：“皎然冰玉见风姿，况有新篇斗色丝。不尽弇园仍澹圃，为探周鼎复秦碑。谈温草树寒从破，坐久星河莽下垂。唯有陇梅尤气色，似闻先卜早春期。”“三径衡门有荷蓑，野情能不避双呵。使君文逼东西汉，处士山连大小何。偷暖地棠残紫在，狎寒天竹乱红多。莫疑车骑邢侯简，为恐霜威恼薜萝。”(《弇州续稿》卷一六，页 24A)

王世懋《邢子愿侍御见过澹圃，夜集一首》：“双幡不厌野人招，薄有琴书破寂寥。蓬径就荒无小草，江鱼能供岂阳鳊。园容转抱清霜澹，夜色偏凌白雪骄。深语欲忘银烛换，钟声一片上寒潮。”(《王奉常集》卷一二，页 3A)

案：王世懋万历九年因王焘贞事件牵连，移疾告归，赋闲家居已二年多。王世懋归乡后所营自家园林“澹圃”，选址以地僻为胜，营造以自然为美，建筑及叠石比例较少，以水景及植物景观取胜。王世贞《澹圃记》：“澹圃者，吾弟敬美之所手创也。敬美自秦臬予告归，若蹙额于阛阓者而不能远余。……南望恬澹观三百武而近，北去弇山半里而遥，三方皆远市，右方虽小迩而特荒落，亡贸易歌哭声，傍多沃野，稍远为乡人墅，饶嘉木美箭之属。”(《弇州山人续稿》卷六〇，页 14B)侗留宿澹圃二日，参见王世懋《与邢侍御》书。(见后)

乞王世贞先生为撰《邢氏五世志略》。别去数日，世贞有书寄至，允诺撰文。

王世贞《与邢子愿侍御书(一)》：“自明公去我弇中，忽忽累日。正以奇人难觏，奇事不恒，且垂当弦绝而有钟期之赏，勉成四诗，小寓感怀，而文思荒落，都不成语。又以宪台严切，不敢轻溷，次且久之，忽骑将至，充庭之实，衡茅乍暖，儿稚欢诧。启椷捧诵大教，字字肺腑，第饰奖踰分，非挫名塞聪之人所敢当耳。辱委记序，念子才名裔，何必减崔卢四宗若兖部中？正汝南月旦，则彼固瞠乎后矣。贞受明公深知，无所效尺寸之报，敢以谫劣为辞？第献岁已断笔砚缘，不免于佛前一忏悔也。尺牍俊语，使人醉心，至于结法，妙入圣教三昧。家弟所别得四纸，更焕若神明，即付儿子宝藏，不敢作换羊肉故事也。所觊多多益善耳。山堂一扁，虚白已久，毋金玉尔音使山灵失望。别谕欲梓续集，訾费已办，贞前既露丑于人，兹复何缘于长者？前而作此，不情龃龉，特以名戒颇严，师期向近，恐非所宜。吴下操觚者众，人人珠玉，或以鱼目之荐，而仰谓明公昌歜之嗜，乞姑已之，当募能书者录成一部上之邺架。异日绣斧所临，不妨剞劂。仍祈玄晏一序，黼之简端，此则感恩知己之悬也。仲春敬扫石开径以俟，先此附谢。不宣。"(《弇州续稿》卷一八九，页5B)

案：此书应为邢侗别去数日后所作，书云"自明公去我弇中，忽忽累日"可知。又云"勉成四诗"，指前引王诗《邢子愿侍御枉驾弇园二章》《复陪子愿侍御过家弟敬美澹圃作(二首)》。邢侗久闻王世贞盛名，以叙次邢氏先世请于先生，故书云："辱委记序，念子才名裔，何必减崔卢四宗若兖部中，正汝南月旦，则彼固瞠乎后矣。"又王世贞《临邑邢氏父子赠封省台诗叙》亦云："侍御邢先生子愿按吴过余山中，而谈说文事甚洽也。已稍稍叙次其先世，属余志之。"王世贞所撰《邢氏五世志略》，见《邢氏家乘》卷一〇"艺文志二"。(页28A)

王世懋亦寄书来谢。

王世懋《与邢侍御》："伏以柏府春开，首发椒盘之庆；衡门昼掩，惊传梅使之临。敢拜手以登嘉，遥驰神而献颂。恭唯台下道高藏史，学济通儒。绣斧兰台，则膏雨继清霜而并下；珠玑艺花，则阳春与白雪而交辉。世懋猥以十载旧欢，幸沐二天新庇。卜昼卜夜，浣溪之小队频过；继廪继庖，彭泽之酒钱时给。兹者历穷玄武，除逼青阳。海内弟兄，怀人在念；灯前儿女，望岁为容。而玄纁忽堕于云间，琬琰恍闻乎柱下，遂使应门狂叫，尽室温暄，身渐徐稚之贤也。下梁间一榻，心切任棠之报，敢希户外三言，世懋无任感激悚皇之至。"(《王奉常集》卷四八，页11A)

案：书云"世懋猥以十载旧欢，幸沐二天新庇"，侗以万历二年中进士，于都门结识世懋，至今十年。"幸沐二天新庇"，指侗留宿澹圃二日。

祖父及父邢如约赠封省台，邑人荣之，赋诗纪之，请王世贞先生撰序。

王世贞《临邑邢氏父子赠封省台诗叙》："侍御邢先生子愿按吴过余山中，而谈说文事甚洽也。已稍稍叙次其先世，属余志之，复曰：'……不谷由进士除南宫令，满三载最，以其官官公，入授山西道监察御史，皇子生，覃恩复以其官官公，盖世父之与不谷踵相接为都给事中，而吾父之踵王父赠封亦如之，一时中丞、侍御握节符而行部吾临邑者，相与侈美其事，而表宅里曰："临邑邢氏父子赠封省台。"按给事在唐宋隶门下省，而御史故称台，全仍其旧云。缙绅先生之能诗者，以诗纪之，吾子其叙之。'……子愿以文学政术显重于世，其按吴也，春风与秋霜并飘拂，人往往以仁君目之，将又不重于名御史哉！又未已，而子愿为君子、为大贤，封公进称为君子、为大贤父，彼夫七命、九命皆余事也。如是以为邢氏光，则庶几耳。子愿曰：'善，请归而荐家大人，相与勉焉。'"(《弇州续稿》卷四六，页20B)

案：文云"侍御邢先生子愿按吴过余山中，而谈说文事甚洽也。已稍稍叙次其先世，属余志之。"则亦是春拜谒王世贞先生所乞，故系于此。

巡按三吴，精察练达，兴利除弊，设计擒大盗张邦陵，民赖以安。

黄克缵《邢子愿传》："已按三吴，精察练达，舞文者无所售其奸。云间大盗张邦陵雄据海上，出没波涛斥卤间，为民害。君设方略，令所司擒斩之，悬于市。遂解散其余党，民赖以安。"(《数马集》卷二七，页22B)

李维桢《邢公墓志》："已按三吴，云间大盗张邦陵以海为穴，衡[横]行二十年，磔而尸之市，而檄散其余党。有三重囚当行戮，抗章乞宥，驳者谓市恩，夺奉三月。子愿喜：'吾以三月奉全三人命，所得多矣。'"(《大泌山房集》卷七九，页38A)

案：邢侗在苏松巡按任一年，以"精察练达"称。然沈德符《万历野获编》载富民潘璧成之狱，却诖吏议。《万历野获编》卷二八"守土吏狎妓"："癸未、甲申间，临邑邢子愿侗以御史按江南，苏州有富民潘璧成之狱，所娶金陵角妓刘八者，亦在谳中。刘素有艳称，对簿日呼之上，谛视之，果光丽照人，因屏左右密与订，待报满离任，与晤于某所。遂轻其罪，发回教坊。未几邢去，令人从南中潜窜入舟中，至家许久方别。二公俱东省人才，名噪海内，居官俱有惠爱，而不矜曲谨如此。是时江陵甫殁，当事者一切以宽大为政，故吏议不见及云。"(页713)

四月初八日，有诗寄问王世贞。

《来禽》卷三《四月八日寄问弇州先生》："浴佛嘉辰万念虚，独从天末望精庐。客来寒暖知无恙，人去殷勤问卜居。半夜鹳鸰沙海梦，几年缥缃玉真书。仙音似隔风流尽，都向无生一破除。"(页6B)

案：四月初一日为浴佛节，故有"浴佛嘉辰万念虚"句。"弇州先生"即王世贞，侗师事之，故尊称"先生"。王世贞里居后，始慕同里王焘贞所为仙道事,且有意学道,谓焘贞能"出之苦海迷途而婉导之"。万历八年,王焘贞移龛入恬澹观,王世贞与王锡爵捐弃家累迁居观中。至是王世贞学道三载,感叹学道"所得无一实",邢诗或为此而作。

旧相国严讷为大伯邢如默所选士,闻侗按吴,有书寄问。

《府君行状》:"常熟相国严公,世父南宫所举士也。夙知府君高谊,岁久绝起居。会孤按吴,则为书问:'吾师有弟沉深而练于事,胸可纳万斛,与公为何等属也?'孤答谓:'吾父也。'严公书复侗曰:'久不阅贤良阀阅书,老眊,几失言矣,唯明公宽之。向亦疑非甚盛德不生明公。'"(《来禽》卷一八,页1A)

案:"常熟相国严公"即严讷,为大伯邢如默任吏部都给事中所选士,嘉靖四十四年(1565)入参机务,同年十一月以疾归。

严讷(1511—1584),字敏卿,号养斋,南直隶常熟人。嘉靖二十年(1541)进士,历官翰林学士,礼部、吏部侍郎,尚书,兼武英殿大学士,入参机务。以疾乞归,家居二十年卒,赠太子少保,谥文靖。著有《严文靖公集》。《明史》卷一九三有传。(第17册,页5116)

访吴门名士王稚登,与订交。拟荐于朝,不果。

王稚登《忆昔行寄邢子愿》:"忆昔使君方少年,绣衣骢马何蹁跹。手捧天书按吴会,清标孤映人中仙。是时我与华亭忤,江陵傲士亦相左。黑貂畅尽乍还家,我未识君君识我。称我才华为绝调,荐我欲如文待诏。未几迁官遂不果,文人相憎俗人笑。"(《南有堂诗集》卷三,页65B)

案:"华亭"指嘉靖末内阁首辅徐阶,南直华亭人。"我未识君君识我",指邢侗按吴时相识并订交,拟荐于朝因迁官不果。李维桢《征君王百谷先生墓志铭》:"侍御邢子愿侗按江南,拟荐先生于朝,外迁不果。"(《大泌山房集》卷八八,页1A)汤有光有《邢子愿按三吴,未视事先诣王百谷,不佞闻而纪之》。(《汤慈明诗集》卷五,页4A)

王稚登(1535—1612),字伯谷。南直隶长洲人。四岁能属对,六岁善擘窠大字,十岁能诗,长益骏发有盛名。嘉靖末,游京师,客大学士袁炜家,将荐之朝,不果。尝及文徵明之门,遥接其风,主江南词翰之席者三十余年。嘉、隆、万历间,布衣、山人以诗名者十数,稚登为最。善书法,行、草、篆、隶皆精。著有《王百谷十九种》等。事具李维桢《征君王百谷先生墓志铭》(《大泌山房集》卷八八,页1A),《明史》卷二八八有传。(第24册,页7388)

过吴门同年顾其志家，拜谒其父顾汝玉。

《来禽》卷六《顾水部竹梧集序》："侗视方伯君同舍友也，公视侗孔李通家子弟也。侗乡行部金阊之间，觌公颜，承公论议，盖敛然以家人之礼进，今且二十祀矣。"（页17A）

案："方伯君"为同年顾其志，其父顾汝玉（1524—1593），字稚圭，号栗如，宰相申时行之舅，能诗。（［乾隆］《长洲县志》卷二四，页24A）

顾其志，字冲吾，又字太冲。南直隶长洲人。隆庆五年（1571）进士，授长兴知县，迁南昌同知，晋考功郎。历荆南道副使、陕西参政。调广西，因功升按察使。丁外忧，服阕，补山西，历任山东右布政使、陕西左布政使，擢右副都御史巡抚陕西。以功加兵部侍郎，擢总督三边军务，晋南京兵部尚书。卒，赠太子太保。［乾隆］《长洲县志》卷二四有传。（页34A）

是年，江南大旱，田亩歉收，内阁首辅申时行来书关照对灾情要"据实勘报"。

申时行《答邢巡按》："有从家乡来者，称弥月亢旱，甚以为忧。已闻六月下浣微得雨泽，至七夕前后始大澍，平畴下乡可望有秋，高阜则无及矣。每闻父老言诏蠲之，岁多不全收，谓天恩难可徼也，乃今信然。比岁入既减，而灾报狎至，国计民生，两值其难，吴中既受三分之赐，且有七月之泽，当不得言大侵，公据实勘报可也。人情难厌，当昔讳言时则争为抑过，及今则易为张皇，要之有无轻重，各核其实而已。万唯留神。"（《纶扉简牍》卷二，页27B）

案：申时行时任内阁首辅，其从"家乡来者"得知苏州"弥月亢旱"，"岁多不全收"。申时行为侗顺天乡试座师，此书嘱咐"公据实勘报可也"，实则意在为家乡遭灾争取蠲免。

徐学谟有书寄至，言及连岁荒歉，有改折漕粮之议，上请抚按两台题覆。

徐学谟《与邢知吾侍御》："敝邑连岁以天人交困，民之疲惫极矣。顷荷郭公祖见教，有改折漕粮之议，即诣政府暨大司农商之，俱承慨允，而尚须民词为之张本，故权为具纸。大司农将移行两台，上请然后题覆，幸亟成之。嘉定士夫并无千亩之家，而舍下尤少，实非为一身计也。耿切耿切。"（《归有园稿》文卷一八，页1A）

案：徐学谟，上年由礼部尚书致仕归里，因岁歉代民诉请蠲免。"郭公祖"疑即郭思极，时任苏松巡抚。

徐学谟(1521—1593),字叔明,一字子言,号太室山人。南直隶嘉定人。嘉靖二十九年(1550)进士,授兵部主事,历荆州知府,居正素与厚。万历中,累迁右副都御史,抚治郧阳。召为刑部侍郎。越二年,擢礼部尚书。居正卒,通政参议梁子琦劾其始结居正,继附时行,诏为夺子琦俸。元标复劾之,遂令致仕归。著有《海隅集》《春明稿》《归有园稿》等。事具冯时可《少保徐太室先生传》。(《冯元成选集》卷五一,页9B)

七月十三日,与苏松巡抚郭思极上疏,以苏、松、常三府灾,奏请当年各项钱粮免十分之三。

《明神宗实录》卷一三九:"(万历十一年七月甲辰)苏松巡抚郭思极、巡按邢侗题:万历十一年各项钱粮,恩诏俱免十分之三,苏、松、常三府白粮系岁供额数,势不可免,计数应免二万六百余石,乞将起运漕粮照数免征,抵充应免白粮之数。户部覆如议。"(《明实录》第54册,页2597)

案:由于连岁荒歉,侗与巡抚郭思极奏请当年苏、松、常三府各项钱粮恩诏俱免十分之三,户部覆如议。郑《表》,七月"甲辰"为十三日。

郭思极,字致中,号龙渠。河北魏县人。隆庆二年(1568)进士,授遂平知县,以才能兼摄西平,皆有颂声。擢福建道御史,巡按辽东、东南、湖广,晋大理少卿,寻升佥都御史巡抚应天。万历十一年礼科给事中王士性弹劾郭思极,称其科场作弊,取中张居正之子张懋修。丁内艰,自是不出。思极长才大器,年方强,任未尽用,识者惜之,优游林泉近三十年。[乾隆]《大名县志》卷三四有传。(页5A)

在吴时值岁荒,开仓济赈,民无转徙。

李维桢《邢公墓志》:"岁荒,便宜开赈,而后上闻,民无转徙,所过焚香祝之。"(《大泌山房集》卷七九,页38A)

九月,屠隆自京师托钟宇淳携书至。时侗巡按三吴,声誉日隆。

屠隆《与傅伯俊》:"子愿使君,开美士也。持斧三吴,恩信甚著,亦颇有调外之趣,闻与足下相欢如昔。留都钟谏议行时,曾寓一缄问子愿,不审已达不?便间幸为致区区。"(《白榆集》文卷一二,页14B)

案:"留都钟谏议"名宇淳,字道复,南直隶华亭人。万历五年进士,授遂昌知县。是年八月,授南京兵科给事中,《明神宗实录》卷一四〇:"(万历十一年八月癸亥)吏部考选,得推官等官一十八员,俱堪任。……刘一相,南京吏科。钟宇淳，南京兵科。”（《明实录》第 54 册，页 2612）屠隆有《送刘惟衡给谏之留都》（《白榆集》诗卷七，页 9A）、《送兵科给谏钟道复年兄之金陵》（同上，页 9B），均作于是时，托其携书亦应是时。

秋，刑部右侍郎左檞上章弹劾御史张一鲲、钱岱，涉及私中王篆子之鼎中式事，进而牵连邢侗。

《明史》卷二二六：“（左檞言）御史张一鲲监应天乡试，王篆子之鼎夤缘中式。钱岱监湖广乡试，先期请居正少子还就试，会居正卒不果，遂私中篆子之衡。”（第 19 册，页 5933）

案：丘檞（1516—1585），字茂实，山东诸城人。嘉靖二十九年（1550）进士。由行人擢刑科给事中。拜南京吏部尚书，卒官。赠太子太保，谥简肃。左檞上章弹劾御史张一鲲、钱岱，由此开始追查王篆及其二子，以致牵连至邢侗。

王世贞赋诗四十首，评骘当时人物，誉侗“书探会稽室，文匠东京前”。

王世贞《四十咏》序云：“诸贤操觚而与余交，远者垂三纪，迩者将十年，不必一一同调，而臭味则略等矣。屈指得四十人，人各数语，以志区区。大约德均以年，才均以行，非有所轩轾也。”其二五“邢侍御侗”：“齐风故骄志，子愿乃温然。书探会稽室，文匠东京前。抗志凌九霄，降体纳百川。伊余安时汰，君子衷所怜。遘若饮醇醪，暌若思婵娟。”（《弇州续稿》卷三，页 19A）

案：王世贞此诗作年未详，然其识侗于是年，题作“邢侍御侗”，明年二月侗即转湖广参议，则应作于是年。

足疾数发，归里养病，有诗。

《来禽》卷二《久宦移疾五日，故园作》：“旅食频年换，乡心此日移。火榴迟客醉，青鬓逼人衰。丝绮裁方胜，灵符系五丝。留欢无不可，纱帽任风吹。”（页 13B）

案：邢侗按吴足疾数发，移疾回乡养病，终愈。《府君行状》：“癸未，孤按吴痹作几，殆亦辄愈。”（《来禽》卷一八，页 1A）

是年，陈与郊以疾辞官告归。

萧彦《掖垣人鉴》卷一六：“陈与郊……十一年以疾告归。”（页 20B）

李维桢《太常寺少卿陈公墓志铭》：“念母家居，移疾还子舍。假满，迁户科右、工科左。”（《大泌山房集》卷七八，页 34A）

本年,闰二月,诏封俺答子彻辰汗为顺义王。三月,追夺张居正官阶,斥其子张简修为民,其党曾省吾、王篆等遭撤职查办。四月,吏部尚书许国兼东阁大学士,入阁预机务。申时行为内阁首辅。五月,努尔哈赤始统一女真各部。

【诗文系年】

《四月八日寄问弇州先生》《久宦移疾五日,故园作》。

万历十二年甲申(1584),三十四岁

在苏松巡按任。二月,升湖广右参议。

二月初六日,升湖广承宣布政使司右参议。

《明神宗实录》卷一四六:"(万历十二年二月癸丑)以御史陈荐为河南副使、邢侗为湖广右参议,礼科右给事中王凤竹为四川右参议,吏部稽勋司郎中胡绪为浙江右参政。"(《明实录》第54册,页2719)

[康熙]《湖广通志》卷一五"右参议":"邢侗,临邑,进士。"(页42A)

《家乘》引《前贤履历纪》:"甲申二月,升湖广参议。"(卷四上"世系表二",页11B)

案:郑《表》,是月"癸丑"为初六日。邢侗由巡按御史外迁为湖广布政使司右参议,正四品。名为升迁,然远离了权力中枢,且湖广参议负责督运漕粮,既有浪涛风险又长期漂泊水上,艰难万状。此次迁官,受朝廷追查王鼎一案牵连。黄克缵《邢子愿传》:"先是,权贵子有鹿蒙虎皮,欲鬻余技以欺世者,多引名士以为重。同年某御史素重子愿,遂列名评骘中,子愿不知也,至是权贵败,铨部引绳批根,凡与其子游者,俱罢官。而子愿以迹素疏逖,得外转楚藩参议,子愿不自白,怡然之官。"(《数马集》卷二七,页22B)沈德符《万历野获编》卷八"居官居乡不同":"邢子愿侗侍御,居乡居官,并有令誉,为其同年一御史所引,与江陵及王彝陵相善,遂废不起。"(页214)"江陵"即张居正,"王夷陵"即王篆。上年秋,刑部右侍郎丘橓上章弹劾御史张一鲲、钱岱,由此带出王篆子之鼎、之衡夤缘中式案。"同年某御史"即顾尔行,"列名评骘"或指王篆子同社人《制义》稿有邢侗序,故处以外转。受牵连诸人中,王篆被法办,

《枣阳杂俎》："曾（省吾）角巾青衣，王（篆）直囚服乞哀，中官杖之。"（页51）顾尔行远贬为南康府知府，然[康熙]《南康府志》卷五万历间"知府"无顾尔行名。（页9B）颇疑其未上任即辞归乡里。李维桢《南康守顾公施孺人墓志铭》："耻形短者，侧目是江陵私人，而摘武试有所曲徇，出为南康太守，即解绶。"（《大泌山房集》卷九三，页20A）方范亦远放为贵州铜仁府知府。[道光]《铜仁府志》卷五"知府"："方范，江南昆山，进士。"（页8A）方范何时到任，据上引《铜仁府志》卷三"知府署"："万历十二年知府方范、十七年知府郑应龄、二十四年知府张锡相继重修。"（页3A）则方范万历十二年在铜仁太守任。又侗《方中宪先生七十暨配陆恭人偕寿序》："余向行部首昆丘，获以故事式先生闾舍，先生于时赴铜仁。……又三年，则先生谢铜仁归。"（《来禽》卷九，页13A）进一步可知方范万历十一年（1583）四月已在任，任满三年辞归。由此可知，方范外放比顾尔行、邢侗略早。唯陈与郊上年以疾告归而幸免，至十三年（1585）复除吏科给事中，仍据要位，后又晋吏科都给事中，为六科给事中之首，以致后来成为政敌攻讦的口实。

是月，王世贞升南京刑部侍郎，上疏告休。

《明神宗实录》卷一四六："（万历十二年二月）癸丑，升王弘诲为南京吏部侍郎，王世贞为南京刑部侍郎，孙光佑为南京工部侍郎。"（《明实录》第54册，页2719）

将离苏松巡按御史任，王世贞有诗赠别。

王世贞《赠别邢氏》题注："邢子愿按吴，吴人德之，而迁楚藩少参以去，不佞尤有慨焉，因成二章，盖比兴之义胜云尔。"诗曰："三吴昔沴疠，原野何葳蕤。灵雨从北来，为我日夜滋。破块将作膏，润枯将作荑。旱魃何相仇，狂飙中夺之。一展衡巫云，再展七泽霂。吴民泣相呴，焉用真宰为。虚矣诅楚言，楚氓仍见私。""日余困邁轴，上书方乞骸。感君缠绵意，报君缱绻怀。北风荡征尘，昼暝十二街。我以为兄弟，焉知虎与豺。青镜光不亏，浮尘焉见霾。韶年负奇蓄，胜际未讵涯。椹衫黄金带，紫盖白鼻䯄。楚游诚云乐，和郢况不乖。"（《弇州续稿》卷七，页1A）

徐学谟亦赋诗送别，赞其"有请赈蠲租之惠"。

徐学谟《送邢侍御迁湖藩少参，时按吴中有请赈蠲租之惠，偶坐蜚语，因讪其格》："泽国遗黎控使旌，频将封事达承明。三江乍喜逢春色，六传俄闻过

楚城。簪豸几年占气色，行骢随处见平生。浮湘莫作累臣赋，千古牢骚黯别情。”(《归有园稿》诗卷一，页9A)

案：邢侗按吴时结识时归里闲居的前礼部尚书徐学谟，因“请赈蠲租”颇得称赞。侗因“偶坐蜚语”而去，徐学谟慰之曰：“浮湘莫作累臣赋，千古牢骚黯别情。”

自苏松归，唯琴剑书箱，萧然无一长物。

《太仆崇祀文》：“河东三省及按苏松，谢荐常仪几万金，公尽却之，斯须未尝受也。自苏松还里，唯直琴剑、书箱而已，萧然无一长物。里人共睹景象，莫不含指称难。”(《家乘》卷一〇“艺文志二”，页60A)

冯时可《邢公碑铭》：“迁湖广参议，行笥仅十金、吴绫二匹耳。”(《家乘》卷五“家传二”，页12B)

案：邢侗巡按三吴，以廉能称，逢江南岁歉，其开赈救荒、上奏蠲免，故颇得士民称赞，自亦以为荣。邢侗《与苏松徐按台》云：“当年嘉定救人荒事，极仗苦心，不知曾有纪述者否？良夜静思，唯此一段无惭官下，回首四十年都成陈迹，计吾予孙能标我于圆石间耳。”(《来禽》卷二五，页17B)“苏松徐按台”即徐民式，万历九年至十四年为松江推官，与侗相交。([嘉庆]《松江府志》卷三六“推官”，页15A)

将之任湖广右参议，座师于慎行有诗寄慰。

于慎行《寄送邢侍御子愿晋参楚藩》：“芳草春前绾别愁，除函又下殿东头。书回阊阖千门月，人上芙蓉万里舟。望断浮云燕市远，歌残白雪楚天秋。依然法从偏承宠，三十参藩是壮游。”(《谷城山馆诗集》卷一三，页1B)

案：侗虽因罣议外转湖广参议，然升官至正四品，且年仅三十四，以后仕途还长，故于慎行师寄慰曰：“依然法从偏承宠，三十参藩是壮游。”

寒食，因病家居，宋登春来访来禽馆。言及将往江南访徐学谟尚书诀别。

《来禽》卷二《吊宋叟》诗序：“又三年，徐公归。山人从新河过余，言且将访徐公山中，索醉诀别：‘寻钱塘弄江涛，脱履江头，乘潮上下，乐哉！即南面百城不与易矣。’已，复谓子愿：‘子愿君视宋登春岂杉栢四周间人？’余时大骂：‘唉，老虏！燕赵士自昔死鱼肠龙雀，不闻死潮。’比乃甲申寒食时也。”(页26B)

案：“徐公”即徐学谟，万历十年(1582)由礼部尚书乞辞归嘉定家居。此时邢侗因足疾请假归里，宋登春寒食来访来禽馆，言及将往嘉定访徐尚书诀别，“寻钱塘弄江涛”而死，侗为力劝。邢侗《吊宋叟》“其三”忆及当时情景：“忆别来禽馆，余山居。曾言葬汨罗。落花留且住，芳草奈君何。吊死文姬怨，山人有女。悲生薤露歌。茫茫江水阔，应比泪痕多。”（《来禽》卷二，页26B）时人讥其为荒诞，朱彝尊《静志居诗话》卷一七：“鹅池生语邢子愿云：‘君视宋登春岂杉柏四周中人？行将浮钱塘，脱履江干，乘潮解去。’既而果跃入江。鱼腹之葬，果胜于一抔之土乎？君子讥其诞矣。”（页526）

八月，在苏松巡按任上考成未完，被参劾夺俸。

《明神宗实录》卷一五二：“（万历十二年八月乙巳）礼部覆礼科给事中万象春等摘参，考成未完杨应魁、陆树德、李辅、涂杰、任养心、邢侗、宋仕、姜璧、吴定、黄钟、林休征、黄师颜、于有年等，各夺俸有差。”（第54册，页2814）

秋，与李维桢遇于江上，携酒舟中，谈艺定交。

李维桢《自江东归，邢子愿使君载酒舟中，谈艺定交，因成十二章》：“海内词人邢子才，风尘握手问何来。忽看羽翼双龙起，万里中原一日回。”“忆昔关门紫气过，白云秋色起汾河。不知何事干天象，江上逢君雪更多。”“紫马青衫白面郎，酣歌燕市酒垆傍。不通名姓扬鞭去，十载相逢故态狂。”“莼羹鲈鲙阖闾城，曾听吴儿子夜声。道是澄江净如练，霜威不及使君清。”“玉颜深锁汉宫春，步底莲花回绝尘。今日故衣新识面，低头愧杀尹夫人。”“美人堂上目初成，楚歌齐歌不尽情。却恐入宫容易妒，愿为双鹄住江城。”“兰台千尺起苹风，何以泱泱大海东。一夜江波如鼎沸，披襟坐失楚人雄。”“词场七子抗前旌，后进纷纷托姓名。鞭弭櫜鞬俱辟易，山东年少自长缨。”“触目浮云自世情，片心双盖忽相倾。于今词客多阳九，莫向人间负此声。”“岩岩自倚太山雄，夜半鸡鸣海日红。楚客大言君不见，扶桑枝上挂长弓。”“楼头黄鹤接天回，千古名流览胜来。一自使君题咏后，青莲不敢倚仙才。”“相看意气总雄飞，十日平原一布衣。久住欲成轻薄尹，峭帆今夜趁风归。”（《家乘》卷一〇“艺文志三”，页14B）

案：此诗《大泌山房集》未载。“本宁丈”即李维桢，万历九年（1581）因父丧丁忧归里，至十二年出游新安、吴越、南京等地，至岁末方归里。是秋，与邢侗遇于江上，订交。李维桢《祭邢子愿》：“余以公登第之年知公，以公参藩之年交公，盖四十年矣。”（《大泌山房集》卷一一六，页18B）又《自江东归，邢子愿使君载酒舟中谈艺定交因成十二章》之三：“紫马青衫白面郎，酣歌燕市酒垆傍。不通名姓扬鞭去，十载相逢故态狂。”（详后）侗万历二年登第，至此十载有余,两人订交于是秋,相见恨晚,遂为至交。

李维桢(1547—1626),字本宁。湖广京山人。隆庆二年(1568)进士,由庶吉士授编修,进修撰,出为陕西右参议,迁提学副使,历河南、江西、四川参政,升浙江按察使,浮沉外僚,几三十年。天启初,以布政使家居,召为南京太仆卿,旋改太常卿,未赴。四年,召为礼部右侍郎,甫三月进南京礼部尚书。为人乐易阔达,文章弘肆有才气,负重名垂四十年。著有《大泌山房集》《史通评释》等。《明史》卷二八八有传。(第24册,页7385)

秋,有诗寄徐桂。徐桂忤上官罢袁州推官,僦居杭州城东。

《来禽》卷三《寄徐茂吴年丈》:"摄掾江城事已非,宦情原与世情违。归来负郭无田宅,到处寒波有钓矶。啼鸟似关愁客语,乱云如曳故人衣。知君词笔频年健,几向秋空咏落晖。"(页9A)

案:"徐茂吴"名桂,字茂吴,浙江余姚人。万历五年(1577)进士,授袁州推官,后弃官归里。据"摄掾江城事已非",应徐桂罢袁州推官后作。是年邢侗巡按三吴,交徐桂当在此间。

《东城杂记》卷下:"徐桂字茂吴,余杭人。中万历丁丑进士,授袁州推官。守正不阿,失上官指,投劾归。僦居杭城之东隅,地幽僻,擅池亭竹木之胜,多蓄彝鼎书画,日婆娑其中。……与冯开之、屠长卿同榜,皆罢官家居,扁舟双履往来吴越间。著有《大涤山人集》。"(页7A)

秋,公鼐父公家臣卒,有诗寄之。时为其父勒碑。

《来禽》卷三《秋日寄公孝与,时为其先太史勒碑》:"东蒙秋旷海云连,中有高人欲学仙。笙韵乍调怜子晋,药炉常守忆高骈。尺书题就谁将去,塞雁征时可寄前。为扫秣陵山一片,那能堪语似当年。"(页33A)

案:"公孝与"名鼐,其父公家臣(1583—1533),字共甫,号东塘,隆庆五年(1571)中进士,选翰林院庶吉士,授编修,任会典纂修官,校阅《世宗实录》。万历五年(1577),忤张居正而贬官,降为泽州判官,移广平司理、南京户部主事。十一年(1583)卒于滁州。于慎行《明故南京户部主事公前翰林院编修东塘先生墓志铭》:"公家臣生于嘉靖十二年,卒于万历十一年,次年葬于祖兆。"(《谷城山馆文集》卷一八,页1A)于慎行师器重公鼐,邢侗为其父勒碑,或由师之介,此亦与公鼐定交之始。

公鼐(1558—1626),字孝与,号周庭。山东蒙阴人。举万历廿九年(1601)

进士，改庶吉士，授编修。屡迁左谕德，为东宫讲官。进左庶子，引疾归。光宗立，召拜祭酒。迁礼部右侍郎，协理詹事府，充实录副总裁。鼐好学博闻，磊落有器识。见魏忠贤乱政，引疾归。未几卒。崇祯初，复官赐恤，赠礼部尚书，谥文介。《明史》卷二一六有传。（第19册，页5716）

十月，礼部主事屠隆被劾落职，侗督饷抵山东，沿途讯问屠隆所在。

《国榷》卷七二："（万历十二年十月甲子）刑部主事上海俞显卿讦奏礼部仪制司主事鄞县屠隆在西宁侯宋世恩第淫纵，事及陈经邦，命按之。隆、显卿并除名，世恩夺禄半年。"（第5册，页4491）

案：侗上年识屠隆并结交，是年督饷途中似未闻屠隆落职。后知屠隆落职家贫深为同情，许为捐赀买山。屠隆《与李济南》："往岁不谷以无罪去国，属子愿以楚藩督饷抵山东，所至问：'屠长卿安之？免官不论，吾知其母老家贫无担，不何以为生，吾且捐俸为其买山。'不谷深心德之。"（《白榆集》卷一四，页7A）邢侗楚藩任内于十二年、十三年督饷二次，冬季亲率漕舟出发，次年春季抵达临清（清源），然后顺道回临邑省亲。屠书云"往岁……属子愿以楚藩督饷抵山东"，应为万历十三年（1585）春，许以"捐俸为其买山"，两人并未谋面，由《与李济南》"自后不复相见"语可知。

冬日，公鼐再次来访，喜而有诗。

《来禽》卷二《冬日喜孝与丈返驾见访》："入门惊握手，衣上五陵尘。暂作燕关客，归来白社人。逼年缸面绿，披雾石华新。茗椀兼尊酒，能无忆所亲。蒙山石花可为茶。"（页15B）

案："孝与丈"即公鼐。是年秋公鼐请侗为乃父勒碑，至冬公鼐来访，两人一见如故。诗云"暂作燕关客，归来白社人"。此次相晤似有结社之举，故下引《报公孝与》，又题为《报蒙阴公孝与社兄》。

设席款待公鼐，席上公鼐赋长歌以赠。

公鼐《长歌赠邢子愿席上》："山东才子犁丘生，是时海内闻其名。犁丘生好文复好士，作者从之如归市。古称不朽唯文章，是子翩翩独所长。矫如神龙戏江海，璨如威凤呈光彩。大诗铿訇喧雷霆，小诗琮琤琼琚声。忆昔灵岩见斑豹，瞥见大巫神气耗。仓皇便欲攀龙门，千里命驾星来奔。今日会君意何密，抵掌谈之心莫逆。结交有道物有神，夜光轻抵岂无因。真宰付托吾与子，万里之行从此始。为君历选代宗工，前称弘正后嘉隆。北地雄浑真大雅，步趋尽出少陵下。汝南俊逆诚天然，边幅姿态未全捐。济南匠心奇且丽，藻缋无乃辞伤意。武昌才美谢诸君，节制之师独出群。东吴囊括靡不有，利钝未能免人口。大抵明兴只数家，瑜者从来不掩瑕。余子纷纷未易说，拟议原非吾所悦。丈夫树立自有真，胡为效彼西家颦。天地精华非秘昔，河岳英灵无终极。啧啧莫问群儿喧，愿成昭代一家言。泰山如砺河如带，金石韦弦在倾盖。衡星左折夜未央，北馆风来天气凉。击节酣歌君起舞，明朝济水雁南翔。”(《问次斋稿》卷八，页103下)

案：公鼐自山东蒙阴来访，故云：“仓皇便欲攀龙门，千里命驾星来奔。”时值冬季，下引邢侗《报公孝与》云：“客岁之冬暮，后阁门辄有趋厮见报，曰：‘有客自东方来，拥褦襶，负笭箵，风仪落落，神仙中人也。’弟私心谓东方无此士，有此士则为东蒙公先生。”

公鼐别去，又来书问候。

《来禽》卷二五《报公孝与》：“客岁之冬暮，后阁门辄有趋厮见报，曰：‘有客自东方来，拥褦襶，负笭箵，风仪落落，神仙中人也。’弟私心谓，东方无此士，有则为东蒙公先生。已而季犯以公见报，则为大叫倒屣。足及于舍馆，刺及于城门，若不一夕而定交，千古托言同裯。何者？足下声实炫赫，夺我小巫，繄唯是沂、汝、河、济，风马牛之不相及也，而倏然一旦涉吾土也，何故？天实赐之。余小子敢不敬承？俨然左顾，剧谈浮白，卜昼之未已，而夜以继之。……我歌君舞，君倡余和，傍人辟匿谓两狂生矣。行逼岁阑，庭闱不遥，陈遵还辖，相如倦游。南陌分襟，凄其以风，李季泛澜，小人佐之。官柳凋伤，前溪冻合，人非金石，情胡以堪？……修之千载，藏之名山，走至不肖，敢保岁寒。伯翁襄事纪异，愿任钟石。万一精灵沉翳厚地，则不肖犹子之辜，邑志得全编，即效佛头之戴。雪寒多厉，两地应同，幸杯茵自爱。”(页1A)

案：此书又载《邢子愿杂著》，题为《报蒙阴公孝与社兄》。公鼐此次来访亦为乃父勒碑事，故书有云“伯翁襄事纪异，愿任钟石”。

李维桢别后杳无音信，作诗恼之。

《来禽》卷五《江上恼李本宁》：“与君江上乍相逢，夜雨潮连晓寺钟。倏忽片帆天际没，故人真愧石尤风。”(页29B)

案：“李本宁”即李维桢，是年秋相遇于江上，相谈甚欢，别后未有音信。李维桢是年仲冬舟至南京，岁尽而归。李维桢《集何主臣印跋》：“甲申仲冬，

余舣舟白下，何主臣顾余舟中，饮之甚欢，为余刻私印三。”（《大泌山房集》卷一三三，页35B）

本年，诏以陈献章、胡居仁、王守仁祀孔庙。罢开银矿。十二月，以王锡爵为文渊阁大学士，王家屏为东阁大学士，预机务。

【诗文系年】

《寄徐茂吴年丈》《秋日寄公孝与，时为其先太史勒碑》《冬日喜孝与丈返驾见访》《报公孝与》《江上恼李本宁》。

万历十三年乙酉(1585)，三十五岁

在湖广参议任。购得宋拓《澄清堂帖》。

二月，督漕粮过扬州，王稚登自吴门专程来见。

王稚登《忆昔行寄邢子愿》：“送君一舸过扬州，邗沟明月照迷楼。茱萸湾下一为别，泪痕迸作黄河流。”（《南有堂诗集》卷三，页65B）

案：王稚登专程自吴门来扬州相见，其《与马姬》：“十七年不过维扬，顷者以送邢使君，再历其地。维扬酒如蜜，醯如雪，裹蹄如培塿，水如斥卤，大可揶揄者。美人皆作江西木偶妆，虽终岁轩渠，安得倾人城乎？”（《新镌赤水屠先生评释谋野集》卷四，页23B）“马姬”即马守真，字湘兰。

廿八日，舟中与王稚登赏鉴新得《澄清堂帖》，稚登有跋。

王稚登跋：“《澄清堂帖》不知刻在何地，亦未详几卷，睹其雕镂精好，纸墨光丽，当与《甲秀》《戏鱼》等帖雁行，非宝晋及星风楼所得比伦也。邢使君子愿以三十千购之，重若琛贝。自楚藩督轮将渡淮，余送之邗沟，舟中翻阅，相与叹赏，始疑为吴中故家所藏，后见钱德夫题名，乃知是停云馆中物。德夫，姚江人，最善装帖，文寿承、休承两博士童生师也。万历乙酉二月廿又八日王稚登书。”（录自临邑邢侗纪念馆藏《来禽馆帖》）

案：邢侗新得宋拓《澄清堂帖》，以三十千购自汪道贯。据下引詹景凤跋，“旧为吾乡汪仲淹物，子愿先生从汪购得之”，王跋又云“邢使君子愿以三十千购之”，邢侗《淳化阁本跋语》：“《澄清堂》初不定何代本，取质娄江尚书（王锡爵），尚书以询顾廷尉研山（顾从义）。研山大骇，以为此南唐官拓的本，系贺

监手摹，清润天拔，品列《升元》上。往入吾囊中，今流在中原，愿属邢君善宝之。”(《来禽》卷二一，页4B)侗何时购得此帖不详，然据故宫博物院所藏此帖卷末有观款：“万历甲申十一月廿八日，广礼、真权、慧纶、性朗、本源、觉观同目。”(《中国法帖全集》第10册，页149)“甲申”为万历十二年(1584)，邢侗自汪道贯购得此帖，当在此次督漕过吴时，约是年一二月间。

与王稚登别于邵伯湖畔，别后稚登有书寄答。

王稚登《答邢使君》：“邵伯湖头别，玄发欲霜，金错未罄，使君更割橐装佐之，几成跨鹤扬州矣。渡江得家报，皋桥僦舍，一夕为灰，既无以客伯鸾伉俪，且损伏腊十五。今岁遂有沟中之忧，奈何皇甫赖使君更生，获免欧刀絮棺，皮毛齿发，皆邢侯赐之也。计甥三语选，徒负金仆姑。此汉署薪，郡大夫不欲使后来者居上耳。使君还家何所事，向平嫁未毕，无暇及五山云霞乎？入楚当俟秋风，勿食武昌鱼，借其腹为使君将尺素来。一函致王观察，济南群峰，无令回雁如衡阳，是在明使君矣。”(《新镌赤水屠先生评释谋野集》卷四，页24A)

案：此别邢侗当有“橐装”之馈赠，故书云“使君更割橐装佐之”。又言及“王观察”，为王偆，时任山东副使备兵武德，详后。王稚登有《寄王廉父观察》(《南有堂诗集》卷六，页35A)，即寄赠王偆之作。

与王稚登别后，有诗追忆扬州之会。

《来禽》卷三《追忆百谷命舟维扬，感而有作》：“春潮瓜步暮烟收，短楫垂杨度子猷。琼蕊欲寻空废苑，玉萧何处问扬州。愁中旧雨人千里，梦到寒江月一钩。转觉比来音信杳，几从天际误沙鸥。”(页12B)

四月初八日，督饷北上至清源，遇汤焕，属题新得《澄清堂帖》。

汤焕跋邢侗旧藏《澄清堂帖》曰：“近世墨本称二王书不下数十家，中间异同无论已有众口所许善之者，谛视之每谓晋人风骨，安得先谄唐宋以下习气，疑之旧矣。今年舟次清源，适遇邢子愿参伯，一见即出此本相示。古色凌乱，注目惘然，意态何止，绝离蹊径，真若借兰亭、坐竹林一接眉宇也。平生郁闷因之吐气不在，据纸墨近远已耳。卷首所称澄清堂未有考见，或为贺监所摹，此殆近之。不然，亦李怀琳得意临书也。宝之，宝之。展阅三过，谬识数语以复子愿。乙酉岁立夏后二日，虎林汤焕书。”(《中国法帖全集》第10卷，页149)

案：“清源”即山东临清，为南北漕运要津。清贺王昌《临清州志序》曰：

“清源，东郡名区，西北控燕赵，东接齐鲁，南界魏博，河运直抵京师，水陆交冲，畿南一大都会也。”（[康熙]《临清州志》卷首）郑《表》，是年立夏为四月初六，“立夏后二日”为四月初八日。

汤焕，字尧文，号邻初。浙江仁和人。隆庆四年（1570）举人，为江阴教论。后征为翰林待诏，转郡丞。吴越间比之文待诏焉。工翰墨，兼精篆刻。楷学虞，行学赵，草学怀素，并入能品。参见《广印人传补遗》小传。（《印人传合集》，页649）

致书四川右布政朱孟震，孟震复书以答。

朱孟震《答邢子愿》：“汾阳承藉昐睐，感次心骨，吴中荒启，聊以引虔，冉冉年光，三易春风矣。西南远吏，即连封荆楚，而山川险塞，虽有晨风之翼，犹尚艰之，安能肉飞以侍左右？乃遥遥云树，致勤翰使十行在楼，光掩南金，只字为恩宠于华绣。某也何德，蒙戴若斯？南楼夜月，想象风仪，敬因来信，拜首陈谢，临楮恋恋不知所云。”（《朱秉器文集》卷四，页16A）

案：书云：“汾阳承籍昐睐，感次心骨。吴中荒启，聊以引虔，冉冉年光，三易春风矣。西南远吏，即连封荆楚，而山川险塞，虽有晨风之翼，犹尚艰之，安能肉飞以侍左右？”先是，两人同在山西任职，孟震为山西左参政，侗为监察御史。侗改任苏松巡按，再迁湖广参议，孟震亦迁四川按察使、四川右布政。《明神宗实录》卷一三五：“（万历十一年三月甲辰）山西左参政朱孟震于四川，各按察使。”（《明实录》第54册，页2524）又卷一五四：“（万历十二年十月戊申）升四川按察使朱孟震为本省右布政。”（《明实录》第54册，页2847）据“吴中荒启，聊以引虔，冉冉年光，三易春风矣”，此书应作于是年。

朱孟震（1530—1593），字秉器。江西新淦人。隆庆二年（1568）进士，除南京刑部主事，历郎中，出知重庆府。升河南按察副使，累官至通政使，以右副都御史巡抚山西。万历十九年（1591），疏请归，赐玺书，岁时存问。次年，进兵部尚书，掌京营戎政，诏至，已病卒于家。著有《朱秉器集》。[同治]《新淦县志》卷八有传。（页20A）

六月，陈与郊复除吏科给事中。

萧彦《掖垣人鉴》卷一六：“陈与郊……十一年以疾告归，十三年复除本科。”（页20B）

案：陈与郊是年入都复官，除吏科给事中，颇受物议。言者以为其座师王锡爵上年十二月为文渊阁大学士,预机务,其又与申时行交好,恃以为靠山。王明《憸媚邪臣因劾躐转乞赐罢斥以诏公道疏》:“既而冰山已释,(与郊)自知不容于公论,遂以病告归。后有墙壁可倚,始敢回京,再补吏垣。”(《万历疏钞》卷一九,页98A)

九月廿七日,詹景凤于武昌获观邢藏《澄清堂帖》,题跋于后。

詹景凤《题少参邢公所藏右军澄清堂帖后》:“逸少书之为神俊,为劲遒,人人言之,然用笔妙在波发,挽近世诸刻直如土梗,匪硬即软。良由不知劲与俊为何物,以故失其波发,殊未领其逸趣。顾论刻本以宋为佳,则谓其世于逸少差近耳。然唯《太清楼》佹得之,自《太清》《淳化》《潭》《绛》诸本外,见有二王法帖,独未见有专刻逸少者。是本称《澄清堂》而专刻逸少,其波发具悉,逸态流溢,右军心手并在,帖又视诸本特备,旧为吾乡汪仲淹物,子愿先生从汪购得之,景凤获观,虽咨嗟叹异,然竟不能考是刻所自,阅楮墨当为宋拓本无疑,其刀法无减《太清楼》,乃本差短,先生方以毫翰主中国盟,续如荆璧,亦以和氏名耳。是岁万历乙酉九月廿之七日。”(《詹东图玄览编》卷四,页462上)

案:邢侗藏宋拓《澄清堂帖》现藏于故宫博物院,詹跋亦见于是本,文字与《詹东图玄览编》所载略有不同,如“今参楚政事,而景凤为属下,文学掌故,获观惊异”,为《玄览编》所无;又末署“是岁万历乙酉九月廿七日,新安詹景凤敬识于黄鹤楼中”,亦与《玄览编》不同。(《中国法帖全集》第10卷,页149)詹景凤万历十年(1582)补湖北麻城教谕,是时仍在任上,故曰:“今参楚政事,而景凤为属下。”“汪仲淹”为汪道贯,据詹跋,侗所得《澄清堂帖》“从汪购得之”。

詹景凤(1532—1602),字东图,号白岳山人。南直隶休宁人。隆庆元年(1567)乡试中举,补湖北麻城教谕,迁南京翰林院孔目,擢南吏部司务,谪四川保宁教授,升广西平乐府通判。性豁达,负豪侠,风流文藻,善书画,尤精草书。著有《詹东图玄览编》。事具李维桢《通判平乐府事詹公墓志铭》。(《大泌山房集》卷八三,页15A)

聘黄冈姜夔为家塾馆师,授儿曹书。

《来禽》卷二八《与李侍御》:“蕲诸生姜夔,旧授儿曹书,其人奇颖博闻,倚马万言。楚材最良,此生尤其卓绝。”(页17A)

案:侗在湖广参议任上识姜夔,聘为家塾馆师。姜夔,字尔一,湖广黄冈人，诸生，与王一鸣、瞿九思、朱期昌等以“词赋意气定交”为“十二友”。邢侗《朱方伯先生传》：“仲子期昌举庚戌进士，与余友黄冈王伯固一鸣、黄梅瞿孟坚甲、麻城周子中应嵩、子良应明、黄安吴敦之化诸子结社称诗，号江汉间十二子。”（《来禽》卷一二，页26B）姜夔亦名列“十二友”，汤显祖《蕲水朱康侯行义记》：“夔，黄冈诸生，与王子声一鸣、康侯等为十二友。”（《汤显祖集全编》诗文卷三四，页1571）李维桢《书管鲍千秋卷后》亦曰：“黄人朱康侯与姜尔一一十二子者，皆以词赋意气定交。”（《大泌山房集》卷一三三，页16A）王一鸣《朱陵洞稿》卷一二有《秋夜郑宗伯、刘明伯、姜尔一、张若愚、刘叔孝小集》《夕泊访姜尔一》《秋日同刘明伯访姜尔一、定上人庵居，因作郊行四首》，卷一三有《金陵别姜尔一》，俱赠姜夔之什。

有诗寄翰林院检讨葛曦。

《来禽》卷二《寄葛仲明太史》：“幽意向来惬，年光任转蓬。折花代宾友，抚轸送云鸿。风辖天风度，龙楼曙月空。可因江海阔，魂梦失青枫。”（页11B）

案：“葛仲明太史”名曦，时任翰林院检讨。诗云“可因江海阔”，疑在湖广参议任上作，姑系于此。

将督赋入淮，顺道归里省亲，李维桢赋诗六章相赠。

李维桢《子愿藩伯督赋入淮，便归临邑省亲，赋赠六章》：“楼舡箫鼓大江流，绝胜临邛驷马游。归去东人瞻绣衮，到来内史浣裙褕。天门松盖停探策，海屋桑田数下筹。何以赠君持拜庆，冥灵五百一春秋。”“司农租挈水衡钱，转饷论功十道先。金匮书成平准策，彩毫赋就远游篇。腾装鹅鹳江天晓，击汰鱼龙海月圆。南极一星随使者，流光日观丈人前。”“伐鼓拟金下武昌，如京刍粟海陵仓。黄龙青雀俱神运，桂棹兰桡总国香。王气钟山春夭矫，白云丰树日飞扬。乌啼试听吴门曲，列柏犹含御史霜。”“舳舻千里扬旌旗，烟柳风花夹岸飞。津吏齐牵丝缆度，乡人争羡绣衣归。探春芳草随行色，爱日扶桑驻落晖。竹马江干频伫望，莫因歌舞恋庭闱。”“沧波绿树雨新晴，到处邮签报水程。青翰同舟天上侣，白衣摇橹部中兵。宦游不废江湖兴，吏事能兼词赋名。久客还乡无长物，平头奴子锦囊轻。”“海岱春晴锦席开，郁葱佳气接蓬莱。弦歌阙里趋庭过，冠盖高门结驷来。瑶瑟旧传湘女奏，斑衣新学楚人裁。滔滔江汉归溟渤，好献长生酒一杯。”（《家乘》卷一〇“艺文志三”，页16A）

案：此诗《大泌山房集》未载。时李维桢在家丁忧，诗云：“伐鼓拟金下武昌,如京刍粟海陵仓。”当在武昌送别时作。邢侗每次督赋至京,均顺道归里省亲,李维桢《邢公墓志》:“两渡淮,已于事,则归觐两尊人,不携楚方物。”(《大泌山房集》卷七九,页38A)故诗题有“便归临邑省亲”云云。

督赋将行,郭正域有诗送别。

郭正域《送藩伯邢子愿转饷淮南》:“献岁发阳和,春光正骀荡。岸柳吐柔滋,芳洲披宿莽。白沙澹江沱,黄鹂啭清响。之子远行役,江介戒徂两。言笑结风徽,末由滞轮鞅。”“皎皎冰玉姿,濯濯龙鸾质。缬彩耀晴霞,绚烂明朝日。鹭车返姑苏,油铅惊石室。归嬉鸣朝阳,疏越清庙瑟。江汉俨来旬,欣此如椽笔。”“邹鲁肇文学,东海自大方。伊人铲奇采,晏语喷清香。仓皇理簿书,修暇校青箱。片楮凌钟索,卮言掩齐梁。手握翠云管,古碣黯无光。”“几载涉江湘,两输几百万。解缆鄂王城,放舟淮阴岸。鼎铉籍规随,关石资鞭筭。迟日丽江城,泛泛冰初泮。款曲河梁诗,怅望长亭幔。”(《合并黄离草》卷七,页4B)

案:郭正域万历十一年(1583)进士,授翰林院编修。时因母丧丁忧归里。此诗当在武昌送别时作。诗云:“几载涉江湘,两输几百万。”据前引李维桢《邢公墓志》云“两渡淮”,与此“两输几百万”合。

郭正域(1554—1612),字美命。湖广江夏人。万历十一年(1583)进士,授编修,为皇长子讲官,三迁至庶子,不离讲帷,出为南京祭酒,旋擢礼部侍郎。数忤首辅沈一贯,为楚太子狱牵连,罢职回籍听勘,未及出都,又因妖书案发而系狱,被罢官还籍。博通经籍,勇于任事,有经济大略,人望归之,郭正域与沈鲤、吕坤同被誉为万历年间天下“三大贤”。著有《合并黄离草》。《明史》卷二二六有传。(第19册,页5944)

致书吴国伦,有过访之约,国伦有诗寄答。

吴国伦《邢子愿少参遣书见问兼有过访之约,却寄一首》:“济南边李故多闻,屈指词才更属君。轩冕未应妨结社,山川犹自阻论文。歌调郢里千秋雪,佩绾衡阳五色云。书到定知能见戴,清光遥夜薜萝分。”(《甔甀洞稿》卷八,页4A)

案:吴国伦为“后七子”之一,时辞官归里。《明史》卷二八七:“(国伦)归田后声名籍甚,求名之士,不东走太仓,则西走兴国。”(第24册,页7379)

吴国伦(1524—1593),字明卿,号川楼,又号南岳山人。湖广兴国人。嘉靖二十九年(1550)中进士,初授中书舍人,擢兵科给事中。兵部员外郎杨继盛被处斩，倡众为杨继盛捐资治丧，严嵩怒，贬为南康推官。严嵩败，起为建宁同知、邵武知府、高州知府、贵州提学佥事、河南左参政，后罢归，卒于家。才气横放，好客轻财，工诗。有《甑甄洞稿》等。参见李维桢《河南左参政吴公舒恭人墓志铭》。（《大泌山房集》卷九二，页35A）

吴国伦又寄书至，闻侗督漕赴淮道经富口，拟约相见。

吴国伦《复邢子愿少参书》："某伏在丘樊，盖从诸词客闻明公大雅名，已操舟过弇山，则明公俨然先之。又从两王氏兄弟闻明公识略襟度，非诸词客能尺寸也，业已心向之。暨明公执珪仕楚，则以宇下之分，不敢轻率通姓名，会张兴国、丘潮州、王太学、胡山人三致雅意，益不知所自，岂朽耄尚足与言耶！明公甚盛德矣。比闻督漕赴淮，道经富口，窃不自量，僭拟一望颜色，属津程缓急，非索居者所能知。匍匐江门，则仙帆飞越远矣。政自怅悔，而命使在门，细阅来书，情文款密，生平尔汝交，殆不是过。自顾谫薄，何以承之？唯是齐鲁人天性文学，古勿论矣。近自廷实、于鳞为明公嚆矢。而明公新持牛耳，争长艺林，即海内多奇，鲜不相下，而犹有下问焉，不登作者之庭不已也，可胜叹服！"（《甔甀洞续稿》卷一三，页18B）

案：吴国伦万历十二年（1584）春有吴越之游，访王世贞、世懋兄弟，至夏方归。时值邢侗访吴门二王兄弟后，故书云："已操舟过弇山，则明公俨然先之。"此书相约明春邢侗督运漕粮过江时相见于富口。

自楚寄鲭鲊至家，母万太君力止之。

《万太君行状》："孤自楚藩寄鲭鲊，太君寓书邮亭，力止之曰：'老人自甘苦蕒，何必此一坩武昌者？'"（《来禽》卷一八，页23A）

又致书朱孟震，孟震复书答谢，并寄赠蜀扇及近稿一册。

朱孟震《答邢子愿》："三峰万竹，藻赋如新，晋水秦山，楚云巴雨，奔走数千里，瞬息三四春矣。未见君子以日为年，捧读椷遗，真如言侍，鹦州鹤渚，异代称才如门下者，足可对垒争雄于千古之上。远吏俚俗，不能左右鞭弭，一供笔札，藉门下不遐远之，其有以教我乎？蜀箑近制，日就粗恶，不足以布扬仁风承命，谨以数握上，得在提携，傥留怀袖，则鄙人至幸也。近稿一册，请正大雅，其裁正而开示之重，有望于门下。"（《朱秉器文集》卷四，页16B）

案：朱孟震时任四川右布政，故书云："晋水秦山，楚云巴雨，奔走数千里，瞬息三四春矣。"据"三四春"，则作于是年或下年，姑系于此。先是，邢侗有寄朱孟震书(今已不存)。孟震所赠“蜀扇”,明时吴、蜀二种扇最流行。《五杂组》卷一二:“蜀扇每岁进御,馈遗不下百余万。上及中宫所用,每柄率值黄金一两,下者数铢而已。”(页219)又赠“近稿一册”,检现存《朱秉器诗集》四卷,为万历十八年张九一刻本,然据袁应祺序:“先生旧有集行于世,近为中丞张助父删定付梓人,命余序之。”旧集或即此“近稿”。

在湖广参议任上,原配陈氏两度随之入楚,两从漕粮船行大江间。

《亡妻陈氏墓志》:“不肖比随例出为楚参藩,孺人两度随之楚,两从楼船渡大江间。从船窗一觌江山之丽,则曰:‘闺中妇俗在东鄙,夫安得浮家宅于此? 此无亦千百不一覩遭乎!’”(《来禽》卷一三,页1A)

本年,黄道周生。魏允中卒。

【诗文系年】

《追忆百谷命舟维扬,感而有作》《寄葛仲明太史》。

万历十四年丙戌(1586),三十六岁

正月,量移陕西行太仆寺少卿。五月,告病准致仕。

正月廿三日,量移陕西行太仆寺少卿。

《明神宗实录》卷一七〇:“(万历十四年正月)戊午,以山西按察使张一霁为陕西右布政,陕西右参政王体复为河南按察使,江西左参政傅作雨为四川按察使,两浙运使游应乾为广西左参政,浙江副使张孙绳为四川左参政,湖广德安府知府齐一经为浙江副使,河南彰德府知府李瑱为山东副使,湖广右参议武尚耕、广西柳州府知府陈大猷俱为四川副使,湖广右参议邢侗为陕西行太仆寺少卿,四川佥事叶宪、陕西凤翔府知府戴凤翔俱为陕西苑马寺少卿。”(《明实录》第55册,页3078)

《前贤履历纪》:“丙戌二月,升陕西太仆寺少卿。”(《家乘》卷四上“世系表二”,页11B)

案:郑《表》,正月“戊午”为廿三日。邢侗新任官职名为“陕西行太仆寺少卿兼宁夏河东兵粮道观察司佥事”。(见邢侗《府君行状》)明太仆寺,掌牧马之政令,属兵部,分置于山西、北平、陕西、甘肃、辽东。《明史》卷四二“平凉

府”：“洪武三十年置陕西行太仆寺。永乐四年置陕西苑马寺，领长乐等六监，开成等二十四苑，俱在本府及庆阳、巩昌境内。正统三年又并甘肃苑马寺入焉。”(第 4 册，页 1004)陕西行太仆寺少卿，正四品，与湖广参议品秩同。

邢侗此次量移仍因前事所累，“招妒而蒙谴”。黄克缵《邢子愿传》：“督漕粟至淮上，往返风涛中二年，艰难万状。犹以前事转陕西行太仆寺少卿，时年仅三十余耳。”(《数马集》卷二七，页 22B)又《祭少卿邢子愿》：“既才美之见怜兮亦招妒而蒙谴，倏参藩而冏寺兮若韩大夫之失宠。”(上书卷五一，页 1A)王稚登《忆昔行寄邢子愿》：“泪痕迸作黄河流，秦中太仆曹何冷。众口含沙犹射影，潘舆莱彩乐未央。”(《南有堂诗集》卷三，页 65B)

朝中一再有人“众口含沙犹射影”，到底指摘邢侗哪些问题呢？据侗《答刘华石年兄》所说：“仆所坐非有贪婪不检、濡足权门、簸弄政柄而修报恩郄也。其所连染直以吴兴故，嗣后以海宁故，彼二丈者，仆有无要结贿赂为声援，其事在大明中不须别白。”(《来禽》卷二九，页 13A)从这里不难看出，一是其所中“蜚语”，主要有“贪婪不检、濡足权门、簸弄政柄”三项；二是邢侗否认自己因上述“蜚语”而遭怨恨报复，“修报恩郄”即报复旧日怨恨之意；三是认为自己是受到先是吴兴(顾尔行)、嗣后海宁(陈与郊)的牵连。

关于“蜚语”所传“贪婪不检、濡足权门、簸弄政柄”三项指摘，“贪婪不检”及“盐差遗金”已被证明并不存在，见万历十一年。“濡足权门”指其勾结张居正、王篆等权贵，仅凭其为曾省吾《平蛮余录》、王篆之子《制义》作序，亦难以定论。“簸弄政柄”指借用御史权力买恩亦不能成立，李维桢曾为之辩驳，其《南康守顾公施孺人墓志铭》云：“余善子愿，子愿言江陵客有撼于参政某，属缇绮迹之，公解构不令人知，所言事皆职守，未尝阿色中伤善类，诸附江陵党贵者，叛去反噬公不避。人临其丧，夫吊张让父受蔡京荐，难乎免于今之世矣，何有于公？余是以具论之。”(《大泌山房集》卷九三，页 20A)邢侗与顾尔行同年进士且关系密切，但侗与王篆等来往并不多，而且对一些事并不知情，而终为顾尔行所累，竟以“不直”论定。王世贞《答邢知吾》云：“昨者从陆成叔便，仅一通候起居，并附所闻。此不足溷高听，乃犹置之臆膝间耶？猘口狺狺，只以夷陵君一事相累，其它妆饰之辞，所谓本无此事，但图对偶亲切者，何足道也。”(《弇州续稿》卷一九八，页 7A)“夷陵君”即王篆，王世贞先生也以为邢侗受“王篆”之事所累。但座师于慎行颇为邢侗鸣不平：“若子愿乃诬其失节,冤甚矣。子愿自以治行高第拜御史,于王夷陵何与?夷陵慕子愿才名,以其子举业丐之延誉,且不直夷陵子也,所请不直子愿也。与子愿同台为夷陵奔走,交者自有人,奈何以子愿同类并观乎?陈大丘吊张让,狄梁公与武氏决赌,程明道为条例,不损贤声,子愿竟废。”(李维桢《祭邢子愿》,《大泌山房集》卷一一六,页18B)邢侗自认受累及的原因,初“以吴兴(顾尔行)故”,即王篆的牵连,“嗣后以海宁故”,即万历十七年陈与郊上疏荐举邢侗等人,而招致朝中群起攻之,所谓“失节”又旧事重提,详后所述。

以新授官职父邢如约得称中宪大夫,母万太君、前母赵氏得称恭人。

《府君行状》:“以侗今职,(父)于制得称中宪大夫……(母)于制得称恭人,(前母)于制得称恭人。”(《来禽》卷一八,页1A)

案:此非敕封,明制三年任满考绩后方得敕封,故曰“得称”。

二月初八日,督粟舟次富口,待吴国伦未至,其子吴士良、门生王同轨及程福山已至。王同轨出伯父王廷陈诗卷,为《赠廖学士》诗题跋。

邢侗跋曰:“万历丙戌春仲八日,以督粟如淮,孟孺、行父两孝廉船尾相衔,就余为别。时小泊富口,盱衡明卿先生不至,贳酒数行,行父出其世父稚钦先生卷见示。顷之,大风扬波,水天弥茫,渔舟估艇历乱岸次,官柳依微,野桃的历,争破雨作妍,种种奇致都与此卷互相映发,念吴先生且至,当为尽一觞欣赏之。座中有皋倩茂才为明卿第二雏,所谓青凤一毛不减,行父之视稚钦矣。”(王廷陈《梦泽集》卷二〇附录,页6B)

案:此为王廷陈《赠廖学士》诗题跋,见《梦泽集》卷二〇《赠廖学士》诗后,又有张鸣凤、吴国伦、王世贞、邹迪光、王世懋、王稚登、方尚赟等题跋、题诗。同席诸人中,“行父”即王同轨,王廷陈孙,吴国伦门生。[乾隆]《黄冈县志》卷八:“王同轨,字行甫,贡生,为南太仆寺主簿。多才博学,能诗古人,同吕元音修《县志》,著《耳谈》《兰馨集》。兴国吴国伦推重之。”(页8B)“孟孺”即程福山。同治《玉山县志》卷二六“方技”:“程福山,字孟孺,朱谋垔云:号六岳山人,万历中官中书。篆法寿承,隶法征仲,小楷法麻姑仙擅,又法黄庭[坚]草法章草。”(页1B)又同卷:“程福生,字梅岩,明神宗时精书法,燕京承天门关王庙石碑其真迹也。八分书特妙,画梅清瘦绝伦,有金石遗文四本,今失传。”(同上)两者似同一人,俟考。邢侗对其书法评价颇高:“孟孺擅诸体书,尤精颜鲁公结法,每道其临池时,正容持检,屏息若对其父,而后其书佳,此于书学大有会,眼中无复此人矣。""皋倩茂才"即吴士良,吴国伦次子。李维桢《河南左参政吴公舒恭人墓志铭》:"男三人……次士良,字皋倩,太学生,娶刑部员外郎徐文徵女。"(《大泌山房集》卷九二,页35A)又有《吴皋倩诗序》(《大泌山房集》卷二四,页39A)。

王廷陈(1493—1550),字稚钦。湖广黄冈人。正德十二年(1517)进士,选庶吉士,以言事廷仗,出知裕州事。削籍归。里居二十余年,其诗文名重于当世。著有《梦泽集》。《明史》卷二八六有传。(第24册,页7359)

席中,王同轨又出王廷陈《哭武宗毅皇帝》诗卷,侗为题跋。

邢侗跋曰:"世能名稚钦先生诗,莫能名先生书。此卷翩翩有大令风,足当两绝。行父其善保之。舟次卷雪楼漫题。"(《梦泽集》卷二〇附录,页2B)

案:《梦泽集》卷二〇《哭武宗毅皇帝》诗后题跋者多为名流,有王世贞、王世懋、王稚登、吴国伦、龙宗武、邢侗、张鸣凤、杨一洲等。

吴国伦至,诸人舟中夜酌有诗。

吴国伦《邢子愿少参期访予山中,予出富口遇之舟中,夜酌同王行甫、方仲美、程孟孺赋,时子愿督漕赴淮》:"急雨惊风暗楚天,长江稳下使君船。严程已识浮淮远,高义何当访戴专。词赋千秋名下士,追陪诸客饮中仙。樽前老态婆娑甚,那敢重操白雪弦。"(《甔甀洞续稿》卷九,页6B)

案:夜酌席上,王同轨(行甫)、程福山(孟孺)已见,"方仲美"名尚赟,字仲美,号方壶山人,安徽歙县人,方弘静从弟。为云游四方之山人,与吴国伦割席分粒十余年,并为吴校点《甔甀洞稿》。王世贞有《方仲美博学有文而时时使酒,依吴明卿居武昌,从访弇中有赠》(《弇州续稿》卷一七,页4A)。

临别,吴国伦与诸子饯送有诗。

吴国伦《同诸子饯送子愿》:"柱史风流天下奇,旋从吴楚觅新知。自嗟衰晚无能事,却恐交欢是梦思。千里舳舻飞挽急,一樽风雨峭帆迟。浮云歧路天南北,握手江门问后期。"自注:"前子愿按吴尝访元美,今及不佞,意固有属也。"(《甔甀洞续稿》卷九,页6B)

案:邢侗万历十一年(1583)春末夏初访吴门王世贞、王世懋兄弟,吴国伦亦于是年冬访吴门,并闻侗之文章风雅。吴国伦《复邢子愿少参书》:"某伏在丘樊,盖从诸词客闻明公大雅名,已操舟过弇山,则明公俨然先之,又从两王氏兄弟闻明公识略襟度,非诸词客能尺寸也,业已心向之。"(《甔甀洞续稿》卷

一三,页 18B)

吴国伦又有诗寿二尊人,侗督漕事竣将便道过家。

吴国伦《奉送子愿大夫便道过济南,为寿二尊人》:"彩鹢春江破晓飞,东方紫气烛庭闱。言凭海岱供调鼎,更采兰蘅结舞衣。门阀总缘经术重,宾朋尽借德星辉。秦松汉柏君家近,古色崚嶒上翠微。"(《甔甀洞续稿》卷八,页 4A)

案:邢侗为湖广参议督粮渡淮事竣,便道过家。是年父七十五寿庆,故吴国伦有此诗为寿。

舟泊九江,赋诗寄谢吴国伦。

《来禽》卷二《舟泊九江,寄谢吴明卿先生》:"昨夕遥林梦,依微下雉城。雪舟清燕集,风篴旅人情。天意存黄发,乡心满绿蘅。蹇余通籍晚,犹及岁寒盟。"(页 14B)

案:辞别吴国伦后,舟行至九江,邢侗作此诗寄谢。

是科会试,南宫张庚成进士,补褒城县知县。

[康熙]《南宫县志》卷七"进士":"万历丙戌科,张庚,字文西,仕褒城知县。"(页 3B)

案:是年张庚中进士,选渑池县知县,未就,再补褒城县知县。[康熙]《南宫县志》卷一〇:"成丙戌科进士。……选渑池县令,未就,再补褒城令,莅任以为国为民存心,执法不阿,爱民如子,几三载以俭素自守。"(页 19B)

侄邢王道是科又落第,遂绝此念矣。

《遵道行状》:"癸未、丙戌间再上,竟不第也,遵道之五内灭矣。"(《来禽》卷一八,页 30A)

四月,姻亲河南按察司副使史邦直卒。

李维桢《河南按察司副使史公墓志铭》:"公名邦直,字忠厚,号正庵。元季溧阳侯四十一代孙秀与子仲良偕至山东乐陵,四传至述,以明经仕岷府典仪,子二,仲曰袋,邑诸生,娶郑氏,公之父母也。十三为邑诸生,以优等食饩,邑人礼公为师。……公生嘉靖己亥七月五日,卒万历丙戌四月二十日。……子二:高印、高先,皆成进士。"([乾隆]《乐陵县志》卷八,页 16A)

案:史邦直(1539—1586),字忠厚,号正庵。为史高先之父,侗之亲家,侗第三女(陈氏所出)许配史邦直次子高先。邢侗《亡妻陈氏墓志》:"女三:……又次许乐陵营田副使史君邦直子高先。"(《来禽》卷一三,页 1A)史邦直逝后,史家受侮，侗为出面处理。李维桢《邢公墓志》："婿史高先亦以父丧受侮，覆露之而勉之学，既举进士，仿陈孺人不逮见也。"（《大泌山房集》卷七九，页38A）

王稚登闻侗量移太仆寺少卿，来书谓"冏卿乃类投闲"，并约以明年秋半来游泰山。

王稚登《寄邢直指》："冏卿乃类投闲，明公碧玉之蹄，宜其不屑与骍角同阜也。怀香空谷，稍避当门，异时东山安知遂免捉鼻乎？原启为书邮一去如黄鹤。明公已悉王生善病否耶？余龄天假，国士之感未酬，请以明年秋半驾柴车瞻泰岱，谒孔林，从杖履，为旬日之游。上方禽夏，次比葛疆，门下岂惜以一后车着王生哉。泰甫立马俟书，捉笔上记不及。以别函致廉父使君，当同此惓惓。"（《谋野集乙集》卷一，页19A）

案：此书当王稚登闻侗量移太仆寺少卿后作，劝以"怀香空谷，稍避当门"，异时东山再起。"原启"即汪原启，名未详，安徽歙县人。客吴，与王稚登游，与梅鼎祚善。梅鼎祚有《得汪原启金陵书，忆客吴旧事》："春风几报柳鞶舒，何地逢人问卜居。湖上扁舟吴苑酒，渡头双楫秣陵书。吹箫曾下仙台凤，弹铗多惭客舍鱼。犹忆渔阳挝鼓兴，长髯未老鬓微疏。"（《鹿裘石室集》诗卷一八，页5B）又有《与汪原启》（上书文卷五，页12B）、《答汪原启》（文卷六，页11A）。原启好善结客，交友侠义，李维桢《书石交遗迹卷后》："新安人工于为市而善结客，日中而百货集行者争趋焉，日昃过之掉臂不顾矣，其结客也犹是。汪原启与顾仲龙交，吾不知所由合，仲龙死而原启裒其手书藏之，日庶几无忘吾友，海内士嘉原启行谊，称赏以愧夫之交友而有二心者。不佞读仲龙书，为令六载，觍而无以充橐，而取给于原启，又知原启之必不负而后定交。仲龙贤焉哉！夫交以势利，市道也，以不负死友为名高，亦市心也。原启勉之，人将求多于子矣。"（《大泌山房集》卷一三三，页16B）时汪元启为王稚登使者往临邑，然尚未至，明年春侗有诗送其还吴，详后。又有使者"泰甫"，疑即盛泰甫，无锡人，欧大任有《无锡盛生自燕京来游罗浮，值予卧疾道园，寄赠敝句》（《欧虞部集》《南翥集》卷一，页4A），李英有《送盛泰甫还无锡》（《欧虞部集》附《当垆集》，页2B）盛泰甫客居京师，结交当时公卿文士，王祖嫡《赠盛泰甫序》："盛泰甫客都久，门庭清闃，花竹郁茂，茶果酒具事事精雅，公卿亡弗折节，四方能诗者咸与结社。"（《师竹堂集》卷一一，页13B）"廉父使君"即王倖，时任山东副使备兵武德，详后。

是月，应邳州知州陈王庭之请，撰《邳州张妇瞿贞烈碑》，并手书勒之碑。

《来禽》卷一一《邳州张妇瞿贞烈碑》："张妇者，姓瞿氏，下邳张子道妻也。子道故窭人子，又左足跛。瞿二十来归张，凡八年。子道病噎死，瞿仰天大哭，不复食新，后十八日以饿死，节烈甚著。垂十年，而陈大夫王庭始探次懿迹，上记诸台。会直指马公报命，则以兵使者莫公议状闻阙下，诏可。令以县官钱三十千为树棹楔者，署曰：'故民张子道妻瞿氏贞烈之门。'陈大夫复拓祠立像，诸所规画甚具。大夫顾谓余：'先生凡三过下邳，不佞数承风教，靡不泽于节侠文章也者。此役也，先生宁无宠灵之？尚有赐言，瞿也不朽，不佞守臣亦不朽。'余重大夫请，敬作瞿碑。碑曰：……"(页12B)

案：此文又载《邢子愿杂著》。[乾隆]《邳州志》卷八："张子道妻瞿氏，夫亡不食十八日，死，明邢太仆有诗，见艺文，手书碑今湮。"(页4A)"陈大夫王庭"即邳州知州陈王庭，上书卷五"知州"："陈玉庭，上虞人，举人，万历十一年任。井济博，霸州人，举人，万历十五年任。"(页9A)其万历十一年(1583)至十四年(1586)在邳州任。"直指马公"即侗好友马允登，"兵使者莫公"即莫与齐，万历十年(1582)十一月任山东副使分管徐州兵备。《明神宗实录》卷一三〇："(万历十年十一月)癸亥，升山东东昌府知府莫与齐为本省副使。"(《明实录》第54册，页2421)万历十四年七月仍在任，徐州云龙山有"云龙山"石刻，上题"万历十四年岁次丙戌秋七月吉旦"，下署"徐州兵备右参政柳城莫与齐书"。据"先生凡三过下邳"，疑即邢侗在楚藩参议任上过下邳所作，故系于此。

行至徐州，上疏移疾乞休，部覆促之任。再上疏乞休。

《府君行状》："丙戌，以湖广参议督漕，从徐州上疏移疾，部覆促之任。已，再疏，乃得予告，及养父母十六年。"(《来禽》卷一八，页1A)

冯时可《邢公碑铭》："二年，擢陕西行太仆寺少卿，因移病自免，三上得请，时方三十余耳。"(《家乘》卷五"家传二"，页12B)

案：邢侗徐州上疏引疾乞休，部复不准并促之任，乃再上疏。《府君行状》谓"再疏乃得予告"，又侗《重修武定州志引》："余从楚藩两拜疏，自谢家食。"(《重修武定州志》卷首)冯时可《邢公碑铭》谓"三上得请"，此从"两拜疏"说。

五月，疏请以疾乞休获准，致仕归里。

《前贤履历纪》："五月，告病准致仕。"(《家乘》卷四上"世系表二"，页11B)

黄克缵《邢子愿传》："督漕粟至淮上，往返风涛中二年，艰难万状。犹以

前事转陕西行太仆寺少卿，时年仅三十余耳。私念二尊人奉秋高，不欲远离，乃乞身归养。”(《数马集》卷二七，页22B)

案：邢侗五月获准致仕还乡，是年十一月正式下旨。《国榷》卷七三：“(万历十四年十一月)癸丑，颍州兵备佥事李弘道、陕西行太仆寺少卿兼按察佥事邢侗俱致仕。”(第5册，页4545)

任湖广参议二年，查盐贩、擒海盗、督漕米，往返风涛，官声甚佳。

冯时可《邢公碑铭》：“在湖广摄藩篆，职督储，缓催科，革诸弊窦殆尽。及泛漕艘，敕材官勿苛诸卒，有以冰簟献者，训斥。两渡淮，已于事归觐两尊人，不携楚方物。”(《家乘》卷五“家传二”，页12B)

署柱一联“囊空甘拙宦，琴在有知音”，表明心迹。

《邢侍御书》题识：“此卷行书尺牍一则，不知刻在何处，首署‘邢侍御书’四字。……又署柱一联云：‘囊空甘拙宦，琴在有知音。’盖当时急流勇退，深得知止知足之义，反复寻味，真不愧实录矣。”(《家乘》卷一一“翰墨志一”，页1B)

将还故里，座师于慎行赋诗赠别。

于慎行《子愿告还叙别》：“穷游殊未罄交欢，才道分携意转难。湖海何人能命驾，乾坤今日少弹冠。世情总付双尊酒，生事唯余一钓竿。却羡红颜浑未改，忧时还复劝加餐。”(《谷城山馆诗集》卷一四，页11B)

同年孙矿有诗送归临邑。

孙矿《送邢子愿请告归临邑》：“寒空远峤雁相呼，叶落枫林问去途。岱岳望中青渐出，田园秋尽绿将芜。人怜王吉今回驭，吏识终军旧业繻。历落风尘几知己，离亭魂断寒云孤。”(《月峰先生居业》卷一，页67A)

案：孙矿与侗万历二年进士同年，相交甚契。侗有《上抚台孙文融》：“不肖侗廿年萤火，曾接席于槐关；两度风云，复附形于鹏运。据尔时之气尚，陋前古之雷陈。登堂纳拜，要期醴酒之私；握手送行，堪续野桥之咏。”(《来禽》卷二四，页9B)“握手送行，堪续野桥之咏”，或即指此时送别。

孙矿(1543—1613)，字文融，号月峰。浙江余姚人。万历二年会试第一，殿试二甲四名。历仕兵部主事、吏部考功文选郎中，外迁山东巡抚，入为刑部右侍郎，改兵部，代顾养谦经略朝鲜。起南京右都御史，进兵部尚书，加太子少保，参赞机务。以劾求去，年七十卒。一生著作宏富，多达四十余种七百余卷，如《姚江孙月峰先生全集》《书画题跋》等。[光绪]《余姚县志》卷二三有

传。(页 2A)

葛昕闻侗予告归里,有书寄慰。

葛昕《邢知吾太仆》:“不见光霁,于今有年。唯丈才名擅世,忌畏易招,接引过勤,非类思附。春中果有一二啧啧,至令总宪冢公意适,不符见于面目,可为世情假公者叹然。天理在人心,是非有定论,其如本无可缁涅何?冏寺量移,当路深以为自有微意,其元旨固非弟椎鲁人即顿解,然捧读此祈假大疏,暨见温旨,则岂直吾之心迹?朝廷公议皎然,申白于天下。而融融奉双亲之暇,孰非性真乐事,养望增能,为异日蔚然虎变地哉。仆方幸丈陡得息肩,暂席此优游快愉,转念不佞羁此鸡肋,况所值事如蚊负山,不知终如何解脱也。局外静观,其将何以教我?神与书驰,欲言不尽。”(《集玉山房稿》卷八,页 34A)

案:葛昕时任工部屯田司郎中,奉旨修筑永陵。邢侗《奉政大夫修正庶尹尚宝司卿加四品服俸德平龙池葛公行状》:“辛巳,复除工部都水司员外郎,奉旨培筑永陵之宝城。……癸未,即家改屯田司郎中,实用曹议:‘方中大役,非葛都水弗胜任。’且引永陵工为验。”(《来禽》卷一九,页 8A)

夏,屠隆有书寄至,告知罢官后家计无着,而侗曾允为捐资购山,遣族孙屠震携书促之。

屠隆《再与子愿》:“天下事又不敢言者,大足塵漆室忧,仁兄身兼数器,张乖崖救火,人乃令转马曹邪,世事可知矣。……弟以去年九日后始归自西泠,家有半亩宫,小楼前余隟地,急栽花竹数株,今年遂已扶疏,闭门却扫,尽可逍遥。独无奈史云之甑生尘矣。弟为令廉,又好急穷恤难,官舍常无隔宿粮,以青浦入觐事竣,而行囊罄矣,分聊城傅伯俊装乃得抵家。抵家数日即得仪部报,时有四壁在,不能治北行,迁延半岁,业罢弃鸡肋物。勾吴故人闻而为治装,始能入省。居都下,长苦东方生乞米状,客在座,贳酒大都倚办细君簪珥及图书、鹔鹴裘,腰下仅有一银带,急时销付酒家,长安相知作销带行记其事,盖一且罢兰省,困可知已。今则藜藿不充,三旬九食,先君子在浅土二十余年,尚未得大归,仅有江上盈尺,地无从备石椁,与九十老母相共啖脱粟犹然不继,诚无面孔仰戴天日。四明穷海绝地,非贫子所宜居,故人宾客相见,大半鬼椰榆儿。吴中故人秦君阳公子,力劝弟做梁伯鸾故事,移家梁溪,盖为问田庐承具。而父既未葬,母年又高,不能旦暮徙居之。弟又苦心学道,不问家人晨炊，顷蒙圣贤梦境证度，益以遗缘息累，壹意精修，以仁兄观弟志行若此者，恐将终须是此路上人。今世一切都无论矣，独苦老母妻孥无可托者，辱仁兄见念深，累许捐赀为弟买山，业有成约，遣使相存，逡巡岁余未遣，何也？……敬遣家诸孙震奉诣仁兄，幸无为德不卒。倘使至，而兄不在家，震不能待，见弟此札后可遂以信使来。弟交游满天下，独以八口投仁兄，其故可知已。汉宣帝黄龙元年鼎一枚奉去，焚沉水香，读二氏书，此鼎已经吴越博雅者多人鉴定，真汉物，非赝。震郡诸生，以父忧涉远道，足下幸善遇之。闻济南多清泉白石，如江南趵突珍珠，泠泠足洗心骨，且泰山在望，秋间当得一访仁兄，出处大致，幸以语我。"(《白榆集》卷一四，页 4B)

案：据"计行李从楚泽还，此时政入里门，坐凉风，临水亭，单衫白袷……"此书应为是年夏间作，时邢侗致仕归里未久。屠隆罢职后家计无着，浪游江浙，故遣族孙屠震往临邑促侗兑现"捐赀为弟买山"承诺，并携致邢侗、济南知府李伯春、新城知县张新书，又携汉鼎一枚为谢仪。书中还约以秋间来游泰山相晤。

有诗答屠隆索买山之资。

《来禽》卷五《寄问灵岩四首》："乍抛紫绶恋青山，敢向人间问大还。我自会心君自见，竹枝袅袅水潺潺。""久向云岩欲卜居，那堪车马困除书。买山钱是山公乞，中散徜徉可自如。中朝故人有许买山之赀者，故云。""壮岩岩畔数株松，罨霭云岚几万重。好结一窠松树下，度檐苍翠尽成龙。""万顷秋云十亩宫，款冬何事不相逢。竭来似与贫居士，管领清凉上界钟。"(页 37B)

案：灵岩寺，位于泰山北麓长清县灵岩峪方山之阳，始建于东晋，为"海内四大名刹"之首，王世贞有"灵岩是泰山背最幽绝处，游泰山不至灵岩不成游也"之说。"中朝故人有许买山之赀者"，疑指屠隆来书索"买山之赀"，此事时人不以为忤，反被当作一种雅事。邢侗是否兑现"捐赀买山"的承诺，查无记载，但依照邢侗行侠仗义的个性，以及当时尚算宽裕的经济状况，应该是兑现承诺的，否则两人"金石之好"就不能保持多年，何况先此邢侗有为祝鹤"买田济上"的先例。

屠隆又致书济南知府李伯春，告知遣族孙往临邑之事，言及邢侗之贤之才。

屠隆《与李济南》："不谷挂冠南下，吴中交知独明公信使远存不遗，故簪弃履,义高于古人。不谷往居青溪,明公宜不在后车数内,今日见顾,特异常流,人伦鉴若此,宜其及也。不谷两为令,实操冰霜苦心,又好以俸钱急穷周困,官舍居恒无隔宿粮,一旦以无罪罢兰省,困可知。已将母南还,四壁尚在,仅有负郭十七亩江田,多为斥卤侵无年,三旬九食,殆无以过。先君权厝二十余年,尚未归土,母年九十,不辨甘毳,诚无复颜面仰戴天日。而不谷又好刳心学道,还山以后,一切俱空,独苦家人萧然无生计,将弃去不顾,灭迹深山,则人道有缺,遂眷此环堵,浮沉世谛,则石火可伤,坐使物外之人,进退维谷。古人云,廉吏安可为也。近且以八口远托临邑邢子愿,不谷与邢君无生平,往岁以计吏在长安,偶集朱汝修宅,邢君走一介托友生求见不谷。时邢君已将有持斧三吴之役,不谷谢不敢见。邢君少还至:‘奈何以一鸡肋物骄天下士,邢生伧父哉!及命未下,第讲交游礼。’不谷慨然起:‘世乃有大雅若君卿,仆安可过自局促而不以成君高?’长揖据上座,长安以此两贤之。自后不复相见。往岁不谷以无罪去国,属子愿以楚藩督饷抵山东,所至问:‘屠长卿安之?免官不论,吾知其母老家贫无担,不何以为生?吾且捐俸为其买山。’不谷深心德之。而信史未至,今闻其转马曹还里,乃遣家诸孙震往,以八口累邢君。不谷既修净业,第得稍免内顾,忧即飘然长往空山枯寂矣。念今世界有高气若邢君及足下,乌可使之泯没无闻,故特为留此字人间。又以明公为此君邦大夫,遂以奉闻。闻邢君亦且有林泉意,部中得士如此,敢为使君贺?所患子愿不在家,去使恐馁于路,幸使君念之。新城张令仆同门友,老成闳达,兰溪之政卓然,并幸留念。”(《白榆集》卷一四,页7A)

案:“李济南”名伯春,万历十二年(1584)至十五年(1587)在济南府知府任。“去使”指族孙屠震,遣往临邑促邢侗“捐俸为其买山”,故云:“所患子愿不在家,去使恐馁于路,幸使君念之。”书中“新城张令”即张新,详后。

李伯春,字友卿,南直上海人。隆庆五年(1571)进士,授刑部主事,晋郎中,出知济南府,属岁饥,民王登以妖言煽众,擒置之法,出仓谷巨万斛赈贷,人心遂安。迁浙江按察副使,转湖广参政。以母老弃官归。[嘉庆]《松江府志》卷五四有传。(页5B)

屠隆又致书新城县知县张新,托其帮助、关照族孙屠震。

屠隆《与张新城元鼎》:“……属以八口托临邑邢子愿,特遣家诸孙震远赴邢君,而弟贫如范史云,不能为去使治往返粮,所虑子愿万一不遇,诸孙且为

中途馁鬼,故以此字付之……”(《白榆集》卷一四,页11B)

案:“张新城元鼎”即新城县知县张新,“元鼎”或为其字,与屠隆同为万历五年(1577)进士。[民国]《重修新城县志》卷一〇:“张新,江南太仓进士,万历间知新城县事,兴学校,抚流徙,开河渠,抑豪强,升工部主事。”(页7B)

秋,有诗寄王世贞,有忧谗畏讥之意,世贞有诗寄慰。

王世贞《寄答邢子愿先生》:“河朔风流邢子才,紫衫抛得似黄埃。爱他陶令归能赋,嗤我何公去复来。试看海鸥谁不下,但逢秋隼任相猜。欲寻后会知何日,珍重清洋醉里杯。”(《弇州续稿》卷一九,页4A)题注:“子愿有诗,似快已之得归,而尚有忧谗畏讥之意,故云。”

案:诗云“河朔风流邢子才,紫衫抛得似黄埃”。则辞官归里后作,时在秋季。先是,侗寄诗有“忧谗畏讥之意”,故王世贞先生慰以“但逢秋隼任相猜”。

有诗寄同年新任湖广提学副使邹迪光。

《来禽》卷五《寄楚督学邹彦吉二首》:“七泽三湘控使旌,苍梧斑竹入幽情。手披帖括风生砌,候馆山禽交戛鸣。”“蕲春篴竹玉为姿,截作参差献凤池。三十六宫弦管罢,一声声透万罘思。”(页34A)

案:“邹彦吉”名迪光,与侗进士同年,是年升湖广提学副使。据王世贞《邹彦吉玄岳游稿序》:“盖癸酉之去丙戌,改岁者十有三矣。而余之戚执邹学宪彦吉始继焉。”(《弇州续稿》文部卷五四,页3A)王世贞万历元年癸酉(1573)担任湖广提学副使,“改岁者十有三矣”,指邹迪光万历十四年丙戌(1586)亦任是职。

林云程授汝宁府知府,有诗寄之。

《来禽》卷三《简汝宁太守林公》:“六宫底事妒倾城,一夕长门罢玉笙。司马通州称冗长,褰帷新息见平生。刺桐遥隔家山杳,淮水翻如太守清。阳雁正来逢驿使,落梅吹送陇头情。”题注:“先年曾谪通州。”(页18A)

案:“汝宁太守林公”名云程,是年任汝宁府知府。[康熙]《汝宁府志》卷七“知府”:“林云程,晋江人,进士,万历十四年任。”(页46B)王祖嫡有《送林使君守汝南》(《师竹堂集》卷五,页15A),亦其人。“汝南”元时改设汝宁府,明清延之,民国废府改为汝南县。

林云程,字登卿。福建晋江人。嘉靖四十四年(1565)进士,自少留意词赋,既纡组绶,交游诸名公间,率以风雅让之,好蓄法书名画,俱能穷其源委,而笔翰大有名于人间。知通州，调宿州，两迁南北曹郎，出为九江知府，转汝宁，以继母艰归，遂不复仕。家居厚德古意，为乡邦模楷者五十余年，寿九十六。著有《业兰馆史编抄》《兰窗杂记》。[道光]《晋江县志》卷五六有传。(页5B)

初秋，公鼒从济南至犁丘，重访邢侗。

《来禽》卷二《喜公孝与重过有作孝与谓我辈交情何必人间兄弟矣，要作苦语，因及鸰原》："客久竟何意，感君重过门。立谈呼茗疾，坐对落花繁。别至愁先入，归与道益尊。相望三百里，谁断鹡鸰原。"(页8A)

公鼒《从济上至犁丘重晤子愿》："济阳晓色入犁丘，乘兴偏宜访戴游。水划钩盘迷禹迹，疆分无棣尽齐州。重逢似比新知乐，暂对其如远别愁。黾勉灵岩石上约，应怜高会在初秋。"(《问次斋稿》卷一八，页198上)

案：前会公鼒于官次途中，此次公鼒闻侗乞休归里，专程从济上来访。侗另有《喜公孝与见访山居作》："柳黄霜白暮秋期，送尔红亭酒一卮。客路定依沙雁宿，马蹄应共野云驰。山山度尽逢残烧，驿驿行来见晚炊。十载重过三日别，对人犹是道相思。"疑亦此间作。(《来禽》卷三，页27A)

诗人宋登春卒，有诗吊之。

《来禽》卷二《吊宋叟》诗序："新河古信都地，隶今真定。宋布衣鹅池，名登春，邑人也。往落魄游江陵，荆州故守徐太室先生延之上客，数与谈诗，语合，谓：'吴门词客如云，不如一中山布衣矣。'比徐公以封守事忤当涂，解绶家居，而山人衣道士衣，徒步三千里过访。坐徐公竹林中，日持鳌饮酒，意良适，未久别去。且二十年，而徐公遘会风云，超拜大宗伯。山人乃走上都，追叙故欢，徐公不厌也。又三年，徐公归。山人从新河过余，言且将访徐公山中，索醉，诀别：'寻钱塘弄江涛，脱履江头，乘潮上下，乐哉！即南面百城，不与易矣。'已复谓子愿：'子愿君视宋登春岂杉栢四周间人？'余时大骂：'唉，老虏！燕赵士自昔死鱼肠龙雀，不闻死潮。'比乃甲申寒食时也。居数年，绝无音尘。而是岁十月，新安余叟适从江南来，才系马即啧啧道宋山人状，谓：'山人某岁过徐公，公馆之，礼敬有加。乃山人瞻顾异常也，时时风其主人挞家僮，谓僮慢我甚。徐公即鞭挞家僮百。山人佹谓：杖才从青衣上拂，奈何惜一平头奴，令傲海内名士乎？一旦懊恼，辞且去，问舟徐公。公为呼艇子，与载米数斛，笋脯酒浆称是，仍移榼饯之城门外。山人为强一举白，造次趣榜人：勿误我潮信。意殊不屑，徐公亦掉臂去。山人乃趣舟抵四十里许海头，不知昏晓，径跳白波逝矣。榜人初意徐公客揽舟观潮，不谓咄嗟自葬鱼腹中也。’嗟乎！汨罗采石，登一咸三，亦自燕赵慷慨悲歌之气作使然矣。余乃为诗吊之，复为叙致前方东南好事之家，倘取余言竖石，正自新奇可喜，何必重问要离之墓，乃侠骨香也。”诗其一：“侨寓江陵月，徐陵作郡年。重来沧海上，依旧孝廉船。醉啮松枝雪，狂吟桂树篇。浮生无住着，骀荡白云天。”其二：“不作吴门隐，飘然汗漫游。尚书重一诺，游子合千秋。宫锦鲸鱼杳，烟波采石愁。前身应李白，终古揖风流。”其三：“忆别来禽馆，余山居。曾言葬汨罗。落花留且住，芳草奈君何。吊死文姬怨，山人有女。悲生薤露歌。茫茫江水阔，应比泪痕多。”其四：“倔强怜吾子，萧条安可论。滹沱流日夜，兰芷忆王孙。斑竹新冠帻，山人自制箨冠。垂杨旧酒尊。往共饮官道大树下。西州门侧路，那禁哭声吞。”（页26B）

案：“宋叟”名登春，万历十二年寒食访来禽馆，言及蹈海而逝，为邢侗劝止，已前见。万历十三年冬，至吴门访徐学谟尚书，徐学谟有《宋布衣自赵郡来，以老无所归有蹈海之语，诗以喻止之，因馆谷归有园》（《归有园稿》诗卷一，页18A）、《立春日与宋布衣饮酒》（同上，页18B）。时方应选有《送宋山人访徐大宗伯》诗，序云：“山人宗伯故知也。欲千里赴谒，因其扇头有宗伯题诗，用韵赠之。末两言戏嘲其往。”诗曰：“落日荒城古冀都，苍茫天地一狂夫。人逢河朔尊常满，客有高阳兴不孤。门外车来频倒屣，衙中吏散共呼卢。县知八座尚书贵，刺史风流总尔徒。”（《方众甫集》卷二，页29B）宋登春馆徐学谟归有园逾年，徐学谟有《新正二日如如阁观雪招张、沈诸文学偕宋布衣饮酒，喜而漫咏》《元夕前一日，偶携宋布衣登芥纳楼看梅花盛开，布衣摘花插鬓，呼酒对酌，赋此》《偕姚、宋二山人过程园看牡丹》《饲鱼戏柬宋布衣》诸诗。（以上均《归有园稿》诗卷二）至本年十月，宋登春辞归，竟蹈海而逝。徐学谟《送宋布衣还新河，布衣初来欲赴东海死，卧病逾年，竟依其甥归，意甚怆然》云：“蹈海难成鲁仲连，西归仍是再生天。扁舟载酒送君去，挥手吴关了宿缘。”（《归有园稿》诗卷二，页17B）此诗前一首为《九日始霁，胡中翰诸君同玉上人集阳春堂作》，故知宋登春辞别蹈海约在是年十月。徐学谟闻宋登春之逝，作《宋鹅池传》。（《宋布衣集》卷首）

宋登春之逝，诗人文士吊唁之什甚多，有董复亨《吊宋鹅池投海》（《繁露园集》卷一九，页1B）、于若瀛《追忆宋鹅池四首》（《弗告堂集》卷三，页2A）、冯时可《宋布衣登春传》(《冯元成选集》卷五〇,页 82B)、程可中《吊宋鹅池山人》(《汉上集选》,页 19A)、卢世漼《追赠宋鹅池布衣》(《尊水园集略》卷四,页 9A)。

又有诗追忆宋登春当年卜居江陵事。

《来禽》卷二《追忆宋叟卜居江陵》:"买宅鹅池畔,躬耕湖上田。绿荷朝饷饭,青稻夜归船。一仆更孤独,他乡足醉眠。怕言怀土事,生死任皇天。"题注:"时耕田、酿酒,携老仆鲸自随,甚适也,为赋一章。"(页 29A)

案:徐学谟《鹅池生传》亦述及宋登春卜居江陵事,可资参照。《传》云:"生老矣。乃依其兄子宋鲸,耕天鹅池之石田,岁获菽十斛。生以其半易米,杂菽炊,日度一餐,稍美,则尽以给酒费,昼夜哦诗不绝口。是时吴人徐学谟为荆州守,闻生高,自往物色之。生始匿不欲见守,至再始见。明日,生戴紫箨冠,衣皂绘衫,报谒,据守上座。守侍人窃窃私语曰:'客巅妄亡知,守奈何轻威也。'久之,往来廨中。……守为生授室城中,从天鹅池徙之居。"(《宋布衣集》卷首)

魏允贞授光禄寺丞,有诗寄之。

《来禽》卷三《寄光禄魏丈懋忠》:"夜梦长驰雕马河,美人琼佩玉为珂。题缄尺鲤情如昨,入剡扁舟与若何?当日荆花连笑树,謁来鸿羽恋卷阿。曲钩直矢君应见,且向尊前一放歌。"(页 20A)

案:"魏丈懋忠"名允贞,上年为光禄寺丞。赵南星《明通议大夫兵部右侍郎见泉魏公传》:"闻仲氏之讳,公不胜痛,念老亲其何能堪?疏请致仕,吴江相寝之,而徙公光禄丞,过家殡仲氏,以太公之命入都。"(《赵忠毅公文集》卷一一,页 12B)其仲弟魏允中卒于上年,魏允贞授光禄寺丞归里葬弟,应在是年,邢诗作于此间。汤显祖《送魏光禄便过归觐》题注:"光禄前为侍御,时哭其弟茂权。"(《汤显祖集全编》诗文卷七,页 385)亦此时作。

魏允贞(1542—1606),字懋忠,号见泉。河南南乐人。万历五年(1577)进士,与弟允中、允孚并称"南乐三魏"。历任许州判官、右通政、右佥都御史、山西巡抚、兵部右侍郎等职。一生刚直不阿,清操绝俗,直言敢谏,守边有功,卒谥"介肃"。著有《开府魏见泉先生诗》。事具赵南星《明通议大夫兵部右侍郎见泉魏公传》(《赵忠毅公文集》卷一一,页 12B),《明史》卷二三二有传。(第 20 册,页 6055)

本年，六月，于慎行授礼部右侍郎。九月，王家屏以忧去官。

【诗文系年】

《舟泊九江，寄谢吴明卿先生》《邳州张妇瞿贞烈碑》《寄问灵岩四首》《寄楚督学邹彦吉二首》《简汝宁太守林公》《喜公孝与重过有作》《喜公孝与见访山居作》《吊宋叟》《追忆宋叟卜居江陵》《寄光禄魏丈懋忠》。

卷四　沛园隐退

万历十五年至万历四十年

（1587—1612）

引　言

邢侗万历十四年(1586)五月辞官获准后,回到故里临邑,陪伴年垂耄耋的父母颐养天年,直至万历四十年(1612)病逝。归里生活的二十六年间,他再未离开过山东之境。

他归里不久,即在临邑城东南购得十多亩地,动工营建私家园林住宅"泲园",以颐养双亲。他巡按三吴时,到访过王世贞"弇园"、王世懋"澹圃",对江南园林的精细巧构赞赏有加。"泲园"即依照"澹圃"图设计,因地造形,粗具木石。王世贞《与邢子愿侍御书(二)》说:"仆固不能不为天下惜才,然公得扶侍二尊人极志物之养,暇则按澹圃图筑室读书其中,约于履道,奢于独乐,亦何所不快?"园内有二十六景,景物的名字大多与"二王"以及魏晋风物有关,如"来禽馆"、"鹅群榭"、"畅叙亭"等,邢侗有《泲园吟》,每景题有一诗,极具风雅。邢侗营造"泲园",赀费甚巨,前后持续四五年时间,至万历十九年(1591)父亲邢如约八十大寿时方才竣工。他说:"是园一柱木、一把茆,皆出转贷,岁且逋不赀,而意实安之者,不欲以贫故伤大人志耳。"

"泲园"之成,不仅是邢侗奉养双老、娱亲尽孝之地,也是其读书会友、著述习字之所。"来禽之馆"、"半舫之斋",四方宾客和文人雅士常聚集于此。邢侗生性好客,仗义疏财,四方客人慕名远来,人们以晤子愿先生为荣,得其一字一纸为宝,有的还要住上一年半载,临走据路程赠以盘缠。尽管家有二十余顷棉田入以奉客,但无法满足络绎而来的客人,加上连年歉收,他的家庭生活受到严重影响。座师于慎行有诗:"邢公好士无与伦,千金散尽家苦贫。"万历二十二年(1594),邢侗不得已下了"谢客疏",但遭到至交王稚登的质疑,也不能阻止四方客人继续慕名而来。万历三十五年(1607)以后,山东连续遭受水、旱、虫、蝗灾害,他也陷于贫困之中,家产无以奉客,只能馈赠书画聊为酒赀。好友李维桢亲见他晚年家境情况:"而公贫日益,所构黎丘园,颓垣破椽，鞠为茂草。子女婚嫁事繁，取给麦与木绵，往往听命于岁。不足用，流移见公出拥舆而啼，极知公亡何有。然舍公将安杖，蹙然沉吟，为贷质以资之，天下不悉也。”

邢侗退隐家居二十六年，朝中大臣、省中抚按数十次推荐于朝，但先是以“前事”所累而不了了之，万历三十二年（1604）昭雪后，又以其他原因终未获复官起用，从而抱憾终身。就邢侗本身来说，当初他辞官归里，理由是父母年老乞养，但更主要的原因，是不服自己所遭受的冤屈，愤而请辞。退隐乡居后，他像当年王羲之那样发誓不再出仕，所以规避了流言蜚语，心情也逐渐平静下来，营造泲园，编纂方志，读书习字，刻帖摹帖，日子过得风雅自适。万历十九年（1591），宰辅赵志皋议修国史，荐及李维桢、屠隆、邢侗、王稚登等十二人，吏部顾宪成草疏垂上，“而事中忤”。又过了三年，礼部尚书陈于陛倡修国史，郭正域又荐邢侗、李维桢、冯时可等，因“执政不谐”而作罢。虽然他两次被荐入局修史未果，却在他心中燃起了复出的希望，同时也迫切想改变家中日益加剧的贫困。万历二十三年（1595），他致书好友傅光宅说：“吾辈生身最难得者丘壑。再数年而出，出而肩国重矩，未为晚也。”他一方面关心天下大事，对皇上不朝、东宫“不册不婚”、边境战事、矿使横敛等心有愤懑，另一方面与朝中故旧频繁通信，了解相关信息。从万历二十九年（1601）开始，三任山东巡按严一鹏、温如璋、萧淳相继荐邢侗于朝。三十二年（1604）冬，在户部尚书赵世卿、漕运总督李三才、山东左布政沈季文力主下，山东巡按严一鹏上疏为他昭雪恢复名誉并推荐起用，使他对复出更加有信心。他致书妹婿马拯说了当时的心境：“旬日来省城，当涂忽然物色公除，人似不乘置剡外矣。弟须末事之前，先一通会都中故旧，方备内援，乃一帕一书都不能具，失此良会，莫非命也。恃吾丈肺府手足，敢露曲私，即弟儿亦未雅告，望且为秘之，往往中梗矜泄之故耳。”而在此后不久，又有好消息传来，闲居多年的座师于慎行复出为内阁首辅，与他同时入阁的还有邢侗的乡试同年好友李廷机。邢侗复出此时无异时机最佳，可谓万事俱备。邢侗专程前往拜谒老师，并对老师说：“天下人才何限？吾师翕受敷施，无以小子示天下私。”在不损害老师清名的前提下，他愿意出山的态度是很明显的。但不幸的是，于慎行师抱病上任，到达北京不久即病逝了，邢侗复出再起的希望再一次落空了。此后，他年岁渐老，不再有出山的意愿和热情了。

邢侗致仕后，开始专注诗文书画的创作，《来禽馆集》中的诗文绝大多数写于这一时期，其存世书画作品也基本上创作于这一时期。他与于慎行、冯琦、公鼐等山左师友以“复古”为旗帜，共同标举“齐风”，文出周秦汉晋，诗本性情自然，在多元化的晚明文坛上，树起了“山左诗派”的旗帜。万历二十七年(1599)九月，于慎行、冯琦、公鼐会于“泰岱之巅”，饯送冯琦服阕入都复官，席中共同确立了振兴齐鲁文脉的目标。他在《祭东阿尊师于文定公文》中说：“往当益都公(冯琦)之北上，与师暨孝与(公鼐)会于泰、岱之巅，倒清尊而吐露，言必及于济北之蒙孱，属斯人以挽毂，若曰：‘余其处而以出付之帐下之阿玄。’”邢侗虽未参加此次聚会，但显然是赞同“泰岱之巅”提出的文学主张并亲身参加了山左地域人文的构建。

万历三十三年(1605)，冯时可入都滞留广川，其间应邀到访沸园，并订交。时邢侗好友张仲仪编辑《中兴五子诗》，即王稚登、李维桢、董其昌、邢侗及冯时可，冯时可应邀撰写了《五子赞》。“五子”不仅“才藻同，气谊同，郁塞沉浮同”，而且都与邢侗交往甚密。但由于邢侗僻居临邑，相见不易，董其昌过广川，两次约邢侗骑百里相见，李维桢万历三十七年(1609)迂道访沸园，王稚登自万历十三年(1585)与邢侗别于维扬后再未谋面，冯时可到访沸园也仅此一次。但他们彼此间声气相通，诗文信札往还不断。尤其是名士王稚登，与邢侗的友谊保持了近三十年，《来禽馆集》中赠王稚登的诗文书信是邢侗所交游人物中最多的，而王稚登赠邢侗的诗文为数更多，仅《谋野集》所载书信就达三十封。

邢侗的书法，也在这一时期形成了成熟的书风，奠定了他在明代书法史上的地位。他“取法晋人，不落唐宋窠臼”，除采用“二王”笔法，也杂用米芾、赵孟頫等多种笔法，并自出机杼，以至于出神入化。时人争相宝藏，且有以黄金同价购买者，声名远播。他的善书之名，还引起了万历皇帝的关注：“上语内竖，以邢某字扇进览。偶得之某黄门所，上欣赏，命女史学其书，随置以图记。”邢侗乡居期间，前后用了十年刊刻了传世之作《来禽馆帖》，树起了书学复古尚晋主张的“赤帜”。还支持儿女亲家和同道挚友王象乾刊刻《忠勤堂碑版集古法书》，葛昕刊刻《平昌葛端肃公家乘集古法书》，并为这两部刻帖撰序，由此推动了山左集古刻帖的风气形成，也宣示了他们的书学主张。

万历四十年(1612)四月，一代杰出的文学家、书法家邢侗与世长辞，享年六十二岁。邢侗本来身体健壮没什么大病，上年长子邢王瑞去世对他是个致命的打击，他的五个儿子中王瑞最有才气，也最有希望。不料未到中年而丧身，且身后无嗣，使邢侗“哀伤逾年”，健康状况一日不如一日。这年春天，他大病四十日，大便秘结，庸医竟下猛药，半月后不治而逝。好友冯时可记述了他的临终情况：“临没，神不乱，援笔书曰：‘天高水长，学则如此。止唯五峰小圃未成，《西汉书》未烂耳。’正容端坐而瞑。”

万历十五年丁亥(1587),三十七岁

沛园家居。五月,原配陈氏卒。

归里后营“沛园”以娱双亲,筑“来禽馆”读书处。

[同治]《临邑县志》卷一:“沛园,在儒学前,邢子愿先生读书处,景凡二十有六,各有题辞,而缀以五言诗,来禽馆即园景之一也。今废。”(页26A)

案:邢侗是年购城东南隅地修建“沛园”,沛园按王世懋澹圃图建筑,因地造形,粗具木石,具苏州园林风格。王世贞《与邢子愿侍御书(二)》:“仆固不能不为天下惜才,然公得扶侍二尊人极志物之养,暇则按澹圃图筑室读书其中,约于履道,奢于独乐,亦何所不快?”(《弇州续稿》卷一八九,页7A)此时“沛园”已动工营建,似未完工,故王书云“暇则按澹圃图筑室读书其中”。

春,武德兵备王俸将离任,有诗寄送。

《来禽》卷三《寄故兵使者王廉父槜李》:“平原十日故时情,几度相思芳草生。割肉东方官况达,吹笙子晋俗缘轻。沿溪野墅千花艳,隔陇春田数亩平。极目烟波天万里,芒鞋何处问江城。”(页5B)

案:“王廉父”即王俸,时任山东副使备兵武德。[道光]《济南府志》卷二六“武德道”:“王俸,浙江秀水人,进士,以副使任。”(页34A)王俸离任在万历十五年二月。《明神宗实录》卷一八三:“(万历十五年二月庚辰)升山东副使王俸为湖广右参政。”(《明实录》第56册,页3424)此诗为其已离任未就新任时作,故曰“故兵使者”。

[康熙]《重修嘉善县志》卷八:“王俸,字廉父,嘉靖壬戌(1562)进士,授职方,从大司马刘焘征曾一本,焘欲诛老帅王,诏俸为解释,诏竟擒叛首以献,复以金谢俸,却之。转武选郎,议马市,忤江陵,出守永州,招抚尽心侍养。起补庐州,历官湖广、江西参政,各有政绩,性孝谨,且好施予,宗党咸赖焉。惜以母疾挂冠,不尽展其才云。”(页17A)

同年毛在巡按山东,甫下车即来书问候,答书以谢。

《来禽》卷二六《答毛直指》:“天幸小东,遂徼绣斧之辱,即下车之日,侗非不拟一箪佐济上父老。迓霜棱而以势阂,六条未应唐突,乃心未尝不数数向之也。顷闻巡行先及青淄,会不肖州民桂冠长谢,长裾曲笠又不宜远诣台门,

徒然抱耿，不图慈念之厚用相存也。尺函数语，字字肝肠，矧也拜如天之贶，以尊逮贱，用暖嘘枯，曾谓末路有之乎？感之深，不觉汍澜继之矣。不肖生平志向，自许无愧四知，计唯明台鉴灼，苟有知我，无恤其他，从此闭门埋照，课子娱亲。上之不能望弇州先生高躅，即小美为曹，宁敢多让？二公台下郡人也，请以为不肖质，可乎？侧闻按部简讼而恤民，摘官而严吏，若曰：'浑厚精明，绰乎并举。'侗如貌应日出之光，河流汤汤，请视两者。"（页 17A）

案："毛直指"即毛在，时任山东巡按御史。书云："天幸小东，遂徼绣斧之辱，即下车之日……"应即上任时作。据《明神宗实录》卷一八四："（万历十五年三月庚戌）刑部尚书舒化覆山东巡按御史毛在……"则此前毛在已在任。又《亡妻陈氏墓志》："于时按使者毛公过临，犹手办修脯，曰：'诸妇婢安任此大宾饾饤乎？'"（《来禽》卷一三，页 1A）"按使者毛公"即毛在。又，"弇州先生"即王世贞，"小美"为其弟世懋。王世贞《亡弟中顺大夫太常寺少卿敬美行状》："与不谷间过俞仲蔚及吴中周公瑕、黄淳父、袁鲁望、张伯起兄弟薄游名山水，有所酧倡，出一语必翕然叹服，而录以叩于麟，又为书盛相推挹，于麟大惊赏呼之'小美'，至曰'小美真才子也。'"（《弇州续稿》卷一四〇，页 1A）。

毛在，字君明，南直隶太仓人。万历二年（1574）进士，授建昌府推官，补金华，课最，擢云南道监察御史，出按贵州，又按山东。岁大祲，请蠲振，凡五上疏得允。宗圣公曾氏裔孙流寓远方，至是归嘉祥，补博士，在特请改三氏学为四氏学。又按河南，升大理寺右丞，以疾卒于京邸。[民国]《太仓州志》卷一九有传。（页 13B）

二月，同年李三才新任武定兵备，驻节德州。许过犁丘，有诗迟之。

《来禽》卷三《李道甫观察驻节安德，许过园居，诗以迟之》："闻道旌旗驻上游，一帘霜色万家秋。长安北望吾庐近，冠盖南通故省幽。独戍月明津鼓动，千钟酒美玉骢留。年来谪宦飞腾意，何似闲门占白鸥。"（页 6B）

案："李道甫观察"名三才，与侗进士同年。"安德"，西汉置，北魏为安德郡治，隋为德州治，"驻节安德"，指李三才万历十五年二月至十六年闰六月任山东佥事兼武定兵备，驻节德州。《明神宗实录》卷一八三："（万历十五年二月癸未）升南京礼部郎中李三才为山东佥事整饬武定等处兵备。"（《明实录》第 55 册，页 3468）又卷二〇〇："（万历十六年闰六月壬午）升山东佥事李三才河南右参议。"（同上，页 3756）诗有："闻道旌旗驻上游，一簇秋色万家秋。"故系诗于是年秋。李三才任武定兵备期间，侗有《李道甫观察枉诗见拉，卧病不赴，聊此倚和》(《来禽》卷二，页30A)、《秋日寄李道甫观察年兄》(《来禽》卷三，页13B)、《柬李道甫观察年兄》(《邢子愿杂著》)，均此间作。

李三才(1554—1623)，字道甫，号修吾。祖籍陕西临潼，落籍北直隶通州。万历二年(1574)进士，授户部主事，历郎中，与魏允贞、李化龙以经济相期许。迁山东佥事、河南参议，进副使。两督山东、山西学政，擢南京通政参议。召为大理少卿。二十七年(1599)，以右佥都御史总督漕运，巡抚凤阳诸府，裁抑矿税使，议罢嵷税。与顾宪成结交，臧否人物，议论时政，以治淮有大略，得民心，屡加至户部尚书。三十八年(1610)，时论欲以外僚直内阁，意在三才，然忌者谤议四起。顾宪成贻书大学士叶向高力为洗雪，言者乘间并攻东林，形成党争，次年引退家居，朝廷因辽东经略乏人，欲加荐用，以议论相持未决而罢。天启三年(1623)起用为南京户部尚书，未赴任卒。《明史》卷二三二有传。(第20册，页6061)

三月初三日，汪原启携王稚登书至，有诗送别。

《来禽》卷二《春日东园池上送汪原启之吴门，寻过吴兴访陆令君》："绯桃一万树，那不醉流霞。祖席临池静，啼莺傍客哗。秦邮家亦寄，越绝路非赊。会见吴阊侣，还邀过狭斜。""重过苏台畔，应衔花月杯。舞鸾惊飒沓，弹雁落玫瑰。侬恐行云去，人怜旧雨来。坐深堪下泪，裘剑欲藏摧。""泽国栽花令，相逢罨画前。几年板桥别，此日故情牵。置驿分官酒，倾囊给俸钱。怕为安邑累，不住石尤船。"(页4B)

案："汪原启"，南直隶歙县人，客吴，上年为王稚登信使访临邑。"陆令君"疑即陆应川，时为吴县令。[民国]《吴县志》卷二"县令"："陆应川，汝济，丰城人。进士。十四年任，十六年以忧去。"(页17A)此诗墨迹藏于北京故宫博物院，行书，立轴。题为《饯汪元启诗》，题注："三月三日置酒前池，饯汪元启先生南访沈孝丰明府，兼讯东吴王百谷诸公。"末署："济南邢侗"。钤印："子愿父"、"济南生"。与《来禽》所收诗题不同，姑此存疑。

七月，王稚登又有书至，言及大病初起，拟同朱正初来谒泰山，终未成行。又介其亲周孝廉来访。

王稚登《寄邢子愿》："泰甫、原启之西，各以一函起居，两君踪迹如黄鹤，何所得西归之音？不肖稚登今岁复病，病状不似往年甚然。医师以为往昔之病病形，今兹之病病神，神病盖十九于形病也。七月廿二日不肖初度，初度后便将觅柴车，驾而谒使君，并谒泰山君。已得在明为禽夏封中之云，英英在鸠首矣。乃闻山东道梗青齐以北，草不根，木不皮，强者以弱为粮，路难甚于魑魅荒裔，吾两人皆怯如羊，闻之胆落。于是解其装付吴市酒媪，期不逾平原尽矣。敝亲周孝廉游于齐鲁甚习，托致笺素。周君有才情不侵，然诺东诸侯之士以为剧孟，故以为飞鸿而谒使君。使君日啖饭几升，甘醪几斗，登山若奔马、食肉若乳虎者日几何，此皆不肖稚登所欲闻，不惜相报。"(《谋野集乙集》卷二，页10B)

案：王稚登上年有是秋游泰山之约，本拟七月廿二日初度后即行，因闻山东受灾而未成行。"在明"为朱正初，两人或拟同行。"原启"为汪原启，"泰甫"为盛泰甫，两人上年充当王稚登信使，见前。王稚登之亲"周孝廉"，名不详，其将访临邑。

四月，同年马允登岳父王枢卒，为撰墓志铭。

邢侗《明故承德郎陕西巩昌府通判东台王公墓志铭》："王公者，景州树德里人也。名枢，字柄卿，别号东台。……公生于嘉靖丙戌三月初七日，卒于万历乙酉八月廿四日，得寿六十。卜于丁亥四月十一日，归窀穸。……女五，长适东光马允登，以名御史出补山东副宪观察青州。"

案：此文《来禽》未载，有拓本传世。首署："赐进士、中顺大夫、陕西行太仆寺少卿兼按察使佥事、前山西道监察御史、侍经筵官济南邢侗撰；赐进士、奉政大夫、尚宝司卿、前翰林院庶吉士东光王嘉言篆；赐进士、中顺大夫、山东按察使司副使奉敕整饬青州兵备道、前福建道监察御史、侍经筵子婿马允登书。"末署："万历十五年四月"。墓主王枢为同年马允登岳丈。

侄邢王道落第北上谒选，有诗送别。

《来禽》卷五《送遵道孝廉侄谒选北上》："几度春官下第时，常将泪眼见花枝。今来小作人间事，晚向宫桃也自宜。"(页36A)

案：邢王道上年会试再落榜，好友冯琦及乃叔邢侗力劝，遂参加铨选。按例，乡试举人可参加铨选，中选者可授县令及州郡判官。王道谒铨试居第一，得郡县李官。但在京患寒疾，承友人冯琦、宋仕、吴嶙照料方愈，诸友劝其归里养病，未赴官而归临邑。《遵道行状》："癸未、丙戌间再上，竟不第也，遵道之五内灰矣。冯公在翰林，力劝谒铨。君谒铨，试居第一，于次得李官，乃心犹然不乐也。遂遘寒疾，一榻萧寺，势且弥留，二三苍头泪眼相向矣。冯公、吴次公、姻家宋公，日一视，夜为察息，旦复以臆诊切，竞致名医，量水称药，三公分任之，而疾以平。冢宰杨公闻而谊之曰：‘三君子何愧古人？二则吾里，一则吾属，吾窃快焉。’盖冯、宋皆东人，而吴则吏部司务也。三公恿遵道归：‘李官自佳，孰与君身重轻？’遵道抱羸归，见家侍御公及朝列公而涕泗如雨也：‘吾祖诲覆我，吾父生我，犹记萧寺軆飑时，敢冀乡园一步地乎？而及觌吾祖，觐吾父，幸矣！刘中垒改署更生，道请自今之日作两世观耳。’门内外无不泪下，自是遂绝贵仕念矣。”(《来禽》卷一八，页30A)“冢宰杨公”为吏部尚书巍，“冯公”名琦，“吴次公”名嶙，“姻家宋公”名仕，王道子邢固娶宋仕第二子之女。

同年陈与郊册鲁世子妃，假道归省，相约晤于四女寺。

《亡妻陈氏墓志》：“顷之，同年友陈给事广野促余小晤四女树。”(《来禽》卷一三，页1A)

案：“四女树”又名四女寺，位于德州西南二十多里，地处武城县运河四女寺段南岸。是年陈与郊册鲁世子妃过齐，约侗在此相见。李维桢《太常寺少卿陈公墓志铭》：“命册鲁世子妃，假道归省，遂不欲出，母不善也。入报命，寻迁吏科。”(《大泌山房集》卷七八，页34A)

五月廿二日，原配陈氏病逝，年三十六。亲撰《墓志铭》。

《亡妻陈氏墓志》：“丙戌，余复量移秦太仆，两上疏得请栖里中，而孺人八月有身矣。及有身，频梦怪，因奉观世音精虔甚。数卜课，得凶兆。弥月，身忽肿，检方书于法谓‘子胀’，按方杂进诸药，孺人摇手不御，曰：‘吾病则病耳，安可令生子腹中仰药乎？’小觉患苦，未一日即床席。于时按使者毛公过临，犹手办修脯，曰：‘诸妇婢安任此大宾饾饤乎？’顷之，同年友陈给事广野促余小晤四女树。越一日，而孺人临蓐矣，愈益患苦，免身得雄，旋不育，即厌去，几不起。已更数刻，复苏曰：‘吾病如脱矣。’余自道中亟趣归，临视若常产，小喘不足异。不肖喜谓更生，都不悲。又越日，及午喘甚。诸医环诊，进药不奏效，气且不属。呼姑曰：‘新妇平生赖母抚养，涓滴未报，今复以小儿女见累，死且不瞑。’复呼不肖曰：‘视儿，视儿。’更不复及他，但呜呜作哭声。余谓：‘死不相负！’亦犹颔之者屡矣。至属圹不乱。……孺人自十七八讫今，间岁有身，凡产四男子，其三殇，今一独存王瑞，年九岁，颇韶秀，能读不肖书。其最后殇子，则东光兵备副使马君允登许与为婚者。女三：长适齐河都督尹君秉衡子功懋，次许禹城乡进士杨君士鸿子瑞明，又次许乐陵营田副使史君邦直子高先。孺人凡两得封，俱称孺人。生于嘉靖三十一年十月初八日，卒于万历十五年五月廿二日，得年三十有六。……而我孺人谢绝脂韦，诚朴矣。至人伦物理之巨，以及米盐履屟之微，无不晓畅当实者，则又不亦慧甚哉！夫朴慧兼而女德庶几矣。吁嗟乎！此吾所以不能一息去怀于孺人，而负有裂肠之痛也。……窃私念巨公长者，海内契分不乏，岂无能藉一言宠光逝者，而文胜掩实，实用滋惧。故不揣黔谫，略为志之如此。盖投笔欲绝者数矣，乃复拉泪而系之铭。”(《来禽》卷一三，页 1A)

案：陈氏因难产而逝。其与邢侗结缡二十一年，《亡妻陈孺人发引祖奠文》：“二十一年，鸟翼木理。”(《来禽》卷二〇，页 2B)贤惠持家，敬老抚幼，侗亲撰《累敕封孺人亡妻陈氏墓志铭》，且云：“窃私念巨公长者，海内契分不乏，岂无能藉一言宠光逝者，而文胜掩实，实用滋惧。故不揣黔谫，略为志之如此。”侗《志》情真言挚，颇得好评。王稚登《答邢子愿》：“读令先夫人志铭，知明公大能不朽人。”(《谋野集乙集》卷六，页 18A)

是年长子邢王端九岁，颇韶秀，一时先达皆异之。

《茂才玉符公传》：“九岁，属文有惊人语，一时先达皆以圣童目之。”(《家乘》卷五“家传二”，页 28B)

《亡妻陈氏墓志》：“凡产四男子，其三殇，今一独存王瑞，年九岁，颇韶秀，能读不肖书。”(《来禽》卷一三，页 1A)

案：陈氏临终，最惦念此儿。《亡妻陈氏墓志》：“气且不属，呼姑曰：‘新妇平生赖母抚养，涓滴未报，今复以小儿女见累，死且不瞑。’复呼不肖曰：‘视儿，视儿。’更不复及他，但呜呜作哭声。”(《来禽》卷一三，页 1A)故邢侗《亡妻陈孺人发引祖奠文》云：“顾汝夙昔，珠掌视儿。儿今视汝，穷泉莫追。”(《来禽》卷二〇，页 2B)

得王世贞先生书，言及因侗“请告之举”，而为天下惜才。

王世贞《与邢子愿侍御书(二)》：“久不得尊问，良切悬驰，忽拜手教，披诵如觌。……而竟有秦冏之命，将无宰公借以少塞其从容为公善后，而遽有请告之举，毋乃伤于用壮乎？仆固不能不为天下惜才，然公得扶侍二尊人极志物之养，暇则按澹圃图筑室读书其中，约于履道，奢于独乐，亦何所不快？夫千秋之业与一时之业孰重，真我之乐与人我之乐孰深，正恐异时复忌公处耳。前岁宰公凡三致书见笼，仆苦辞之，复誓断之太原公前，似可保一壑。但学道无得，虽未蒙甘露酒，觉方寸间不易承，且文酒二累，犹时中之，恐终下地狱种子。如何家弟尚滞淫闽地，纵不作子南槌床难，亦已败子猷命棹兴，恨不即呼之相与促膝净名室也。见委拙志，校毕附览，俟托王判君梓上。不一，不一。”(《弇州续稿》卷一八九，页7A)

案：此书为邢侗以疾请告归养后作。书中“家弟尚滞淫闽地”，指王世懋时在闽中，在福建布政使司左参政任上。

夏，屠隆有书寄至。言初秋将赴宣城吊沈懋学，乘便来访济上。

屠隆《与邢子愿》：“子愿邢先生有道：赵生自楚还，得手书，读之绸缪宛至，故欢津津，金石不渝，且名言精理，字字宝筏，引我迷人，佩以无斁。……所以谭者如云，百无一得，如子愿云云，切中今士大夫锢疾，且向未闻足下皈依大乘禅，而吐论了如出黄面瞿昙口。何以故？当是干慧宿根。不佞奉道以来，自知非超悟上根，欲以苦行实修，渐次拔涤，精心严律，向极操持。不幸身作计吏，继转礼官，屝履泉奔，尘缘猬集，不能力执把柄，律因缘破，心逐境迁。……而母九十高，妻孥幼小，莫可脱离。近去鸡肋，遂谢马蹄，自失头上冠，奔走官人者，掉臂自贫无阿堵，竞钱刀者灭影。自遭谗蒙诟，附虚声者不来门如水矣，以是得刳心息累，专气壹神，严奉律制，力收散乱者。……去年足下与不佞约作泰山主人，不佞以此愿未了，颇置方寸。顾念道心方复，定力未成，恐一出门便逐脚跟转，自春入夏，禁足小楼。计将以初秋一走宣城，吊亡友沈君典，便乘兴渡江访足下济上，又苦贫甚不能裹粮，终当以一托钵往耳。足下又云非久且挂神武，门寇婆娑，灵岩日观，果然不一代才子。鸣琴之政，惠满南宫，持斧之风，声高东海，于子愿足矣。世宁有不散歌舞筵邪？所愿达人回首，去妄寻真，过眼繁华，电光泡影，归根结局，此道贵矣。维我子愿深念之，数千里遣使寄此区区，别楮所陈，更希鉴亮。”(《白榆集》卷一四，页1A)

案：书云：“计将以初秋一走宣城，吊亡友沈君典。”“沈君典”名懋学(1539—1582)，万历五年(1577)殿试第一，授翰林修撰。值张居正父丧夺情，与吴中行、赵用贤谋各上书。中行、用贤皆受杖去国，而懋学疏为人所持不果进，乃贻居正子嗣修书，又与工部尚书李幼滋书以争之，幼滋复书谓懋学所言为宋人腐语，居正不奔丧，得圣贤中道。懋学遂引疾归。卒，追谥文节。著有

《颊居遗稿》十卷。屠隆是年冬赴宣城凭吊亡友沈懋学，其《孤愤篇》序："岁丁亥冬月，不佞过宛陵哭沈君典墓。"（《栖真馆集》卷三，页30B）故屠书作于是年。

七月，原陕西按察司副使李懿卒，年七十二，为撰墓志铭。

《来禽》卷一四《中宪大夫陕西按察司副使省斋李公墓志铭》："公讳懿，字美卿，号省斋。世居吴桥里。……甲辰中进士，殿试而甲第九人。卷在进呈列，所不为一甲者，毛厘耳。初授扬之泰州，及官甫三日，即奉于恭人讳，扶服归，已，除补陕之同州。……以最迁南京户部陕西司员外，寻晋本部贵州司郎中。甫年余，遂擢守汉中府。……满三载，迁陕西按察使司副使，驻宁西卫。……所著《吴川志》《三五》《世家》《击缶集》《省斋文集》《传家录》诸书行世。"（页1A）

案：《邢子愿杂著》亦载此文，文字有所增删，如"万历十五年七月初五日无疾卒，距其生正德丙子四月二十八日，得年七十有二"，为《来禽》所无，据此知李懿生卒年（1515—1586），亦可证此文约作于是年七月。

是月，为好友张凤翼书《琵琶行》草书卷。

题识："元羽先生殊嗜拙书，犹嗜痂然。秋日枉慰庄居，遂为书八纸，平生胆肝，庶几倾写什九矣。七夕再夕，济南邢侗漫书。此丁亥秋在五里庄为元羽兄作。"（中国嘉德2003年春季拍卖会中国古代书画专场图录）

案：此件刘九庵《宋元明清书画家传世作品年表》著录："王南屏藏。"（页251）"元羽"即张凤翼，山东德平人。贡生，密云兵备道张子顺子。与侗交好，两家通姻。邢佑子王玺娶张凤翼女，《府君行状》："孙男七：……王玺，聘德平贡士张公凤翼女，兵备副使子顺孙。"（《来禽》卷一八，页1A）侗有《与万伯修》："敝友张君元羽，广川人，英英公子。少与大宗伯蜀李棠轩同业，同蜚声麟经，世匠几魁其房，而以运数偃蹇，卒不见收。其所为古文辞，左氏而外，非其匹俦矣。弟兄事之三十年，臭味如淑兰。又婚姻相接，两姓儿至无常父，此其谊何如也！兹以事会游太学，奉山萧督府公迎之过帷中。……弇州先生晚岁得齐两生，不肖之亚，是谓张君。"（《来禽》卷二五，页12B）

张子顺（？—1565），字聚甫，号裕庵。德州左卫世袭千户。嘉靖二十三年（1544）进士，授户部主事，会计允当，督饷晋阳，不假催科，军需悉备。暇则与诸生讲学，人才多所成就。后值大同有警，咸宁侯仇鸾统师往御，属子顺主饷,或谓宜厚遗之,子顺不顾及。寯败,咸服其有定识。升潞安知府,三年升密云兵备道副使。[道光]《济南府志》卷五二有传。(页39B)

八月,山西佥事分巡河东道兵备朱朝聘入贺,来书存问,有诗奉答。

《来禽》卷五《希尹朱丈以河东宪伯入贺,遣信见存,聊此奉答》:"一疏排天仗马惊,鲁朱家擅直臣名。掖垣梧树今余几?犹记潇潇夜雨声。""一麾分宪属河东,蒲坂平阳岳牧风。我亦当年称使者,题诗曾过藐姑宫。""禹会坛边动使车,携将玉帛献庭除。太平天子亲惊问,袖有朱云旧谏书。""翟尉门堪张雀罗,君能三度遣书过。旧恩零落青山在,一片平生尔较多。"(页32B)

案:"希尹朱丈"名朝聘,时为山西佥事分巡河东道。《明神宗实录》卷一八九:"(万历十五年八月丁丑)户科给事中朱朝聘为山西佥事分巡河东道,带管隰州兼理兵备。"(《明实录》第55册,页3549)

朱朝聘,字希尹,号任庵。原籍安徽歙县,寄籍山东临清。隆庆四年(1570)举乡试,万历八年(1580)进士,历官河南推官、户部给事中,仕至按察使。[乾隆]《歙县志》卷八:"(隆庆四年庚午乡试),朱朝聘,字希尹,山东榜,庚辰进士,按察使。"(页30B)

有诗寄吴门王稚登、朱正初。

《来禽》卷五《寄问半偈庵、江云楼两主人,故叠主人》:"半偈庵中一榻虚,主人频岁著何书?梅经虎苑关谁事,只恐尘言恼蠹鱼。""沙鸟池鱼结阵回,主人应是爱林隈。怪来诗思中年健,不住江云作意摧。"(页26B)题注:"百谷、在明。"

案:王稚登吴门寓斋名为"半偈庵",王稚登有《题半偈庵图寄邢子愿》:"图将半偈寄君看,幡影萧萧佛火寒。何日空坛松树下,道人相对惠文冠。"(《南有堂诗集》卷一〇,页13A)王祖嫡有《访王百谷半偈斋》(《师竹堂集》卷四,页13A)。"江云楼"为朱正初靖江园林江篱馆内建筑。[光绪]《靖江县志》卷一六:"江篱馆,此朱正初居傍所所建之丙舍也。藏周秦彝鼎、汉魏金石、晋唐宋元法书名画,纷列几案间,人称之曰'墨仓'。"(页4B)王世贞《江篱馆十绝为朱鸿胪在明题》之四《江云楼》:"高楼户不闭,半欲藏江云。试问江干客,或有云中君。"(同上,页5A)

王稚登有书寄达,荐同里吴云从来就馆职。

王稚登《寄邢子愿》:"周文学去遂无书邮,似闻明公有闺中之变,是耶、非耶莫可知。不肖去秋丧兄姊，今春丧冢妇，衣冠如雪，涕泪如霰，悲号如飞，五内如割裂，盖死者无知，而生者悔不俱逝矣。年饥谷贵，饿殍横道，百亩江田之入仅盈十钟，砂砾糠秕又当其三，数口嗷嗷，计无所出，安能餐霞食沆瀣哉！吴云从濯濯如春月柳，何减张绪少年时，然不能糊其口，欲据皋比作授经师，乃此间苜蓿先生多于弟子，明公试为策之，但获饱机中妇，齐鲁若里门耳。”（《谋野集乙集》卷四，页16A）

案：“周文学”即前述周孝廉，名未详。吴云从为王稚登乡人，荐往临邑就家塾馆职。侗有《送吴云从秋日游燕》（《来禽》卷二，页6B）、《中秋柳塘重送云从》（卷五，页25A）、《送吴生还吴因寄百谷》（卷二，页15A），均此人。

十月十四日，父邢如约七十六寿辰，王世贞先生有诗贺寿。

王世贞《寿邢封君》：“甲子重开十六龄，祥鸾为德鹤为形。诸方衲子俱称佛，一邑婴儿半姓邢。雅有金绯归视膳，即看兰玉尽充庭。试论南极称酬者，也是江湖老客星。”（《弇州续稿》卷一八，页1A）

案：据《府君行状》，邢如约生于正德壬申（1512）十月十四日，是年为七十六寿辰，故有“甲子重开十六龄”句。王世贞《与邢子愿侍御书（三）》云：“尊大夫寿章绝似村社老翁语，取其实境而已。”（《弇州续稿》卷一八九，页8A）即指此诗。又，王世贞诗有“诸方衲子俱称佛，一邑婴儿半姓邢”，堪称实录。

是月，王世贞起补南京兵部右侍郎，有诗问答。

《来禽》卷五《问弇州公出山》：“海内宗盟王弇州，头冠脱礼白云丘。怪来又着绯衣去，十二层楼起暮愁。”（页19A）同页又有《代弇州公答》：“小草人将唤老夫，金门避世朔来无。总然司马留都府，依旧黄冠白袷徒。”

案：“弇州公”即王世贞。据“总然司马留都府”，应指南京兵部侍郎，《国榷》卷七四：“（万历十五年十月庚辰）前南京刑部右侍郎为南京兵部右侍郎。”（第5册，页4566）其时邢侗尚不确定王世贞是否上任，《代弇州公答》作了假设性回答：“总然司马留都府，依旧黄冠白袷徒。”纵然上任，但山人心情依旧。

十二月初六日，原配陈氏卜葬，撰文祭奠。

《来禽》卷二〇《亡妻陈孺人发引祖奠文》：“自汝弃捐，亦七阅月。凄夕良晨，灼肠刺骨。才言举殡，泪则先流。时乎不待，竟安可留。二十一年，鸟翼木理。胡罹兹辰，分连拆比。顾汝夙昔，珠掌视儿。儿今视汝，穷泉莫追。爱缘太深，生此烦恼。谁为破除，哭天欲老。素不佞佛，为汝修斋。礼或不可，情则无涯。忆阳道州，三昆不娶。何古何今，邯郸望步。父兄母弟，谓非中庸。硁哉一节，终焉莫从。虽则莫从，儿女为质。倘贰此心，有如皎日。汝宗不祀，所亲若敖。坟浇位酹，分乌可逃。汝有女兄，曰余从嫂。嫂氏孀单，誓永相保。平生燕婉，此日凭棺。绵绵结恨，万古千年。”(页2B)

案：陈氏落葬为十二月初六日，《亡妻陈氏墓志》：“卜葬于城北新兆毛家庄掩圹，则是岁腊月六日也。”(《来禽》卷一三，页1A)陈氏落葬距去世七个月，故《奠文》云：“自汝弃捐，亦七阅月。”又云：“二十一年，鸟翼木理。”自嘉靖四十五年(1566)成婚，至今二十一年。又云：“汝有女兄，曰余从嫂。嫂氏孀单，誓永相保。”指陈氏姊，为侗从兄邢佃妻，时已“孀单”。

是年，临邑大饥，民食树皮殆尽。

[同治]《临邑县志》卷一六：“(万历)十五年，大饥，民食树皮殆尽。”(页7A)

本年，十月，南京右都御史海瑞卒，赠太子太保，谥忠介。

【诗文系年】

《寄故兵使者王廉父檇李》《答毛直指》《李道甫观察驻节安德，许过园居，诗以迟之》《李道甫观察枉诗见拉，卧病不赴，聊此倚和》《秋日寄李道甫观察年兄》《柬李道甫观察年兄》《春日东园池上送汪原启之吴门，寻过吴兴访陆令君》《明故承德郎陕西巩昌府通判东台王公墓志铭》《送遵道孝廉侄谒选北上》《累敕封孺人亡妻陈氏墓志铭》《中宪大夫陕西按察司副使省斋李公墓志铭》《希尹朱丈以河东宪伯入贺，遣信见存，聊此奉答》《寄问半偈庵、江云楼两主人，故叠主人》《问弇州公出山》《代弇州公答》《亡妻陈孺人发引祖奠文》。

万历十六年戊子(1588)，三十八岁

沸园家居。邢大姊卒。应聘纂修《武定州志》。

长子邢王瑞能书颜真卿《麻姑坛书》，邢如约摩其顶加以勉励。

《府君行状》：“长儿瑞十岁能学颜平原《麻姑坛书》，府君摩其顶谓：‘汝父以名书称，今且及汝矣。羲、献逝矣，自觉琅琊不遥。’瑞既既禀，日：‘汝父束脩而糈，汝两叔相次皆及糈，今且汝及矣。试计三十年，家靡县官馔堂糒凡几

钟石，而矧数世在官禄稍之入者，君恩不可不知也。’”（《来禽》卷一八，页1A）

案：“长儿瑞十岁”当为是年。“两叔”指侗弟佑、伉，皆入县学并食饩。

闰六月，王世懋卒。

王世贞《亡弟中顺大夫太常寺少卿敬美行状》：“弟以嘉靖丙申生，殁于万历之戊子，春秋仅五十三耳。”（《弇州续稿》卷一四〇，页1A）。

案：同里王锡爵有《南京太常寺少卿麟州王公墓志铭》（《王文肃公全集》卷一〇，页21B）、《祭王麟州文》（上书卷一二，页10B）。

郭正域丁忧在家，有书寄至。

郭正域《与邢子愿》：“不奉芳讯，奄忽三秋。门下振辔文林，掉鞅词囿，戢山之兴不浅，文石之彩弥扬。获诵荐书，宣昭义问，好我者弹冠，而同心者盱衡矣。何日舍猿鹤而奋龙鸾乎？每从葛仲明稔闻动履，历山不注之间，何尝不梦游而神往也。弟偃息一杖，嗛腹五斗，强弄柔翰则壮夫见嗤，栖神妙谛则世人殊调，劳薪就爨，苦李犹尝，盖所谓吏隐而陆沉者耳。不以孟浪之言、违心之语乎？愿门下早奋令猷，载骎周道，玉轶速驰，金轮再转。”（《合并黄离草》卷二七，页24A）

案：书云：“不奉芳讯，奄忽三秋。”郭正域与侗万历十三年（1585）岁末晤于武昌，至是三年。正域连遭父母丧丁忧在家。“葛仲明”名曦，山东德平人，与侗交善，与正域同为万历十一年（1583）进士。

嗜墨、藏墨，以知墨闻名海内，撰《墨谈》。

《来禽》卷二一《墨谈》：“……有墨德，有墨才，有墨韵。太上重玄，匪石而坚，入水不渍，着手不污，德也。小而片研，大而巨斗，譬之饮河，无不具足；捺管绳头，拓帚方丈，利可截纸，汁堪入木，才也。黑拟点漆，緊若扶岚，澄乃秋水，泛则天花，水煤结其氤氲，木石郁其烂漫，韵也。合此三者，致足为墨卿解嘲，乃知隃麋策勋，不减凌烟。墨欲至实，实则烟沉。墨欲至虚，虚则质清。实实虚虚，既沉复清，是曰墨神……”（页26B）

案：此文又载《程氏墨苑》卷六下。（第4册，页1779）据“仆十五年前于都下得一挺，署记为‘辛亥’，政与我生之辰相直。此三十八年间，阅几家梅月幽香，乃落余手。”是年邢侗三十八岁，故文应作于是年。邢侗此文而被以“知墨”之名，江东之《程君房墨赞》：“若《墨谈》纪中凡数十则，卑其墨与糍等，邢侍御子愿之言是也。近欲掩里闬欺五尺童子，如用之奸状毕露，若性理小辫中大加丑抵,詹东图太史之言是也,两君子皆赏鉴家。"(《程氏墨苑》第 4 册,页 1745)彭好古《墨苑序》:"邢子愿以知墨闻海内,其言曰'舔笔不胶,入纸不晕',乃足书君房哉。"(《程氏墨苑》第 3 册,页 1399)宋荦《筠廊偶笔》:"邢子愿号知墨,每云于鲁规模色泽胜耳。左司马差愧太玄董狐。或别有秘合,为司马出一瓣香,未可知也。要之,幼博君房侠于墨,意专在名。于鲁多为利,利则真。"(页 14)

九月,闻公鼐来访邑人李若讷,携诗去会。

公鼐《访季重于犁丘,邢子愿持诗来会并赠》:"匹马冲风济水来,入门千里岳云开。高轩已得随长吉,北地犹怜遇子才。握手今宵如昨梦,论文倾盖见新裁。客愁总与秋同去,好对黄花对酒杯。"(《问次斋稿》卷一八,页 195 下)

案:是年公鼐与李若讷在济南相识并定交,公鼐有《历下逢季重订交》诗:"齐门羔雁日纷纷,季子风流天下闻。潘岳行来人似玉,马卿赋就气凌云。今朝得御应怜我,何地逃声始见君。咫尺盘墩湖上月,座中秋水照龙文。"(《问次斋稿》卷一八,页 195 下)是秋山东乡试,李若讷中举。(见[同治]《临邑县志》卷八,页 8B)九月,公鼐来临邑访李若讷,侗闻讯携诗来会。

李若讷(1572—?),字季重。山东临邑人。李汝相子。生有夙慧,万历十六年(1588)举于乡,三十二年(1604)成进士,历任夏邑、息县知县,升归德府知府,以治行异等累资至四川右参政,谢政归。少与王象春、公鼐齐名,晚益工于文。著有《杨花诗》二百首、《五品》《四品》等行于世。[同治]《临邑县志》卷九有传。(页 3A)

秋,沈自邠寄书并扇至,有诗寄谢。

《来禽》卷三《寄答沈翰撰茂仁》:"吴越风流素所期,玉堂无路问琼枝。携来团扇青云气,读罢新词艳雪姿。长乐鼓钟怀往事,幼舆丘壑是吾师。思君恰对双桐树,一夜秋声到凤池。"(页 5B)

案:"沈翰撰茂仁"名自邠,万历十五年(1587)二月任翰林院修撰。《明神宗实录》卷一八三:"(万历十五年二月)戊寅,《大典》告成,礼部尚书沈鲤加太子少保,吏部左侍郎沈一贯、朱赓,礼部左侍郎王弘诲俱太子宾客,礼部右侍郎张位、于慎行、徐显卿、南京国子监祭酒赵用贤各升俸一级,仍与应得诰命,谕德刘虞夔、刘元震升左庶子,孙继皋、黄洪宪右庶子,修撰刘楚先、张应元各洗马,编修陆可教、冯琦各侍讲,杨起元、庄履丰、萧良有、王应登简讨,余继登、沈自邠各修撰，周子义准与赠官恤典，其余升赏有差。”（《明实录》第55册，页3421）沈自邠明年去世，诗姑系此。

沈自邠（1554—1589），字茂仁，号几轩。浙江秀水人。沈德符之父。万历五年（1577）进士，选庶吉士，授检讨，与修《大明会典》成，迁翰林院修撰。著有《尚书衷引》《归省述征》等。［雍正］《浙江通志》卷一七九有传（页8A），冯梦祯有《沈茂仁行状》（《快雪堂集》卷一八，页22B）。

秋，所藏文徵明《木泾幽居图》举让王士龙，并题跋。

邢侗《木泾幽居图》跋曰："戊子秋日，举让王五云先生，用徵仲致大家，用用修致廷元。邢侗。"钤"邢侗印"白文长方印。（安徽省博物馆藏，《中国古代书画图目》第12册，页183）

案：文徵明《木泾幽居图》，安徽省博物馆藏。嘉靖十六年（1537），昆山周复俊出使滇南返归谒访文徵明，徵明作此图并题诗相赠，后有杨慎题诗并跋，故侗跋云"用徵仲致大家，用用修致廷元"，"徵仲"为文徵明，"用修"为杨慎。此画又有钱达道、罗文瑞跋。钱达道跋于万历十八年（1590）春："甓然一卷，得文、杨二太史手笔，足称不朽。……余友百为五子，褎而藏之久矣。日者持以赠邢侍御，而侍御后惠遗五云。……万历庚寅春仲，海虞钱达道书于楚丘之询瘼轩中。"据钱跋，此画为"百为五子"赠邢侗，其人未详。邢侗又举让"五云"，即曹县王士龙，殉之玄孙，以明经累官至商州知州，邢侗有《二龙行赠曹县王生士龙、士枢》（《来禽》卷一，页9A）、《秋日寄答曹县王五云茂才》（同上卷二，页11A），均此人。

秋，致书湖广参政同年马允登，为介王稚登弟子过鄂城。

邢侗《与马参知年丈》："贝州片晌之晤，遂成倾倒，风流忼慨，事事次心。南郊执手，转眄异涯，计当同此劳劳耳。何日抵楚台，秋来安稳饶乐否？去者吴名士王百谷先生群从也，今应江西旧令之辟，道出鄂城，以明公蜚声四远，在所望其下风。极知宦况清严，毫无仰沫，便涂知己为草一二薄蹄书，俾不弛担于行李，甚盛惠也。谊烈铮铮，归之如市，如我辈人，区中复几万，勿厌烦骂，是夫淋漓潦倒也。"（《邢子愿杂著》）

案：此书《来禽》未载。"马参知年丈"即同年马允登，约是年三月迁任湖广参政。朱长春《亚中大夫湖广布政使右参政瀛浒马先生行状》："先生以山东按察副使备兵海右行矣。在青州一季，盗不入，竟以能迁楚参藩，督粮储。

当岁荒,建议请蠲半折之,百姓争输。凡三部运渡淮。"(《朱太复文集》卷二九,页6B)而允登上年二月出为山东副使。《明神宗实录》卷一八三:"(万历十五年二月壬申)升御史马允登、王国俱为副使,姚士观、谭耀俱知府,允登山东,国四川,士观音州府,耀延平府。"(《明实录》第55册,页3417)又钟羽正《送马瀛湖升任楚藩》:"千骑把霓旌,春深出郡城。"(《崇雅堂集》卷三,页2B)书云"何日抵楚台,秋来安稳饶乐否?"当是年秋马允登履任新职时作。

十月,大伯邢如默入祀乡贤祠。

[同治]《临邑县志》卷一五《都谏北原邢公合举乡贤公移》:"本县知县刘承忠申呈各上司衙门,蒙提学道、本府驳查三次,取县学官吏、师生及阖县乡官邻里保结,续蒙提督学校吴同春批:'据本宦直节重于朝廷,醇行重于闾里,委宜从祀仰行。'……万历十六年十月十三日入祀迄。"(页41A)

《府君行状》:"世父从乡贤典得请入学宫,府君为彩服从之。胶修爵令长学官、学官弟子前曰:'老夫不意白头马绣而迓兄入祠也。'已,萑兰泣下,盖友于之念附着于胸,在颒羹墙如或见兄焉。"(《来禽》卷一八,页1A)

案:邢如默入祀乡贤祠,为是年十月事。《家乘》卷一二"事纪":"万历十六年,吏部都给事中讳如默祀乡贤祠。"(页1B)其举乡贤公移,镌石碑立于乡贤祠。[同治]《临邑县志》卷一五:"《都谏北原邢公合举乡贤公移》,正书,在乡贤祠。"(同上)

大伯邢如默入乡贤祠,代父作文以告家庙。

《来禽》卷二〇《家庙告长兄主入祠文》:"同产三人,约实居幼。兄先驾鹤,仲逾中寿。独弟而存,门胙渐替。朝夕孔怀,牖我未逮。自兄见背,业三十年。簪裾履屧,忽焉在前。幸藉休明,被封宪史。白头豸冠,迓兄入祀。兄弟今夕,荣遇既伙。……委我家乘,付我子侄。一念朴诚,期不相负。既种而获,尚亦无咎。仲兄念兄,既竭其心。不图宗祀,乃在于今。仲兄有怀,藉手以报。三人同生,终始相劳。一觞特荐,告诣学宫。明灵不昧,启祐无穷。"(页2A)

案:此文题注:"代父作。"以邢如默入祀乡贤祠,撰文以告家庙,故云:"白头豸冠,迓兄入祀。兄弟今夕,荣遇既伙。"又云:"自兄见背,业三十年。"邢如默卒于嘉靖三十四年(1555),至是三十四年,"业三十年"盖约数云。

同年常居敬视河竣事入朝,邀侗会于平原县,有诗。

《来禽》卷二《常黄门视河竣事,邀会平原》:"楚客三年别,相思奈若何。

节旄天使重，经略故人多。共卜平原饮，还同郢上歌。河渠应有策，入奏莫蹉跎。”（页 13A）

案：“常黄门”名居敬，时为工部都给事中督理漕河。《掖垣人鉴》卷一六：“常居敬，字汝一，号心吾。湖广武昌县籍江夏县人。万历二年进士，八年六月由江西南昌府推官选刑科给事中，寻以忧归。十一年复除，十二年升刑科右。”（页 21A）诗云“楚客三年别”，侗万历十四年（1586）辞官归里，至是将及三年。

常居敬（1546—?），字惟一，号心吾，湖广江夏人。万历二年（1574）进士，授南昌推官，讯狱详慎，迁户科给事中，寻掌工科，以督理漕河功迁太仆卿，升右副都御史巡抚浙江。时倭寇披猖，自募兵三千人讨之，而以千人助攻宁夏，糗粮自办。上嘉其忠，祀乡贤。［乾隆］《江夏县志》卷一〇有传。（页 25A）

侄邢王道旧疾复发，出现幻觉，水米不进。

《遵道行状》：“又二季而疾复大发，经日断水浆，但闻音响，便作牛斗。”（《来禽》卷一八，页 30A）

王稚登葬亡妻陆氏，来书属撰墓志铭。

王稚登《答邢子愿》：“琅玕之字三至而不失一，亦厚幸矣。唯原启不良为赪鲤，当由盐井黄金夺之。在昔殷豫章且然，明公安用唾其面乎？秦太仆久未起家，政府乃忘邢先生耶！不肖值岁侵，田不毛半，唯砚田幸有秋，不但供饘粥，遂令亡妻二十六年之骨一朝入土，得免惊魂夜哭，即后死者可无向隅矣。读令先夫人志铭，知明公大能不朽人。不腆亡妻白屋之鬘，妄欲乞黄娟一言，以瞑其目，不识明公岂有意乎？当遣奴产子泥首请命。去春盗入尊生斋，图书、衣裓皆荡然，从友人索秦复陶御寒，正得毾㲪不堪着，明公念范叔寒，无惜绨袍我。”（《谋野集乙集》卷六，页 18A）

案：王稚登原配陆坤宁氏，吴县人。陆子绍第二女。陆氏二十出嫁，生二子，去世至今二十六年，方才落葬。稚登读侗《累敕封孺人亡妻陈氏墓志铭》，颇觉“明公大能不朽人”，故而以墓志铭见属。邢侗为陆氏撰《陆令人墓碣铭》云：“（公云）不谷亡妻，奄然地下者二十有六年，属者岁在戊子，父母兄嫂之墓田治矣。”（《来禽》卷一六，页 18A）是年为“戊子”年，“原启”即汪元启，曾携王稚登书访临邑。

同年魏允孚卒，为作墓志铭。

《来禽》卷一五《刑部贵州司郎中云门魏公墓志铭》：“公讳允孚，字懋诚，别号云门。家世南乐。南乐之魏，天下莫不闻，而公于魏为季子，封刑部主事节斋先生，其父也，母杨太君赠安人。节斋先生以明经及贡，先后为青州巩昌郡别驾，洁廉岂第擅时循吏称。而于诸子，则又躬自督课之。长为光禄公懋忠，次为吏部公懋权，公以最幼从两兄切劘，淳湛能自得师于父兄间。而以性夙慧，十岁能属文，十六游胶庠。又十年，举顺天癸酉乡试，明年成进士。其成进士先懋忠三年，懋权六年，筮仕为吾郡理。……凡六年，慰荐之书二十上，而以不胜忌者，稍迁为刑曹。公夷然曰：'我生之辰，职当治狱，刑曹固宜。'久之，递晋为员外、郎中。……乙酉，以行谊文学推择为山西考官，与吾乡淄川吏部王公偕。两公岳岳正气，连镳并驰，一时识拔皆纯粹士。……明年，衔命恤刑河南，日夜为囚原，所当更生者数百人。盖八郡之牍，数倍于他方伯之舆，而公亦浸倦不支矣。在告二年所，竟用前疾终。状称公事亲孝，居家整整有法，以余所睹，记何如也？公逾冠为理官，已为刑曹，已出为钦恤王人，离占毕而服官，常什九皆刑名事，不虞阑入失出乎？乃公以当节斋先生心，而称无阑入失出也。先生乃从懋诚腊哉！郎署如林，被文衡者几何？公能矢天日，树人材，以若所谓啧啧名郎之誉，业遍位著公卿间，宁独玉泉王公一人而已耶？官垂显而身弗逮，名欲成而年不留，此节斋先生所以怆怀于舐犊，而懋忠重慨于人琴也。嗟乎！先是懋权死，死愤邑国是，乃今懋诚死，死尽瘁活人。三公者，独懋忠在耳，孤情绝俗，岿然鲁灵光。魏氏兄弟死生之际，可以观世，可以程人。公有近体诗若干首，懋忠为杀青行之，余论著多逸去不存……"(页17A)

案：魏允孚(1548—1588)，字懋诚，号云门，南乐魏允贞三弟。与侗同年进士。魏允孚生卒年未详，据邢《铭》："十岁能属文，十六游胶庠，又十年，举顺天癸酉乡试"，"癸酉"为万历元年(1573)，时年廿六，则生于嘉靖二十七年(1548)。其卒年，据《铭》："乙酉，以行谊文学推择为山西考官，……明年，衔命恤刑河南，……在告二年所，竟用前疾终。""乙酉"为万历十三年(1585)，据此约卒于本年。

十一月，王世贞先生伤弟世懋卒，又闻好友张佳胤卒，上章乞休，不允。有诗寄慰。

《来禽》卷二《元美先生上章乞谢》："万念萦家国，殷忧兼倦游。亡琴伤爱弟，扣策悼西州。世逐千人玩，名从一风收。露章今日事，还理钓鱼舟。"题

注:“时缠小美之恸,肖甫司马寻有异耗。”(页8A)

案:“小美”即王世懋,是年闰六月卒,“肖甫司马”即张佳胤,《国榷》卷七四:“(万历十六年闰六月)丁酉,前太子太保兵部尚书张佳胤卒。”(第5册,页4583)王世贞与张佳胤交善,既为位哭之,又为撰墓志铭,见《光禄大夫太子太保兵部尚书居来张公墓志铭》(《弇州续稿》卷一二三,页1A)。十一月,王世贞引疾告归,不允。

吴门陆成叔携王世贞先生书来访。

王世贞《与邢子愿侍御书(四)》:“不奉清诲,于今凡五献岁矣。每念叔度汪量,鄙吝自消;紫芝眉宇,名利都忘。而山川间之无由绪晤,奈何奈何。闻三径日辟,百卉时茂,左图右史,眠读如意。日临《黄庭》《兰亭》数种,读《离骚》,饮美酒,名士之业绰然矣。仆请告杜门,会朱考功偶有所闻,可谓鸿鹄已翔于寥阔,弋者犹慕其仪羽也。审已不能有所点矣,仆一丘一壑足以送老,而谬见物色为先君子蒙厚恩贲恤谊,不敢复过为偃蹇。腼颜一出,遂成亡弟各天之恨,已矣!今方料理其遗诗文梓之,仍为状其行谊履历,冀博诸贤椽笔以荣朽骨,兹尚未敢请也。公素笃牙、期山水之知,能不体凝,献人琴之痛乎?向辱示谕《澄心堂墨帖》,以仆所缉《古今法书苑》遍考之不着,唯遇顾汝修秘书云:‘曾藏之三载,是真南唐拓也,纸墨不在《淳化》《大观》下。’想当然耳。陈生卤莽,得从事门下,固逾分而遽死,台察之一怒,则又冤也,世事大抵有兹。因乡人陆成叔便附此,成叔有美才而困朝夕,不能无望于盼睐也。余不悉。”(《弇州续稿》卷一八九,页9A)

案:“陆成叔”系王世贞乡人,携先生书到访临邑。书云:“成叔有美才而困朝夕,不能无望于盼睐也。”则困于举业,余不详。侗有《陆成叔以元美先生书见访,未久促归,今且三年矣,缅怀今昔漫成》(《来禽》卷三,页3B),即此人。书云“腼颜一出,遂成亡弟各天之恨”,指王世贞起补南京兵部右侍郎,是年二月赴任,而世懋逝于闰六月。又云“今方料理其遗诗文梓之,仍为状其行谊履历”,王世贞编《王常侍集》五十四卷,万历刻本,卷首陈文烛序云:“余入南中,元美大司寇手其集属余序之,且曰亡弟之意也。”行状则指《亡弟中顺大夫太常寺少卿敬美行状》(《弇州续稿》卷一四〇,页1A)。

王书言及侗藏宋拓《澄心堂帖》,曰:“向辱示谕澄心堂墨帖,以仆所缉《古今法书苑》遍考之不着,唯遇顾汝修秘书云:‘曾藏之三载,是真南唐拓也,纸墨不在《淳化》《大观》下。'想当然耳。"邢侗《评澄清帖》曰:"诸书评中或谓澄清或谓澄心,意澄心是误为纸素而言,要当以法帖见本为据耳。太仓王凤洲先生近以书来,备述上海顾廷尉盛称此帖道:'的是南唐拓,元以四十千为人购去,则余喜减朱提一流矣。'行年不惑,久忘晋人结法,留以俟儿曹,想当有庶几也。"(《来禽》卷二一,页10A)《又评澄清帖》:"详观此帖标目,似不止羲之一人,想年久霜裂,凑合取成帙便检藏耳。按《襄阳杂记》,董良史江西好事家,是本图命宛结,当是其斋中物。"(《来禽》卷二一,页10B)王世贞书云"顾汝修秘书",邢侗跋云"上海顾廷尉",又邢侗《淳化阁本跋语》亦云"顾廷尉研山","顾汝修秘书"指顾从德(1519—1587),字汝修,别号方壶山人,南直松江,喜蓄古印,钤成《集古印谱》行世。"顾廷尉研山"指顾从义(1523—1588),字汝和,号砚山,从德弟,曾任大理寺评事,工书法、善绘画,精于鉴藏。两说歧异,未详究为何人。

大姊夫李易知(子乾)卒。

《来禽》卷一二《邢大姊传》:"邢大姊者,不肖侗女兄也。……逾时及笄,适邑李子乾茂才易知,实继我仲父者,姊而室有家矣。子乾两世父俱甲第,名荐绅。父亦入赀有官阀,不龊龊乡里。而会姊嫁时产中削,一切不类富人居,姊怡然自适也。……子乾性伉爽,不喜骫骳,更善酒。间从所知饮,酩酊狼藉归,袴襬不及解,齁齁睡矣。而姊为调浆汁,张灯谨护,不醒解不交睫也。子乾每谓人:'吾糟丘亡恙,赖有伯伦贤妻。'……姊后子乾大故,可二年许。"(页7B)

案:侗胞姊嫁同邑茂才李易知,字子乾。文云:"姊后子乾大故,可二年许。"邢大姊卒于万历十八年(详后),则李易知卒于是年。

十一月初四日,冬至,重修《武定州志》成并撰序。

邢侗《重修武定州志引》:"余从楚藩两拜疏,自谢家食。盖仲蔚之园,蓬蒿郁其芜没;翟尉之门,贫贱署乎雀罗。顾悠然自惬,嗒乎若遗。时一泛滥湘素,点定篇章,博识羡乎张华,滑稽吊东方朔。来禽青李,摹内史之银钩,色丝幼妇,发中郎之玳瑁。春玩落花,秋弄白云,五体付之橛株,二仪恍乎初判矣。一日,观察李君道甫携帙而临之,谓:'此武定野史未定书,子为我辑之校之。'……道甫锐意武功,且复沾沾文献,唯其有之,是以似之矣。所谓质有其文,武未得而器拟者也。武定知有宪司纪纲,实自道甫开端,藉识风尘大凡,则亦自道甫始。基之矣，徛与盛哉！徛与盛哉！万历十六年长至日。”

案：郑《表》，是年冬至为十一月初四日。“观察李君道甫”即李三才，时任武定兵备，与侗进士同年，来访邢侗并以重修《武定州志》见属：“一日，观察李君道甫携帙而临之，谓此武定野史未定书，子为我辑之校之。”《武定州志》创修于嘉靖二十七年(1548)，知州刘佃修、刘继先等纂，约五万字。邢侗在前志基础上续修，增加风俗志、灾祥志、循良志、人物志、列女传等篇目，共十万字。邢侗《武定州志》序后云：“刘先生心澄秋水，念钟枌榆。授简一书，类别四帙，凡计五万余言。巨纲小目，国献野纂，无一不殚精晨曦，毕光夕萤，允足称近代之杰作，一方之信史矣。余最不肖，又中歉异同，才一临文，笔不能下，盖所为仍原志者什七，增附者什三，大抵刘先生之志，主于源委富赡，而余不肖略主于裁，则两人之言具在尔。嗟乎！先辈安可易及，亦安可轻为补缀。侗过矣！侗过矣！书成于万历戊子长至，损赀构材，征匠开局，则州大夫桑公东阳任之，属城四令君阳城傅商弼、商河蒯光祖、乐陵赵永禄、海丰刘志仁，咸有佐赀落成事焉。”此志修成后，知州桑东阳于万历十九年刊印。

冬，傅光宅至普陀礼佛归来，有诗。

《来禽》卷三《伯俊南礼普陀，舟入告警，归呈此篇》：“宰官身属司空身，一叶轻舠万鬼邻。怖鸽不须惊弱水，机鸥早已破重旻。去为海畔真行乞，归是聊城旧道民。我欲就君前礼拜，金沙岩下有通津。”(页18B)

案：“伯俊”即傅光宅，是年奉母命有普陀礼佛之行。见屠长卿《傅伯俊侍御自太原按节引疾归，辄东航海朝补陀，还访余句甬，余游兰亭不遇，却寄二首》(《栖真馆集》卷八，页29A)、沈一贯《傅伯安侍御以母命来礼洛伽，病留郡中，子亦并不果往，赋赠三首》(《啄鸣诗集》卷一六，页7B)。

武定州重修学宫泮池工竣，撰碑文纪之。

《来禽》卷一一《武定儒学重修泮池碑》：“我同郡武定州者，无棣故封，东溟巨镇。孔父之庐未饬，堪舆之相攸同。据戟而池，止水溷而不治；采芹在泮，高山仰以无从。……有兵使者许公，载瞻浩叹；乃子大夫马子，锐意复兴。尚尔托诸空言，亟有须于义举。唯是渔阳署篆郡贰吴君、学博望江李君，协谋祇事，殚力宣勤……”(页3A)

案：“兵使者许公”名光大，[道光]《济南府志》“武德道”：“许光大，河南安阳人，进士，以副使任。”(页34A)许光大是年始任武德兵备，《明神宗实录》卷二〇〇："(万历十六年闰六月辛丑)巩昌知府许光大山东副使武定兵备。"(《明实录》第55册,页3758)邢文姑系于此。

是年,营造泲园已初具规模。

王世贞《与邢子愿侍御书(四)》:"闻三径日辟,百卉时茂,左图右史,眠读如意。日临《黄庭》《兰亭》数种,读《离骚》,饮美酒,名士之业绰然矣。"(《弇州续稿》卷一八九,页9A)

案:从王世贞来书可知,泲园已初有规模,然似尚未营造到位,侗仍托先生觅吴门山师营造园内假山。王世贞《答邢知吾》:"所谕觅山师张姓者,用石多而天趣少,又善索工直,无锡吴老之子却佳,公若遣一介来,当为致之。"(《弇州续稿》卷一九八,页7A)

三月,诏改景皇帝实录。七月,定边臣考绩。九月,甘肃兵变,巡抚都御史曹子登罢。

【诗文系年】

《墨谈》《寄答沈翰撰茂仁》《与马参知年丈》《家庙告长兄主入祠文》《常黄门视河竣事,邀会平原》《刑部贵州司郎中云门魏公墓志铭》《元美先生上章乞谢》《重修武定州志引》《伯俊南礼普陀,舟入告警,归呈此篇》《武定儒学重修泮池碑》。

万历十七年己丑(1589),三十九岁

泲园家居。六月,续娶赵氏。邢慈静约本年出嫁。

二月,詹景凤为《张节妇碑》题跋。

詹景凤《题邢侗张节妇碑后》:"自昔女德,非夫时有丽藻,曷由传诸久远?曹娥虽孝,得邯郸子叔而益彰,重以右军书之,遂与悬象同光显矣。邢子愿先生上下千古,兼六艺而通其道,生平尤高节义之风。乃今于张妇死夫,既为文碑其祠,又为手书而勒之碑,予获观览焉。盖其文以汉语入晋趣,烨然今世丽藻哉!书于率更几逼之矣,即以方曹女所碑何者?而非千秋万世?嗟乎!张妇而死奚负焉!予非中郎,偶偕夜暗手摸之叹,辄忘猥陋而题之。时万历乙丑二月。"(《詹东图玄览编》卷四,页465上)

案：《张节妇碑》即《邳州张妇瞿贞烈碑》，邢侗撰于万历十四年(1586)，已见。詹景凤跋末署“乙丑”，疑误，万历年间无“乙丑”年，当为“己丑”之讹。

春，冯琦与公鼐聚于京师，夜话怀及邢侗，有诗。

冯琦《夜共孝与话别兼怀子愿》：“离心已寄灞陵尘，夜雨连床意转亲。客邸疏灯同此夕，故园芳草动经春。眼中交态谁知己，世上浮名不借人。君过犁丘相问询，若为披豁对吾真。”(《宗伯集》卷五，页13A)

公鼐《用韫赋诗为别，次韵即答》：“克期千里走京尘，鸡黍匡床晚更亲。恨别惊心堪爱日，各年叹老故伤春。平生独往应同我，得意如君不负人。若过犁丘对明月，清光遥夜向谁真。”(《问次斋稿》卷一八，页199上)

案：“用韫”即冯琦，时任翰林院侍讲兼经筵讲官。《明神宗实录》卷二〇八：“(万历十七年二月甲申)以礼部右侍郎兼翰林院侍读学士田一俊、翰林院侍讲冯琦为经筵讲官。”(《明实录》第56册，页3889)据《问次斋稿》序次，公鼐万历十七年春有都门之行，与冯琦相聚夜话，冯诗有“君过犁丘相问询”，公诗有“若过犁丘对明月”，两人同时怀及邢侗。

冯琦(1558—1603)，字用韫，号琢庵。山东临朐人。万历五年(1577)进士，授编修，预修《会典》成，进侍讲，充日讲官，历庶子。进少詹事，掌翰林院事。迁礼部右侍郎，改吏部，拜礼部尚书。明习典故，学有根柢，数陈谠论，中外想望风采，帝亦深眷倚。卒于官，年仅四十六。著有《宗伯集》。《明史》卷二一六有传。(第19册，页5702)

三月，公鼐归自京师，来访泲园，又步前韵留赠。

公鼐《次用韫前韵留赠子愿，即和子愿诗意》：“旧着荷衣未受尘，相惊相慰转相亲。入门不辨谁为主，话别方知已失春。三月顿添愁里态，五陵无复眼中人。北游莫问寒山语，名下茫茫总未真。”(《问次斋稿》卷一八，页199上)

案：诗云“三月顿添愁里态”，可知三月来访。

临邑县知县刘承忠秩满当迁，邑人遮道请留，诏令以德州别驾衔留任。

[同治]《临邑县志》卷七“宦迹”：“刘承忠，字惟孝，上谷人。一令十二年，民安其政。创学田，立社学，建同人书院，置《史》《汉》等书于学宫，一以兴起斯文为己任。时邢太仆子愿方里居，承忠恳其纂成《邑志》十六卷，有志自承忠始。秩满当迁，邑人遮道请留，两台为上书，得报可复以旁郡别驾衔视事焉。”(页29A)

崔谦亨未即任临邑县知县，遽改长清，有诗酬之。

《来禽》卷三《崔会卿明府已为我君矣，忽有他借，书来殊蹙额于束带折腰也。余为赋七言见怀，且以二事相款，发函开箧，云光冉冉，湿衣裾矣》："崔颢题诗自大名，欲从邢邵结平生。除书不分他人得，侠气空寒我辈盟。灵麓月光时徙倚，岱峰霞色与纵横。还君洞府神仙令，手板婆娑岂世情。"(页21A)

案："崔会卿明府"名谦亨，万历十一年(1583)进士。与侗善，侗有《长清崔会卿明府考绩诗六首》(卷五，页31A)、《泰山篇以清亭父老子弟指为崔会卿明府颂》(卷五，页43B)，均其长清县任满酬赠之什。[同治]《临邑县志》卷七"知县"："崔谦亨，魏县人，进士，万历十七年选，未任，改长清。"(页5B)[道光]《长清县志》卷三"知县"："崔谦亨，直隶魏县人，进士，万历十七年任，升工部主事。"(页12B)

五月，山西右参议郭子直寄书来，以诗奉答。

《来禽》卷五《汾源年丈自并州诒书见讯，诗以奉答》："郭泰人伦天下稀，却从那邵问忘机。并门五月双鱼下，剖腹惊看塞雪飞。"(页34B)

案："汾源年丈"即郭子直，时任陕西右参议。《明神宗实录》卷二〇八："(万历十七年二月己丑)升广东按察司佥事郭子直为山西右参议。"(《明实录》第56册，页3896)郭子直在陕西右参议任仅八个月即调任，据陈懿典《福建按察使司副使汾源郭公墓志铭》："当内转，仅迁山西冀宁道参议，驻省城事。……在晋八月，迁福建按察使司副使。"邢诗云"并门五月双鱼下"，故是年五月作。

又有书致郭子直，忆及当年同举顺天乡试。

《来禽》卷二五《报郭使君舜举》："束发之年即识明公于璧门。明公谓是东方孺子，四蹄间具雷雹者也。已附京兆荐书，歌鹿之辰，两人联席，共相咨嗟于遇合之难，南北东西，风马牛耳。而生平再觏，奇绝不常，天若为之矣。嗣是宦辙差池，风霾殢人，即长安邸中负汾阳行卷，至今刺如于中。乃若仁兄，洒然风调，盎然胸怀，则无一日去此心间。从坊间见所藻评文录，又未始不侈谈同辈，谓：'郭先生吾友矣。'山居百念割绝，独有嘤鸣一线，视息仅存，双鲤并门。藉汾涛拥至孤城，五月雪霰交集，一字一周环，不堪欣乐。已复凄然自语，不图友道复见于今也。尺牍雄成婉畅，匠心雕龙，何犹不自盈满，而沾沾野鹜之见珍，不肖弟宁无腆墨哉！虽然仁兄命之矣，敢不悉敝赋以从？

损惠兼金，无堪以藉，即夕尽付酒家，贳垆头十斛，与密戚共之，若醉明使君醇醪耳。李大使来，值弟偶冒风偃卧，一切不及答来辱。幸鱼雁不乏，嗣当假陟厘一片道情事，无烦仁兄庄牍也。伏枕诸不尽感私。”（页5B）

案：“郭使君舜举”亦郭子直，与上诗同作于五月间，故书云：“汾涛拥至孤城，五月雪霰交集。”隆庆初，两人同贡入太学，又同举隆庆四年（1570）顺天乡试。已见。

王稚登遣仆携书至，为撰亡妻陆氏墓铭事。

王稚登《与邢子愿》：“糟糠之妇骨朽矣，欲藉门下不朽。走一介泥首代主人请门下，幸恻然怜之，勿吝外孙齑臼。楚粟斗百七十钱，安庆之警，虽毫末乎？然不札将斧柯是寻，吾侪小人不遑纬之恤耳！长物一二，以滋彩毫。戋戋之帛，使君所饶，不敢复尘箧笥。”（《谋野集乙集》卷六，页23B）

案：王稚登遣仆携书专程赴济，求撰亡妻墓志，以“赵宋之研、竹筱之拂”为报。邢侗《陆令人墓碣铭》：“吴人王百谷先生，天下士也。既葬其内陆令人之明年，函书戒使侑以赵宋之研、竹筱之拂，以志属余。”（详下）

撰王稚登亡妻陆坤宁墓碣铭。

《来禽》卷一六《陆令人墓碣铭》：“吴人王百谷先生，天下士也。既葬其内陆令人之明年，函书戒使，侑以赵宋之研、竹筱之拂，以志属余。而申之曰：‘不谷亡妻，庵然地下者二十有六年，属者岁在戊子。父母兄嫂之墓田治矣，乃敢以研田之羡，封之树之。志则不谷任实无文，聚壤之傍，愿以钟石累先生。’余发书卒志，咨嗟久之，乃为作《陆令人碑》。陆令人者，王百谷先生原配也。令人代居金阊，二世而上，朱轓起家，曦《易》教授，官方家政，卓然儒宗。其裔孙子绍，大府箕裘，诸生祭酒，令人父也。女子四人，令人居仲。百谷移第伯通之庑，企心德曜之操，二十来归，授室毗陵。于时子绍暨其刘妘，颇瞀沈婿之华艳，乍即王生之儒素，炎凉未能等视，翁媪为之惨颜。而令人清心玉映，雅操冰凛，柔揽刚健，少娴长虑，鸣环甫旦，操作终夕，安二人于眠食，乐夫君之才彦。……已而蒯太夫人见背，百谷哀过损神，力歉持内，而令人拮据营综，动中礼仪。生事死葬，姑慈妇顺，不谓房闼之流，乃能当乎大事者也。……百谷游燕貂敝，奔吴乌号，憔悴憧惶，橐垂困窘，非藉令人卜邻有豫，垂屋亟其，则半偈之佛火渐寒，解嘲之堂窗无托矣。百谷又称，其属纩之晨，施予介然。有美步摇不欲滥及女弟，弥留目瞠，尚呼‘爱息凤凰’，此尤不易割之柔情，凛

然士君子之风概也。令人二丈夫子，无曲无回，英英兢秀，东南双箭。其他女子、孙子女以《志》详，不再书……”(页18A)

案：此文由同邑门人许用敬(孟与)书丹，王稚登《答许孟与》云：“亡妻墓上碣，出自足下银钩，过者不驻马十日不去，徼灵非鲜，衰孱病懒，不事竿椟，未曾一托飞鸿。吴郎远致嘉问，仆不肖腼面目乎？”(《谋野集丙集》卷八，页18A)许用敬善书，屡为侗文书丹。据[同治]《临邑县志》卷一五“金石志”所载，有万历二十六年邢侗撰《兴国寺重修佛殿记》(页55B)、万历三十年邢侗撰《重修大兴寺碑》(页57A)、万历三十四年张光裕撰《宿安店心建白衣菩萨庵碑记》(页64B)。又《邢子愿杂著》所载，《明孝廉将军菱洲杨公墓志铭》末署：“济南临邑邢侗撰，同邑许用敬书。”《重修泰山碧霞元君灵应宫碑》末署：“中顺大夫陕西行太仆寺少卿兼按察使司佥事前进士监察御史济南临邑邢侗撰，同邑门人许用敬书。”“吴郎”疑为吴云从，时在邢氏家塾为馆师。

[康熙]《临邑县志》卷一二：“许用敬，字孟舆，邑中布衣。少孤贫，天性耽书，落笔遒逸不凡。邢公侗罗为弟子，用敬倍加功力，书无小大，概用古体，津津乎入大成之域矣。缙绅慕其名者，争延致之。用敬风骨殊道，略不为屈，所在以高价称焉。晚更博学能诗，诗格在中盛间。所著有《纫兰馆草》二册藏于家。”(页13B)

六月，娶继室赵氏。

邢王称《赵太君行状》：“先府君赐告之明年，岁在丙戌，我前妣陈孺人免身没矣。府君嘉乃懿德，哭之情浮于制，誓不更置嫡。时陈孺人所遗子女，孤长兄在龀，诸姊氏未嫁也。居再岁，王父母以大义开勉之，府君意稍稍动，白王父母：‘必欲夺吾志，则择贤者。’有良妁自平原来，言赵家女贤甚，即我母赵太君，府君委禽焉。太君父讳熠，任太医院吏目。世父焞，以进士为名御史，为廉访大寮，群从犹子甲科文学相望，济济簪裾。母任孺人故少司马巨族，甲科文学，亦耽耽不减于赵。……及笄，归府君。”(《家乘》卷六，页14A)

《府君行状》：“继妇赵氏，于制得称恭人。平原太医院吏目公熠女，福建按察司按察使公焞侄。”(《来禽》卷一八，页1A)

案：继室赵氏为平原太医院吏目赵熠女。《平原赵氏族谱》：“(赵)熠，吏目，字子羽，号翔斋。娶省祭任贯道女，纳马氏。”邢侗续弦迎娶赵氏时间，据《赵太君行状》，原配陈氏卒于万历十五年(1587)，“居再岁”，则再婚于本年，时赵氏“及笄”，年方十五。

是月，同年山东督学吴同春邀游泰山，因婚礼不得往，以诗寄之。

《来禽》卷三《伯与督学仁兄邀游泰岳，不果所期，遥同此章》：“向平婚嫁苦相仍，邛竹因缘恨不胜。望岳几回明月嶂，骖鸾何日白云层。青莲巢父人俱远，玉简金书事可凭。悔不蚤题名姓去，最高三观有人登。”（页7B）

案：“伯与督学”即吴同春，与侗同年进士。万历十五年（1587）二月至十八年（1590）正月在山东提学道任。《明神宗实录》卷一八三：“（万历十五年二月）戊子，升福建副使李盛春、山西太原府知府吴同春俱提学副使，盛春仍福建，同春山东。”（《明实录》第55册，页3426）又卷二一九：“（万历十八年正月甲子）升山东副使吴同春为山东右布政使管理漕运事务。”（同书第56册，页4112）是年六月廿日至廿二日，吴同春游泰山，出登封门，至普照寺、三阳庵；趋高老桥，驻御帐坪；畅游岱顶后，又穿乱石沟，至独足盘，游后石坞；再经双凤岭，坐介丘山；后走艾峪，宿佛峪寺，度玉皇岭回济南。其《续游泰山记》：“余自癸未冬游岱，今七年矣。诸名胜载前记中，不具论记。己丑六月廿日，泰安既竣事，欲补续前游，以日午出。……又明日，五里出峪则泰安，达省城东路矣。”（《岱史》卷一八，页75A）此行题咏留字甚多，计有楷书“岱北奥区”，题款：“万历己丑季夏，汝南吴同春。”楷书“双凤岭”，题款：“万历己丑六月既望，汝南吴同春过此题。”又题书“介丘”，题款：“万历己丑季夏，汝南吴同春题。”吴同春喜游山水，有《登泰山记》《续游泰山记》《太华双游记》《游崆峒山记》等传世。王士性《寄吴伯与学宪》：“孟浪北上，自济上登陆，过曲阜，谒孔子庙亭；上太岱，瞻东海日出；愉快哉，宇宙大观也。……足下婚嫁未毕，五岳已四。读足下《华山记》，始觉三峰神王矣。”（《王士性集》，页536）

吴同春，字伯与。河南固始人。万历二年（1574）进士，知桐川，有惠政。升刑部主事，濒行，吏以无碍库金进，同春不取，命以册贮之。适大计司铨者，采朝议注为天下州治第一，钦赏镠币，时论荣焉。守晋阳，复举卓异，再沐宴赏，而三晋祠祭，不异桐川。寻迁山东督学，再转雁平兵备，以亲老陈情终养。著有《三岳游》等。［康熙］《汝宁府志》卷一二有传。（页61B）

是月，宋应昌新任山东巡抚，屡寄书并馈物，复书答谢。

《来禽》卷二四《答宋抚台》：“鄹鲁竖儒，少缘疵贱，错蟠散木，永谢青黄。沾沾一壑之间，岂冥鸿之敢望？龌龊五穷之伎，乃鼷鼠之自怜。讵意尊台天海恢闳,云霞吐纳。三临部曲,盖万汇悉在陶镕;十阅星霜,顾一介更蒙优异。辉煌巨榜,由门枭而渐及于堂皇;鼎吕华标,自宗祊而下覃于寒畯。精镠在篚,多物旅庭,顿令沛北寝丘惊沐无前雨露,河间单族争歌有脚阳春。自唯遗履敝簪,尚见收于故主;踠蹄结鼻,犹辱秣于天闲。迨今未敝之躯,已誓永言之报,感深万态,笺仅数行。所谓喉舌之次,容有未宣,而肺肺之间,庶几非浅也。"(页2A)

案:"宋抚台"名应昌,检[道光]《济南府志》卷二五"职官志",万历间山东巡抚宋姓仅此一人。(页3B)《明神宗实录》卷二一二:"(万历十七年六月乙酉)升福建布政司左布政使宋应昌为都察院右副都御史,巡抚山东。"(《明实录》第56册,页3970)书云:"三临部曲,盖万汇悉在陶镕,十阅星霜,顾一介更蒙优异。"指其先后任济南府知府、山东按察使及山东巡抚,其任济南府知府时间不详,据《明神宗实录》卷九六,万历八年(1581)二月离任,(《明实录》第53册,页1930)则其始任约在万历五六年间,离任至今,"十阅星霜"。

宋应昌(1536—1606),字时祥,号桐冈。浙江仁和人。嘉靖四十四年(1565)中进士,授绛州知州。历济南知府、福建布政使,进山东巡抚。官至兵部左侍郎,加右都御史。万历二十年(1592),以兵部左侍郎经略朝鲜、蓟辽等处军务,与总兵李如松率军援朝。二十一年(1593),击败倭兵,收复平壤、开城、黄梅、平畿、江源。派士卒夜烧龙山仓,倭兵粮饷断绝,率军进击至南原、晋州,迫使倭兵败退。时兵部尚书石星主撤兵议和,应昌主留兵协守,遂被召还。寻乞归,卒。事具王锡爵《经略朝鲜蓟辽保定山东等处军务兵部左侍郎都察院右都御史桐冈宋公神道碑》。(《王文肃公全集》卷六,页32A)

致书保定巡抚宋仕,荐新任南宫知县况上进。

《来禽》卷二九《与保定抚台宋可泉》:"南宫况令君,乃凤池丈本房第一明经,计已昭知其概矣。日来彼中似续相过,则能道其持廉自好,一钱不入私室,简静平大,得为人上之体。……至于养老爱士,崇上节谊,禁民不得侈隃,庶几成风。台下视此曹天下一令乎? 抑止求多于三辅乎? 不肖盖不没人美善,而故游一念得旷世异材,更何难于缓颊。唯台下埏之埴之! 此诚清庙重器,亟为门墙贺矣。若广平陈令鏧,江夏无双。不肖盖识其渊微,并附奏书,多言悚息。"(页15B)

案:"宋可泉"即宋仕,时任保定巡抚。"南宫况令君"名上进,万历十七年

(1589)进士，为葛曦(凤池)任会试分考官所收士，授南宫县知县。[康熙]《南宫县志》卷六“知县”：“况上进，涪州人，己丑进士，行取御史。”(页 12A)又有“广平陈令鏊，江夏无双。”据[康熙]《广平县志》卷三“万历知县”：“陈鏊，江夏人，由举人，升南京户部主事。”(页 7A)宋仕为侗乡人，此书荐新授南宫县知县况上进，兼及广平县知县陈鏊。保定巡抚驻真定府，辖保定府、真定府、顺德府、广平府、大名府、河间府六府，南宫县、广平县均为所辖县。

宋仕，字原学，号可泉。山东平原人。隆庆五年(1571)进士，两宰大县，有惠政。入为监察御史，出按四川蜀藩，再按吴中，所兴革十二事，皆硕画。后巡抚保定，晋副都御史，改巡抚应天，转南京大理卿。告归，筑绎幕园居之，凡二十年。起留都刑部右侍郎，擢南京都察院右都御史兼摄三部事，以劳卒，赠太子少保。[民国]《平原县志》卷八有传。(页 3B)

七月，章丘县知县茅国缙任满，考选监察御史，有诗送别。

《来禽》卷三《送章丘茅令君入觐》：“苕霅才名少日收，一为仙令领齐州。年来花覆千门丽，君去人悲万室秋。无那王生虚托乘，真劳天子问阳丘。黄金亦是寻常事，竹帛应令异代求。”(页 11A)

案：“章丘茅令君”名国缙，[康熙]《章丘县志》卷四“知县”：“茅国缙，浙江归安人，由进士万历十一年到任，行取监察御史。”(页 9B)据邢侗《章丘茅令君去思碑记》：“万历乙丑七月，公以高第入矣。邑父老子弟数万计，攀枳车辄哭声震林木，凡三日不得前，已从间道乃出。”([康熙]《章丘县志》卷八，页 46A)知其七月离任，“乙丑”应为“己丑”之讹。侗与茅国缙善，又与其记室陆抽往还，有《赠章丘茅明府记室陆生抽》诗。(《来禽》卷二，页 18B)陆抽，吴兴人。[道光]《章丘县志》卷一四载《章丘纪事石刻》，题注：“右石无首无座，与茅章邱传俱行书，径三分许，石共七方，在县治西阙帝庙东壁。左书归安茅国缙荐卿撰，末书吴兴陆抽书。”(页 116A)

茅国缙(1555—1607)，字荐卿，号二岑。浙江归安人。茅坤第三子，万历十一年(1583)进士，授章邱知县，广东道监察御史，工部郎中。著有《寂园诗草》。事具茅元仪《先考工部都水司郎中二岑府君行实》。(《石民四十集》卷三六，页 1A)

茅国缙去月余，邑人思其仁政，属撰去思碑。

邢侗《章丘茅令君去思碑记》：“章丘茅令君名国缙，字荐卿，浙之归安人也。早岁举进士第,领县得济之章丘。其大人鹿门先生以文章政事妙天下,而荐卿生为鹿门第二子。体貌丰伟,双目炯炯如岩下电,音响若洪钟。骤而即之,严毅威重,已而徐与促席抵掌交茗汁,不数语毕见肺肝,最为温然近人,意小不可则又强项不少下,盖文藻风雅唯自有之,至所慕说则任慷慨主风仪,江南累百其曹,不如一茅公云。……万历乙[己]丑七月,公以高第入矣。邑父老子弟数万计,攀枳车辄哭声震林木,凡三日不得前,已从间道乃出,境中人人画像悬壁,饮食必祭,笃于宗祖。公既去月余,则谋为立石志思,以余从乡党间颇有知鉴,问言于犁丘之亭。夫兰台叙列汉纪,其所津津循吏,无过龚少卿、召翁卿、黄次公、朱仲卿数人而已。迹其所行事,不过循循奉职亡奇也。卒之,所居民富,所去见思,生有荣号,死见奉祀,廪廪然有德让君子之风。以今观于茅公,其所设施,获效更彰,明甚矣。孰谓古今不相及也?然而茅公长者,不自见长,或无乐于此石,则有邑父老之口在。"([康熙]《章丘县志》卷八,页46A)

案:此文《来禽馆集》未收。[康熙]《章丘县志》卷四"茅国缙":"先是,县中差繁赋重,民多鬻田产转徙,国缙立条鞭法,革一切富户,里甲归之,召募数年之后,闾阎殷富,地价腾涌,百姓德之,为去思碑。"(页25B)

姻家杨士鸿进士及第,授密云县知县,之任送别。

《来禽》卷三《送杨子渐姻丈之密云令》:"书生非敢议临戎,诏属斯人赤县中。国马不甘遥甸步,宓琴犹奏远郊风。千旗谷暗迎明府,十道书飞佐令公。我亦有心驰塞下,燕然谁扫待文雄。"(页21A)

案:"杨子渐姻丈"名士鸿,先名云鸿,字盘石,号子渐。万历十七年进士。[民国]《平原县志》卷七:"杨云鸿,字盘石,占籍禹城,改名士鸿。己丑科,密云知县,行取刑科给事中,改吏科。"(页7B)其号子渐,冯琦有《贺密云令杨公考绩序》:"吾友杨子渐为令三年,邑大治,考功课其绩,治平第一。"(《宗伯集》卷一一,页10A)是年授密云县知县,[民国]《密云县志》卷三之二:"杨士鸿,山东禹城县人,进士,万历十七年任,仕至刑科给事中。"(页12A)杨士鸿之父与邢如约世交,邢侗次女嫁杨士鸿子杨焘,故称"姻丈"。李维桢《邢公墓志》:"女五人……一适禹城给事杨公士鸿子,太学生焘。"(《大泌山房集》卷七九,页38A)

八月初六日,王稚登致书辽东巡抚顾养谦,荐侗姻家杨士鸿。

王稚登《致益卿札》:"八月初六日稚登顿首拜疏,奉益卿司马先生足下:

前一日书倩阴生为邮，奉寄后一日，客有谒邢直指来索书，问直指公家事，乃阴生所善密云令杨君，即直指东床儿父也。直指诗不肖，不在大儿孔文举下，此东诸侯之士所共明知，岂其婚姻为顾先生部吏，不肖无一言之助哉？客言杨君善状娓娓，盖蠙珠琅玕炎宝，不能漏开府公水镜，倘念老王生俾此君蒙国士之许，则不肖所为报邢使君万一者，尽在足下矣。两月不见，承父思之若渴。作疏之日，秋暑如焚，腕间之汗可挥也。七月边城已着裘，想无此苦。稚登顿首再拜。白马阡记千万留神。左长。”（故宫博物院藏，《故宫博物院藏明人尺牍》，页249）

案："益卿"即顾养谦，时任辽东巡抚。王稚登与顾善，故荐侗之姻亲新任密云知县杨士鸿。

顾养谦（1537—1604），字益卿。南直隶通州人。嘉靖四十四年（1565）进士，授户部郎，出为福建佥事、广东参议，坐事调云南佥事，迁浙江右参议。改蓟州兵备，进为右佥都御史巡抚辽东。以战功升右副都御史，历南京户部右侍郎，改兵部左侍郎，授蓟辽总督兼经略朝鲜军务。有远量，胆识过人，以才武称于蓟辽。卒，赠兵部尚书，谥襄敏。[光绪]《通州直隶州志》卷一二有传。（页7A）

是月，王世贞授南京刑部尚书，其子士骐是年中进士，有诗寄贺并怀念李攀龙。

《来禽》卷三《弇州先生新拜大司冠，时长公登进士举，有怀今昔，兴言济南》："司冠新除到白门，两都八座并称尊。婆娑人地香山似，浩淼天池碧水温。正及郎君春跃马，谁从南北夜开尊。因怜白雪朱弦绝，怅望空楼掩泪痕。"（页7A）

案：先是，王世贞授刑部侍郎，称病未赴，是年复起南京刑部尚书。《明史》卷二八七："居正殁，起南京刑部右侍郎。辞疾不赴。久之，所善王锡爵秉政，起南京兵部右侍郎。……擢南京刑部尚书。"（第24册，页7379）其子士骐是年亦中进士，故寄诗贺之。末有"因怜白雪朱弦绝，怅望空楼掩泪痕"，兼伤词坛名宿李攀龙身后凄凉。

是月，邑人姜志信倡修华严寺殿台成，为撰碑记。

邢侗《修华严寺殿台碑记》："犁丘南十五里许，寺名华严。寺弗审创自何代，日久为风雨漂摇，鸟鼠牙角。嘉靖间，殿宇虽已修葺，尚有殿之台基坍塌未就，观者如传舍，鲜为虑焉。志信姜君，领进香会首于兹，不忍见其圮坏，尝恻然曰：'何以视台基之至于此乎！台废则殿宇因之，而佛像亦弗堪矣。'寺僧圆满、广儒等即心叩之，姜君欣而许诺。时以利用浩繁为惧，齐诸乡闾士庶，立会聚财，悬悬以毕务是念。孰意接年荒歉，财散者不能收拾，虽有心，安遂乎？邑侯刘公，以循良六载，由临邑而擢襄阳，复以士庶乞留，任东昌而署临邑。政声感召，岁颇丰收，可以兴作。时矣姜君志不自抑，先请命于琴堂，既商榷于士夫，集前所与共事者，略事弗竣，乃捐已赀材，助买砖石，出己粟米，饭诸匠役。不旬日间，工完而成，规模坚致。一方黎庶观之者，无不称羡焉。犹恐日久湮没，非文字无以纪一时盛典，仍命工刻石，僧众醮谢。昔不能完之事，一旦而完备，乡闾随会之心，亦有所底止。姜君其大尽力于佛氏者乎！而佛氏之庇姜君，可预卜矣。是役也，兴作于岁之暮春，落成于岁之季夏，立石于岁之仲秋云。"([同治]《临邑县志》卷一五，页39B)

案：此文《来禽》未收。题下注云："正书，题名不录，在华严寺。"又有题署："赐进士第、中宪大夫、陕西苑马寺卿、前直隶苏松巡按御史、邑人邢侗撰，赐进士第、奉政大夫、山西按察使司佥事、前吏科右给事中邑人李汝相篆。"末署："万历十七年岁次己丑八月吉旦。邑武举生吴遵义书丹。"倡修人姜志信事迹未详。"邑侯刘公"名承忠，其万历十一年任临邑，至是六年。"复以士庶乞留，任东昌而署临邑。"[同治]《临邑县志》卷七"知县"："刘承忠，怀安卫人，万历十一年任。"(页5B)

阳信县知县傅商弼三年任满，将入官刑部，有诗四章赠别。

《来禽》卷二《阳信傅令君拜官比部，赠别四章》其一："厌次神仙令，嵩山指故庐。鹤笙真侣在，调笑宦情疏。世岂有斯士，人今谁隐居。茫茫尘劫里，君独问樵渔。"其二："一官才得调，随例复西曹。亟拜君王宠，应舒簿牒劳。云光白作署，茗色绿于醪。小啜看云意，如临八月涛。"其三："尹叟多亲我，王郎亦起予。两乡常寄语，为答去秋书。问字拼沉醉，游仙忆步虚。盟言犹在耳，那得一回车。"其四："世路太行险，君心如砥平。一嘘真长价，相顾欲和鸣。未死君亲愿，浮生水石情。寥寥知己辈，肝胆向谁倾。"(页6B)

案："阳信傅令君"名商弼，任满入为刑部主事，邢诗即送其之任作。[民国]《阳信县志》卷二："傅商弼，字汤霖，河南人。由进士为阳信令，才思精敏，虚怀乐受，唯恐有过，誓不苟取厘，剔中外胥役，奉法唯谨，兴学造士，举行乡约，增置廒仓、义田、义冢，皆有功德于民，升刑部主事，人怀其德，为立生祠。"

（页 58B）此谓“字汤霖”，与[乾隆]《嵩县志》“字肖岩”不同，姑此存异。

傅商弼，字肖岩。河南嵩县人。万历十四年（1586）进士，授阳信令。阳信故称贫瘠，民乏牛种，荒田弥望。弼途市牛二百余，抵任悉给之，谕令开荒躬自劝科，民大欢，转相鼓励，逾年牛孕数百，谷积不胜用，境内富庶。任阳信三载，屡有异政，大吏交章荐，擢刑曹。侍亲归，起兵部主事，赍帑数万，犒戍将，时多陋规，弼悉革之，一无所取。弼事母至孝，方归养时母朱氏性严，偶不怿，弼长跪榻前，不命之起不敢起也，时以忠孝目之。[乾隆]《嵩县志》卷二四有传。（页 6B）

傅光宅使荆楚，过访犁丘，有诗送别。

《来禽》卷三《送傅伯俊奉使荆楚》：“晓光初动散宫鸦，遥降天书帝子家。雁背楚云迎使者，雪消江岸见仙槎。春晴载酒章华馆，草绿吟诗宋玉衙。览眺不禁怀古思，夕阳回首汉川斜。”（页 2B）

案：“傅伯俊”名光宅，是秋有使楚之行，在京有诗别友人。傅光宅《使楚别长安故人》：“匹马出燕市，孤舟望楚云。晓寒山霭合，秋澹水烟分。雁与天同远，猿堪客自闻。每从形胜处，飞梦见诸君。”（《傅伯俊诗草》卷五，页 16A）其过临邑访侗，又过家探母汪太孺人，时母已病笃，不忍别去。既去一日，母卒。于慎行《明故乡贡进士敕封监察御史肖岩傅公暨配封太孺人汪氏合葬墓志铭》：“已而伯俊使楚过家，不忍别，太孺人趣遣之曰：‘我无恙也。’既去一日，沐浴更衣，仆地起即逝，果符其言。伯俊闻而奔且号曰：‘天乎！孤之无幸也，昔者归而不及吾父，今者出而不及吾母，吾何以为子矣！’闻者悲之。”（《谷城山馆文集》卷二一，页 26B）汪太君卒于是年（详后），故使楚系于此时。

为杨煜撰墓志铭。其子为临邑县教谕杨应霈。

《来禽》卷一四《孝廉将军菱洲杨公墓志铭》：“孝廉将军杨公菱州煜，字文贞，吾邑博贵州杨先辈应霈父也。……将军生某年，卒以某年，弥留之顷，连呼‘战马’者三。盖又四年八月，而属志于余。”（页 5A）

案：此文又载《邢子愿杂著》，“将军生……”一段，《杂著》叙述较详：“将军生嘉靖辛卯四月十九日，卒于万历甲申十二月十五日。弥留之顷，连呼‘战马’者三。享年五十有四。葬之日，则乙酉八月十有九日也。祔麻宣河曾祖茔之右边。盖又四年八月，而属志于余。”末署：“济南临邑邢侗撰，同邑许用敬书。”墓主杨煜，贵州威清卫人，万历十二年（1584）卒，十三年（1585）八月葬，“又四年八月”即本年八月，其子临邑教谕杨应霈(汝霖)属侗撰墓志铭。[民国]《贵州通志》“选举志一”：“万历四年丙子举人，杨应霈，威清人，官副使。”(页 24A)

秋，吏部左侍郎赵焕以疾告归，过访临邑，有书致谢。

《来禽》卷二九《与赵吉亭少宰》：“天曹雄系，领袖簪绅，即衣履襟带尚足辉映寰区，而台下夷然不屑也。一疏陈情，蝉蜕宰衡如视敝屣，若恐一日之养以三公见挂者，此其为孤情绝照，澹致殷怀。无论此世，即前古竹帛所镌垂，断断乎无能贰也。台幰过寒闾，停鸾枉问。郊亭詹伫，满目凄其，盖感德恋别之衷诚，不以人地悬殊而忘其耿耿矣。即今虏逞寇深，正当宁物色老成之日，而以双闱在侍，窃计不能用尺一而夺东山。乡邦小子隶在门墙，眷言风素，恨无缘一办长房缩地之术，厕饫绪论，暴露所怀，徒咏‘我所思兮海一方’，聊以纾其岑寂也。近晤见翁先生，仰悉空洞中未忘么麿，故敢以尺缄候尊履。秋渐萧条，唯为君亲保炼，以对天下悬思。”(页 1A)

案：“赵吉亭少宰”名焕，“少宰”指吏部侍郎。赵焕万历十五年(1587)三月至十六年(1588)十一月为吏部右侍郎，十六年十一月至十七年(1589)七月改吏部左侍郎。《明神宗实录》卷一八四：“(万历十五年三月戊戌)工部右侍郎赵焕为吏部右侍郎。”(《明实录》第 55 册，页 3431)又卷二〇四：“(万历十六年十月乙酉)升礼部右侍郎徐显卿吏部右侍郎，赵焕改左侍郎。”(同书，页 3812)又卷二一三：“(万历十七年七月)庚午，吏部左侍郎赵焕以疾乞归，许之。”(同书第 56 册，页 4004)据“一疏陈情，蝉蜕宰衡如视敝屣”“台幰过寒闾，停鸾枉问”可知此书作于是年秋，赵焕以疾归里过访临邑。

赵焕(1541—1619)，字文光，号吉亭。山东掖县人。嘉靖四十四年(1565)进士，授乌程知县，选工部主事，改任御史。时首辅张居正擅权，丁忧夺情，独赵焕不署名，为张所恶。升工部右侍郎，进吏部左侍郎，以亲老乞休还乡。召为刑部尚书，因失帝意，再称病归乡。复为南京右都御史，改吏部尚书，皆不赴任。后召拜为刑部尚书，改兼吏部尚书。时神宗怠于政事，曹署多空，多次上疏要求增补官员。上疏求去，称疾不出。四十六年，复任吏部尚书，上疏言辞激烈，为神宗所恶。卒，恤典亦停。光宗立，恢复其恤典，熹宗初赠太子太保。《明史》卷二二五有传。(第 19 册，页 5921)

秋，李维桢起复为河南左参政，有诗寄之。

《来禽》卷三《寄李本宁大梁邸中》：“十年曾寓金銮直，走马人呼李谪仙。

随牒忽烦秦陇檄，寻真应采华峰莲。情贪竟体芳兰好，书及孤鸿曙雪前，此日繁台推作赋，夹池霜竹为君妍。"(页 12B)

案：诗题"大梁邸中"，指李维桢在河南左参政任上。是年五月，李维桢服阕入都补官，客三月补河南左参政，其《嫔王孺人行状》："余客京师三月，有大梁，孺人与先妣受今封。"(《新刻楚郢大泌山人四游集》卷一七，页 8B)其万历十九年(1591)八月再转江西右参政，《明神宗实录》卷二三九："(万历十九年八月庚申)以河南左参政李维桢补江西右参政。"(《明实录》第 56 册，页 4447)

秋，曹县知县钱达道过德州未由相见，寄书甚感懊恼。

邢侗《答曹县钱明府》："明府顷上台谒过郡城，邮签缺报也，未几则双舄冥冥矣。弥年期会一日，而云雨虚无，可胜懊恼？郑庄置驿长安郊，我乃失之四境。新诗损寄，秋水为神，正复作几杖观也。明府劳民胼胝，邑乃大熟，曹南万户欲假七宝装严道路，口碑实繁其侣，不第王生矣。"(《邢子愿杂著》)

案：此文《来禽》未载。"曹县钱明府"名达道，[光绪]《曹州府曹县志》卷九"知县"："钱达道，字五卿，直隶常熟人。举人，万历十六年任。"(页 5A)书云："弥年期会一日，而云雨虚无，可胜懊恼？……新诗损寄，秋水为神，正复作几杖观也。"故系于是秋。又书云"口碑实繁其侣，不第王生矣"，"王生"殆指前曹县知县王圻，据上引《曹县志》卷一〇"名宦"，王圻，字符翰，号洪州，嘉定人。嘉靖乙丑进士，万历初知曹县，尽心勤职，爱民如子，邑中粮差不均，民不胜其扰，其施行一条鞭法，并刊布著为法令。此法一行，贫富同声称便，到今赖之。王圻后仕至参议退隐，"曹人岁时必往省焉"。(页 13A)侗赞其口碑与王圻为侣，宦绩过于王圻。

钱达道，字五卿，南直隶常熟人。万历元年(1572)举人，五科不第，授新昌令，改曹县。濒河地瘠，又大祲，后宽徭役，祈雨泽，施药弛禁，渐有起色。明年政通，县堂弊坏不支，捐俸锾撤新之，不取民一粟一木，所称"节爱堂"是也。堂后建"询瘼轩"三楹以议政。重修尊经阁以科士，县志残缺，纂修之三月告成。政事文学，两优之矣。三载擢霸州守，终本府同知。入名宦祠。[光绪]《曹州府曹县志》卷一〇有传。(页 13B)

十一月，同年山东右参政吕坤迁陕西按察使，撰文立碑，颂其德政。

《来禽》卷一一《分守济南道右参政宁陵吕公德政碑》："我分守藩伯宁陵吕公，中岳缬秀，大河酌润，良璞比其温厉，盎齐方其醇湛。少不好弄，长不践迹,目绝非圣之书,识综万有之变。见道则程昆可参,谙治则贾生可二。……往者公莅藩服才一年,所属城百姓即有谋为祠祀之者,仅仅十一耳。乃今且再期,而人无弗吕父,里无不仁君者,政成积久,民乃以和,不虚也。初民聚族而谋,诣阙请留,拟用累勋超拜例。不谓山西之命,我人失借,百姓猝猝莫知为计,徒走憧惶已耳。……公名坤,字叔简。不佞侗子愿其字,征文者为邑三老孝弟某某若干名,贫不能醵金而尸祝之者,万万计矣。"(页21A)

案:吕绅任山东右布政分守济南,始于万历十五年(1587)四月,《明神宗实录》卷一八五:"(万历十五年四月)辛巳,升吏部稽勋司郎中吕坤为山东参政,奉上命也。"(《明实录》第55册,页3468)其离任时间,此德政碑未署时间,约在是年十一月。[同治]《临邑县志》卷一五"金石志下":"《分守济南道右参政宁陵吕公德政碑》,正书,篆额,在西门外玉皇庙。赐同进士出身、中顺大夫、陕西行太仆寺少卿兼宁夏河东兵粮道提刑按察司佥事、前山西道监察御史、侍经筵官邑人邢侗撰文,赐进士出身、中宪大夫、整饬延绥中路兵备兼分巡道陕西提刑按察司副使邑人王再聘书丹,赐同进士出身、奉议大夫、管理清军驿传屯盐道山西提刑按察司佥事、前户科给事中邑人李汝相篆额。……万历十七年岁在己丑十一月朔旦。"(页44A)

吕坤(1536—1618),字叔简,号新吾。河南宁陵人。万历二年(1574)进士,为襄垣知县,有异政,调大同,征授户部主事,历郎中,迁山东布政司右参政。洁己率属,铲除夙弊,政称海内第一,迁山西按察使、陕西右布政使,升右佥都御史、刑部左侍郎,卒赠刑部尚书。著有《呻吟语》《实政录》《去伪斋集》等。[道光]《济南府志》卷二五有传。(页30B)

同年吕坤将之任山西,有诗赠别。

《来禽》卷三《送藩伯叔简丈之晋臬》:"风雨端阳滞祖筵,画熊车畔草芊芊。三齐问岁枯还肉,千里提封戴所天。夹道野棠碑作口,临歧田父泪为泉。太行何限云山隔,两地心知皎月圆。"(页10A)

案:"叔简"即吕坤,据上引《分守济南道右参政宁陵吕公德政碑》,其由山东右参政升山西观察使,约在是年十一月,此诗亦应作于此间。

章丘张汝蕴诗为王世贞所赏,其感叹"一昨得子愿,今复得子发,济上何多贤也"。

《来禽》卷一三《中宪大夫陕西按察使司副使章丘逢原张公墓志铭》:"公

莅南曹时，弇州先生为大司寇，见公所为诗嗟赏不已，曰：‘一昨得子愿，今复得子发，济上何多贤也。’因序其诗，付劂工，遂定石交。”（页5B）

案：“子发”即张汝蕴，时任南京工部主事，其诗为王世贞先生所赏。邢侗《中宪大夫陕西按察使司副使章丘逢原张公墓志铭》：“庚辰，成进士，以次当令，领东安。……满考三年，治行为三辅最。……罢公车，仅迁南京工部主事。……满三载，考当如都，拟过家为二尊人寿，一时名卿大夫及知名快士歌咏烂发，缣缃满载，弇州先生实为倡首。归奏二尊人不胜色喜，邑称旷典云。”（《来禽》卷一三，页5B）王世贞寿诗即《章丘张虞部子发考绩便道归寿其父母，为成古体应之》。（《弇园续稿》卷八，页16A）

同年尹应元调任真定府知府，有诗寄怀。

《来禽》卷三《寄怀中山刺史尹春寰丈》：“睛川连江江树青，故乡遥望江泠泠。中山太守走吏牍，关尹先生谈道经。如此风期仕兼隐，谁其参佐狂而醒。十年趋府劳忆梦，鲁醉松醪双玉瓶。”题注：“中山，余故手板地，因及。”（页17B）

案：“中山刺史尹春寰”名应元，与侗同举进士，同进刑部视政，其留部由主事升至郎中，邢侗观政一年即授南宫知县，两人交厚。尹应元万历十五年（1587）服阕，先任大名府知府，再改真定。此诗当尹应元初守真定时作，诗云“十年趋府劳忆梦”，指邢侗万历八年由南宫知县擢升监察御史，至此十年。南宫县辖属真定府，故曰：“中山，余故手板地。”

尹应元（1551—1625），字乾泰，号春寰。湖广汉川人。万历二年（1574）进士，任刑部主事、员外郎，历郎中，出知凤阳府，丁内艰，补大名，改真定，皆以防能称。调山东，擢参政，以功加授按察使，未几升佥都御史、巡抚山东。时倭警，应元转饷调师，未尝乏绝，叙录赐金币。历浙江巡抚，致仕，卒。[康熙]《湖广通志》卷三二有传。（页47A）

光庐赴任太康县知县，有诗送别。

《来禽》卷二《送光前辈之太康任》：“孝廉今出宰，百里古诸侯。井邑通梁宋，人烟接巩缑。政成河比润，俗美雉来游。千载空阳夏，名从我辈收。”（页10A）

案：“光前辈”即光庐，其任太康时间未详。据[乾隆]《太康县志》卷四“知县”：“周献臣，临川进士。光庐，历城举人。张尔基，大同进士。”（页12B）周献臣万历十四年（1586）进士，授太康县令，张尔基万历二十年（1592）进士，授太康县令。若此，光庐约万历十七年(1589)至二十年(1592)在任。光庐，字顾吾，山东历城人，落籍济南，万历元年(1573)举人。《历乘》卷一六："光庐，知县，有《东山存稿》，诗脉甚正。"(页 53A)其叔光懋，嘉靖四十四年(1565)进士，隆庆中仕至吏科都给事中。邢侗又有《寄济南光孝廉，乃叔为故黄门给事懋》(《来禽》卷二，页 14B)，亦寄光庐之作。

与吴国伦分别三载，其有诗寄怀。

吴国伦《寄怀邢子愿参知二首》："握手遽长别，三年万里心。书愁江雁阻，目极海云深。按剑无长态，操弦自古音。何时访东岱，杯酒话浮沉。""见道抽簪去，相羊海岱间。振衣观日出，把酒待云还。一羽遗钟鼎，群星拭佩环。诗成但高卧，无梦入燕关。"(《甔甀洞稿》卷四，页 27B)

案：万历十四年(1586)春侗与吴国伦相聚富口，至是三年。诗云："握手遽长别，三年万里心。"又有："何时访东岱，杯酒话浮沉。""诗成但高卧，无梦入燕关。"亦证侗时乡居。

书"保厘云朔坊"，坊为原大同巡抚胡来贡立。

[乾隆]《掖县志》卷五："保厘云朔坊。万历十七年为巡抚大同都察院副都御史胡来贡立。"(页 29A)

案："保厘云朔坊"五字为侗所书。侗与胡来贡善，其劾免归里后，有《寄胡顺庵中丞》诗："中丞纳节住青山，三暮三朝任往还。囊有俸钱随分乞，更将腰带施禅关。"(《来禽》卷五，页 16A)

胡来贡，字天中，号顺庵。山东掖县人。由进士授刑部主事，历郎中，出守平阳，与民休息，迁怀隆兵备副使，修边城，增营汛，禁清凉山樵，督抚多所采纳。万历十年(1582)擢大同巡抚，至则谨斥堠，严侦逻，敌不敢近。北岳旧祠浑源，后改祀曲阳，来贡谓柴望之地，义取适中，祀曲阳非宜，特疏入告督抚，与枢辅忤，十五年(1587)二月劾免。归，诗酒自适。[乾隆]《掖县志》卷四有传。(页 25B)

十一月廿一日，吏科都给事中陈与郊荐举邢侗等人，被刑部山东司主事吴正志参劾，遂引发朝议纷争。

《明神宗实录》卷二一七："(万历十七年十一月)乙丑，吏科都给事中陈与郊等参劾广东参政徐应奎、佥事许国瓒隐庇徐闻县极贪知县陆荣，所当议处，其藩臬瘝旷者请一议汰。又荐举原任布政使邹善、钱藻、郑云鎣，原任参政邢玠、乔岩、李鞬，原任副使郑汝璧、龚懋贤、冯时可，原任陕西行太仆寺少卿邢侗，原任参议李乐、戢汝止，并请简用原任知县陈扬产，不当终弃。吏部覆：应奎、国瓒行巡按查劾酌议；扬产闲住难以复议；善、云蓥俱经奏荐起用；藻等查访酌量起用。得旨如拟，并申饬司道官不得容庇贪肆。"（《明实录》第 56 册，页 4062）

《明神宗实录》卷二一八："（万历十七年十二月甲申）刑部山东司主事吴正志言，吏科给事中李春开钻刺夤缘，得据言路，受官之日疏诋员外郎赵南星，再疏击郎中姜士昌。夫赵用贤、吴中行诸臣，或留滞周南，或偃蹇林壑，其气力非如总宪也，徒以正士日就危疑，一白其冤抑耳。奈何谭其改节之重臣，则目之为倾陷；谭其远弃之孤臣，则目之为周比？令申有颂言大臣，德政之律，有许诸人直言无隐之条。今春开倡疏，御史陈沛林、祖述等和之，一时台谏业已干颂言之禁，而又禁司属之直言，天下士可尽箝其口耶？迩年以来，言者固不乏人，诋之者不以为出位，即以为沽名才一启吻，辄加罪谪，又严谕堂官各毖所司，可谓至严酷矣。然煽乱是非，从中指使，陷春开于恶者，吏科都给事中陈与郊也。与郊方王篆用事时，与邢侗、方范、顾尔行等投篆门下为客，后篆事败，五先生相继劣处，与郊不知以何术得免，叨掌吏垣，日招权纳贿，沈鲤、辛自修、张位之去，实阴挤之。近又朦胧冒荐邢侗等，舆论切齿久矣。春开一入衙门，欢若平生，先设为似是之说，鼓惑其心志，而春开阴堕其术中，甘心背公植党而不恤。乞将春开、与郊重究，以为言官党护大臣之戒。得旨，李春开钻刺夤缘，有无实迹？本内出位沽名，严谕堂官，原系朕旨，如何说是严酷？着吴正志回奏。"（《明实录》第 56 册，页 4076）

案：围绕陈与郊所奏，此时引发朝议纷争。先是吴正志所奏语侵陈与郊，与郊又上《无端被谗重辱言路恳乞亟赐罢斥以励台省疏》反驳，得旨："吴正志肆出狂言"，"姑从轻降极边方杂职"。十二月廿五日，光禄寺少卿王汝训又上《贪险科臣大乱朝政乞赐罢斥以清言路疏》（《万历疏钞》卷一九，页 85A）劾与郊，与郊又上《寺臣阴获妄诋朝纲国是大为可忧乞赐罢臣并敕从公辩别以息横议疏》（《黄门集》卷三）辩解，吏部尚书杨巍厚与郊，谓"汝训箝制言官，非体"，汝训改调南京。此次朝议纷争，直至与郊告假归里省母才暂告段落。然而，此次风波却殃及池鱼，重提与王篆结交及"五先生"等旧事，有言官言辞激烈，对邢侗造成负面影响，如吴正志上疏言："近又朦胧冒荐邢侗等，舆论切齿久矣。”王明有言:“邢侗、何起铭、龚懋贤等公论不直。”王稚登《寄邢直指子愿》:“邸报中见陈黄门疏草,与家儿辈方取测注弹去尘埃,乃复有弹射者在后,畴俾明公艳姿绝世,众女娼之,而今黄门为池鱼哉。虽然以荐邢先生受劾,第为世道太息耳。”(《谋野集乙集》卷一〇,页34A)邢侗对此亦颇有怨言,其《答刘华石年兄》曰:“其所连染直以吴兴故,嗣后以海宁故,彼二丈者,仆有无要结贿赂为声援,其事在大明中不须别白。”(《来禽》卷二九,页13A)“嗣后以海宁故”即指为陈与郊此荐所累。

十二月,妹婿马拯调任唐山县知县,有诗送之。

《来禽》卷三《送马妹丈明府之唐山》:“再捧除书出帝庭,腰章还是旧银青。城荒汉垒犹名柏,春秀尧阶几叶蓂。北俯冀群空万马,南临襄国忆诸邢。所嗟人异云中侣,目折西原送鹡鸰。”题注:“唐乃汉栢人城,而顺德,余邢郡望也,语中故及。”(页20B)

案:“马妹丈明府”名拯,时任唐山县知县。[康熙]《唐山县志》卷二“知县”:“马拯,定州人,进士。”(页21B)诗云:“再捧除书出帝庭,腰章还是旧银青。”马拯进士及第后授宁陵县知县,此当为任满六年后,“再捧除书”改任唐山县知县。马拯何时任唐山知县,《县志》未详。据崔景荣《出书稿》有《与唐山陈(登云)》:“新补贵县尹马君,门生敝同门也。闻其闷闷之政,颇宜于民。以此代前人,诚为贵县之福也。”(《历史档案》2010年第3期,页11)《出书稿》为中国第一历史档案馆藏抄件,为明驻宁甘地区“佚名”官员于万历十七年(1589)至十九年(1591)春发给上级、同官及友人的函件。据笔者考证,“佚名”官员应为崔景荣,万历十一年进士,时任陕西道巡按御史。“唐山陈”为唐山人陈登云,时任山西道巡按御史。此书按原件时序,应作于万历十七年(1589)十二月。马拯与崔景荣同年进士,书中“新补贵县尹马君,门生敝同门”即指马拯无疑,亦可知马拯任唐山县知县始于此时。

又据诗题“马妹丈明府”,知马拯此时已续娶邢慈静。马拯原配李氏,病逝后续娶慈静。[崇祯]《武定州志》卷三二载有李氏赠宜人之制文:“尔山西平阳府同知马拯妻赠孺人李氏……赠尔为宜人。”(页38B)明清时孺人为七品官母或妻之封号,宜人为五品官之封号,已逝之人用“赠”,身在之人用“封”。故此推断,李氏赠“孺人”时已逝,而续娶慈静亦封“孺人”。上书同卷有邢慈静封宜人制曰:“尔山西平阳府同知马拯继妻、封孺人邢氏……是用封尔为宜人。”([崇祯]《武定州志》卷三二,页39A)然因史料阙如,邢慈静出嫁之具体时间已难详考,其有《自述诗》述及出嫁情形:“侬自闺房处女子,闻君博览通古史。归君薄海宦游多,光阴迅度如弹指。”(《式古堂书画汇考》书卷二八,《中国书画全书》第6册,页646上)亦未详具体时间。然细绎邢侗《送马妹丈明府之唐山》诗云:“所嗟人异云中侣,目折西原送鹡鸰。”则马拯续娶邢慈静应在此年或稍前。

是月,傅光宅母汪太夫人落葬,撰文祭奠。

《来禽》卷二〇《祭东昌傅太君伯俊母文》:“嗟嗟!母今不起矣!余知母以伯俊,知伯俊亦唯母也。伯俊幼旷逸有气,多豪少年游。而母时时教敕之曰:‘儿其逸群之足乎?不就衔勒无以服上襄。’伯俊因折节为恭,下帷发策,人不见其面目者凡若干年。而后奋迹取甲弟,为岩邑。……迨拜为台察……未几,用行人出使楚。于时母甚恃矍无疾,伯俊犹内难之,而母厉声曰:‘此王事也,老妇敢以一夕累王臣?’伯俊强而前,而母亡何逝矣。伯俊得讣而哭,与楚峡猿声相和也。已,徒跣归,抚棺欲绝也。伯俊孝哉!母始不用小姑息以安儿于王事,而卒怡然大归,即不一诀,有臣子之大谊焉。且母素皈依净业,而伯俊精心奉佛如王维,是母是子,固有超然于死生荣寂之界者。余下士,复何言?”(页4B)

案:傅光宅母汪太夫人是年卒,十二月落葬。于慎行《明故乡贡进士敕封监察御史肖岩傅公暨配封太孺人汪氏合葬墓志铭》:“十有七年,公配汪太孺人卒……伯俊乃以其年十二月十二日奉公及太孺人宫。”(《谷城山馆文集》卷二一,页26B)又方问孝有《傅太夫人挽词》,殆同时作。诗云:“女诫留中闱,贤名著上公。风归遗珮响,月度寝楼空。机杼轲亲断,文章汉史雄。哀哀思反哺,长与夜乌同。”(《苍耳斋诗集》卷一〇,页24B)

王世贞来书,言撰其弟世懋行状,嘱撰诔文祭奠。

王世贞《答邢知吾》:“昨者从陆成叔便,仅一通候起居,并附所闻。此不足溷高听,乃犹置之臆膝间耶?猘口狺狺,只以夷陵君一事相累,其它妆饰之辞,所谓本无此事,但图对偶亲切者,何足道也。寄来新诗,宛宛有情致,俊而且丽,自足名家。公所示北人难雅语而寡叶声,自诡差长,大都已得之,诚不愿公为敖辟骄志之齐风也。唯寓思稍加研深耳,大小文尤更古雅,冷语散辞出入东西京间,采《世说》读之令人心折。仆所以差能赤帜一方者,政为能舍吴装耳,公能不为北所束,何所不佳?胡元瑞《诗薮》亦见否?其采可谓博,而持论可谓精,尚不免有偏枯处,公宜一览之。亡弟已矣,近为梓其遗诗文,将五十卷尚未成,成则当寄览也。拙草《行状》附去,公能不芹一些诔否?仆比健饮啖,精神差胜去年,但思恬澹五尺地,邈若胡秦,上疏再乞骸,不可得。近与南杨太宰感时事之不佳,累欷长叹者累日。太宰合九卿极论之,而仆具草,太宰若得罪,仆请附,同日可以成归,不然未免袯襫北上,还当奉叩高斋一晤。即掩关故里矣,虽建业水亦不复饮也。所谕觅山师张姓者,用石多而天趣少,又善索工直,无锡吴老之子却佳,公若遣一介来,当为致之。陆成叔故有才情,而多口过,又好作青楼记室,是以饶蝇点,终自飞鸟依人。俞仲蔚肓子死,血胤绝矣,可怜可怜。适右手腕间一疮,不能手书,亮之亮之。"(《弇州续稿》卷一九八,页7A)

案:书云:"昨者从陆成叔便,仅一通候起居,并附所闻。"指上年托陆成叔携书访临邑。又云:"陆成叔故有才情,而多口过,又好作青楼记室,是以饶蝇点,终自飞鸟依人。"可参见王世贞《陆成叔出新诗俊丽甚,然多平康巷中语,走笔戏赠,且以为风》诗(《弇州续稿》卷一三,页15B)。书中对邢侗所寄新诗颇有好评:"寄来新诗,宛宛有情致,俊而且丽,自足名家。"又介绍胡应麟所著《诗薮》:"胡元瑞《诗薮》亦见否?其采可谓博,而持论可谓精。"《诗薮》有万历十八年胡氏少室山房刊本(上海图书馆藏残本),由此可证王世贞此书作于是年或稍后。胡应麟因王世贞得名,其品评诗歌常从《艺苑卮言》之说,甚而曰:"诗家之有王世贞,实集大成之尼父。""俞仲蔚"名允文(1511—1579),南直隶昆山人。少工临池,晚益名重,著有《仲蔚先生集》。

王世贞撰《邢氏五世志略》,叙次邢氏先世。

王世贞《邢氏五世志略》:"邢故河间望,其先以国为氏,周公旦之叔子,所谓邢茅胙祭者也,盖一再见于《春秋》。……至明兴,而江左之邢始散缙绅间,及嘉隆而中原之邢乃复显,其徙自河间,而为山东之临邑者,盖世世称上豪。而岢岚公政以读书明经,举乡荐,太学为之部选人,初得静海,满九载,以资久迁岢岚守,可数岁节惠著闻。尝坐忤中贵人瑾,称诏罚粟千石,岢岚公橐若洗,方忧之计无出,一夕而粟山积于雉门,较其数则倍之矣。岢岚公有四丈夫子,伯曰赠公溥,次曰洲、曰洪,又次曰沂。赠公之为经术沉沉也,又尝裒然诸生间,以故雅自负,伯子都谏公如默成进士,累迁吏部都给事中。而赠公时甫膺贡,顾不肯受封,曰:‘使我何以见岢岚公?’然竟不第,以博野司谕终。终而后,得赠都谏公官。赠公有三子:长即都谏公,数长青琐,廷诤岳岳,有古直臣风,而与其僚论事不合为所中,谪郡司理,谢政归。仲断事公如愚,豪爽有风概,例补太学上舍,授甘州行都司断事。季封公如约,习经术不就,傍晓医家言,试礼部高等,当得给事太医令,念亲老,乞德藩良医以归。封公与断事公俱名,能治生,得计然白圭之法以宽息之,而家隆隆起。顾皆好施予,义散其赢,不顾常损,数千金新孔庙及学,部使者贤之,而旌以棹楔,曰‘世德名家’。封公以子山西道御史侗贵,封如其官。自封公之上,距岢岚公三世矣,皆有衣冠,不龌龊田里。而岢岚公之伯兄孜不仕,仲兄敏亦不仕,子泽荐于乡第六人,仕为宁津令。岢岚公之四丈夫子,不仕者独洪耳。洲贡如赠公,而稍贵至顺德郡倅。沂举乡荐高等,名能诗而夭。都谏公有九子:长化,以书事世庙,拜中书舍人;仲仕,举乡试;又次偲,次任,次似,次佃,次侁,次侨,次倌。断事公独一子修。而会都谏公之见背,不及家,化复以久宦削之。封公后先为经纪田产,各直拟更数千金,甲第一区,未室者室之,更辟馆延师,群萃而督之,竞出为名诸生,傀半补太学,而后治私,断事公其倡之矣。封公有三子:则今御史侗,长而为御史,少即颖异,十八膺拔萃贡,又六年成进士,以文学名海内,然其业故受之封公,居恒称:‘封公之治太史公也,殆不减刘小中垒、杜征南之于左氏,日雌黄之,与乙而丹铅加表矻矻无停手,岂不贤于吾家子才误书倍屣哉?’都谏公每曰:‘吾在青琐十余年,不如季氏一青藜二载,叹其以仕夺也。’御史之仲佑,若季伉,为诸生,擅奇俊,故介视科第矣,其与中书君九人者,距岢岚公而四世者也。中书君长子王道视御史为犹子,与同举乡荐,诸昆弟亦鲜不具衿绅者,此距岢岚公五世者也。其他支属子姓,彬彬称是。侍御谓余好谭说公侯卿士年表及荐绅阀阅之盛:‘盍为我志之?’余谢不敏。……余所闻于封公,尚为德不已,环临邑而居者,无不衣食于邢,若庾廪然,盖不止河之润九里已也。三吴之吏民日加额:‘侍御有后矣。’……南京刑部尚书吴郡王世贞元美甫撰。”(《家乘》卷一〇“艺文志二”,页28A)

案:邢侗按吴时,以叙次邢氏先世见属于王世贞先生,先生《临邑邢氏父子赠封省台诗叙》云:“侍御邢先生子愿按吴过余山中,而谈说文事甚洽也,已稍稍叙次其先世,属余志之。”(《弇州续稿》卷四六,页20B)即指此文。此文末署“南京刑部尚书”,则王世贞是年八月任南京刑部尚书后作。

好友张凤翼母夏氏卒，为撰墓志铭。

《来禽》卷一五《敕封安人张母夏氏墓志铭》："盖安德有元羽张仲凤翼云。世名胡氏《春秋》学，而元羽尤磊落感慨，风雅爱利，握一方月旦权衡，名隐隐起海内。乍而即之，不知其犹诸生也。其交于不佞父子兄弟间，欢然骨肉靡间。又两家外内相间，遗无宁时。……元羽故得幸于弇州先生父子矣，而王长君复走信自都，力任不朽张母者于其尊尚书公。乃元羽服，匿辞若曰：'业已属之邢君。'谓不佞侗习母深也，则余乃今而后，何敢以文词自爱？按元羽所自手状，母封安人夏氏，观察府君元配也。……元羽近复汍澜占叙：戊子当省试也，母略减匕箸矣，孤趦且不敢成行，母为详进一杯糜，孤抵历下，会雨潦，又东人士哗不安于主者，母为忧之，曰：'得无桃蚀李代之僵乎？吾家不满澜，吾知吾儿免矣。'及孤垂翅归，则又阳慰之曰：'得不蒙恶声足矣。吾儿去崦嵫不翅十舍，何渠忧一第耶？'自是母疾寖加，挥药不御，神理渐极，更十数日无一语，瞑矣。夫母氏百心慰藉孤，孤无寸策起母疢疾，此孤所为拊膺疾首，踯躅悲号，而无一却自容也……"(页19B)

案："张母夏氏"即德州张凤翼母，密云兵备道副使张子顺(？—1565)妻。据邢《铭》，张凤翼上年秋参加省试落第，其母未久即卒，故系于是。

[道光]《济南府志》卷五二："张子顺，字聚甫，号裕庵。德州左卫世袭千户。嘉靖癸卯以麟经荐省元，甲辰成进士。授户部主事，会计允当，督饷晋阳，不假催科，军需悉备，暇则与诸生讲学，人才多所成就。后值大同有警，咸宁侯仇鸾统师往御，属子顺主饷，或谓宜厚遗之，子顺不顾及。鸾败，咸服其有定识。升潞安知府，三年升密云兵备道副使，唐荆州经略边务，雅重其德器云。"(页39B)

本年，四月，王家屏复入阁。七月，于慎行升吏部尚书。是年，妖僧李圆朗作乱，犯南雄，有司讨诛之。董其昌成进士。孟秋卒。

【诗文系年】

《崔会卿明府已为我君矣，忽有他借，书来殊蹙额于束带折腰也。余为赋七言见怀，且以二事相款，发函开箧，云光冉冉，湿衣裾矣》《汾源年丈自并州诒书见讯，诗以奉答》《报郭使君舜举》《陆令人墓碣铭》《伯与督学仁兄邀游泰岳，不果所期，遥同此章》《答宋抚台》《与保定抚台宋可泉》《送章丘茅令君入觐》《章丘茅令君去思碑记》《送杨子渐姻丈之密云令》《弇州先生新拜大司冠，时长公登进士举，有怀今昔，兴言济南》《修华严寺殿台碑记》《阳信傅令君拜官比部，赠别四章》《送傅伯俊奉使荆楚》《孝廉将军菱洲杨公墓志铭》《与赵吉亭少宰》《寄李本宁大梁邸中》《答曹县钱明府》《分守济南道右参政宁陵吕公德政碑》《送藩伯叔简丈之晋臬》《寄怀中山刺史尹春寰丈》《送光前辈之太康任》《送马妹丈明府之唐山》《祭东昌傅太君伯俊母文》《敕封安人张母夏氏墓志铭》。

万历十八年庚寅(1590)，四十岁

泲园家居。五月，邢大姊卒。

正月，同年李化龙任山东按察司提学副使，有诗寄贺。

《来禽》卷三《李于田年兄以督学莅济，喜而有赋》："塔院同标海内名，于时雁序忝称兄。十年浪迹隔银汉，一夜清飏酣玉笙。金奏振衣沧海沸，赋成挥手石闾晴。故人此际劳相忆，月度千门春漏声。""梁园学省人如玉，又借流风及大东。稷下雕龙供彩翰，谷边黄石度青骢。三千鲁士名门籍，一代齐盟仗国工。与尔已拚十日饮，醉歌齐扣峄阳桐。""钟山朋好旧游从，江月江花是处供。几度乌衣怀往昔，还因芳草叹蒙茸。天曹小宰神仙侣，地肺真人邂逅逢。君梦南征应拉我，与君同听秣陵钟。"(页 14A)

案："李于田年兄"名化龙，与侗同年进士，李为三甲八十二名，侗为三甲一百八十二名，故云"塔院同标海内名，于时雁序忝称兄"。是年正月，由河南参议升山东提学副使。《明神宗实录》卷二一九："(万历十八年正月戊辰)升河南参议李化龙为山东提学副使。"(《明实录》第 56 册，页 4113)

李化龙(1554—1611)，字于田。河南长垣人。万历二年(1574)进士，任嵩县知县，迁南京工部主事，历右通政使。二十二年(1594)巡抚辽东，击破把兔儿等人，进兵部右侍郎，寻以病去。二十七年(1599)，起故官，总督湖广、川贵军务兼巡抚四川，征讨播州叛臣杨应龙，历时一百十四天，乱平。时父丧，乞归终制。三十一年(1603)四月，起工部右侍郎，总理河道，再以忧去。三十五年夏，起戎政尚书，加柱国、少傅兼太子少保。卒，谥襄毅，赠少师，加赠太师。著有《李于田诗集》等。事具赵南星《明少傅兼太子太傅兵部尚书李公碑》

(《赵忠毅公文集》卷一一,页6B),《明史》卷二二八有传。(第20册,页5982)

临邑县教谕杨应霈入都应试,赋诗十章送行。

《来禽》卷五《送邑博杨汝霖偕计北上》其一:“夷落交蟠古夜郎,瘴烟蛮雨斗欃枪。自怜不及中华地,今日输君大国香。”其二:“四明阳羡旧家声,杨先世两邑俱称勋荫名家。两地金貂带砺盟。君自夜郎杨伯起,关西何限故乡情。”其三:“万里征尘扑鹿车,侠来不食孟尝鱼。老亲垂骨将军肉,莫问聊城一箭书。杨之先将军被罣密云,汝霖间关塞上,得幸戚公,扶侍生还。”其四:“去年乡国别匆匆,老母牵衣稚子同。转觉一天情思苦,牂牁回首失江风。”其九:“昨朝春榜放长安,真个全胜十政官。一着宫罗杨柳色,青毡今夜破轻寒。”其一〇:“金作连钱玉作鞭,曲江驰马杏花天。怪来两度传经客,汝霖及今两司训云。依旧青袍美少年。”(页27B)

案:“邑博杨汝霖”名应霈,时任临邑县教谕。[同治]《临邑县志》“教谕”:“杨应霈,威清人,举人,万历十三年任,升成都知县。”(页13A)《来禽》卷一四《孝廉将军菱州杨公墓志铭》:“应霈,丙子举人,清德雅才,卓然名家,视一南宫第若掇之矣。”(页5A)上年服阕,故云:“去年乡国别匆匆,老母牵衣稚子同。”其是时“偕计北上”,后仕至临安兵备副使。《明神宗实录》卷四一四:“(万历三十三年冬十月)甲寅,升云南姚安府知府杨应霈为临安兵备副使。”(《明实录》第61册,页7759)

二月,吏部尚书杨巍致仕,朝中巨卿及僚属门生撰文赋诗送别。

《明神宗实录》卷二二〇:“(万历十八年二月)庚子,吏部尚书杨巍累疏乞休,上特准致仕,着驰驿去,仍令有司岁给人夫月米。”(《明实录》第55册,页4126)

案:杨巍致仕时年七十五,《明史》本传云:“明年,以年几八十,屡疏乞归。”则为约数。其致仕,缘年老体衰,且因一再奏请帝视朝而“帝不悦”,《明史》卷二二五:“十七年夏,帝久不视朝,中外疑帝以张鲸不用故托疾。巍率同列请以秋日御殿。至十月,巍等复请。帝不悦,责以沽名。巍初历中外,甚有声。及秉铨,素望大损。然有清操,性长厚,不为刻核行。明年,以年几八十,屡疏乞归。诏乘传、给廪隶如故。”(第19册,页5916)其次,其拔擢陈与郊任太常寺少卿,引起朝议纷争,也为原因之一。上年,陈与郊推荐邢侗等人引起朝议,在杨巍庇护下,终以吴其志外贬、王汝训转南都而暂告平息。二月,杨巍以"考察叙劳,量加优升"为由,拔擢陈与郊为太常寺少卿,山东道试御史王明参奏陈与郊"资俸俱浅猎转",杨巍上奏进行辩解,御史王明被罚俸三个月。(《明神宗实录》卷二二〇,《明实录》第56册,页4115)又有御史万国钦举劾杨巍及陈与郊,虽然上以"万国钦不谙大体,姑不究"。(《明神宗实录》卷二二〇,《明实录》第56册,页4118)但几次三番的举劾,已使与郊难以在朝中立足,杨巍之"素望"亦受损。《明史》卷二三五:"是时,巍以政府故,方厚与郊。……顷之,御史王明复劾与郊并及巍,诏夺明俸,擢与郊太常少卿,都人为之语曰:'欲京堂,须弹章。'与郊寻以忧去。"《明史》卷二三五有传。(第20册,页6117)

杨巍致政,朝中巨卿及僚属好友所撰文有于慎行《送冢宰梦山杨公致仕叙》(《谷城山馆文集》卷四,页8A)、冯琦《送太宰梦山杨先生致仕序》(《宗伯集》卷八,页22A),赋诗有沈一贯《贺海丰杨太宰致政歌》(《啄鸣诗集》卷七,页11B)、于慎行《送太宰梦山杨公致仕》(卷一三,页12B)、冯琦《送杨太宰致政东归》(《宗伯集》卷六,页3B)、葛昕《杨冢宰东归》(《集玉山房稿》卷三,页5A)、李言恭《送太宰梦山杨公致仕东还》(《青莲阁集》卷一〇,页4A),葛曦有诗《送杨太宰致政东归》(《葛太史公集》卷一,页11A)及《送杨太宰致政东归四首》(同上,页19B)。

闻吏部尚书杨巍致仕,有书寄呈。

《来禽》卷二四《上杨太宰》:"伏审一代元臣,抗章乞便;千秋名世,解组遂初。人从绿野,羡其荣华;愚则白云,拟其舒卷。握衡几于十载,食禄溢于千钟。而乃韦布约躬,藿藜适口。每谓盈为缺府,酌天道以扩其襟期;损乃益门,准人情以弘其布散。以是门无行马,室见涩囊,出仅下泽之车,坐列盈尊之酒。春明于野,醉万树之绛桃;秋色满天,餐一篱之黄菊。黄冠白恰以为装,柱杖腰镰而自命。行吟暮岭,起瞰朝暾,一炉佛火常温,半榻云光镇拥。……弗知我贵猝触天刑。眼光出牛背之间,不值大人一笑;肚里阅羊肠之态。应占夫子千龄,顾愚下士何知?妄臆天民先觉,呼为'小友';非后进之可当,侪于道民,则鲰生之大幸。……恭迟片语,以逭罪愚。"(页3B)

案:"杨太宰"即吏部尚书杨巍,书云"伏审一代元臣,抗章乞便,千秋名世,解组遂初",此当其致仕还乡时作。杨巍与邢如约世交,视侗为"小友",归里后多有诗文酬和。又云"握衡几于十载",据《明神宗实录》卷一三九:"(万历十一年七月)庚寅,改户部尚书杨巍为吏部尚书。"(《明实录》第54册,页

2590)则任吏部尚书至今七年,“几于十载”盖为约数。又云:“妄臆天民先觉,呼为‘小友’;非后进之可当,侪于道民,则鲰生之大幸。”侗自号“方山道民”,始自今年,其《广野仁兄请急省觐,寻奉慈讳,忍哀口占,以吊以别》诗又云:“道民今作灵岩长,旧日兰台也署名。”亦即此意。

春,走马广川晤同年陈与郊。其告假归省半道闻母讣,侗有诗哭之。

邢侗《广野仁兄请急省觐,寻奉慈讳,忍哀口占,以吊以别》:“翰苑名卿冠二京,书衔真个似冰清。道民今作灵岩长,旧日兰台也署名。”“翻云覆雨世情多,不管阴晴乃我何。日醉醁醽盈一石,笑他不达是湘罗。”“问寝高堂事已非,捋蓝新汁滴麻衣。怪来请急缘何事,叫断双鸿片影归。”“平生见说鸰原苦,今生临歧果是真。视脉尚温肠已断,多情何必孟才人。”(《泲园集》卷一)

案:陈与郊《哭邢太夫人辞》序曰:“十八年春,余丧母归,子愿出送余临清,相向哭久乃别去。自后岁一相闻。”(《隅园集》卷一四,页18A)其正月二十九日告归省母,有《蒙谤不敢辨白乞赐罢免以息人言疏》:“正月二十九日,臣方给假省母。”(《黄门集》卷三)陈母严太恭人时年八十岁,田一俊为作《寿敕封孺人陈母严氏八十序》(《钟台先生文集》卷三,页16A)。邢侗《陈母严太恭人诔》:“岁庚寅春,广野由吏垣首谏积资拜容台少卿,司鞮译事,隶在翰林,称清贵矣。而母适满八十岁,期广野请急拟归上卮酒。而介弟郎中君,亦于时拜秩为南昌二千石,会且治装行。亡何,以讣报。嗟嗟,天胡不少延母,而令二大夫割心崩稽焉!余走马为吊广野广川之浒。”(《来禽》卷一七,页11A)“介弟郎中君”指陈与郊弟与相,时任刑部郎中,新授南昌府知府,未之任而丁忧。《海宁渤海陈氏宗谱》卷二四《第七世参政虚舟公传》:“戊子,当事拟公典试滇粤,辞改江南审决,以便觐省。久之,晋南昌太守,而慈讣陡惊痛,不视,含敛毁瘠。”(页18A)与郊告假归省,行至半道而闻母卒。李维桢《太常寺少卿陈公墓志铭》:“已擢太常少卿,督四夷馆。母八十,复乞归省,行五百里闻讣,匍匐奔还。”(《大泌山房集》卷七八,页34A)与郊告归虽以母年八十为由,实为其时遭同朝诸臣聚攻,加之所善吏部尚书杨巍告老还乡之故。《万历野获编》卷一九“吏垣都谏被弹”:“吏科都给事中为谏官领袖,责既宏巨,职复雄峻,其升擢后不称或遭白简固有之。而在事时,未闻反被抨击者。……戊子、己丑间,浙人陈与郊,以辅臣王太仓门生,在职稍久,稍因考选引用推官李春开,与同僚及清议诸臣相左,遂为少卿王汝训、主事吴正志、进士薛敷教所聚攻。虽获转

太常，请告归，竟以言章冠带闲住。”（页501）

陈与相（1545—1628），字卜野，号虚舟。与郊弟。万历元年（1573）举于乡，五年（1577）成进士。任新昌县知县，改吉水县，宽平廉敏，为循良最。征为刑部主事，晋南昌太守，闻母丧未之任。丁忧归里五年，二十二年（1594）出补成都府知府，擢四川参议，仕至贵州参政。四十一年（1613）乞骸归里。事具《海宁渤海陈氏宗谱》卷二四《第七世参政虚舟公传》（页18A），[康熙]《海宁县志》卷一〇有传（页14B）。

又撰诔文悼念陈母严太恭人，遣仆代奠。

《来禽》卷一七《陈母严太恭人诔》：“严太恭人者，吾友陈广野母也。广野自成进士，即弟畜余，逮后为理官，为谏议，两人声迹相颉颃，以故两家尊人亦互相起居，修樽下之礼，一如其家人礼。客岁庚寅春，广野由吏垣首谏积资拜容台少卿，司鞮译事，隶在翰林，称清贵矣。而母适满八十岁，期广野请急拟归上卮酒。而介弟郎中君，亦于时拜秩为南昌二千石，会且治装行。亡何，以讣报。嗟嗟，天胡不少延母，而令二大夫割心崩稽焉！余走马为吊广野广川之浒，广野汍澜而请曰：‘孤至不肖，辱不鄙夷而兄视之，先夫人倘亦犹母也，其一言哀之。’余谊不获辞，乃询葬期，爰束帛炙鸡，属家童裹粮往告焉，佐以诔辞。文不文，何暇计哉！……”（页11A）

春，有诗寄河南左参政李维桢。

《来禽》卷二《寄李本宁》：“春色浓如许，梁园歌落梅。晚风将笛韵，吹度九河来。我梦杳梁月，君情深楚台。两乡常好在，沧海涸为杯。”（页7B）

案：“李本宁”名维桢，其上年八月补河南左参政，至明年八月转江西右参政。（见前）诗云：“春色浓如许，梁园歌落梅。”则本年或明年春在河南左参政任上作，姑系于此。

五月廿四日，邢大姊卒。

《来禽》卷一二《邢大姊传》：“邢大姊者，不肖侗女兄也。姊为家侍御公、家慈万太君子女合第一，今岁四十加八。而不肖尚后八年生，为第一弟。……逾时及笄，适邑李子乾茂才易知，实继我仲父者，姊而室有家矣。……姊后子乾大故可二年许，日夜苦当户。又长女及归，倒箧资送，力疾喘急，必致丰美。一针半缕，宁耗气毕之，未两月而二竖及矣。吾太君日两视，不肖辈日一视，及危，额面加枕，拊手向我曰：‘生平累吾弟，曩者亡人衣被棺木饭含，俱藉已事,今复相累,奈何?'泪簌簌下。不肖辈目微太君,掩面汍澜,不敢以声。已复属余,令两甥前日:'死则死耳,所不瞑者唯二竖子。故阿舅其置夏楚二物交挞,期不绝李氏书种,昵不以劳尔姊地下恚人矣。'余忍泪应:'唯是吾姊之治命,敢不敬从?'又三日,而委顿不起矣,则五月廿四日也。"(页 7B)

青海部长火落赤犯边,明师败绩,西陲大震。七月,以兵部尚书郑洛经略陕西四镇等地边务,有诗遥寄。

《来禽》卷三《安肃太保郑公以经略使者西巡,遥寄此篇》:"控制宣云已数秋,节旄今属镇边楼。大将军客谁堪揖,司马家儿尽可侯。县道忽摧骄虏气,藁街行揭月氏头。三冬况值枯杨运,十万天兵却甲休。"(页 16A)

案:"太保郑公"名洛。《明史》卷二〇:"(万历十八年)六月甲申,青海部长火落赤犯旧洮州,副总兵李联芳败没。""(秋七月)乙丑,召见阁臣议边事,命廷臣举将材。""己巳,兵部尚书郑洛经略陕西四镇及山西、宣、大边务。"(第 2 册,页 273)由首辅申时行荐,诏兵部尚书郑洛兼右都御史,经略陕西四镇及山西、宣、大边防军务,兵部员外郎梁云龙、佥事万世德随军赞画。

同题之作,有冯时可《送郑司马总督宣大序》(《冯元成选集》卷一六,页 30B)、冯琦《送郑大司马经略西边》(《宗伯集》卷三,页 17B)、王庭譔《送郑少保经略西边》(《松门稿》卷七,页 3B)、葛曦《送郑大司马经略西边二首》(《葛太史公集》卷一,页 10B;页 17A)、杜文焕《东征歌送大司马郑公总制宣云四首》(《太霞洞集》卷一九,页 8B)。

郑洛(1530—1600),字禹秀。北直安肃人。嘉靖三十五年(1556)进士,除登州推官,征授御史,出为四川参议,迁山西参政,由浙江左布政改右佥都御史、巡抚山西。移大同,加右副都御史,入为兵部右侍郎,又以左侍郎总督宣、大、山西军务,召为戎政尚书。洮河用兵,诏兼右都御史,经略陕西、延、宁、甘肃及宣、大、山西边务,受旨西征,相继夺得镇羌、水泉、莽剌、湟中等地,败敌十余万。后被劾,谢病告归故里。郑洛才智多谋,战绩卓著,卒赠太保,谥"襄敏"。《明史》卷二二二有传。(第 19 册,页 5850)

万世德奉命随郑洛行边,有诗奉怀。

《来禽》卷三《是役也,万使君造车随焉,并以奉怀》:"帝遣元臣出塞雄,使君参佐羽书同。皋兰苦雪埋残烧,河曲悲笳咽暮风。染翰幕中飞露布,倚戈天外问崆峒。十年一剑惭无补,万里相思赠白虹。"(页 16A)

案："万使君"名世德。《国榷》卷七五："（万历十八年）八月，命兵部武库主事梁云龙、辽东兵备佥事万世德从郑洛行边，各选宣大甲士三百人。"（第5册，页4633）

万世德（1547—1603），字伯修。山西偏关县人。为将门之后，长于边陲。隆庆五年（1571）进士，初授南阳知县，后补元城，再补宝坻。拜兵部主事，升员外郎，以精通兵事韬略，闻名朝野。迁陕西按察使佥事、西宁兵备道，以诬降官。起知赵州，迁山东按察使佥事，备兵辽左，诏仍监陕西幕府事，寻迁按察使、右布政使，备兵如故。朝鲜事急，朝议于天津设开府，遂以边才进职巡抚。寻迁右都御史兼兵部右侍郎，总督蓟辽，率师往援朝鲜，用兵综理周密，算无遗策，屡建功勋。以疾卒于官，予祭葬，赠兵部尚书。著有《湟中牍》《塞下曲》等。事具陈懿典《总督蓟辽保定军务兼理粮饷备倭经略都察院右都御史兼兵部右侍郎震泽万公墓志铭》。（《陈学士先生初集》卷一三，页1A）

九月，平原县重修颜鲁公祠，应刘思诚知县请，撰文为纪。

《来禽》卷一一《平原重修颜鲁公祠堂记》："……维颜鲁公者，少膺家训，绍良冶于之推；长荐甲科，拓高门于沂水。绣衣持斧，露冕行骢，人呼御史以为霖，名冠殿中而独步。出司大郡，在我平原。适当胡雏犯阙之秋，愈矢神羊独邪之志。内严警备，外饰文儒，军麾仗李萼之便宜，秘密藉从兄之画诺。二十四郡独廑天语劳存，一十七州尽归先生盟主。主辱则臣宜效死，国危则家不可私。渔阳质十岁之孤，灵武拜一丸之蜡。用是数挠贼备，屡挫逆锋，关、陇缓动地之悲，李、郭展垂天之势。气吸四隅溟渤，身当万里长城。已复奔诣凤翔，迭迁枢要。孤忠岳岳，岂穷鸟之依人？草昧皇皇，若瞽师之得相。讵意发言荆棘，视踽凄凉。汲黯必置于淮阳，贾傅谁堪其痛哭？递迁递罢，或慑或疑，舌在而百炼常刚，丹存而万方不化。始之元横，继以卢奸。简校尚书，白副封之可去；出宣方镇，夺李勉之请留。嗟乎！垂龄八十，使于四方。投虎口者何人，探骊珠而无日？蔡州西壁，曰：'死所之在斯。'汝水南冠，甘积薪以如蹈。且出其文妙，自诔平生。……至今陵州败郭，犹传太守之台；厌次故墟，尚挺开元之柏。余堪下马，畴不泛澜？兹有平原令孤竹刘君，念邑故附庸，地元四境。载新庙貌，走伏腊之衣冠；别创翼堂，贮旗常之副在。门施枝戟，树列疏槐，倘沧海之未田，庶神灵之永奠。凡余有位，尚慎鉴兹。"（页10B）

案：平原县颜鲁公祠，万历十六年刘思诚知县重修，是年九月邢侗撰文并书。[民国]《平原县志》卷五:“颜鲁公祠,在县治东。明弘治十五年知县朱良建。万历十六年知县刘思诚重修,增建东厅三间。有碑,御史邢侗撰记。今唯存祠三间及大门。每岁春秋仲月上戊日致祭。”(页5A)《颜鲁公祠堂碑》现已不存,国家图书馆藏拓本,署“明万历十八年九月邢侗撰并行书及篆额”。

刘思诚,字克实,号定宇。直隶山海卫人。万历元年(1573)举人,十五年任平原知县,岁正大祲,建社仓、预备仓以裕积储,建礼孀院以收贫寡,次修坛壝、建八蜡庙以虔祀事,置学官祭器、凿泮池、立社学以振文风,修县治、刻《县志》、增缮诸馆廨及颜鲁公祠以举坠废,躬行劝农,力举实政,民爱戴之如慈父母。升济南府同知。[乾隆]《平原县志》卷六有传。(页22B)

九月,王汝训以劾陈与郊忤上官,改调南京大理寺丞,以诗寄慰。

《来禽》卷三《寄王师古廷尉年丈》:“简贵吾怜王右军,惯从清隐拂苔文。篝灯起草惊飙下,去国深秋落叶纷。人到秣陵官转达,门闲廷尉雀成群。同年与尔同辛亥,寂寞心期付夕曛。”(页19B)

案:“王师古廷尉”名汝训,以疏劾陈与郊忤吏部尚书杨巍,《明史》卷二三五:“是时,巍以政府故,方厚与郊。闻汝训言引己且刺之,大恚,言:‘臣未尝诋与郊。汝训以寺臣攻言路,正决裂政体之大者。’乃调汝训南京。”(第20册,页6117)据《明神宗实录》卷二二七:“(万历十八年九月乙卯)升光禄寺少卿王汝训为南京大理寺右寺丞。”(《明实录》第56册,页4219)此诗应汝训改调南京大理寺右寺丞之初作,故云:“篝灯起草惊飙下,去国深秋落叶纷。人到秣陵官转达,门闲廷尉雀成群。”后上官杨巍乞老归里,次年六月,王汝训又改南京太仆寺少卿,十月再改太常寺少卿入都。《明神宗实录》卷二四一:“(万历十九年十月)戊申,以南京太仆寺少卿王汝训任太常寺少卿。”(《明实录》第56册,页4493)王汝训生于嘉靖三十年辛亥(1551),与侗同年生,故诗有“同年与尔同辛亥”。

侗与陈与郊同年友兼交善,与王汝训又有同乡之谊。而陈与郊荐举邢侗等人遭朝中诸官聚攻之,名流如王汝训疏劾陈与郊被贬,侗对汝训似有同情,亦反映朝中同年、乡谊关系的复杂性、多重性,不可一概而论。《万历野获编》卷一三“董伯念”:“王中丞先为光禄少卿,以纠浙人吏科都给事中陈隅阳与郊,不胜,调南去,至是有浙抚之命。陈已从太常罢官居里矣,意王之修怨而惧,托所知诇于王以钓之。王毅然正色曰:‘往日在朝,议论相左,此国事也。今受命此方，则彼申部民之礼，予修式庐之敬。若以往事介怀，非人矣。'陈遂往谒，宾主欢然，终王任无有以陈氏投一词者。人谓王为长者云。"（页342）

王汝训（1551—1610），字师古，号泓阳。山东聊城人。隆庆五年（1571）进士，授元城知县，累迁光禄少卿，疏劾吏科都给事中陈与郊，忤政府，改调南京。孟秋飨庙，帝不亲行，上章极谏。三迁右副都御史、巡抚浙江，终工部右侍郎，年六十卒。谥恭介。《明史》卷二三五有传。（第20册，页6117）又，《明史》本传云王汝训"字古师"，误，［康熙］《聊城县志》卷三："王汝训，字师古，聊城人。"（页7A）

秋，马允登督漕至都，复又还楚，有诗赠别。

《来禽》卷三《秋日送马使君转漕还楚》："转漕三度下楼船，使者威名尽楚天。岳牧自怜分辖久，省闱应许召君还。残花古驿迷寒雨，疏树晴川满暮蝉。此去衡阳看渐近，客程犹在塞鸿先。"（页17B）

案："马使君"名允登，万历十六年（1588）三月任湖广参政，已见前。孙继皋《亚中大夫湖广布政使司右布政瀛浒马公墓志铭》："擢参政湖广，主粮储，当不登，公设法程督赋，仅而及额，而民力且大诎，则议请改折半，以苏凋瘵，公之苦心为调停也。而病所从来矣，风波霜露，凡三护漕而最后死半道。"（《宗伯集》卷九，页13B）《志》云"凡三护漕"，与诗云"转漕三度下楼船"合，则此诗送马允登三度转漕还楚，故系于是年。

秋，同邑山西按察司佥事李汝相自太原寄书至，有诗寄答。

《来禽》卷二《秋日得李希说年兄太原书，却寄》："故国风烟古，天涯草树疏。月通汾水梦，云度太行书。出处皆吾道，寒暄有敝庐。题封犹未悉，瓜地待春锄。""别尔才经岁，新闻定不虚。季常归陇兆，马别驾九月襄事。崇嗣荷除书。管太学，公故人，八月授官。故旧存亡里，悲欢代谢余。更多堪慰藉，吾侄好怀舒。余孝廉侄，公莫逆交。"（页17A）

案："李希说年兄"即同邑李汝相。诗云"别尔才经岁"，李汝相上年出任山西佥事。《明神宗实录》卷二〇八："（万历十七年二月甲午）升山西道御史蔡梦说为浙江按察司副使，户科给事中李汝相、江西道御史郭万里、山西道御史林国材、贵州道御史袁应文、广西道御史张季思各按察司佥事，汝相山西，万里、国材俱山东，应文云南，季思陕西。"（《明实录》第56册，页3901）又卷二四九："（万历二十年六月）丁巳，升河南副使王之猷为浙江左参政，山西佥事李汝相为河南左参议。”(同书,页4644)李汝相字“希说”,见周之纲《明三贤崇祀碑》:“窃闻参议李公希说、太仆邢公子愿业以直谏臣,声震霜台锁闼间。”([同治]《临邑县志》卷一五,页81A)“三贤”即临邑李汝相(希说)、邢侗(子愿)、王三迁(绍庭)。又邢诗有注:“余孝廉侄,公莫逆交。”“孝廉侄”即邢王道,隆庆四年(1570)同举乡试,王道有《明处士李国桢暨配墓志铭》:“余弱冠与陇西(李汝相)游,又同举于乡,雅闻处士、孺人质行甚详。”(《德州明清墓志集注》,页247)李国桢即李汝相之父。

李汝相(1539—1610),号岩宾。山东临邑人。起自农家,苦攻文业,隆庆五年(1571)进士,授陇西魏县知县,最荒犷,本以失贵人指得此地,又刻意自矢,有冰蘖声。擢户科给事中,岳岳抗疏权珰张某,为之夺气,已而求外迁,恬娉无营,历陕西佥事,升河南参议,未数月辄移疾归,上台挽之,竟不待报。里居十余年,以稼穑自甘。著有《李山人谬议》《掖垣疏草》。事具刘士骥《明河南布政司左参议进阶朝议大夫岩宾李公行状》(《蟋蟀轩草》,页利五五A),[同治]《临邑县志》卷九有传(页4B)。

秋,得李维桢书,夜梦却寄。

《来禽》卷二《秋日得本宁社兄书,夜梦却寄》:“近得梁园信,深宵频梦君。黄河疑雪沸,红树学花纷。愁思关蛩语,书题托雁群。遥怜衣带缓,三叹问休文。”(页13B)

案:“本宁社兄”即李维桢,据“近得梁园信,深宵频梦君”,知是时李维桢在河南左参政任上。又诗题曰“秋日”,李维桢上年八月后之任河南,明年八月转江西参政,故系于是年秋。

秋,德州太守赵可学之任太原府同知,有诗送别,兼寄太原韩萃善知府。

《来禽》卷三《送德州赵守之太原贰郡,兼讯刺史韩丈》:“绝尘风格羡君侯,玉映冰壶月在秋。落穆虎祁新刺史,浮沉河上旧方州。春郊策马胡床挂,塞曲褰帷雁阵愁。我有故人韩太守,相思冯尔一登楼。”(页20B)

案:“德州赵守”名可学,冯琦有《授山东济南府德州知州赵可学朝议大夫制》(《宗伯集》卷三一,页14B),即此人。是年调任太原府同知,[乾隆]《太原府志》卷二九“同知”:“赵可学,贡生,万历十八年任,直隶任县人。”(页54A)“刺史韩丈”名萃善,与侗进士同年,万历十五年(1587)至十九年(1591)八月任太原府知府,《明神宗实录》卷二三九:“(万历十九年八月庚申)以山西太原

府知府韩苹善升浙江副使。”(《明实录》第 56 册,页 4447)

韩苹善,字克一,号约庵。山东淄川人。万历二年(1574)进士,授常州府推官,历南京户部主事、员外、郎中,山西太原府知府,浙江按察司副使,陕西布政使司右参政,因乞终养。[乾隆]《淄川县志》卷五有传。(页 4B)

平原县知县刘思诚三年任满考绩为最,撰文纪之。

《来禽》卷七《平原县刘明府三载考绩序》:“吾邑稍西为平原,于郡为衣冠大聚,雄紧甲全齐,天子择令而属刘公,非漫偶尔也。公治及三载,两台以最报上,爰下司功核奏称职,予之告身。父拜爵如己官,身受文林郎,母暨继而称慈,妻暨继而称室者,咸孺人。而北堂存者,加太焉。……公关辅名儒,本之家所研习,一以西京大师专经之业而无曲学。及服官政,则又准西京循良朴茂廉平之指而靡回思。……公莅三载,两税不逋毛牦,表荐以十余计,司功见核,又凿凿懿实乃尔。……公在齐诸长史侪伍衡较,不屈第二三指,则公车召入直反覆手顷耳。从此五文之诰洊逮厥家,将无纪极。侗窃载笔而申无已之颂,不第如今缙绅大夫士所属,为举卮之藉而已也。”(页 1A)

案:“平原县刘明府”名思诚,万历十五年任平原知县,至是任满三年,抚按两台以最报上,予之告身,后升济南府同知。

十月廿六日,操办大姊葬事。撰《邢大姊传》并书篆上石。

《来禽》卷一二《邢大姊传》:“……卜今十月廿六日吉,偕子乾枢以仲父姊合,不肖为敦葬事略具。厥子士忠,逾龆,次士良,未离龀。女三,一嫁二在室,姊或犹是不瞑也者,不肖请终任之,作《邢大姊传》以谂。邑老子弟且以券质我,毕命不遗,子乾儿女子永永相藉云。”(页 7B)

案:《邢大姊传》即《李大家碑》。《邢子愿杂著》载此文,卷端署曰:“持大功服劣弟邢侗撰。”末署:“万历十八年十月既望,弟邢佑、邢伉、侄邢王瑞同立。”[同治]《临邑县志》卷一五“金石志下”:“《李大家碑》,正书,篆额,在城东李氏墓前。……万历十八年庚寅十月丁亥廿六日吉,弟邢侗撰并书篆。”(页 48B)

十一月十五日,为二伯邢如愚撰传,并付剞劂。

《来禽》卷一二《仲父南陂先生传》:“仲父讳如愚、字契甫,卜筑城南五里许,遂号南陂先生。公为封都谏翁次子,后我都谏世父十年生,生实先我封侍御公四年云。公生而面骨峻峻起,高准丰颧,目光视百步不眴,音吐洪亮如巨钟。与群儿戏,儿尽辟易,若大府在侧。亦复驱使草木为角抵之具,蒯剑朴兵，鼓列黄口，严于壁垒。若曹竞目为从约长，一听指挥。稍长，肆于塾，犹然好弄，不攻为占哔。然卷中大义辄解，辄能难其经师矣。及冠，为弟子员，寻入太学。请急归，代我世父修晨昏节，间以余力小逐什一。盖世父俸入才若干缗，而公修业以息，十年之内渐拟中陶。……及年望六，意忽忽不乐，徐属家侍御公、诸犹子孙从曰：'前，前，吾且不讳，奈何？'口授簿录，一切田庄第宅及小藏蓄物，纤介无遗忘。已，乃厉声誓：'平生一簪着身、一钱自名者，其畴与血食。'随呼其子修曰：'硗确之区，仓积之余，尔食尔居，倘从若叔与世父子孙口量心竞者，吾死且必尔褫。'家侍御公以下心骨寒震，莫忍仰视，未几逝。后数年，侍御公一用治命，分部家事，各厌大小心意，毛氂无间言。迄今且三十年，但言仲父，相视以泪矣。公中岁稍仕，为甘州行都司断事，观塞下风气，弥益忼慨。唯时蒲州杨襄毅公为抚中丞，最如激赏，图所为尉荐公，而公坚意莫回，趣装归。杨公当世人伦，鉴裁于公，亦足以观矣。"(页1A)

案：此文又载《邢子愿杂著》，末署："庚寅十一月望，和雪亭授剞劂。"即是年十一月十五日刻板。前考二伯邢如愚约卒于嘉靖四十三年(1564)，《传》云："迄今且三十年，但言仲父，相视以泪矣。"则后推三十年，亦可证文作于此间。

十一月廿七日，王世贞先生卒，年六十五。

王瑞国《琅琊凤麟两公年谱合编》："万历十八年庚寅，长公年六十五，于是年十一月二十七日□时卒。"(清康熙五十二年琅琊王良谷钞本)

案：王世贞卒年多有歧说，邢侗有《二月望日本宁书至，谓元美先生于长至后一日赋玉楼矣，惊悼无已，辄成三章》(《来禽》卷三，页15A)，据郑《表》，是年冬至为十一月廿六日，"长至后一日"即十一月廿七日，与上引《琅琊凤麟两公年谱合编》合。

冬，朱长春来任阳信县知县，先以书寄。

朱长春《与邢子愿》："不佞十年知泰山北有邢先生，泰山天齐也，先生名庶齐焉。昨授命令齐，私窃喜，谓间者以一封传之役，上蹑危石，揽东海，望吴门，问秦汉之泥书，丞相之篆石，著其大观。退而造邢先生，论于济水之涯，盖两绝事云。已奉符出，迂道访马先生于家，为诵义无穷。又举东蒙公茂才，畸人也，与山盖三焉。到官半岁簿责，期会者两，疾病者一，碌碌无度外之想，独仓卒访公生于历下不见。见其诗词魄𡾋奇峭，其险如泰山，其大不如。今见先生遗著书，而知彼之河伯也。高山仰止，景行行止，心何已焉。……来辞宏奖不敢当，顾臭味之饫心，又十五年所揽古上下，窃窃有一得墨守，义不甘世之坚白鸣者。隶故将、见大贤而扬扼之，既知道济之便也。又奉明诏不远，春风之夜，先生可使童子煮吴茗、白粥候之泰山，十年之望，可慰可慰。昔人比登龙门，小矣。"(《朱太复文集》卷四三，页2A)

案："马先生"名允登，为朱长春乡试座师，时任湖广参政。"东蒙公茂才"即公鼐。朱长春是年夏至阳信任知县，其《王郎游岱吟》序云："吾自万历庚寅到县，邀瞻泰山，庶几陟之，已得王郎从游。"(《朱太复文集》卷八，页6A)又卷一二为是年所作诗，有《万历十八年以补吏赴都，五月抵宣武门作》(同上卷一二，页10B)、《赴阳信出都门诸公郭外饯别感慨作》《初到县十余日，同伍、张、王三广文暮集董光禄园》(同上，页12B)。书云"到官半岁"，则此书作于是冬，故有："又奉明诏不远，春风之夜，先生可使童子煮吴茗、白粥候之泰山，十年之望，可慰可慰。"

朱长春(1553—?)，字太复。浙江乌程人。万历十一年(1583)进士，知尉城、常熟、阳信三县，入为刑部主事，后削籍。晚学修真炼形，盖不得知而有托。课士有功，文名震天下，任阳信知县时，描绘海滨风土，颇尽其致，秀句连绵。著有《朱太复文集》。参见朱彝尊《静志居诗话》卷一五(页460)，[民国]《阳信县志》卷二有传。(页24A)又，朱长春生年，诸书均不详，据《壬辰腊月在阳信县移病乞休，咏怀之作，是年四十，成四十韵》(《朱太复文集》卷二〇，页2B)，知其万历二十年壬辰(1592)四十岁，则生于嘉靖三十二年(1553)，可补史载之阙。

平原县知县刘思诚修《平原县志》成，属代作序。

《来禽》卷六《平原县志序》："……邑有《志》故废，再启于张大中丞，随成于高明府。而宋大中丞且不吝裒然为序，珠玉冠前。三先生者，所谓枌榆之祭酒，艺苑之宗工也。其于兹书，如老宫监谈天宝年间事，言言中核，当实不虚。以寄慨于杞宋之无征，功德金石与并矣。咫尺之编，识大举细，彰往古而揭来今，其书类史隶，厥幅员而非野；其义比乘副，载名山而非家。无论于龙门兰台何若，而以絜于当实不虚之指，则有贤者莫为加悬金不能赞矣。"(页30B)

案：此序题注："代作"，即代平原县知县刘思诚作。国家图书馆藏万历十八年刊本《平原县志》，卷末有《平原县志后序》，署曰："万历庚寅秋八月吉，文林郎知平原县事孤竹刘思诚谨识。”经查对，即此文。序云：“邑有《志》故废，再启于张大中丞，随成于高明府，而宋大中丞且不吝裒然为序。”“张大中丞”即邑人张惠(一作蕙)，号抑斋，嘉靖二十九年(1550)进士，仕至宁夏巡抚，“罢归，创辑《邑乘》，未成而卒”。([民国]《平原县志》卷八，页23A)“高明府”即邑人“高知止”，字明甫，万历十一年(1583)进士，授阳曲知县，补大名，调长垣，以疾归，在家纂成此书。“念平原设县最古，志乘阙如，乃博考群书，摭拾闻见，即张中丞蕙原本而润色损益之，时称其心苦而功倍。”(上书，页36A)“宋大中丞”即邑人宋仕，时任保定巡抚。宋仕《平原县志序》载万历十八年刻本《平原县志》卷首，序云：“贤令刘侯锐意搜辑，以长垣令高君所为《志》，属予序之。高君宏才博学，历稽群籍，盖本先达抑斋翁所著而润色损益之，其事核，其辞赡，良哉《志》，可谓心苦而功倍者矣。”

山东盐运使甘一骥等创修齐河小东店石桥成，撰文纪之。

《来禽》卷一一《创修齐河小东店石桥记》：“我东齐鹾大夫、参知南昌甘公，凡莅事八年所矣。大夫固儒者，其所施设，一本于仁。……小东店之有桥，积苇垒土成之。……兹桥之易土而石，易岁月而卒百年。……于时抚绥贞作则抚中丞延津李公、武林宋公；临饬艺略则盐使者晋江龚公；义国暱民、甘和相剂，则盐法监司原武胡公，实与我大夫始终之。劳苦匠事、暴露风日，吾郡判阎君、齐尹单君、长清尹崔君厥有成绩；倡诸父老弟子、为牒书达上者尹大将军秉衡。此日夜其耦国而厝之两利者也，得并书之。大夫名一骥，隆庆辛未进士。”(页36B)

案：齐河县东有济水又名大清河，河之东有小东店，山东盐运使甘一骥等倡建石桥，由盐运司、藩司及齐河县、长清县出资，计费银一千六百始成，是年侗撰此文纪之。“大夫甘公”名一骥，江西南昌人，隆庆五年(1571)进士，万历十一年(1583)二月至万历十九年(1591)十月任山东盐运使。(见《明神宗实录》卷一三三、二四一)《记》云“凡莅事八年所”，是年甘一骥在山东盐运使任恰八年。所涉其他襄事者，“抚中丞延津李公、武林宋公”即巡抚李戴、宋应昌，“盐使者晋江龚公”即龚云致，万历十七年任山东巡盐御史，“盐法监司原武胡公”即胡希舜，万历二年(1574)进士，时任山东副使。“吾郡判阎君”即阎廷梓，[道光]《济南府志》卷二七“通判”：“阎廷梓，河南项城人，举人。”(页7B)“齐尹单君”即单可大，[民国]《齐河县志》卷二一“知县”：“单可大，河南汝阳县人，举人，万历十六年任。”其接任者王泳万历十九年任。（页3A）“长清尹崔君”，即崔谦亨，万历十七年(1589)任长清县令，已前见，万历十九年(1591)离任。

肖誉来书属撰诗序，复书允之。

《来禽》卷二八《与肖含誉》：“夙从楚会知先生，近读所上奏章，为之罢酒。言足以谏，事可以风，海内此人耳。愿言未遂，忽拜函书，娓娓数百言，旨丰情笃，何以得此于长者哉！江黄一世家，何减雕龙崔氏，侗请捉襟奉杖，以备周旋。委序欣承，容抽思恭报寒凌一片，不在翠壁而在青毡，至心皈向，非敢貌言，唯先生鉴察。”(页5B)

案：“肖含誉”即肖誉，其来函属撰诗序，侗允以“容抽思恭报”。肖誉有诗集见于胡应麟《萧含誉自楚中来访，留集二首》诗，其二：“狂歌青桂下，醉舞绿�前。越绝书犹著，湘累赋已传。风葭云梦笛，雪苇洞庭船。归路近甂甀，能无问太玄。”(《少室山房集》卷三三，页10B)又吴国伦有《多云馆稿序》，曰：“多云山在罗田，竟嶄然起中天，为众山冠。邑人萧含誉爱之，因以名其馆云。盖含誉既举明经十七年，年尚壮而所著古文辞业已具诸体，成一家言，富矣。顾犹有深意，不欲示人以朴。乃越数百里，涉江就予取质焉。……顷予览《诗薮》，得东越一人胡元瑞，而吾含誉裒然起而角之，亦足以张楚。……友人王行甫又为予言，罗俗近古，士人多爱客，而萧氏世孝谨，有万石君家风，至含誉好行仁义，修乃祖乃父业，而益振之，倾属岁俭，不靳割家庾铺，饥者而菒粀其莩者，树德甚众，邑人人人诵之。嗟乎！含誉岂独词人也与哉！”(《甂甀续稿》文卷七，页19A)据“含誉既举明经十七年”，吴序应上年作。然肖誉有《多云馆稿》八卷，上海图书馆藏。是集卷端题“黄州肖誉著”，有万历庚寅即本年王焘序，吴序未收，亦未见侗序，颇疑吴序未及收入，而邢序未作。

肖誉，字含誉。湖广罗田人。万历元年(1573)举人，官河南安阳教谕，转国子监学正，升吏部司务，历兵部主事、员外、郎中，积文成帙，设义学、义仓、义塚，以厚梓里。参见[光绪]《罗田县志》卷六。（页3A）

致书南宫县知县况上进，为门生进士张庚辩诬。

《来禽》卷二五《报南宫况重初》：“老母比如唐山，道出四封，居积行卫，缉御除道，犹加等矣。不意明公孤情绝俗，式骑敬器，裣衿一来，即帏褒拜。匕箸起居，犹母见遇，身非王陵，太君何以辱张北平家人礼耶？犬豚黄口，怀无夜光，荷伯翁假之后乘，周旋少日，百心有加。业掷陈遵之辖，几纳眭夸之赢。

仁逮尊老,慈被脆稚。行人中谒,拉罗相藉,戟手交口,雀如其跃。赢粮信宿,委诸道衢,有如履屐之间,悉充任使,何必我君矣!至于倾城序下,霑体涂足,君子蔚乎鸿序,黔首暨其蚁集。田者罢犁,舂者辍相,争迓版舆,侁颂宁馨,竹马鸠首,言乌牙兽,告欢率舞,夜以继日。岂诚故侯爱利渐被,巷无居人;良以明公口风及人,星言戒物。厉其敢后,蹈之在前,遂令冠盖相望,行李无留。丹青未磨,金石宜勒,诚足跨北屋之醇风,示末流之浇习。迨今浃月,里闬喧传,唇干口燥,犹不谓劳也。小人有母,寸草有心,鞠我可忘,明公可忘?语云:'风雨如晦,鸡鸣不已。'所为万一效图者,永矢如此尔。长跽授词,西坐如对,伏唯明公幸督。"(页3A)

案:"南宫况重初"名上进,时为南宫县知县。侗寄书为南宫进士张庚冤屈辩解。

又致书同年真定府知府尹应元,再申门生张庚之冤屈。

《来禽》卷二五《与真定守尹春寰》:"楚之役,竟未及一式大贤之间,至今挹怏。弟山林畸士,久不通当路书,独于翁丈尚未敢自外门墙,妮妮可知已。畿南两借当宁者,正用中山为股肱,功名其自此升乎?南宫张进士庚,其所遭不幸天下所无,而其人之可吊亦天下所无。一椎朴布衣,读书三十年,寝处不愧其形影。不肖弟延之邸中,授弟辈经。征其行至,郭有道之流亚也。乃荐之大中丞张浒东先生为西席,果其人有邻党毫发指訾,则今日之褫镌晚矣。仁丈试问之郡人,问之邑人,问之邻郡、邻邑,长而七八十岁,幼而垂髫脱龀之人,有一而不曰:'张君负大,抑其孝廉足吊也。'则不肖弟请伏锧为张之公道,谢所不遑辞也。顾其孝不通方而廉不出里闬也,以故龃龉如今日焉。台下旷代人流,敢以旷代昭雪之冤祈下执事,恃爱谊诚有所激发。临纸不任悚惶。"(页7B)

案:"真定守尹春寰"名应元,与侗同年,时任真定府知府,前任大名府知府,故曰"畿南两借"。上书为门生张庚所遭不幸而鸣屈,言辞颇为激烈。张庚不幸,系"有邻党毫发指訾",故被"褫镌","毫发指訾"所指之事未详,然其为此"褫镌",疑被剥夺功名(书云"抑其孝廉足吊也"可知)。[康熙]《南宫县志》卷一〇张庚传云:"成丙戌进士……选渑池县令,未就,再补褒城令……几三载,以母老乞终养,辞职归。"(页19B)虽未载"褫镌"事,然"辞职归"亦在此时,或由"褫镌"所致。

再上书保定巡抚宋仕，乞秉公处置张庚冤屈案。

《来禽》卷二五《与宋中丞可泉》："……南宫张庚进士，其事之始末莫逃昭鉴。昨经院驳，在皮相者，事体慎重宜然。要之，两院初拟，确于金石，仍望台下力一主持之。夫张君之平生，动以古人自负，而卒负匡章之衅，命也，何尤？一进士未服一日官，且非狂恣不检之流，情实可谅。新按台正系原问崔大尹之梓里，彼已恳词达之，更乞台下倡义玉成之，此亦一大功德事也。屡闻完一辈道尊指，已用薄面假贷。今不以谢而以渎，极知冒昧。区区六载南宫，仅得此士，中心有难自已故耳。临书踸属，不尽百千。"（页8B）

案："宋中丞可泉"即保定巡抚宋仕。此书亦为张庚冤屈案说情。"新按台"疑即直隶顺天巡按御史刘士忠，其《答刘华石年兄》书云："去岁见门下为张庚进士移尹真定年兄书，一则曰知吾丈，二则曰知吾丈，竑词伟指，若借不肖为嚆矢，而置诸一日之同人。"（《来禽》卷二九，页13A）

岁暮，山东参议张维新馈赠酒赀，有诗致谢。

《来禽》卷三《岁暮拜宪周年兄酒赀，赋谢公汝州人》："岁事萧然罢扫除，故人鱼腹到幽居。汝州旧石何年拓，天后流觞几代余。往迹欲寻难缩地，野怀无那懒题书。捐来月俸都沽酒，醉拥黎云意自舒。"（页16B）

案："宪周年兄"即张维新，万历十七年（1589）十二月至十九年（1591）二月为山东参议。《明神宗实录》卷二一八："（万历十七年十二月壬辰）补调简原任湖广右参议张维新于山东。"（《明实录》第56册，页4085）又卷二三二："（万历十九年二月）甲申，升山东右参议张维新为清军副使带管驿传。"（同上，页4299）诗题"岁暮"，当是年岁末作。

张维新，字宪周。河南汝州人。万历五年（1577）进士，授冠县令，因卓异升给事中，历兵、礼二科。出为湖广、山东参议，以山东、陕西按察司副使备兵天津、潼关。主持编纂《华岳全集》十三卷。善诗，著有《余清楼稿》。[道光]《汝州全志》卷六有传。（页6B）

本年，正月，大理评事雒于仁上"酒色才气"四箴，帝震怒，斥为民，久之，卒。二月，罢日讲。

【诗文系年】

《李于田年兄以督学莅济，喜而有赋》《送邑博杨汝霖偕计北上》《上杨太宰》

《广野仁兄请急省觐，寻奉慈讳，忍哀口占，以吊以别》《陈母严太恭人诔》《寄李本宁》《安肃太保郑公以经略使者西巡，遥寄此篇》《是役也，万使君造车随焉，并以奉怀》《平原重修颜鲁公祠堂记》《寄王师古廷尉年丈》《秋日送马使君转漕还楚》《秋日得李希说年兄太原书，却寄》《秋日得本宁社兄书，夜梦却寄》《送德州赵守之太原贰郡，兼讯刺史韩丈》《平原县刘明府三载考绩序》《邢大姊传》《仲父南陂先生传》《平原县志序》《创修齐河小东店石桥记》《与肖含誉》《报南宫况重初》《与真定守尹春寰》《与宋中丞可泉》《岁暮拜宪周年兄酒赀，赋谢》。

万历十九年辛卯(1591)，四十一岁

泲园家居。纂修《临邑县志》，三月而成。泲园建成竣工。

正月初七日，人日，赏鉴家藏宋拓《澄清堂帖》并题。

《来禽》卷二一《题家藏宋拓澄清堂帖》："四明丰南禺口津津道：'贺知章草书得晋人神秀，已亦往往摹之，未多见也。'此帖传出鉴湖临本，销峭瑰桀寓于绵密之内，诸王氏拓刻尽在下风矣。辛卯人日，天昏作霾，意致汶汶，因发绵绨什余重，摩挲喜即顶一再览观。旋令家僮煮天池雨前茗，啜漱久之。长安五侯门，此际燎炭，开内法樽，呼笙歌敌寒，应笑吾曹冷落生涯也。"(页 10B)

案：题云"辛卯人日，天昏作霾"，知为是年人日所题。此宋拓《澄清堂帖》即前述使吴时所购，邢侗甚宝爱之。其婿杨焘跋邢藏《澄清堂帖》曰："之泰山者几三十稔，寝处不离，奚啻什袭而珍，八百朋不易也。晚年颇售诸藏品以佐笔耕，竟不忍割此。迨病剧愦愦中，犹思一抚，视其殆至宝是宝者耶。"(《中国法帖全集》第 10 册，页 150)

是日，作《临邑县志序》。《临邑县志》十六卷，历时三月始成。

邢侗《临邑县志序》："余邑故无志，为国朝二百余年缺典。……我邑令刘君守官下最久，每以兴起斯文为任。而会两台用邑人遮迣请留，为上书得报，诏以旁郡别驾衔，视事如故。唯时不佞方家食，君乃造余，拜手相向，谓：'此区区夙志也，其为我成之。'余遁巡谢不敏。而我督学使者李公甫下条教，亦复有意我邑文献修缺事，谆切见属。余辞不获，乃退而竭其旺旺，受铅椠焉。……书凡十六卷，总之五万余言。浃月而已藁草，三月而毕杀青。嘉与秘挡，唯所命之。兹役也，吾党盖有三数同人焉，率力可胜，长可任也。而侗以黯谫，当之

觚瓶，奈何有掘地而得剑者矣。首缺刃折，乃齿太牢，鹖鹅夫容匣而藏诸。不佞之于兹书也。其犹是夫，其犹是夫。万历十九年岁在辛卯人日，邑人邢侗子愿甫志。”（[同治]《临邑县志》卷首）

案：邢侗纂《临邑县志》原本已佚。所纂《临邑县志》凡十六卷，五万余言，临邑县有志始创于此。李若讷《临邑县志》后序曰：“邢君具良史才，抽寻探纂，越三月而志告成。……文直事核，确乎千载之实录。”（[同治]《临邑县志》卷末）冯时可评曰：“事核而文，严而直，信史笔也。”（《邢公碑铭》）

首辅王家屏来书，谢以《临邑县志》为其曾祖王缙立传。王缙嘉靖中任临邑县知县。

王家屏《谢邢知吾为先曾祖临邑公作传》：“岁前承贵邑刘大尹公寄惠公祖所纂邑《志》，中有先曾王父传。前微阐耀，末裔增光，敬乘便翔，附书称谢者。伏以大邦文献，贲传琬琰之编；先世声猷，忝托丹青之笔。荣施不朽，感切如存。……兹遇公祖台下，司存二史，兼总三长。彩侍余闲，博丘坟而搽藻；瑶编汇粹，辑邑《志》以成书。自有职官，概列纪年之次，独曾王父特收循吏之中，往迹采之故家，言皆实录公评。质诸舆诵，名匪虚称，征信自今，传流未艾。再拜而荐之寝庙，俨灵爽之歆承，什袭而藏之巾笥，迄云礽其宝重。幽明共戴，天壤同悠，无一物之可酬，唯三熏而效祝。临械瞻遡，曷既铭藏。”（《王文端公尺牍》卷三，页1B）

案：王家屏是年秋出任内阁首辅。其曾祖王缙，成化中任临邑知县。[光绪]《山西通志》卷一二九：“王缙，山阴人，成化中贡生，授临邑县知县，性清约，勤于民事。”（页13B）[同治]《临邑县志》卷七：“王缙，大同山阴人，到官指天自誓，保护百姓如婴儿。”（页27B）

王家屏（1535—1603），字忠伯，号对南。山西山阴人。隆庆二年（1568）进士，选庶吉士，授编修，进修撰，充日讲官，再迁侍讲学士，擢礼部右侍郎，改吏部，以吏部左侍郎兼东阁大学士，入予机务，出任内阁首辅。柄国仅半载，以戆直去国，朝野惜焉。老成谋国，施政严谨，品格高古，每议事秉正持法，不亢不随，与内阁诸臣僚属和睦相处。著有《王文端公集》等。《明史》卷二一七有传。（第19册，页5727）

王家屏又寄书至，追记曾祖宦迹，订正任职时间，寄家集一种。

王家屏《与邢知吾侍御》：“先曾王父去贵邑百余年，一旦蒙立佳传，清操惠政,遂不至暗昒无闻。子子孙孙,与有荣问,久图裁谢,忧病妨之。兹承远道寄声,兼以瑶章见教,天球大贝,照耀心颜,因不觉耳目开明,神情振竦,乃克附一椷以往也。……盖曾王父以成化四年贡入太学,又十年乃生先王父。先王父从之任时,才六七岁,则任贵邑实成化之十九二十年也。今邑志列之弘治十年,不知何据,可再一参订否?……比至县,问民疾苦,条其由赋之最重者,请于上司咸获裁损。身先节约,斋厨之内萧然,粒米寸薪非俸不入。晨起署案毕,单骑行视阡陌,延见田夫织妇,劝以农桑,奖其勤者,以愧游惰。于是,士女竞奋,每当曾王父出,耕者、耘者、蚕者、绩者、汲者、舂者,争效其功,以奉顺曾王父指,期年而村墟烟火改观矣。学宫倾圮,捐俸葺之,青衿少年,时加课试。闾阎争讼,率令就乡三老质平。罪应抶者,以荆杖挞之,不忍见血,见血辄泫然泣下,为之掩面焉,人咸称曰'王佛、王佛'云。然善察物情曲直,奸良一见洞烛,毫发不能遁,以是又有'镜王'之号。……初曾王父至邑,邑有乡先生二人,一邢一王,曾大父甚敬礼之,政弗决者,每造两公咨可否。两公亦披诚相示,欢若同室。行之日,两公率子弟及阖县父老送之数十里外,至垂涕不忍别。赠言一轴中有'帘垂政简讼平中,琴鼓民安物阜里'之句。……大略如此,其它遗德隐行,非先人所常诵说者,不能尽考,亦不敢臆对也。外家刻一种附上。"(《王文端公尺牍》卷七,页23A)

廿三日,恩师邹善升太常寺卿致仕。

《明神宗实录》卷二三一:"(万历十九年正月庚申)四川右布政使邹善乞休,准升太常寺卿致仕。"(《明实录》第56册,页4283)

案:邹善师致仕后卒于何时未详,然侗敬之如初。李维桢《邢公墓志》:"其于师若前邹公,为主祀于家,祭必斋,如终其身。"(《大泌山房集》卷七九,页38A)

是月,姻家尹秉衡起用右军都督府佥事,有书寄贺。

《来禽》卷二五《寄姻家尹大将军》:"单于自求菹醢,至廛凭几之间;充国虽老加疾,天子见谓少年也。足下泽颜鬒发,身手如旋,上马似飞鸟,夺槊若折芦。适今奋不吞胡,后将军地下笑人矣。君侯平倭大功,天下儿目为异代人。即谓犹存,得无虞脚胫寒泄乎?耳食纷纷,百闻安如一见。嗟乎,君侯宜且深藏,莫令三河健儿衣裾撇其门。"(页4B)

案:此书又载《邢子愿杂著》。"姻家尹大将军"即尹秉衡,女婿尹功懋之父,是月重起用为右军都督府佥事。《明神宗实录》卷二三一:“(万历十九年正月)庚戌,兵部题推南京前军都督府佥事欧继宗堪任左军都督府佥事,原任镇守保定总兵官尹秉衡堪起用右军都督府佥事,武平伯陈如松堪任管理红盔将军,南京右军都督府佥事王化熙堪任中军都督府佥事,各从之。”(《明实录》第56册,页4278)邢书当此时作。

尹秉衡(1534—1593),山东齐河人。嘉靖、万历朝著名将领,历任参将、总兵等职,北阻胡虏,南挡倭寇,有良将之誉,时谓“骠骑北,胡烟灭;骠骑南,鲸波恬”,有柱天负地之功。予告归里二十年,倭寇倡乱,万历十九年(1591),起为右军都督府都督佥事,再授镇守保定总兵官,逾年移疾还,未几,痈发于股,卒。事具邢侗《右军都督府都督佥事镇守保定总兵官齐河尹公墓志铭》。(《来禽》卷一三,页13B)

忆及三年前陆成叔携王世贞先生书来访,感而赋诗。

《来禽》卷三《陆成叔以元美先生书见访,未久促归,今且三年矣,缅怀今昔漫成》:“改服春程忆昔时,秣陵垂柳促归期。行过北里教调管,看到南山对举卮。入洛纸腾谁与借,登床琴死痛何支。王孙旧路依然在,底事秦淮棹屡移。”(页3B)

案:陆成叔为王世贞先生信使,携先生书来访,见万历十六年(1588)。此云“今且三年矣”,当作于本年。王世贞上年冬至后一日已逝,侗作此诗时似仍未得消息。

二月望日,得李维桢书闻王世贞先生死讯,赋诗三章悼之。

《来禽》卷三《二月望日本宁书至,谓元美先生于长至后一日赋玉楼矣,惊悼无已,辄成三章》:“闲门长日户深扃,传到吴音涕泗零。海岳忽倾天一柱,彭铿谁较寿千龄。南都罢曳尚书履,北斗虚占太史星。无限武陵吹箎客,翻来新曲未堪听。”“绵竹山头鹤驭来,弇州华表郁崔嵬。人间题凤非凡鸟,天上骖鸾逐吹台。长至忽惊年筭至,梦回旋领色身回。公谢政旬月而疾作。黄垆一笑千秋尽,尘世何劳赋七哀。”“爱弟当年赴九京,岿然鲁殿有难兄。孤芳棠萼争相倚,已死琴声可再赓?麟凤两洲摧海外,蛇龙连岁泣门生。中原未老吴夫子,彩笔犹堪定后盟。七子独明卿在。”(页15A)

案:王世贞先生卒于上年十一月廿七日,已见前。侗闻讯惊悼不已,“海岳忽倾天一柱,彭铿谁较寿千龄”,“麟凤两洲摧海外,蛇龙连岁泣门生”。侗向以“门生”礼尊先生。在明后七子中,王世贞先生逝后,唯吴国伦岿然独存,诗曰:“中原未老吴夫子,彩笔犹堪定后盟。”注曰:“七子独明卿在。”“明卿”即吴国伦。

是日,检《柳宗元集》阅哭吕衡州(温)诗,又为诗哭王世贞先生。

《来禽》卷三《是日闻元美先生讣,偶检柳集得哭吕衡州诗,步韵志哀》:“南云黯霴失孤峰,地下斯人未可逢。我已无心驰练马,谁同清赏续歌钟。身还净土如来偈,哭到重泉若鬣封。记得扁舟江上别,只应魂梦一相从。”诗注:“余按吴时,舟别娄江。”(页16A)

案:万历十一年(1583),侗巡按三吴,首谒王世贞、世懋兄弟,得先生赏识。娄江别后,鸿雁传书不断,然未再谋面。

闰三月,同年马允登卒于湖广参政任,年四十四。

朱长春《亚中大夫湖广布政使右参政瀛浒马先生行状》:“岁辛卯,行至江都,病;至邳,病甚。漕使者贾公劝趣至家,先生以入洪舟未尽,唯谢而已,日自力疾督牵挽,应宾客不休。一夕危坐,卒,时年四十有四。”(《朱太复文集》卷二九,页6B)

春,家中不慎火灾,砚石为毁,乞王稚登代购一枚。

《来禽》卷二五《报王百谷》:“春中祝融不仁,延及外藏,一二研石化为池鱼。烦公为购一枚,值可十千而杀者。”(页3B)

案:“王百谷”名稚登。吴骞《尖阳丛笔》卷五:“邢《来禽》与王百谷书云:‘春中祝融不仁,延及外藏,一二研石化为池鱼,烦公为购一枚,值可十千而杀者。’得一十千而杀之研,已足供其挥洒。盖时去宣德、万历开端溪未久,故佳砚犹易购,今虽倍之不过下驷耳。”(《续修四库》第1139册,页483上)

傅光宅、公鼐来访沛园,共饮沛园之桃花下,有诗。

公鼐《辛卯访子愿于犁丘,傅侍御伯俊来会,遂与定交,共饮犁丘园桃花下醉中作》:“邂逅同君汗漫游,一时星聚古犁丘。座中锦瑟清宵永,杯底桃花素月流。未老生平唯意气,何妨踪迹叹浮沉。狂歌子夜凉风起,转觉燕姬翠黛愁。”(《问次斋稿》卷一九,页202下)

又《犁丘园山洞与伯俊深精禅理,许余知解,再诗投赠兼以留别》:“维摩大士寄微尘,眼底空花未是身。倾盖钩盘河上月,衔杯委羽洞中春。片言醒后真无碍,半醉诗成觉有神。明日王程骢马客,宰官初现是何人?”(《问次斋

稿》卷一九，页 203 上）

案：傅光宅时居忧在家，与公鼐同访沛园。“犁丘园”即指沛园。

别后，傅光宅有诗寄酬。

傅光宅《别后寄邢太仆子愿》：“肝胆相怜得此生，犁丘昨夜月同行。春风千里吹乡梦，依旧桃花醉玉笙。”（《傅伯俊诗草》卷四，页 4B）

公鼐在沛园，识侗季弟邢伉，有诗赠之，约以明年八月再见。

公鼐《赠邢子頫》：“春雨飘花点点愁，连床深夜思悠悠。龙门旧识慈明御，日下新从小陆游。意气横飞青济水，悲歌同上白云楼。相逢早定重来约，八月湖光桂树秋。”（《问次斋稿》卷一九，页 202 下）

又《别邢子頫》：“酌酒酬君泪不干，与君攀柳柳枝寒。今宵满地清河月，不作湖南楼上看。”（《问次斋稿》卷三一，页 288 上）

案：“邢子頫”即邢伉。《家乘》：“伉，字子頫，号参吾。贡生。任兴化县训导，升陕西礼县知县。配葛氏、魏氏。生二子。”（卷四上“世系表二”，页 13B）又见《礼县知县参吾公传》（《家乘》卷五“家传二”，页 21B）。侗与两弟虽已分箸，然兄弟怡怡。冯时可《邢公碑铭》：“子愿两弟一生相好无尤，所得精丽必贻弟。父以食指繁强强析箸，然得美食必致之。”（《家乘》卷五“家传二”，页 12B）

邢侗《弟子頫像赞》：“浑金璞玉，不露以储。裾裾蘧蘧，表衷之余。我人待糈，人我寄庐。艺功磁诸，靡盈以虚。是所谓大器晚成，至德必世者欤。”（《来禽》卷二一，页 22A）

王稚登寄书至，言将遣族弟携诗往临邑，为邢如约八十寿。

王稚登《寄邢直指子愿》：“明公题碑之作，不减中郎，白骨之髽，藉此更肉，其尚存齿发者，宁靳七尺，以报休明。属者岁凶，道路多梗，久缺缄题，以报知己。邸报中见陈黄门疏草，与家儿辈方取测注弹去尘埃，乃复有弹射者在后畴，俾明公艳姿绝世，众女媢之。而今黄门为池鱼哉，虽然以荐邢先生受劾，第为世道太息耳。太公今年政八十耶？少济南生十有二岁，然闻能跨马据鞍，不徒能授书而已。明公以斑斓易朝衣，弄雏当持斧，何必为叱驭之臣？而可赋得《泰松》以侑大斗，九顿使者而送之，邻庄渔猎之弟，未闲应对，强作一介行李，明公幸邻而获视之。”（《谋野集乙集》卷一〇，页 34A）

案：书云：“太公今年政八十耶？……而可赋得《泰松》以侑大斗，九顿使者而送之。”稚登赋得《泰松》为邢如约八十寿，遣族弟往贺。又云：“邸报中见陈黄门疏草……而今黄门为池鱼哉，虽然以荐邢先生受劾，第为世道太息耳。”可谓知己之言。

同年山东督学李化龙为《临邑县志》撰序，致书为谢。

《来禽》卷二七《上李于田学宪》：“往奉《墨本赋》及考卷之惠。赋清丽，韦、柳高手也。考卷人具才品，无向时割裂装缀之陋。闻大宗伯署中评为宇内第一，冠诸行学监司不虚哉！弟久病成衰，闭门饮药，忽拜志书大序，发函卒读，且喜旦谔。文是大议论，风会攸关，波动云流，无一毫强割态，盖自肥肠满脑中来，纷纷拟秦摹汉，愈露捧心，风斯下矣。至于一字见褒，足刊金石，嵁岩牢落，差以傅颜。忆得何大复序《武功志》，《志》《序》至今并传，弟则愧羔之裘而狐其袖也。能檄县多刷十余翻，一为送海内同人，更藉青云无已耳。大集篋之，实有深意，县君能自陈底里，抚院见收，一切皆余论所及，敢不结中。微闻当宁欲夺占哔而就裲裆，宜抱相如之癖。何缘詹见，一叙阔悰。临书悁邑。”(页15A)

案：“李于田学宪”名化龙，侗进士同年。万历十八年(1590)调山东按察司提学副使，万历二十年(1592)升河南布政司右参政。书中“志书大序”，指李化龙为撰《临邑县志序》，见[康熙]《临邑县志》卷首。

五月十三日，马允登灵柩抵家。赴东光吊唁，并撰文记其逸事。

《来禽》卷二二《参知马叔先逸事》：“叔先行履，其长君茂才摭拾几尽矣。余不敢复举，而臆其逸一二。……邢生岁前闻讣而走唁之，出吴桥。吴桥老人道伺邢生而叹曰：‘此必吊马叔子。叔子而逝者，吾曹将不炀。’又数里，邢生井而憩焉，汲者妇哑哑哭声，曰：‘此必吊马叔子，叔子而逝者，吾曹将不绩。’吁嗟，嗟乎！叔先胡以得此于乡闾百里间哉？叔先五丈夫子，皆玉立，不隤其家声，强半为时鸿儒，视进士举如特左券而旦夕折也。其所平生交与，尽四方瑰伟大度文章节行之士，故先后为儿女子姻家，无一不阀阅高门者，此其大致可睹矣。”(页3A)

案：“马叔先”名允登，下引《上申相公》云：“近于五月十三日，柩抵东光，不孝侗奔吊尽哭，稍为经纪其家事。”(《来禽》二七，页11B)

上书申时行师，乞请予同年马允登以恩恤。

《来禽》二七《上申相公》：“不肖侗自束发厕迹师门，迄今且二十余年。中间造就之恩，曲成之谊，即历万亿不能指数。以所素盟矢万一，砥砺休明，少自表见，以不至为师门玷，则所以庶几明报也。不意风涛中起，栖泊仓皇，一官自弃，视弁髦不足为轻。于时两当大计，群不逞尚欲甘心，赖师尊庇，幸保皮毛，进贤虽挂，尚得被衣履冠带而称乡里之缙绅，秋毫皆巨赐也。归田五载，凡遇生辰庆典，一字不敢通门阑，即侗与木石居，未必五内浑然木石也。第居恒窃意侗在师门，乃子弟中之最不肖者，以其罪盭而放之田畔，违远邑邸。昊天之号，夫岂恝然，而竟以行迹播越，影响自幽孺慕，徒勤面颜如甲，万缘俱冷，疏数尚足道哉？不意师台海天茹纳，犹赐记存，一得之姜大理壁，再得之傅道长光宅。具悉尊慈，闵以瓜李之嫌见累。谆谆操守行履之间，犹曰'所可哀怜之士也'。侗转恚自外之非宜，而硁硁者之无睹于大方矣。然亦不敢辄有慁渎，乃今辄有慁渎，则以已故马门生允登事，抆泪而奏记焉，唯师辱听之。马门生平生英爽，才具干略，不俟不肖缕陈矣。至于一片为父师赤心，直欲排群疑，犯众怒，而登之昭明之理，庶几由在尼父不闻恶声者。卒以哓哓去国，踯躅外藩，三押漕粮，风波尽瘁。一旦邳州疾作，暴死水滨，妻子远在家园，相依又无干仆，无论含饭无人，抑亦盖馆潦草。嗟哉！扁舟寄厝，魂魄羁孤，唯有青蝇作吊客耳。吾师闻此，或亦不免当食顿箸也。近于五月十三日，柩抵东光，不孝侗奔吊尽哭，稍为经纪其家事。又复许其少女在襁褓者，续为婚姻，一日在宙，一日不忍负此死友。马门生有五子，其四皆娶有妇。长、次二生，资学可望大成。与之商谈间，渠云：'漕抚周军门欲为题奏优恤，河道潘军门亦再四咨嗟，图有以慰之于地下者，俱未见下落。'侗窃思往嘉靖间贵州府右参议王重光以采木卒于旅邸，得赠为太仆少卿。近仪真管河郎中罗用敬，亦得追赠如前官。以允登而论，俱比二员官阶稍高，而事于国储巨重，较之采木、管河亦不甚相悬。且涉历江湖，风涛万状，三度押运，已及满期。计今四五月，原望例升，若夫暴卒河濡，漕务未竣，真所谓死于王事者。以愚而虑，比照从前二例，奏求赠录，似未为过。仰唯尊师俯念二十年布衣门墙之旧，亦曾少效赤诚于左右，留神委屈，一赐允行，此正公道中之异恩也。伫企台慈手批数字，俾不肖侗有所持循，从臾其子亟为陈乞，则人间君臣、师弟、父子、朋友之谊，具为惬可。临启不任激切感慨皇惧待命之至。"（页 11B）

案：马允登隆庆四年（1570）顺天乡试中举，亦为申时行"门生"。允登逝后，其上官漕抚周军门（采）、河道潘军门（季驯）"题奏优恤"，俱未见结果，故侗上书恩师，乞比照嘉靖间贵州府右参议王重光得赠为太仆少卿、仪真管河郎中罗用敬追赠如前官，奏请加恤。由书可知，邢侗因王篆之事受累以疾辞归后，从大理寺丞姜壁、乡人傅光宅处得知乃师时时念及并表同情，称其为“所可哀怜之士也”。[康熙]《文安县志》卷五：“姜壁，字完卿，授山东乐安知县，选河南道监察御史，升大理寺左右寺丞、左右少卿，晋佥都御史、巡抚郧阳。”(页3A)

六月，王稚登作《泰山松歌》为邢如约八十寿。

王稚登《赋得泰山松寿邢太公》：“我何思兮在岱宗，乱山千迭云千重。七十二君事已往，金泥玉检何时封。道阻且长不可从，但闻人说秦时松。此松不知经几代，翠色亭亭若车盖。万乘曾来树下行，避雨之柯至今在。上有苍龙鳞，下有红琥珀，邢翁迢迢住其侧。薄言采之供服食，百岁令人好颜色。此松生子成栋梁，翁家亦有绣衣郎。青骢昔日临江左，陌上犹存御史霜。仙翁形如松下鹤，上马据鞍何矍铄。御史还家着膝傍，戏彩弄雏胡不乐？蟠桃有时谢，大椿有时枯，松兮松兮长为秦大夫。祝翁之年松共久，玉颜金骨冰霜肤。我昔相逢御史君，停鸾辍轭意殷勤。侧身西望不可即，孤鸿嗷嗷求其群。题诗赠翁愿翁寿，徒然梦对封中云。闻翁行年年八十，鬓发能青眼能碧。瀛州之酒索郎名，饮似长鲸倾十石。天鸡叫出羲和轮，夜半光芒海波赤。请君诵我秦松篇，东望吴门练一匹。”(《南有堂诗集》卷三，页25B)

又致书申时行师，再为陈乞马允登优恤事。

《来禽》卷二七《上申相公》：“门生比以马门生身后之事上恩师慈，荷尊俯注，曲赐裁答，且温词下慰，眷然忘其不肖之踈逖，而沾沾置之胸臆者。侗捧读长跽，不胜感激，不胜悚惶。马门生事，先是河道优恤之情，业有公据矣。今其长男苦欲叩阙陈乞，其所上书，只以押运三次、资深劳瘁为言，并未敢妄援往例，致有龃龉。切念马门生禀性慷慨，中多愤世之幽思，一经外补，日夜焦灼。盖所望于恩师之拯援而还之卿寺者，良独切至。比见事势不谐，邑郁无聊，寝食违常。一旦至此，计此君赍志未消，张目未瞑也。伏冀尊师机务少暇，留神委曲，敦属部议，得从优叙。获叨京朝一官之赠，则门墙死生之谊，人人颂而戴之。不直马君一片隐衷获伸地下而已也。不肖侗伏在草野，本不宜再三尘渎，第以马生幼弱，未敢辄叩尊严，侗用是不避琐烦，敬为代陈如此，唯师亮宥。”(页13B)

案：前次上书获乃师“荷尊俯注，曲赐裁答，且温词下慰”，然其长男叩阙

“未敢妄援往例，致有龃龉”。侗再次上书恩师乞求给予马允登优恤，然亦未果。朱长春《亚中大夫湖广布政使右参政瀛浒马先生行状》：“漕使者上其劳，请加恤，旨下，格不行，中朝公卿知者与四方之士交游，皆为泣叹。”（《朱太复文集》卷二九，页6B）

八月，王稚登闻族弟尚未至临邑，再寄书问。

王稚登《寄邢子愿》：“族子将书以六月行，乃八月犹未达，是儿非大耳者。闻奴产子蹑之而西，得无见给，此奴已给，使君又给主人弟耶？请大索之，勿令飏去。赵荣禄障子乃是德清别业图，题者邓善之、虞伯生、吴仲圭三人，未尝有丹丘生，当由吴郎误告，俟其归质之。良是则请以为美芹，自使君之赝晓涉也，不复敢以缣素为献意，恐不保其胫耳。此障既蒙见索，吴郎朝至不待夕发矣。使君云：‘不负王生，乃望报者哉。’异日当剖心自明。”（《谋野集乙集》卷一〇，页18A）

案：王稚登遣族子来临邑祝寿，六月出发，至八月尚未至，故作此书。书中言及“赵荣禄障子”，即赵孟頫画卷，有“邓善之（文原）、虞伯生（集）、吴仲圭（镇）”题跋，或为寿礼。“吴郎”疑即吴云从，曾荐为邢氏馆师，数年中为王稚登使者，来往于吴门、临邑之间。

是月下旬，王稚登族弟至，发读《泰松篇》复书以谢。

《来禽》卷二五《报王百谷》：“爱弟于八月下旬至矣，发读《泰松篇》，苍颜秀色，勃勃眉睫间。已复寒风谡谡四来，若负阴崖古雪，急索毳褐冒絮，犹不足敌也。家君间作小诗，香山、苏州耳，乃谓王先生少陵、嘉州乎？矧有加币，焉敢不举君之觞？三千里拜使者，深心可知。一堂三世，畴不南望颂休明，济北菟裘，贺章如雨，不能当王先生一片陟厘也。棕拂犹龙乎？两螺可拟两南金，不腆之文不中垫半偈屏脚，乃为石灾小史涂鸦之技，亦遂辱广其游道，用两事流汗且十斛矣。春中祝融不仁，延及外藏，一二研石化为池鱼，烦公为购一枚，值可十千而杀者。在明奕奕神令，当是火宅莲花，借公问讯。周郎顾曲太频，不至目瞤乎？山斋雅丽，何必江南？抵死拼两先生一顾之。偶暴下不能自提笔，占授不虔，幸赐贷贳。”（页3B）

案：此书又载《邢子愿杂著》。当作于八月下旬，王稚登遣使者族弟携寿诗至，此致书报谢。书云：“在明奕奕神令，当是火宅莲花，借公问讯。”指朱正初。又“周郎顾曲太频，不至目瞤乎？”疑即前之“周孝廉”，为王稚登之亲，曾游临邑访邢侗。

又有诗寄王稚登。

《来禽》卷三《秋日百谷以其群从见存,把扇对酒,漫赋寄怀》:“爱弟邻庄意气雄,托将书札及秋风。乍抛渔猎游初薄,才隔池塘梦已工。狼藉素纨霜杵色,绸缪香露菊花丛。相看两地成追忆,练影云封人望同。”(页13B)

案:此时王稚登族弟已至,故云:“爱弟邻庄意气雄,托将书札及秋风。”

王稚登闻族弟客沵园,有诗寄答。

王稚登《答邢子愿使君,余从弟客使君所》:“诗题旧事已茫茫,但记相逢客路旁。幞被何时登日观,挂帆前度下雷塘。来禽欲索秋无雁,吉贝多收地早霜。更信屋乌推小弟,归来渔猎罢邻庄。”(《南有堂诗集》卷六,页52A)

八月,姻亲王三迁子王浩、王洽兄弟同榜中举人。

[同治]《临邑县志》卷八“举人”:“(万历)辛卯科,王浩、王洽。”(页8B)

案:王浩、王洽为邑人王三迁子。三迁自幼随舅父刘典客学,舅母邢氏为侗之姑母。邢侗《累诰封中宪大夫潞安府知府绍庭王公行状》:“(绍庭)稍长则抚舅氏典客刘公所,舅母则侗先侍御公同产妹也。”(《来禽》卷一九,页19A)

王三迁,字养蒙,号绍庭。山东临邑人。生不识父,事节母至孝。以子浩、洽贵,迭膺封诰。著有《连山抉要》《截蒲录》《四书解》《过庭百训》等。事具邢侗《累诰封中宪大夫潞安府知府绍庭王公行状》(《来禽》卷一九,页19A),[同治]《临邑县志》卷九有传(页1B)。

八月,申时行师疏请致仕获准,上书寄慰。

《来禽》卷二四《上申相公》:“吾师脱屣三公,言还里社。三十载状元及第,光播风华;二十年元老中书,荣归昼绣。盖休休旷度,于人何所不容;而耿耿纯忠,唯天可以自鉴。窃闻角巾私邸,柱杖名山,释周旦之衮衣,即晋公之绿野。尊开若下,犹故国之春醅;鲈荐云间,是季膺之秋馔。无论贫交疏属、野老村童,靡不饮司马之醇和,沾仲淹之闿泽。其于今日,互执两端,凡逐阳浮者,均为国家惜老成之去;而具识会者,深幸明哲得保身之全。侗也桃李残行,勃溲贱品,虽成蹊未就,而含生讵敢忘恩?即起色无缘,而视息畴非大造。慨世情之反覆,誓指青松;冀国论之昭明,恍开白日。”(页9A)

案:申时行是月求去获准,《国榷》卷七五:“(万历十九年八月甲戌)申时行求去,许之。”(第5册,页4658)缘于对建储首鼠两端,被劾罢去。《明史》卷二一七："时行连请建储。十八年，帝召皇长子、皇三子，令时行入见毓德宫。时行拜贺，请亟定大计。帝犹豫久之。……明年八月，工部主事张有德请具册立仪注。帝怒，命展期一年。而内阁中亦有疏入。时行方在告，次辅国首列时行名。时行密上封事，言：'臣方在告，初不预知。册立之事，圣意已定。有德不谙大计，唯宸断亲裁，勿因小臣妨大典。'于是给事中罗大纮劾时行，谓阳附群臣之议以请立，而阴缓其事以内交。中书黄正宾复论时行排陷同官，巧避首事之罪。二人皆被黜责。御史邹德泳疏复上，时行力求罢。诏驰驿归。"（第19册，页5747）

九月，礼部尚书于慎行上疏请辞，获准归里。寄诗问候，于师有诗裁答。

《来禽》卷二《起居宗伯尊师于公》："七上书移疾，三经月改弦。臣心霜露切，帝命起居骈。去住违今日，迟回易长年。独余秋夕梦，常绕汶阳田。""玉体神明护，春卿礼乐需。门人方慰藉，乡思复须句。日鉴孤情剧，朝怜绝调无。寄言黄石侣，先佩赤灵符。""劝讲头堪白，金门隐客星。不随严子钓，已授伏生经。衮阙辛勤补，卷阿一再聆。八方怀舜德，薰吹及焦螟。""下里甘驯鹿，中朝想佩鱼。建储勤报疏，献馘几传胪。曹鲜山郎入，庭容月魄虚。履声来几几，偏识郑尚书。"（页8B）

于慎行《抵舍承邢知吾侍御赐问，裁答二首》："海畔投簪始，伊谁问索居。长安千里使，济水数行书。世事焚鱼外，时名梦鹿余。平生周柱史，避俗意何如？""海岳终堪隐，风尘几倦游。采芝随绮季，种竹待羊求。月迥春天树，江寒雪夜舟。何时芳驾至，尊酒一淹留。"（《谷城山馆诗集》卷八，页10B）

案：《国榷》卷七五："（万历十九年九月）礼部尚书于慎行致仕。"（第5册，页4659）其以疏请早建东宫触怒皇上。《明史》卷二一七："（万历）十八年正月，疏请早建东宫，出阁讲读。及冬，又请。帝怒，再严旨诘责。慎行不为慑，明日复言：'册立，臣部职掌，臣等不言，罪有所归。幸速决大计，放归田里。'帝益不悦，责以要君疑上，淆乱国本，及僚属皆夺俸。山东乡试，预传典试者名，已而果然。言者遂劾礼官，皆停俸。慎行引罪乞休。累章上，乃许。"（第19册，页5737）

送别之作，冯琦《送大宗伯于谷山年伯请告东归》（《宗伯集》卷六，页4B）、傅光宅《送大宗伯于公请告归东阿二首》（《傅伯俊诗草》卷六，页3A）、葛曦《送于大宗伯请告东归五首》（《葛太史公集》卷一，页18A）。

秋,陕西苑马寺少卿张延庭入贺,便道见访,有诗赠之。

《来禽》卷二《张左海以冏卿入贺,便道见访》:“秋甸花仍艳,晨装露未晞。暂抛沙苑节,入觐紫宸扉。燕市良朋洽,卢沟旅雁依。王程今借便,来访钓鱼矶。”(页 5B)

案:“张左海”名延庭,山东滨州人。是年四月为陕西苑马寺少卿,《明神宗实录》卷二三五:“(万历十九年四月)癸卯,升顺德府知府张延庭为陕西苑马寺少卿兼佥事。”(《明实录》第 56 册,页 4364)据“秋甸花仍艳”,其入贺当在秋日,故系于此。

张延庭,字左海。山东滨州人。嘉靖三十四年(1555)举人,任柏乡知县。令毁淫祠、兴学校、浚槐河、锄抑健讼,严禁词牵妇女,民安俗易,三年报最。海瑞称之曰:“正直慈惠,当今所少。”擢南京户曹,出为顺德府知府,再为陕西苑马寺少卿兼佥事。[咸丰]《滨州志》卷一〇有传。(页 7B)

是月,为同年韩萃善所藏王家屏书卷题跋。

《来禽》卷二一《题王相公书》:“太原相公书由《圣教》、孙虔礼出,大是书家,而靳不与人书。此其为州大夫、今观察韩公书。初觉风骨凛然,久之顿成妩眉。太原一瓣香,真为韩南宫。”(页 17B)

案:“太原相公”即首辅王家屏,因力主立储,次年三月辞官归里。“州大夫、今观察韩公”名萃善,是月由太原府知府升浙江副使。《明神宗实录》卷二三九:“(万历十九年八月庚申)以山西太原府知府韩萃善升浙江副使。”(《明实录》第 56 册,页 4447)。此卷为韩萃善在太原府知府任上,王家屏书赠,此时韩萃善已升任浙江副使。

营建沛园以奉养父母,父亲八十寿辰前竣工,前后历时四年。

《家乘》卷一一“坊表志”:“沛园,在儒学前,太仆公建,以养封公者。景凡二十有六,各有题辞,而缀以五言诗。来禽馆藏札载某公书云:‘药饵之暇,辄取名园佳咏吟哦数过,神游二十六景中,应接不暇,顿祛病魔什之七八,昔人谓《辋川图》能愈人疾,此庶足拟之矣。’”(页 2A)

案:沛园建于古犁丘之上,仿王世懋“澹圃”。园内二十六景,读书室取王羲之草书《十七帖》中《来禽帖》的“来禽”两字,命名为“来禽馆”。邢侗诗曰:“买丝绣右军,分行种青李,总是爱来禽,帖与树俱尔。”邢侗建造沛园费赀甚巨,加之不善经营,故家计日窘。《明史》卷二八八本传:“(邢侗)家资巨万,筑

来禽馆于古犁丘，减产奉客，遂致中落。"（第24册，页7397）

邢侗又于济南建有"济上菟裘"。《历乘》卷一六："（邢侗）爱历下山水，卜居于北门之外，时游息于此。"《家乘》卷一一"坊表志"又有"灵岩山草亭"："在甘露泉上，相传太仆公读书处，予昔游灵岩犹及见之，今乌有焉。志之以示勿忘。"（页2A）甘露泉位于济南灵岩寺北山坡，或即指此。此斋又名缃花园。《家乘》卷一一"坊表志"："缃花园，瑞露馆帖载云：'公自题曰：余新营济上菟裘，即杜工部旧游鹊华两歧处，长河贯中，银杏一株，参天垂柳二十余，高可四十尺，堂斋小拟澹园，差可畸人足老此乡矣。'"（页2A，又见《来禽馆真迹》页65）"澹园"即王世懋昆山所居园林"澹圃"，此亦仿"澹圃"所筑。侗又有《新营小斋效乐天体》："新结茅茨近水湄，水堤茅屋恰相宜。道人装有沙鸥识，居士丹成海鹤知。禅侣过时同诵偈，酒垆行处不须期。还炊一甑黄粱饭，饭罢殷勤课小儿。"（《来禽》卷三，页7A）未详何处。

沛园有半舫斋，与来禽馆齐名，为书匾、作画，又撰记。

《来禽》卷一一《半舫斋记》："余家东土，率皆平原，广衍无衣带濠濮之观。而自余宦游吴楚，数数涉江湖，楼船彩鹢，响金奏而挝回帆，庶几乎平生大观矣。越自得谢家食，为园东城之隅，大则为梨丘亭，古台高揭，巨丽甲一方。而亦有茅茨短筑，委槛曲廊，依稀吴越间。菟裘中敞一斋，仰施藻井，俯则裁文杏为枰。左篏绮疏者六，才与棐几齐，绿沉为饰，宛若舰窗。右则徒壁立，东西通弄，对启双扉。直北为中扃，南向，穴壁瓮如也。主人有味乎欧阳画舫之旨，而额之似舫之半，曰'半舫斋'云。纵仅为尺者八，横杀八之一。可吟，可挥，可酒，可棋，可与羲皇游，可与头陀居。……余风涛中人也，比虽渐违舟楫，曷敢一日而易波。臣儿曹第诵斯言，尚亦无忘陆海，吾乡信美其永永，勿见嘲于河伯也。"（页33B）

案：沛园之半舫斋与来禽馆齐名，李廷机《寿邢太公九十序》："同卿以子舍未足奉太公，则又即犁丘为庭榭，广致名卉、佳石于其中。来禽之馆，半舫之斋，结构奇丽，殚其力以为亲娱太公。时杖策而嬉游，酌醲割鲜，弹丝吹竹，箕坐高枕，不知日之昏旭，序之凉燠也。"（《家乘》卷一〇，页42A）半舫斋成，侗撰《半舫斋记》，书"半舫斋匾"，《家乘》卷一一"翰墨志一"："半舫斋匾，正书。"（页9A）又有《半舫斋图》，公鼐有《子愿新作半舫斋成，以图见示，率尔寄题》四章，其一："少伯功成身去吴，使君名姓满姑苏。寨帘无数江枫色，依旧扁舟在五湖。子愿旧按江东有春满三吴之语。”其四:“高斋侧畔次高斋,曲径周围尽鷁回。试上犁丘台上望,布帆摇影镜中来。”(《问次斋稿》卷三〇,页287上)

阳信朱长春知县、德平崔士棨知县来访沛园,燕集有诗。

《来禽》卷三《阳信、德平朱、崔二令君燕集沛园作》:“绮疏笼雾柳千条,上客过从莫待招。鲁酒亦堪乌氏醉,犁丘兼接魏台遥。门前班马鸣相向,厨里枯鱼夜可烧。星聚一堂占入沛,朋来今雨洽深宵。”注曰:“朱,乌程人;崔,彰德人。”(页17B)

案:沛园新成,阳信朱长春知县、德平崔士棨知县来访,两人均与侗交往甚密。

崔士棨,字枞窗,号传甫。河南安阳人。万历十一年(1583)进士。有才学,十六年(1588)任德平县知县,戢奸安民,宽严克济,以报灾件上官,调清丰,寻擢户部主事,累任汾州知府。[光绪]《德平县志》卷五有传。(页9B)

秋,董其昌护田一儁师丧南归,过德州相见,订交,有诗赠之。

《来禽》卷三《松江董吉士玄宰以座师田宗伯丧南归,慨然移疾护行,都不问解馆期,壮而赋之》:“射策人传董仲舒,玉堂标格复谁如?环堤御柳青眠儿,近苑宫桃绛笑初。乡梦数过黄歇水,生刍先傍马融居。多君古谊兼高尚,愿谢铜龙绶佩鱼。”(页19A)

案:“董吉士玄宰”名其昌,其馆师田一俊卒,其昌弃官护丧南归。《明史》卷二一六:“礼部侍郎田一俊以教习卒官,其昌请假,走数千里,护其丧归葬。”(第19册,页5697)董其昌《邢子愿法帖序》:“余为庶常时,馆师田公宗伯病且剧。同馆议以一人行者,余为请急,卒成挂剑之游。子愿太仆曾为近体一章,推余意气,论交自此始。已,余出春明过德平,子愿驰百里觞余张太学之第,曰:‘此地无日不乏百舫,今日乃仙人过耳。’”(《容台集》卷一,页23A)“近体一章”即指此诗,“张太学”即张凤翼。董其昌前年进士及第,此行过德州与邢侗订交,或由陈与郊之荐。董其昌未第时,与陈与郊次子陈瓛(又名祖夔)为莫逆之交。吴骞《尖阳丛笔》卷三:“董文敏未第时,客于海昌最久,与陈增城先生瓛为莫逆交,至其日用薄亦有文敏为其登记者,然增城甚器之。文敏夫人尝至陈氏,钗荆裙布而已,陈氏素豪华,皆窃笑之。增城独曰:‘勿轻视董夫人,他日富贵未可量也。’”(《续修四库》第1139册,页464上)

田一俊,字德万。福建大田人。隆庆二年(1568)会试第一,授编修,进侍讲。张居正欲廷仗吴中行，一俊疏救，格不入，乃从王锡爵诣居正，陈大义，词独峻，居正心嗛之，一俊告归。居正败，起故官，迁礼部左侍郎掌翰林院，卒，家无余赀。著有《钟台文集》。《明史》卷二一六有传。（第19册，页5697）

董其昌（1555—1636），字玄宰。南直隶松江人。万历十七年（1589）举进士，授翰林院编修，官至南京礼部尚书，卒后谥"文敏"。少负重名，能诗文。其画集宋元诸家之长，行以己意，潇洒生动。书法出入晋唐，自成一格，同时以善书名者，时人谓邢（侗）、张（瑞图）、米（万钟）、董（其昌）。性和易，通禅理，萧闲吐纳，终日无俗语。著有《容台集》《画禅室随笔》等，刻有《戏鸿堂帖》。《明史》卷二八八有传。（第24册，页7395）

时有歙县吴廷与董其昌联舟同行，与侗相识并订交。

《董华亭书画录》著录《白云潇湘图》，卷末吴廷题云："辛丑秋，以庶常（董其昌）请告南归，余得尾其舟，船窗多暇，始得命管。至黄河乃得《白云潇湘图》，笔随神运，真不减元章旧作也。喜极携归，急用装潢，并记于后。新安吴用卿氏记。"（页8）

案：据上引吴廷《白云潇湘图》跋，其"尾其舟"随董其昌南归，过德州时当与董其昌一起识邢侗并订交。吴廷家有富赀，收藏古画名迹甚富，有鉴赏能力，所刻《余清斋帖》闻名后世，后与侗有许多翰墨往来。

吴廷，又名吴国廷，字用卿，号江村。安徽歙县人。博古善书，藏晋唐名迹甚富。董其昌、陈继儒来游，尝主其家，以米南宫真迹与其昌，其昌作跋。刻《余清斋帖》，杨明时为双钩入石，至今人珍袭之，谓不减于《快雪》《郁冈》诸类帖。清大内所藏书画，其尤佳者半为吴廷旧藏，有其印识。[民国]《歙县志》卷一〇有传。（页8B）

寄诗奉怀王稚登，自夏至秋，其游杭州居南屏寺逾五旬。

《来禽》卷二《闻王百谷寓南屏寺奉怀》："卜筑南屏寺，多因太守贤。榻移千竹润，书枕一床眠。礼佛沉香火，看花细雨天。无缘陪胜侣，吟望独凄然。"（页10B）

案：诗云："卜筑南屏寺，多因太守贤。"下引王稚登《寄邢子愿》云："秋暑若毁不能归，僦居南屏僧舍逾五旬，杭州公为客治装甚盛，遂营草堂于锦帆泾上，差可避喧，安得邢先生停舆竹下，指挥好恶乎？""太守""杭州公"即杭州府知府胡云鳌。

胡士鳌,字尔潜。福建诏安人。万历五年(1577)进士,授江阴令,有骏声,入为计部郎。出守杭州,士附民怀,以忤当道夺职,为登州郡丞。东征备御,所筹划为多,迁青州知州。适矿珰陈增横暴三齐,益都尹吴宗尧被逮,士鳌义形于色,曰:"守令一体也,令逮何为守?"为资其行李,护其属出境,揭政府部院为令白冤。增闻之,遂并构焉,有旨降河东运同。自是台省屡疏士鳌才品,铨曹屡推用,俱不报,遂赋闲居。去青州任,宗伯冯琦为赠行文极其推许。卒,识者悼之。[康熙]《章丘县志》卷一一有传。(页10B)

又闻王穉登移家杭州锦帆泾,赋诗寄之。

《来禽》卷三《得百谷书知移家锦帆泾,辄赋短篇》:"梵幢偈火坐疏棂,宛转题缄达曙星。卖赋欲营青雀舫,卜居新在锦帆泾。南邻古木浓阴合,别院深松暮霭停。兴至讵难千里驾,大江其奈隔冥冥。"(页9A)

案:"锦帆泾"在杭州,亦王在杭州所作。

十月,父邢如约八十大寿。于慎行师赋诗祝寿。

于慎行《封御史邢翁八十双寿二首》:"济北贤豪行谊敦,年跻上老德弥尊。真封已自称乌署,高隐还应并鹿门。明月千山芳杜若,春江九畹茁兰荪。仙龄幸际升平理,拾穗讴吟亦主恩。""双闱同拜玉函封,寿衮今开第九重。青鸟日随王母侍,白云常满丈人峰。已看庭际翔三凤,更向垆边跨两龙。欲问齐眉吴市隐,千秋谁许继高踪。"(《谷城山馆诗集》卷一三,页17B)

好友冯琦、姻亲杨士鸿撰文贺寿。

冯琦《寿邢封君八十序》:"……夫寿者与称寿者,则何其相反也?以余观于犁邱邢公,盖得寿理焉。公齐鲁间隐君子也,晚乃以其子贵。公即以其子贵,而意益自抑损,不欲以三命夸里人,时时从一二长老为布衣饮,歌诗相乐无厌,则谓长君曰:'尔以一介自致青云,黄金横带,不可谓不重。虽然太白若辱,吾恐其举趾高也。与其富贵而羁吾身,不若菟裘之可以老,子将隐乎?吾与子偕。'于是,长君上疏称病,谢事以归。自长君归,而公意益适,神益王,匕箸益进,故春秋八十而形不衰。……故公之寿也,隐而以其子显;长君之寿其亲也,显而以其亲隐。总之,公以不用故全其年,长君以不尽其用,故得娱侍左右,与其亲常相保。向使公焦神极能,用同劳薪,君同泽雉,即未必若此寿。使长君驱驰王事,家有视荫之亲,而外有望云之子,公虽寿弗快也。如公者,可谓能自寿,长君可谓能寿其亲矣。密云令杨君,于公为姻亲,属予修酌者之

词。余交长君最欢，其欲为公称寿，何必减杨君？然称寿者与寿者，庶无相反矣。”（《宗伯集》卷一一，页19A）

案：此文又载《家乘》卷一〇“艺文志三”，题为《寿封君邢太公八十叙》，文末署曰：“右春坊右谕德兼翰林院侍讲通家晚生冯琦拜撰，顺天府密云县知县眷晚生杨士鸿拜赠。”（页40A）

屠隆赋《泰山松歌》贺寿。

屠隆《泰山松歌寄寿邢封君八十》：“君不见泰山崔嵬沧海东，扶桑旭日开曈昽。攫雨拏云几千丈，高枝一一盘虚空。曾见秦皇汉武驱，玉辇苍虬翠盖何。蒙茸邢君风骨挺，挺高一世无乃独。钟之灵气丈人石，上餐青霞王母祠。前授丹秘封公以，子贵得拜神羊爵，亦犹此松当日封秦帝。”（《家乘》卷一〇“艺文志三”，页12B）

姻亲好友葛昕亦赋诗祝寿。

葛昕《邑涯邢公八袠》：“八十年来白发繁，守中漫自说真元。乡邦奕代簪缨族，齐鲁名家齿德尊。浥水碧波当海屋，犁邱黄石种云根。他年轩后行清跸，好上崆峒至道言。”“作伴求羊足隐沦，素书丹灶百年身。德培天汉三珠树，庆衍仙班几玉麟。皤鬓鹤颜清岳岳，峩冠豸绂乐申申。遥知舞彩添筹处，一曲歌鸣万洞春。”（《集玉山房稿》卷三，页5B）

是月，苏东坡《枯木图》上石来禽馆，有跋。

邢侗跋《苏东坡枯木》：“据《禹城志》，于婺者叙此画最详。大抵大定间题字，其为祖迹无疑。余于齐河孙孝廉所见未翻旧拓，与今禹城县治木刻较为矫健，因乞归，藏之笥中数年矣。偶值吴门吴生过山亭，托为钩勒上石。夫以坏壁尘踪，历累劫而神明再焕，顿还旧观，幸矣！微一笔墨，□征兴废，固有时也。矧夫人代之巨重者哉！来禽主人邢某子愿甫手书。”题注：“辛卯十月望日来禽馆勒石。”（《家乘》卷一一“翰墨志二”，页1A）

案：“吴门吴生”未明其人，当为吴应祈、吴士瑞父子，据所见资料，此为吴氏父子与邢侗合作刻帖之始。

是月，张更化升山东右布政使，进京入贺，以诗送之。

《来禽》卷三《送张藩伯入贺》：“路转齐川驿骑连，使君结束去朝天。秋林罥旆朝如织，玉节冲飙客若仙。三殿日开沾舜酒，八方嵩祝庆尧天。小臣岩壑多高枕，微物应知圣泽偏。”（页23B）

案:“张藩伯”疑即张更化,检[道光]《济南府志》卷二五,邢侗家居期间,张姓官山东布政使者仅此人(页 26A—30A)。《明神宗实录》卷二四一:“(万历十九年十月戊戌)以山东按察使张更化升山东右布政。”(《明实录》第 56 册,页 4483)是月上任,姑系于此。

张更化,字德孚。山西汾阳人。嘉靖四十四年(1565)进士,授南阳府推官,擢监察御史,巡视两浙、巡盐政,按凤阳三年,擢陕西副使,迁参政。丁忧,服阕,补湖南参政。万历十四年(1586),迁山东按察使。丁母忧,复补原任,迁右布政使,历河南左布政使。二十一年(1593),晋阶太常寺卿,致仕。[光绪]《汾阳县志》卷六有传。(页 15A)

冬,有诗寄讯公鼐,鼐有诗寄答。

公鼐《历下雪后,子愿以诗讯问即答》:“楼上红妆湖上春,凉州高唱更无伦。如今重过笙歌地,谁是同时度曲人。子愿诗以歌妓品目王之涣凉州曲诗意,故答云云。”“济上萧条君见无,南山一片雪中孤。夜来梦到犁丘月,曲水开成半舫图。”(《问次斋稿》卷三〇,页 287 下)

案:诗有“曲水开成半舫图”,是年邢侗建成沛园半舫斋,绘图题诗,公鼐有《子愿新作半舫斋成,以图见示,率尔寄题》,诗故系于此。

德平季东鲁赴官杭州太守,有诗送别。

《来禽》卷一《送季岱石赴官杭州》:“杭州太守平昌客,手把双旌向炎赫。彭铿郭外易布帆,千里隋堤五湖白。计程何日到钱塘,榴子成房菡萏香。绯衣褐盖露行冕,倾城老稚奔如狂。……平生见说杭州好,出守真堪恣探讨。从他几席出溪山,那得红颜镜中老。当年按节过金阊,总有扁舟不可方。送君魂梦逐流水,相思夜夜吴山傍。”(页 12B)

案:“季岱石”名东鲁。[光绪]《德平县志》卷七:“季东鲁,字国望,一字岱石,万历壬午举人,癸未进士。授兵部主事,出知襄阳、杭州二府,擢陕西按察司副使。莅政仁明,远近怀之。”(页 11A)季东鲁与德平葛家姻家,葛昕《累封夫人先祖母行述》:“昕出……女二,长诺湖广襄阳府知府邑人季君东鲁子永祚。”(《集玉山房集》卷五,页 39B)而邢家与葛家姻亲,故侗亦得称“杭守季君敝亲也”。

致书屠隆,告知朝中议修国史,荐及李维桢、屠隆、邢侗、王稚登等十二人。

《来禽》卷二五《与屠长卿祠部》:“一从陈茂才得所为寿家君诗,又两得见寓尺书，一从商河毛文学，一从东兖杨使君。中间各有碑传文字一二翻，都已长跪领讫，迟至今未有以报也。大抵弟涉世疏而受性懒，诸嬲相仍，而南邮或相错误，则是之以耳。长卿仁兄纪纲以下，得无讶数岁书阁中不庋邢生半字耶？中朝大征史材，我辈遂几脱颖。其所屈指，云杜李本宁、四明屠长卿、洓北不佞侗，而王百谷亦以布衣之贱参之。余更得十二人，人有主名，秘不尽闻。要之，我四人者特籍籍传都门，去年顾吏部泾阳，业已起草省中疏，垂上而事中忤，迄今音耗寥寥，则以诸相君难从度外行事。又馆中诸君小忌折角云辈来耶！微闻仁兄从督抚、观察谈兵，甚善，不知于齐亦有驷先生也。……嗟嗟，长卿、子愿，廉威绝伦，以授征钺，将三军，率其胸腹将，必万人效死，千夫毕能。……久别仁兄，又久不通书叙心，故辄抒其愤懑如此。向作寄怀一诗，今书扇头奉览。观弥年恋恋，亦何不念乎足下？乡三公东来皆急，仆多以足下故诸靡密碎，烦不具陈。杭守季君，敝亲也，曾达不肖起居长卿平善状否？"（页 10B）

案："屠长卿祠部"即屠隆。书云"寿家君诗"，指屠隆所撰《泰山松歌，寄寿邢封君八十》。又云"杭守季君，敝亲也"，指季东鲁是年代胡士鳌为杭州刺史。又书云"去年顾吏部泾阳，业已起草省中疏，垂上而事中忤，迄今音耗寥寥，则以诸相君难从度外行事。又馆中诸君小忌折角云辈来耶！"时宰辅赵志皋议修国史，荐及李维桢、屠隆、邢侗、王稚登等十二人，以屠隆、邢侗为最。李维桢《征君王百谷先生墓志铭》："赵文懿志皋议修国史，将尽征文学士，而先生与子愿、屠祠部，隆、侗为冠。先生计曰：'将置史馆诸君子何地？是谤囮怨府也。'事竟差互，二公服先生远识。"（《大泌山房集》卷八八，页 1A）《明史》卷二八八："万历中，诏修国史，大学士赵志皋辈荐稚登及其同邑魏学礼、江都陆弼、黄冈王一鸣。有诏征用，未上，而史局罢。"（第 24 册，页 7388）王稚登《与邢子愿》云："昨得李本宁书，言者妄指西台荐史才为李地，冤乎哉！薪在前，安望居上也。如明公者，亦复尔尔。树高于林，风且摧之矣。"（《谋野集丙集》卷一，页 29B）"顾吏部泾阳"即顾宪成。

顾宪成（1550—1612），字叔时，号泾阳。江苏无锡人。万历八年（1580）进士，授户部主事。以上疏语侵执政，谪桂阳州判官。历迁至吏部员外郎、文选郎中。二十二年（1594）以廷推阁臣忤旨，削籍归。在里与弟顾允成倡修东林书院，偕高攀龙等讲学其中，往往讽议朝政，朝野应合，东林之名由是大著。

著有《顾端文公遗书》等。《明史》卷二三一有传。(第20册,页6029)

得居隆书,又赋诗寄之。

《来禽》卷二《得长卿书却寄》:“韦杜违天尺,烟霞占洞壶。四明狂目罥,五斗夜须沽。兰省芸香杳,云蓝彩袖扶。醉中论出处,吾亦爱吾徒。”(页16A)

案:上引邢书云“向作寄怀一诗,今书扇头奉览”。疑即此诗。

王稚登来书,请为新刻《谋野乙集》撰序。

王稚登《寄邢子愿》:“吴郎不待一函而去,岂非人之无良哉?魏公三尺断缣,遽市邢先生十千赤仄,王生纵黩货,义不至此,门下视封题亡恙乎?石使君岳岳古之循吏,一朝受劾去,送者倾城,邑车枳不得前,奉辕而哭者,泪可掬也。不肖饯之武林,视其装,衣囊药裹之外,靡有长物。苍头面黑如昆仑奴,问其生计,当作长桑君耳。秋暑若毁,不能归,僦居南屏僧舍逾五旬,杭州公为客治装甚盛,遂营草堂于锦帆泾上,差可避喧。安得邢先生停舆竹下,指挥好恶乎?韩太学道隆,复刻《谋野集》十卷,与郁氏刻者离为甲乙,乞门下序其首,敝帚可千金矣。韩君故大理公之次子,善笔札,工为文词,亦一雕龙士,赐以赏誉,不失作王生屋上毕逋。张函一孝廉风调绝伦,于北方之士少双,乃门下未尝识之,将无龙门嵯峨耶?公子英英,柔翰与强弓并善,不肖爱且畏之,不敢称小友。”(《谋野集丙集》卷一〇,页33A)

案:书云:“韩太学道隆,复刻《谋野集》十卷,与郁氏刻者离为甲乙,乞门下序其首,敝帚可千金矣。”《谋野集》十卷,收稚登万历十三四年以前尺牍,江阴郁氏王树堂刻本。“韩太学道隆”名从亨,万历十九年又刻《谋野乙集》十卷,南京图书馆藏。卷首有邢侗《王百谷先生谋野乙集序》,胡士鳌万历十九年撰《谋野乙集序》,胡序曰:“旧游孝廉郁文叔氏雅好斯道,裒其尺牍,付之剞劂,而命其集曰《谋野》。既序之矣,兹太学韩君从亨复为《谋野乙集》。梓成,而先生手以授余,征一言为嚆矢。”(《谋野乙集》卷首)书中“石使君”即石昆玉,字楚阳,湖广黄梅人。历任户部主事、郎中,饶州、苏州、绍兴知府,山东副使、福建参政、大同巡抚。昆玉为官有清誉,以清廉、刚正著称天下,其任苏州太守时更是名满天下。汤显祖《寄石楚阳苏州》中称:“初某公以吴宪拜中丞治吴,而明公亦以吴漕使守吴。南都人皆疑之,弟稍为不然。或二相亦欲得高品抚牧其乡耳。近从苏来者,并云石公有羔裘豹饰之节,仁而且勇,非吴大家所宜。……公之品乃今无疑者矣,幸益自坚。”(《汤显祖集全编》诗文卷四四,页1764)后昆玉得罪致仕相公王锡爵、申时行等，遭巡抚李涞陷害，苏州推官袁可立昭雪其冤。又书中所涉“张函一孝廉”，曾经王稚登绍介到访犁丘，侗有《张函一孝廉来自半偈庵，寓王二丈书兼有问贻》：“曾过吴阊处士家，茱萸同泛暮天霞。舟过愁绕丹阳郭，书到欣从碧汉槎。无那声缘虚雪夜，有怀清梦隔兰阇。白头倾盖谁新故，一诺相怜转未涯。”(《来禽》卷三，页24B)其人事迹未详，与汪元范有交游，汪元范有《中秋锡山王氏园亭同方子振、张函一》(《汪明生诗草》)、《九日登虞山同方子振、张函一》《经张函一墓下作》(《汪明生齐梁草》)。

为王稚登《谋野乙集》撰序。

《来禽》卷六《王百谷谋野乙集序》：“……吾友王百谷先生，含贞蹈龢，苞素扬采，去延陵之旧居，僦伯通之故庑，茷丰俭之谷玉，耽洗砺之枕漱。茆茨非贵，而卿相造门；缝掖本贱，而钟鼎伫席。下帷方广川之仲舒，著书类君家之节信，游道侔于太丘，朋簪洽于苏、李。竿牍靡挟日之问，交酬尽四垂之远矣。窃见夫情至礼答，裂素伸纸，吐章陈文，霞蔚河泻。学义冠于人伦，言语妙于天下。其或宰执方焰，露调笑于矜庄；寒畯失职，寓煦沫于谩骂；其或朱邸阳慕，罗罗见其清疏；熊轓委诚，岳岳表其耿介。其或闾门接壤，贺吊别区，生刍一束，羊酒两家，沉痛极欢，造微笔下。其或疏属密戚，头岑腹痛，量水称药，分甘饷鲜，一郁三叹，寄心行间。其或良晨佳夕，藉草然炬，检校莺花，指挥卢采，倚马沾醉，觇缕愿言。其或方外名流，域中胡贾，弹指疏兰阇之字，横书走迦叶之文。其或兰闺少妇，桃叶小姬，濡毫代金剪之怨，含辛报薛涛之锦。大乃巨幅，小则掌蹄，声振金玉，规矩骚雅。槭若严霜之材，婉如流风之雪。磊砢无节目之累，浩汗撤藩溷之障。古则陈孟公，今则王次公，可谓异代齐轨，书场文府均被谈谈之许者矣。嗟夫！在昔世庙杨用修氏，纂辑清裁，遂至洛阳长价，鸡林悬购。彼犹众羽之裘，此乃一狐之腋。古谓蜀得其龙，吴得其虎，借兹为喻，未为评允也。百谷友人韩君道亨，廷尉世家，代结王生之袜；桓谭玄赏，独信扬雄之草。爰命劂剞，副于郁氏道亨，辞辨清发，风气遒上，余略得于其先大人。兹特侈厥嘤鸣，未概及其鸿匠云尔。”(页7B)

案：此序载于王稚登《谋野乙集》卷首，题为《王百谷先生谋野乙集序》，万历十九年韩从亨刻本，南京图书馆藏。

致书同年刘士忠，以“我自可抗志图千载名”自誓。

《来禽》卷二九《答刘华石年兄》：“……去岁见门下为张庚进士移尹真定

年兄书，一则曰知吾丈，二则曰知吾丈，竑词伟指，若借不肖为嚆矢，而置诸一日之同人。……比见门下进贤一疏，遂令魋颜结鼻之夫竞相刻画，唐突西施，我则綦巾缟素甘之。夫不肖者，非不须髯如戟，音响如钟，腹瓠垂口河泻，躯且七尺有咫也。第不能驯马如羊，弯弓若芦，释进贤而冠若箕，解荷衣而据冰橐。即胸富归连，笔参元化，真如比丘大士说五侯鲭，口则津津，指实未染，不如绿帻传鞴一宰夫，左手执鸾刀，右手挈芳酸，指点盘飧，并乐宾主也。又自昔兵政岂尽弃文儒，盾鼻磨墨，勒铭燕然山，提十斛隃麋，挽黄流而纪伐崆峒之石，此一记室事，我死不愿为矣！种放小生以终南为捷径，弟则用一丸塞济水，高居弹琴著书，力食百亩。日一杯水享二亲，心自甘于五鼎，即贫如原宪，贱若三蹈，何不足邢生所耶？敬谢故人，世固厌君平，又奈君平之厌世何？仆所坐非有贪惏不检，濡足权门，簸弄政柄，而修报恩郄也。其所连染，直以吴兴故，嗣后以海宁故，彼二丈者，仆有无要结贿赂为声援，其事在大明中，不须别白。又不肖者，年来不能响其八口，安有能贫如邢生，而与斯世龌龊者流齐条科罪乎？一息尚存，不能汶汶者以此。邢生年四十时，已效王右军誓墓为誓天矣。许大方幅，我自可抗志图千载名，门下其俟诸当借华山片石，为副在所纸尾，敢大言毋让。承惠问家严，此洵骨肉谊，再九叩头以谢。”(页 13A)

案：“刘华石年兄”名士忠，时为直隶顺天巡按御史。书云“去岁见门下为张庚进士移尹真定年兄书”，指上年邢侗门生张庚遭冤屈之事，可知刘士忠也曾致书真定府知府尹应元为张庚说情，刘、尹与侗均为万历二年(1574)进士。此书所涉敏感话题，如“仆所坐非有贪惏不检，濡足权门，簸弄政柄，而修报恩郄也。其所连染，直以吴兴故，嗣后以海宁故”。又“邢生年四十时，已效王右军誓墓为誓天矣”，可证侗与刘士忠为金石交，故无所忌讳。

刘士忠(？—1614)，字纯卿，号华石。陕西华州人，万历二年(1574)进士，授真定推官，擢江西道御史，巡按山西、河南、顺天等处，升顺天府丞，养病回籍。起右佥都御史、总理河道，时河决徐州，开复三山河，使韩家坝以东得以通船，升南大理寺卿，万历四十二年七月卒于任。参见《明神宗实录》卷五二二。(《明实录》第 63 册，页 9837)

邹平张一元久在吏部考功任，有诗寄之。

《来禽》卷二《寄邹平张考功》：“吾党张平子，官曹历四铨。忤时甘落魄，移疾岂沉绵。小阁旃檀爇，疏堂密樾连。自怜幽意惬，不草绝交篇。”(页 14A)

案:“邹平张考功”名一元,诗云“官曹历四铨”,据[康熙]《邹平县志》卷六,其历任吏部“考功主事,调文选,历员外郎、郎中,起补验封、考功郎”,故侗有此句。张一元是年十二月升光禄寺少卿,邢诗应作于此前。《明神宗实录》卷二四三:“(万历十九年十二月辛丑)南京刑部郎中陈应芳升福建佥事,户部郎中张一元升光禄寺少卿。”(《明实录》第56册,页4530)稍前,张一元与刑部郎中陈应芳忿争并谪调外,一元先改户部郎中。(上书,页4537)

张一元,字鸣春。山东邹平人。隆庆五年(1571)进士,知阳曲县。核得豪宗隐田若干顷。升考功主事,调文选,历员外郎、郎中,起补验封、考功郎,一秉公直,不阿执政,出为叙州府同知,未任改部郎,寻擢光禄寺少卿,累升至都察院右佥都御史,巡抚河南。岁大饥,上疏请贷河北漕米、发内帑赈民。上悉从之,全活甚众。请告归,唯书数箧。[康熙]《邹平县志》卷六有传。(页18A)

是月,德平崔士棨知县被参解任,暂还故里,有诗送别。

《来禽》卷三《送崔明府解任暂还鄚下诗》序云:“嗟夫!世故难言矣。传甫之去,抑难言矣。他人以不子元被咎邮,或以贪受赇报罢,或以才力不任职得量移。而传甫以境内暵蝗为元元请命,颇用词色,小失获咎。当路露章上闻,司铨大夫仅仅拟量移,且美其署词,含蓄婉转,以不教戒赴台告灾氓庶微罪坐,其非才力不任职,审矣。去之日,囊无一钱,邑人遮留以万众计,车枳不得行,哭声震天,兹其廉又明甚。吾故难为言,难为传甫之去言。”诗云:“著姓名家久属崔,后渠门望动三台。雕龙继武推高第,倚马如君数妙才。欲为苍生回起色,翻令白璧受纤埃。塞翁海叟行年事,都付临风酒一杯。”(页28A)

案:“崔明府”名士棨,时为德平县知县,是年十二月因报灾被参失实,解任暂归。《明神宗实录》卷二四三:“(万历十九年十二月癸巳朔)山东巡抚宋应昌以知县崔士棨报灾失实拟调,又参议荆州俊退有后言,复劾州俊,科臣王德完因与应昌辩论曲直,应昌具本乞休。部覆巡抚以参知县而遽听乞休,非所以饬纪纲也。得旨:宋应昌尽心供职,荆州俊调用。”(第56册,页4525)崔士棨被参,荆州俊调用,士民多有同情,[雍正]《猗氏县志》卷五:“(荆州俊)外转山东参议,时值蝗灾,抚军宋某信禳术,下邑率承指报蝗息,然蝗实炽。一令崔某独为民请蠲,忤抚军意,将劾之,公力争不得,谢病归。”(页15B)侗云:“而传甫以境内暵蝗为元元请命,颇用词色,小失获咎。……去之日,囊无一钱,邑人遮留以万众计,车枳不得行,哭声震天。”

荆州俊，字章甫，号吁吾。山西猗氏人。万历十一年(1583)进士，授长安令，为御史，外转山东参议。时值蝗灾，抚军宋应昌信禳术，下邑率承指报蝗息，然蝗实炽。县令崔士棨为民请蠲，忤巡抚意，将劾之，公力争不得，谢病归。边陲告急，起补辽左监兵道，改宁夏临巩副使。补皋兰兵备，在任九年，洞悉边务。松山绵延近二千里，为北方屏障。时有酋长宾免父子盘踞其中，州俊率军进剿，十七战皆捷，降番二万，以功累加左布政使，食正二品俸。丁忧归，起为庄浪监兵，不就。再起甘肃巡抚，庙堂倚重，为西藩屏障。拜刑部侍郎，遘疾卒，祀乡贤祠。[雍正]《猗氏县志》卷五有传。(页 15B)

是月，再为《琵琶行》草书卷题跋。

题识："……此丁亥秋在五里庄为元羽兄作，更五年而辗转观之，殊自愧悚。瑾然放去都无复绳墨结构。人不可以无□，事不可以自量，信矣。辛卯嘉平重题。"(中国嘉德 2003 春季拍卖会中国古代书画专场图录)

案："元羽兄"即张凤翼，侗为张凤翼书《琵琶行》草书卷见万历十五年(1587)。

是月，作《草书临阁帖册》。

案：《草书临阁帖册》，十四开，万历辛卯(1591)嘉平作，中国历史博物馆藏。(《宋元明清书画家传世作品年表》，页 255)

济南知府崔应麒擢为河南副使，有诗送别。

《来禽》卷四《送瑞轩崔公由济南刺史擢洛中观察十五韵》："行春崔刺史，甘澍遍郊园。车认缇油是，骖余赤汗存。囊中无陆贾，道左有壶餐。劳绩三年著，讴吟万口繁。自天题宠诏，唯尔被殊恩。龚遂空驱盗，王尊枉叱幡。征书先十道，功状列千言。帝念襄城郡，官张陆海藩。绕庭看帖古，何地访泉温。巩洛雄图旧，伊瀍故浪奔。霜威凝井邑，膏泽下闾门。治郡名如昔，提兵望益骞。中原开府待，八座上卿抡。寇盗时方剧，桑榆数及庵。临岐咨胜算，前浦夏云昏。"(页 6B)

案："瑞轩崔公"名应麒，由济南府知府擢河南副使。泰山经石峪摩刻有其题诗："晒经石上水帘泉，谁挽银河落半天。新月控钩朝挂玉，长风吹浪暮疑烟。梵音溅沫干还湿，曲涧流云断复连。选胜具觞恣幽赏，题诗愧乏笔如椽。万历岁辛卯，鹿泉瑞轩崔应麒题。""辛卯"即是年(1591)，其离济南知府任当在此年或稍后。

崔应麒,字献可,号瑞轩。北直隶获鹿人。少时与赵南星同学恒山讲堂,隆庆五年(1571)举进士,迁户部主事,济南府知府,进河南按察副使,升任陕西督粮参政,进四川右布政使,升兵部右侍郎。未几,因病告退回乡,家居四年卒。参见张烈《崔应麒传》。([光绪]《获鹿县志》卷一二,页5A)

盛太古与马允登有孺子之谊,感而赋诗。

《来禽》卷三《闻盛太古与马使君有孺子之谊,感而赋此》:"管记曾随马少游,恩深国士未能酬。岂知画舸围棋夜,遽作悲杨咽笛秋。纸笔五男贤足慰,衣冠三辅望全收。凭君为觅巫咸术,共揖英魂到十洲。"注曰:"公与客对弈而逝。"(页19A)

案:盛太古,名不详,山东历城人,与同年马允登交善。允登卒后,盛太古撰诔文悼之,侗《祭东光马参知文》:"布衣上客盛生诔之矣。"即其人。盛太古为历城名宿,时知县张鹤鸣有《甲辰九日同盛太古、陈美山、元翰弟登鄿丘,太古病不果登,先回绿玉园,遗诗和原韵》(《芦花湄集》卷二六,页18A)、《予为石丈记濠梁,盛太古作石丈咏十章,苍雅旷逸,直逼黄初,石丈增色,予窃为赓和,聊成趣耳,不足存也》(卷二一,页19A),均为酬和之什。

是年,元兄邢化卒,年七十七,为撰传。

《来禽》卷一二《元兄邢公传》:"……元兄以都谏世父当户男,生而磊落奇伟,目无今人。少不屑屑章句,曰:'丈夫当用白身取君王宠,博隽异名,而屑屑章句为也?'好读史稗书,历观古忠孝节侠事,说之。又自喜为唐人诗,沾沾杜陵甚。性近法书,学书辄大成,十八工为院体,二十以书得幸肃皇帝。不三年,真拜中书舍人。中书号凤池,清贵寮友皆极甲科妙选及宰相勋贤任子,而元兄处其中,睨而相视,至不加平揖。又时时讽分宜相,发愤时事,遂不获安位,出为河间丞。河间隶在内史,部多瞷氏豪,元兄一意锄治,不就令孰谁。又佐守尹耕治兵,名以噪起。稍迁,为合水长。……会丁都谏世父艰归。归治丧,一禀文公家礼。越祥间,亲笔研,为诗遒上,有唐人风。谒补故城,敢决犹昔,数治大狱,邻境虞、芮质,台恃以平,然不名甘陵一钱。用前资地升通判,驻真定焉。亡何,承大母重,家食凡三年。补保定,寻迁为绛州守。……三年,迁延安府同知。……丞居延凡再岁,值庚午举士,元兄长子王道举东省,而侗举顺天,元兄曰:'张翰思莼鲈,未必有佳子弟。六百石、千石不止,车且生耳,吾行归矣。'会抚中丞大简士,元兄仆于阶,又寮董公一夕无疾死,元兄触念一切，遂用疾请。不俟报，促驾归。……元兄视先侍御府君齿相亚，然事府君如父，府君亦辄客主遇元兄。两人交欢林麓间，日递治具，拉所知厚友周行沣水、屏郛二园中，间及郊塾或贫交疏属家，卜昼继夜，赋诗分阄，于于徐徐，冠绅俨雅，言矩动规，觉阮氏傥荡不节，谢氏靡靡淫矣。……寿七十七……”(页 4A)

案：邢化“寿七十七”，然生卒年未详。据《遵道行状》云：“癸未、丙戌间再上，竟不第也，遵道之五内灭矣。……又二季而疾复大发……盖如是者凡五季，始获差。病差，则以邑大夫刘公发梦为兆云。亡何，朝列公卒。”(《来禽》卷一八，页 30A)遵道万历十四年(丙戌)会试不第，又二季即万历十六年“疾复大发”，病情反复凡五年，即万历十九年(1591)“始获差”，“亡何，朝列公卒”，故邢化应卒于本年。又《元兄邢公传》云：“元兄视先侍御府君齿相亚，然事府君如父。”知邢化年纪略小于其叔邢如约，邢化是年七十七岁卒，而邢如约八十岁，相差三岁，与“齿相亚”之说契合。据此，可考定邢化生于明正德十年(1515)，卒于万历十九年(1591)。邢化墓在临邑县张家庙。《家乘》卷八“祠墓志”：“朝列公墓，地基六亩二分三厘五毫，张家庙东头路南祭田二十三亩一分四厘六毫。”又附识：“营子店西北有庄曰张家庙。庄以南不二里许，地势爽垲，村林环拱，故延安府同知朝列公之墓在焉。”(页 2A)

致书徐迪吉，言及沣园已成，“钱刀略尽”。

《来禽》卷二七《与徐汝惠贡士》：“半岁未通一字书，正缘尘坌牵绁。近值缌功，神理郁郁，谢公不废声乐，蒙则用缃素遣之耳。项斯自奇，每恨蒙喙不三尺。日来之役，聊道悃，实未足发兄声采，何至损孟公之椟，而醇覆见谢，为曲告竭罍。且蒙耻赖明公一洗之，第施之者无倦色矣。蒙则奈腆懵何也？小斋劼励，日力练泥削梓，此身几作土木偶人。垒石为山，仅称弇中百骸一节耳。无论钱刀略尽，而囷中粟麦半稊无遗，愚公移石，不谓千古复有蒙也。虽然我自用我法，若听东邻牙筹声，头岑岑不能举，五脏且呕出矣。白家履道坊未逾小园，彼乃官位差胜。我有豚犬，视龟儿十倍。日捉笔作方寸书，朝颜暮欧，津津负跨，龟声又不闻。白公有堂上老人，我乃日举两卮，起居眠食。嗟乎！汝惠与角去齿，傅翼两足，蒙所得于造物者，奢矣。今当行乐耳，须富贵何时？不知我者不可闻此言，知我者又何可不闻此言。拙诗文尽多散草，都未料理，容次第纳观。晨兴见使者，不觉飞扬信笔，唯明公亮之。”(页 20A)

案："徐汝惠贡士"名迪吉，[康熙]《陵县志》卷五"贡士"："徐迪吉，隆庆间任洛南知县。"（页 14A）据此书所述诸事，应是年冬间作。一、书云"小斋劼励，日力练泥削梓，此身几作土木偶人。垒石为山，仅称弇中百骸一节耳。无论钱刀略尽，而囷中粟麦半稊无遗……"指泲园营造竣工，园中仿王世贞弇山园"垒石为山"，致"钱刀略尽"；二、"近值缌功"指缌麻与小功，即上年邢大姊卒，今年元兄邢化卒，以致"神理郁郁"；三、又云"拙诗文尽多散草，都未料理，容次第纳观"。郭正域《与邢知吾少卿》云："从所知得《来禽草》，苍翠满眼，秀色可餐。"（《合并黄离草》卷二九，页 5A）郭书作于万历廿年（详后），邢侗已有家刻《来禽草》，而邢书云"拙诗文尽多散草"，当作于郭书之前。

徐迪吉与侗交谊深厚，其绝意仕途，怡然林壑。侗《心禹徐公墓志铭》云："公以余力艺洛阳牡丹、徂徕松、淇园竹筱、泰山樱桃，无一不根株滋茁，擢本成林。侗过公饮，戏谓公：'公树植得天甚，学植乃失之，何耶？'公答谓：'学植弟让兄，树植兄让我。'盖侗泲园花木秃如獠，奴不率职，公用为清谑耳。"侗又有《柬徐汝惠》索金鱼："新开小沼，半壁泓然，仅堪受月。足下文鱼满盎，乞得数头。极知珍贵，不以供左慈漫戏，厌校人馋口也。"（《邢子愿杂著》）

姻家尹秉衡自保定寄至"妙品"、"重玄"墨数函。

邢侗《墨纪》："会诏起尹大将军复镇保定，善余好墨，邮寄署'妙品'者三函八笏，署'重玄'者八笏。初焉入目，色泽无异时工，磨而视之，勃然五色云起风池之上，坚而能润，黝而有光。余求所谓舔笔不胶，入纸不晕，今始见之。较之方于鲁'寥天一非烟'，不翅倍蓰，直与所藏辛亥制者雁行。"（《程氏墨苑》卷七，页 1859）

十二月十八日，书七绝诗句十首赠子卫、本初。

《草书来禽馆诗册》，纸本，十四开半。草书七绝诗句十首，未见于《来禽馆集》。题识："为子卫、本初走笔十章，辛卯嘉平十八日，临邑邢侗手书。"（国家博物馆藏，《中国国家博物馆藏中国古代书法》，页 528）

案："子卫"，其人未详。"本初"疑即刘本初，山东平原人，为侗姻弟，事迹未详。《来禽》卷二五有《柬平原刘本初姻弟》三通简札，崇祯本《来禽》卷五又有一通，即其人。

本年，四月朔，享太庙，是后庙祀皆遣代。六月，王锡爵以母老乞归。八月，申时行致仕归。以赵志皋、张位为东阁大学士。

【诗文系年】

《题家藏宋拓澄清堂帖》《临邑县志序》《寄姻家尹大将军》《陆成叔以元美先生书见访，未久促归，今且三年矣，缅怀今昔漫成》《二月望日本宁书至，谓元美先生于长至后一日赋玉楼矣，惊悼无已，辄成三章》《是日闻元美先生讣，偶检柳集得哭吕衡州诗，步韵志哀》《上李于田学宪》《参知马叔先逸事》《上申相公》《上申相公》《报王百谷》《秋日百谷以其群从见存，把扇对酒，漫赋寄怀》《上申相公》《起居宗伯尊师于公》《张左海以冏卿入贺，便道见访》《题王相公书》《半舫斋记》《阳信、德平朱、崔二令君燕集沛园作》《松江董吉士玄宰以座师田宗伯丧南归，慨然移疾护行，都不问解馆期，壮而赋之》《闻王百谷寓南屏寺奉怀》《得百谷书知移家锦帆泾，辄赋短篇》《跋苏东坡枯木》《送张藩伯入贺》《送季岱石赴官杭州》《与屠长卿祠部》《得长卿书却寄》《王百谷谋野乙集序》《答刘华石年兄》《寄邹平张考功》《送崔明府解任暂还邺下诗》《送瑞轩崔公由济南刺史擢洛中观察十五韵》《闻盛太古与马使君有孺子之谊，感而赋此》《延安府同知进阶朝列大夫元兄小原邢公传》《与徐汝惠贡士》。

万历二十年壬辰(1592)，四十二岁

沛园家居。长子邢王瑞入县学。《唐人双钩十七帖》上石，亲为双钩。

正月，新城王太夫人九十大寿，率兄弟等前往祝寿。

《来禽》卷九《寿新城王大司徒七衮序》："太夫人九十时，吾率吾兄弟及若辈，占占进前颂南山，盛矣！"(页5A)

案："太夫人"即新城刘太淑人(1503—1593)，王重光妻、王之垣母、王象乾祖母。郭正域《刘太淑人传》："刘太淑人世为新城人。父泽，母李，笄年归泺川公。……太淑人生于弘治癸亥，距其卒享年九十一岁。"(《合并黄离草》卷二三，页58A)刘太淑人是年九十寿辰，时葛昕有《寿王母太淑人》(《集玉山房稿》卷三，页4A)、《贺封太淑人王母寿九衮序》(上书卷四，页15A)。

王之垣(1527—1604)，字尔式，号见峰。山东桓台人。王重光次子，王象乾父。嘉靖四十一年(1562)进士，授荆州推官。历任刑科给事中、府尹、户部左侍郎、刑部尚书。万历七年(1579)任湖广巡抚期间曾杀何心隐。著有《承天大志纪录事实》《历仕录》。参见邢侗《资政大夫户部尚书王公行状》。(《来

禽》卷一九，页 1A）

是月，陈与郊居忧在家，被劾追论免官。

《明神宗实录》卷二四四："（万历二十年正月戊寅）御史张应扬言：顷外计不免者，省臣三，台臣二，当日考选则吏部尚书杨巍、都御史吴时来、文选郎中刘希孟、吏科都给事中陈与郊实司之。闻各官行贿数千，遂厕言路，乃有治行殊尤而仅博南曹甚且劣选者，今恃[时]来盖棺事定矣，巍晚节不终去矣，希孟木偶人也，与郊提木偶者也，选台谏希孟，奇货也，与郊居奇货而求善价者也，均当罢斥，以儆官邪。疏下吏部。"（《明实录》第 56 册，页 4551）

案：张应扬《贪鄙铨省旧臣鬻选行私乞罢斥以清仕途疏》全文见吴亮编《万历疏钞》卷一九（页 122A），后与郊免官。李维桢《太常寺少卿陈公墓志铭》："越三年，有以行取考选过烂，追论铨曹及公，遂免官。"（《大泌山房集》卷七八，页 34A）

郭正域复任翰林院编修，有书寄至。

郭正域《与邢知吾少卿》："从所知得《来禽草》，苍翠满眼，秀色可餐。比来文章先辈沦没殆尽，斯文未丧，我安适归，门下能无意乎？岁且几稔，问闻未逮，此识此想，平子四愁，泰岱第一。今疆场多事，秘阁抡材，而门下人龙威凤，岂为猿鹤所夺？同升之谊，能无沾汗？不肖年来如集于蓼，二亲早世，墓木且拱，百思劳心。蓬矢未悬，一犯祝融，竟一身免，发种种短。髀肉俱消，鸠杖蜗角，仅用涉世而已，门下尚在心意间否？小稿奉请正，不腆漫往冷官薄饷，差比芹曝耳。"（《合并黄离草》卷二九，页 5A）

案：此为郭正域服阕补授翰林院编修后不久作。[乾隆]《江夏县志》卷一〇："丁酉[忧]服阕，补编修。"（页 25B）其万历十一年中进士，改庶吉士，不久因母丧丁忧，继又遭父丧，是年或稍前服阕。书云"比来文章先辈沦没殆尽"，殆指王世贞等文坛先辈相继逝去。又云"从所知得《来禽草》，苍翠满眼，秀色可餐"，指邢侗自刻《来禽馆草》。

春，巡盐御史彭好古巡视淮阳，有诗寄讯。

《来禽》卷三《彭直指按鹾淮阳寄讯》："春色驱人海国邮，使君风采动三驺。谁能不避桓公马，我乃常便晏子裘。明月夜桥清似水，绛花寒雪峙如丘。当年共醉犁城酒，那得书成不系愁。"（页 22A）

案："彭直指"名好古，时为山西道监察御史兼巡盐御史。[道光]《济南府志》卷二五“巡盐”:“彭好古,字伯篯,湖广麻城人。进士。二十年任。”(页18B)同页载其后任为姚思仁,“二十一年任”。《明神宗实录》卷二五七:“(万历二十一年二月己丑)山西道御史彭好古为四川佥事。”(《明实录》第57册,页4776)邢诗云“春色驱入海国邮”,则应作于是年春。

彭好古,字伯篯,号熙阳。湖广麻城人。万历十四年(1586)进士。知歙县,迁御史,官佥事。刚方正直,风格类古人。弟遵古,号旦阳,乡、会同榜,官尚宝卿,山东主试,有文名。[康熙]《麻城县志》卷七有传。(页24A)

四月,赵世卿服阕,起为京兆尹,有诗送其之任。

《来禽》卷三《送济南赵太常起家大京兆》:“三辅风烟傍紫清,征书十道及躬耕。起家杜曲新京兆,入对齐川旧伏生。箧里残荷留野服,马头斜月引王程。太常不忘玄都观,重问繁桃醉玉笙。”(页2A)

案:“济南赵太常”名世卿,是月起复为顺天府尹。《明神宗实录》卷二四七:“(万历二十年四月丙午)起原任太常寺卿赵世卿为顺天府府尹。”(《明实录》第56册,页4605)黄克缵《明资德大夫户部尚书赠太子少保兰渚赵公墓志铭》:“己丑,迁太常卿,丁祖母艰,承父之重,孝同令伯,丧葬备物,动合礼制。服阕,巡抚宋公奏起公,有‘孝逾今人,行高古人’之许,人称实录。壬辰,起为大京兆,寻晋廷尉。”(《数马集》卷四七,页1A)

赵世卿(1538—1618),字象贤,号南渚。山东历城人。隆庆五年(1571)进士,授南京兵部主事,因忤首辅张居正罢官。万历十年(1582),起为户部郎中,复出为陕西副使,累迁户部侍郎,仕至户部尚书,三十九年(1611),辞官家居。卒,赠太子少保。事具黄克缵《明资德大夫户部尚书赠太子少保兰渚赵公墓志铭》。(《数马集》卷四七,页1A)

是月,冯子履升河南右参政,自洛中入贺,有诗送别。

《来禽》卷三《送冯参伯从洛中入贺》:“玉帛中原戒晓趋,月光低佩映仙榆。来骖缑岭千龄驾,去效嵩山万岁呼。星使却兼金马养,鲤庭还借彩云扶。何人家国衷情惬,太史声华满帝都。”题注:“参伯今宫允用韫父。”(页4A)

案:“冯参伯”名子履,时升任河南参政入贺。《明神宗实录》卷二四七:“(万历二十年四月甲寅)升山西副使冯子履为河南右参政。”(《明实录》第56册,页4609)张卤有《送门人冯仰芹参伯入贺,兼讯冢君琢庵殿撰》(《浒东先生文集》卷四,页24A)。冯子履为冯琦父,题注:“参伯今宫允用韫父。”“用韫”即冯琦,“家君琢庵殿撰”亦指冯琦。

冯子履(1539—1596),字礼甫,号仰芹。山东临朐人。隆庆元年(1567)举人,次年成进士。知直隶固安县,以能擢兵部主事,寻出为山西佥事,备兵大同。万历十年(1582),被重新启用为和州知州,迁陕西佥事,任满为设生祠祭祀。十七年(1589),迁河南副使,不久改易州兵备副使,转河南参政,时其子冯琦已升任侍读学士,子履恐父子同时为官过于显赫,便辞官告归。[光绪]《临朐县志》卷一四有传。(页 32B)

又致书新任京兆尹赵世卿,谢以国士之知。

《来禽》卷二九《与赵南渚京兆》:“蒲轮安车,一旦加纁壁而下田间。就卧内起先生出领三辅,世皆以为鹊华为东山矣。先生然且拜疏以亲为解,一何出处从容就谊也。顾今海宇汹汹,赤白羽交驰四境,主上宵旰而求文武,宪万邦者,非先生不可。……不肖偃蹇山中,且七八年于兹,不腆胸中颇贮数百蠹鱼,而邸店、膏田瓜分殆尽。又连年谷嗛未报,八口嗷嗷,交遍相责,谓区区不积泉刀,为乡里儿曹羞。嗟夫!此蠹鱼数百,吾且骄于南面百城,何论一囊钱也?又俗士谯不肖不谈兵。夫伊吾占毕,取孙吴二三策而翻澜其口中,怒马张弓,释不律而亲鹖弁之业,仆虽七尺大夫,非其素娴,每于中夜咄咄,第骂种放小生徒点终南一片青仓石,我死不愿为矣。晚辱先生国士之知,出炎火而濯清冷,视此生胡能汶汶,顾犹怪先生未入犁丘之界中,一私邢生于田妇村童间,至竟令先生匪石。近得屠长卿书,谓历下有太常赵先生,其附庸又有足下,可称两清流。嗟乎!不知不肖当去先生千由延,即敛衽而厕门下之惰陈如犹不可为,何得如所云云?……”(页 3A)

案:“赵南渚京兆”亦世卿,书云“不肖偃蹇山中且七八年”,邢侗万历十四年(1586)归里,至是七年。又赵世卿是年四月任顺天府尹,七月即改大理寺卿。《明神宗实录》卷二五〇:“(万历二十年七月己巳)升顺天府尹赵世卿为大理寺卿。”(《明实录》第 57 册,页 4655)其任顺天尹为时虽短,官声却佳,黄克缵《明资德大夫户部尚书赠太子少保兰渚赵公墓志铭》:“壬辰,起为大京兆,寻晋廷尉,小大之狱,谳讯公平,参酌情法,民称不冤。”(《数马集》卷四七,页 1A)

六月,山东巡抚宋应昌拜工部右侍郎,赋诗送其北上。

《来禽》卷五《送宋中丞拜少司空北上十二章》,其一:“当年分竹向齐川,万井人家春雨边。不是群情思借寇，那能车幔迓重褰。公先为我郡刺史。”其二：“抱臬依然一丈夫，月当秋汉玉为壶。还将旧日祥鸾曲，弹向霜台砌鹤孤。次擢山东廉访。”其三：“杼柚其空赋大东，廷难还复仗明公。一从开府都雄镇，六郡泱泱播大风。最后拜开府。”其四：“停舆何处不周咨，田媪村童皆我师。笔札数行题已遍，更将绅帨结累累。”其九：“三仕齐州逾十年，湖光山色也相怜。生男半冒君侯姓，有子教看越绝篇。”其十：“十载阳春宋广平，百年棠树思公情。人挥秋雨皆成泪，水咽湖波转似鲸。”其十二：“青山如故旧恩新，沦落江湖一病身。倚剑自嗟还自语，古来谁是报恩人。”(页22A)

案：“宋中丞”名应昌，四月由山东巡抚改任大理寺卿，六月，又改为工部右侍郎。《明神宗实录》卷二四七：“(万历二十年四月)庚戌，升巡抚山东右副都御史宋应昌为大理寺卿。”(第56册，页4608)又卷二四九：“(万历二十年六月壬子)大理寺卿宋应昌为工部右侍郎。”(同书，页4642)

秋，同年孙矿来任山东巡抚，有书寄之。

《来禽》卷二四《上抚台孙文融》：“帝念东人，实抒柚其空之日；廷推名世，乃旌麾出镇之秋。……不肖侗廿年萤火，曾接席于槐关；两度风云，复附形于鹏运。据尔时之气尚，陋前古之雷陈。登堂纳拜，要期醿酒之私；握手送行，堪续野桥之咏。顾无奈天衷不牖，人理垂乖，一眚见弃于清时，百喙何辞于知己。犹幸明台曲贷，洪造无私。得一日之瓦全，莫非垆鞴；徼半生之玉汝，尽属雕锼。微闻说项于通都，恍若回光于下舍。忘其寒暑，继今托厦以千间；任所泳游，忽纵曝鳃而万里。盖有尽者林间之齿发，而难酬者宇下之恩慈。斋沐上书，洁虔如对。”(页9B)

案：“抚台孙文融”名矿，是年四月来任山东巡抚。《明神宗实录》卷二四七：“(万历二十年四月甲寅)升左佥都御史孙矿为右副都御史，巡抚山东提督营田军务。”(第56册，页4609)书云“乃旌麾出镇之秋”，则此诗作于孙矿到任时，已及秋季。又云“微闻说项于通都”，盖指孙矿曾荐侗于朝，故以致谢。

八月十五日，《唐人双钩十七帖》上石来禽馆，亲为双钩，吴士瑞摹刻。

邢侗行书小字跋：“据章子厚跋，中间阙十六行，必为米元章割裂无疑。在尔时已珍重如此，况今日乎？吴中胡太守本，差与此同，而锋颖秀拔，不逮十分之五，余馆本更拜下风矣。帖主人为吴廷。济南临邑邢侗子愿父题。”末有题识：“万历壬辰八月望日，来禽馆勒石。吴门吴士瑞摹。”(临邑邢侗纪念

馆藏《来禽馆帖》)

案:《唐人双钩十七帖》以“元”字编号,计八石,“元一”至“元五”为王羲之书法,“元六”至“元八”为历代名人跋语。此帖刻于是年八月十五日,《家乘》卷一一题注:“万历壬辰八月望,来禽馆勒石。”(“翰墨志一”,页7B)侗跋亦曰:“万历壬辰八月望日,来禽馆勒石。吴门吴士端摹。”此本属唐人硬黄纸双钩本,宋时魏泰家藏,后为米芾所得,割其中十七行与人易画。邢侗从歙人吴廷借得此本,亲自“悬椎”摹写,由吴门刻工名家吴士端摹勒。吴门吴氏为刻帖名家,其父吴应祈和其弟吴尚端均以刻帖传其家,闻名于吴门及齐鲁间。张忻《来禽手摹十七帖》跋:“吴门牌版如文之《停云》、顾潘《阁帖》,皆世出吴手,它莫能及。”(《家乘》卷一一“翰墨志一”,页2B)侗有《十七帖跋》:“此唐摹十七帖,虚和闲适,若挹右军指腕而对右军眉宇也。摹石出自余悬椎,丝发唯惬。盖近临晋人书多圜熟伤肥,而此独骨肉匀亭,时露锋颖,骅骝足下起一点轻尘,不似四蹄雷雹黄埃扑人也。”(《来禽》卷二一,页11A)有明一代,《十七帖》最早以硬黄墨本上石的即此帖。故邢侗曰:“吾家《十七帖》,竞树寰中赤帖。”清王澍看过百余本《十七帖》,认为:“右军十七帖,为草书之宗,唐摹墨迹,万历间藏邢子愿家,刻石来禽馆,为有明十七帖之冠。”唯谓“唐摹墨迹,万历间藏邢子愿家”,有误。又梁巘曰:“唐人双钩《十七帖》,明邢子愿刻之于《来禽馆帖》中,无宋拓,得此本足矣。余清斋中所刻亦是从原本钩出,然不及来禽馆刻多矣。刻此帖之镌手固高,但当日亦间有走作,于字失过硬处。”(《承晋斋积闻录》,页20)

九月,好友翰林院检讨葛曦卒,撰文祭奠。

《来禽》卷二〇《祭检讨葛仲明暨配任孺人文》:“见麟之郊,呈瑞于物。盖节之渊,厥起维崛。仲明挺发,乃应郊渊。解元甲科,蹑祖之跧。拔在吉人,屡试居首。寻拜史官,班范作友。他或简亢,公实俯如。他或炫矜,公则敛诸。广颡修驱,亭亭世表。阅阅名流,每取其少。秦川杖节,登太华巅。蔑觌于藩,绝交货钱。南省衡文,公号得士。纷其豫章,亦列杞梓。……哭公哭私,原野庙堂。未几孺人,倏与俱谢。遗厥孤雏,见者痛叱。元兄尚玺,闵其念旃。弟亡侄存,非余孰天。十岁之婴,援褓加膝。洎内恭人,晨夕靡逸。饮食茵席,笃于所生。……端肃祖翁,温噢相劳。侗生雅性,好纪义图。洵美平昌,良惇不诬。公兮孺人,来鉴余沥。华表骈声,和其邻笛。”(页5A)

案:“检讨葛仲明”即葛曦,卒于是月三十日,其妻任氏未几亦卒,子如凤十岁而孤。葛昕《翰林院检讨亡弟仲明行述》:“距生嘉靖乙巳七月十五日,殁于万历壬辰九月三十日,得年仅四十有八岁。”“仲明之妻任氏,为前刑部右侍郎平原士凭可依女,封孺人。生子一,如凤,时甫十岁。”(《集玉山房稿》卷五,页50A)先是,葛妻任氏先病,葛曦逝后任氏又病亡,丧事全靠同乡好友冯琦、康丕扬及门生料理,而济南家中竟未能及,葛昕殊为歉疚,有致《冯琢庵(琦)宫谕》书曰:“忽接来札报讣,令人五内俱裂。先是,只闻弟妇病甚亟,欲遣贱眷视之,乃内人就道动不得截然便行。廿四日,家中闻吾弟亦病,叩之京差人,云病过七八日已小愈,因出弟书相示,外尚见有书三函,心竟惶惑,即先令弟晲、弟晧驰往。廿九日,康丈寄书心动魂飞,甚惊怕人,而可恨二家僮又交口说病已出汗,廿四日已能饭食,弟因亟遣豚儿驰来。嗟嗟!岂谓空有亲骨肉奔驰,不见药物,一切后事竟托之异姓兄弟耶!侧闻孤侄寄养于仁兄宅上,第一念及,心痛欲绝,毒哉!夫吾弟生平有何罪恶,而使之至此极也。老亲在堂,弟不能奋飞出门,恐河水冻,尤望兄与泉皋仁丈亟为吾侄寻原乳母护之东来,其弟柩及病妇俱当早遣登舟遄发,以慰第一家洒泪倚闾之望。头晕手颤,不尽欲言,北向百顿,至祈至祷,容申谢。”(《集玉山房稿》卷九,页18B)

同时撰文吊祭,有于慎行《祭葛太史凤池文》(《谷城山馆文集》卷三三,页10A)、冯琦《祭葛凤池文》(《宗伯集》卷六八,页6A)、葛昕《仲弟检讨奠文》(《集玉山房稿》卷一〇,页30B)。

是年,长子邢王瑞十四岁,入县学,食饩。

《茂才玉符公传》:“十四,隶学宫,三试都冠同曹,遂食饩。”(《家乘》卷五“家传二”,页28B)

秋,同年密云兵备副使王见宾有书寄至,赋诗寄谢。

《来禽》卷二《秋日寄谢密云王宪使懋钦年兄二首》:“一别军麾久,金天火复流。钱分宪府俸,书报塞门秋。飞梦平沙月,驰心古驿楼。悬知幽朔节,早晚下檀州。”“同是终军侣,升沉奈异途。思从天末起,泪向雁边枯。木落乡心共,笳寒塞月孤。年来幕庭静,已道系单于。”(页1B)

案:“密云王宪使懋钦”名见宾,与侗进士同年,万历十八年(1590)十一月任密云兵备副使,《明神宗实录》卷二二九:“(万历十八年十一月甲寅)升陕西副使刘光国为本省右参政兼佥事、临巩兵备,调山西副使王见宾为河南副使、密云兵备，以二人才堪冲边也。”（《明实录》第56册，页4254）至其离任时间，又卷三二一：“（万历二十六年四月癸未）升密云兵备副使王见宾为都察院右佥都御史，巡抚延绥等处赞理军务。”（《明实录》第58册，页5977）王见宾在密云兵备副使任约二年，万历二十年（壬辰）即调任辽海兵备。据刘鸿训《明中宪大夫都察院右佥都御史巡抚延绥奉旨加级起用晴宇王公墓志铭》：“寻调密云……壬辰，调辽海，军民叩阙乞留。以满，加升按察使。再满，加左布政。戊戌，迁都察院右佥都御史，巡抚延绥。”（《济南历代墓志铭》，页229）《明实录》谓其由密云兵备副使升延绥巡抚，疑有误。又诗云“钱分宪府俸，书报寒门秋。”此诗应是年秋作。

王见宾（1536—1607），字懋钦，别号晴宇。山东历城人。万历二年（1574）进士，授南阳推官，入为刑部主事、员外郎、郎中，寻出守开封。升河南副使备兵霸州，寻调密云，改辽海，加升按察使、布政使。任八九年而边境不闻警，因功擢都察院右佥都御史，巡抚延绥、河套，因上疏题请与鞑靼部结盟获谴，解任听勘，后归田，疽发而卒。参见刘鸿训《明中宪大夫都察院右佥都御史巡抚延绥奉旨加级起用晴宇王公墓志铭》。（《济南历代墓志铭》，页229）

葛曦幼子十岁，与冯琦等友人谋为订亲，聘禹城杨士鸿女。

《来禽》卷一九《奉政大夫修正庶尹尚宝司卿加四品服俸德平龙池葛公行状》：“则为议杨氏婚，禹城谏议杨公，检讨公同年昵也。当令密云，有女未笄，幼明殊有意，而侗为言冯宗伯。公力主盟。时康侍御公为进士从史，共成之。人高谏议、宗伯、侍御、尚宝四公谊，而谓不肖侗不作今人肺腑矣。”（页8A）

李维桢《邢公墓志》：“德平太史葛公卒，属禹城杨公以女女其孤。”（《大泌山房集》卷七九，页38A）

案：葛曦逝后，遗孤如凤十岁，侗及葛昕、冯琦、康丕扬谋为其订亲，聘密云县知县杨士鸿女。侗与杨士鸿姻亲，然因侗闲居在里，由冯琦出面作伐。葛昕为求亲，先致《密云杨盘石》书：“不佞与老丈地接界疆，谊联世讲，仰慕大雅，于今有日矣。顷为舍侄如凤议姻事，不量疏久要问之门下，幸荷不鄙，慨赐俞允，远得佳报，曷胜忻愉。当即抠趋走谢，第道途修阻，更兼老亲在堂，不敢轻出门户，谨遣下力代布戢私，具有輶亵，聊表微忱。伏唯麾存外，冯、王、邢、郭四丈书，希唯照入。”（《集玉山房稿》卷九，页20B）冯琦又有《寄杨密云盘石》书：“凤池令德雅望，溘弃宾客，至今念之，若刺于心。孑然一子，生十年矣。年嫂又多病，计独有结婚名家，倚以自存。此于之视外家犹父也，外家视之犹子也，则遗孤可立，而逝者长无憾矣。我二三兄弟在都下者，相与计有女未许字者乎，不敢以远为解，而皆无之。昨得知吾书，始知丈有次女年岁相若，门地相若，兼之夙昔同心，境土相接，丈若惠而许之，兼为之羽翼，训迪以视其成立，是公子无父而有父，凤池虽死而不死也。杨焦山之殁，王大司马实以女字其子，吾丈高义岂出大司马下耶？凤池世德苦心，固宜有后，推以天道，其胤必昌。吾丈为女相仿，计无逾此。敢密以请于左右，报可而后敢问于葛氏耳。知吾书附览。"(《宗伯集》卷七四，页18B)杨家同意订亲后，冯琦又有《答杨盘石》书："复承来教，笃念亡友眷诗藐孤，惠许姻事，义薄云天，事垂金石，其自端肃公而下拜吾丈之赐，即端以介闻之葛年嫂矣。葛年嫂近有奇疾，危在旦暮，此子若非外倚宗亲，何以自存？弟非望丈为之岳丈，实望丈为之父耳。令爱长二岁异日持家政尤便，女长不相对之说，敝处无之，但闻'女大两、黄金长'之谚耳。婚姻大事，不厌详审，俟葛嫂书来再端役奉闻，取进止也。制词关领，即持一刺索之中书君矣。冗极草草，不尽欲言。"(《宗伯集》卷七八，页9A)葛昕亦致书为谢，有《密云杨盘石》书："小侄得厕兄半子之列，虽天作之合，而门下交情高谊，竟不惑于侄之戚属，啧啧宜乎，传诵藉甚，直弟家知德尔哉。远承枉教，重以腆遗，感通殁存，忭怀曷已。使旋，谨此称谢，并候起居。依依欲陈，百不悉具。"(《集玉山房稿》卷九，页24B)

秋，长清县知县崔谦亨三年任满考绩，赋诗纪之。

《来禽》卷五《长清崔会卿明府考绩诗六首》："黄鹤楼中题句人，高名千古镇长新。云孙夺得词坛帜，赋就河阳未是贫。""洹水清秋起白云，谢家兄弟总能文。即令两地鸣琴并，池草迷离梦不分。公兄令中州有声。""射策翩翩尔最贤，风标宜直御炉前。料因误草神仙诏，谪下云霄已十年。""日午庭阴听政余，如椽彩笔奏爰书。含毫一再沉吟畔，讶道悬鱼落绮疏。""生来逸气澈冰壶，一曲朱丝皎月孤。三辅五陵豪似雨，崔家侠少博枭卢。""双鹤分流竹树殷，明侯封内有灵文。邀余共撰卢敖杖，踏遍崆岈万壑云。灵岩在长清部。"(页31A)

案："长清崔会卿明府"名谦亨，万历十七年(1589)任长清县知县，至是任满三年，例当考绩。诗云"谪下云霄已十年"，其万历十一年进士，至是恰好十年。[道光]《长清县志》卷三："崔谦亨，直隶魏县人，进士，万历十七年任，升工部主事。"(页12B)

又应长清父老之请，撰《泰山篇》颂其治绩。

《来禽》卷五《泰山篇以清亭父老子弟指，为崔会卿明府颂》："我所思兮，在彼泰山。有美一人，独立婵娟。神驰八极，九士豁焉。……麦秀油油，谷实栾栾。南薰采风，畴是平平。岳牧曰吁，洹水大贤。帝心载洽，大呼楫川。载陈玄纁，载铺广筵。载奏虞韶，载设百官。臣拜稽首，主臣上言。眷兹天泽，臣胡敢专。精虔合答，大造无垠。牛马下走，夹服承乾。帝再举觞，臣膝以前。唐哉皇哉，大家万年。"（页 43B）

案：此应长清父老之请，为长清知县崔谦亨而赋。"清亭"即长清，周武王封黄帝后裔于清，地域包括张夏、万德、五峰、马山和平安东部地区，后人建亭又称"清亭"。

侄孙邢固娶妇。固为邢王道子，能诗，侗视同己出。

《遵道行状》："壬辰，为男固娶妇。固颇曳轻吹衣，遵道怫然曰：'吾家上世相沿大布之裳，迄余七世矣，而汝好是奇服，吾恐不衷为菑，小子识之。'固遂取百家言读之，霾头一室，间岁即能尺椟、五言诗。遵道见之而后喜可知也。"（《来禽》卷一八，页 30A）

案：《家乘》卷四上"世系表二"："固，字安石，号疏之。例贡，配宋氏、杨氏，生一子。"（页 36B）此当娶宋氏妇，即宋仕子之女。固为邢王道子，于侗为侄孙，能诗，与侗有诗文酬和。邢侗《元兄邢公传》："有孙固，能诗有祖风，食贫自力，不替厥家，兼之孙曾业举今上，斯足以慰兄九原矣。"（《来禽》卷一二，页 4A）

山东右参政杨芳调任山西岢岚观察，赋诗送别。

《来禽》卷五《杨以德使君以济南藩伯擢岢岚观察，赋赠十章》，其一："奉高遗址接天门，楼观双骞帝女尊。莫道凌空唯锡杖，仙山今日属参藩。"其四："太原迤北是偏头，虎豹重关据帝州。争问北门谁镇钥，节旄今已付轻裘。"其七："杜鹃声里杜鹃花，水腻山春好物华。总到桑干乡思减，十年犹自忆三巴。"其八："翟家门巷断红尘，凭轼过从物色新。一别岁时花又谢，峼湖杨柳为含颦。"其九："大夫谭国奏声诗，小东大东伤析离。赖得所天刚覆露，襜帷去去绝晡糜。"其十："双旌今日向边州，千骑东方可暂留。此去勋名邀竹帛，满堂丝管不须愁。"题注："君巴县人，泰山正在部中。"（页 19B）

案："杨以德"名芳，[道光]《济南府志》卷二五"右参政"："杨芳，四川巴县人。进士,仕至巡抚。”(页36B)其万历十七年(1589)任山东布政司右参政。《明神宗实录》卷二一二:“(万历十七年六月)辛卯,升福建布政司右参政张尌为江西按察使,河南按察司副使杨芳为山东布政司右参政。”(《明实录》第56册,页3976)其“调任岢岚观察”时间不详,按一般任期三年计,姑系是年。

杨芳(?—1609),字以德,号济寰。四川巴县人。万历五年(1577)进士,十一年(1583)八月由浙江鄞县知县选户科给事中,出备兵颍州,历大参,以云南左辖为右副都御史巡抚广西,晋加兵部侍郎。万历三十七年(1609)卒。参见《明神宗实录》卷四五六(《明实录》第62册,页8601)、《掖垣人鉴》卷一六(页23A)。

是年,邑人贾媛许配赫尚士,未嫁而尚士死,投环尽节,邑士大夫合祭挽之。

《来禽》卷二〇《邑乡宦合祭贾烈女文》:“……孱波季女,家本卖浆。成言在前,许身郝郎。一十六龄,问期将嫁。一夕不虞,郎乃即夜。女兮有意,欲哭其家。母曰不然,恐生外哗。女心内伤,父母不测。釃酒向亲,娱此日昃。顷之漏下,新裳宛然。素练半匹,英魂上天。比舍惊呼,四衢如沸。发指神摇,万夫雨泣。已而憧惶,告我县君。县君曰吁,尔胡纷纭。此可以贺,不可以吊。在闾在门,若走祠庙。譬彼明月,珠胎未离。抑犹良璞,未雕璠玙。水媚山辉,光动万宇。镂金刻石,照映终古。普天希遘,在我闾阎。编户缙绅,如丹傅颜。不二乃贞,杀身云烈。未逮交卮,甘此同穴。既妇死夫,尚伙其徒。以女殉夫,罕睍其俦……”(页1A)

案:临邑烈女贾媛,以死从夫,侗与知县亟临其丧。侗有《临邑烈女传》:“贾媛者,邑人贾儒女也。……先是,许聘赫家儿尚士矣。尚士从里师读,不难一学官弟子员。而媛今岁垂十六龄,赫家拟是月十九日吉,以新妇归,而尚士先七日中疾死。媛闻之,墨不以发也。……乃检待嫁衣补而洁新者,更衣之,即灶前桁自经死。……大夫崇朝为奏记,中丞、御史、藩臬、督学及郡请上书阙廷,邻封二三大夫诔词亦络绎踵至焉。”(《来禽》卷一二,页14B)侗又有诗《临邑烈女》(上书卷四,页8B),山东督学李化龙有《挽临邑贾烈女诗,盖未嫁耳,殉夫者》(《李于田诗集》卷八,页451)。

[同治]《临邑县志》卷九:“贾烈女,贾儒女,许赫氏子尚士。未嫁,赫生死。女闻,泣告父母,愿往执丧,父母不可,乃更具卮酒为父母寿,佯为好语慰父母。已而入室,久之不至,急觅之,投环矣。事闻于邑令,邑令亲往奠之,且

曰：'此异节，宜以庆不以吊。'乃先捐俸，而更令里中醵金为葬赫生、烈女于西郊外，分两冢，咫尺相望。万历二十年旌，康熙四十九年邑令唐开陶复建坊表示焉。"（页1A）又卷六："贾烈女墓，在城西三里邢家柳行东北管道旁。李季重传云：'烈女、赫生葬于西郊外，两冢咫尺相望，今唯女坟存矣。'"（页24A）

秋，书扇赠郭正域，其有诗寄谢。

郭正域《寄邢子愿》："七年江上别邢侯，济水湘山两地愁。何事高车悬岁月，近来山海有春秋。""莫将团扇怨秋风，妒杀红颜是守宫。赋就主恩知不浅，长门一字许谁同。"（《合并黄离草》卷一五，页8B）

案：诗云"七年江上别邢侯"，指万历十三年(1585)武昌送别，时郭正域丁忧在家，至是七年。郭正域服阕复为翰林院编修，侗有书扇寄赠，故郭有"莫将团扇怨秋风"句。又郭正域有《与邢知吾少卿》："扇头佳什，清新妙丽。骚人之致，不无感生。国家搜罗俊乂黼黻，天章吉光，翠羽不早，收集感念，嘉遁有愧同升矣。"（《合并黄离草》卷二九，页12B）抑亦同时所作。

德平王麟趾御史以言事左迁，赋诗寄怀。

《来禽》卷三《德平王侍御以言事左迁，漫赋见怀》："非是王猷逸兴穷，旧京争避李端公。霜飞节下连章草，风动轮边一马骢。桃叶冠裳催送楫，雨花烟月别行宫。尧时恩泽宽如海，梦逐征鸿共向东。"（页18A）

案："德平王侍御"名麟趾，时为监察御史，劾湖广巡抚秦耀，谪徐沟丞。《明史》卷二三四："御史王麟趾劾湖广巡抚秦耀结政府状，谪徐沟丞。（郭）实复劾耀，耀乃罢。比去任，侵赃赎银巨万，为衡州同知沈铁所发，下吏戍边。"（第20册，页6112）

王麟趾，字明野。山东德平人。性敏慧，读书一过不忘，万历七年(1579)举于乡，明年成进士。历知涞水、内黄、河内县事，授南京浙江道监察御史。遇事抗论，不避权贵，谪徐沟县丞，迁洧川县，擢户部主事，两畿晋邓之间，多称其直节。[光绪]《德平县志》卷七有传。（页8A）

同年邹迪光是年退隐，有书寄至，荐画师张成龙来访。

邹迪光《与邢子愿》："不佞弟自放归以来，置身丘壑，舍身瞿昙。不莲漏则蜡屐，不揃缤则贝叶，迭为政用，以度残年，送余晷，于足下竟乏咫尺之书，若风马牛不相及然，咄咄怪事。不佞在下中，不敢比肩足下。顾三百人中所为襟期臭味，度不甚悬绝，何至违远乃尔？人生百年内，动如参商，真可发浩叹也。居恒常谓大海东自于鳞,而后再见子愿。然子愿有茂先博识,右军墨妙,叔宝丰神,彦辅清言,子将藻鉴,许椽玄风,皆于鳞所未有,亡论三百人,即海以内有几?彦吉甚知子愿,独子愿似不知彦吉耳。致书者,中州张成龙能丹青,兼写照,识古田禄辟邪敦彝之属。其人雅驯愿直,度不浮沉,特以八行一扇、四稿相寄,不佞刷青有数大部,恐张君一橐不能将,聊为致此。余候后日晨风不乏,唯毋金玉其音,真若不知彦吉者。"(《调象庵稿》卷三五,页22A)

案:书云"弟自放归以来……于足下竟乏咫尺之书",检邹迪光卸任归田在万历二十年(1592)。《明神宗实录》卷二四二:"(万历十九年十一月甲戌)礼科左给事中丁懋逊论劾湖广提学佥事邹迪光、职方司员外郎殷都宜改调别职,依议行。"(《明实录》第56册,页4513)邹迪光归田当在"改调别职"之后。又,书云"特以八行一扇、四稿相寄,不佞刷青有数大部,恐张君一橐不能将,聊为致此",邹迪光退隐前刻印诗文多种,计《鷦鹩稿》六卷、《郡斋稿》、《玄岳游稿》、《孱提斋稿》八卷、《青藜馆集》三卷、《长水吟》三卷等,故有"有数大部"云云。"中州张成龙",字白云。河南大梁人。善山水,临摹名画,久而弥化,细密精工,笔力高古,兼工白描人物。万历间辑名公扇谱,陈继儒为之叙,深为推许。

济上送于若瀛奉使还都,有诗。

《来禽》卷三《送济上于舆部文若奉使还》:"汤汤济水汶流通,结驷高门定国同。画省夜藜催视草,塞垣秋燧迟行骢。邀宾醉洗南池马,纳节寒冲北地鸿。我欲送君赊月色,梦中无路逐宸枫。"(页13A)

案:"于舆部文若"名若瀛,时任兵部车驾司署郎中事主事。其始任时间未详,万历廿一年(1593)三月离任。《明神宗实录》卷二五八:"(万历二十一年三月己卯)升兵部车驾司署郎中事主事于若瀛为河南佥事专管修河。"(《明实录》第57册,页4798)诗有"塞垣秋燧迟行骢",姑系于此。

于若瀛(?—1610),字文若,号念东。山东济宁人。万历十一年(1583)进士,授职方主事,转河南巡道,入为南玺卿、通政右参议,迁太仆少卿,督理东路马政,寻升都察院右佥都御史,陕西巡抚。诗文书画,博洽精妙,著有《弗告堂集》。[康熙]《济宁州志》卷六有传。(页35A)

同年李三才丁忧奉梓归武功乡里,以诗吊唁。

《来禽》卷三《同门李观察丈奉讳还武功,诗以唁之》:"边马踌躇度陇迟,萧萧似为使君悲。肠摧岳麓三声里，泪迸关门片角时。拥缌几筵山转白，曳麻鸡骨命如丝。平生分谊犹兄弟，无计西攀陇上枝。”（页13A）

案：“同门李观察”名三才，在山西副使任上丁忧，时间不可确考，据《明神宗实录》卷二八五：“（万历二十三年五月戊寅）原任山西副使李三才起补山东提学副使。”（《明实录》第57册，页5276）以其服阕起复时间推之，其丁忧约在是年。

本年，三月，首辅王家屏致仕。五月，倭陷朝鲜。八月，命兵部右侍郎宋应昌经略备倭军务。是年，谢肇淛、康丕扬、张延登、袁宏道中进士。

【诗文系年】

《彭直指按鹾淮阳寄讯》《送济南赵太常起家大京兆》《送冯参伯从洛中入贺》《与赵南渚京兆》《送宋中丞拜少司空北上十二章》《上抚台孙文融》《祭检讨葛仲明暨配任孺人文》《秋日寄谢密云王宪使懋钦年兄二首》《长清崔会卿明府考绩诗六首》《泰山篇以清亭父老子弟指，为崔会卿明府颂》《杨以德使君以济南藩伯擢岢岚观察，赋赠十章》《邑乡宦合祭贾烈女文》《临邑烈女传》《临邑烈女》《德平王侍御以言事左迁，漫赋见怀》《送济上于舆部文若奉使还》《同门李观察丈奉讳还武功，诗以唁之》。

万历二十一年癸巳（1593），四十三岁

泲园家居。次子邢王称生。

上书同年山东巡抚孙矿，请赎李攀龙济南旧居白雪楼，使其后人居之，置田赡之。

《来禽》卷二七《上抚台孙文融》：“窃见历下李沧溟先生攀龙，葆真履素，取则先民，熔古铸今，蔚为代宝。海内缀文之士，靡不宗之。而今五亩之宅，已非文靖之旧；襄阳之里，空标孟亭之名。门祚寥寥，云仍仅仅。侗每询访人士，皆云李驹沦丧，有子继亡，止遗一孽孙，又复无母，才离褓褓，寄命嫠媪。是为驹者妇，僦居穷巷，托迹浮萍，并日无粗粝之食，经年鲜浆汁之馈。致令鲍山黄土，作赤靥以笑人；峼湖白云，化素虹而绕墓。其于今日，责在明公。唯侗含意欲申，历春及夏，恐以不急之务，骤溷铃次，悠悠之世，见谓好名。乃

者尺一北来,瓜期不远,千秋气调,机缘在兹。伏愿明公下记所司,略损公帑,为赎数椽之敝屋,小复白雪之旧居。月或给米一石,岁布若干匹,藉以长养壮发,由延后昆一线。犹龙之绪,实被如天之福;斯文一脉,其畴逆心是在。台端倡义,力此永图。侗也窃效途闻,奚敢任德?临书不尽觊俟之至。”(页1A)

案:“孙文融”名矿,上年四月任山东巡抚,是年八月入为刑部左侍郎。《明神宗实录》卷二六三:“(万历二十一年八月壬辰)升孙矿刑部左侍郎。”(《明实录》第57册,页4879)侗上书请赎回白雪楼使其后人居之,置田赡之,约在是年春。李攀龙身后寥落,其子驹未几病殁,故居白雪楼亦属他人,时人悯之。《寄园寄所寄》卷六引《苏谭》:“李于鳞子驹敏慧能文,有声历下,王元美属司理魏允孚,因秋闱之便拔之,曰:‘虽私亦公也。’未在场中检之,朔日不可得,既放榜,见驹卷委于柜下尘上,中七作皆佳。驹未几病殁,无子,于鳞之白雪楼,竟属他人。”(页19B)邢侗对一代文宗李攀龙十分尊崇,其《历下先生》诗曰:“一代词章千古情,授经无分济南生。楼成转属他家有,白云吞声恨未平。”(《来禽》卷五,页19B)《池北偶谈》卷一二:“李沧溟先生,身后最为寥落。……邢太仆子愿有与孙月峰巡抚书云:‘窃见李沧溟先生攀龙,葆真履素,取则先民,熔古铸今,蔚为代宝。而今五亩之宅,已非文靖之旧;襄阳之里,空标孟亭之名……’观二事,沧溟清节可知矣。”(页272)此事传为美谈,冯时可《邢公碑铭》:“李于鳞后不振,请诸孙中丞文融,购故白雪楼以居,置田赡之。”(《家乘》卷五“家传二”,页12B)黄克缵《邢子愿传》:“又与当道书,乞白云楼而为李于鳞立后,其高谊真可以风薄俗而激颓波矣。”(《数马集》卷二七,页22B)

邀章诏作《沛园吟》二十六首,侗亦和之。时章诏居沛园凡十旬。

章诏《沛园吟》诗序:“余客沛园,先后凡十旬,主人邀作沛园诗。抚景分曹,都为一首,共二十六篇。大要意义,本之辋川,而兴象所诣,庶几古人不遥。第余才谢裴生,过从忝窃,明珠瓦砾其如右丞何?子愿先生茹纳恢弘,过廑齿遇,遂为付枣材。邢氏青山,不佞青云,良幸矣哉。”(《邢子愿杂著》)

邢侗《沛园吟》诗序:“园凡分署二十有六,各具一体,率俭不中。度以按图则声实,实不配合。章君侈以嘉诗,情深调逸,此当必传。倡余和汝,余实恧焉。”(同上)

案:沛园二十六景,分别为犁丘、沛亭、东山、南峤、中阜、疏豁堂、来禽馆、半舫斋、畅叙亭、空游沼、小趵突、亦山阴、团槐坞、浮螺馆、思曼湖、冰廊、长房洞、毗昙阁、临高台以轩、浩叠洞天、夕佳亭、优钵罗池、鹅湖榭、觞醥台、鹤田、清隐山堂。《沸园吟》二十六首诗,每景一诗。章诏首倡,邢侗和之。章诏在沸园居留有年,与侗游从甚多,后又充当信使赴边。

章诏,字廷纶,晚称遁园居士。南直隶丹徒人。少食贫,工诗画,善蔡邕八分体。数椽近市,皂帽青鞋,泊如也。居恒咨感怨慕,无以奉二亲为憾,乃去塞下十五年。飞狐以北,花马以西,所至酣歌击筑,有豪客慷慨之风。开府某闻其名,延为上客,为塞上吟以寄意。后客济南,所著有《沸园吟》。郡守霍某汇其诗刻之曰《遁园集》。有弟名谏,字廷直,亦善画、隶书,仿佛其兄。[嘉庆]《丹徒县志》卷二四有传。(页 31A)

六月上旬,刻《沸园吟》,撰《小引》。

《来禽》卷五《沸园诗小引》:"余家济北,善富以数世,王父殆世父相沿,邸店上田甲一邑。而自余读书解事,则诸院谋为秦人出分计。家侍御公适当户,一切部录瓜分,率用河南卜式指,多推美田宅。而余兄弟凡三人,犹鼎峙,各支一足,仅不覆折耳,无奇赢也。爰自胜冠仕宦,性与钱刀违,浸寻家日众,务日益拓,盖还山而租税践更之外,几不饱僮仆,势且割上田第一再,忍他如酒鎗诸器物,则什不一存。徒有大第一区,类郑子真身如羁旅人,终日与檐雀对。时或翻书库,得古人一言半语,欣然有会,乃自谓不贫也。居恒家侍御公谓不肖:'而王父、诸父好行阴德,计享年无耆耋者。余老人获藉祖宗余荫,今且八十余,幸甚康强无恙。小子听之,余老人行乐所不足者,日耳。'嗟乎!乃今而后,安敢托言俭陋以不中大人欢?此园所由作也。园成,版舆日一御,童子携鹿卢床选树徙倚。亭午,为展桃簟供高眠,醒则啜茗一瓯,还舍中。间日若节春秋,始及具杯碗作小燕集,不肖每每从行游,司所爱恶,手荷长镵,壅培芰薙,期不倍素怀,庶几一当莱子婴儿啼,以娱厥天年,不愧人子也。窃伏自念,是园一柱木、一把茆,皆出转贷,岁且逋不赀,而意实安之者,不欲以贫故伤大人志耳。夫以五十年温厚肥美,安享拟素封,而以余不肖,宦拙、分箸两事,减暮年欢,天地虽大,何所著此七尺哉?客有问园及讶余本末失宜、资身无策者,请以一纸应之。我知我罪,其毛氂无所掩覆矣。"(页 1A)

案:章诏《沸园吟》及邢侗酬和诗,刻本见《邢子愿杂著》。卷首有邢侗《刻沸园诗小引》,署曰:"万历癸巳夏六月上旬,云云亭亭间人邢侗子愿父书。"可知《沛园吟》刻于是年六月上旬，而撰作则又稍前。

有诗送章诏游边，兼讯王象乾。

《来禽》卷三《送章廷纶之塞下，兼讯王子廓使君》："愁露愁霜不奈君，马头黄叶复纷纷。人从方朔祠边去，路向刀环渡口分。客舍并州成旧雨，家园江树隔重云。悬知奏记陈琳好，宪府于今正策勋。""南来蹩躠苦行役，今日驱车蓟北天。解装山店妇留客，沽酒河桥人渡船。悠悠羁旅谁瞥眼，冉冉离怀堪长年。到时使者定倾盖，塞曲寒花争欲然。"（页1B）

案："王子廓使君"名象乾，时为山西布政使。佚名撰《王象乾传》："万历十七年，进右参政，分守口北道，驻宣府。……二十三年，擢右佥都御史，代世扬巡抚宣府。"(《中华历史人物别传集》第22册，页555上)诗题曰"使君"，当分守口北道时作，故系是年。

王象乾(1546—1630)，字子廓，号霁宇。山东新城人。王之垣子。隆庆五年(1570)进士，授闻喜县令，仕至兵部尚书，总督蓟辽。曾经理播州，平定苗夷之乱，以年老乞休。因边境多事，逾八十起为总督，综理宣、大和山西军务。惕厉中外五十余年，机警有胆略，历任督抚多年，威震九边。累赠加太子太师。参见佚名撰《王象乾传》(《中华历史人物别传集》第22册，页555上)，[民国]《重修新城县志》卷一四有传。(页6B)

秋，阳信县知县朱长春有书寄至。

朱长春《答邢子愿》："坐渤海三易秋，北地有邢子才，财三舍未引一绥，江东风流子弟如是乎？外人视之谓泥涂吏，每白曰：'眼落三尺朱案前，料何盐米事？'竟不知仆年强半齁齁缩足八尺床上也。比咿嗄过秋风，留留七十日命如线，藉虚室道风，幸未谢三尸，闭阁停诸牍，眠亭午离床，不复梳头，便啜稻粥一瓯大饱，支倚片竹枕，吟秋兴诗八首，漫诗三十首，□遣罔象厉鬼，此亦庄生元成，然蘧然甚适也，固矣。……白皓胶只，兵下常歌，此招我乎？"(《朱太复文集》卷五〇，页12A)

案：朱长春时为阳信县知县，万历十八年(1590)夏来任，至是三年，故云"坐渤海三易秋"。又"比咿嗄过秋风，留留七十日"，则秋季作。

八月，郑汝璧来任山东巡抚，为赋《愚谷吟》五首。

《来禽》卷二《愚谷吟为郑中丞赋》其一《鸠峰》："龙驭杳难即，双峰传至今。括苍遥树碧，敕木澹疑森。放去化为石，飞来怀好音。一巢安计拙，劚取属家禽。”其二《愚公洞》：“拓拔矜人代，愚公亦此曹。不周分地胏，小隐解天弢。言鸟栖花巘，神羊啜石膏。洞岩今改属，名姓笑徒劳。”其三《云谷台》：“台自中央峙，山从面面分。披花香袭谷，拂石冷生云。四望环丛黛，孤吟对落曛。万松何处是，犹似碧氤氲。”其四《山郭》：“野色分远甸，晴烟荡灏空。浓花笼细细，沓嶂认曈曈。奏入缙云郭，霞连沧海东。此时聊倚杖，身世尽鸿蒙。”其五《仙岩》：“接磬来飘拂，和云入渺茫。纡宫尚天表，度壑自诸方。混籁通元气，虚鸣应早霜。闻声忆畴昔，多在朗公房。”（页 29A）

案：“郑中丞”名汝璧，是年八月来任山东巡抚。《国榷》卷七六：“（万历二十一年八月乙未）郑汝璧为右佥都御史、巡抚山东。梅国桢为右佥都御史、巡抚大同。”（第 5 册，页 4706）愚公洞为郑汝璧二次出山前所居处，在浙江缙云吏隐山附近。

郑汝璧（1538—1607），字昆岩。浙江缙云人。有《由庚堂集》行世。《国榷》卷八〇：“（万历三十五年七月丁未）前总督山西宣大、兵部右侍郎兼右佥都御史郑汝璧卒。汝璧字邦章，缙云人，隆庆戊辰进士，授刑部主事，历郎中，张居正才之。调礼部仪制，又调吏部验封。及夺情起，微忤。进太常少卿，不数日，降福建右参政，量移广东副使。乞养十一年。辛卯，起井径兵备，寻改赤城。斩虏功，明年，迁榆林中路按察使。明年，山东右布政。寻进右佥都御史，巡抚山东，赈饥，会忧去。己亥，起南京太常少卿，壬辰，巡抚延绥，屡却虏。乙巳，进兵部右侍郎，总督宣大，即疾作。有才而功不甚著。所著者有《帝后纪略》《诸王表》《功臣封谥考》行世。”（第 5 册，页 4977）

秋，有诗寄翰林院编修黄辉，兼忆好友葛曦及愚庵上人。

《来禽》卷二《秋日寄黄昭素太史，因忆昭素座师死友葛仲明及方外蜀愚公》：“藉甚黄夫子，当年汉长卿。蜀琴操绝调，官弩御前旌。月照峨眉白，尘驱剑路清。玉堂深几许，为尔独含情。”“后死谁何氏，先鞭自尔俦。泉台挥暗泪，风雨送残秋。向汝看千顷，输余老一丘。君还念济北，同代可相求。”“秋尽惊寒序，蛩声响夜床。同人隔疆畛，异县独彷徨。地逼星辰近，琴从月露亡。问渠谁最好，方外得支郎。”（页 23B）

案：“黄昭素太史”名辉，万历十七年（1589）进士，为葛曦选拔士，上年授翰林院编修。葛昕《翰林院检讨亡弟仲明行述》：“己丑，校士礼闱，所拔士二十二人，皆宇内誉髦俊彦。初传播其文，突然一词，皆称易三房文纯正必端士,既接其所荐拔士,又咸谓其真可为朝廷得人贺,其亦庶几不忝其职欤。”(《集玉山房稿》卷一〇,页1A)“方外蜀愚公”,即愚庵上人,详后。

蜀僧愚庵寄书兼赠名香两种,致书答谢,并回馈江研一枚、书扇二柄。

《来禽》卷二七《答愚庵上人》:“远承法帖下问,劳疲褦襶间,忽若清冷洒及也。兼荷名香两种,一洗人世伊兰。……遥瞻悉替,上叹下归,恨隔由延十数,不获佥然坐列。见一毛端,徒从古雪同参,窃聆净染,不殊身在光网之下也。附答江砚一枚,望师犹立文字,广媲妣昙。聚头扇二握,用代松枝。有时登宝华座,披僧伽黎,或亦不免须此耳。干侍者还,敬讯安稳,自余绮语不足慁前。和南谨疏。”(页21B)

案:蜀僧愚庵,字真贵,万历八年(1580)至京,主持修建慈慧寺。焦竑有《赠愚庵上人说戒慈慧寺序》。(《澹园集》卷一七,页196)此书疑与上述寄黄辉诗同时作,姑系于此。书云“徒从古雪同参”,“古雪”为临邑宿安真武庙僧人,事迹未详,侗有《送古雪上人,由三峡附官舫还蜀》(《来禽》卷二,页7B)、《再送古雪上人还蜀》(同上,页15B),冒愈昌有《同邢子御访古雪上人于真武庙》(《绿蕉馆集》卷二,页36A),俱此人。“邢子御”为邢倌,大伯邢如默之子。又《送古雪上人,由三峡附官舫还蜀》有“何年修净土,此日暂还家”,知“古雪”亦蜀僧人。“真武庙”或即真武行宫。[同治]《临邑县志》卷六:“真武行宫,在城东六里。”(页20A)真武庙在临邑县宿安镇,详后。

秋,门人户部主事李徽猷奉使吴门,有诗送别。

《来禽》卷三《送李伯建计曹奉使吴门》:“野潦摇空苔染衣,吟边秋色见鸥飞。转漕江左艅艎急,此日吴门杼柚稀。人对寒洲愁雁序,月深孤馆恋萱闱。依稀练马当年事,回首对云一当归。”(页29B)

案:“李伯建”名徽猷,同邑门人。李维桢《邢公墓志》:“其于教后进,因体能质,而利之成名者众,方伯李徽猷其尤也,爰有‘邢太师’之号。”(《大泌山房集》卷七九,页38A)冯时可《邢公碑铭》:“方伯李公徽猷视之若子,不吝教诲。”(《家乘》卷五“家传二”,页12B)李徽猷时任户部主事,《明神宗实录》卷二七二:“(万历二十二年四月壬申)命户部主事李徽猷、刑部主事陆梦履典云南试。”(《明实录》第57册,页5052)其奉使时间未详,姑系于是秋。

李徽猷,字伯建。山东临邑人。万历十一年(1583)进士,起家京山、安邑令,擢户曹,典云南试,迁大同佥事,移西宁道。时边事自急,徽猷深筹曲算,动中机宜，玺书褒嘉兼赐斗牛服以宠异之，复以积功加左布政使。寻丁内艰，归。服阕，杜门不出，诗酒自娱。其弟宣猷仕蔚州守，历太原郡丞，与兄齐名。［同治］《临邑县志》卷九有传。（页5A）

再赋诗因李徽猷寄讯吴门王稚登。

《来禽》卷五《秋日因李民部伯建寄讯百谷先生》："偶因南雁寄相思，到及青枫乍落时。莫问故人丘壑态，李膺门馆是心期。"（页35B）

十月望日，行书《白衣大悲五印心陀罗尼经》，付木刻，隶书题"白衣经"三字。

《家乘》卷一一"翰墨志一"："《白衣大悲五印心陀罗尼经》，行书，木刻，朱印，阳文。面页题'白衣经'三字，八分书，'万历癸巳十月望日，奉佛弟子邢某子愿父沐手书。'"（页8B）

新城王太夫人是年正月卒，十月落葬，撰文祭奠。

《来禽》卷二〇《祭累诰封王母刘太淑人》："今方辐万里，尽人有妇，尽室有母，而求所谓贤令圣善，则百千不一见焉。至求所谓富贵荣宠，子孙蕃显，令终安乐，福履永绥，不毁如思儡，后凋如女贞，则万一仅仅矣。若新城王母刘太淑人，诚有可述者焉。母少事泺翁，躬绩手瓮，有古贤妇之风。卒以相夫力学，由额贡而起甲科，最后泺翁以藩大夫采木夷方。母间关远涉，上雾下潦，尝其毒苦而无怨嗟。……自母称未亡人，而诸子若孙婚宦渐成。仲氏司徒公而下，甲第蝉联，东人解额至科占一魁名，青琐乌台，玉堂兰省，分藩建臬，九塞中原。接种者轩裳，盈床者簪笏，祖孙、父子、兄弟、叔侄，无虑十余为辈，而属毛离里，则母氏一人以也。于汉有之，万石君家石奋，东海严妪，此父若母，各以五子显融，遂至休明百代。……吾故曰：'王母者，古今天下一母也。'不腆之文，侑以洁清。"（页10A）

案："刘太淑人"即新城王重光（泺川翁）原配夫人，"仲氏司徒公"即其仲子王之垣。刘太淑人卒于是年正月二十三日，郭正域《刘太淑人传》："癸巳上元夜，仲子张灯设酒醴为欢，犹坐至漏下一鼓。异日忽疾作，至二十日端坐，谕子孙：'勿隳所业，以负前人，勿怀两心，各给彩花。'一语不乱。二十三日，取自制槁衣，仲子加文绮一袭，瞠目视之曰：'惜也。'夜三鼓溘然逝矣。乡人皆为流涕。太淑人生于弘治癸亥，距其卒享年九十一岁。"（《合并黄离草》卷二三，页58A）冯时可《刘太淑人传》："太淑人生弘治癸亥，年九十余。"（《冯元成壬子北征稿》传,页7A)十月,刘太淑人与夫王重光合葬,《明神宗实录》卷二六五:"(万历二十一年十月己丑)赐户部左侍郎王之垣父母祭葬。"(《明实录》第57册,页4935)

十一月,金乡县知县桂有根任满有德政,为撰去思碑。

《来禽》卷一一《金乡令汝南桂公去思碑》:"今上癸巳,序在寒孟,金乡桂令君以治行第一应公车。……公平居不见喜愠,不刺候人阴慝,终满任,莫能名居间私人。见一废有其举之矣,见一蠹有其剔之矣,乃若供亿一任之当官,毛发不及于单下。节孝被其弘奖,茕独沐其噢咻,行荒形于瘦馒,擘画竭乎心思。此虽仁公之常业,而友邦之所卒难也。公由今为名谏官,又晋而为名九列,光大显扬,不可思议,而更十政,不及金乡亿姓之口。……公名有根,万历己丑进士,河南汝阳人。"(页29A)

案:"金乡令汝南桂公"名有根,据"今上癸巳,序在寒孟",知此文作于是年十一月。

桂有根,字征实。万历十七年(1589)进士,授山东金乡令,三年邑大治,尤爱重文士,贫者多周助之。邑士周有春贫不能取,有根知其才不凡,特捐俸为聘并为之置田宅,使下帷读书,永春竟成进士,官至御史,其知人如此。擢工部给事中,敢直谏。……迁吏科都给事中,历六科,转太常少卿,迁通政,复迁南京太常寺正卿。爱白门山水,优游十余年,无复求进意,后晋工部右侍郎,致仕归,谕祭葬,祀乡贤祠。[康熙]《汝宁府志》卷一二有传。(页37A)

是月廿日,德平葛昕祖母卒,年九十,为撰传并书。

《来禽》卷一二《累封夫人葛大母传》:"夫人德平太保端肃葛公元配也,以公贵,累封为夫人。夫人父为王处士,母盛媪。王在邑一切小腆,诸孺子女及孙,无不竞骛华饰,而夫人独从媬姆坐帷墙间。即素非诵习,而天资端朗,于班大家《七戒》,若夙洞诸其胸中。年二十有二,归端肃公。……公弱弟五,女弟一,夫人抚育保持,不疑非母。及叔捐娣谢,半遗子女,则又相呴以湿,相濡以沫。盖举属毛离里之属,下及多睦千指,伙如也。乃为画一其制,门内整然。夏则予方空花练有差,冬则予吉贝髭毷有差,婚若嫁则予綦绮衣补有差。娩则予儿褛,丧则予幢帨,出则予帹帕,处则予甲襜,均齐方正,略无低昂。生齿渐蕃,遂至居恒递室,身恒递衣,迨七十年,一庖五世,肃肃如也,雍雍如也。夫人作法良峻,行意实宽。孩幼孙曾延师就塾,仅一裋褐,不得名半镮。……

先是，冢孙尚宝君以水部郎奉使过家，恳请夫人北御，弗从。已尚宝君就家拜屯部，复请北御，又弗从。尚宝君簌簌泣下也，曰：'母在，儿焉往？'夫人谓尚宝君：'第往矣，汝职在山陵，幸及于事而竣。吾老，尚耆饘粥也。即而父母无禄即世久，及今为国劳臣，以安泉户，且博再命，及而父母，何渠不可，而固请留待我？'老人恚，不食新矣。尚宝君唯唯就行，极身大役，所为节约者万端。晋秩加服，复用使命归。归而夫人迎劳而后喜可知已，曰：'汝为国家省费金钱至四百余万，今而归，自赐镠币外，敝书数卷耳。'以顾诸曾玄曰：'此何必瑞物，杨迈朱提粪土矣。'尚宝君使已，请急留。乃规城南地为小山，数与其内恭人御板舆行园中，而后喜可知已。夫人曰：'而父母无禄即世久，而余老人抚数世而处其慈，而奉觞酒醽我，而游我于林峦之间，而名行不至亏阙，可报先公地下矣。'夫人年政九十，甫介眉寿，无几而终……"（页10B）

案："葛大母"即葛守礼妻王氏（1504—1593），葛昕、葛曦之祖母。葛昕《累封夫人先祖母行述》："先祖母夫人王姓，父讳榛，母盛氏。……母生于弘治甲子四月十八日戌时，卒于万历癸巳十一月二十日子时，享年九十岁。子一，即先君讳引生，廪生，赠户部陕西清吏司员外郎。娶靳，赠宜人。……孙男三，长即不孝昕，娶谷氏兵部左侍郎，海丰讳中虚公女，封孺人，赠宜人，继娶邢氏，东光庠生讳梦龙女，封宜人。次曦，翰林院检讨，娶任氏，刑部左侍郎平原讳士凭女，封孺人。次晧，国子监生，庶母窦出，娶王氏，陕西苑马寺少卿阳信讳辇女。"（《集玉山房集》卷五，页39B）侗撰此文，复细楷书丹，刻入《集古书法墨拓》六卷。[光绪]《德平县志》卷一二："四代表传墨拓皆细楷，成于万历二十三年九月，并《葛大母传》一篇，均邢太仆撰并书。"又跋曰："葛周玉先生曰：'《葛大母传》，集褚河南书，《传》即邢太仆所作者。'"（页43A）

是月三十日，冬至，撰《墨纪》。

邢侗《墨纪》："余以笔研亲者数十年，所中间与墨相磨，毋计梃笏。余则愧于尚玄杨氏墨，甚无称于陈玄君，意谓墨技无良。向所得而藏者，庶几绝宝，一得之故家所藏旧市，一得之罗龙文所制，一得之姻氏齐河尹大将军所遗，一得之都下故族，数者各有所佳，《墨谈》备载。特得都下者较胜，署记'辛亥'，政与有生齐年，余方宝之，拟他日作河间圹中殉物。会诏起尹大将军复镇保定，善余好墨，邮寄署'妙品'者三函八笏，署'重玄'者八笏。初焉入目，色泽无异时工，磨而视之，勃然五色云起风池之上，坚而能润，黝而有光。余求所谓舔笔不胶，入纸不晕，今始见之。较之方于鲁‘寥天一非烟’，不翅倍蓰，直与所藏辛亥制者雁行。若罗氏徒重珍麋，而质且退三舍，署记名岁知作者为新安程氏君房。余不知君房为何如人，即其造物入神，足称绝技。及按品列列种，尚居下乘，不知上此而‘寥天一非烟’宜当何似？方憾索无所自，几几属望于南之知交。亡何，乡人韩中丞惺庵公从东辽巡抚归，过余之来禽馆，见案头珍重‘妙品’及所书《墨谈》，雅捐‘寥天一非烟’二笏惠余，戒勿轻试。余曰：‘嘻，孔周宵练，见影而不见光，此之谓耶？柙而不试，徒将磨人。’旋洗端研，注水涓滴试磨。一线紫烟上浮，神王气清，晰光射目，其视‘重玄’、‘妙品’，迥出天渊，亟闭藏之，不亚隋氏之珠，和氏之璧，宵练宜下风矣。问其所从，曰：‘得之程鸿胪大约者，君房乃其别名。’……余不能善藏以图不朽，忍令世宝而无传，不知磨我之余，子将奚适？顾他日为尤物，尚知今所从来，因题纪以当锦囊，存以磨后之好者。万历癸巳长至日，济南邢侗纪事。”（崇祯本《来禽》卷二三，页32B；又《程氏墨苑》卷七，页1859）

案：此文《来禽》未载。“长至日”即冬至，据郑《表》，是年冬至为十一月三十日。“姻氏齐河尹大将军”名秉衡，已前见。“乡人韩中丞惺庵”名取善，山东淄川人，是年十月升辽东巡抚。《明神宗实录》卷二六五：“（万历二十一年十月丁亥）命山西右布政使韩取善巡抚辽东。”（《明实录》第57册，页4934）

韩取善（1546—1618），字惺庵。山东淄川人。万历五年（1577）进士，授工部主事，改户部，升员外郎、郎中，升山西参政、按察使、右布政。以都察院右佥都御史巡抚辽东。因朝鲜“关白之乱”抗疏日本封贡，被革职回乡。[乾隆]《淄川县志》卷五有传。（页4B）

冬，公鼐应山东巡按御史钟化民聘，待以殊礼，寄诗奉讯。

《来禽》卷五《冬日孝与应钟直指辟侨寓济南，奉讯二首》：“辟书翻遣泺川游，马踏寒沙旧酒楼。犹是昔时歌舞地，乐人争按小凉州。”“峼湖南望报新诗，欲赴幽期恨马迟。秋宪府中能授室，十年三刖未须疑。”（页35A）

案：“孝与”即公鼐，“钟直指”名化民，时任山东巡按御史。[道光]《济南府志》卷二五“巡按”：“钟化民，浙江仁和人，进士，仕至河南巡抚。”（页11B）其何时出任巡按不详，然其前任为傅好礼，据《明神宗实录》卷二五七：“（万历二十一年二月）丙午，升……山东道御史傅好礼为光禄寺少卿。”（《明实录》第57册，页5606）则钟化民始任于是年二月，任职未满一年即因河南大饥兼河南巡按赈灾，故系于此。

钟化民，字维新，别号文陆。浙江仁和人。万历八年(1580)进士，授惠安知县，多惠政。任期未满，移知乐平县，治复最，征授御史。出视陕西茶马，巡按山东，岁旱，请蠲振先发后闻。调行人司正，累迁仪制郎中，寻进光禄丞。二十二年(1594)，河南大饥，命化民兼河南道御史往赈。既竣，帝嘉之，擢太常少卿。二十四年(1596)，以右佥都御史巡抚河南，劳瘁卒官。居官勤厉，所至有声，遍历八府，延父老问疾苦，士民相率颂于朝。诏赠右副都御史。《明史》卷二二七有传。(第20册，页5971)

前河南巡抚肥城李邦珍卒，撰文祭奠。

《来禽》卷二〇《祭肥城大中丞同川李公》："济南肥子爰产哲人，曰同川先生。先生生而玉立，飘须若仙，方寸之间，未凿浑然。自登甲第为名御史，以洎开府建牙，仕宦得意，不为不荣，而先生自视无有也。小与世迕，拂袖来归岱下，闲闲且二十年，日唯据牛山之木，玩封中之云，歌白石而操猗兰，人不知其贵人也。……列星偶谪，而复还太清也。垂鬌以前诸不为有，而盖棺以后诸不为无，是则先生而已。先生，先生，其颔余一觞，而收诸死生之知已否？"(页22A)

案："同川李公"名邦珍，以巡抚河南兼提督操江辞官归里，乡居二十年，是年卒于家，年七十八。

李邦珍(1515—1593)，字同川。山东肥城人。嘉靖二十九年(1550)进士，累官至河南巡抚兼提督操江，治理精明，惩贪缓赋，绰有名誉。其巡按福建，时值倭警，奸民窃发，奋然以军旅自任，檄诸道兵屯要害，疏留戚继光为副总兵，削平寇盗。受代去，闽人遮道挽留不得，绘图送之。既殁，朝廷震悼，遣山东布政司汪应蛟致祭，祀乡贤祠。[光绪]《肥城县志》卷九有传。(页2A)

山东参政王士性有书寄至，复书答之。

《来禽》卷二七《答王恒叔参知》："……还山以来，朋好都绝门，故耻名乎师籍，亲昵殆同于疏属。兼之百年鼎食，一旦瓠落不堪，弃寂趋炎，亦复人情尔尔，无足深怪。乃我恒叔先生，旷致横绝，玄览轶伦。视荫之交，笃于白头，东来停轨，损翰相存。累椟连翻，腾花散茧，缩少文于咫尺，揖禽向于睫衡。骇目洞心，窥庭邛目，玄冬遒尽，阳煦忽临。其所次心，政在输写丹恳；商略道素，至于兼金辍馈。纨扇手题，则又千秋之末谊，径寸之绪标也。窃忆先生往在掖垣,无日不岳岳,盖三事以下,屏息降心者屡矣。……所冀北上迁程,不忘镰采之贱;青芹白水,犹可以羞行人。岁晚天涯,藩斋落莫,此其气味,蒙所夙谙。愿言珍摄,以对含齿,实不任翘企深。"(页8B)

案:"王恒叔参知"名士性,万历二十年十二月至二十二年三月为山东督粮左参政。《明神宗实录》卷二五五:"(万历二十年十二月)壬寅,遣山东按察使王藻为河南右布政司,河南提学副使王士性为山东督粮左参政。"(第57册,页4744)又卷二七一:"(万历二十二年三月丁酉)升山东参政王士性为太仆寺少卿管京营。"(同上,页5035)此书作于其在山东参政任上,姑系于是。

王士性(1547—1598),字恒叔,号太初。浙江临海人。万历五年(1577)进士,授确山知县,征授礼科给事中,迁吏科,出为四川、广西参议,历河南提学、山东参政,调南京鸿胪寺卿,迁鸿胪寺卿,致仕归里。士性一生,游迹几遍全国,凡所到之处,广事搜访,悉心考证,详加记载,著有《五岳游草》《广游志》《广志绎》《玉岘集》等。[光绪]《台州府志》卷七一有传。(页16B)

户部主事杨应霑奉使榷扬州,有诗寄之。

《来禽》卷二《寄杨司农榷扬州,先是由成都令擢今官》:"蜀道方停轨,还来驻蜀冈。榷舟清似水,怀玉美如肪。到处箫吹好,河桥月未央。胜游兼胜赏,无分共徜徉。"(页19B)

案:"杨司农"名应霑,[嘉庆]《成都县志》卷二:"杨应霑,威清卫人。举人,万历十七年知成都县,慈和敏决,不激不随。成都令之入觐者,自应霑始。升南户部主政,历云南大参。"(页28B)其万历十七年(1589)知成都县,未详何时擢户部主事奉使榷扬州,以三年任满计,姑系于是年。

和屠隆《十姐妹诗二首》,张鹤鸣、公鼐有诗酬和。

《来禽》卷三《和屠长卿十姐妹诗二首》,序云:"客有谈屠长卿作《十姐妹诗》,都不记忆,余追想赋成。此花似蔷薇,而华跗妖冶过之,倡余和女,余又一长卿矣,其畴为余和乎哉。"其一:"丽日和风淑景移,翠裳红袖斗蛾眉。诸姨共擅倾城誉,贵姊尤标绝代姿。寂寞玉莲羞并蒂,纷披朱杏让连枝。芳蘩带露愁无语,仿佛啼痕洗面脂。"其二:"一院名花满架鲜,萼跗相藉复相牵。真妃舞罢依罗幕,秦虢妆成据锦鞯。剩有暗香飘晓露,鲜将芳意驻流年。宜春十里空多种,未比群姬竞斗妍。"(页26B)

张鹤鸣《十姊妹花步邢子愿韵》:"纷纷旖旎暗香移,争舞春风拂翠眉。雨过无言垂绣颊，月明流影斗娇姿。若教杨氏诸姨妒，中有湘魂并蒂枝。为惜芳华共寂寞，年年零露湿胭脂。”（《芦花湄集》卷二六，页 34A）

公鼒《十姊妹花》：“嫩白娇红扫鬓油，宫眉样样趁风流。曾经天宝年中盛，惯向昭阳殿里游。对酒莫歌三妇艳，伤离偏系二妃愁。天合春色依然在，不向人间忆阮刘。”（《浮来先生诗集》卷二，页 19B）

案：侗此诗及张鹤鸣、公鼒酬和之什作于何时未详，以张鹤鸣是年始任历城知县，姑系于此。

张鹤鸣（1551—1635），字符平，又字元平，号风皋。安徽颍州人。中万历十四年（1586）会试，父病，驰归。越六年，始成进士。除历城知县，移南京兵部主事。累官山东副使、陕西右参政，分巡临、巩，以才略闻。升任贵州巡抚，兵部右侍郎。历任本部尚书，加封太子太傅，南京工部尚书。熹宗即位，召还兵部尚书，谢病归。崇祯八年（1635），李自成陷颍州，被杀，年八十五。著有《芦花湄集》。《明史》卷二五七有传。（第 22 册，页 6617）

公鼒（1569—1619），字敬与，号浮来。公鼐弟，少与兄齐名。万历廿五年（1597）举人，任中书舍人，迁户部主事，终工部屯田清吏司主事。博学工书，文章雄赡，雅以经济自负，久困公车，驰骋艺苑，晚年待诏冷署。著《小东园诗集》《浮来先生诗集》。事具薛冈《工部屯田清吏司主事浮来公君偕配伍氏孺人合葬墓志铭》（《天爵堂集》卷九，页 16B），[康熙]《蒙阴县志》卷四有传。（页 7B）

王稚登寄书介诗人方问孝来访临邑。

王稚登《寄邢子愿》：“汪君于迈后，海氛甚恶，守臣欲驱市人登陴，居者行者皆汹汹，后乃知一二告身将军幸乱造飞语，恐当事耳。然夷情甚谲，若出上策取登莱，山东非汉有也。新都方胥成诗有作者典则，其人亦自超今，方往就罗伯符道出泲上，愿一识邢使君，使君何惜荣以万户？云从一疾奄奄，汪君为布筭，言其厄在阳九，有弥济盈，能复渡乎？曲社额不逮云房，门下书品妙在风骨，此额差似太真丰肌，请更为飞燕避风态，勿云何必改作。”（《谋野集丙集》卷一〇，页 2B）

案：“新都方胥成”名问孝，由罗文瑞（伯符）介往江南访王稚登。方问孝《留别王百谷》诗：“我来姑苏城，还别姑苏陌。书剑本无期，人生即为客。天空楚云远，日落胥江白。明日遥望君，青山隔几重。”（《苍耳斋诗集》卷五，页

7B)王稚登《答方胥成》诗:“好鸟西南来,怀我以为音。南枝不可栖,矫翰瞻北林。岂不恋故山,饥渴苦相侵。身依泰山松,心眷黄山云。所谋在饮啄,遑恤苦与辛。”“淮水何汤汤,沛川亦弥弥。褰裳往涉之,怅怅何所止。朝驾邀雪宫,夕骖税阙里。齐歌皆大风,鲁国多君子。虽非故乡县,此土亦洵美。丈夫志四方,安事守桑梓。”(《南有堂诗集》卷二,页21A)王又致书介方问孝往临邑访邢侗。明隆、万以后山人最多,以诗文游公卿间,藉以为生。方胥成以诗游于公卿间,潦倒穷困,数游边塞。书中“云从”即吴云从,见前。

方问孝,字胥成。安徽歙县人。十岁能诗,隐居不仕。每一诗出,人竞传写。结交邢侗,称为“词坛真龙”。东阿于慎行相国初见其诗,疑为魁然丈夫。后介傅光宅司马而友之,曰:“岂所谓短小而精悍者乎?”著有《苍耳斋诗集》。[康熙]《歙县志》卷一〇有传。(页64B)

是年,次子邢王称出生。王称为侧室冯氏所出。

邢王称《赵太君行状》:“(府君壬子逝也,太君)呼不孝藐孤前曰:‘儿孱然弱冠耳。遭家不造,以蚊负山,其尚务自祓濯,应之刚柔韦弦之间乎?’”(《家乘》卷六,页14A)

案:邢侗卒于万历四十年(1612),《赵太君行状》云“儿孱然弱冠耳”,前推二十年,则次子王称生于是年。解《谱》系于万历二十年:“是年,侗次子王称出生,为继配赵孺人所出。”(页25)推算有误。又,解《谱》云王称“为继配赵孺人所出”,亦误。王称出于侧室冯氏,《家乘》卷四上“世系表二”:“(邢侗)侧室冯氏,王称、王桓为其所出。”(页11B)邢侗有侧室冯氏,《家乘》及李维桢《邢公墓志》记载仅寥寥数语,未知纳于何时。然考邢侗万历十七年(1589)续娶赵氏,大约廿五年(1597)生子王藹(邢侗第三子),颇疑期间因赵氏婚后数年无子嗣,侗又纳侧室冯氏而生王称(邢侗第二子)。

据《家乘》卷四上“世系表二”,邢王称(1593—1638),字无誉,号玉衡,禀生。配葛氏,过王藹三子为嗣。善书法,称小邢。明末守城遇难。[同治]《临邑县志》卷九:“邢王称,号玉衡,子愿仲子。以名诸生食饩于庠,善属文,尤工书法,称‘小邢’。崇祯戊寅冬,大兵狗山东,玉衡即条画城守,诸方略上之当事,率以时迫未及,不报。十二月,并薄临邑,玉衡慷慨结众,与邑令分城而守,未几,大兵从南城登陴,犹坚守不少动。城破被执,兵刃迫胁不屈,死。子珽以身殉父,亦受数刃,遇救得不死。”(页2A)又据《家乘》卷五《文学玉衡

公殉难纪事》:“戊寅冬……十二月二十五日兵薄临邑……遂遇害,年四十六。”(页31A)

姻家密云县知县杨士鸿三年任满,入朝为刑部给事中。

冯琦《贺密云令杨公考绩序》:“密云在畿辅诸邑称最剧,边与腹错地,军与民错居,兵与饷错事,多倚办于令。吾友杨子渐为令三年,邑大治,考功课其绩,治平第一。天子下玺书,封其父若母如令。甲某君、某君来征文于余。余固知子渐之能为政也,盖不佞与子渐及葛仲明太史同举于乡,相得欢甚。去年仲明卒于京师,执余手,目其子以属余,而未能语。余与同年康士遇诸兄弟计,仲明子幼,吾辈去德平远,缓急非有益,独有孺子缔姻名宗,可倚以自存。则走书问子渐,子渐报曰:‘仲明向尝微及之,而吾亦已心许之,岂以死负吾心哉?’遂以女许归葛氏。余是以子渐能为政也,古称循吏无如恤孤,则不倍人,我不倍人,其谁倍之?故上下能相亲也。守令亲民,比于乳保,不属毛离里,而出入于怀。……吾是以知子渐为贤令尹,岂唯令尹又必且为名谏官。……异日为谏官,必且尽以民间利病、吏治善败闻于上,吾是知子渐必为名谏官,请载是语以要之异日。”(《宗伯集》卷一一,页10A)

案:“密云令杨公”名士鸿,万历十七年(1589)授密云县知县,任满召为刑部给事中,陈懿典有《贺密云杨侯召入刑垣序》(《陈学士先生初集》卷六,页16A)。书云“去年仲明卒于京师”,故知作于是年。杨士鸿在密云任内,侗有诗寄之,《来禽》卷二《寄密云杨子渐姻丈》:“近报檀州令,风流子贱情。夕星传燧寂,朝绮见霞生。簿与军书杂,囊同药裹轻。所亲今在远,吟望苦营营。”(页8A)

同年北直隶督学李尧民有书寄至,告知南宫县署旁有邢侗去思祠。

李尧民《与邢子愿》:“久不得动定耗。校士南宫,署旁有吾丈去思祠在焉。十步之内,德容德范俨然玉立,弟仰止知己,那得不兄事之而又师事之!鹊山四履,咏甘棠者念年如一日,前无召杜哉?唯是入山太深,弃世太果,遂令海内苍生无由望见安石颜色,弟睹遗爱能无遗恨?顾吾丈才名日甚,舆论共推,恐终不免尔。辱芳讯极慰远怀,惜不见扇头一新诗耳。弟蚊负此役,所在迷罔,望教如渴,容专诚以叩并丐所为近制者。”(《快独集》卷一七,页15A)

案:李尧民,与侗同年进士,故云“咏甘棠者念年如一日”。又云“校士南宫”,则李尧民在北直隶学政任上作。据《明神宗实录》卷二六一:“(万历二十一年六月)乙巳,以浙江道御史李尧民提督北直隶学政。”(《明实录》第57册,页4845)又卷三三五:“(万历二十七年五月壬申)起原任提学御史李尧民为(大理)右寺丞。”(上书第59册,页6216)又于若瀛《嘉议大夫应天府府尹李公行状》:“癸巳,督学北畿。北畿多中贵人,朝拜命而夕请托者至矣,稍不惬则谤兴。公不绝所谓请托也者,而亦不记所谓请托也者。……遂请告归。越三年为己亥,复诏起为大理寺丞。”([光绪]《郓城县志》卷一四,页28B)则李尧民万历廿一年至廿四年在学政任。

李尧民(1544—1607),字耕尧,号雍野。山东郓城人,祖籍济宁。万历二年(1574)进士,曾任长洲、永年知县,以廉明著称。升监察御史,到河东视察,痛治弊政。历巡按江西、视顺天学政、应天府尹等职,均有政绩。归里卒,赠工部侍郎,入祀乡贤祠。参见于若瀛《嘉议大夫应天府府尹李公行状》。([光绪]《郓城县志》卷一四,页28B)

姻家尹秉衡卒,为撰墓志铭。

《来禽》卷一三《右军都督府都督佥事镇守保定总兵官齐河尹公墓志铭》:“……及明而骠骑尹公者出,其先盖由即墨徙齐河,三世而为王父天章,赠都督。赠都督生纶,是为观察府君。以射策甲科身自起家,始曹郎,历观察,而最雄于武,亦封都督。则以骠骑贵,故母李累封夫人。……当嘉靖三十三年时,督府东粤翁公疏表天下武略奇才士,骠骑年二十,列名第四,用布衣奉旨置阳和军中。是年,虏犯铁裹门,骠骑三突重围,获级二十有七,身被数创,血流殷车。而同表奇才王邦直遂及于难,骠骑裂襦裹尸,还辕门,叙功第一。而骠骑藐然若罔闻也。……即从(井陉)署中诣顺天,举武举第二人,随举会试第六人。……明年,倭獗东南,浙督府新都胡公廉知壮勇,疏请骠骑击倭。骠骑被旨南征,所部署豫、齐劲卒千五百人,军由毗陵、檇李、四明、天台,所如必捷。而最后酋长陈东、叶麻挑战两头门,倭详败走至石砀山,伏兵倏起,尽围骠骑。盖攔而拘者三日,而食马饮溺,得以不死。又越夕,则神气勃勃,提刀冲万人军,坚若堵墙。俄而万人悉见云中壮缪侯现,军自披靡,践伤无筭。骠骑贾勇而前,步入倭帅徐海壁。壁所屯军亦悉见云中壮缪侯现,莫敢与交,跳踯还。军中参将登州戚公以酒浇之,骠骑连举大白。已而循发扪胸,所中弹二、矢五、枪三,视卢之役创乃三倍。戚公抚而哭,骠骑乃大笑。计先后五十余战,所获级一百二十有四,夺还男妇一千八百三十五名口。……凡三请急,而予告归。……凡二十年，而会岛夷倡乱，上忽召元相申公问之，谓：'今尹秉衡何如汉赵充国？'上知公，以老宫监诵平倭事也。于是南北言官尽用上指，章满公车。旋召起为右府佥书，即日刻印佩之，称备倭练兵总兵，与太仆少卿兼侍御史王公谦并受特敕，军天津。所招选河朔健儿，所统肄江东步兵。……改授保定总兵。逾年，移疾还。未几，痈发于股，卒。……志曰：嘉靖间，倭大入犯闽越，江南几赭矣。自二三文臣外，以战伐立功名，无不称少保戚公者。然而骠骑固在雁行也。……细人之言曰：'骠骑北，胡烟熄，骠骑南，鲸波恬。'几若连鳌赑屃，而柱天负地云者。"(页 13B)

案："骠骑"即尹秉衡，《明史》未列传。据邢《铭》"当嘉靖三十三年时……骠骑年二十列名第四"，则其生于嘉靖十三年(1534)。至其卒年，《铭》云："旋召起为右府佥书，即日刻印佩之，称备倭练兵总兵，与太仆少卿兼侍御史王公谦并受特敕军天津。……改授保定总兵。逾年移疾还，未几痈发于股，卒。"检《明神宗实录》卷二三一，万历十九年正月"原任镇守保定总兵官尹秉衡堪起用右军都督府佥事"，(《明实录》第 56 册，页 4278)二十年六月，"命右军都督佥事尹秉衡操练募到防倭南北兵"，(上书卷二四九，第 57 册，页 4631)同年十一月，"命右军都督佥书尹秉衡充镇守保定总兵官"。(同上卷二五四，页 4718)由此看来，尹秉衡万历二十年十一月"改授保定总兵"，逾年移疾还，未几卒，则应卒于万历二十一年。

致书恩师邹善之子邹德溥编修，计资其将升迁。

《来禽》卷二五《与邹太史四山》："夙昔吾师讲业邹鲁，及门淳湛之士，唯稷下诸君及不肖三四人而止耳。迨后诸君振辔天路，而弟辱在泥途，遂不得鞭弭诸君终事门下，缺焉不通一字者，且七八年余。犹忆数行南纪，仅附嗣君，自余伊兰之臭，在所有之，诚何怪乎见绝于长者也。长者袖中旃檀香，每为光家孝廉出。孝廉几欲七宝装严，仆则其见绝于仁兄，似非同人本素，兹敢以尺书通。不肖家世善富，今宦而能贫，山居日久，形谍销光，所不自汶汶者，柱下五千之业，庶几函关輈车叟，则所藉以终事门下而辱我师也。玉堂资厚，计日拜麻，故人凡悴，余无所复谈。"(页 13B)

案："邹太史四山"名德溥，邹善师次子。书云"玉堂资厚，计日拜麻"，指其万历十一年(1583)中进士，入翰林院为庶吉士、编修，至今已十年，计资应将升迁。又云："弟辱在泥途……且七八年余。"据此邢书应作于本年。德溥时尚在翰林院编修任上,《明神宗实录》卷二八二:“(万历二十三年二月)丁未,李廷机升左庶子掌左春坊印信,邹德溥升右春坊右中允。”(《明实录》第57册,页5209)

是年前后,有诗寄屠本畯。

《来禽》卷三《寄屠田叔》:“二十年前爽鸠客,一千里外灌园人。愁来申旦不能那,梦度遥林何处频。拙宦潘安头蚤白,能诗江令笔如神。因君一问先司马,宿草萧萧经几春。”(页20A)

案:“屠田叔”名本畯,诗云“二十年前爽鸠客”,疑指侗举进士时在都下识屠本畯,故有此句,姑系于是。又云“因君一问先司马”,盖指其父屠大山,嘉靖二年(1523)进士,累官兵部右侍郎兼都察院右佥都御史,总督湖广、川、贵军务,后为严世蕃算计,被革职,告老还乡,与范钦、张时彻并称为“东海三司马”。本畯袭父荫授官。

屠本畯(1542—1622),字田叔。浙江鄞县人。屠大山子,以父荫授太常典簿,历南礼部郎中,终湖广辰州知府。好诙谐,诗多不拘格律,晚节归田,爱客益甚,盐豉蒜果觞客,必尽欢。自称“憨先生”,亦曰“豳叟”,起生圹于甬上,撰状及表,年八十余乃卒。著有《闽中海错疏》等。[乾隆]《鄞县志》卷一六有传。(页12B)

本年,正月,召王锡爵复入阁。诏并封三皇子为王,廷臣力争,寻报罢。九月,署詹事府事礼部尚书陈于陛上疏请设局纂修本朝正史。考功郎中赵南星被劾贬官,后又除名。是年,汪道昆卒。吴国伦卒。

【诗文系年】

《上抚台孙文融》《沛园吟》《沛园诗小引》《送章廷纶之塞下,兼讯王子廓使君》《愚谷吟为郑中丞赋》《秋日寄黄昭素太史,因忆昭素座师死友葛仲明及方外蜀愚公》《答愚庵上人》《送李伯建计曹奉使吴门》《秋日因李民部伯建寄讯百谷先生》《祭累诰封王母刘太淑人》《金乡令汝南桂公去思碑》《累封夫人葛大母传》《墨纪》《冬日孝与应钟直指辟侨寓济南,奉讯二首》《祭肥城大中丞同川李公》《答王恒叔参知》《寄杨司农榷扬州,先是由成都令擢今官》《和屠长卿十姐妹诗二首》《右军都督府都督佥事镇守保定总兵官齐河尹公墓志铭》《与邹太史四山》《寄屠田叔》。

万历二十二年甲午(1594),四十四岁

泲园家居。郭正域荐侗等修国史,因“执政不谐”而未果。

正月,致书郭正域。时皇长子出阁,正域为东宫讲读官。

《来禽》卷二五《与郭太史明龙》:“不佞烟霞日痼,形谍尽消,即平生知己一人如足下,亦复寂不通音驿者,凡几年余。非尽云路泥涂之隔,太半坐嵇生之懒慢也。客有歙州吴生来,极口眷念如畴昔,则空洞中信有幺麿如不佞,不佞敢自外焉?皇长子妙善,居质允宜,正名储位,而东朝之典缺焉未备,则老嫠之所以弃纬而恤也。明公职司劝讲,宜翼丽明,区区阳翘一念,愿有献焉。属有便邮,附通间阔,孟孺无恙,一为叱及。”(页13A)

案:“郭太史明龙”名正域,时任翰林院编修。书云“皇长子妙善”,盖其初任东宫讲读官时作。《明神宗实录》卷二六九:“(万历二十二年正月)甲午,以皇长子出阁,命大学士王锡爵、赵志皋、张位提调,礼部左侍郎范谦、洗马李廷机充侍班官,修撰唐文献、焦竑,编修邹德溥、郭正域全天叙,简讨萧云举充讲读官。”(《明实录》第57册,页4998)又卷二八七:“(万历二十三年七月庚辰)以编修郭正域为右春坊右中允。”(上书,页5317)既曰“郭太史明龙”,则应作于升右春坊右中允之前。“孟孺”疑即程福山,见前。

二月,枣强县知县郭维宁新修《枣强县志》成,乞代为撰序。

《来禽》卷六《枣强县志序》:“……枣强有《志》,《志》创于永川罗公,继益都石公。余不敏,妄意竭其下劣而缵承之。……邑故以枣名,今其渐不成蹊,道茇而歌纂,纂者声且嘶而不属也。则夫所谓依然四境者,延袤陂沱之无别耳。而以求乎百年蕃庶之旧,其将能乎?不敏非为枣邑讳言,饶彼夫伙熙而沉沉者,天下之沧桑犹是也,良可悲哉!司国计者,其由枣强而推之列邑也,其轸恤之惠有同然也,则不敏者,其用此书为叩阍之副乎?不佞小臣,实藉休光甚矣。”(页25A)

案:此文题下注曰“代作”,据考代枣强县知县郭维宁作也。[嘉庆]《枣强县志》卷五:“郭维宁,河南祥符人,进士,升户部主事。”(页15A)其万历十八年(1590)至廿二年(1594)在任。枣强有志,创于明嘉靖三十四年(1555)知县罗廷唯撰《邑略》,知县郭维宁本年续修。检[嘉庆]《枣强县志》卷二〇“叙

录”,有郭维宁旧序一篇,末署“万历岁在甲午春二月既望,赐进士第、文林郎、知枣强县事大梁鹤野郭维宁序”。(页1B)内容与《来禽》所收完全相同,可知代郭维宁作。

再次往东阿看望于慎行师,过宿云楼小酌,次韵唱和。

《来禽》卷二《再奉宗伯尊师北楼燕,出鲁藩名酒观法书作》:“莫问平原饮,东阿兴若何?上楼开鲁酒,中馔出齐鹾。帙散春云满,歌停堞日过。心期欣共赏,宁惜醉颜酡。”(页24A)

于慎行《子愿过宿云楼小酌用韵》:“看山常独醉,无奈索居何。那值春光暮,能邀上客过。钩帘芳树近,挥尘白云多。欲似南楼月,胡床发啸歌。”(《谷城山馆诗集》卷一〇,页1A)

案:于慎行师予告归里后,侗间岁一往拜谒。邢侗《揭帖》:“比时缘职亲老,连疏乞归,寻值职师以尚书予告。林泉相望三百里,职间岁一诣视谷城山中。蔬茗见款,动以浃旬,所谭榷经史子杂、朝常国故,以及古今有韵之言,靡不胪分缕析,闻所未闻。而职赖天启牖,亦颇莫逆于心。”(《邢子愿杂著》)

于慎行于东流池上设宴,有诗。

于慎行《子愿饮东流池上》:“春入桃源路,飞觞日未斜。溪头逢燕子,池面落杨花。听树萧萧雨,看山片片霞。与君忘世虑,沉醉即为家。”(《谷城山馆诗集》一〇,页1A)

在于师东园小集,时于公子纬在座,即席有赠。

于慎行《子愿东园小集和韵》:“草玄亭阁负山城,上日开尊命友生。花事欲阑初驻马,柳阴才合已闻莺。林中几醉平原酒,云里疑飘洛苑笙。廿载相看浑似梦,白头缱绻不胜情。”(《谷城山馆诗集》卷一四,页11B)

《来禽》卷二《即席赠于长文》:“玉树欣相傍,交期此日披。卷帘来暮霭,当槛度轻飔。百堞千峰绕,青尊白鸟窥。东楼奉兹会,依约见连枝。”(页24A)

案:于诗有“廿载相看浑似梦”,始自万历二年会试,至是二十一年,此为约数。“于长文”名纬,号小谷,于师独子。叶向高《太子少保礼部尚书兼东阁大学士赠太子太保谥文定于公墓志铭》:“子一,即纬。官生,有文行,能继公志。娶廷尉王公湘女,继吏部主事梁公谷孙、武举官登云女。”(《苍霞续草》卷一〇,页7A)后仕为中书舍人,历户部主事、员外郎,广州雷州知府。

自东阿归，于慎行遣派侯生继至，嘱为于公子纬批改诗文。侗遵嘱复命并寄书致谢。

《来禽》卷二八《上东阿宗伯于尊师》："春杪恭谒师门，廿年悾悃，自唯晚暮，开罪百端，不翅多矣。我师并心一气，隆之情，礼之极，先期置驿诏之通逵曰'临邑弟子至矣！'已而洁除施帐，授几置御，蠲辰选胜，居壶行榼，讫无宁时。虎窟之春若迟，殿春之药似期。侗也醒醉相参，纵持互见，勺河为饮，涉泰而游，真自忘其渊崇也。至于剖析文心，榷谈名理，正言之暇，杂以清谑。游然举凤，锵珮委裘，不谓二代之典刑，兼有六朝之风貌矣。还家颂述，老稚吐舌相惊，咸谓此行虚往乃尔实归，蠲患疗病，不在阿井之胶，而在师门之雅素，真不觉其恍焉惚兮，尽室皆沐于汪泽也。侯生嗣至，伏领训言，泠语销魂，复若置身东郭者。长兄淳湛之资，不独符采为胜，入闱何所，亟所欲知。小记及诸韵言，补订有端，专人献上，并以行卷答严命矣。暂附奏笺，不虔皇恐。"（页9B）

案：邢侗自东阿回至泲园，于师遣"侯生嗣至"，"侯生"即侯传，浙江桐乡人，于师门生。邢侗《赞墨》跋曰："济南临邑邢侗子愿甫试李唐鲤鱼研写于西塾之云腴馆，时吾师谷城、桐乡侯传适至。"（《程氏墨苑》第4册，页1709）侗又应嘱为于纬批改诗文，故曰："小记及诸韵言，补订有端，专人献上。"

三月，礼部尚书陈于陛倡修国史，郭正域推荐邢侗、李维桢、冯时可等，因"执政不谐"而未果。

郭正域《邢知吾》："往岁史局初开，曾向陈阁老欲借重门下与本宁先生既冯元敏，而执政不谐，听如嚼蜡，方寸之心，唯有耿耿耳。"（《合并黄离草》卷二七，页63A）

案："陈阁老"名于陛，时署詹事府事、礼部尚书。万历廿一年（1593）九月，上疏请设局纂修本朝正史；次年三月，内阁就陈于陛所请修国史事，拟定方案，请开馆设官修史，分任责成。上遂下诏修国史，并由内阁选词臣分任。同时往各地广泛选用文行兼优之人，不论品流，均令改为京职入馆；至于山林隐逸之士，亦令吏部访用。至于邢侗等人最终未能入馆之原因，李维桢《邢公墓志》云："陈文宪修国史，议以子愿及二三儒硕载笔，会卒不果。"（《大泌山房集》卷七九，页38A）其实，"会卒不果"只是表象，"执政不谐"方为实情。

春,冯琦待命长山,拟访沛园而未成行,寄诗促之。

《来禽》卷三《用韫学士待命长山,许枉沛园,诗以奉迟》:“击节曾同雪夜欢,别来翻觉会时难。愁随南陌暮云远,梦落东风春雨寒。病里书从前夕寄,酒边花是异乡看。即今圣代思公等,一为苍生起谢安。”(页25B)

案:“用韫学士”即冯琦,时为侍读学士。长山县,明先隶般阳府、淄川州,后改属济南府。公鼒《甲午会用韫于长山》:“殷勤适子馆,见我缊袍心。话别情堪把,忧时泪不禁。持觞听夜雨,缓驾惜春阴。当日夷陵棹,留连未似今。”(《问次斋稿》卷一三,页151上)是年岁次“甲午”,又诗云“梦落东风春雨寒”,知春季作。

五月,同年李化龙巡抚辽东。致书期以建立勋业,并荐邑人朱西。

《来禽》卷二七《与抚台李于田年兄》:“仁公振铎大东,不佞从喀喀中窃其余响,幸甚。赠言在箧,侧闻时示,同人且曰:‘人不可以无友。’弟诚疏蹇,敢自它于大度外耶?辽左功名,遂至拓天拔地,大伾以往,名世杳然。……兹托为邮者,邑子朱西仕辽。辽除目公乘,而下勾股,不可纵迹,意厥司存似是雀鼠耗耳,顾此何足溷仁公?然辄以溷仁公,则以西志节、才谞、年龄、风貌,都非龊龊者流。又西其先与家大人游,家大人督作疏,匪直以泛然邑子。故西者,升斗第取其量中,不者仅与大鼷同饱,死无所勤节下矣。节下其为越次而策之,如霜一片戈戟中,令西者稍得而前,齐虏其不以司庾终乎!不佞厥躬,其犹有誉命。”(页7B)

案:“抚台李于田”名化龙,据“仁公振铎大东……辽左功名,遂至拓天拔地,大伾以往”,应为其在辽东巡抚任上作。《国榷》卷七六:“(万历二十二年五月庚子)右通政李化龙为右佥都御史,巡抚辽东。”(第5册,页4730)姑系于此。

是月,金乡郭东藩岁饥赈粟千石,平粜如之,有诏晋三品秩,撰文纪之。

《来禽》卷七《金乡郭公两赈承恩纪序》:“郭公逾冠成进士,由兰省历外台,即悬车之日犹然未强仕也。……会今上之十六年,境内大饥,公输粟千石于官,而鬻餔之意犹未已也。出粟减直,而公之粜数亦且近千。两台疏报阙下,得如例棹楔表焉。又数岁,而值侵如畴年,公再捐粟千余石,减直而粜复如之。两台报阙下,锡三品服,镂金孔翠,卧内拜嘉,于礼数綦隆矣。……今夫人情无论世富与否,往往一钱扪之汗出,仓有余粟,日饱硕鼠,即陈红山积,雁鹜之不食，狼藉供涤除黑坟坟起，如是焉已耳。……公之为乡先生也，亦成其为恤灾捍患，而岿然黔首之望不虚矣。公诸子森然玉立，人与业俱奇，天其报公！将在郗桂，抑大椿之岁，绵且延焉，以永受乡邦兕斝之寿，公真成其为乡先生矣……”（页24B）

案：“金乡郭公”名东藩，以陕西按察司副使致仕归。万历十六年（1588），境内大饥，公输粟千石赈济，有诏建坊旌表。是年又遭岁歉，“公再捐粟千余石，减直而粜复如之”。《明神宗实录》卷二七三：“（万历二十二年五月乙酉）原任副使郭东藩输赈粟千石，前已建坊，特加三品服。”（《明实录》第57册，页5061）

郭东藩（1526—1605），字镇夫，号两峰。山东金乡人。嘉靖三十六年（1557）进士，初授闻喜县令，寻拜户部主事，转礼部祠祭司，博识能文，颇有闻望。擢陕西少参分守汉中，再擢本省按察司副使，以被吏议归，年未四十。角巾布袍，游心六籍，创屋舍以居，亲友之无告者，岁饥输粟，平粜各千余石，全活者众，再饥亦如之。两台使俱以状闻，其始上命建坊旌表，后有诏晋三品秩。因崇祀乡贤。［康熙］《金乡县志》卷一一有传。（页7A）

六月中旬，致书陈与郊，闻其归里后醉心戏曲，嘱少减欣乐之趣。

《来禽》卷二五《与陈广野太常》：“季大夫携书计六月末旬得达，中间不记作何语。书甫发而李商至，不奉盐官片椟，怏怏甚。一一扣之，则能道仁兄浮家泛宅状，及如夫人者教成一部歌舞，日按明妃、蔡琰出入塞诸曲耳，乐哉！生平后堂客，不及听睹樊素、小蛮喉中音、盘中态，那不憎杀白尚书也。芒种一书，与新秋俱至，茶凡三盛四封，色味都不渝毛。先生虽班班，然颖末尽含玄菟风霜，足博卖文数婆千万矣。三千里手迹如新，展转令人气短。所嘱仁兄者，年已逾中，宜少减欣乐之趣，以疆骨王神，主领江南妙山水再四十秋，不须常令殿脚女来魔人。人间广野，宁能金铸躯邪！……李商者，轻赍赫蹄旦夕至，或有肺附商略也。”（页10A）

案：此书又载《沛园集》卷五（页77A）。书云“芒种一书，与新秋俱至”，郑《表》，是年芒种为四月十八日，与郊芒种所寄书六月十五日方到（见下引《答陈元瑞（一）》）。而邢侗托“季大夫携书计六月末旬得达”，“季大夫”名东鲁，时任杭州府知府。故邢侗此书大约作于六月中旬。陈与郊工乐府，雅好戏曲，辞官归里后著有传奇《宝灵刀》《麒麟罽》《鹦鹉洲》《樱桃梦》四种，合称《詅痴符》，又有杂剧《昭君出塞》《文姬入塞》《袁氏义犬》等，故书中嘱以“宜少减欣乐之趣,以疆骨王神,主领江南妙山水四十秋。"

陈瓛寄至行卷请益,又馈赠厚礼,答书致谢。陈瓛为与郊次子。

邢侗《答陈元瑞(一)》:"六月十五日奉到尊大人书,具悉。阖眷安稳,不胜欢喜。已而使者用雅命见及,累累满囊,北来箄装,何记念之厚如此?二篚,曲中流黄耶?益以八蚕之丽,千兔之锋,东南之美尽是矣。齐东伧父何以为报也?行卷文丰而有骨,典具乎奇,若伯氏则不烦绳削,进乎伎矣。一代国华,足称双璧,更何必元方、季芳哉!拭目联鳌,以慰堂上。粗有不虔,极惭不类。矜恕荒陋,幸甚,幸甚。"(《涉园集》卷五,页79B)

案:"陈元瑞"名祖夔(1565—1626),又名瓛,授光禄寺丞。工书,刻有《渤海藏真》《玉烟堂法帖》等行世。《第八世赠刑部郎区吴增城二公传》:"区吴公讳鍌,原名祖皋,字符常。增城公讳瓛,原名祖夔,字季常。俱以孝友能文为太常隅阳公克家子。当时比之元方、季芳焉。区吴公以廪生入太学,增城公亦由博士弟子从兄游雍。万历辛卯同为主司遴拔,将署榜,为监试所抑。区吴公遂弃举子业,以古学自淬。增城公则诗酒娱情,亦狂亦狷。……两公绍隅阳公业,英英鹊起,而同厄于辛卯,且兄中奇冤,弟艰嗣息,天道几不可知。"(《海宁渤海陈氏宗谱》卷二四,页25A)书云:"行卷文丰而有骨,典具乎奇,若伯氏则不烦绳削,进乎伎矣。一代国华,足称双璧,更何必元方、季芳哉!拭目联鳌,以慰堂上。"指陈瓛与兄北游太学,万历十九年(1591)同应顺天乡试而为监试所抑。《万历野获编》卷二二"冯仰芹大参":"辛卯顺天乡试,冯宗伯琢庵琦时以谕德为正主考,即得陈祖皋春秋卷而置之者。时其尊人仰芹子履以山西参政,备兵易州,与管厂工部主事项元池德祯宴饮方洽,适京师人来,宗伯寄至试录及家报,方发封读数行,即大声呵詈,且欢恨曰:'冯氏从此不祀矣!'项怪问其故,仰芹曰:'吾儿书来云,以嫌疑易陈生榜首,若固自为功名地,其如此子功名何?'因咄咄不休,遂罢酒别去,大参未几亦以病谢事矣。"(页572)故邢侗勉励其"拭目联鳌,以慰堂上"。

夏,致书井陉兵备吴道行,荐乡人枣强县丞卢蕃。

《来禽》卷二五《与井陉吴观察》:"久伫南旌,冀一扳良晤,不谓川涂相缪,已而西发,乃幸炙教有时矣。……畿南,弟旧游所,门下坐堂皇,而依稀手板盘辟乎?则不佞者亦犹籍在属城之列耳,独恨此役不缩在十年之前。……枣强丞卢蕃,故少司成涞西公犹子,不佞世姻,又翰墨同侪也。比在胪句中疏发一曹奸私,大胪廪廪心伏,宰执而下争识卢君面颜。卒之誉不胜毁,出补为今官,非其好也。至官,涓滴不及民间。郭令君引而均礼之,谓:'何自得丞如此?'……伏望明台多方察之,及面扣之,一切历试之,有一之不如弟语,请受诳言之诛。丞职在贼曹,脱或捕不满品,幸破常格宽之。丞所就,终当不负墙仞,异时相见,须敢把一杯交庆也。挥汗奏书,唐突惶恐。"(页 16B)

案:"井陉吴观察"名道行,[雍正]《畿辅通志》卷五九"井陉兵备道":"吴道行,滨州人,进士。"(页 46B)枣强丞卢蕃(1555—1627),字如陈,山东德州人,恩荫入仕,历官鸿胪丞、枣强县丞、辽东前屯卫经历。(事具卢世漼《明辽东前屯卫经历卢蕃墓志铭》,《德州明清墓志集注》,页 50)卢蕃为"少司成涞西公"卢宗哲从子,卢宗哲(1505—1574),字浚卿,号涞西,嘉庆十四年进士,历官南京国子监司业,仕至南京光禄寺卿。(事具葛守礼《明光禄寺卿卢公宗哲墓志铭》,《德州明清墓志集注》,页 43)枣强县为真定府冀州属县,亦在井陉兵备道辖属内,侗致书推荐乡人卢蕃,当为卢蕃初任枣强县丞时所作。[嘉庆]《枣强县志》卷五"县丞":"(万历二十二年)卢蕃,德州卫人,监生,升辽东卫经历。"(页 15A)书云"郭令君引而均礼之",指时任枣强县知县郭维宁。据上引《县志》,郭维宁万历十八年至廿二年在任,郭、卢同官交集仅是年,又书云"挥汗奏书",则盛夏所作矣。

吴道行,山东滨州人。万历五年(1577)进士,任太常寺博士,授文林郎。升井陉兵备道,仕至四川布政使。纂辑《熙朝奏议》六卷,收万历元年至三十二年诸家奏疏,分为二十四章,每章列有标题,此书行于世。[咸丰]《滨州志》卷九有传。(页 4A)

秋,张维新授天津兵备,赋诗送其进京入贺。维新有诗寄和。

《来禽》卷二《送张观察宪周年兄入贺》:"闻道朝京去,秋风满甸花。掖梧应识主,都舍似还家。对月斟芳桂,临岐折野麻。独贤君莫叹,来就日边华。"题注:"公往为谏议。"(页 16B)

张维新《寄邢子愿》:"捧表易言别,分襟历下亭。我浮瀛海白,君卧鹊山青。鸡黍怀何日,风霜鬓已星。莫耽幽遁趣,飞诏出彤庭。"(《余清楼稿》卷三,页 2A)

案:"张观察宪周"名维新,时任山东副使分守天津兵备。《明神宗实录》卷二七四:"(万历二十二年六月)戊午,复除原任山东副使张维新为天津兵备。”(《明实录》第57册,页5076)邢诗当是秋送张维新迁官入贺所作,张诗亦此间作。侗与张维新交善,有《岁暮拜宪周年兄酒赀感赋》,见万历十八年(1590)。

张维新,字宪周,号岐东。河南汝州人。万历五年(1577)进士,十一年(1583)八月由山东冠县知县选兵科给事中。历山东副使分守天津兵备、湖广按察副使。著有《余清楼稿》。《掖垣人鉴》卷一六有传。(页25A)

秋,刑部尚书赵焕遣使携书至,复书致谢。

《来禽》卷二六《答大司寇赵吉亭先生》:“甚矣,先生之急不肖也,不肖盖有闻焉。先生每向人:‘吾党邢君,廉士也,文士也,意气士也,’鼎铛犹有耳,矧也人乎!侗乃时用咨嗟感慨,谓:‘世有先生知我,我即死无憾。’……远笺郑重,抒厥襟期,今则大使至矣,手书斐娓,损惠清珍。高秋摇落,得先生一字,不转逭宋玉悲乎?朝纲将不浃岁,当及归一,先生脂驾而过荒居,手摘来禽,共谈名理,齐老生借与星纬占矣。草猝不虔,唯尊鉴贳。”(页18B)

案:“大司寇赵吉亭”即刑部尚书赵焕,其两度担任刑部尚书,一为万历廿一年(1593)十一月至廿三年(1595)四月,一为万历三十九年(1611)四月至四十年(1612)八月。书云:“高秋摇落,得先生一字,不转逭宋玉悲乎?”似为是年秋作,姑系于此。

秋,妹婿郭锵乡试中举。

[光绪]《德平县志》卷六“举人”:“(万历)甲午科,郭锵,字肖川。”(页8A)

《府君行状》:“女七……一适德平松江府通判郭公文显子、陕西山阳县知县鐩,于制得称孺人。……一适前郭公文显季子,甲午举人锵。”(《来禽》卷一八,页1A)

案:郭锵,德平郭文显季子。据葛守礼《松江府通判郭文显墓志铭》,郭文显四子,次子鐩,“聘临邑邢良医女”,季子锵。(《德州明清墓志集注》,页221)鐩为邢侗姊夫,侗有《答山阳令郭姊丈》可证(《来禽》卷二五,页5A),锵为妹婿。公鼒有《济上赠郭子衡,子愿之甥,美秀多文,称其宅相者也》:“武子甥何似,齐西两玉人。片心清济水,一醉峼湖春。远望沧州歇,薄游白发新。逢君课名理,忘却索居贫。”(《问次斋稿》卷一三,页148下)称其“美秀多文”,疑即郭锵,“子衡”或其号。

[光绪]《德平县志》卷七:“郭文显,字德纯,一字古川。嘉靖中,诏选拔诸

生贡入太学，文显首膺是选。由商城丞擢虞城县。时寇盗出没，立约束缮城隍、节烦费、惩奸悍，号称大治。迁松江府通判，以母老归。祖遗田宅，尽让于弟文献。又念弟郊居，于城别构一第，兄弟怡怡无间言。子鐩，由选贡知陕西山阳县，明作有为，家居，善奖诱后进。”（页 12A）

山东督学周应治见招，喜而有作。

《来禽》卷三《喜周督学见枉作》：“执法文昌照路光，风流犹自羡何郎。囊开白水垂花镜，袖挟灵芜卷穗香。影盖黑云飞雨过，度杯斜汉逼人凉。相逢且为投车辖，明日书帷又一乡。”（页 5A）

案：“周督学”名应治，万历廿一年（1593）九月至廿三年（1595）一月督学山东。《明神宗实录》卷二六四：“（万历二十一年九月丁卯）南京文选司署郎中、主事周应治佥事于山东，各提督学政。”（第 57 册，页 4916）又卷二八五：“（万历二十三年五月）癸酉朔，升山东佥事周应治为广东左参议。”（上书，页 5273）姑系是年。

周应治，字君衡。浙江鄞县人。万历八年（1580）进士，知分宜县。条上十六事治县，有名，擢南吏部主事。历迁至湖广兵备副使，会楚宗华越之变，应治被伤，引疾归。家居事大母及母，能尽色养，年六十余卒。［乾隆］《鄞县志》卷一六有传。（页 25B）

致书兖东兵备戴燝，荐表侄许懙入其幕。时戴燝以山东佥事分守兖东兵备。

《来禽》卷二七《与兖东戴观察》：“少年掾自东来，恭奉台下所遗诸杀青业，侗叩头领巳。……台下奏书满公车，著书遍名山，人所皆有已亦有，人所都无已不无，岂非天授之全能，人伦之罕觏哉！迩者分臬临沂，莅盟鲁甸，差可比于先王之观。孤情迥兮绝照，渊量湛乎内函，以遵邹峄，以抚琅琊，司马之壮游不必谈矣。……为邮少年掾，不肖中表侄。家禮诗书钱帛之业，今值中衰，以天之幸，获备一日扫除噢咻，贶赉廪鬻米而外，恩等再生。掾兄名懙，文笔优长，业胡氏，号名知经。比邵使君罗而致之幕下，大被周称。我辈小假羽毛，定是搏空大物。掾者亦足藉手事台下，不至与他农琐小儿伍，明恩其无有负矣。掾还，适不肖大病后，捉管不能悉所欲语……侗不任丹诚，切切。”（页 19A）

案：“兖东戴观察”名燝，字亨融，［乾隆］《沂州府志》卷一七“东兖道”：“戴燝，福建长泰，丙戌进士，二十二年任。”（页 8A）。侗所荐表侄许懙，事迹未详，抑亦其祖母许氏戚属。书云“掾兄名愫，文笔优长，业胡氏，号名知经，比邵使君罗而致之幕下”，则已在东兖兵备道幕府，“邵使君”名以仁，为戴燝前任。上引《沂州府志》“东兖道”：“邵以仁，江南上元，庚辰进士，十九年任。”(同上)

戴燝，字亨融。福建长泰人。戴时宗孙。万历十四年(1586)进士，初授行人，为监察御史，出为山东佥事分管东兖兵备，升广东左参议，转江西副使，改四川副使提督学政，任贵州、四川参议，以恩威服土酋，并以松藩兵解渝州之围，升四川按察使，仕至太常寺卿。著有《漫草》《黔中草》。[康熙]《长泰县志》卷八有传。(页 4B)

山东右参政分守海右道沈九畴寄新诗至，有书寄答。

《来禽》卷二五《答沈东霍参伯》：“四明诸君子，人擅声诗，其所由法，往往略景象而重神髓，祛轻俊而趣沉实。以故金阊之里彼自一是非，而四明诸君子更自一是非。不肖与用韫学士诸君子，谈之尚矣。至于先生者，则尤得之故友于子冲所。……此愚所为伏膺足下，而依依于十载。……唯齐之役，天假我缘，顾又无缘甚，东溟一杯水邈若银河，遂不及合并于一夕。讵期天孙有意，掷梭千里而眷焉。相及以惬，乘槎之愿者，非足下乎？念此情，直将三经清浅，而吾私犹绵绵也，先生其俟之矣。白头如新，倾盖如故，申咏此词，不觉一座无人。谒明光而见帝，别春明而返东秦，其以枉帆德水而枉车沛圃也，实不胜跂予。”(页 9A)

案：“沈东霍参伯”名九畴，刘一相有《柬沈东霍参伯》，亦此人。(《燕喜堂集》卷一四，《山东文献集成》第二辑第 28 册，页 445 下)[道光]《济南府志》卷二五“右参政”：“沈九畴，浙江鄞县人，进士。”(页 37A)其万历二十一年(1593)八月至二十三年(1595)二月任山东右参政分守海右道。《明神宗实录》卷二六三：“(万历二十一年八月壬寅)复除江西左参政沈九畴于山东分守海右道。”(第 57 册，页 4887)又卷二八二：“(万历二十三年二月辛亥)山东右参政沈九畴为四川按察使。”(同上，页 5211)书中“用韫学士”指冯琦，“故友于子冲”指于达真，与沈九畴同为万历五年(1577)进士。于达真卒于万历二十年(1592)，故称为“故友”。

沈九畴，字箕仲，号东霍。浙江鄞县人。万历五年进士，授刑部主事，累迁至山东参政。会平度饥，奸民啸聚几变，九畴单骑赴之，械治渠魁，境赖以安。终江西左布政使。著有《曲辕居诗集》。[康熙]《鄞县志》卷一六有传。

（页 10A）

秋，托方问孝携书赴边访怀隆兵备万世德，有诗送别。

《来禽》卷二《送方胥成之塞下兼寄万伯修使君》："长剑倚天外，惊风飘北陲。顾君歌骥枥，临路赠犀毗。缯絜年来事，刀环塞下期。因声问朋旧，胡运几时哀。"（页 23A）

方问孝《别邢子愿之塞上》："把袂人将北，伤心水自东。飞蓬出济上，走马入云中。策岂从军去，才元记室同。词非孔璋健，铭谢孟坚工。万里趋戎亩，孤装带角弓。身怜游子老，名托使君雄。地识分胡朔，山怀纪汉功。笳声中夜起，秋色九边空。祖道今浮蚁，裁书后寄鸿。文章贫尚白，年貌壮犹红。日暗长城雪，沙扬古塞风。相思应不乐，著处梦车公。"（《苍耳斋诗集》卷一四，页 12B）

案："万伯修使君"名世德，时任山东按察司副使兵备怀隆。是年夏秋间，问孝到访山东章丘、临邑等，董复亨《方胥成诗集序》："胥成以甲午秋过余阳丘，酒间谭诗语合，结莫逆交而去。不能尽胥成诗，目为布衣之雄耳。"（《苍耳斋诗集》卷首）问孝受托携带邢侗书牍赴边访万世德，充当信使。怀隆兵备道置于冀州怀来城，秦时为上谷郡治所在地。

是年，山东大旱，赤地千里，田苗荒芜。侗不善治产，又遭岁歉，故业日削，家计日蹙。

《来禽》卷二七《与少宗伯孙以德年兄》云："弟一辱泥涂，遂无澡雪之日，十年家食，愁病参半，且平生不善治生，故业日荒，日益削。一门童仆，竟日仅饱半升粟，主人差不菜色。然无王珉一顿美食饷宾客也。"（页 5A）

又侗致友人书云："米谷不登，虽市一胡饼于小儿，亦从老父处请一钱。仕宦十二年，不能具一簪珥及糟糠。"（《家乘》卷一一"翰墨志一"，页 1B）

案：邢侗归里后，由于新筑泲园花费甚巨，兼之不善营生，连年荒歉，遂至家道中落。《明史》卷二八八本传："（邢侗）家资巨万，筑来禽馆于古犁丘，减产奉客，遂致中落。"（第 24 册，页 7397）

以家无余赀，拟收赡人，父邢如约闻而责之。

《府君行状》："比岁境内歉，家无余赀，孤抽货衣物间以收赡人。府君闻而责之，谓：'汝父兢兢五十年，所与宗人戚里共财产者，损有余益不足也。天道乃尔！'莽蘖咸辐奏诣府君，府君笑应之，悉与平估。日中之市，府君意主藏

纳，贾融融焉。”(《来禽》卷一八，页1A)

家计不支，继室赵氏请娘家以三十斛米佐之。

邢王称《赵太君行状》：“太君家故饶腴，当府君卜筑鸠徒，太君请之外王父母，以三十斛米佐之。”(《家乘》卷六，页14A)

汪生携侗书访王穉登，穉登复书告以近况。

王穉登《与邢子愿》：“老至，居人下不足齿于名流。明公念犬马之长也，肯借牙后片词，即灵桃神枣之赐矣。乃仅得秦复陶，此布虽珍于赤罽紫絁，岂足当华虫虎蜼哉？此诚不能无望焉。不肖贫逾莱芜，病过茂陵，新巢未成，旧垒易主，以清池一亩，当泌之洋洋耳。汪生持明公尺一至，知研田亦不满车，销银杯以供客，意良苦矣。乃游士不察，视若钱府金穴，乞腕于不肖，媒而趋之。不肖不忧腕之为柳，而忧明公之肠不为石，即解洛阳负郭，焉能填溪壑耶？六十老人更买媵，枯杨婆娑，何意生稊？明公闻此几绝倒。何物郎宰善为，殷豫章作《飞絮园图》奉寄，便成羽化，令无回更作装成轴。明公披图定不忘王生容与其间，无以沸园，若平泉好畤而弹丸此数弓乎！太公食如乳虎，公子文如雏凤，每发一函，北向绝眦。”(《谋野集丙集》卷四，页25A)

案：书云“六十老人更买媵”，是年王穉登寿六十。李维桢《征君王百谷先生墓志铭》：“先生卒万历壬子十有二月十有六日，生嘉靖乙未七月二十有二日，年七十八。”(《大泌山房集》卷八八，页1A)又云：“汪生持明公尺一至，知研田亦不满车，销银杯以供客，意良苦矣。乃游士不察，视若钱府金穴，乞腕于不肖，媒而趋之。不肖不忧腕之为柳，而忧明公之肠不为石，即解洛阳负郭，焉能填溪壑耶？”四方宾客为邢侗赢得好客之名，然也为其沉重之负担。“汪生”疑亦汪原启，俟考。

王穉登有书寄长子邢王瑞。

王穉登《与邢玉符公子》：“足下捷悟夙慧，机警少双，盖是陈思德祖之匹。不肖为贤公门下士逾十伏腊，不敢以竿椟相通，自顾驽钝，狮儿宁可与争锋乎？吴郎谈足下乃不管蒯，我贤公函中又沾沾称足下英达非常，具文武之略。似欲折节而交不肖，不肖喜过望矣。春首撰短歌为赠，托越人持上记室，足下不笑其言嚼腊乎？”(《谋野集丙集》卷三，页18B)

案：“邢玉符公子”名王瑞，侗长子。书云“不肖为贤公门下士逾十伏腊”，侗万历十三年按吴相交，至是十年，故系于此。“吴郎”疑即吴云从，时在邢氏家塾任馆师。

同年郑材以言事调官留都，赴任过德平，迂道访泲园，喜而有诗。

《来禽》卷二《郑思成年兄以言事调官留都，南发先过德平，寻携郭甥孝廉见访，喜而有作》其一："有疏排阊阖，无缘滞汉京。棹从春水放，花傍野桥生。去国人如玉，休衙饭是秔。由来佳丽地，此日重行行。"其三："言访来禽馆，来禽初作花。十年感宵梦，今日对星槎。坐有羊昙秀，襟同郑老嘉。乍欢方卜夜，明发又天涯。"其四："白下农曹暇，幽怀忆省郎。门罗憎鸟雀，苔绣辨琅仓。解带筼筜湿，开樽菡萏香。到官能几许？终日醉为乡。"其六："一舸下扬子，春风生五湖。溪桥鱼总美，村市酒堪沽。此去官成隐，重来客似逋。平生饶胜具，赢得住名都。"（页 3B）

案："郑思成年兄"即郑材，为侗进士同年，郑洛子。时为户部山西司郎中，因本部侍郎李桢驳奏其所论赵用贤、吴之彦婚姻事，语侵其父郑洛，郑材愤激争辩，二人水火难容，上调材南京，李改兵部。《明神宗实录》卷二六八："（万历二十一年十二月）庚戌朔，御史宋兴祖言：'朝廷登用六卿，欲其率属也。傥属官丑诋堂官，宁独鲜忠敬之心，亦大非对君之体，如户部侍郎李桢以郎中郑材疏论乞休，皇上俯留，欲其率属，材则司属也，司属有郑材，桢不去不休，堂官有李桢，材不言不止，傥念桢清节雅操堪任卿二，或改材别部或计俸升转，庶全大臣之体，安堂属之心。'上调材南京。"（《明实录》第 57 册，页 4979）"郭甥孝廉"即妹婿郭锵，时与郑材结伴同来。郭锵不久游幕边塞，邢侗有《秋日送郭甥孝廉之白檀塞》（《来禽》卷三，页 27B），方问孝有《季秋送郭孝廉之燕塞二首》（《苍耳斋诗集》卷八，页 8A），即其人。

郑材，字思成。直隶安肃人。郑洛子。万历二年（1574）进士，授德平县知县，有惠政，士民爱之。补户部主事，升户部山西司郎中，累迁布政司参议。博学，善诗文，工书法。参见孙继皋《覆郑民部疏》（《宗伯集》卷二，页 10B），[光绪]《德平县志》卷五有传（页 9A）。

又戏作诗再赠郑材。

《来禽》卷二《戏作大言再赠思成》："大言今送汝，天际见鹏雏。洒血一万里，阴风来坐隅。擘凤佐豪饮，赌枭输海骀。乐哉吾与尔，茫茫千岁徂。"（页 4B）

致书同年礼部侍郎孙继皋，谢为好友马允登撰墓志铭。

《来禽》卷二七《与少宗伯孙以德年兄》："往岁附书徐太史，嗣会盛太古，知已得达。比闻仙鹢过广川，可图一晤语。缘里居无邮耗，又不及追蹑景光。同袍兄弟中，最蒙知眷莫如不肖，乃一别参商如此！人非金石，其胡以堪？仁兄飞践皇路，浸浸柄用，不患积薪。弟一辱泥涂，遂无澡雪之日，十年家食，愁病参半，且平生不善治生，故业日荒，日益削。一门童仆，竟日仅饱半升粟，主人差不菜色。然无王珉一顿美食饷宾客也。计此段太古能言之。太古云为马参知介志文，参知公子亦云云，都蒙不拒。弟与参知生死交，藉有颜色，今公子跪而请诸邸舍，唯仁兄有意。成言朱太复拮据一状良佳，望巨公赐之赏誉，得少流便。其词不更作于鳞牙后慧，幸甚。扶风新阡，待此发策，知不吝如椽一挥洒也……”(页5A)

案："少宗伯孙以德"名继皋，万历二十一年十二月(1593)至廿三年(1595)二月任礼部右侍郎。《明神宗实录》卷二六八："(万历二十一年十二月甲子)升孙继皋为礼部右侍郎。"(《明实录》第57册，页4987)又卷二八二："(万历二十三年二月甲辰)吏部推礼部右侍郎孙继皋为南京吏部右侍郎。"(同上，页5211)邢侗此书当为是年作，其致仕归里逾九年，故云："十年家食，愁病参半。"又云："太古云为马参知介志文，参知公子亦云云，都蒙不拒。"指盛太古及马允登子绍英乞其"志铭其墓"事，孙继皋有《亚中大夫湖广布政使司右布政瀛浒马公墓志铭》(《宗伯集》卷九，页13B)，即此。又"朱太复拮据一状"，指朱长春撰《亚中大夫湖广布政使右参政瀛浒马先生行状》(《朱太复文集》卷二九，页6B)。

十二月，马允登落葬，撰文祭奠。

《来禽》卷二〇《祭东光马参知文》："使君门望品流，其门人朱司寇状之矣，同人孙詹事铭之矣，布衣上客盛生诔之矣。凡可为泉下藉资者，君家茂才诸郎莫不为，而余谫谫与在会葬者之列，更何所宣泄而暴吾衷？弟犹记忆使君夙昔齿颊之谈，而反复申析之，庶几以当永诀而已。……君气如虹，君性如龙，君音如钟，君貌如童。而君仅余四十而年不登，而君仅跻三品而位不丰，则又造物小儿之欺弄，而天靡穷要。……余叨独契，一代无双，寸丹不□，颓山涸江。临棺尽哭，云雪茫茫，英灵不昧，鉴我三觞。"(页24A)

案：文云："使君门望品流，其门人朱司寇状之矣，同人孙詹事铭之矣，布衣上客盛生诔之矣。"马允登逝后，其子绍英乞朱长春(即朱司寇)撰行状，孙继皋(即孙詹事)撰墓志铭，盛太古为诔文，邢侗、朱长春俱有祭文，朱长春《祭举主马参藩瀛浒先生文》见《朱太复文集》卷三五(页 1A)。马允登于是年十二月入葬。孙继皋《亚中大夫湖广布政使司右布政瀛浒马公墓志铭》:“湖广参政东光马公将漕渡淮,及下邳病,卒其邸。时万历辛卯闰三月二十八日也。漕使者疏言:臣允登勤其官而死官职耳,而规身后荣乎哉?厥子绍英等徒跣走千里逆丧归,以甲午十二月某日甲子葬公金铺之原。而手状谒余志铭其墓。”(《宗伯集》卷九,页 13B)

致书吴门张献翼,告知薛凤仪来,留置家塾馆师教儿曹书。

邢侗《与吴门张幼于先生》:“得春中书,所为弘奖者甚盛,无德以戡言。念平生末由输其企羡,徒读快赋生铭,用浊酒销之,不觉唾壶之垂缺耳。薛生英爽,固知门无杂宾。留授儿曹书,间一谈及张先生,寒色霏霏四至,原尝不作,朱剧云亡。千秋义侠,赖公后死。小诗奉寄,情悰在箑,秋行尽矣,宁无弃捐?”(《邢子愿杂著》)

案:此书《来禽》未载,又见《泲园集》卷五。“张幼于”名献翼,“薛生”名凤仪,为张献翼门生。来访泲园,聘馆职教授邢氏子弟。

张献翼,字幼于,后更名敉,南直隶长洲人。张凤翼之弟。年十六以诗贽文徵明,徵明语其徒陆子传曰:“吾与子俱弗如也。”嘉靖中国子监生。精于易,十年中笺注凡三易。晚年与王稚登争名,不能胜,颓然自放。为人放荡不羁,言行诡异,与兄凤翼、燕翼并有才名,时称“三张”。著有《文起堂集》。[乾隆]《苏州府志》卷五六有传。(页 22A)

又致书薛凤仪。

邢侗《病中戏柬薛凤仪文学》:“日来暴下不已,昨夕复委顿,几与伧鬼邻矣。邢生腹如垂瓠,忽不自觉沈郎之甚潦倒。冠进贤见我县君,腰带遂至移孔。若乃后剧加前,则神理浸极。归与百谷先生谈,区区善病乃尔。南北两高枕,差堪并伏也。”(《邢子愿杂著》)

案:此书《来禽》未载,又见《泲园集》卷五。

章丘县知县董复亨修学官泮池成,应请撰文纪之。

《来禽》卷一一《章丘县泮池碑》:“盖董侯莅事匝月……以观门戟之间,曰:‘泮涸乎?’曰:‘无泮。’曰:‘无泮奚以为庙也?亨不敏,敢修阙事。’于焉诹日征工,度庙前地而辟之。……工竣,而春秋中隽者各一人。邑缙绅学徒曰:‘侯之功也,宜纪。’谒邢子纪之。余侯布衣文字交,知侯最深。侯者,颓然若

顺,渊乎似道,天之民也,人之觉也。于教奚有?于政奚有?余僭不揣,为记其事而诗诸碑……”(页5B)

案:“董侯”名复亨,上年来任章丘县知县。“泮池”又称“泮宫”,是位于学宫门前半月形水池,意即“泮宫之池”。修建泮池“莅事匝月”始议,工竣当在是年。

[康熙]《章丘县志》卷四“名宦”:“董复亨,直隶元城人,由进士万历二十一年任。公博学有重名,张江陵方柄国,召之,力辞不往。履任政暇手不释卷,诗文立就。尤加意作士,视若子弟。其于利禄若将浼焉,清操尤嚼,然不滓云。”(页26A)

本年,三月,诏修国史,由内阁选词臣分任,并选用文行兼优者授京职入馆。五月,以陈于陛、沈一贯为东阁大学士。王锡爵致仕。

【诗文系年】

《与郭太史明龙》《枣强县志序》《再奉宗伯尊师北楼燕,出鲁藩名酒观法书作》《即席赠于长文》《上东阿宗伯于尊师》《用韫学士待命长山,许枉沛园,诗以奉迟》《与抚台李于田年兄》《金乡郭公两赈承恩纪序》《与陈广野太常》《答陈元瑞(一)》《与井陉吴观察》《送张观察宪周年兄入贺》《答大司寇赵吉亭先生》《喜周督学见枉作》《与兖东戴观察》《答沈东霍参伯》《送方胥成之塞下兼寄万伯修使君》《郑思成年兄以言事调官留都,南发先过德平,寻携郭甥孝廉见访,喜而有作》《戏作大言再赠思成》《与少宗伯孙以德年兄》《祭东光马参知文》《与吴门张幼于先生》《病中戏柬薛凤仪文学》《章丘县泮池碑》。

万历二十三年乙未(1595),四十五岁

沛园家居。家计窘迫,不得已下谢客疏。

正月,同年尹应元将之任陕西右参政,来访沛园,即席有诗。

《来禽》卷三《喜尹使君见枉园居,即席赋得“门”字》:“题书三度过衡门,物色中林起病魂。罗雀十年情始见,灌园长日懒堪言。将酬白雪无新曲,但枉青山是旧恩。莫道风期难再续,一尊今复近平原。”(页4A)

案:“尹使君”名应元,时由山东副使兼武德兵备升陕西右参政。[道光]《济南府志》卷二六“武德道”:“尹应元,江西庐陵人,进士,以副使任。”(页

34B)又《明神宗实录》卷二八一:“(万历二十三年正月)辛巳,升山东副使尹应元为陕西右参政。”(《明实录》第57册,页5189)诗云“罗雀十年情始见”,邢侗辞官归里至是十年,诗为是年作。又云:“将酬白雪无新曲,但枉青山是旧恩。”指万历廿一年(1593)上书山东巡抚孙矿乞为李攀龙后赎白雪楼事,此时似已赎回。

春,王一鸣有诗送方问孝访临邑。时一鸣入都上计,栖居东寺一月。

王一鸣《送方山人胥成往临邑谒邢子愿太仆》:“一月住东寺,萧然共薜萝。未雄河朔饮,奈作渭城歌。天豁漳堪阔,山青雨正多。邢公旧诗伯,倡和句如何。”(《朱陵洞稿》卷一五)

案:“方山人胥成”名问孝。是年二月,临漳县知县王一鸣入京上计。一鸣万历十四年(1586)进士,授太湖知县,在任七年,廿一年(1593)春,改临漳。胡应麟有《送王伯固宰临漳》(《少室山房集》卷三七,页3B),郭正域有《送王子声宰临漳》,诗云:“如何七载为循吏,又见弹琴不下堂。问俗频过周道上,题诗好向邺宫傍。人看东汉飞仙舄,政比西门引浊漳。怪得郎官偏耿耿,斗间紫气是文章。”(《合并黄离草》卷一二,页14B)一鸣上计在京与京中诸名辈诗人如袁宏道、汤显祖等酬酢交往,事毕仍回任临漳知县。汤显祖有《乙未计逡,二月六日同吴令袁中郎出关,怀王衷白石浦、董思白》(《汤显祖集全编》诗文卷一二,页715)、《戊戌上计不见王子声,忆乙未春事》(同上,页749),忆及当时情景。

王一鸣(1567—1598),字子声,一字伯固,湖广黄冈人。《列朝诗集》丁集:“一鸣字子声,一字伯固,黄冈人。万历丙戌进士,授太湖知县,调临漳。负才自放,不为吏道所拘。左官不得志,饮酒近女人而死。”(页5835)其人生卒年,近阅网络博文,引黄冈赤膊龙《王氏家谱》:“王一鸣,字子声,一字伯固,号石廪,生于隆庆元年,卒于万历廿六年。万历壬午科举乡魁,丙戌会魁,授太湖县知县,调临漳县知县。著有《朱陵洞稿》一百卷,年三十二卒于任,归葬蕲水。”所述生卒年,征诸文献实属可信。一鸣卒后,其师邹迪光有《哭门人王伯固》(《朱陵洞稿拾残》),其友袁宏道有《哭临漳令王子声》(《袁宏道集笺校》卷三,页137)。袁诗云:“颜渊鲁高士,胡为三十二而死休?……即如王子声,高第十二秋。”其万历十四年(1586)中进士,“十二秋”即万历廿六年(1598)卒,卒年“三十二”,即生于隆庆元年(1567)。徐朔方《汤显祖集全编》(页749)、钱伯城《袁宏道集笺校》(页139)均注云“万历二十四年终临漳令”,有误。

三月,方应选来任山东副使分管永平兵备,有诗先寄。

方应选《寄邢使君》:“脉脉思君柳正丝,春风曾共缙云司。一从天上分纶綍,长惜人间有路歧。漳水孤槎仙御日,渔阳三迭客愁时。相看咫尺难为梦,只许青松白日知。”(《方众甫集》卷三,页16A)

案:方应选,字众甫,南直华亭人。是年任山东副使备兵永平,与邢侗有交集。[康熙]《永平府志》卷一四“永平兵备道山东按察使司副使”:“方应选,华亭人,进士,副使。”(页11A)据《明神宗实录》卷二八三:“(万历二十三年三月乙亥)以兵部武选司员外郎方应选为山东副使备兵永平。”(《明实录》第57册,页5228)又卷二九二:“(万历二十三年十二月)壬子,调山东副使方应选为福建提学副使。”(第58册,页5410)则方应选是年三月至十二月任山东副使备兵永平,[嘉庆]《松江府志》卷五四云“出为宪臬视兵卢龙”,即指备兵永平,永平府治卢龙。

方应选(1551—1604),字众甫,别号明斋。南直华亭人。万历十一年(1583)进士,知冀州,旋丁内艰,起复汝州,治多异政,辑《汝州志》,擢兵部员外郎,出为山东副使备兵永平,历福建督学,卒于任,年五十四。著有《方众甫集》。[嘉庆]《松江府志》卷五四有传。(页21A)

是月,陕西总督郑洛解镇还朝为兵部尚书,有诗奉怀。

《来禽》卷三《太保司马郑公解镇还朝,诗以奉怀》:“佩玉纡朱八座身,十年忧国鬓如银。古来龙马神元王,天上星精日拱辰。沙塞生还班氏节,露桃沾醉上阳春。平生一顾称名下,东海于今有钓纶。”(页14A)

案:“太保司马郑公”名洛,时召入兵部尚书,然时间未详。据考,接任者为陕西总督李汶,是年四月接任。《国榷》卷七七:“(万历二十三年四月)己未,协理京营戎政兵部右侍郎李汶为总督陕西三边军务右都御史兼兵部右侍郎。”(第5册,页4749)则郑洛在此前解任。冯琦《赠宫保大司马郑公还朝协理戎政序》:“今岁春,天子简命总督郑公以大司马入总六师,于是公驻节阳和十二年矣。京师门户视云中、上谷,而阳和居中,控引如关键,天下最要害处也。”(《宗伯集》卷九,页1A)可证之。

喜王稚登寄粮食、吴縠至,致书为谢。

《来禽》卷二四《答王百谷》:“远承开衮之篇与告饥之粟络绎而至,谨叩头领讫。伏以雕龙绣虎，极千古之文心；幼妇色丝，炫七襄之妙手。欻然而至，华矣其光。况兼障染皋禽，副以机成吴縠。筵开白昼，若错锦以为堂；尊挹烧春，似藉霞而作酿。呼童具饭，命婢煎茶，气凌云泽之霜，香泛天地之露。良朋竞讶，密戚增欢，何来海内之奇，用介闺中之寿。顾侗十年自废，娄沾丐于天南；五内未泯，愿结衔于地下。敬托雁行之翼，庸申鱼子之笺。别有菲筐，以须再信。”（页5B）

案：“王百谷”名稚登，书云“顾侗十年自废”，故系是年。上年山东荒歉，是春王稚登寄粮食、丝绸接济，在济上遂成佳话。多年之后，邢侗仍难以忘怀，有《与王百谷》云：“数年前，谢仁祖载米馕历下，伧遂成词林佳话，迄今无以报，嗛甚。”（《来禽》卷二九，页10B）即指此也。

是春，病痁久方痊愈，自命其馆曰“更生”。

案：邢侗是年病痁（疟病），春来方愈。《与傅金沙》云：“弟病痁之后，自置其馆曰‘更生’。先是，喭吃中口喃喃，极欲金刀落发，割绝世绿。才就愈，便复作儿女情。金沙大士为我设何难，作何津筏也！”（《来禽》卷二五，页22A）又王稚登《与邢子愿》：“客腊吴生还，闻明公厄于二竖，尔时不肖政支床同病相怜，乃益病。春来门下已霍然，不肖遂亦起铁，虽顽懒磁石可运，岂独物类人，且似之矣。”（《谋野集丙集》卷一，页29B）“吴生”疑即吴云从。

是春，王稚登书至，并奉寄马湘兰画大士像一轴。

王稚登《与邢子愿》：“客腊吴生还，闻明公厄于二竖，尔时不肖政支床同病相怜，乃益病。春来门下已霍然，不肖遂亦起铁，虽顽懒磁石可运，岂独物类人，且似之矣。然不肖未死，残躯横滋多口，以寿为辱，言不我欺。道行东殒，在明西逝，二子并以温柔乡老，宜其不登耄耋乎？昨得李本宁书，言者妄指西台荐史才为李地，冤乎哉！薪在前，安望居上也，如明公者，亦复尔尔。树高于林，风且摧之矣。东瞻日观，徒有遐思，王生老矣，无意人间，山中礼梁武，忏膜拜，七十胡跪？六日摘青梅、斟绿醑，供两足尊，何心屈指英雄论使君与孤耶！太公岳岳，公子英英，鹤发凤毛，皎然在目。文竹茶托子一枚、马姬画大士像一轴奉寄。此姬年四十八，方欲嫁宛陵少年，风情不减徐娘，当发大噱。”（《谋野集丙集》卷一，页29B）

案：书云：“马姬画大士像一轴奉寄。此姬年四十八……”“马姬”即马守真，字湘兰，生于嘉靖二十七年（1548），是年四十八岁，故系王书于此。又云：

“昨得李本宁书，言者妄指西台荐史才为李地，冤乎哉！薪在前，安望居上也，如明公者，亦复尔尔。树高于林，风且催之矣。……屈指英雄论使君与孤耶！”此指上年征贤才修史事，史局所推诸人，如李维桢、邢侗、冯时可、王稚登等，均恃才傲物，为言者所忌，为当政者所不容。又书云“在明西逝”，指朱正初，与侗善，是年(1595)卒于家，可补诸书之阙。

马守真(1548—1604)，字湘兰，小字玄儿，又字月娇。生于金陵，秉性灵秀，能诗善画，尤擅画兰竹。自幼沦落风尘，但为人旷达，性望轻侠，常挥金以济少年。其居处为秦淮胜处，慕名求访者甚多，与王稚登交谊甚笃。其七十寿辰时，马氏集资买船载歌妓数十人，前往苏州置酒祝寿，“宴饮累月，歌舞达旦”，归后一病不起，沐浴以礼佛端坐而逝。参见王稚登《马姬传》。(潘之恒《亘史钞》外纪卷四，页1A)

是年，致书湖广巡按李天麟，为蕲诸生姜夔说项。

《来禽》卷二八《与李侍御》:“往托马唐山起居门下，旋奉报书郑重，且用筐篚以相加遣，眷然肺腑，不翅厚矣。至言吾曹所难得者山林，则又拜知己之深，谈出风尘数等矣，侗也敢不佩服。连读大疏，具关国是，非他耳剽目窃以饰太平者。兹持楚宪，一切刷积弊而清之，三湘七泽望见风采，畴不翘首颂休明？侗恨不缩漕役十年，奉承功令也。蕲诸生姜夔，旧授儿曹书，其人奇颖博闻，倚马万言。楚材最良，此生尤其卓绝。不肖比荐之马瀛浒署中，为馆宾。已，邵中丞公罗而致之幕下。已，相继为秦中丞西席。夫以羸秀诸生，无他前地，历诸达官贵人，不惜束帛招之，其才品定非庸庸者。于时秦、马二公念姜生家窭甚，为措处小资斧费，其意具在王太湖乞李本宁书中。兹事乍听诚可骇，第一中丞、一监司为门下贫生计当时，岂虞其有后□？即今北院李老先生，震世清操，其不乐闻此事明甚，所望门下为委曲一援之。缓其既往而植其将来，不肖三千里为故人贫交之分止此矣。门下执法也，而以骨委法请，诚知有罪，第以不肖一日梓里故欢之藉，孰谁曰不然乎？林莽日深，诸无足为刺刺炎候，幸甚。葆玉以对南纪官寮人士之望，无任卷卷。”(页17A)

案：“李侍御”名天麟，[崇祯]《武定州志》卷一六“进士”:“李天麟，牧马千户所籍。万历庚辰进士，仕至江西观察使。”(页3A)天麟此时巡按湖广，故书云“兹持楚宪。”《四库全书总目》卷八〇:“《楚台记事》七卷，明李天麟撰。天麟字公振，武定人。万历庚辰进士。由牧马千户所军籍中式，故自称燕人。

官至监察御史，巡按湖广。”（页 691 上）李天麟巡按湖广时间，据《明神宗实录》卷二七一，万历二十二年三月癸巳，礼部尚书罗万化覆湖广巡按李天麟议于楚藩废第改建宗学事。（《明实录》第 57 册，页 5034）则其在此前后巡按湖广。又书云“侗恨不缩漕役十年”，邢侗万历十四年（1586）辞官归里，至是十年，故系于是年。书中“往托马唐山起居门下”，“马唐山”指马拯，邢侗妹婿，与李天麟同乡人，且同为万历十一年（1583）进士。“王太湖”即王一鸣，曾任太湖知县。邢侗此书为姜夔说项。夔，字尔一，黄冈诸生，已前见。侗聘作馆师授儿曹书，后又荐之“马瀛浒”（允登）、“邵中丞”（邵陛）、“秦中丞”（秦耀）馆席。书云“所望门下为委曲一援之。缓其既往而植其将来”疑指姜夔为“蜚语所覆没”事。汤显祖《蕲水朱康侯行义记》：“夔，黄冈诸生。与王子声一鸣、康侯等为十二友，子声尝为我语姜夔于长安，以为才。坐游大吏贵人所口语，捕逮急对。子声已前死，莫为言，夔跳身亡去，北至代。”（《汤显祖集全编》诗文卷三四，页 1571）

李天麟，字公振，山东武定人，万历十一年（1583）进士，由牧马千户所军籍中式。授监察御史，巡按浙江、湖广、云南，出为河南副使，调陕西副使，升本省参政、观察使。著有《楚台记事》《词致录》。参见《明神宗实录》《四库全书总目》卷八〇（页 691 上）。

四月，是年乙未科会试发榜，姻亲王三迁长子王浩进士及第。

［同治］《临邑县志》卷八“进士”：“（万历）乙未科，王浩，历任户部主事、员外、郎中，潞安府知府，擢河南副使。”（页 4A）

案：［同治］《临邑县志》卷九：“王浩，字充伯，三迁子。登第后，县馈舆马不受，署户部河南司篆，有大珰衔上索珠宝，直溢额三十万，执不与，曰：‘贵人第云臣浩不可。’竟得寝。视易饷条上便宜十有二，商民赖以苏。守潞兴学课士，恤机户，振平宗，平冤狱，轸孤独，惠政不可枚举。擢河南宪副，老幼卧车辙而泣，不得行者三日。旋闻封公讣，哀痛绝食，自伤含敛未视，泣血三年，竟致灭性，人以为死孝云。”（页 6A）

张燮会试落第，迂道来访犁丘，先以书寄。

张燮《与邢子愿侍御》：“少时闻邢子愿先生，龙跃济南，狎盟藻苑，辄私心有属鞭意。稍长，侍家君子屈指时下名流，始知家君于明公两附同籍，则益自喜于天壤之大，微有夙缘焉。已从友人戴亨融得闻公风格甚高，弘奖甚剧，更向往不能已已者久之。每踸踔齐鲁间，拟一挟刺踵门，竟为同行所羁縻，马首遽南北向。夫并世矣相遇之难如此耶！……兹役不望见颜色，他日欲挹芝眉，以尽名利心，恐成隔世矣。乃单策蹇驽，望尘而进，特遣小力，先布远怀。阍者能无谢从来无此辈客乎？昔荀爽以通家子得御李君，退而溢喜。乃阮嗣宗阿戎清赏，遂至忘年入林。两者倾倒故殊，千载传之，都成胜事，是所私冀于今日者也。"(《霏云居集》卷四二，《张燮集》第1册，页743)

案：张燮为同年张廷榜之子。书云"家君于明公两附同籍"，指张廷榜隆庆元年(1567)同以拔贡入太学，四年同举顺天，万历二年(1574)同榜进士。又云"已从友人戴亨融得闻公风格甚高，弘奖甚剧"，指张燮乡人戴燝，时在山东佥事分管东兖兵备任上，与侗交善，详前。张燮上年中举，是年会试不第，归里途经济南来访沛园，或由戴燝之介。

张燮(1574—1640)，字绍和，自号海滨逸史。福建龙溪人。天资聪慧，博极群书，结社芝山之麓，与蒋孟育、高克正、林茂桂、王志远、郑怀奎、陈翼飞称"七才子"，黄道周雅重之，一时远近巨公咸造庐式访，校书万石山中。著有《霏云居集》《东西洋考》，所刻汉魏《七十二家文选》行世。[光绪]《龙溪县志》卷一六有传。(页52A)

张燮落第来访犁丘，宿沛园，即席有诗慰之。

《来禽》卷四《春杪张绍和落进士举，迂道见访，即席有作》："泪眼看花日，寻盟沛水隈。到门吾倒屣，解带客衔杯。谈剧谯穷漏，歌深篴落梅。抱荆频刖苦，冲雁并声哀。涴树行边独，残晖坐侧陪。马蹄征陌动，骊曲别筵催。彩笔干时左，春风落第回。未应谋鹦适，终不老龙媒。离思寒江杳，清吟列障开。襟情牵缟纻，音驿迟琼瑰。延想三年外，期君郭隗台。"(页7A)

张燮《入济北访邢子愿侍御斋居，即席四首》其一："野旷天低客路单，长风谡谡驻征鞍。到门似挹三珠树，入佩平分九畹兰。从事青州春较满，娇歌白纻秀堪餐。缠绵毫素深心托，不为当年獬豸冠。"其三："天涯少日且追随，季世犹堪识紫芝。剑气光芒神物合，文人慧业老僧知。时有高僧在坐。香分静几茶烟细，石映疏棂麹事迟。谁画琅玕堆四壁，众山皆响动操疑。"(《霏云居集》卷一〇，《张燮集》第1册，页229)

案："张绍和"即张燮，是时落第迂道来访。邢诗云："彩笔干时左，春风落第回。……延想三年外，期君郭隗台。"劝慰之余，期以三年后再度赴试中鹄。

与张燮作竟夜谈，持螯饮酒，谈诗论文，甚是相得。

张燮《寄邢子愿》："欲左手蟹螯，右手尘尾，趋明公坐。花茵鼓声，渊渊送酒，续竟夜谈，岂易更得？则无乃梦中犹失路耶？"（《霏云居集》卷四二，《张燮集》第1册，页745）

案：侗与张燮沩园谈诗论文，甚是相得，偶言及文坛名宿李维桢。张燮《寄李本宁太史》："明公故是文苑长离，迢递云山，无从望见光彩，徒增瞻注耳。在邢子愿斋头，偶谈明公，觉齿颊欲芬，形神俱往。"（《霏云居集》卷四二，《张燮集》第1册，页744）

携张燮夜酌阿季郊园。燮有诗并作诗序。

张燮《子愿移酌阿季郊园二首》："却因看竹主人携，踏尽浓花借是泥。山到欲穷亭半出，栏开忽断径偏迷。高悬乱石兼云舞，平敞疏林倩鹤栖。映烛朱颜双婀娜，风前齐唱竹枝低。""班荆随意坐相呼，夹岫楼台天外殊。何处柔荑能倚玉，中间明月为投珠。琴心断续催诗兴，觞政参差中酒徒。闻说火攻非下策，周侯遮莫避阿奴。"（《霏云居集》卷一〇，《张燮集》第1册，页229）

又有《集邢子愿斋居，晚过阿季园诗序》："北来济水，泉百脉以斜连；东望泰山，峰三观而渐近。地维临邑，人在高坛，冠岌岌其切云，风泱泱乎大国。盛年簪笔，素缣与白简交飞；早岁悬车，绛雪曳玄霜并下。……夫中原牛耳，岂数郝滕？一世龙头，谁堪腹尾。乃怀间片刺，遽辱倾筐倒屣之知；坐上余欢，爰续托乘鸣笳之兴。……徒抃风而舞润，乃虚往以实归。幸托君子之交，庸拟真人之奏乎！"（《霏云居集》卷二四，《张燮集》第1册，页491）

案：临邑"阿季园"，据《诗序》"北来济水"、"东望泰山"，然未知此园详情，《县志》失载。

张燮居沩园与邢王瑞游，有诗赠之。

张燮《赠邢公子伯符》："拂日扶桑兴未阑，名家才子早窥坛。悬门字挟黄金峻，献世城连片玉单。王氏自来低虎豹，谢庭今已长芝兰。避人客子最萧索，借得殊毛自在看。"（《霏云居集》卷一〇，《张燮集》第1册，页230）

案："邢公子伯符"名王瑞，字玉符，一字伯符。又张燮《寄邢子愿》："寄声元符，加餐自爱。"（《霏云居集》卷四二，《张燮集》第1册，页745）误为"元符"，音近而误。此间两人有交游，年相若，是年王瑞十七岁，张燮廿岁。

张燮辞别将发，受赠物品充盈行李，侗遣使者送至数十里外。

张燮《寄邢子愿》：“临发赠琼，行李暴富，又走使者数十里外。料理郭有道宿处，使日薄西山无马首靡托之恨，游子顿忘其在飘遥也。董君直达，不愧邢先生瓜葛马首南矣。”(《霏云居集》卷四二，《张燮集》第1册，页745)

案：张燮为故人之子，侗视作“小友”，接谈欢洽。张燮《寿侍御邢子愿先生序》：“余往别归时，先生从容执余手，语曰：‘以吾子才，广陵、吴兴岂足道哉？天隔南北，无相忘。’”(《霏云居集》卷二二，《张燮集》第1册，页482)

张燮辞别，有书寄谢。

张燮《寄邢子愿》：“语云‘虽有丝麻，不弃管蒯。’则明公之今日矣。客至，乃使主人疲于应酬，殊恶。况复司空龙鲊，内史鹅群，燮并窃而兼享之，不已泰乎？临发赠琼，行李暴富，又走使者数十里外。料理郭有道宿处，使日薄西山，无马首靡托之恨，游子顿忘其在飘遥也。董君直达，不愧邢先生瓜葛马首南矣。欲左手蟹螯，右手尘尾，趋明公坐花茵，鼓声渊渊，送酒续竟夜谈，岂易更得，则无乃梦中犹失路耶？寄声元符，加餐自爱。”(《霏云居集》卷四二，《张燮集》第1册，页745)

致书万世德，两年中托章诏、方问孝为邮，寄问讯息。

《来禽》卷二七《与万伯修观察》：“两年间，凡托两布衣为邮，一为京口章廷纶，一为歙州方胥成。二君画法、诗篇，庶几擅代，不审伯修仁兄署中作何眼相视也？世态渐波，乃游闲之徒更甚，愿足下好其真者，无若不肖，翻为叶公所笑耳。汪幕来，读足下书，书词闳丽忼慨，事事次心，背面之说岂所宜谈。要之，我辈交许不应作今人，亦不应诡作古人，诡作古人反不若今人之为愈也。善哉！诸葛武侯之言曰：‘士之相知，温不增华，寒不改叶，贯四时而不衰。’请与足下共勖之。……伯修既无难边事，亦未可便易边事。……而后乃今，战与款无争胜，金与粟无争贵，野与世无争民，华与夷无争界。忽然而我如忘，忽然而彼如寄。一忘一寄，大顺之世也，宁御夷之道乎哉！区区下劣，劳疲十亩，躬耕漆其如干。展其力，用仅止于挈瓶；副其器，量财任乎截雏。学道末缘乎象罔，耽艺复困于二毛。嬴滕无胜游之具，积纤乏中陶之荣。平生意尚，都已云讫，孰与夫命世绝伦伯修足下者哉。”(页2A)

案：“万伯修观察”名世德，时为陕西怀隆兵备。书云：“两年间，凡托两布衣为邮，一为京口章廷纶，一为歙州方胥成。”即指万历二十一年(1593)章诏赴边，二十二年(1594)方问孝赴边为信使，已见前。

连年歉收，加不善经营，家计日窘。客人络绎而来不敷接待，不得已下谢客疏。遭王穉登质疑，云“谢客疏乃似逐客书”。

王穉登《读邢子愿谢客疏》：“绝交书似晋，逐客令非秦。薛邑钱无券，莱芜甑有尘。岱峰回片羽，泲水断纤鳞。从此桃源路，渔郎莫问津。”(《南有堂诗集》卷五，页7B)

又《寄邢子愿》：“谢客疏乃似逐客书，窃谓明公风德微衰，行膻蝇然后集之，孰俾邢先生为膻乎？不知此疏出，能雀罗其门否？疏不能谢客，客借口诅邢先生矣。不肖幸免为蝇，知门下不疑为妇妒也。去岁嫁女益贫，今岁忧天益病，贫犹可疗，虽百长桑君、千斛上池水，无以解忧。门下馈者皆名药，如王生疾首何？……登州郡丞胡士鳌，闽海十尺红珊瑚，几为石家如意击碎，先生铁网不疏，当勿遗漏。胡君令利城，利城犹桐乡；然刺武林，武林犹河内。然同年生鳌之宦遂左，微先生拔擢将久辱泥涂，畴为县官，效一割之用哉。以先生气薄千秋，故直吐胸臆，如第二疏所陈，皆不可对今世人语，幸入秘密藏中。”(《谋野集丙集》卷八，页12A)

案：侗下谢客疏，乃不得已而为之，待客家累之重，外人难以理解。邢王称《赵太君行状》：“府君名能好客，家居产渐以削，有不足客所者，太君即捐杂佩为奉客，客至不为弹铗忧，咸啧啧‘邢夫人善遇客也’。四方征言者，簏筐来谒府君，应接不遑，傔多留滞，太君为处之郊疃，人赋饭，马赋茭，弥年岁无缺乏，乘间向府君促其还札，使乎载德而往者，家传而路祝之矣。府君沉于文事，不乐闻家人生产，太君躬操家楗，合儿女臧获，几以千指计。每当夜持筹，发叹于无米之炊，及府君入内，太君第相劳苦，乞醽醁酒，命儿辈加酒，博府君须臾欢，不及北门妇人交遍一语焉。”(《家乘》卷六，页14A)然谢客疏被好友王穉登质疑，赋于诗又寄于书，遂无疾而终。好客如故，客仍络绎，唯家计每况愈下。“登州郡丞胡士鳌”，是年来任山东登州府同知，详后。

六月，山东副使詹思虞任满赴京入贺，顺道诣弟永平兵备思谦。

《来禽》卷二《送詹使君入贺，便道预奉太夫人，诣弟永平宪使邸二首》：“捧章趋帝阙，远道奉亲闱。去作卢龙聚，欢成鸿雁飞。秋光清藻思，风色耀兵威。遥羡青天外，双双动彩衣。”“暂侍慈亲去，遥从令弟来。山川驷牡度，风雨五兵开。奏表承明殿，鸣珂建礼台。翩翩千里道，争识汉庭才。”(页2A)

案:“詹使君”名思虞,万历二十年(1592)至二十三年(1595)任山东副使,此诗当其离任时作。《明神宗实录》卷二五二:“(万历二十年九月甲子)升松江府知府詹思虞为山东副使。”(《明实录》第57册,页4691)又卷二八六:“万历二十三年六月壬寅朔,升山东副使詹思虞为福建右参政。”(上书,页5297)其弟詹思谦,时任永平兵备。同上卷二六六:“(万历二十一年十一月乙亥)改补河南兵备副使詹思谦为永平兵备。”(上书,页4960)思谦与侗进士同年。

詹思虞,字如甫,号浚源。浙江常山人。万历八年(1580)进士,为刑部主事,历升松江知府。岁荒民粜米以输仓,每石价值三两,思虞请改半折色,省民间银数十万。累封山西参政、山东按察使。[道光]《常山县志》卷八有传。(页8B)

詹思谦,字牧甫,号洞源。浙江常山人。万历二年(1574)进士。以工部主事补刑部,恤刑江南,雪休宁程任卿狱。迁成都知府,苗獞叛,督土汉兵讨之。升河南副使,调潼关,再调密云。以事谪知永平府,时川兵征倭还,多行剽掠。公移檄听点,川兵宵遁,官至辽东参政。[道光]《常山县志》卷八有传。(页8A)

新秋,同方问孝、侄孙邢固过北庄,看望患病之侄邢王业。

《来禽》卷二《同方胥成、侄孙固过北庄问王业侄疾》:“伏枕怜吾侄,新秋到僻居。案抛残笼药,门掩旧畦蔬。命酒频斟我,呼儿故傍渠。夕阳堪徙倚,归路转徐徐。”(页24B)

案:邢王业为邢任子,为侗侄儿。《家乘》卷四上“世系表二”:“(邢任子)王业,字小斋,任儒官。配李氏,生二子。”(页9A)王业早卒。李维桢《邢公墓志》:“从子王道故同举于乡,王业为儒官,两人,死附身附椁事与综理。”(《大泌山房集》卷七九,页38A)邢固为邢王道子,为侗侄孙。邢固常侍邢侗游从问学。固有《侍家侍御沛水园宴》:“叨陪骢马使,载酒辟疆园。袍艳娇红卉,林香引绿尊。衔杯双鸟下,奏曲乱云屯。幸得随芳躅,承颜醉竹轩。”(《家乘》卷一〇“艺文志三”,页4B)

九月,应葛昕之请,为《葛端肃公家乘集古法书》撰序并书。

《来禽》卷六《平昌葛端肃公家乘集古法书序》:“平昌葛君幼明氏,以所业先端肃公家集诸石视小子侗,侗沐手受,敛衿阅之,竟作而叹曰:……侗间与幼明言,明盛以来,觚翰之长群归江左,碑版之富亦首金阊。似泛支流,未穷本始。夫伯喈陈留占籍，孟皇安定为乡，茂先著于范阳，肩吾奋于新野，柳谏生于京兆，萧郎望于兰陵，钟傅、王羲，琅琊颍水，举世所知已。……从此平昌以幼明大矣，幼明用中原帜矣。他山数娑，再见汉唐之世；斋堂半亩，足当翰墨之林。义夙出于贤尊，晖生绨袠，劳未经于令弟，绪就木天。盖坐而论道，维端肃公；作而行之，则幼明氏。繄云吴叟，工备刮摩，有其举之，厥在《周礼》。……侗也寻丈测岧峣，徒勤仰止；际涯窥浩渺，祗切望洋。斯石斯人，保诸无斁而已。"（卷六，页28A）

案：《平昌葛端肃公家乘集古法书》六卷，为葛昕所辑其祖葛守礼家乘文献，属吴门吴应祈、吴士端父子集古法书镌刻上石。葛昕《集古法书跋》曰："予既录先公表传，托时贤胪分细书，为金石文以传。而乡闾尊老见之，或曰：'刻则精矣，以公纯行懿德，似更宜大书深镌以光永世，盍仿昔宏文之集圣教，今弇州之纂清容乎？'……是役也，由丁酉岁博访海内故家之藏，藉以佐家塾夙有者，至于今始克成帙，即吴君屹屹载笔，亦自谓平生精力殆殚于此矣，种种名迹，前后晖映，不几备古名家书体邪？窃意诸诗文似亦得撮要钩玄，已夫贲止人文，物华天宝，为吾宗昆其佥知所以珍护之哉。"（《集玉山房稿》卷六，页13A）碑刻历经三年有余而蒇事，邢侗应葛昕之请作序并以细楷书，成于是年九月。［光绪］《德平县志》卷一二："《集古书法墨拓》六卷，以镌葛端肃公赠谥、葬祭诸制文及碑表、志传、诔章、挽歌也。经始于万历二十五年四月，二十八年九月工竣。序为临邑邢太仆公侗撰并书，皆细楷，成于万历二十三年九月。并《葛大母传》一篇，均邢太仆撰并书。"（页43A）

秋，郭正域来书言及曾荐邢侗等人修史而未成，心有耿耿。

郭正域《邢知吾》："贵宗学博持手教至。数十载芝兰，一旦从数千里远来袭人，把握不忍什手。过辱奖借，不肖何敢承来谕，出乎规矩，入乎规矩，入乎规矩，出乎规矩，妙哉！言乎千古未抉之秘，乃敝乡周尚宝亦谬以此相加，岂不肖菲劣，万一有一于此乎？往岁史局初开，曾向陈阁老欲借重门下与本宁先生既冯元敏，而执政不谐，听如嚼蜡，方寸之心，唯有耿耿耳。人寿几何，岁复一岁，异日扇头佳什，千里寄书，直言直语，渍人肺腑。近来世既丧道，人不怜才，夫淑舆灵秀，产为人文，奈何使之遏佚而不宣畅，蕴结而不光明乎！门下泉石膏肓，须有人针砭，恐天茁黄奶，不能稳睡也。"（《合并黄离草》卷二七，页63A）

案：书云“数十载芝兰”，侗万历十三年(1585)识郭正域于荆楚，至此十一年。所言：“往岁史局初开，曾向陈阁老欲借重门下与本宁先生既冯元敏，而执政不谐，听如嚼蜡，方寸之心，唯有耿耿耳。”“陈阁老”名于陛，上书修国史为上年事。由此书可知郭正域曾力荐邢侗、李维桢、冯时可修史而无果。

因郭正域来书，赋诗寄怀。

《来禽》卷二《秋日得郭太史却寄》：“交情存帝里，遁迹老犁丘。木落孤城冷，书来一雁秋。片云吞碣石，残日下幽州。最是寻君梦，时时绕凤楼。”“忆昔江楼畔，同餐江上鱼。十年隔河汉，千里寄封书。家近驺三子，人怀惠五车。山林与钟鼎，徙倚意何如？”(页2B)

案：“郭太史”正域，时为翰林院编修，七月即升右春坊右中允，此诗为迁官前作。《国榷》卷七七：“(万历二十三年七月)庚辰，司经局洗马刘应秋为右春坊右谕德兼翰林院侍讲，修撰朱国祚为洗马，编修郭正域为右中允。”(第5册，页4754)又诗云：“十年隔河汉，千里寄封书。”时间亦合。

秋，张居仁来任城武县知县，有诗寄之。

《来禽》卷二《秋日寄城武张明府》：“重来出宰地，单父是东邻。岁岁防黄水，家家负野薪。印从苍藓合，官与绿莎亲。左鬓凝霜否？含凄问雁臣。”(页3A)

案：“城武张明府”名居仁，是年始任城武县知县。据魏裔介《赵郡张育华先生传》，其万历十七年(1589)进士，授山西高平知县，降高邮州判，寻擢城武知县。[乾隆]《高平县志》卷一一“知县”：“张居仁，赵州，进士，十七年任。”后任者杨性鲁“二十三年任”。(页4A)则张居仁在高平知县任至万历二十二年(1594)，降高邮州判，不久擢城武知县。[康熙]《城武县志》卷三上“知县”：张汝清“万历十九年任”，后任“张居仁，赵州，进士”。邢诗为其始任时作。张居仁交游甚广，颇具时望。《赵郡张育华先生传》曰：“(张)在长安为时望所推，公之师友如茅公鹿门、李公九我、邢公子愿、赵公梦白、魏公昆溟，公之同年如焦公澹园、董公思白、黄公慎轩，莫不推引恐后。”(《兼济堂文集》卷一一，页275)又邢侗为张居仁“童子师”，其《城武启圣祠碑》云：“(张)令属侗为碑词，侗厕鲁诸生后，又居仁童子师，敢弗以碑？”(《来禽》卷一一，页4B)两人交谊甚密，亦师亦友，共倡齐鲁文坛。陈与郊《张育华城武令(二)》：“齐鲁之邦，文学固其天性，况公与子愿狎主齐盟，远迩大夫，岂无向慕？”(《蘋川集》卷五，

页 6A)

张居仁，字叔广，号育华。北直隶赵州人。万历十七年(1589)进士，授山西高平知县，后转城武知县。以倭警擢胶州知州，不一载为忌者所挤，降湖广布政使照磨。时朝廷平播，兵部尚书李化龙奏参佐大将军刘挺军事，军中往来文书尽出其手，以劳竟卒于蜀，叙功敕赠兵部职方清吏司郎中。著有《春秋旁训》《春秋酌意》《诗集》等。事具魏裔介《赵郡张育华先生传》。(《兼济堂文集》卷一一，页 275)

秋，青县知县潘榛有诗寄怀。

潘榛《寄邢子愿太仆二首》："青骢早岁谢长缨，丘壑谁怜尔独清。潦倒乾坤传墨妙，风流海岳见文衡。十年捧日孤臣老，万里悲秋词客名。齐北燕南风雨绝，不堪仰止正含情。""海天寥阔尽青徐，词赋泱泱大国余。问字遥怜杨子宅，著书还忆马卿居。丹心漫付贤人酒，白发纷来长者车。耽句惭余成僻性，新诗远惠意何如?"(《随在集》卷二，页 22A)

案：光绪《青县志》卷四"知县"："潘榛，邹县人。进士，万历间任。"(页 43A)其万历廿年(1592)成进士，初任汝阳县知县，约于是年转青县。诗云："十年捧日孤臣老，万里悲秋词客名。"邢侗致仕退隐沸园，恰好十年。

潘榛，字茂硕，号茂昆。山东邹县人。万历廿年进士，初任汝阳县，再令青县。地多荒芜，赋额不足，税驾桑田，躬亲劝垦，无力耕种者给牛犁，以助民共利之。后升刑曹，外放庐州刺史，晋冀宁监司，以病告养。入乡贤祠。[康熙]《邹县志》卷二有传。(页 33B)

山人顾愿携长子汉符来访临邑，有诗送其游泰山。

《来禽》卷五《送顾朗哉恭谒岱宗》，序云："朗哉先生者，东吴华裔，盛代逸民。迹旁要离之墓，骨与俱香；家邻皋氏之桥，身焉同隐。壮游燕市，趣迈人寰，吊击筑之渐离，慕衔杯之侠少。低回偃仰，囊有草而不减上都；感慨悲歌，剑在装而耻弹下舍。于焉言辞帝里，行指齐疆。……其在侍者，爰有长君汉符。……乃犁丘同人邢子，烟霞成痼，怅狗马而难从；云雨为虚，似阳台之入梦。盖赠言粗定，聊代同车，而握手重盟，尚图今雨。七言成韵，十日是詹，脱尔愆期，诅诸若砺。"其一："十年同结泰山盟，多病怜余似马卿。今日送君成独往，不禁清梦逐鸾笙。"其四："回首乡关望眼舒，微茫烟树失青徐。须臾前涧飞晴雨，讶道吴门练影疏。"(页 17A)

案:“顾朗哉”名愿,字愿甫,又字朗哉,南直吴县人。《式古堂书画汇考》画卷七著录《青箱蕴玉册》,有顾愿题签:“青箱蕴玉。朗哉顾愿题。”(《中国书画全书》第7册,页892下)张元凯《伐檀斋集》卷四有《阳山顾生愿甫赠我长歌颇过推与,乃述怀志答》,诗后附顾愿《张侯行赠左虞都尉》诗,即此人。(页42B)顾愿事迹不详,据零散的材料知其游踪遍及南北各地,曾居都门与诸公卿诗人游。陶望龄《顾朗哉像赞》:“隐衣冠,飒有神。朗哉字,烟霞人。写此图,骨法真。谡谡松,濯濯柳。丘壑相,何弗有。明着眼,急回首。曩时面,今似否?刹那间,变好丑。此似者,宁复久?身落画,图入手。一朗哉,忽成偶。居士身,现何处?为是一,复为二。真者是,画者是?顾朗哉,与画者。无一真,无一假。真假离,个中写。”(《歇庵集》卷一〇,页5A)王一鸣《顾朗哉小像赞》:“山阴钱生书堪美,信手涂抹生白绢。二仪混茫受形色,东吴处士开生面。左画博山炉,右画长房壶。荣盌季白意态足,烹泉想为消渴须。前展一卷近笔研,细听似闻声咿唔。忆昔倾盖长安途,扬鞭一揖意气粗。貂裘解换燕市酒,高歌仰视浮云徂。逐臣五年来京都,颜色憔悴形容枯。漫滤刺随款段马,软尘十丈炎风扶。把剑倾洞开心胆,弹冠慷慨羞头颅。对君此画更惨淡,恨不鼓柁归江湖。画中更画桃中桃,红云腻湿绿叶高。瑶池滃荡云出没,昆仑缥缈无周遭。似是阿母春眠熟,有人偷得骑云逃。朗哉大隐在朝市,白云高卧堆床第。共拟东方是后身,钱能写此尤佳士。”(《朱陵洞稿》卷一四)顾愿本年到访临邑,邢诗有“十年同结泰山盟”,即指退隐沛园十年。顾愿泰山之游,又见于王同轨《新刻耳谈》卷一五“与朗哉谈所经”:“顾朗哉谓尝游泰山,饭道士房,甫毕,上马登岳顶而房倒,少迟齑粉矣。”(页14B)

憨山大师来书邀顾愿东游登莱,又有诗送。

《来禽》卷一《长啸篇为顾朗哉东游作》:“有刺不傍原尝投,亦不下与荆高游。竭来长啸出燕市,蹑屩一过东家丘。……雄谈稷下今是非,柏寝梧台应不佞。赍粮十日到东莱,先过中丞赋七哀。沧溟一杯渺无际,憨山衲子将书来。于时列嶂传烽火,鼓角牙旗肃侦逻。如椽彩笔莫放闲,留向磨崖待虚左。”(页13A)

案:此当为顾愿游完泰山,又归居临邑。诗云:“沧溟一杯渺无际,憨山衲子将书来。”“憨山衲子”为禅师德清,时居莱州(崂山)海印寺,本年十月以“私创寺院”罪充军广东雷州,顾愿应邀东游当在此前。憨山与顾愿素有交往,

《憨山老人梦游集》卷七有《与顾朗哉》书(页15A)。又此次顾愿山东之行似逗留较长时间,青州有顾愿所题“冢宰坊”,即为吏部尚书赵焕所立牌坊。([乾隆]《掖县志》卷五,页29A)

同年郑材因父谢病请告归养,有诗寄怀。

《来禽》卷三《思成年兄请告扶侍尊翁太保年伯,诗以奉怀》:“乌乌情深拜疏还,昼庭如锦照家山。舄随堂上尚书赤,巾效林间处士纶。荀氏由来关象纬,壶公端合驻容颜。依希郭隗台边月,遥夜思君未可攀。”(页32B)

案:“思成年兄”即郑材,其父郑洛是年解镇还朝为兵部尚书,为台谏所劾,愤而谢病告养,故郑材请告扶侍归里。《明史》卷二二二:“初,阅边给事中张栋言,洮河之衄,殒将丧师,洛为其所轻,故东西移帐自便。太仆寺丞徐琰复诋洛,乞处分以除误国之罪。栋再疏劾洛欺罔,给事中章尚学亦请令洛回宣、大。……洛乃谢病归。”(第19册,页5850)

寄书傅光宅,介山阴金光甫往游。

《来禽》卷二五《与傅金沙》:“闻仁兄行至甘陵,又三日而返舍中,有之乎?虞积薪耶?时事眵目耶?吾辈生身,最难得者丘壑。再数年而出,出而肩国巨重,未为晚耳。弟病痁之后,自置其馆曰‘更生’。先是,嗱吃中口喃喃,极欲金刀落发,割绝世缘。才就愈,便复作儿女情。金沙大士为我设何难,作何津筏也!唯是绮语障更深,觉今人一字不迹古,元美畅美,于鳞艰深,皆非班、左斯文正髓,沛水其将兴乎?更五年而不肖五十,当以三十册书求印,可矣。秘之,秘之。山阴金生光甫,罗康老内侄,藻秀不群,携赀北上,以图功名,而两逆奴叛之彭城,幞被无赢余。不得已,望门见投,弟馆之六七月。彼将赴河外而收桑榆,河外皋兰戍,故有金氏族数书招血属,金生其的派也。夜郎易霸,金生庶几骎骎上乎?兰州巨商余顺,慨挟生以行,一切为治办,大自有心人。顺一侨寓在清源,又一在汴。汴,足下故人任宦者借手为顺游,为金生地矣。西迈并望孰筹之,见金生当相怜轸,此词不赘矣乎?知时下谢客,客自邢生所当不讶耳。多言皇恐。”(页22A)

案:“傅金沙”名光宅,光宅佞佛,号金沙居士。“甘陵”在邢台清河县,时光宅服满将入都复官。书云“更五年而不肖五十”,则四十五岁即是年作。

十月,闻憨山德清为人所诉被捕下狱,充军广东雷州,有诗寄讯。

《来禽》卷五《寄讯憨公海印寺三首》:“一杖行縢东度初,我公所至有真如。

何丝却动宫闱色，榜作烟霞海上居。”“种得霜秔弟子春，掌中山雀钵中龙。诸方衲子归香积，可奈斋时一片钟。”“一窠聊尔寄鸠巢，似月沉潭似水泡。幻住道人元不住，海鸥何事竞相嘲。时为狂道士所讼。”(页34B)

案：“憨公”即德清(1546—1623)，俗姓蔡，字澄印，号憨山，法号德清，谥号弘觉禅师。安徽全椒人。与紫柏真可是至交，明末四大高僧之一。万历十一年(1583)，德清赴牢山那罗延窟结庐安居，始用“憨山”为号。十四年(1586)，神宗印刷《大藏经》十五部分送全国名山，因修寺称“海印寺”。万历廿三年(1595)，神宗不满皇太后为佛事耗费巨资，遂迁罪于德清，以“私创寺院”罪名发配广东雷州。十月，德清携侍者福善南行。《万历野获编》卷二七“憨山之谴”：“憨山大师名德清，其行辈稍后紫柏，而相厚善，后以争名利稍疏。紫柏名振东南，缙绅趋之如鹜，憨自度不能胜，乃北游至山东莱州即墨县之大劳山，有一废兰若，因葺而居之。道俗皈依，名其地曰‘海印’，渐成大丛林。大珰辈慕之，争往顶礼。慈圣太后宫近幸张本者尤尊信，言之太后，内出全藏经赐之。时分赐者不止劳山一处，张本遽填海印寺给与，一时缁素俱艳妒之。适即墨有无赖羽人耿义兰者，诡云其地曾为道院故址，今宜复归黄冠，其意不过需索金帛耳。憨既不酬，且诟辱之，义兰忿甚，遂入奏于朝，又捏造道宫故名，自称道童。上大怒，命缇骑逮德清至京治之，拷掠无算，尽夷其居室。憨系狱良久，后始谪发粤中充戍，而张本者至以诈传懿旨论死。盖主上素信竺干，但事涉宫闱，必震怒不解，加等大创。此乙未年事也。”(页692)邢诗注“狂道士”即指耿义兰。

历城县令张鹤鸣入觐归，取道临邑来访沛园，赋诗以谢。

《来禽》卷二《历城张明府觐已东还，取道见访，眷言泉石，即席赋得五言一首以谢》：“觐后方归舄，怀人此驻骖。静琴陶雅思，飞盖迟清酣。不顾先趋府，应愁后盍簪。贵游吾久谢，君意在岩龛。”(页3A)

案：“历城张明府”名鹤鸣，万历二十年(1592)进士，授历城县知县，是年入觐还任历城，途经临邑而作。张鹤鸣任历城六年，此则任满三年入觐。[道光]《济南府志》卷二七“历城知县”，张鹤鸣后任为陈采(页15A)，陈采万历廿六年(1598)任。(详后)

胡士鳌来任登州府同知，有诗寄怀。

《来禽》卷三《怀登州胡郡丞，胡先是杭州守》：“左鬓谁令傍海涯，行春风采路人窥。犹余五马骖骥步，不尽孤城佐理思。衣上晓星临不夜，日边残峤认东夷。怀君但有盈尊酒，梦到蓬莱共举卮。”（页 26A）

案：“登州胡郡丞”名士鳌。万历廿三年（1595）任山东登州府同知。[康熙]《登州府志》卷一二“同知”：“胡士鳌，诏安人，进士，二十三任，升知府。”（页 15A）胡士鳌曾任杭州府知府，王稚登从其游，在杭州居留良久，侗识士鳌，或由王稚登之介。前引王稚登《寄邢子愿》云：“登州郡丞胡士鳌，闽海十尺红珊瑚，几为石家如意击碎。先生铁网不疏，当勿遗漏。胡君令利城，利城犹桐乡；然刺武林，武林犹河内。然同年生鳌之宦遂左，微先生拔擢，将久辱泥涂，畴为县官，效一割之用哉。”（《谋野集丙集》卷八，页 12A）

十月，朱朝聘任陕西右参政分守关西道，以诗寄之。

《来禽》卷三《寄朱希尹使君西凉》：“使君风采人争传，猎猎牙旗西海边。十道军书促茶市，万里胡沙开酒泉。蕃萄味甘胜刻蜜，塞盐色美如蜂莲。黄羊紫驼亦解事，若为遮过双甄前。”（页 1A）

案：“朱希尹使君”名朝聘，是年以陕西右参政分守关西道。《明神宗实录》卷二九〇：“（万历二十三年十月）乙卯，升陕西副使朱朝聘为陕西右参政分守关西道。”（《明实录》第 57 册，页 5376）据《明史》卷七五：“陕西关西道，驻平凉。”（第 6 册，页 1843）关西道辖地包括西凉地，亦泛称西凉。

为同年吴显诗集作序。

《来禽》卷六《吴景猷诗集序》：“……余年友闽漳吴景猷先生者，堕地灵异，等身涉诵，不器允属乎？君子逾勺即推乎国士，弱冠对策，箠握州掾，入佐司寇，历涉藩臬间。而里居庐处，岁月娄易，触情抒性，抚运感物。阶除移半甓之影，烛花垂一寸之炧，夏歌广郁陶之致，楚谣极正则之变。……先生静瘱孝子，恻闵忠臣，耿介廉士，淹洽秀才，慷慨将略，差分计智。徒以短造未臻乎眊境，赍志蚤亲乎添盌。……先生有子亮恭，嗣成进士。代倡建鼓，以蒙同人忝厕，属以前茅。蒙也腹痛未申，何心结缀，嘤鸣在臆，猥抱咄逼。聊赞数言，用质震旦骚坛云尔。”（页 1A）

案：“吴景猷”名显，侗之同年进士，仕至广东按察使司副使。《明神宗实录》卷一九三：“（万历十五年十二月）壬戌，升广东左参议吴显为本省副使，专管屯田盐法水利。”（《明实录》第 55 册，页 3623）其子吴寀，字亮恭，万历二十三年（1595）进士。此序撰作时间，据“先生有子亮恭，嗣成进士”，应作于是年或稍后,姑系于此。《吴景猷诗集》又名《邮亭草》《历游稿》,[民国]《云霄县志》卷一七有"吴显著《邮亭草》。"(页2B)赵秉忠《吴观察历游稿题词》:"秉忠戢景丘樊块,居斗室巷,无朋好可与晤言。间从卷帙中尚友私淑。而友人房澹师氏从燕市寄《历游稿》一帙视余曰:是吴亮恭大人少渠先生诗草也。子大夫所艳慕唯此道,子其识。……先生平昔守官、守法、守道,气节干霄,声实贯斗,同志者业为先生发抒其崖略,兹不具述。先生讳显,字景猷,万历甲戌进士。子讳寀,字亮恭,万历乙未进士。"(《峡山集》卷五,页20B)

[民国]《云霄县志》卷一八:"吴显,字景猷,万历甲戌进士。初知六安州,时高邮、宝应河堤坏,总河择守而难其人,特疏以显请,诏从之。抵任拮据,修越河,筑老堤,植柳护之,三堤屹然。江陵相方厉驿禁,其太夫人道过州治,役驿夫至八百余人,显力裁,相家奴据署诟谇,诱显登舟,出数婢子夺其州印去。显曰:'州太守奉汝相君法,何絮也?'直指、监州闻之,顿足叹曰:'太不谙事。'急驰解,得罢,然江陵不罪也。迁比部员外郎,升江西佥事,历广东副使,所至有伉直声。道不谐俗,竟左迁,以疾乞归。显端方耿介,耻随流俗,而爱人下士,忘其贵显,士绅多慕之。子寀,万历乙未进士,山东道御史。"(页9B)

赵南星来书,京师一别已逾十年。

赵南星《与邢子愿》:"一别遂逾十年,白发日多,情味日减,不知者以为德进徒自悲耳。兄神气素强,今如何耶?曾将兄《来禽馆集》读之,清美自其本色,而愈益博洽矣,此当必传。吾兄以高才早退,悉用之于此,宜其过人。世言虞卿以穷愁著书,不知穷愁必不能著书,著书必不能穷愁。人生醉酒,一醉尚忘天地,怫悦其思而斐娓其言,何暇他虑?弟简懒多病,杯酌且疏,词翰都废,真成俗骨。张使君归,草草占授,聊寄音尘,不敢手勒,无于鳞胆气也。"(《赵忠毅公文集》卷二一,页34A)

案:赵南星与侗同年同房进士,交谊甚厚。万历二十一年(1593)京察,与吏部尚书孙鑨秉公澄汰触忤阁臣,被莫须有罪名斥为民,归里闲居。书云"一别遂逾十年",指邢侗万历十四年(1586)辞官归里,京师一别至是十载。又云:"曾将兄《来禽馆集》读之,清美自其本色,而愈益博洽矣,此当必传。"侗生前刻有《来禽馆草》,已见。另有家刻本《沛园集》(一卷本)、《邢子愿杂著》存世。

赵南星(1550—1627),字梦白,号侪鹤,别号清都散客。北直隶高邑人。

万历二年(1574)进士,除汝宁推官,历官户部主事、吏部考功,万历中秉公澄汰触忤阁臣,被斥为民里居。而名益高,中外论荐者百十疏,卒不起。光宗立,起太常少卿,改右通政,进太常卿,擢工部右侍郎,拜左都御史,至吏部尚书。为魏忠贤所恶,坐戍代州,竟卒于戍所。著有《赵忠毅集》《味檗斋遗书》等传世。《明史》卷二四三有传。(第21册,页6297)

复书刑科右给事中孙羽侯,允诺为其曾祖孙继芳撰墓碑文。

《来禽》卷二五《答孙湘山给谏》:"以华容之仞墙律海内,何翅龙门。明公起四世而大其声,张楚甚矣!寝丘之世,休有烈光焉。每从朋辈忆明公,窃欲莅盟东载而联之惠好也。顾以无阶上谒,恒惴惴焉。实惧无堪为藉,何图明公不鄙而赐之笺。滚滚千言,倾筐倒庋,且所为弘奖不肖者,悉非不肖所敢当也。云杜何人,而莒郲之是齿,是配林妄意岱宗矣,非所敢当也。尊委宠承,良以含毫为幸。第所嗛然于稽命者,五斗米道见真人气索耳。"(页7A)

案:"孙湘山给谏"名羽侯,字湘山,时任刑科右给事中。《明神宗实录》卷二六八:"(万历二十一年十二月庚戌)授起复庶吉士孙羽侯为给事中。"(《明实录》第57册,页4987)又卷二八三:"(万历二十三年三月)乙未,升耿随龙户科、陈世恩工科,俱都给事中。张企程礼科左给事中,孙羽侯刑科右给事中。"(同书,页5244)书云"尊委宠承,良以含毫为幸",即指为其曾祖孙继芳撰墓碑文,李维桢《云南按察司副使孙公严宜人墓志铭》:"公葬某十余年,而羽侯始为状,属年家子李维桢为之铭。"(《大泌山房集》卷九三,页1A)则羽侯又乞李维桢撰墓志铭。"云杜"指李维桢,湖广京山县人,京山古称云杜。

孙羽侯(1556—1617),字鹏初,号湘山。湖广华容人。万历十七年(1589)进士,授庶吉士,历任礼、刑二科给事中。二十三年(1595)冬,神宗因"兵部考选军政,中有副千户者不宜擅署四品职",诘责台省,罢科道官四十人,羽侯即在其中。回归故里,杜门博览,文友四海,矢志著述,悉心教子,名显海内。著有《华容县志》《遂初堂集》等。[乾隆]《华容县志》卷八有传。(页6A)

黄冈王同轨来访泲园。出示悼诗人宋登春诗,同轨有和诗。

王同轨《新刻耳谈》卷一〇"宋鹅池蹈海":"宋鹅池登春,赵之新河人。负气任侠,工诗,善绘梅花,贫无家。辽废王闻其才,延至馆之鹅池,因号'鹅池'。道人嗜酒,骂坐不避权贵,衣敝踉跄,得金辄弃之。先朝布衣高节莫有逾之者。八十余,客徐尚书太室公园,公才贵人,尊以上客,亦极成其名。小不悦于园丁，即拂衣去之。临安观潮，潮头矗起，即乘大醉，跃身其中。常自谓：‘我必不死窗下，如妇人悲涕作可怜状。’固其心矣。始客某寺，人见其蹈海，走报寺僧，始知是鹅池。楚参藩济宁邢子愿先生有传一及四诗纪之。乙未，余尝游先生园，为读一过，而亦作一诗曰：‘蹈海今看鲁仲连，谁云鱼腹异牛眠。难从急景贪延命，肯向弥留作可怜。曲枕糟丘无也尺，虾邦鳖国有重泉。蹴山一任胥涛怒，白日骑鲸兴杳然。’”(页9B)

案：王同轨时需次京师，羁旅多暇，撰有《耳谈》。其赴京途经临邑，来访沛园，故诗序云：“乙未，余尝游先生园。”王同轨《耳谈类增》自叙云：“予往需次都门，羁旅多暇，偶有《耳谈》之纪。……灾木数处，几令纸贵。然实草创，不次不备。”(《耳谈类增》卷首)

王同轨读《临邑县志》，将薛暄手批马奴怪、临邑学宫杵怪两事写入《耳谈》。

案：王同轨《新刻耳谈》卷一五有“薛文清公手批马奴怪”注云：“出邢子愿藩伯《邑志》。”(页16A)又“临邑学宫杵怪”注云：“出《邑志》。”(页16B)均在沛园阅邢侗所纂《临邑县志》所作。

冬，致书王象乾，言及方问孝之诗及章诏之画。

《来禽》卷二七《答王子廓中丞》：“千里塞垣走明驼快足，而及我于山居也。意良厚，题封焜炫诸云雨耶？昙花下来乎？实不自意，抚中丞列戟如樯，乃尔葳蕤其舌。邢生号称倔强，不免汗下冰纹一茧也。……胥成巧于笔札，拙于喉舌，长裾盘辟，研田有秋。廷纶伏蚓初伸，未际风雷，行一以振，当是王家叔明其俦。抚中丞台好画饶史，请以画言。……弟于此艺耽之廿年，而居平勾股尚难。巷无居人，不谓晚得章生。即生者，韵言清举，大类斐君迪，而人或因画以掩，并短二长。即胥成连羽，歉于鹣鹣，未始不为章君发愤矣。尚宝公虽亟章，未得章，寸帧尺幅而沾沾不已，要以弟言重耳。若所谓张元春诚高，今以一轴往，苍然窠薛，几令胜国诸子无处生活。惜也倦游，不及从臾出塞，余五芝精雅绝伦，便当远绍唐仇戢羽之日，业已入我笼中。今作大鸟搏空，我徒视诸薮泽，可如何矣……”(页3B)

案：“王子廓中丞”名象乾，时以右佥都御史巡抚宣府。书云：“胥成巧于笔札，拙于喉舌，长裾盘辟研田有秋。廷纶伏蚓初伸，未际风雷，行一以振，当是王家叔明其俦。”指诗人方问孝和画人章诏，前以信使赴塞上。“尚宝公”疑即于若瀛，“张元春”即张复。

岁末，刑部员外郎张敬奉命钦恤，间岁入关，有诗赋别。

《来禽》卷三《送张比部奉命恤虑，以逼除启行，间岁入关》："夹陛传呼下简书，王臣衔恤入关初。青牛导路疑非马，玉节停邮不荐鱼。气转葭灰看雪尽，人从彤管布阳舒。于公门阀由来阔，会见云仍结驷车。"（页27B）

案："张比部"名敬，山东平原县人。万历十七年（1589）以举人铨选罗山县知县，三年后加光州知州衔仍知县事，擢刑部员外郎。［乾隆］《罗山县志》卷五"知县"："张敬，山东平原人。由举人万历十七年任，以才望加光州知州衔仍知县事，擢刑部员外。"（页6A）又同卷载张敬后任为栗维垣，"由选贡万历二十三年任"。知张敬于万历二十二年（1594）擢刑部员外郎，次年"奉命钦恤"。据侗《刑部江西司郎中平原张公墓志铭》："升刑部贵州司员外郎，时有大珰狱，大司寇特柬属公。公一意持三尺竟当此，比执政递为先地，略不之恤，朝端靡不懔懔。又一岁，公奉命钦恤，秦少司寇、吕公临别执手惓惓，谓张君廉练，必能肉骨俭塞无辜人。公奉长者言，时揭'公恕仁明'四字于署。"（《来禽》卷一八，页20B）张敬"又一岁"出使，则为是年岁暮，"间岁入关"。

本年，正月，复建文年号。十二月，大学士赵志皋等极议章奏留中之弊，请尽付有司议行，不理。王象乾以右佥都御史巡抚宣府。

【诗文系年】

《喜尹使君见枉园居，即席赋得"门"字》《太保司马郑公解镇还朝，诗以奉怀》《答王百谷》《与李侍御》《春杪张绍和落进士举，迂道见访，即席有作》《与万伯修观察》《送詹使君入贺，便道预奉太夫人，诣弟永平宪使邸二首》《同方胥成、侄孙固过北庄问王业侄疾》《平昌葛端肃公家乘集古法书序》《秋日得郭太史却寄》《秋日寄城武张明府》《送顾朗哉恭谒岱宗》《长啸篇为顾朗哉东游作》《思成年兄请告扶侍尊翁太保年伯，诗以奉怀》《与傅金沙》《寄讯憨公海印寺》《历城张明府觐已东还，取道见访，眷言泉石，即席赋得五言一首以谢》《怀登州胡郡丞，胡先是杭州守》《寄朱希尹使君西凉》《吴景猷诗集序》《答孙湘山给谏》《答王子廓中丞》《送张比部奉命恤虑，以逼除启行，间岁入关》。

万历二十四年丙申(1596),四十六岁

泲园家居。侄邢王道卒,年五十五。岳父赵熠卒。

四月,与邢倌重修真武庙,为撰《碑》文。

邢侗《重修真武庙碑》:“真武庙,在宿安通逵作镇,壬癸屹为一方巨障云。庙不知所自始,闻诸父老云,残元之季,在所垣屋生蓬蒿,而此庙岿然独存。……庙迄于今固无恙,而端居南面之像不无少谢,其装严拱卫侍立之徒,章采剥如,而伏腊父老子弟之心滋以戚矣。且傍风上雨之为,岁月渐深,而其所谓无恙者,能不借资于人力而焕然顿还乎旧观,否也。余况茂学子御倌慨然广施,因材于林,因陶于土,因工授役,于囷丹漆金碧之属,取诸清源万货之聚,而不以为劳。而庙一新,藻井门唐,有其举之。……子御精虔耿耿,凡营兹镇之庙观者三,而冢嗣生是,又不居德而神福之,其畴曰:‘报于何有耶?’侗有方外友蜀人如山,固属子御为翼室而居之,子御因以吾都谏世父所遗石龛而置之庭,以续香灯之业。若夫护国保民而廛,天子金铸其驱,以享万年灵山之祀,则其灼灼大者耳。兹为一方纪,不敢赘也。万历二十四年岁在丙申四月吉日。”([同治]《临邑县志》卷一五,页53B)

案:此文《来禽》未收。真武庙在宿安镇,为邢氏祖业地。“子御倌”即邢倌,为侗堂兄弟。其喜施乐济,“凡营兹镇之庙观者三”。《家乘》卷四上“世系表二”:“(邢如默子)倌,字子御,贡生。配郭氏、杨氏、王氏,生四子。喜施乐济,睦族尤笃。”(页9A)“蜀人如山”似真武庙僧人,与蜀僧古雪上人未知是否同一人?冒愈昌有《同邢子御访古雪上人于真武庙》,详后。此碑正书,篆额,首有题署:“赐进士第、中顺大夫、陕西行太仆寺少卿兼按察司佥事、前陕西道监察御史、侍经筵官邑人邢侗撰文,承德郎、山西平阳府湿州同知、前史馆办事官邑人李恕书并篆额。”(引略)

巡漕御史况上进督饷还朝,赋诗赠之兼以抒怀。

《来禽》卷五《赠况重初督饷还朝兼写鄙怀八首》其一:“伐鼓摐金领列樯,如京刍粟海陵仓。黄龙青雀夸神运,桂棹兰桡擅国香。”其四:“吕梁悬水迸如雷,比望天家挽渡来。争道倭奴重入寇,一时邀取万灵摧。”其五:“与君俱是南亭长,愧杀安仁廿载余。君更栽花千万树,旧时荒秽不教除。”其六:“故国

故人天浩淼，三春三峡思氤氲。广川今夜如规月，解作蛾眉照使君。”其七：“去年问疾到柴门，疟鬼才销倍感恩。强博督邮三日饮，忍将佳事让平原。”（页25A）

案：“况重初”名上进，其本年六月任巡漕御史，（《明神宗实录》卷二九八，《明实录》第58册，页5579）九月即改任广东道御史。（同书卷三〇三，页5683）侗与况上进万历中先后任南宫县知县，故云：“与君俱是南亭长，愧杀安仁廿载余。”

六月，新城王之垣七十寿辰，撰文贺寿。

《来禽》卷九《寿新城王大司徒七衮序》：“我新城左司徒王公，今年六月廿五日开七衮之期，不佞以肺附世讲谊，宜修酌者之言。……公以壬戌对策甲科，周历侍从，数以封事显。绩资列卿，为冏为胪句，为棘为京兆，为南为北，最后为御史中丞抚楚都，凡三年，晋右司徒。又二年所，晋左司徒，贵踞矣。计以六曹长可唾手得，而公乃请急，用太夫人为辞，予告归。归而日侍太夫人，于于然乐也。于时，公齿已望六。……家食十余年，不离文史，亲弟侄子孙而课之。凡相继为子大夫，台馆闻人，无不自公垆鞴而金所从冶焉。父教彰焉，近古家督所未有也。……中丞、侍御君十余辈，山则石闾、梁父亭亭云云也，水则泲、漯、汶、泗、鬲、颊、盘、骇也。无陵高而益其尊，无争流而益其长，公其泰山沧海也欤哉！兹为公寿，乃复以寿之道申焉。公听然而顾左右曰：‘邢生知我，我其强釂一觞矣。’”（页5A）。

案：“新城王大司徒”名之垣，号见峰，王象乾父。据于慎行《明故正议大夫户部左侍郎诰赠户部尚书见峰王公暨原配夫人于氏合葬墓志铭》：“公生嘉靖丁亥六月二十五日，卒万历甲辰十一月十九日，得年七十八岁。”（《谷城山馆文集》卷二四，页7B）其生于嘉靖六年（1527）六月，是月为七十寿辰。

同题之作，有王之猷《代贺见峰兄七衮寿诗》《再寿见峰兄》（《王柏峰诗稿》卷上），郭正域《司徒王见峰公七十寿序》（《合并黄离草》卷一七，页15A），袁宗道《户部侍郎王见峰七衮序》（《白苏斋类集》卷一〇，页123）。

是月，魏怡九十寿辰，适值诰封中宪大夫、右佥都御史，作寿序以贺。

《来禽》卷九《贺魏公封大中丞暨九十春秋序》：“……魏自上世世禮忠厚，代行阴德，劝农课书之外，都不省视。而迨节斋先生尤孝谨敕备，有万石之风。明经不第，屈而为岁赋，舍上舍。晚铨别驾，两仕皆执义秉节得名，为清白吏。已乃叹曰:'邴曼容何人哉?行矣!余归耳。'先生凡三丈夫子,归而身督教之。长中丞懋忠,次吏部懋权,又次刑部懋诚。率以隽异,唾手成甲科。其所由得荣异恩光显先生者,后先不一。而顷以懋忠建西晋御史中丞之节三载,封父都御史,如其官,拜诰于家。……乃诰至,而先生适开九袠期,不恃灵寿,趋跄蹈舞如四五十岁人。乡人观者咸谓魏翁上寿大贵,康强福履,会天人之极,而不知先生之得于懋忠者多也。……以节斋先生之仁质坦易,动合自然,天倪和矣。即三公具而六情拂,贵则有之,寿之道犹未也。懋忠呼吸践履唯义是徇,唯道是遵。懋忠呼吸践履一先生,先生呼吸践履不殊也。先生其孰与滑其衷、挠其体哉?懋忠由是之故,即令先生开百袠无难矣。若夫光膺显册,跨三命而临乡里焉,先生视犹土苴耳。此非所以为寿之道也,亦非懋忠所用为大人寿本怀也。先生坐拥三世而处其尊,侁侁鳞鳞孝先长文,所谓悠远博厚,蓄久而征,吾于南乐之魏,睹其全矣……"(页10B)

案:"魏公"名怡(1507—1602),号节斋,魏允贞之父。魏允贞万历二十一年(1593)任山西巡抚,见《国榷》卷七六:"万历二十一年五月甲戌,通政司右通政魏允贞为右佥都御史,巡抚山西。"(第5册,页4702)是年三年秩满,依制,诰封其父中宪大夫、右佥都御史。魏公生于正德二年(1507),于慎行《明故诰封中宪大夫都察院右佥都御史前巩昌府通判节斋魏公合葬神道碑铭》:"公生正德丁卯十一月二十日,卒万历壬寅六月十二日,得年九十六岁。"(《谷城山馆文集》卷二五,页47B)董复亨《祭封大中丞魏年伯》亦谓:"唯翁皇览之辰,实当正德丁卯。"(《繁露园集》卷一七,页1A)是年恰为九十寿辰,故邢《序》云:"乃诰至,而先生适开九袠期。"

同时之作,有王家屏《瞻云篇寿魏封君九袠》(《王文端公诗集》卷下,页19B)、冯琦《封都御史魏太翁寿序》(《宗伯集》卷八,页13B)。

是月,李先芳孙李朴来,乞撰其祖《行状》,并乞于慎行撰墓志铭。

《来禽》卷一九《奉训大夫尚宝司少卿北山先生濮阳李公先芳行状》:"当世作者率推历下李先生,是谓于鳞。不知更一李先生出濮上,其齿同,其居朝之日同,其谈艺同。其所不同,历下简贵不昵近人,而濮上伉爽敢决,任侠自豪。两人者,论难过从,瑕瑜不相贷也。迨后历下名愈高,濮上若为所掩,乃先生修戈偫糒,未一日忘于鳞云。濮上名先芳,字伯承,初号东岱,后更北山。……艺文而友李于鳞、王元美、殷正甫、宗子相、徐子与、谢茂秦、黎惟敬、欧桢伯、张助甫、王师古、魏懋忠、傅伯俊、董元仲、宋登春、吾师东阿，不佞侗。……所著《东岱山房稿》三十卷已行世。……先生辛巳向予言：'余为诗成而于鳞始学诗，余见于鳞于元美，而元美悦。元美竞称五子，而余见汰。余归，独往独来，而五子疏试，取余言而与五子较，同乎？异乎？是宜弗相急而寝相遐也。'余时冰衿口噤不敢答。乃今又十五年，而获执役于先生，岂复能为怵好语用先生指状先生耳。大抵先濮之音淫，而先生易之以雅；于鳞之言法，而先生济之以通。隆万之趋史，而先生主之以骚；于鳞起白雪，而先生倡清平，历、濮互上下，两君相颉颃，各心竞而取舍，未始不同归也。先生裔孙鸿胪君，以治命敦状不佞侗，将诣宗伯师东阿丐铭焉。"（页 38B）

案：李先芳卒于万历二十二年六月，于慎行《尚宝司少卿北山李公先芳墓志铭》："生正德六年六月，卒万历二十二年六月，得年八十有四。"（《谷城山馆文集》卷二一，页 1A）先生逝后二年，其孙鸿胪君李朴来请状，且乞于慎行师撰墓志铭。邢侗《行状》云："先生辛巳向予言……乃今又十五年。""辛巳"为万历九年，"又十五年"当即今年。又《东阿于文定公年谱》卷二："（万历二十四年六月）濮阳李朴乞大父北山先生铭。"（《山东文献集成》第三辑第 10 册，页 717）

同时祭奠诗文，有于慎行《挽李北山先生二首》（《谷城山馆诗集》卷一四，页 2B）、董复亨《吊李北山尚宝》（《繁露园集》卷二〇，页 6B）、杨于庭《李伯承先生诔词》（《杨道行集》卷二七，页 1A）。

七月，怀隆兵备万世德五十寿辰，有诗寿之。

《来禽》卷二《孟秋寿万伯修使君》："宪府初筵敞，新秋爽气生。欢言参佐洽，丽曲侍童清。鸟识投壶意，云含上酒情。从知塞垣重，称寿亦称兵。"（页 19B）

案："万伯修使君"为怀隆兵备按察使万世德，《明神宗实录》卷三一一："（万历二十五年六月）辛未，升怀隆兵备按察使万世德为山东右布政使兼副使，照旧管事，从宣抚请也。"（《明实录》第 58 册，页 5807）时值万世德五十寿辰，邢侗寿之以诗。诗曰："从知塞垣重，称寿亦称兵。"万世德以边才及精通兵事韬略屡有擢升，明年六月，升山东右布政使兼副使。九月，又升右佥都御史，巡抚天津。《国榷》卷七七："（万历二十五年九月）山东右布政使万世德为右佥都御史，巡抚天津、登、莱。"（第 5 册，页 4802）

八月，冯子履卒，年五十八，撰文祭奠。

《来禽》卷一七《封礼部右侍郎兼翰林院侍读学士青州仰芹冯公诔》："万历二十四年八月十八日，封礼部右侍郎兼翰林院侍读学士北海仰芹冯公卒于正寝，得寿五十有八。呜呼哀哉！维公累叶名德，南官起家，扬历中外，致官参知，可称谓贵。决机明哲，未老悬车，疏传不遥，鹿门再觌，可称谓达。二竖遒及，咄蹉寝疾，厥嗣宗伯，请急邮归。啮臂示痛，年命若留，拜床尝药，子舍三夕，天幸一也。覃厥封章，秩宗学士，宗伯手诰，逮公殗殜，伏枕凭茵，主臣叩首，亟呼掌记，剌达王家，天幸二也。臣情子职，仓皇奏书，穹封异恩，获焉若掇。居顷请恤，视内三品，以祭以葬，问等有加，天幸三也。于志有之，身没名垂，是为不朽。孺子通家托分，敢副旒旐，恭作诔焉……"(页 17A)

案："仰芹冯公"名子履，据邢《诔》文，其卒于是年八月。《东阿于文定公年谱》卷二："(万历二十四年十月)，宗伯冯公琦乞尊人志铭。"(《山东文献集成》第三辑第 10 册，页 718)又："十有二月，狩院姚公思仁报命，荐遣祭冯太公于青州之第，致志铭。"(同上，页 719)

冯子履逝后葬礼极隆，缘其子冯琦为朝廷重臣，声望甚高。万历帝委山东按察副使兼布政司参议于仕廉亲致祭，命工部为之修坟。乡人原吏部给事中钟羽正撰《故河南布政使司右参政诰封通议大夫礼部右侍郎兼翰林院侍讲学士仰芹冯公行状》(《崇雅堂集》卷一三，页 4B)，乡人原礼部尚书于慎行撰《明故河南布政使司左[右]参政诰封通议大夫礼部右侍郎兼翰林院侍讲学士仰芹冯公墓志铭》(《谷城山馆文集》卷二一，页 13A。)，原礼部尚书兼武英殿大学士王锡爵撰《参政仰芹冯公墓表》(《王文肃公全集》卷七，页 18A)，詹事府詹事兼翰林院侍读学士余继登撰《冯仰芹墓表》(《淡然轩集》卷七，页 20B)。

同时所作祭奠诗文，有于慎行《祭诰封礼部侍郎冯公仰芹文》(《谷城山馆文集》卷三三，页 14B)、钟羽正《挽仰翁年伯三十韵》(《崇雅堂集》卷四，页 3A)，钟羽正又有《合祭冯仰翁》(上书卷一五，页 13B)、《祭冯仰老代家君》(同卷，页 2A)、《祭冯仰老代邢昆老》(同卷，页 14B)。

是月，冒愈昌来访临邑，与订交。

冒愈昌《奉访邢子愿先生于临邑》："数载悬相慕，于今得暂如。邑推驷马里，吾意子云居。托乘犁丘下，寻源沛庙余。中怀一以惬，欲去转踌躇。"(《绿蕉馆集》卷二，页 34A)

案：冒愈昌是年八月到访临邑，数载相慕终于如愿相晤并订交。张玉成撰《绿蕉馆集序》云："再游齐鲁，登日观，望海门，访邢子愿太仆于犁丘，则其推重又不啻王、吴先生。盖太仆独好君诗，手铨其诸体如于首曰：'披君之箧如入玉林，即苍壁小玑，种种皆宝。而此则北荒之日月，东国之璠玙哉。'日且悬之通都大邑，以视人人。"(《绿蕉馆集》卷首)又冒广生《伯麟先生家传》："受知邢太仆子愿先生，馆于来禽亦久。生平所与游好如焦澹园、顾邻初、冯开之、朱兰嵎、马眉良。冒襄《题邢子愿泲园图》。"(《冒伯麟先生集》卷末)

冒愈昌(1567—?)，字伯麟。南直隶如皋人。诸生。游王世贞、吴国伦之门，又与竟陵诗派首领钟惺、谭友夏及茅元仪等倡和。著有《绿蕉馆集》二十卷。参见《千顷堂书目》卷二六。(页656上)又，冒愈昌生年诸书未详，据其《四品稿序》"余视季重五年以长"，"季重"即李若讷，其生于隆庆六年(1572)，则冒愈昌生于隆庆元年(1567)可知。

闰八月初七日，章直卿来访泲园，同集园中望月，时冒愈昌在座。

《来禽》卷三《又八月七日，喜章直卿司理见枉泲园，即席作》："当年行县急前旌，秋闰重来意兴并。勒菊未应开冒雨，衔杯浑似对繁英。谈深约略霜全减，坐久依微月渐生。君自射书城下至，一询风义倍关情。"(页28A)

冒愈昌《重逢章司理直卿，同集邢侍御园中对月》："高秋斜日石门逢，至止名园听暮钟。绕郭林烟呈莽苍，在山泉脉写春容。飞觞捉尘皆成趣，翠霭金波欲荡胸。回首却怜燕市里，酒垆诗社几想从。"(《绿蕉馆集》卷三，页16A)

案：郑《表》，是年八月为闰月，与"秋闰重来意兴并"合，诗题"又八月七日"，亦指闰八月初七日。章直卿，未详俟考。冒愈昌又有《怀章司李直卿》："东郡平反更李官，予公驷马待君看。古人五载情仍笃，国士千秋谊未寒。遂使楚材堪晋用，谁云古道古今难。遥遥郎署应相忆，来往从今祇自叹。"(《绿蕉馆集》卷三，页34B)

是月，公鼐有事来访临邑。与公鼐、冒愈昌、李若讷兄弟游从甚欢。

冒愈昌《四品稿序》："余视季重五年以长，而托交季重则廿六年。于兹彼时，季重虽韶年，贵介乎而俨然先辈已十年矣。一时同好，则故冏卿邢子愿谢政家居，今大司成公孝与有事犁丘，因而胥会暨季重伯氏伯愚、仲氏再新两文学，咸与周旋、欢然莫逆者，如是者四阅月而始别。"(《四品稿》卷首)

案：公鼐有事来访临邑，时冒愈昌暂居犁丘，邢侗与邑人李若讷三兄弟从游。冒愈昌有《李家兄弟歌赠伯愚、再斯、季重》(《冒伯麟先生集》卷一,页7B)。据刘士骥《明河南布政司左参议进阶朝议大夫岩宾李公行状》,李若讷三兄弟,长曰李若需(伯愚),邑廪生,娶葛曦女;仲曰李若思(再斯),亦邑廪生;季曰李若讷(季重),万历三十二年(1604)进士。(《蟋蟀轩草》,页利五五A)

与公鼐同登犁丘,有诗。

《来禽》卷二《与公孝与登犁丘》:"一片陌尘近,吾兄驱马来。露寒花破闰,醅发酒盈杯。对坐惊残鬓,牵衣上古台。生平吾与尔,肝胆莫教灰。"(页9A)

案:郑《表》,是年闰八月,诗云"露寒花破闰",当为是月所作。

公鼐居留十日,赋诗辞别诸友人。

公鼐《丙申晤子愿,别去寄怀四首》:"南浦分携暮雨微,平林望断送将归。新诗一一题团扇,陇首秋云片片飞。""十载离愁十日欢,今宵相忆路漫漫。霜林一夜秋如扫,不及红亭送客寒。""雁满沙汀柳拂堤,阳邱回望万山迷。清河渡口人南去,惆怅孤帆日又西。""茅店垂杨古道边,酒阑歌咽雨茫然。悠悠匹马冲寒雨,隐隐孤城隔暮烟。"(《问次斋稿》卷三〇,页289下)

案:此日冒愈昌、李若纳亦有诗送别公鼐。冒愈昌《同李季重送公孝与》:"东门立马暂徘徊,行色偏从雨色催。一望蒙山秋不断,可能分赠白云来。"(《绿蕉馆集》卷四,页23A)

冒愈昌在临邑先住小店,闻沛园之胜遂有寄诗,侗邀其移居沛园西斋。

冒愈昌《小店呈子愿》:"长途易得倦,小店难为安。沙起日光暮,风来衣乍寒。摊书聊为遣,对酒何曾欢。见说沛园胜,明朝屐底看。"(《绿蕉馆集》卷二,页34B)

《来禽》卷二《冒伯麟移居西斋》:"槐院秋光逼,空堂夜色侵。城低通暮雁,风峭急寒碪。故国亲朋思,他乡去住心。小窗吾属耳,仿佛动哀吟。"(页10A)

案:冒愈昌居留犁丘抱怨:"摊书聊为遣,对酒何曾欢。"呈诗曰:"见说沛园胜,明朝屐底看。"侗答以《冒伯麟移居西斋》诗。冒愈昌移居后,与秦镐同游沛园,有《同秦京游沛园作》:"城隅日欲落,共作名园期。洞壑积秋气,林峦分夕姿。远心行纵目,随意坐题诗。却笑穆天子,神空八极驰。"(《绿蕉馆集》卷二,页35A)

冒愈昌居留沛园,与邢倌、邢伉、邢王瑞、邢元树等游从。

案:冒愈昌与邢倌有《同邢子御访古雪上人于真武庙》(《绿蕉馆集》卷二,

页36A)，“子御”名倌，贡生，见前。又与邢伉游，有《怀公文学孝与与邢太学子頫》：“后先为别总销魂，别后功名未可论。岂以章缝终鲁国，不从竽瑟辨齐门。难兄御史谁争长，令弟贤书也自尊。若道大材须晚就，看君几岁沐君恩。”(同上卷三，页34B)“子頫”名伉，邢侗季弟。又与邢王瑞游，有《同邢王符望月》：“夜色澹悠悠，空庭月自流。半规含玉兔，清漏度灵虬。气冷衣裳薄，情深语笑留。欲分仍不远，应得胜羊求。”(同上卷二，页35B)“王符”疑即邢王瑞(玉符)。又与邢元树三首，《过邢元树》(页35A)、《同元树过京于戒珠寺》(页35B)、《送邢元树北上》(页36A)。“元树”，未详其人。

是月廿七日，秦镐携潘榛书自青县来，即席有诗，侗有和诗。

《来禽》卷二《秋日秦京以潘青县书至，即席有作却寄》：“何事潘青县，封书到济南。雁惊霜堕阵，人喜月停骖。问讯情如旧，扳留酒欲酣。同乡与同调，此夕意双含。”“萧飒看堤柳，乡心共雁程。暂来吾道重，且住旅怀轻。霜晚暄秋序，更深寒夜城。徘徊良不惬，一为问秦京。”(页22B)

案：“潘青县”名榛，青县知县，“秦京”即秦镐。据邢侗《送秦京由青县见访，复还青县，时重阳前二日》云：“十日平原追昔饮”，(《来禽》卷三，页25A)知秦镐是月廿七日来访。

[光绪]《河南通志》卷六五：“秦镐，字京，汝阳人。家贫，性至孝，绝意仕进，肆力古文词。崇祯时，征辟不就，诗有‘颍水半瓢岩月细，桐江一线野云宽’之句。年八十有二，题墓石云：‘人间贫孝子，地下老书生。’”(页35A)邹迪光有《汝南秦京像赞》(《石语斋集》卷二二，页17A)，李维桢有《秦京诗序》(《大泌山人集》卷二三，页18B)，王惟俭《汝南秦京名镐》：“秦京汝南士，清思与惠心。卜筑南陔下，颇有襄阳风。近续先贤传，兼成洞萧颂。何时能就我，共泛景龙江。”(《遥连堂订王损仲先生诗乙稿》，页5B)

得青县潘榛知县书，有诗寄之。

《来禽》卷二《秋日得潘茂硕书却寄》：“当秋忽如醉，因得故人书。展转烹鱼后，寒温结蠹余。烛花兼雨白，桐影带霜疏。料此怀君夜，君应梦敝庐。”(页19A)

案：“潘茂硕”名榛，时知青县。前诗题为《秋日秦京以潘青县书至，即席有作却寄》，此诗即为得潘榛书后寄酬。

秦镐又携潘榛诗集来，请为作序。

邢侗《潘茂昆诗序》：“丙申又八月，汝南秦京以青县令潘茂昆书抵余山中,纵谈五昼夜,娄难娄不穷也。已,复出茂昆一编曰:‘此潘令韵语,先生其评之。’予评曰:茂昆,郕人也。郕于春秋杂齐鲁大国间,其在幅员不翅人面。一子即所竭蹷而驰,不越四境,就所降下一须句而止耳。更二千年而产茂昆氏。茂昆天资颖特,素门崛起,经学之外,多读古先冢笈、山海之书。及于登第成进士,出宰百里,自汝移青,堂皇延问钱谷狱讼之暇,日不废吟,而后诗成帙也。诗所由法,以盛为宗,以中为辅,挺乎骨,传乎肉,骨什六,肉什四,彬彬乎匠心合矩,卓然一氏之言、百代之业也。无论竟乎此,尾由今日,而齿遇乎亟。夏非吴越不敌,用春秋而观今日齐鲁,其奉茂昆盟盘乎!何郕之与?有郕仅下一须句,茂昆足霸齐鲁,一封所至,将顷将谭,五国无不舆衬哀乞,茂昆其张郕乎?而郕载启右文之代,以茂昆故峄孤桐,其增而高肆厥音声也与哉!茂昆为民劳苦有阳道州风,循吏可传,何必文苑?予居犁,比公其世也于称为莒之故耦与郕,而今郕且大齐鲁,予将不能为役矣。云云亭亭人邢侗子愿甫撰。”(《随在集》卷首)

案:邢侗此序《来禽》未收。潘榛撰《随在集》十卷,明万历刻本,南京图书馆藏。前有于慎行、邢侗、于若瀛序,卷端署“峄山人潘榛茂昆甫著,东海于若瀛文若甫阅”。邢序有“丙申又八月”语,则是年闰八月作也。

九月初二日,于来禽馆摹褚遂良《潭府帖》。

释文:“潭府下湿,不可多时,深益愦悴,况兼年暮。诸何足言,疾患不增,医疗无须。朽草枯木,安可嗟乎?自离王畿,亲故阻越,每思宿曩,宁喻于心。承汝立行可谟,出言成轨,迁居要职,擢任雄台。闻之嘉声,增以羡慕。更得汝状,深美吾诚,因奏事闲,方便在意,徙居此土,要佳女悉也。”题识:“丙申九月二日,来禽馆摹唐贤帖。邢侗。”(中国嘉德2005秋季拍卖会“攻玉山房藏中国古代暨近现代书画专场”图录)

案:唐褚遂良书《潭府帖》,刻入《淳化阁帖》。邢侗摹帖以二王居多,所摹唐帖尚不多见。此帖先经吴兴蒋祖诒藏,有鉴藏印“蒋谷孙审定真迹”,后入藏“攻玉山房”。

初七日,秦镐复应潘榛招而还青县,有诗送别。

《来禽》卷三《送秦京由青县见访复还青县,时重阳前二日》:“驱车青县来临邑,世路穷交此独难。十日平原追昔饮,重阳丛菊罄今欢。衣裳初授微霜薄,栗叶多黄白露寒。明发野桥逢候雁,相思应寄数行看。”(页25A)

案：诗云“十日平原追昔饮”，知秦镐居留临邑十日，与邢侗、冒愈昌多有交游。冒愈昌有《同秦京游泲园作》(《绿蕉馆集》卷二，页35A)、《重逢秦京因忆熊髯白姬》(卷三，页16B)。秦镐还至青县，潘榛有《秦京至自临邑》：“九日曾为期，君今十日至。相逢一问君，迟滞缘何事？”“闻道青齐境，向来水旱多。只今秋已尽，纳稼定如何？”“昨日经重阳，西风正凛冽。中途无酒钱，何以酬佳节。”“书剑冲寒至，悠然慰所思。壮游应得句，为我诵新诗。”(《随在集》卷二，页27A)则秦京是月初十日还至青县。

初九日，秦镐辞别临邑未至青县，潘榛待其不至，有诗寄问。

潘榛《九日待秦京不至》：“何处黄花酒，天涯醉故人。空存九日约，若负百年身。漫对菊为主，虚疑诗是宾。都将寂寞意，一一付佳晨。”(《随在集》卷二，页26B)

案：秦镐初七日离开临邑，初十日方至青县，本与潘知县有九日之约，故潘榛作诗寄问。

是月，四明张平叔为杨巍贺寿归，携屠隆书迂道临邑。喜而有诗，冒愈昌奉和。

《来禽》卷二《四明张平叔过海上访杨冢宰公，寻以屠长卿书枉泲园，喜而有作》：“春明当岁闰，严濑一星临。期岂尚书顾，恩深国士心。海鱼犹石首，霜柚别来禽。细话江南北，风期人雅吟。”“几醉桃花岭，重过泲水园。上公欣击节，下士澹忘言。道味君堪把，清斋我共餐。何时返乡路，三径菊应存。”“下马人疑古，开缄墨未渝。四明沧海外，几度白榆枯。问俗知无恙，吟诗一剧呼。两乡如晤语，不必叹长途。”(页15B)

冒愈昌《赠张平叔》引曰：“余闻平叔旧矣，今年九月平叔以寿杨太宰归，取道临邑访邢冏卿于犁丘台畔，始交一臂。平叔雅擅声诗，兼通画理。‘五岳游人’则其所自署云。”诗云：“平子虚劳赋四愁，如君五岳已成游。真形宛同眉棱出，灵气深从幞被流。垂世相思仍命驾，别来乘兴一登楼。黄华绿酒殷勤思，并作毫端偏偏秋。”(《绿蕉馆集》卷三，页17A)

案：张平叔，四明人，事迹未详。据冒诗引，其“雅擅声诗，兼通画理”，自署“五岳游人”。“杨冢宰公”即杨巍，是年五月为其八十一岁寿辰。《东阿于文定公年谱》卷二：“(万历二十四年五月)乾钦之海丰寿太宰杨公巍。”(《山东文献集成》第3辑第10册，页717)

歙县程生将往临漳，有诗寄讯王一鸣知县。

《来禽》卷二《因歙程生寄讯王临漳伯固》："少别已十载，含情难且陈。郎官双舄旧，风政两河新。坛坫归盟主，云山问美人。相望才一水，何事乏游鳞。""三十六鳞至，君还相忆无。凭将歙州去，莫作石城逋。吏散吟铜爵，官闲爱野凫。四年犹不调，遮莫岁华徂。""拙宦堪怜汝，遭逢莫怨渠。太湖罹寇盗，明府罢迁除。唾面随乡少，攒眉近里胥。亦知腰膂困，不作贵人书。""漳水三台下，三台漳水边。经过几徙倚，赋咏数留连。贺雪春城剧，衔杯夏日偏。吾园台十丈，西眺满云烟。"(页21B)

案："王临漳伯固"名一鸣。诗云："少别已十载，含情难且陈。"指万历十四年(1586)邢侗参藩荆楚，别后再无见面，至今十年有余。又云："四年犹不调，遮莫岁率徂。"王一鸣中进士后授太湖知县，任职七年，二十一年(1593)改临漳，此又四年，仍无升迁之望，故有此句。"歙程生"，事迹未详，公鼐有《于宗伯席上赠江右程生》注："程旧游四明，有沈勾章、余君房、屠长卿诸贤唱和卷。"(《问次斋稿》卷一八，页198下)未知是否此人，录此备考。

是秋，程生携诗至临漳，王一鸣感慨万千，寄诗述怀。

王一鸣《述怀寄答邢太仆子愿先生六首》："拥彗劳魂梦，担簦计岁年。一陪秋署宴，十送塞鸿旋。北阙书空上，南州令可怜。弹琴堂不下，早愧昔人贤。""戎马生邻县，孤城困奈何。存心调战守，半岁拥干戈。即墨功谁录，阳城考更多。饥荒兼盗贼，小吏合蹉跎。""白简腾三府，黄州住二年。早从新谷贷，寒想迭衣眠。简出山川贵，深耕性命全。优游开万卷，事事信皇天。""迢递离江上，间关到邺中。簿书多不异，俯仰尚难工。园阔悬萝月，堂虚进筱风。戴星时出入，努力慰途穷。""有客来临邑，闻公筑泲园。幽真酬圣主，辛苦续微言。引水涓涓活，栽桃树树繁。何时买茅屋，来此谢尘喧。""鹊山寒吹老，雁泊溟烟深。杳杳登临眼，纷纷离合心。报书扶病写，好句背人吟。亦有三台酒，秋轩想共斟。"(《朱陵洞稿》卷一七)

案：诗云"有客来临邑，闻公筑泲园"，当指程生自临邑携邢侗诗至临漳。又"一陪秋署宴，十送塞鸿旋"，知自荆楚别后十年，王诗即是年秋作。

十月，侄孙邢固例贡入太学，致书同年李廷机祭酒托其关照，廷机有复书至。

李廷机《报邢知吾》："自吾侪曳裾太学，迄今几三十年。桥门黉舍之观有加，而章缝之盛、弦诵之声大不如昔，教法士习盖日趋而下矣。此时而令奔蜂化藿蠋，越鸡伏鹄卵，岂其任哉？每见贵乡孝廉任子逡逡，谨饬无贵倨容，然后益信齐鲁士行之美，南国不及也。今令侄孙来，又得一士矣。”（《李文节集》卷一三，页8B）

案：“侄孙”指邢固，是年例贡入太学。《遵道行状》：“丙申，嫁马氏女，是岁十月，遣固入太学，意良适。”（《来禽》卷一八，页30A）李廷机时为国子监祭酒，《明神宗实录》卷二九九：“（万历二十四年七月）甲申，左庶子李廷机国子监祭酒。”（《明实录》第58册，页5606）李廷机隆庆元年（1567）拔贡入太学，与侗同学，隆庆四年（1570）同举顺天乡试，廷机为解元。隆庆元年至今，恰好三十年，故李书云：“自吾侪曳裾太学，迄今几三十年。”

闽人姚廷城来，雪中设席饯饮，席上冒愈昌有诗。

冒愈昌《雪中，邢子愿席上逢姚百雉》：“一片寒光照马头，怜君冲云远相求。到来杯酒欢如故，犹胜山阴半夜舟。”（《绿蕉馆集》卷四，页23B）

案：“姚百雉”名廷城，闽人，事迹不详。王惟俭有《闽中姚百雉名廷城》云：“百雉紫虬髯，零落冲天羽。西游过蚕丛，南探穷犀浦。征伎坐雕案，草檄据败鼓。纵饮近如何，为子诵童羖。”（《遥连堂订王损仲先生诗乙稿》，页5B）姚廷城受赵南星赏识，交往甚密。南星有《秋日方胥成及令子公荣来访，适张叔广、姚百雉至，因邀华伯共酌三首》（《赵忠毅公诗文集》卷四，页21A）、《姚百雉过余一年，所将南归而不果，顷订婚于栾城，乔中丞聘之，随入蜀中》（同上，页39B）、《同姚百雉赏牡丹》（上书卷五，页19B）、《乙巳初度，秦敬伯、梁众甫、尚甫、姚百雉东园酒集，时芍药盛开》（同上）。

冒愈昌暂别之商河，留诗辞去。

冒愈昌《之商河暂别子愿先生》：“尊前沸水杯，马首商河辙。情知无几时，已自难为别。”（《绿蕉馆集》卷四，页16A）

案：据《读史方舆纪要》卷三〇，商河县属济南府武定州。（第3册，页1438）

葛昕来书为已故德平县知县成文选募赀助葬。成知县暴卒，德平士绅悯其子幼，无力置办棺木。

葛昕《邢知吾亲家》：“成县主陡尔痰殂，应门孑然幼童，其子弟无一在宅者，棺木至今无寻觅处，可叹也！昨募公为悬四五十金以购，亦寂寞之应。兹敢专仆同公差人求之贵邑，仰祈尊慈，即谕门下人为一区处，得见成及出悬价外者为上,外封二十金为仆赙助者,差匠验有,即付价以来,余当县中补之也。琐聒仰唯丈仁心轸念,幸速留神,促价驰复。至祝至祷。”(《集玉山房稿》卷九,页33B)

案:“成县主”名文选,万历二十年(1592)至二十四年(1596)在德平县知县任。[光绪]《德平县志》卷五“知县”:“成文选,字衡斋,直隶长垣举人,二十年任。清直有声,时当倭警,缮修城郭,供应军需,尤称济变之才。以暴卒,卒于官,有哭失声者。”(页9B)德平县知县成文选后一人为凌秋鹏,“二十五年任”,则成卒于廿四年,葛昕有祭文《县令成衡斋父母》。(《集玉山房稿》卷一〇,页11A)葛书谓“邢知吾亲家”,时邢王称尚未聘葛昕女,或因邢侃娶葛昕叔祖葛守贞女而得称“亲家”。《府君行状》:“侃,邑廪生,妇葛氏,德平光禄寺监事公守贞女,左都御史端肃公守礼侄。”(《来禽》卷一八,页1A)

岳父赵熠卒,年六十四。协助料理丧事如礼,撰文祭奠。

《来禽》卷二〇《祭岳父赵公暨岳母任太君文》:“盖绎幕之乡,大河环绕,平壤丰沃,往往名德端方之士崛起,而闺闱流化醇贞,静淑女德亦饶焉。我岳父、岳母,其人也,邑称天水氏。若昆仑不竭之源,滔滔洪衍,溉润百物。至诗书渊汇,则又莫敢与诸任齿焉。岳父出天水,岳母出任,匹宗俪美,唱随于喁,有宜室宜家之风。父治举子,膏油矻矻,盖破者万卷而不一酬。中岁弃去,力田劭农,量晴较雨,一遵东鲁王氏之书。……观察伯翁以下雁行者五,具鸿儒,有道欢若。埙篪雍睦之内,朝典在焉。一门伦懿,今所不睹,古所仅有也。……且闻之,父与母平生无逆色,无违言,汔白首相庄若宾,所谓一门伦懿,罄竹不尽述,真天壤间两完人也。侗情切馆甥礼,陈祖奠蒸心百感,口舌莫名。望北风而长号,其鉴此儿女之深衷乎?”(页21A)

案:邢侗继室赵氏父赵熠,母任氏。《平原赵氏族谱》:“(赵)熠,吏目,字子羽,号翔斋。娶省祭任贯道女,纳马氏。”又:“(赵)熠,增生,例遥授太医院吏目,寿六十四岁。葬于城南二十里许周家寨。”附注:“茔在周家寨,后人在城北亭子上居住,一半居临邑。”赵熠卒年不详,姑系是年,理由为:其一,邢王称《赵太君行状》:“太君家故饶腴,当府君卜筑鸠徒,太君请之外王父母,以三十斛米佐之。”(《家乘》卷六,页14A)邢侗不善治产,因筑沛园及广徕各方宾客而致产业渐颓,又遇万历二十二年(1594)山东饥荒,赵家“以三十斛米佐之”,应在此后。其二,赵氏为任氏生,赵熠又纳马氏,生子时来。《平原赵氏族谱》："子时来，字朋自，号遇隆，娶庠生李应雷女。"邢王称《赵太君行状》："性孝，外王父母会谢杯棬，乞府君与当大事，异母弟时来踽踽孤耳，向府君亟嘱：'此吾父一块肉，君庇之是生吾父也。'府君唯唯。今舅氏屹然能立，有七子，太君可谓祚赵矣。"(《家乘》卷六，页 14A)，赵熠卒时其子尚幼，至天启三年(1623)赵氏卒，"舅氏屹然能立，有七子"，若依据以上分析，赵熠卒于万历廿四年，其子时来七岁，则天启三年三十五岁，年龄上吻合。其三，据《平原赵氏族谱》，赵熠兄弟五人，长兄赵焞，嘉靖五年(1526)生，万历三十一年(1604)十二月二日卒，仲兄赵辉嘉靖八年(1529)生，万历十三年(1585)卒，三兄赵烨生卒不详，五弟赵燃生于嘉靖二十三年(1544)，卒于万历三十七年(1609)。若赵熠卒于是年(1596)，年六十四，则生于嘉靖十二年(1533)，则其少于长兄七岁，少于仲兄四岁，长于五弟十一岁，因而尚属合理。

本年，七月，遣中官开矿。其后各省增设税使，由是民不聊生，变乱蜂起。十二月，陈于陛卒，谥文宪。

【诗文系年】

《重修真武庙碑》《赠况重初督饷还朝兼写鄙怀八首》《寿新城王大司徒七衮序》《贺魏公封大中丞暨九十春秋序》《奉训大夫尚宝司少卿北山先生濮阳李公先芳行状》《孟秋寿万伯修使君》《封礼部右侍郎兼翰林院侍读学士青州仰芹冯公诔》《又八月七日，喜章直卿司理见枉泲园，即席作》《与公孝与登犁丘》《冒伯麟移居西斋》《秋日秦京以潘青县书至，即席有作却寄》《秋日得潘茂硕书却寄》《潘茂昆诗序》《送秦京由青县见访复还青县，时重阳前二日》《四明张平叔过海上访杨冢宰公，寻以屠长卿书枉泲园，喜而有作》《因歙程生寄讯王临漳伯固》《祭岳父赵公暨岳母任太君文》。

万历二十五年丁酉(1597)，四十七岁

泲园家居。《王右军像赞》上石来禽馆。

元月，侄邢王道卒，年五十五，为作行状。两人虽为叔侄，形同兄弟，临终托孤于侗。

《遵道行状》："余侄孝廉君王道，字遵道。就所名徙祖称七代孙，以吏部

都给谏公为大父，以封都给谏公为曾大父，以岢岚太守公为高大父，而余元兄朝列公，实称都给谏公第一子，遵道则又朝列公第一子云。……丙申，嫁马氏女。是岁十月，遣固入大学，意良适。甫再浃辰，而夙疾作矣。一夕，亟招余，握余手曰：'余其不食新矣。余下暴肿，意忽忽，无生人致，将不及见吾孱子也。'余百方慰之，及除，而犹色笑饮啖如平生也。元日，自余饮之酒，酒半醉乃轧涩哭，余亦哭。意实念固。余乃为书，委屈招固太学之邸中，复以书抵祭酒同年李公，令得请急归，时固病疡，赖姻家给谏杨公为营路符还焉。还，犹及其未大故五日也。痛哉！入门固尽一哭，遵道断丝残竹，几不成声，见者闻者无不割心酸鼻，矧伊父子乎。未大故一日，先招余前，蓄缩而语曰：'今日之午，固则吾子尔孙，迟明之辰，固则尔孙尔子。'亟屏左右出，枕上叩头三四下，以属固曰：'青州叔必不遗弃儿。'复顾余曰：'叔其后先之，吾讵敢并帑于冯公，冀以旦晚卵翼固耳。'余唯唯。次辰，果不起。……状曰：遵道生而疏眉秀目，若泽门之皙，望之知为贵介矣。顾其中郎朗洞彻，谙于当世之故，而以款曲行之。与人情笃，不见锋铦，庶几有道者，不第文华之足采录也。遵道遇其仲路，意常自下，食则弗先，衣则弗择。用以奉李宜人，而宜人性自贤母，所为抑路而昂道者，更仆不能数。此母子兄弟，世宁有哉？抑微遵道、路实友弟，路而不死，贵矣。遵道所为抚路遗孙者，不替于其病惫中，可谓吾家风政，家侍御公悦焉。遵道死而余托孤，孤不必言。若路与民之后，余实视力是图以安死者。无神何征，有则安可诬乎？……"(《来禽》卷一八，页30A)

案：《遵道行状》云："元日……自余饮之酒，酒半醉乃轧涩哭，余亦哭。意实念固。余乃为书委屈，招固太学之邸中……还，犹及其未大故五日也。"上年十月邢固入太学，"再浃辰，而夙疾作矣"。元日，饮酒而示意召邢固还，固还至"其未大故五日也"。故邢王道应卒于是年元月。前考王道生于嘉靖二十二年(1543)，享年五十五岁。王道临终托孤，故侗视固如同己出，百般呵护。文中所及"祭酒同年李公"，为国子祭酒李廷机；"姻家给谏杨公"为吏部给事中杨士鸿；"青州叔"为冯琦，王道生死之交。"仲路"即其仲弟王路，字遵路，廪生，配李氏。(《家乘》卷四下"世系表二"，页8A)

二月，冒愈昌辞别邢侗，有诗寄谢。

冒愈昌《奉怀子愿先生却寄二首》："伐木歌中见友生，犁丘回首来年情。谁知二月清源梦，犹听西窗夜雨声。""欲将双鲤寄河流，无那真情字字愁。一

样春城花月满，石门今日是并州。”（《绿蕉馆集》卷四，页 24A）

案：冒愈昌上年八月来访犁丘，居留四月有余。此诗为别去后，于次年二月所作，由“犁丘回首来年情”“谁知二月清源梦”“一样春城花月满”等句可知。

陈与郊致书并寄二纸，为其弟陈与相索书，欲分挂斋阁。与相时任成都府知府。

陈与郊《邢子愿太仆（一）》：“奴还，知仁兄留意不朽，尽镌名帖沛上，遂为东壁府矣。山阴赏鉴，千古不疑，弟每病每燕闲即展读拟古。仁兄拟左，而左拟汉，而汉真有八斗才，弟无半合，况岁月浪过，转愧恨不可说耳。家弟在成都三岁，索得二纸，乞仁兄随意为弟一书，欲分挂斋阁，正不烦对待也。南中新刻多，了不见异，余汉城寄至《荔枝谱》，差足引馋，漫致之。汉城又亟称其邑子林仙客，善书果然，然林生神伏彩笔，若伏大令，欲附弟同造犁丘。弟往往家私烦恼，便思遁迹云云。亭亭间与仁兄抵掌五十年，庶几无负半生。儿曹老大，世态日非，谢绝应酬，祇费气力，可向谁语？”（《蘋川集》卷三，页 12B）

案：与郊此书为其弟求字也。与相万历廿二年甲午（1594）任成都府知府。《海宁渤海陈氏宗谱》卷二四《第七世参政虚舟公传》：“久之，晋南昌太守，而慈讣陡惊，痛不视，含敛毁瘠。甲午，补成都。”（页 18A）书云：“家弟在成都三岁，索得二纸，乞仁兄随意为弟一书，欲分挂斋阁，正不烦对待也。”则此书作于是年无疑。又书云：“仁兄留意不朽，尽镌名帖沛上，遂为东壁府矣。”时侗正镌刻《来禽馆帖》。东壁即壁宿，二十八星宿之一，东壁二星主文章，指天下图书之秘府也。张说诗云：“东壁图书府，西园翰墨林。”

“余汉城”名寅（1519—1595），字君房，改字僧杲，号汉城。浙江鄞县人。万历八年（1580）进士，除工部主事，迁礼部员外郎，历郎中，出为山西副使，迁山东参政，入为太常寺少卿。著有《农丈人集》二十八卷。参见《静志居诗话》卷一五（页 451）、[乾隆]《鄞县志》卷一六（页 11A）。

三月或稍前，编纂铨定《世说新语广钞》，并撰序文。

《来禽》卷六《刻世说新语钞引》：“盖自隆、万以来，而《世说新语》大行。东南天地间，若发中郎之帐，而斫淮南之枕，口不占不得中微谈，士不授不得称名下也。吁！亦好事贪奇甚矣！……余故为南宫业，与广野期用暇日尽此书，仍期各出臆评，而会名法簿书相纠缠，卒辜初愿。又十季，而广野守谏议久，封章朝谒之间为毕此书。研精蒿目，厥志良勤。其所为钞，盖主习见者，汰冗长者,节乱雅者,湔古语转讹不可了了者。阙吁,其于《世说》家言,思过半矣。余斋居病卧,一夕为是正之。稍为广其遗逸如干条,即嗜痂好锻,去取小别,式艺辅谈,致无弗一贪奇好事之士人秘一编,庶几无忝于智囊,何必亲蹁乎杨亭也。"(页13A)

案:《世说新语广钞》二卷,现藏湖北省图书馆。卷首《世说新语广钞引》,题为"来禽馆主人邢侗撰",即此文。每卷首题"子愿邢侗选定,钟厘陈佶校阅"。各条目间有王世懋、陈梦槐、黄辉、李贽、王世贞、姚纬、王乾开、陈继儒等笺评,王世懋最多,陈梦槐、黄辉、李贽次之,王世贞、陈继儒等又次之。据邢序,是书编纂始于邢、陈入仕之初,两人拟"用暇日尽此书,仍期各出臆评",然因吏事繁杂而未成,后与郊入朝为给事中,抽暇编纂成书,邢侗告病归里后"为是正之",再增其遗逸若干条,并撰序述其始末。故陈与郊《邢子愿太仆(二)》云:"前惠《世说序》,极荷提携。"(《蘋川集》卷三,页13A)是书两人初议于万历初,万历中与郊草成其书,邢侗增删选定,而刻印其书应在万历末至天启初,由与郊之孙陈佶完成。现存《世说新语广钞》刻本,未署刻印时间,然卷端题"子愿邢侗选定,钟厘陈佶校阅"。陈佶又名之佶(1591—1644),字吉人,号仲厘。与郊孙,祖皋幼子。(参见《海宁渤海陈氏宗谱》卷七,页11A)本年陈佶七岁,不可能司"校阅"之责,万历末天启初陈之伸、陈之佶兄弟以"赐绯堂"为名号校刻陈与郊多种著述,并遍请名家作序,《世说新语广钞》当亦其中一种。

三月,陈与郊来书,寄新刻《韵语阳秋》《酉阳杂俎》二种。与郊属为《文选章句》撰序。

陈与郊《邢子愿太仆(二)》:"得仁兄两札,具悉底里,刺骨感佩。史才尉荐,朝议甚公,且云杜为班马,剧喜不胜,仁兄研田,亦大稔耶。昔韩退之撰《淮西碑》,致[韩]宏受绢五百,皇甫湜为裴度作《福先寺碑》,受绢九千,文息本丰,弟自荒歉耳。近以《文选》课儿子辈习读,以删注太略,六臣注太烦,辄用李善注稍章句焉。间有桀讹,又稍稍订正数字,尚未脱稿。先写骚内三四章,呈交皇甫公肯为一序?此书贻后,岂减《三都》?故取一团托重意耳,不必笑老伧妄拟太冲也。前惠《世说序》,极荷提携。新刻《韵语阳秋》《酉阳杂俎》二种寄上,如云邺架,恐不免辽东豕耳。"(《蘋川集》卷三,页13A)

案:与郊此书作于是年三月。书云:"近以《文选》课儿子辈习读,以删注太略，六臣注太烦，辄用李善注稍章句焉。间有桀讹，又稍稍订正数字，尚未脱稿。”指陈与郊所编《文选章句》。《千顷堂书目》卷三一：“陈与郊《文选章句》，二十八卷。”（页759上）是书始纂于万历二十二年（1594），成于二十五年（1597）。国家图书馆藏万历间刻本，卷端署“梁昭明太子萧统撰，唐江都李善注，明浙汜陈与郊编”。首有陈与郊《文选章句序》：“余少受左氏春秋，先人非博士，书箧不使见，稍长，始习迁史，已习班固，已又习昭明。去之官，什九废业矣。罢归，耕大海之阳，乃发故箧读之。三年，而当万历二十二年，时学士狭左国迁固，不谭谭二氏，往往阐析孔孟，亦不忌外猎而妄渔，五尺之童耻不涉佛书者，不可胜道，有识惧之。……于是率仿而章句其书，授子弟矣。”（又载《隅园集》卷一，页4A）序末署“万历二十五年三月三日”。又，书云：“史才尉荐，朝议甚公，且云杜为班马，剧喜不胜，仁兄研田，亦大稔耶。”指万历二十二年（1594）陈于陛议修国史，有朝臣荐李维桢、邢侗等参与其事，后因故事寝，“云杜”即指李维桢。

致书陈𪩘，其寄扇五柄，又寄高丽纸乞书，因眼疾允以八月初蒇事。

邢侗《答陈元瑞（二）》：“扇甚佳，使到，贾勇书得五柄，是夜目眚大作，痛不可当。俟八月初，通寄此微事，物断不干没也。高句丽□太光不任书，容易他纸。足下书似眉山，《文选序》必是大书。敬拜贤兄，努力同捷。”（《泲园集》卷五，页79B）

案：此书《来禽》未收。“陈元瑞”名𪩘，与郊次子，书云：“敬拜贤兄，努力同捷。”指陈祖皋，与郊长子，已前见。又言及“足下书似眉山，《文选序》必是大书”，即与郊所撰《文选章句序》，或由陈𪩘书丹付刻。陈𪩘擅书，与董其昌交善。《第八世赠刑部郎区吴增城二公传》：“（陈𪩘）诗酒之外，酷好临池，晚而益精。慕董宗伯，作书虚衷请益，华亭亦最引重公，留恋于公家者逾数岁。得意即伸纸，真行大小，藏弆于箧笥者甚多，其他什袭名迹亦复不少。所刻有《玉烟堂帖》数十种行世。”（《海宁渤海陈氏宗谱》卷二四，页25A）书云“足下书似眉山”，而董其昌谓其“各体俱工”。董氏《玉烟堂法帖序》云：“予友陈元瑞，博雅好古，深于书学，各体俱工。就中楷法盘旋钟太傅，令公祖孙间，吴兴尚退三舍，余子无论也。”

是月十五日，德州太守刘道创建文昌阁竣工，士民立碑记其事，属撰碑文。

《来禽》卷一一《德州学宫创建文昌阁碑》：“……黄刘公重畀兹土……乃

谋于荐绅士、父老子弟，阁焉文昌，居之欢悰。启素跃绚，见勇楩梓，甎砖白垩丹雘，靡不备具。庀徒揆日，公乃莅工，俸料时出诸中庋，锾率不私于外帑。爰倡爰作，尽人翕赴。不日而竣于事。……肇于丙申五月十日，迄于丁酉三月望日。……侗懿其指，却币而颔以文。荏苒纪余，逡遁未果。给谏程公绍、司农宋公鸿儒复以书见属，敢托颢氏，爰勒贞碣，庶答广川士民之勤，藉揄齐安师帅之概云尔。……公名道，号聚斋，楚材最良，今为名二千石云。”(页7A)

案：德州文昌阁在儒学之东。［康熙］《德州志》卷四：“又东为文昌阁，万历中知州刘道建。”(页6A)文后附录《德州学宫创建文昌阁碑》全文。《碑》云：“肇于丙申五月十日，迄于丁酉三月望日。”则始建于万历二十四年(1596)五月，次年三月竣工。时德州知州刘道，号聚斋。［道光］《济南府志》卷二八“德州知州”：“刘道，号原斋，湖广黄冈人，举人，(万历)二十五年任。”(页46A)《府志》云“号原斋”似误，邢侗又有《广川守聚斋刘公受诰序》(《来禽》卷七，页7B)，王之猷有《送德州守刘聚斋入觐》(《王柏峰诗稿》卷上)，均称“聚斋刘公”。

暮春，至东阿访于慎行，于师有诗赋赠。

于慎行《暮春邢侍御子愿命驾过访，夜谈喜赋》：“十五年来系梦思，轩车何意到茅茨。探春正及花开候，对酒还当月上时。色动青天看倚剑，寒生白雪坐论诗。芳樽十日君休厌，眼底交情更有谁。”(《谷城山馆诗集》卷一四，页11A)

于慎行邀游虎窟洞、东流泉、云翠山等名胜，途中遇雨，有诗酬和。

《来禽》卷二《暮春，宗伯尊师邀游虎窟洞偶雨》：“幽洞何年辟，芳筵此日开。依希闻虎啸，飒还见人来。曲细廉纤合，谈深凿落催。吾师能好客，泥滑尚徘徊。”(页19B)

于慎行《暮春，邢子愿侍御过访，邀登虎窟山洞，遇雨和韵》：“春尽无登眺，留山待客来。残花岩际落，野席雨边开。雾合峰阴树，云飞洞口台。醉忘归路远，昏夜踏泥回。”(《谷城山馆诗集》卷一〇，页1A)

案：是年暮春，邢侗有东阿之行，拜谒于慎行师。《东阿于文定公年谱》卷二：“(万历二十五年)三月己酉，刘叟致饮牡丹于张秋，子愿至，驰归。(子愿，邢公侗，临邑人。官御史，门人。)及子愿酬于西山、东流、云翠，馆之。己亥，子愿归。”(《山东文献集成》第三辑第10册，页719)虎窟山，在东阿县南三里。

《大清一统志》卷一七九："碻磝山，在东阿县南七里。……旧志，县西南三里有虎窟山。南燕建平中，济南太守胡咨得白虎于此，因名。"（第4册，页578下）虎窟山洞及西山、东流、云翠等，俱东阿游览胜地。

与于慎行饮天柱峰下，家塾馆师薛凤仪在座。时凤仪辞馆将赴晋，旋南还，座上有诗赠别。

《来禽》卷二《薛凤仪解馆由晋还吴，赠别二章》："命犬吾家子，成虹尔剑装。几分丰岳气，数借壁鱼光。玄畅酬山水，清吟激羽商。赏心非一事，那得不沾裳。""岸柳窥青日，官桥酒一杯。春风尚寒峭，裘马欲催颓。入晋河山险，归吴柁缆开。王褒共徐孺，歧路重徘徊。君之晋吊所亲，还家营冢舍，故及。"（页12B）

于慎行《子愿饮天柱峰下，赠吴人薛文学南旋》："缥缈高峰下，相从蹑屐来。攀崖行觅草，欹石坐传杯。半岭开琼观，中天倚玉台。吴门应系马，有客岱宗回。"（《谷城山馆诗集》卷一〇，页1B）

案：山东平阴县境内云翠山有天柱峰、笔架峰、南天观、日月泉等景观。邢侗偕同薛凤仪来访于慎行师，共饮于天柱峰下，于诗有云："缥缈高峰下，相从蹑屐来。"吴门"薛凤仪"名不详，为礼部侍郎韩世能门人，于慎行有《山中逢吴阊薛文学，是韩宗伯丈门人，附书问讯》（《谷城山馆诗集》卷一四，页12A）。"韩宗伯"即韩世能（1528—1598），字存良，号敬堂，江苏长洲人。隆庆二年（1568）进士，选庶吉士，授编修，参与编修世宗、穆宗实录。充经筵日讲官，累官礼部左侍郎，以疾归。善鉴赏书画，名噪一时。薛凤仪应聘泲园馆职，教授邢氏子弟。邢侗《与吴门张幼于先生》："薛生英爽，固知门无杂宾，留授尔曹书，间一谈及张先生。"（《邢子愿杂著》）即此人，时将辞馆南旋。

薛凤仪来书叙陆行水潦之苦，有诗寄慰。

《来禽》卷二《薛凤仪叙致陆行水潦之苦，口占拨怀》："改路从邹峄，山桥野路微。潦痕侵马腹，苔色上人衣。前浦鸣榔是，他乡问渡非。栖皇余一剑，遮莫寸心违。"（页5B）

四月，前大理寺卿莱阳张梦鲤卒，年六十五，为作碑文。

《来禽》卷一六《通议大夫大理寺卿莱阳龙池张公碑》："公讳梦鲤，字汝化，别号龙池先生。……乙卯举于乡，明年丙辰成进士。射策之文见赏当轴，而以语少触讳，甲次不前，视政刑曹，曹偶咸下之。逾年以母恭人丧归。服除，补户部四川司主事，奉榷浒墅关。旋以父副使公捐馆，不果行。乙丑，起补兵部武库司，历职方司员外郎、车驾司郎中。……未几，以格得开封府知府，出守焉。……叙迁兵备靖边。……寻擢山西布政司右参政，职在督储。……及佥江南按察使，首抑讼师，不三月，亟拜山西右布政使。……即其省为左布政使。不三月，而顺天抚中丞之命下矣。……顷之，议裁顺天巡抚，改公甘肃副都御史衔。未赴，旋召入为大理卿。……三疏乞身，俄而予告。……公丈夫子四：长乃计部君嗣诚，仲乃拔萃贡嗣谟，叔乃馔堂生嗣谊，季乃弟子员嗣谅。"(页 9B)

案：张梦鲤卒于是年四月，邢文亦作于此时。张嗣诚《明故通议大夫食从一品俸大理寺卿前都察院右副都御史先考龙池府君行状》："府君生于嘉靖十二年六月十五日未时，卒于万历二十五年四月二十八日丑时，享年六十有五。"(《交绣阁诗草》卷首)著有《交绣阁诗草》四卷，山东省图书馆藏钞本。梦鲤四子，长子嗣诚字伯行，号从龙，万历二十三年(1595)进士，时任南户部主事，撰《先考龙池府君行状》，请诸友好撰碑铭传赞，有李维桢《张廷尉家传》(《大泌山房集》卷六六，页 18A)、冯琦《廷尉张公墓志铭》(《宗伯集》卷二二，页 18A)、袁宏道《莱阳张廷尉赞》(《袁宏道集笺校》卷五四，页 1562)。次子嗣谟与邢侗交善。[康熙]《莱阳县志》卷八："嗣谟，字仲嘉，号犹龙。笃学力行不倦，淹通经史，未冠驰声。爱右军之鹅，挥晋人之尘，书法遒劲，龙跳虎卧，不啻过之。与临邑邢子愿为石交，诸名公皆仰重焉。"(页 12A)侗此文或嗣谟之属。

五月初六日，《王右军像赞》上石来禽馆。

《来禽》卷二一《王羲之像赞》："身貌亭亭，玄灵引气。恬淡精华，尺宅可治。法海四达，筋骨血脉。落落玉虚，千年反魄。童子服伏，丹楼侠日，道士仙人，忽入我室。遗像在图，徘徊瞻伫，染迹犹龙，永无涅滓。"(页 23B)

案：《王右军像赞》石刻，王羲之像上刻赵孟頫临《吾有七儿一女》帖，右刻邢侗《王羲之像赞》，旧存来禽馆祠内。《家乘》卷一一"翰墨志一"："右军像，太仆公题，草书。石刻数尺许，今竖来禽馆祠内。"(页 12B)[同治]《临邑县志》卷一五"金石志下"："《王右军像赞》，上刻子昂临十七帖，右刻邢赞小楷，在来禽馆。……万历二十五年五月六日，济南邢侗赞上乐石。"(页 87B)

是月，又致书万世德，前者凡托章诏、方问孝、汪使者三寄书。

《来禽》卷二七《再答万伯修使君》："弟凡奉三书足下所矣。寓章者激，寓方者直，寓汪者宛，都蒙涵纳。人与书俱在空洞中，乃知从前不肖弟自它于伯修仁兄不长者耳，悔来几欲自烧物。顾足下不见不肖措舌状，奈何千里发一乘重之？即谒者下及蒿莱，分俸馈药，副以隃麋。隃麋弟固请之，拜赐无愧。若参药一秤，费文质周郭者三千，合清俸共得朱提二流。即今辇上人巧作事，见淮阴治粟、上郡治兵，两公疏所訾弹，顿使轩裳辈无处生活。枯槎如弟，横被异恩，浸假遇好事者搏掩，而比奇请之条，弟与足下不唯逼乎？一笑，一笑。……《湟中》一椟、《出塞》诸曲，声华被纸，光景盈字，持此可以冠冕列镇，奋扬雄威。……匏苦不才，于人共济，不肖之役，良亦在兹。五月炎歊，负薪褦襶，望天山之背，片片作琼花。又从帝所分得中尚署，献带若个长也……”（页6A）

案：“万使君”名世德，书云“弟凡奉三书足下所矣，寓章者激，寓方者直，寓汪者宛”，指章诏、方问孝以及来使“汪幕”（见《与万伯修观察》）所携书。书云“淮阴治粟、上郡治兵两公疏”，殆指是年朝议认为登莱为天津门户，天津又是京师堂奥，宜于天津设巡抚派重臣，九月授万世德巡抚天津。（见《明神宗实录》卷三一四）又“《湟中》一椟、《出塞》诸曲”，指万世德所刻《湟中牍》《塞下曲》。《中国古籍总目》著录万世德著《湟中牍七卷家食稿一卷》（石家庄图书馆藏）、《拟塞下曲》一卷。（集部第2册，页803）

中秋，书《新城王氏大槐记》，新城知县钱汝梁撰文。

案：王象乾所刻《忠勤祠石刻》，有新城知县钱汝梁所撰《新城王氏大槐记》，邢侗书，通篇小楷，一气呵成，无一苟且，字字皆精。[民国]《重修新城县志》卷二三：“《王氏大槐记碑》，吴兴钱汝梁撰文，济南邢侗书。”（页22B）

八月，戴燝升广东左参议，撰序纪之。

《来禽》卷八《亨融戴公之官岭东序》：“戴大夫由南床得职，而迁秩出为临沂监。于制，监得察一方利弊，掊击权势，称外台。然而视南床要贵，左矣。……所监故设淮戍如干人，抚中丞沽节省汰。大夫抗声曰：‘岛寇寝深矣，此去东海几何而议撤？撤将倏复，临敌而问师山城，君鼓腹笑人矣。’卒以不撤。临沂夙昔名金穴，语寝闻上，上命郎谒者采办金甚亟，抚中丞耆请益戍便。大夫抗声曰：‘临沂与朱提异，尽骨山耳。即劚石及黄泉，至竟无金。野与世无争，民奚以戍为？即天子好生金，于境内已怨，守臣任之而议增戍，是树一敌也。’争已之。两事抚中丞莫能难，坐迕意指，诸大寮属吏廪廪于大夫焉。大夫意不自可，娄上计乞身，寝不报。无何，而岭东参藩之诏下矣。……大夫节下吏

临沂宋守以下合十城十人,谋以言藉大夫,乃属不佞。不佞知大夫深,爰为叙致如右云。”(页 3A)

案:“亨融戴公”名燝,已前见。是年八月升广东左参议。《明神宗实录》卷三一三:“(万历二十五年八月庚午)升山东佥事戴燝为广东左参议。”(《明实录》第 58 册,页 5858)“临沂宋守”即宋大训。[乾隆]《沂州府志》卷一七“知州”:“宋大训,直隶新河县,举人,(万历)二十三年任。”(页 14B)

是月,章丘县知县董复亨序方问孝诗集,言子愿“知胥成诗更甚”。

董复亨《方胥成诗集序》:“胥成以甲午秋过余阳丘,酒间谭诗语合,结莫逆交。而去不能尽胥成诗,目为布衣之雄耳。今岁夏,胥成更携诗过余,因观其大全,然后知胥成非独雄布衣也。……胥成师心笃古,大历、开元以下一切谢绝,尤不喜为近代人诗,鼓其独力,欲与汉魏晋唐人竞雄千古。……或者谓胥成学古太过,离俗太远。嗟嗟!不学古顾学今乎?舍夏之云雷,纹商之金银,嵌秦汉之褐色,云头片芝,不宝而宝,时铸之鹤炉,人烛明乎!其非鉴赏家矣。胥成生黄山白岳之乡,盖古天子都在焉。其乡先逢如程唯勤、汪伯玉,并后先建旗鼓,狎主齐盟,然唯勤尸祝建安,伯玉割裂左丘,虽名高一代,而其诗咸无当胥成。胥成之诗,要旨当于汉魏晋唐人寻讨耳。予当赋诗与胥成,曰:‘王李知何物,曹刘定后身。’胥成业掀眉当之无愧色。临邑邢子愿先生负人鉴,有玄晏之望,与余善,其知胥成诗更甚。予试携而质之,当知余言非怂恿胥成也。万历丁酉壮月三日,五鹿友弟董复亨元仲甫撰。”(《苍耳斋诗集》卷首)

案:董序《繁露园集》未收,作于是年八月初三日,“壮月”为八月。方问孝万历二十二年(1594)秋赴章丘访董复亨,并订交。是夏再访章丘,将充当信使赴塞上访怀隆兵备万世德,留诗辞别,并出示所作诗集属序。其《留别董明府元仲》:“月落北风起,徘徊征马鸣。……题书谢明府,感激泪纵横。饭我以玉粟,酌我以瑶觥。赠我以新诗,结我以寒盟。何以云所报,答之以精诚。所嗟学书剑,五十犹不成。空怜儿与仆,从之以西征。”(《苍耳斋诗集》卷五,页 4A)于若瀛亦有《苍耳斋诗集序》(《苍耳斋诗集》卷首,又载《弗告堂集》卷二二,页 18B),据前引《枝隐庵歌》序,其上年秋予告归里,而本年夏方问孝有济南之行,或由山人罗文瑞之介而交于若瀛,方问孝有《夏日同罗伯浮诸君登于尚玺超阁》(《苍耳斋诗集》卷一〇,页 29A)、《北游留别于尚玺文若》(同书卷一一,页 15A)俱此时作,请于若瀛作诗序亦应此时。

关于方问孝之生卒年，诸书俱阙如。据诗云："所嗟学书剑，五十犹不成。"则方问孝是年五十岁，前推之，其生年为嘉靖廿七年(1548)。其卒年，[康熙]《歙县志》卷一〇"隐逸"："年六十，忽一夕梦游五岳，绝笔于檀州。李本宁太史为之志其墓。"(页64B)则其约卒于万历三十五年(1607)。

董复亨，字太初。北直隶元城人。万历廿年(1592)进士，少有异姿，读书十行俱下，文冠一时。任章丘县令，治尚宽，民称其惠，且简拔隽彦，以文学为吏治，齐鲁之士，彬彬向风。擢兵部郎，调吏部郎，清通简要，有王裴之风。典楚试，所录多奇士，如杨涟、钟惺皆为名臣。未几请告归里，益工为古文词，凡郡国守相有所撰述，非公不为荣，而里中后进至今奉典型焉者。著有《繁露园集》。[同治]《续修元城县志》卷五有传。(页28B)

秋，山东副使分守莱州于仕廉来书并馈以酒赀，致书答谢。

《来禽》卷二八《答于振方观察》："荐绅学士屈指江左名家，必鸣珂里第。盖云闾门之内，诗书成市，多睦之属，雍雍肃肃，居然通德之乡矣。不佞侗胜冠而知慕，按辔而窃式焉，良非一日之积。兹幸熊车驻止在我东秦，侗以林麓樗材无缘攀诣，秋深凄紧，天末怀人，未始不依依幕下也。乃荷台慈过廛存轸，惠以温词，启副发封，宛然次面。至于分俸镠而下逮，推家食以酒赀，此又越常之赐，锲骨之感矣。岛夷狂逞，赖一柱不翅连鳌，侗小子何能效其鸣跃，只用自惭耳。凭信拜返典签，唯台慈幸鉴，临缄不任惓惓。"(页20A)

案："于振方观察"名仕廉，万历廿三年(1595)至廿五年任山东副使分守莱州。[乾隆]《莱州府志》卷六"海防道"："于仕廉，金坛人，进士，(万历)二十三年任。盛稔，仪征人，进士，二十六年任。"(页6A)此书当作于此间，姑系于是。

于仕廉(1559—1645)，字符贞，别号振方。南直金坛人。幼时丧母，苦学力行。万历十四年(1586)进士，授户部主事，历员外、郎中，管通州粮储，修城浚河，建闸节水，岁省车运费数千金。升山东按察副使分守莱州，调陕西参政，以亲疾乞养归，家居十年。起为浙江按察使，分巡台州，因卓异迁江西右布政使，寻迁广西左布政使。晋南京太仆寺卿，迁通政使、户部右侍郎，总督仓场钱法。天启二年(1622)引疾归。明亡，绝食卒，年八十有六。[光绪]《金坛县志》卷九有传。(页10B)

章丘县知县董复亨丁母忧将归，属撰其父董增暨母墓志铭。

《来禽》卷一五《敕赠文林郎章丘县知县元城董公暨封太孺人元配张氏合葬

墓志铭》:“董公讳增,字谓补天。……公生负异质,稍长入塾,目辄数行下。习为《毛公诗》,兼通《鲁》《齐》《韩》三氏之故,而称专经,文力日胜。……族党果以大师推择公,公为强就席。学徒蚁集,公为讲说经义,一如君家仲舒,又如郑玄。载病兹邑,千人向赴。即二子复兴、复亨,渐列久次,靡不湛淳。……少选两君同日入泮宫,公为色喜。又二年,公遂寝疾。……太孺人者,同邑处士张公季女也。生而不茹荤血,见诸甘毳物辄厌之。十五归公,佐公为勤俭。及公捐馆,督诃二子笃于平时。少嬉,则涕泣道:‘尔等即不念地上生嫠,而不念地下死父耶!’壬辰,复亨举进士,寻补章丘,太孺人以板舆从,时时教诫。……章丘君卒用爱利洁清,为齐鲁循良第一,则戢母良箴云。比入计,便奉太孺人还元城。觐已,章丘君踞而请复东,太孺人以不耐车乘道路苦,不果行。……乃不四月,而太孺人逝矣。”(页5B)

案:董复亨万历廿一年(1593)来任章丘县知县,已前见。任满考绩为“齐鲁循良第一”,其上计入觐应在是年春间,且是年八月仍在章丘县知县任上撰《方胥成诗集序》,则其母张孺人卒于此后不久,文故系于此。

秋末冬初,患寒疟四十五日,至十二月方康复平善。

陈与郊《邢子愿太仆(三)》:“力还,知仁兄寒疟至四十五日,惊诧欲狂,细玩手书,神气奕奕,计冬月平善久矣。腊尽,会王百谷相向告语,互道仁兄。时百谷犹忧,弟特喻知之。兄苦痁,弟苦丧足,中林眠食,乃亦未易受享也。”(《蘋川集》卷三,页14A)

案:陈与郊此书作于万历廿六年(1598),据“腊尽,会王百谷相向告语,互道仁兄”,知邢侗患寒疟为是年秋冬间。

是年,继室赵氏二伯母李孺人卒,为撰合葬墓志铭。

《来禽》卷一五《平原处士赵次公暨配孙孺人李孺人合葬墓志铭》:“次公讳煇,字子观。太公凡五子,世用诸赵拟诸窦,而次公丰仪峻整,负绝异姿,磊落慷慨,耻为人间琐尾态,俯首就帖括,圉圉不乐也。……是时,太公、太母无恙在堂,廉访公仕久外也。廉访尽付家秉次,不欲妨叔季辈读。次公上奉二尊,脔汁必亲,下佐诸弟,膏油以时,晏息夙兴,位置内外,靡不有条。至于千亩之田,五亩之宫,时耕时耔,时树时畜,勃窣跐踵,僮佃稽固,无自爱焉。且又洒皮溢米,无自私焉。每心自语:‘譬之燎原,家则火焉,藉艿而燔者。非夫也,吾兄吾弟其将无家何?’盖隐然有卜式、薛包之思矣。……公善心计,即研、桑逊之，而以靡密繁伙丁其躬，盖营综者。及二终，而公瘁且不起矣。……配李孺人忍痛抚五子，逮终丧，人各成立，闺阃以内庄于寝门之外，斩如也，五子秩如也，诸姒娣穆如也。孺人盖代次公父而以身母，旧贯一新，后公十二年，亦用瘁疽发背卒。侗于公为从子婿，分宜执役墓石志。……今玄菟、乐浪用兵急，军兴以万亿计，白金一流不能致一石粟，议者难之，使尽人赵次公又何虑行间乏食乎？余窃谓叹焉，乃系之铭。”（页13B）

案：“平原处士赵次公”名煇，侗继室赵氏二伯父。《平原赵氏族谱》：“（赵）煇，散官，字子观，号辨斋。娶孙氏，继娶丹山卫知事李信女。”“寿五十七岁。葬于城南五里许。”大伯赵焞嘉靖四十四年（1565）进士，仕至福建按察使。二伯赵煇以经商为业，兼而侍奉父母，课读子侄。此《铭》作于万历廿五年，时朝鲜用兵，军费甚巨，故《铭》文云：“今玄菟、乐浪用兵急，军兴以万亿计，白金一流不能致一石粟，议者难之。”因是年李孺人卒，合葬赵煇暨配孙孺人、李孺人。赵煇生卒年，《平原赵氏族谱》失载。《铭》云：“配李孺人忍痛抚五子……五子秩如也，诸姒娣穆如也，孺人盖代次公父而以身母，旧贯一新，后公十二年亦用瘁疽发背卒。”赵煇先李孺人十二年卒，则卒于万历十三年（1585），又知赵煇“寿五十七岁”（《平原赵氏族谱》），可推知其生于嘉靖八年（1529），少大伯赵焞三岁。

是年，应历城于鲸之请，为其父于芳暨母撰合葬墓志铭。

《来禽》卷一三《诰封中宪大夫太仆寺少卿南槐于公配恭人顾氏合葬墓志铭》：“于公生，为第一子，长也，称于长公。既以子太仆君贵，晋封太仆少卿，遂得称太仆于公。公先世不离农琐，至公颇负大志，去农为儒，为儒不成，去为都司掾。都司大吏率用鹖弁武人子，而公以长者为文无害，视郡决曹。先后大吏、鹖弁武人子见公长者，无不就而问计。公一意区画，动中科指，所言传经术。先后大吏无不谓：‘于公实教我，何掾也？’会当满考，且受牒行。而公丈夫子长君鲲，次太仆君鲸，于时咸就外傅，名能学经，公慨然谢去掾，力督二君学。……逮岁戊辰，太仆君逾冠成进士，授比部郎。公曰：‘决狱固吾家事，吾家廷尉三尺具在也，儿则奚程？’……太仆君除比部，公受敕如其官，最后太仆君迁，太仆公受诰如其官。……太仆君由太仆归侍公于滦源之亭，几十五年，备极色养，公罗孙分甘，日以为恒。又开社如洛中，谆辞雅训与软语温谑互发并陈，忽不知其洧盘之景薄也。公讳芳，字时春，别号南槐。”

(页30A)

案：于芳为太仆少卿于鲸之父，山东历城人。《铭》云："太仆君由太仆归侍公于滦源之亭，几十五年。"于鲸万历十年(1582)十二月被吏科给事中陈与郊弹劾，有旨"于鲸降二级调外任"，遂辞官归里，时间应在次年年初。《明神宗实录》卷一三一："(万历十年十二月)丙申，吏科给事中陈与郊论礼部左侍郎陈思育、太仆寺少卿于鲸夤缘徐爵，结纳冯保，朋奸误国，亟当罢黜，以清仕路。有旨，陈思育留用，于鲸降二级调外任。"(《明实录》第54册，页2439)以"几十五年"推之，于芳应卒于是年，故系邢文于此。

于鲸(？—1598)，字子长。山东历城人。于芳次子。隆庆二年(1568)进士，授刑部主事，迁监察御史，出按真定、京畿，累官至太仆少卿，乞病归养，卒。参见邢侗《中宪大夫太仆寺少卿济南于公配恭人许氏合葬墓志铭》(《来禽》卷一三，页32B)

青县知县潘榛有诗寄怀。

潘榛《赠怀子愿》："花县弦歌宰，枫庭绣斧郎。铜章骈雨露，铁面凛风霜。贝锦寺人谮，积薪汲黯伤。古今看俯仰，天地委行藏。别业潜摩诘，名园倚辟疆。清余集众妙，晏晚斗群芳。淹没诗千首，酕醄酒一觞。墨池情烂漫，笔冢意飞扬。高卧秋将老，酣歌夜未央。儿曹羞贾童，奴隶走钟王。吾道无终废，斯文幸已昌。旌旄填里巷，宾客满门墙。予忝青州吏，人传鲁国狂。短才思黾勉，微禄苦趋跄。礼乐企先进，词华景大方。扫门犹未遂，避席岂能忘。识字怜杨子，谈经忆卜商。数行聊问讯，小语未成章。落落人间世，茫茫未可量。屠龙终有遇，失马漫相将。辽海风烟急，燕齐道路长。东山剩有望，应起赞勋勷。"(《随在集》卷三，页6B)

案：诗有："予忝青州吏，人传鲁国狂。"知潘榛在青县知县任上作。又诗云："辽海风烟急，燕齐道路长。东山剩有望，应起赞勋勷。"万历二十五、二十六年朝鲜用兵，亦朝廷用人之际，潘榛切盼邢侗"应起赞勋勷"，故系于此。

青城杨其休来谒，属撰其父杨若山墓志铭。

《来禽》卷一四《封文林郎苏州府推官静庵杨公墓志铭》："吾郡青城都谏杨君，以其尊大人状来谒不佞侗，曰：'圹中之石愿以累先生。'余僭不揣，按状而志之。公讳若山，字道瞻，别号静庵。……岁丙戌，都谏君征入为吏科给事中，积资为左右谏议长。……都谏君抗章封驳，极身毋贰，往往与上意旨忤，遂同钟给事辈一日罢归，天下莫不壮山东多直臣云。……会季子其光卒，光李母出，母以过戚亦卒。于是公益不可堪，疾遂寝加。都谏君遣四出求如杨庆者不得，而公竟不起矣。……今天子拊髀思骨鲠之臣，都谏君禫而赐环命，公不益含嘻九原哉！……”（页 29A）

案：墓主杨若山，为“都谏君”杨其休之父，山东青城人。其休万历八年（1580）进士，由苏州推官擢吏科给事中。万历二十年（1592），与钟羽正等台谏官因疏请建储犯上怒，被杖革职归里。《墓志铭》未明言墓主卒于何时，据“今天子拊髀思骨鲠之臣，都谏君禫而赐环命”，应卒于是年。《明神宗实录》卷三一一：“（万历二十五年六月）吏部奉旨，分别……为民谪降，内议论未定者……杨其休……”（《明实录》第 58 册，页 5814）吏部奉旨将削官为民之臣分别上奏以备起用，其休列为“内议论未定者”，然终未起用，未久而卒。［乾隆］《青城县志》卷八：“疏请建储，被杖革职，天下称其直节，寻卒于家。”（页 4B）

是年前后，撰《倭国论》，谋划倭事十余条。

李维桢《邢公墓志》：“倭事起，画便宜十数条，万开府、许给事叹曰：‘先轸有谋，胥臣多闻，子愿兼之矣。’语见集中。”（《大泌山房集》卷七九，页 38A）

冯时可《邢公碑铭》：“倭事起，画便宜十许条，万开府诸公叹曰：‘先轸有谋，胥臣多闻，子愿兼之矣。’”（《家乘》卷五“家传二”，页 12B）

案：《倭国论》载《来禽》卷二三（页 1A）。文云“万历丁酉，倭寇朝鲜，我大举救之”，可知作于是年。侗谋划平定倭寇建议十余条，提出东师有五危、天下有四患之说，提出将援朝抗倭与治理国家通盘谋划，受到高度评价，惜不能用。“万开府”为万世德，“许给事”，未详俟考。

本年正月，朝鲜以日军留釜山，遣使请援。三月，以山东右参政杨镐佥都御史，经略朝鲜军务。七月，播州杨应龙叛乱，掠合江、綦江。九月，逮前兵部尚书石星下狱论死。十二月，尹应元为右佥都御史，巡抚山东。

【诗文系年】

《乡进士遵道邢长君行状》《刻世说新语钞引》《答陈元瑞（二）》《德州学宫创建文昌阁碑》《暮春，宗伯尊师邀游虎窟洞偶雨》《薛凤仪解馆由晋还吴，赠别二章》《薛凤仪叙致陆行水潦之苦，口占拨怀》《通议大夫大理寺卿莱阳龙池张公碑》《王羲之像赞》《再答万伯修使君》《亨融戴公之官岭东序》《答于振方观察》《敕赠文林郎章丘县知县元城董公暨封太孺人元配张氏合葬墓志铭》《平原处士赵次公暨配孙孺人李孺人合葬墓志铭》《诰封中宪大夫太仆寺少卿南槐于公配恭人顾氏合葬墓志铭》《封文林郎苏州府推官静庵杨公墓志铭》《倭国论》。

万历二十六年戊戌(1598),四十八岁

沕园家居。以女许配王象乾子,两家结姻。

初春,陈与郊来书请为新葺"隅园"题额,叮嘱序《文选章句》及删订《世说新语广钞》事。

陈与郊《邢子愿太仆(三)》:"力还,知仁兄寒疟至四十五日,惊诧欲狂,细玩手书,神气奕奕,计冬月平善久矣。腊尽,会王百谷相向告语,互道仁兄。时百谷犹忧,弟特喻知之。兄苦痁,弟苦丧足,中林眠食,乃亦未易受享也。奴及中表归,颂恩德甚,十许日口燥不休,寻问沕园路径舍宇,弟意游者数日,恨不及僮竖福分矣。所乞《文选章句》序,万望留神。北海注脚,沕南弁首,俾江东亦获附骥尾焉,受赐何可言?《世说广钞》愿求删订,二者皆极延伫。《澄清堂帖》以陆走未纳,且俟明年。弟新浚一池,于城市西偏,目曰'西池',已索百谷题字。池中央分置两斋,一曰'却炎轩',三面皆竹、皆窗,宜夏,故名。一曰'白醉庵',谓南窗曝日,不饮而若醉耳。更西更一池稍广,中可阁,曰'邻虚阁',取《楞严经》语。阁、庵、轩颜凡九字,尽乞仁兄一书,或拓《圣教》法,或摹大令擘窠,唯意大小,不过尺上下耳。一联廿字,别具薄蹄,仁兄得无谓陈乞太烦乎?隔越埙篪,未期会面,欲时时瞻望手迹如颜、范耳。弟且望六,始有鱼鸟竹树心,又每翻得一言半语,皆仁兄曾谈及、简牍中曾引用者,乃悟事事后兄十年,独堕地前兄十年,可笑也。仁兄新愈,宜大将息,豪杰不可不长生,弟与兄愿共念之。李商去来,令一过我,庶彼此音耗不乏耳。"(《蘋川集》卷三,页14A)

案:陈书作于是年初春。书中叮嘱二事,一为"所乞《文选章句》序,万望留神",二为"《世说广钞》愿求删订",均与郊上年三月所属迄今未竟之事。又书云"仁兄寒疟至四十五日……至冬月平善。腊尽,会王百谷相向告语,互道仁兄",故系此书于是年初春。书云"弟且望六",是年陈与郊五十五岁,又云

“乃悟事事后兄十年，独堕地前兄十年”，与郊长邢侗七岁，此俱言约数也。陈与郊归里后修葺“隅园”，属好友邢侗、王稚登题书。王稚登题新浚“西池”，邢侗题园中“却炎轩”、“白醉庵”、“邻虚阁”。陈与郊致《王百谷（二）》书：“去夏到今都不克上问，亦坐懒及病耳。今天下董笔，北唯子愿，南则明公。闻既疏名于朝，征车何日至耶？迟之，迟之。有少联、额，欲乞宝翰为后世光宠，度二十年交谊，或不峻却，唯丈丈立挥洒焉。”（《蘋川集》卷八，页7A）此园后传至族人陈元龙，更名“遂初园”。乾隆间扩建至百亩，“制崇简古”，园内有三十余景。乾隆南巡驻跸于此，赐名“安澜园”，成为江南四大名园之一。

二月，抱病为闽人吴彬所藏宋拓王弘帖题跋。

《来禽》卷二一《题王弘宋拓帖》：“按逸少为休元弘从王父。弘书傥葛雄快，流采遒越，真是不愧家鸡，何论野鹜？史称弘书‘翰仪体’，后人依昉，良为有据。而《书林谱断》略不经见弘姓名，无亦为文昭勋业盖之耶？弘性度褊隘，少时有公城子野之戏，史都载此。而临染之家，竟不搜及毫翰才，乃生妒耶？果妒，当先钟索，及弘父、祖洽、珣诸君矣，此不可晓。是卷纸墨黯澹，极得晋、宋指腕灵和之致。即老京模搨，小伤直置，尚具优孟典刑也。京两世名能书，不以豪侈奸邪掩，而弘乃几成挂漏。贤不肖在艺苑间亦有会厄，宁须疑或者哉？濮阳李司徒，吾乡先达，久占京师辇毂之丛，其所收藏甚富，印记为‘奴桧堂’。装池妙好，不在朱恭僖下。今已荡然流散，卷帙畸零，殊堪太息。此卷幸归文仲，三吴文献当不至一博劘钱糊壁也。文仲诚佳士，其保护之，即世为张氏《天球河图》，自可人弓人得之喻，不愿文仲闻之耳。是年戊戌二月上瀚，余病怔忪，手执不律辄颤，眼眵如胶。重违文仲励请，乃强勉题之。”（页11B）

案：王弘（379—432），字休元，山东临沂人。南朝宋大臣，东晋丞相王导曾孙，中领军王洽之孙，司徒王珣长子。《宋书》卷四二有传。（第2册，页1311）王弘承家善书，“书翰仪体，后人皆依仿之”，然王弘拓帖不多见。此帖庋藏者“文仲”即吴彬，字文中、文仲，自号枝隐庵主、枝隐头陀等。福建莆田人。《明画录》卷一：“吴彬，字文仲，闽人。万历间官中书舍人。长于佛像，人物亦秀洁。至写山水，绝不摹古，皆即景挥洒。人谓其小幅擅奇，余曾见盈丈之障，亦殊工丽也。”（《中国书画全书》第10册，页6下）吴彬久居金陵，寓名“枝隐庵”。与叶向高、董其昌、顾起元、于若瀛、米万钟等名流皆有交往。于若瀛有

《枝隐庵歌》诗，序云："吴文仲才情既富，点染更工，结庵秦淮之涘，曰'枝隐'，盖取'鹪鹩一枝'意也。丙申秋，得告还里，曾索得余诗，时病未能也。比再尚符玺入留京，已为壬寅春。过庵中与语，非复昔日文仲，顿悟空华，栖心白业，手图阿罗汉五十轴施栖霞寺，不独奇形怪状，怵心夺目，而笔端工巧，精入毫芒，此足不朽矣。"诗云："秦淮湾，长千里，无人不知文仲子。众口争传枝隐词，一时价贵长安纸。闻君迩来精绘事，不图山水图大士。大士图成五十幅，陆离光满栖霞寺。"(《弗告堂集》卷六，页1A)盛赞其所作阿罗汉五十轴。邢侗此前与吴彬似无交集，应属友转托。

春，有诗寄怀顾愿。时顾愿留居都门，寓名"飞栖馆"。

《来禽》卷三《寄顾朗哉都门》："黑貂曾不受缁尘，岁岁风光鬓色新。辟士书从何府至，望乡心逐故情亲。垆头贯碧千场惯，坊曲贪欢万态频。如此王孙游自好，天涯芳草可禁春。"(页3B)

案："顾朗哉"名愿，已前见。顾愿时居都门，胡应麟有《秋日王太学行父招同顾朗哉、顾静父、李叔操、李本建、袁微之、魏颖超、汪明生、王资敬集长安西曲》："碧瓦朱甍大道傍，招邀台馆尚华阳。垆头击剑多燕侠，泽畔抽毫是楚狂。露黯翠梧频换色，风酣红芰乱飞香。疏帘清簟人间世，赌墅凭谁敌谢郎。"(《少室山房集》卷五八，页17A)据《少室山房集》诗序，其是年北上赴试，此诗即在都门与顾愿等友人相聚而作。此间顾愿居留都门，邢诗亦作于此时。胡氏诗题中"汪明生"名元范，"王太学行父"名同轨，均与顾愿交往甚密。王同轨所撰《耳谈》中有十八则记事闻自顾愿，注以"朗哉谈"。(见王同轨《新刻耳谈》卷一五)

顾愿在京寓斋名"飞栖馆"。傅光宅有《过顾朗哉飞栖馆留饮，因以"飞栖"为韵二首》(《傅伯俊诗草》卷五，页35A)。又上海崇源、上海工美2007年大型秋季艺术品联合拍卖会中国古代书画专场有"清顾愿自书诗稿"册页，题识"吴郡顾愿书于长安飞栖馆"。钤印有"顾愿之印""顾愿朗哉""飞栖馆""垢先生"。(见该场拍卖图录)然拍品题为"清顾愿自书诗稿"则失考，顾愿非清代人。

初夏，汪元范约来沛园结夏，迄无音讯，有诗催之。

《来禽》卷二《来禽馆迟汪明生结夏》："过从每朝市，心复恋沧洲。远道能相访，嘤鸣若有求。禽来知果熟，雨积觉林幽。慎夏宜居此，君应三伏留。"

（页 21B）

案："汪明生"名元范。"结夏"，系僧尼沉潜修行法，自农历四月十五日起，静居九十日。是年春，汪氏自都门来游山东、河南，邢侗寄诗迟其未至，应在此间。汪元范《二水园集诗》引曰："戊戌春，余自幽燕言游关洛，道出清源，清源是昔游地，同志咸在行李，为之少留。"（《汪明生齐梁草》）是年岁在戊戌，汪引云"戊戌春"，与邢侗邀其居留三伏，时间相接。汪元范以诗名公卿间，栖居都门与诸诗人交游，南师仲、南居益叔侄尤善之。侗与南宪仲同年、同宦，相知甚洽，南师仲为宪仲之弟，汪元范或由南氏叔侄之介，来游沛园访邢侗。

汪元范，字明生，休宁布衣，居临清州。所著有《借研斋草》二十四卷。参见《千顷堂书目》卷二六小传。（页 659 上）又与赵彦复辑《梁国风雅》，《千顷堂书目》卷三一："赵彦复《梁国风雅》十二卷，字微生，雍丘人，与临清汪元范明生同辑。"（页 774 下）王惟俭有《新安汪明生名元范》诗："明生清源曲，方领而矩步。奇文摹鸟迹，永日钻鱼蠹。盾鼻磨紫烟，挥毫传露布。优游莲花幕，共美秋波鹭。"（《遥连堂订王损仲先生诗乙稿》，页 5A）

汪元范到访临邑，游沛园，淹留多日，有诗。

汪元范《沛水园八首》其一："百亩遥临济，为园学辋川。移山成迭巘，漱涧作飞泉。槛外潜虬沼，篱间放鹤田。到来幽赏地，廛市别开天。"其二："葺室扃双户，来禽绕四垂。泥香花娄堕，窗润竹新移。鹿扰蘼芜径，鹅浮菡萏池。舒徐丹壑里，真可媚幽姿。"其五："缭屋藤为柴，当轩石作山。如何峦岫路，不越户庭间。跃藻双鱼出，啼春众鸟还。忽闻歌濯足，随意弄潺湲。"其六："旁舍漾空明，翛然借舫名。趣收三径远，梦落五湖清。野鸟翔还集，溪鲦泳不惊。中宵风雨作，淅沥似江声。"其八："水引沧浪出，山凌睥睨开。板桥萦石度，萝帷逼檐回。灌木围华馆，危楼覆古台。赏心随处会，莫废掌中杯。"（《汪明生齐梁草》）

案：汪元范游山东、河南诸诗辑为《汪明生齐梁草》，南师仲序曰："齐梁草者，汪明生游齐梁所称诗也。"（《汪明生齐梁草》卷首）其有诗忆及沛园："忆过坊城畔，寻君沛水头。授餐存缱绻，下榻愧淹留。"（《寄邢子愿三十韵》，《汪明生秦草》上）邢侗款待元范留居多日，游览沛园，赏白莲花，饮荷花露酒，其《沛水园八首》《赋得荷花露酒同邢子愿》《咏白莲同邢子愿》，俱居留沛园时作。《赋得荷花露酒同邢子愿》诗曰："的的朱华上，瀼瀼晓露清。分来疑玉井，酿出胜金茎。桂醑香全减，松醪品自倾。相如元病渴，对此未忘情。”又《咏白莲同邢子愿》曰：“淋池汉家苑，若耶江南路。何如坊城园，素蕖当夏吐。气陵澧水兰，色谢河州鹭。晨翻动玉泉，夜舒裛珠露。真移惠远根，讵出潘妃步。不逢纤手采，坐见秋风度。”

又为汪元范手卷题跋。

《来禽》卷二一《题汪明生手卷》：“黄平倩太史书云门法语，书从手中得，义从胸中了。谓‘太史自造法语，却自书’可也，谓‘云门自书自造法语’亦可也。平倩作诗即云门作语，云门作语何必非平倩作诗也？而曰‘借此销诗淫’，不几于多此一重公案乎？明生胸中元不惹半点尘，若白水阳镜，无烦清铅；白毡荡磨，力即作诗。固是平倩作诗，亦是云门作语，何淫之足云？平倩计日且还朝，试以相质，当谓‘邢居士是学佛作家也’。”(页 17A)

案：此为汪元范居留沛园期间邢侗所题。“黄平倩太史”名辉，万历二十年(1592)至二十七年(1599)二月在翰林院编修任。《国榷》卷七八：“(万历二十七年二月)编修黄辉、刘曰宁为右中允，兼编修，直皇太子日讲。”(第 5 册，页 4830)。跋云“平倩计日且还朝”，检黄辉万历二十五年(1597)冬告假有关洛、陕西之行。十月，过洛阳新安，有祭孟化鲤《诔文》：“文选郎中云浦先生孟叔龙，既卒之十月，友人巴西黄辉以假过新安，乃具牲醴香帛以祭……”(引自孟昭德《孟云浦年谱补注》)又至陕西南郑县南阜润堰，作《阜润堰铭》：“吾于李公同年兄弟也，丁酉遇于栈，语及堰，故予举爵……乃以汉父老意为之铭。”(贺复征《文章辨体汇选》卷四五三，页 10B)黄辉告假出行与汪元范到访临邑时间相合，故邢跋系于此。又《明史》本传云“辉雅好禅学”(第 24 册，页 7394)，朱国祯《涌幢小品》更谓：“黄慎轩心口爽快……黄好佛，茹斋持颂，若老僧，当道颇不谓然。”(卷一〇，页 217)故邢文有“黄平倩太史书云门法语，书从手中得，义从胸中了”之语。

张登云自辽东寄至诗文新篇，致书作答，并馈以新陶竹节炉及新作数册。

《来禽》卷二九《与张观察》：“东裔勋猷，遂以仁兄为第一。此自万先生识鉴，亟引同升，彼肘后黄金可取而代也。弟也山泽深矣，当撰铙歌法曲，颂扬两足下休明耳。远书郑重，一字一韵，参药精珍，扶羸益气，使我神明开朗，吟啸窗间，皆大惠矣。新篇雄深雅丽，几以青莲为骨，常侍为筋，长卿为色，锦瑟五十弦者为泽。异哉！吐妙词于绝域，真有横槊赋诗、盾鼻磨墨之风，翩翩信一世之豪也。薄有周丹泉新陶竹节炉一具，真伏龙天池一瓶，拙草数册，聊将积臆。此估人牛生能不浮沉我辈鸾笺，亦是一片有心者。鸿高鲤逝，尚其问诸兹伧。”（页 18A）

案：“张观察”名登云，时分守辽海道。《明神宗实录》卷三〇八：“（万历二十五年三月）戊申，以原任陕西副使张登云降补河南右参议分守辽海，原任户部郎中艾维新升山东右参议兼佥事，备兵关原，从蓟辽总督请。”（《明实录》第58 册，页 5763）先是，万历二十年（1592），倭寇突袭辽东西宁城，张登云时任辽海道台，单骑立马退敌二万，被誉为“诗人退虏”。是时朝鲜用兵，蓟辽总督邢玠请以张登云“分守辽海”，或由天津巡抚万世德之荐，故邢云：“此自万先生识鉴，亟引同升。”

又致书天津巡抚万世德，推荐临邑故令刘承忠及其友任弘道。

《来禽》卷二九《与万抚台》：“向所荐临邑故令刘承忠，以东昌丞得调至辽矣。此恢廓奇品，幸台下卒收之。承忠有一老友任弘道，年七十许矣，多读异书，多识奇事，其于海内山川大形广势，无不考核确实，四夷八蛮逆顺之故，无不通练周彻，去虚谈之士天壤矣。彼似不欲出朝鲜境，异日玉节还朝，觅彼一见，可作总枢时一溲勃药物耳。附言草草。”（页 18B）

案：“万抚台”名世德，此书当其在天津巡抚任上作。其上年九月巡抚天津，是年六月经略朝鲜。《明史》卷二一：“（万历二十六年六月）丙子，巡抚天津佥都御史万世德经略朝鲜。”（第 2 册，页 280）书云“彼似不欲出朝鲜境”，可知万世德将出征朝鲜。又，书中所荐“刘承忠”，为侗旧交，曾任临邑县知县，任满为临邑士绅遮留，以东昌郡丞兼知县，万历二十二年（1594）方得卸任，此时已迁辽东任。其友任弘道，事迹未详。书末云“附言草草”，前邢侗致书张登云托“估人牛生”转交，此亦附及。

八月，同年浙江右布政使吴道卿卒，年六十二，撰文祭奠。

《来禽》卷一七《东郡大方伯吴公诔》：“方伯公姓吴氏，名道升，字名辅，东郡聊城人也。……比安成邹公以累代渊源为东人师，延入内署，共诸郎学，一时奕奕，名振曹耦。而值先帝践阼，诏拔异等，公以片玉遂登是科。六馆下郭泰之俊异，环桥钦阳城之赏识。某以髫岁亦获与焉。公连第进士，筮仕李官。三辅雄紧之旧，西京风物之美。公精心棘听，间亦树人。寻丁母胥夫人忧。满制，补镇江。……得刑部主事……稍迁郎中，大司寇李公一世人伦，倚公为重。……转陕西副使,理泾、邠尔。……分陕甫二载,以前刑曹资亟拜参政,仍兼宪职。……及于三载,两台以功状闻,随晋四川按察使,敕领清军驿传、屯田、盐、茶、水利诸务。……(授)越藩之右丞。……公正命以戊戌八月,得寿六十有二。”(页 12B)

案:“方伯吴公”,《诔》云“名道升,字名辅”,又名吴道卿(1537—1598),字公辅,山东聊城人。[康熙]《聊城县志》卷三“进士”:“吴道卿,字公辅,平山卫人。登隆庆辛未进士,仕至浙江布政使,祀乡贤。”(页 16B)邢侗与吴道卿善,隆庆初同为督学邹善赏拔,入署陪伴其子德涵、德溥读书,又同时考取拔贡,同年举隆庆四年乡试。据《明神宗实录》卷三二二,吴道卿是年五月为浙江右布政使(《明实录》第 58 册,页 5983),则在任仅三月卒。

是年,前太仆寺少卿于鲸卒,为撰墓志铭。

《来禽》卷一三《中宪大夫太仆寺少卿济南于公配恭人许氏合葬墓志铭》:“公讳鲸,字子长,姓于氏,系本故东海于公后。自六公始徙历城,是为占籍第一祖。又六世而为封太仆公芳,实生公,母为赠太恭人,顾公其仲也。……甲子,公列乡试前名。戊辰,成进士。……除为刑部湖广司主事。……值有诏用曹郎备台臣乏,公首以监察御史拜河南道焉。顷之,出按真定。真定于三辅比右扶风,地颇称饶乐。公从济上驾焉,指天而誓之曰:‘此西走邯郸道也,使者不绁一丝往,乃绁一丝还,人将唾吾背矣。’至则与吏民要,要在黜贪遹而会元元。……久之,按顺天。顺天较真定弥重,所谓京兆冯翊地,戚畹彻侯,轻侠相通,而又宦官庐儿寄请为奸利,譬之骍突之不可御。而公箕踞视之,殊不为意。若辈共相告戒:‘勿犯于公三尺。’京辅以宁。……逮还朝,则以资久掌河南道。庚辰,用望监试会试。未几,推掌京畿道。……寻用台例迁太常少卿。逾岁,奉旨护大相丧还荆州。……是行揽挈山川,孤情映发。已,决策为桂冠计,而偶以甚口见罣,遂趣棹归。……比谢事且十年,晚得末疾,食饮恒须人,然而神明未雕,一罹封太仆公变,日以委顿,不逾期卒,可谓至孝矣。”(卷一三,页 32B)

案:于鲸字长文,山东历城人。《铭》云:“一罹封太仆公变,日以委顿,不逾期,卒。”“封太仆公”指其父于芳,卒于上年,已见侗撰《墓志铭》。“不逾期”指未满服而卒,姑系于是。于鲸万历十年(1582)十二月为吏部给事中陈与郊劾以“夤缘徐爵,结纳冯保,朋奸误国”,有旨“降二级调外任”,因而辞官归里。

时相张居正卒，阉臣冯保被逐，于鲸奉旨护张居正丧归荆州，回京即被劾辞官。归里"且十年，晚得末疾，食饮恒须人"，因父卒未满服亦卒于家，景况凄凉。

姊丈山阳县知县郭鐩寄毦毲、灵芝及澄心纸至，致书答谢。

《来禽》卷二五《答山阳令郭姊丈》："寄到毦毲，细好无比，有衣有褐，可以卒岁矣。商颜芝草，如盖如轮，丹章绀理，尚余几茎？庞眉大隐，如绮如甪，尚余几人？邑人捣纸，竹乎？楮乎？败鱼网乎？妍妙辉光，上拟伦邑，下亦不减澄心者，可将数番至。"（页5A）

案："山阳令郭姊丈"名鐩，侗之姊丈。隆庆二年（1568）选贡，任陕西山阳县知县。[光绪]《德平县志》卷六"选贡"："郭鐩，（万历）戊辰，陕西山阳知县。"（页14B）郭鐩知山阳县时间已不可考，据[乾隆]《山阳县志》卷二，万历间知县无郭鐩，又万历廿四（1596）至廿六年（1598）知县阙名，疑即郭鐩。（页9A）姑系于此。郭鐩自山阳县知县辞归家居，寻卒。李维桢《邢公墓志》："女兄、女弟适德平二郭而孀，每单骑存问其家，割名田以共生口，而为郭孝廉觅得快婿，裨其奁资。"（《大泌山房集》卷七九，页38A）

十月，邑人捐赀倡修城西兴国寺佛殿，越岁告竣，为撰碑文纪之。

邢侗《兴国寺重修佛殿记》："兴国寺，僻在邑西十五里许，四周村落环匝，地腴而平。山门嵯峨，殿庑岷㟧，岁时香灯络绎踵至，盖在邑中佛刹称首云。自余为诸生时，尝过焉。及余释褐成进士，为南宫宰，征殿中御史，持斧晋、吴，已而督饷三楚，数十余年驰驱尘壒中，无能数数少憩，于净土之区，殆有憾心也。迨余倦游，挂冠成隐，与烟萝林水相狎，又舆过其地，则所谓寺之嵯峨岷㟧，无复曩昔之观。……于是诸释子和南请曰：'大夫肯一言为我大雄氏光，我释子属乞假于四方高贤大良，会醵金，错朱提，成此善果。'余乃唯唯。自是而后，释子某与偕善男子某，互相传募，甫逾岁而捐金者、负粟者、解帛者、施材者，杂沓纂至而亿计，营缮之费足矣。遂鸠工饬众，垩漆甍坳之需靡不备具。再越岁而厥功告竣，榱栋重新，仪像焕赫，凡乡父老群趋瞻视，啧啧称颂。诸释子复和南，仍请余言纪之……"（[同治]《临邑县志》卷一五，页55B）

案：此文《来禽》未收。兴国寺在临邑县城西十五里。[同治]《临邑县志》卷六："兴国寺，在城西十五里。"（页25B）此碑正书，篆额，在兴国寺，末有题署云："赐进士第、中顺大夫、陕西行太仆寺少卿兼按察司佥事、前陕西道监察御史、侍经筵官邑人邢侗撰文，许用敬书丹。万历二十六年岁次戊戌十月

孟冬吉旦立石。”(引略)

茌平县知县萧淳秩满将去，应邑人之请，为撰生祠碑记。

《来禽》卷一一《萧公生祠碑记》:“余尝闻之古老，士贵弘毅，吏尚廉平。夫人固有品，人亦有材，品为根荄，材为柯叶。总总林林，求其身兼数器，不局不匮，率鲜其曹。我燕都萧公者，早以射策甲科，领茌平令。……公任以壬辰，去以戊戌。公车纸下，憧皇载途，援凫截镫，兆亿齐一。借冠欲叫乎九阍，制锦希终乎太邑。卒之，时苗之犊骝留，钟离之辙莫挽。隆天重地，日居月诸，聚族合谋，爰表生祀。乃于南郊道左，迩厥城闉，购木伐山，堂室斯建。运甓者云集，炼泥者蚁赴，不匝月而巍然焕然。公其俨如当座，犹天畴曩之南面而临我也。……所谓弘毅廉平，品材绰绰，允兼数器，擅长诸萧。其在公哉！其在公哉！三事仡跻，一政肇武。蠢蠢凡愚，洵难酬德。恢恢天道，讵爽报功。所幸野吟在口，至爱著心。则此祠者，并任延而曜代其可也；则此像者，俪李翕而永世其可也。公名淳，字天民，原家山西繁峙，后占燕都，登万历壬辰科。征文为诸生某、齐民某等，合计数千人书阴。”(页31B)

案：茌平县属山东兖州府。“邑侯萧公”名淳，《记》云:“公任以壬辰，去以戊戌。”则万历廿年(1592)至廿六年(1598)在任六年。[康熙]《茌平县志》卷二“知县”:“萧淳，代州进士，万历二十年任。”后一任张斗沛，万历二十七年任。(页6A)萧淳弘毅廉平，至爱著心。《县志》云:“萧淳，字天民。重修庙学，救灾恤荒，时值大祲，民以正赋为艰，既然以京都私囊为合县代输赋银千余，竟不则偿。”(卷二，页38A)侗此文又载[康熙]《茌平县志》卷三(页42A)，题为《邑侯萧公祠记》，应作于萧淳任满之时。

诸书所载萧淳事迹均较简略，邢《记》云:“公名淳，字天民，原家山西繁峙，后占燕都，登万历壬辰科。”[雍正]《畿辅通志》卷六二“万历壬辰科翁正春榜”:“萧淳，燕山右卫籍，御史。”(页35A)则万历廿年(1592)进士，授茌平知县，选浙江道御史，巡按辽东、山东。[道光]《济南府志》卷二五“巡按”:“萧淳，山西繁峙人，进士。”(页12A)萧淳与侗有交谊，巡按山东时曾荐侗于朝。《太仆崇祀文》:“又蒙……按院萧荐：‘雄才伟报，汪度冲襟，著时名，匡济尤堪世用。’”(《家乘》卷一〇“艺文志二”，页60A)“按院萧”即萧淳。

是年，城武县知县张居仁捐俸建启圣祠成，为撰碑记。

《来禽》卷一一《城武启圣祠碑》:“启圣公，于制郡邑俱有祠祀之。城武故无祠，祠于尊经阁。追唯聊大夫裔殷生，周祷尼毓圣先师，万世为土，聊大夫实赐之块矣。虽曰汁光之精，大帝所挺，揆厥水木，以报罔极。以祠启圣，其胡后焉？城武假祠于尊经阁，近亵。诸为城武者不修阙事，近慢。不有赵人张令居仁，其胡与于兹役？兹役正而经，废而举，自以奉钱，不烦王家谷，四民靡所哗扣，令其知政矣。祠卜于尊经阁前方，凡三楹，櫽括支柱，搒攎阎笘，悉中节度。爽垲睄窕，不乖神明，令其知礼矣。令［门人宋谊等］属侗为碑词，侗厕鲁诸生后，又居仁童子师，敢弗以碑？……”（页4B）

案：“启圣公”为孔子之父叔梁纥。《大明会典》卷九一“启圣祠祭仪”：“嘉靖九年，令两京国子监并天下学校，各建启圣公祠。中祀叔梁纥，题称‘启圣公孔氏之位’，以颜无繇、曾点、孔鲤、孟孙氏配，俱称‘先贤某氏之位’，程珦、朱松、蔡元定从祀，俱称‘先儒某氏之位’。每岁仲春秋上丁日，遣国子监祭酒行礼，南监司业行礼。”（页33A）城武县启圣祠为知县张居仁捐俸建造，其万历二十三年（1595）至二十六年（1598）在任，《重修启圣祠碑》未详撰作时间，姑系于此。此文又载［康熙］《城武县志》卷七上，题为《启圣祠记》，上文中“门人宋谊等”一句据《县志》补。（页7A）《县志》又载：“《重修启圣祠碑》，明邢侗撰，罗文瑞书。”（卷一〇，页4A）张居仁城武任职三年，“崇儒重文，建槐市馆，日与学博诸生谈经义，政修人和，多所创建”。（《县志》卷三下，页4B）

李攀龙身后寥落，历城县知县陈采为立嗣议婚、购置田宅。侗感而撰文纪其事。

《来禽》卷二二《历城陈令君为李于鳞先生立嗣置田记》：“于鳞先生厌世且三十年所矣。……上谷陈君采，居平修业，制举而外最好于鳞先生书，且亦微闻先生无家无后状，心窃窃念之，谓：‘一孱书生，何自而据惠施、钟期之位乎？天若悔祸于于鳞。’陈君乃成进士，令历城。下车旬月，即拟为先生后。聚族佥同，得先生诸弟成龙之孙，世茂之子，甫六岁，于先生亲则从曾孙。令君手疏，告先生肇锡嘉名，曰：‘嗣为之要，月赋囷数斗，岁给布数端，以急此儿。’三孀一日而见丈夫子，更递为洗沐，喜若撤蔀望天，而数十年彷徨瑟缩咄咄地下之老，遂一日而称人祖，异哉！居顷之，令君又心窃窃念：‘此不足为嗣没身计也者，而能为于鳞亢宗计也者？’乃蚤夜荡胸蒿目，而精为筹，曰：‘非宅孰竟厥居，非田孰竟厥食也。’因谒台上记，一时台监郡俱谊令君之指，有请必从，为购仙台百亩之产，宅亦称是，计费一百八十千。又为葺其穷巷故敝宅，乃茅乃埴，不惮指麾，计费三十有四千。已，又为嗣课小学读。已，又为议婚。令君之为此也，不沽世俗，捐损俸缗，名第调会，计经费之余，取赢自我，而靡所病帑一钱。嗣及有田有宅，易下佣之处而席八口无饥之业，三寡妇亦遂有家。于鳞先生自兹魂有守主，墓有时祭，一唯令君是凭是依，令君之功巨矣哉。……某以事如济南，得诸荐绅士辈之谈说甚晳，归而一夕爇烛为记之。”(页1A)

案：李攀龙身后寥落，时人悯惜。前述万历二十一年(1593)，邢侗致书山东巡抚孙矿，建言为赎济南白雪楼旧居，遗孀月或给米一石，岁布若干匹，藉以长养。此“历城陈令君”又有善举，为立嗣议婚、购置田宅，以慰一代文宗于地下。“陈令君”名采，直隶清苑县人。万历二十六年(1598)进士及第，除历城县知县。于若瀛《赠历城令陈仰吾考绩受封序》之“历城令陈仰吾”亦此人。(《弗告堂集》卷二二，页6B)[乾隆]《历城县志》卷三四：“陈采，万历年间任历城知县。直隶清苑县进士，升吏部主事。”(页5B)邢《记》云“下车旬月即拟为先生后”，故系于此。又文中“于鳞先生厌世且三十年所矣”，考李攀龙卒于隆庆四年(1570)，至是廿八年，与“且三十年”合。

陈采，字文孺，号仰吾。北直隶清苑人。万历二十六年(1598)成进士，遂知历城县，适德藩尉，清白自矢，凡事必以直诚行之，于穷民尤加意。以卓异入补铨司，升吏部员外郎、郎中。出典山西试事，所得皆一时名士。起参楚藩，又代摄松藩，所在多善政，累官至通议大夫。[同治]《清苑县志》卷九有传。(页18B)

是年，以女许配王象乾子与定，两家结姻。王之垣有书寄至，复书报之。

《来禽》卷二四《答新城见峰王年伯》：“盖代高华，敢望降衡之雅，连闾疵贱，殊惭倚玉之荥。事出夙因，迹忘非类。恭唯台下，扶舆间气，累叶名家。教衍一经，以诗礼文章为种；芳联八桂，用貂蝉珪组为秋。于今则籍籍姚江，在古则煌煌燕甸。方之贵胄，尚属后尘。云仍真骐騄之俦，海纳略蓬蒿之辈。顾侗裔原寒素，地谢骞腾，遽叨俯缔乎姻盟，遂至仰扳乎德美。侗与中丞尊丈匹称秦晋，太行让华岳之尊；族表谢王，咏雪簉琅琊之席。特承飞翰，先枉结言。长跽而坐，使乎如亲玉欬；遥瞻以拜，座下亟报鸾笺。尚容抠谒于隆堂，乃可展诚于下走。临椷忭跃，倍万感私。”(页1A)

案：“见峰王年伯”名之垣，王象乾父。王、邢两家世交，王之垣与邢如约交善，每来往路过，必登门造访。《府君行状》："新城少司徒王公往来道邑，必就府君款语，问所以禔躬治家法，府君具对以质，王公持以训子孙。府君恒谓孤曰：'王公身至九卿，粥粥然若不胜衣，衣缦缯白里已耳。此其为云来锦绮多矣。吾两家尊亲用古道相往复，各极厌生平焉。'"（《来禽》卷一八，页1A）邢侗又与王象乾相善，其赵氏所生女许配王象乾子与定。《府君行状》："孙女八：……一许新城兵部左侍郎王公象乾子与定。"（《来禽》卷一八，页1A）李维桢《邢公墓志》："女五人……一字新城太子太保兵部尚书王公象乾子与定，俱赵出。"（《大泌山房集》卷七九，页38A）邢、王结姻时间不可确考，然万历廿四年（1596）王之垣七十寿辰，邢侗所撰寿序中仍未言及，而廿九年（1601）王象乾升任四川巡抚，邢侗有《上蜀抚霁宇王姻家》（《来禽》卷二九，页25A），已称"姻家"。又邢侗《与王霁宇年丈》，言及为《忠勤祠碑版集古法书》作序事，亦称"我亲家"（《来禽》卷二八，页19A），而作序时间在万历二十八年（1600）前后，故两家结姻大致为万历二十五六年间。王之垣为结姻致书，邢侗复书以报之，语极谦恭。

本年或稍前，有书寄翰林院编修董其昌。

《来禽》卷二五《与董太史》："侗今者一牧竖贱夫耳！荷明公奖其开拔，置之坛宇，曾无轻微毛发之效，而冒大人丘山之誉。扪膺自语，藉何缘契蒙被至斯！吴用卿每颂情笃，屏营侧立，莫克担荷。继得陆翰学传示枉访，幽襟结言千里，深于平生。忽忽酿酒，未副所期，业沾咳唾，自刻漏顷不敢忘也。适值窗友行托见至，心肃肃仪刑，蚤暮如对，侗悚息言。"（页23B）

案："董太史"名其昌，万历十九年（1591）侗与其相识订交，已前见，此后董其昌任编修直至明年出为湖广副使。此书题为"董太史"，则董其昌任翰林院编修期间所致，未详具体年月，姑系于此。书中"吴用卿"即吴廷，时随董其昌居都，游从于诸公卿间，刻《余清斋帖》。"陆翰学"，未详俟考。

本年，倭据朝鲜，总督蓟辽、兵部尚书邢玠率师讨之。七月，日本丰臣秀吉卒。十一月，倭遁去，朝鲜平。黄克缵由湖广左参议升山东右布政使。是年，王士性卒。张光裕成进士。

【诗文系年】

《题王壮弘拓帖》《寄顾朗哉都门》《来禽馆迟汪明生结夏》《题汪明生手

卷》《与张观察》《与万抚台》《东郡大方伯吴公诔》《中宪大夫太仆寺少卿济南于公配恭人许氏合葬墓志铭》《答山阳令郭姊丈》《兴国寺重修佛殿记》《萧公生祠碑记》《城武启圣祠碑》《历城陈令君为李于鳞先生立嗣置田记》《答新城见峰王年伯》《与董太史》。

万历二十七年己亥(1599),四十九岁

泲园家居。董其昌还吴途经德州,驰百里晤。

春,董其昌回乡养病,途经德州,寄书相邀。

董其昌《邢子愿法帖序》:“余出春明,过德平,子愿驰百里觞余张太学之第,曰:此地不乏官舫,今日乃仙人过耳。”(《容台集》卷一,页23A)

《来禽》卷二六《与抚台尹春寰年丈》:“德州鄙事甫竣,归拟构栩栩园诗。乃云间董思白翰编舟自北来,特以尺素邀晤言。不得已,遂取道武城,意在叩渠笔诀,故不惮仆仆烦也。”(页15B)

案:董其昌时为翰林院编修兼充皇长子讲官。《明神宗实录》卷三二五:“(万历二十六年八月庚申)以编修董其昌充皇长子讲官。”(《明实录》第58册,页6031)因忤权臣意,出为湖广副使,以病不赴,奉旨以编修回乡养病,邀侗在德州相聚。“张太学”即张仲仪,与侗为生死交,侗与来往客人在德州相聚,均食宿其宅。

坐董其昌舟中三日,尽出历代法书名迹纵观。

《来禽》卷二六《与抚台尹春寰年丈》:“坐柁间三日,备出古法书名迹纵观之,真平生一奇耳。”(页15B)

两人论及十七帖硬黄本。

董其昌跋曰:“十七帖硬黄本,宋时魏泰家藏,《淳熙秘阁续帖》亦有刻。余在都下,友人汝阳王思延得硬黄本,曾借临一卷。已于济南邢子愿冏卿见所刻石,即王本也。余以临卷质之,子愿谬称合作,第谓赵吴兴临《十七帖》流落人间,尚不下数十本,请多为之,足传耳。余是以时临此帖,以懒故,终不能多也。”(《容台别集》卷二,页30A)

案:董跋所云宋时魏泰家藏“十七帖硬黄本”,邢侗万历二十年(1592)八月上石来禽馆,共八石,现原石保存完好,藏于临邑县邢侗纪念馆。董云“已

于济南邢子愿冏卿见所刻石”，则此时石已刻成。邢、董有两次面晤，一为万历十九年(1591)，一为本年春，而得见《十七帖》刻石当为是年春。

董、邢论书古今，侗言及“右军以后，唯赵吴兴得正衣钵，唐宋皆不如也”，董不以为然。

董其昌《书月赋后》：“小楷书不易工，米元章亦但有行押。尝被命仿《黄庭》作《千文》一本以进，今观其迹，但以妍媚飞动取态耳。邢子愿谓余曰：‘右军以后，唯赵吴兴得正衣钵，唐宋皆不如也。’盖谓楷书得《黄庭》、《乐毅论》法，吴兴为多，要亦有刻画处。余稍及吴兴而出入子敬，同能不如独胜，余于吴兴是也。”(《画禅室随笔》卷一，页23B)

案：邢侗谓“右军以后唯赵吴兴得正衣钵”，推崇赵孟頫，董其昌对此并不认同，数次言及。如《容台别集》卷二《书右军辞世帖霜寒帖小册》：“邢子愿侍御尝为余言：‘右军之后，即以赵文敏为法嫡，唐宋人旁出耳。’此非笃论。文敏之书病在无势，所学右军，犹在形骸之外。右军雄秀之气，文敏无得焉，何能接武山阴也！虽然其可传者，自成一家，望而可知为赵法。非此则鲜于、康里得并驱墨苑矣。”(页4A)《容台别集》卷三：“邢太仆尝谓余：‘书接右军之派，唯赵承旨。虽欧、虞、褚、薛，犹非冢嫡。’又张伯雨跋子昂《过秦》三论曰：‘后世谁知公，落笔如风雨。’盖子昂一日能书一万字故也。今观此尺牍，从《阁帖》、二王牍中得笔。且遗书冯海粟，作家相见，犹不漫应，是最上一乘品格也。”(页42B)董氏之所以认为“此非笃论”，缘于其自视甚高。清人姚际恒曰：“华亭作此书意欲直接山阴，故前诋吴兴，后讽漫士，盖亦过于狂矣。”(《壮陶阁书画录》卷一一，页387上)

春，汪元范将往渭南访南师仲，有诗送别。时南师仲、南居业叔侄归里居丧。

《来禽》卷四《送汪明生之古郑县访南太史子兴，时太史宅忧》：“览眺过三辅，寻盟指渭川。路回邙树失，马蹙华蜂连。苍莽秦朝旧，依稀汉代先。金人思泣霸，瓜叟忆留田。雨暗潼骊领，云开鄠杜天。……留滞君非土，消摇客似仙。两垞归赋咏，八水斗鲜妍。几换王孙草，空怀杨子玄。曰归频破日，言别定开年。追赏通庄骑，含凄落景筵。暂令山水绝，寥阔一琴旋。”(页5A)

案：“南太史子兴”名师仲，万历二十三年(1595)进士，时任翰林院编修，故称“太史”。师仲为南轩第三子，南宪仲之弟，南居业之叔。陶望龄《山东左参议阳谷南公(轩)暨配裴太恭人墓志铭》:"四子者,长辛酉举人、怀庆府通判学仲。次甲戌进士,枣强知县宪仲。次乙未进士,今翰林院检讨师仲,独仰仲为诸生,夭耳。"(《歇庵集》卷八,页14A)南轩卒于万历二十五年(1597)秋,年八十一。师仲归里丁忧。[雍正]《渭南县志》卷一〇"南师仲":"戊戌,拜翰简,丁父艰。"(页5A)时南居业亦居家守丧。上书卷一〇"南居业":"丁酉,遘大父丧,以嫡长孙承重,不赴公车。"(页23B)次年春,汪元范往渭南访居丧之南氏叔侄。汪元范《谒南先生墓作》诗序云:"渭南旸谷先生以丁酉秋中奄弃宾客,戊戌嘉平襄事甫毕。颍川汪元范为先生叔子子兴、冢孙思受之友。……越明年己亥春,始匍匐墓下,悼耆旧之永逝,嗟景铄之莫瞻。"(《汪明生秦草》上)"己亥"即万历廿七年,邢诗为之送别。

南轩(1517—1597),字叔后,号旸谷先生。弱冠举于乡,嘉靖三十二年(1553)成进士,改庶吉士,除刑部郎,改吏部,迁考功员外郎。擢四川副使,领驿传、清军察。迁山东参议,致仕去。所著有《渭上稿》《订正通鉴前编》等。事具陶望龄《山东左参议阳谷南公暨配裴太恭人墓志铭》(《歇庵集》卷八,页14A),[雍正]《渭南县志》卷一〇有传。(页3B)

南师仲,字子兴。儿时卧母裴太夫人怀中,值地震屋塌,裴狼狈扪隙出,遂失之,明旦乃自匍匐出焉。万历二十三年(1595)进士,官翰林院,至礼部尚书。师仲质素癯,腰不满围,而目精炯烁,较录至夜分不倦,器量宏雅,接应率真。工古文辞,辑《王允宁文集》《刘东陵集》,著有《南宪仲集》。编纂《关中文献志》,成父未竟之业。[雍正]《渭南县志》卷一〇有传。(页5A)

为汪元范诗集作序。

《来禽》卷六《汪明生诗序》:"……明生故歙产,北游中原,而立之龄戢身四壁,藜床布袯,不关声闻,非石室玉板之藏不涉,非甗甗敦鼎之识不辨,非生金填面之幻不博,非镤烧破析之余不窥。而又穷烟于史籀,猎纸于蔡伦,搜笔于蒙氏,讨研于仲由。榷征之市,霾照隐名,殆十余年,而书始出。其书大抵皆称诗。今观其诗,不视形不以造,不定位不以发,条流檃栝。可借而言,譬之纯王,则佖佖于冠冕;譬之英霸,则肃肃于坛坫;譬之刑章,则斤斤于科令;譬之军政,则凿凿于训厉。……明生之诗,怵虑刳心,功乃以成。关中南史子兴,雅负敬礼之识,副在和凝之技,杀青甫已,飙绝奔腾。家见赏于郢音,人尽赴乎渌水,斯足传已。明生行诣渭川,便姗磨镜拜尊,悦乎无及攀棺,企其庶

而明生其或张大乎？殽函南史，则亦关尹之续尔。”（页 14A）

案：“南史子兴”即师仲。序云：“关中南史子兴，雅负敬礼之识，副在和凝之技，杀青甫己，飙绝奔腾。”则《汪明生诗》由南师仲刻，时已杀青乞序。又云“明生行诣渭川”，应为汪元范赴渭川访南氏叔侄前所作。

关于汪元范诗集，据《千顷堂书目》卷二六，有《借研斋草》二十四卷。（页659 上）二十四卷本《借研斋草》迄今未见，所见仅首都图书馆藏《汪明生借研斋草》一卷，虽非同一版本，但极有可能二十四卷本《借研斋草》为后来汇刻之汪元范诗集，借用《借研斋草》之名。首都图书馆所藏，包括《汪明生诗草》一卷、《汪明生借研斋草》一卷、《汪明生齐梁草》一卷、《汪明生秦草》二卷，均明万历时刻本，合订一册。冯时可又有《汪明生佣余草序》（《冯元成选集》卷一三，页 14B），则元范另有《佣余草》，疑为万历以后所作诗。邢侗所序之汪元范诗，即《汪明生诗草》一卷，卷端署“颍川汪元范著，关中南师仲校”，所刻为万历廿六年（1598）前在燕都所作诗。南师仲《汪明生齐梁草序》云：“先是，予读明生诗而有当也，尝为选刻燕中大都，才不轶法，情不掩体，渊沉多思，秾约有致。泲上邢子愿先生业为叙列，得其苦心，湮皋目之乃有遗骏乎哉？”（《汪明生齐梁草》卷首）即指邢侗此序。另，李维桢有《汪明生诗序》（《大泌山房集》卷二四，页 41B），亦为此集所序。

又为汪元范选辑《齐梁草》。

案：《汪明生齐梁草》一卷，首都图书馆藏。卷端署“颍川汪元范著，临邑邢侗选，北地米万钟校”。首有南师仲序：“齐梁草者，汪明生游齐梁所称诗也。……今更岁矣，明生驱款段入关，来视先大夫窀穸，此其行养至高，又不独以诗著关中形胜，岂无当明生赋述者，《秦中草》将复盈橐矣。万历己亥春日。”

春，邢玠平倭归自朝鲜，该国李状元妻托致书柬，愿为学书弟子。

李维桢《邢公墓志》：“邢司马平倭至高句丽，有李状元妻托致书子愿，愿为弟子，恨左衽不齿中华耳。”（《大泌山房集》卷七九，页 38A）

黄克缵《邢子愿传》：“余又闻邢大司马从朝鲜归，彼国闺秀曾介之求子愿文翰。昔白傅诗篇，鸡林贾争市；萧子云笔迹，高丽使望舟拜求，不谓子愿词翰乃为外国妇人女子珍爱。”（《数马集》卷二七，页 22B）

案：“邢司马”名玠，万历廿五年（1597）六月，倭寇进犯，朝鲜情事紧急，邢玠临危受命为兵部尚书兼蓟辽总督，率师援朝抗倭，至廿七年(1599)春凯旋回国。此事当为邢玠班师归来后所述。玠与侗同宗相善。

邢玠(1540—1612)，字式如，号昆田。山东益都人。隆庆五年(1571)进士，授密云令，擢御史巡按陕西，累官至兵部尚书。倭寇进犯朝鲜，邢玠为兵部尚书兼蓟辽总督，率师援朝抗倭，大败倭寇，丰臣秀吉亦死，至万历廿七年(1599)春凯旋回国。三十一年(1603)致仕。著有《东征奏议》《崇俭录》等。事具叶向高《光禄大夫柱国少保兼太子太保南京兵部尚书参赞机务昆田邢公墓志铭》。(《苍霞续草》卷一一，页 29A)

王稚登来书，奉寄早春旗枪两罂。诉江南淫雨败茧，乞惠柘细缝制棉装。

王稚登《与邢子愿》："谷雨采茶授征人，重阳犹未发，更摘早春旗枪两罂奉寄，香不追谷雨者十之三焉。得邢先生腋下清风，此其故在行者，勿以让王生也。不知此两罂堪当使君纱帽宠头自煎否？本宁将起家，若不失青藜旧物，差可一出，不然当以一石支其枕。江南蚕事，以淫雨败茧，丝价十倍，贫家莫克授衣，乞惠柘细缝作衲，须细密如秦复陶，趣老姬井上磨并州快剪刀待之矣。"(《谋野集丙集》卷四，页 1B)

案：王稚登寄奉新茶，据后引邢侗两书，可知在是年春。书云"本宁将起家"，盖指李维桢为浙江按察使。《明神宗实录》卷三三四："(万历二十七年闰四月甲申)四川左参政李维桢为浙江按察使。"(《明实录》第 59 册，页 6178)李维桢被目以"负才而轻佻者"数次迁谪，是年又被弹劾。曹学佺《蜀中广记》："'唯寂唯寞，自投于阁。爰清爰净，无作符命。'……近日李本宁移书示予，谓其在川西以此段书之墨池上，乃与当时意见不合，后竟入弹章。"(卷一〇一，页 4A)

王稚登寄新茶未至，叹"望南邮若在天上"。介姻亲尹秉衡旧友游江南。

《来禽》卷二九《寄王百谷》："丘、张两君都不至，茗饮缺乏，望南邮若在天上。足下视伏龙产正同败叶，安所得厕半偈竹垆间，沾丐消烦暍耶？谢在杭有书相及否？二青毡蒙齿颊余芬否？去者老伏波，敝亲尹大将军友也。将军不然也，而伏波为嘘之，卒至起家，及知伏波非鹖弁庸庸者。迩来违兰锜而事薄游，将过毗陵谒周太守，以为山则虎丘，人则闾丘，不以旦暮遇也，何以称平生？特托区区为介，伏波青犊在囊中，中宵辄吼，幸明公慎护之，勿令过剑池飞而化去也。伏波有心计，善为人曹丘。愿广其游，无致落莫。"(页 21B)

案："丘、张两君"，未详俟考。"敝亲尹大将军"名秉衡，万历二十一年(1593)已卒，"伏波"盖其军中旧部。"过毗陵谒周太守"指常州太守周一悟，万历二十七(1599)至二十九年(1601)在任。检[康熙]《常州府志》卷一三，万历年间周姓常州知府仅一人，即周一悟："周一梧，长治人，进士。归德府知府调任，二十九年调知苏州。三十八年升陕西副使。"(页40B)又书云："谢在杭有书相及否？"指谢肇淛，是年来任东昌司理，以"有书相及否？"之语气，应为初上任时作。据此，邢书系于是春。

丘、张两君先后奉新茶至。致书答谢，寄赠蚕丝绵缝制棉装。

《来禽》卷二九《答王百谷》："丘、张两君先后至，俱奉新荈，后者差胜。自今非真伏龙岗产不手开，此间不辩毛生。丘君尚处囊中，稍为根抵中山，以彼中玄菟与管城氏上世有连耳。拟欲游之即墨张中丞家，冀得受封如即墨，竟如何？檿桑之茧不减八蚕，第斑斓衲衣，仆定其品目，秦复陶、越石帆季孟间也。丘君传教，绝欲得此敬箧一端以呈，向来所献，都不及此。此即墨寒机，仆谀墓所获，愿博蓝田黄磁斗中蒲，累年弥盛者一盛。丘君当不惜舟车雇直及灌濯烦劳耳。张君以仲仪北发，亦客马坊城。又一画史孙氏，自于文若所至丘君坐上。座两君，一东一西，三吴鼎峙，殊不厌一济南老秃翁。玄冬遒尽，日罄清酹十升，南中更耆芊芊而四蹄者，不免废关内侯券册耳。丘君请改事，乃得生活。才言斑管，泪与英皇俱下矣。"(页17A)

案："丘、张两君"即上书言及托带新茶者，路途延宕，至临邑已"玄冬遒尽"了。书云："张君以仲仪北发，亦客马坊城。"张仲仪，德州人，邢侗好友，来客过德州，多宿其家。此因其北上故他宿。"于文若"即历城于若瀛，时病免在家闲居。

王稚登收到济南来书及山茧等物，寄诗答谢。

王稚登《邢子愿书寄山茧、来禽赋答》："鲤鱼书到阖闾城，千里山川一纸情。野茧为衣全匹寄，来禽将子满囊盛。东夷鼠窜犹难测，中使鸱张敢横行。试问当年高卧者，何时复起为苍生？"(《南有堂诗集》卷七，页15B)

案：王诗"东夷鼠窜犹难测，中使鸱张敢横行"。触及时事，是春邢玠率师大败倭寇，凯旋班师回国，而倭寇是否会卷土重来仍未可知。而近年来中使鸱张横行，为害民众，朝野侧目。王稚登仍期盼好友入朝复官："试问当年高卧者，何时复起为苍生？"

郑洛七十寿辰，为撰寿序。

《来禽》卷九《寿特进郑公七十序》："汉孝景朝，万石君奋以太子太傅历位九卿矣。而我主上在宥久，渐摩培植，雅多宿德鸿硕之佐，则遂州郑公其最也。郑公生而魁杰，深厚豁朗，多谋如川，莫御如岳，靡摧洵负，命世巨材云。而会起家多从西北塞，持筹策虏无宁月，抒肝事主无宁时，竟此尾至正位元枢，洊升阿保，被虬横玉，至贵矣。乃壮而请老，寄意岩嶅，去三公之列而改署平世道民，异哉！……郑公今年览揆初度七十矣，而发犹鬒，齿相击有声，淳于酒可一石不醉，玉琨美食尚兼顿不至果然。察其形气才四五十许人，较之奋当高祖遇诸河内甫年十五，而历孝文、孝景，康强老寿者，亦复相等。郑公则去磻磎之岁尚数舍，满轮及矣，奋终输公一筹矣。……余视郑公犹父也，余戚马令君视郑公则师保也。同心之言，其臭如兰，敢以为初筵献国香，拂拂动矣，郑公其釂一卮乎？"(页7A)

案："特进郑公"即郑洛，时以经略、兵部尚书谢病告归故里。其卒于万历二十八年(1600)，年七十一，则是年为七十寿辰。邢序将郑洛譬为西汉"万石君奋"。万奋(公元前220—前124)，字天威，号万石君，河内郡温县人。汉文帝时官至太子太傅，景帝即位列为九卿，以上大夫禄养老归家。《汉书》卷四六有传。(第7册，页2193)文有"余戚马令君"指妹婿马拯，知是年仍在知县任。同时之作，黄辉有《祝郑经略七十袠序》(《黄慎轩先生文集》，页11A)。

四月，马拯升任山西平阳府同知。

［乾隆］《平阳府志》卷一九"同知"："马拯，山东武定人，进士，(万历)二十七年任。"(页8A)

案：马拯是年四月赴任平阳，方问孝有《送马吉甫郡丞赴任平阳》诗，诗云："都城四月鸣蜩起，聒聒垂杨乱人耳。长剑遥挥一段云，青天半落汾河水。骖驔驷牡踏云开，千里知君驾驭才。日暮酒酣望八极，太行山色西飞来。策蹇何迟迟，送君以中路。长风吹别心，不越关山结烟雾。野草青青墨绶新，官桥绿树笼埃尘。临分自笑客游子，明日相知能几人。流水泠泠清可濯，且复留连暂欢酌。只今祖道肝不披，别后何劳重然诺。政声畴昔起鄗阳，一盖飞飞今晋乡。孤城烟起尧都夕，远嶂雨来姑射凉。送送不尽意，欲将白日长绳系。到时倘有东飞鸿，莫惜音书寄燕蓟。"(《苍耳斋诗集》卷七，页14A)

闰四月，山东巡抚同年尹应元母丧，丁忧回籍，致书寄慰。

《来禽》卷二六《与抚台尹春寰年丈》："德州鄙事甫竣，归拟构栩栩园诗。乃云间董思白翰编舟自北来，特以尺素邀晤言。不得已，遂取道武城，意在叩渠笔诀，故不惮仆仆烦也。坐柁间三日，备出古法书名迹纵观之，真平生一奇耳。还过平原，道中俄闻楚乡异耗，心震越不夷。及抵家，则所司悉台榇禁，一切事果真矣。嗟乎！不肖视台下同气也，又所天也，老伯母犹母也，恋德感恩，其胡能为情？汉上几筵，东秦节钺，君亲去住真难之乎！为此日矣，即图蒲伏戟门，薄陈香楮，辄以申严未果，专傒皜幰出齐门，孺子白马素车至矣。事变仓皇，惊魂冷骨，欲语百千，不敢慁诸倚次。伏冀节哀委化，以啬他年柱石之身。弟不任悯怛缠衷之至。"（页15B）

案："抚台尹春寰"名应元，时任山东巡抚。因母丧丁忧归里，史籍阙载具体时间，据[道光]《济南府志》卷二五，接尹应元任山东巡抚的为刘易从，（页3B）据《明神宗实录》卷三三四："（万历二十七年闰四月壬午）以山东左布政使刘易从为都察院右副都御史巡抚山东。"（《明实录》第59册，页6177）可知尹应元去官约在是年四月间，邢书应作于此时。周如砥有《原任巡抚山东都察院右佥都御史尹应元》（《周季平先生青藜馆集》卷一，页69B）、《都察院右副都御史刘易从》（同上，页70B），即为两人职务交替作。"栩栩园"为尹应元新构园林，征集友人题诗，故书云"归拟构栩栩园诗"。孙矿有《栩栩园八首为尹中丞作》（《月峰先生居业次编》卷一，页30A）及《又赋栩栩园》（同上，页30B）。

是月初六日，黄克缵接任山东左布政使。

《明神宗实录》卷三三四："（万历二十七年闰四月甲申）升山东右布政使黄克缵为左布政使。"（《明实录》第59册，页6182）

案：郑《表》，是月"壬午"为初四日，"甲申"初六日，黄克缵接刘易从任山东左布政使。

是月，同年顾其志任山东右布政使，为其父《竹梧集》撰序。

《来禽》卷六《顾水部竹梧集序》："夫淇澳朝阳，参见于《风》《雅》；荆扬峄山，并列于《禹贡》。维梧与竹，表厥《诗》《书》尚矣。乃水部公用二物自名也，复用二物名其所自为诗也。……今阅公诗，一切本原于情性，而以'黄绢幼妇'之词出之，然而弗囿焉。……公之为诗，风格色泽庶几兼矣，然而伦纪备焉。……盖方伯君讲业齐鲁焉，休卒于奉高之阳，向青葱而延伫，知其为唐六逸之竹溪也。曰:‘其为我黼户奉之,令纲纪报平安乎?’结夏于行省之后湖,是历城齐博陵君之山池也,有梧在焉。曰:‘其为我善护风条乎?维桑与梓,必恭敬止。’方伯君之以竹梧洵父乎?抑在所而明孝也。书来,郑重委序余。余为序《竹梧集》如此。侗视方伯君,同舍友也,公视侗,孔李通家子弟也。侗乡行部金阊之间,觌公颜,承公论议,盖敛然以家人之礼进,今且二十祀矣。而存没概中,望苏台而以致慨焉。天子而采风,诸侯而贡诗者,侗其无憾于畴曩之草草也夫。”(页17A)

案:“顾水部”即长洲顾汝玉,山东右布政使顾其志之父。检[乾隆]《长洲县志》选举志,顾汝玉没有功名,“水部”系因子贵封赠,顾其志曾任工部都水司郎中,见《明神宗实录》卷一九三:“(万历十五年十二月丁卯)升工部都水司郎中顾其志为湖广兵备副使。”(《明实录》第55册,页3629)顾其志与侗同为隆庆元年(1567)恩贡生,隆庆四年(1570)又乡试同年,两人相善。侗按吴时曾往长洲拜谒顾汝玉,书云:“侗视方伯君,同舍友也,公视侗,孔李通家子弟也。侗乡行部金阊之间,觌公颜,承公论议,盖敛然以家人之礼进,今且二十祀矣。”“方伯君”即顾其志,万历二十七年(1599)闰四月至二十九年(1601)二月任山东右布政使,接黄克缵任。《明神宗实录》卷三三四:“(万历二十七年闰四月)壬辰,升福建按察使陈性学为本省右布政使,改新升顾其志为山东右布政使。”(《明实录》第59册,页6188)又卷三五六:“(万历二十九年二月壬申)升山东右布政使顾其志为陕西左布政使。”(上书,页6650)邢序即在顾其志山东右布政使任上作,姑系于此。

九月初九日,与东昌司理谢肇淛有诗酬答。

《来禽》卷三《九日怀谢在杭》:“聊城西望雁通邮,泲水南临客上楼。两地烟尘悲壮发,殊方霜露揽孤裘。梨黄小摘柈中实,菊润初披槛外秋。向晚插萸来泛酒,何人能共此风流。”(页24A)

谢肇淛《答子愿见怀之作》:“客舍初霜拥鹿裘,黄榆白草不胜秋。江城砧杵寒偏急,关塞烽烟远未收。乡梦每随南去雁,怀人愁上最高楼。一官牢落君休问,竹榻书龛老比丘。”(《小草斋诗集》卷二〇,《小草斋集》,页1106)

案:“谢在杭”名肇淛,是年来任东昌司理。

谢肇淛(1567—1624),字在杭,号武林、小草斋主人,晚号山水劳人。福建长乐人,生于钱塘。万历二十年(1592)进士,除湖州推官,移东昌,入为南京刑部主事,转兵部职方司主事,升工部员外郎、本部都水司郎中,出为云南参政,终广西左布政使。著有《小草堂稿》《五杂组》等。事具徐𤊹《中奉大夫广西左布政使武林谢公行状》。(《小草斋集》附,页1485)

致书东昌司理谢肇淛,寄《九日怀谢在杭》诗。

《来禽》卷二九《与谢在杭司李》:"三日前雪霰凌乱,三日后温燠如春,天时欻变,加絮脱裘,大烦将摄。忆此际射堂走马,意气雄飞,人作堵墙观也。明公据其上,指麾胜负,佐以觥筹,良适。邢生兀坐一甑中,掀髯抽思,矻矻腐毫,致不逮一涂鸦小生,甚愧丈夫矣。九日构得小诗,藉以代问。相思如月,弦望为期,此情不可道。"(页7B)

案:书云"九日构得小诗",即指上引《九日怀谢在杭》诗。未知此诗作于何年,姑系于此。谢肇淛任东昌司理六年,与侗诗文往来不少,然多不署时间,且多有散失。伊秉绶曾藏《邢子愿手牍》,为致谢肇淛手札三十八番,有"后五日当与墨卿周旋也"句,慨叹墨缘之巧,属诸友人题咏,如翁方纲《伊墨卿得邢子愿与谢在杭手牍,云后五日当与墨卿周旋也,异哉,为题此》(《复初斋诗集》卷五七,页12B)、郭麐《题墨卿太守所藏邢太仆手札后》(《灵芬馆诗三集》卷二,页9B)、郭文志《伊墨卿秉绶太守家藏墨缘帖跋》(《书屏文钞》,页15A)、赵怀玉《跋邢子愿与谢在杭书》(《亦有生斋集》文卷八,页22B)。赵跋曰:"邢子愿与谢在杭书,计三十八番,今为同年墨卿太守所藏。脱略形骸,敦笃气谊,至于幽茹、酒豉、蚶饼、虾汁以为投报,此种风味,令人慨羡。然谭艺之外,如王盐梅,富人也,而代入粟之罚。张养志,友人之戚耳,而乞免其坐戍且宽刑责。他若校官中之王昌言、马君策,县令中之临邑、齐河,或欲逭其处分,或欲望其推荐,大半近于请托。在今日作书者,必引嫌而不肯形之笔墨,受书者亦必畏人之议,其后而毁之。似乎今胜于古,不知当事恃乡之贤,士大夫以匡治,苟非非理之干,则申公道而兼展私情,亦礼所弗禁也。因观是册,感而书之。若夫书迹之工,墨卿墨缘之巧,诸跋论之详也,兹不复云。"

致书潍县知县王惟俭。

《来禽》卷二九《与王潍县》:"君家夷甫雅尚玄达,虽目无阿堵,不闻举百斛米麦馕人也。二十漠骊蹦泥淖行千里,其前三十六辐者,人以二十为曹,蹄足交驰,充衢塞道,赋国若何朋道如兹?侈矣,侈矣!即明侯性自厚德,不应迭迭施于不可知者。何人也?小人之腹曰饫,君子之泽何以报之?……《家乘》领己，小暇为次序之，定作一人间事，借手寿太翁也。诸卷轴未及题，留以质往来。部拟台省诸曹都不报，似是异时位置。一昔由宫中仁兄少须事定，不如冢宰之属及小司马稳便耳。……”(页 20A)

案：“王潍县”名惟俭。[民国]《潍县志稿》卷一九“知县”：“王惟俭，汴梁人，进士，二十四年任。”(页 26B)又王惟俭后有张大成“二十八年任”，则王惟俭万历廿四年(1596)至廿七年(1599)在任，嗣后升兵部主事，书云：“仁兄少须事定，不如冢宰之属及小司马稳便耳。”知其任期将满，伺寄以书。

王惟俭任潍县时，邢侗有《题苏东坡墨竹赠王潍县》一文，或即题其所寄“诸卷轴”，录以备考。文曰：“文与可谓：‘吾笪笪一派，近在彭城。’彭城，子瞻也。子瞻则谓：‘与可到处为公作记，作赞，备负火下，亦合剩得数纸。’盖指与可墨竹只得一二竿，未及属厌也。彭城游戏寒梢万丈鹅溪涧，最得湖州三昧。而其文章气节，不翅过之，故宜流传久远，坐享百金耳。子瞻之赞文竹云：‘风篁雨箨，上傲冰雹。霜根雪节，下贯金铁。’其子瞻之自道乎？周伯温之赞苏竹云：‘翔鸾展风翮，老气横几筵。’其犹湖州之道彭城乎？子瞻又云：‘笑笑之余，以竹发妙；竹亦得风，天然而笑。’历劫迄今，吾与夷门君复递相轩渠而阅此也。”(《来禽》卷二一，页 15A)

王惟俭，字损仲。河南祥符人。万历二十三年(1595)进士。授潍县知县，迁兵部职方主事，削籍为民。家居二十年。光宗立，起光禄寺丞。三迁大理少卿，以佥都御史出抚山东。入为工部右侍郎，罢归，卒。敏而嗜学，好书画古玩，世所称博物君子。著有《文心雕龙训故》《史通削繁》《史通训故》等。《明史》卷二八八有传。(第 24 册，页 7399)

致书于永清，荐平乡县知县陆应钟。

《来禽》卷二九《与于直指》：“……平乡陆令应钟，槜李太宰诸孙，东南才士也。三刖而就县官，似非其好，乃其为政佳矣。矢天指日，断不名一钱，经月衙斋，不入半镪赎，有胡氏问绢之廉焉。干局何如也？爱民若子，训士如师，间有豪不驯者，三尺无少贷之。以故境内廪然奉法，然而阳煦深矣，依依父母也。以此员年资器具，经博才华，焉能屈畿南第二指？……不肖于令累世通家，知令甚稔，敢以私闻，而以公丐荐贤之典。”(页 22B)

案：“于直指”名永清，时任真定巡按御史。“平乡陆令应钟”，浙江平湖人，万历四年(1576)举人，仕至通判。[光绪]《平湖县志》卷一三“举人”：“(万历)四年丙子科，陆应钟，三十三名，知县，升通判。”(页 19A)陆应钟任平乡县知县之时间，[乾隆]《平乡县志》卷六“知县”：“陆应钟，平湖举人。万历二十六年来任，置学田六十四亩，坐落杨村。”(页 6A)接任者蒋廷仪，“万历二十八年来”。(同上)则其万历二十六年(1598)莅任，二十七年(1599)任期未满即迁官通判，未知是否因邢侗之荐。

于永清，字太寰。山东青城人。登万历十一年(1583)进士，任乐亭县知县，补浙江东阳县知县，擢湖广道监察御史，出按宣大，再补福建道监察御史，巡按陕西、真定，建白兴革。著有《四书蒙训》《举业正传》，刻有《尚书蒙训》，藏于家。[乾隆]《青城县志》卷八有传。(页 4B)

禹城孝廉刘士骥持状来乞其祖父刘贵暨祖母合葬墓志铭。

《来禽》卷一四《敕封征仕郎中书舍人加四品服色禹城东冈刘公暨封孺人元配王太君合葬墓志铭》：“余识封君刘公，以子总宪君故。以总宪君故，复识总宪子孝廉。盖总宪君，昔者吾友，而封君，余父党也。孝廉敬状大父及大母，属致诸石。余何敢辞？按封君讳贵，别号东冈，世为邑人。……孝廉君持状簌簌泣向余曰：‘吾父自为参议，为副使，为参政，必取道归，觐大父母前。最后迁总宪归，大父值微疾，拟自言谢矣，而大父色动，促之行。甫抵秦而三奏记台，台复温语勉之留。天乎！遂不及与大夫诀也。又不旋踵，而从大父无幸殁也，父盖有不化之心焉。’……盖岁戊戌，孝廉赴礼闱，文卷绝奇，中彀矣。而以终场甲乙署误，格不录。……孝廉行复戊戌之踦，以安大父母、父地下矣……”(页 25A)

案：“东冈刘公”名贵，号东冈，山东禹城人。[嘉庆]《禹城县志》卷九有传，附注：“太仆寺少卿临邑邢侗为撰墓志铭。”(页 17A)“总宪君”即其子刘中立，万历十六年(1588)为陕西按察使。“孝廉”即刘士骥，刘贵孙，刘中立子，万历十三年(1585)举于乡，三十二年(1604)进士。文云：“孝廉行复戊戌之踦，以安大父母、父地下矣。”万历廿六年戊戌(1598)，则刘士骥葬祖父母、父亲应在是年。刘贵与邢如约为乡党，其子刘中立与邢侗为好友，两家世交，刘士骥因乞为墓志。

刘中立(1540—1589)，字健甫，别号禹坪。嘉靖四十三年(1564)举于乡，隆庆五年(1571)进士，授中书舍人，转给事中。以抗疏劾时相，出为陕西右参议，再迁河南按察副使，三年迁陕西按察使。居无何，父丧讣闻，号痛感疾而卒，年甫五十。[嘉庆]《禹城县志》卷九有传。(页5B)按：刘中立生卒年，诸书均未详，上引《县志》云"迁陕西按察使，居无何"，闻父丧哀毁卒，"年甫五十"，检《明神宗实录》卷二〇六："(万历十六年十二月)壬午，升山西参政刘中立陕西按察使。"(《明实录》第56册，页3843)则其卒于万历十七年(1589)，生年为嘉靖十九年(1540)。

刘士骥，字允良，别号祝阳。生有异质，八岁属文饶藻思，万历十年(1582)以儒士参试博士，诸生中援笔就五义，督学蹇公奇之曰：'是终童之后。'十三年举乡试，三十二年(1604)进士。官翰林院检讨。留心古今经济之务、典章制度，考镜得失，细大不捐。事亲孝，念母老而善病，归养里居，母逝，哀毁过礼，遂不起。著有《蟋蟀轩草》。[嘉庆]《禹城县志》卷九有传。(页21B)

新城王之猷卒，撰文祭奠。

《来禽》卷二〇《祭通议大夫按察使王柏翁暨配李宜人文》："琅琊之大，自先始兴。江左桓台，南北并称。桓台再徙，奕世奋矜。休征后启，跆籍先登。泺翁多佑，六子蒸仍。公处其季，体秀气凝。……长而涉学，青荧一镫。呦呦鸣鹿，抡魁踏腾。寻升南省，出理兢兢。继司礼乐，鹓鹭作朋。三周藩臬，车辙竑竑。狥民以官，折伊冯凌。狥官以法，繄我准绳。治兵治水，唯公之能。市恬疆固，山宁水澄。洊登廉访，未罄股肱。胡天降割，岱宗其崩。宁独崩岱，室有弦絙。……一门鼎盛，公尤弩弸。愚叨华族，缔要有恒。丹诚遥竭，仅藉如渑。"(页7A)

案："王柏翁"名之猷，号柏峰。史称新城王氏："振振起举，文学高第及开秩崇者几无虚岁，天下称科名之盛以王氏第一。"

王之猷(？—1600)，字尔嘉，号柏峰。山东新城人。王重光第七子。万历五年(1577)举进士，由平阳府推官历任淮扬兵备道、浙江按察使，仍镇淮扬，诘奸戢暴，政务便民，节义所关，奋不顾身，有烈丈夫风。著有《王柏峰诗稿》。[民国]《重修新城县志》卷一四有传。(页7A)《县志》云"隆庆丁丑举进士"，误。

是年，同年朱正色致仕归里，有书寄至，复书答谢。

《来禽》卷二九《答南河朱抚公》："自角巾归第，口不言平吴事，俨然谢傅一东山矣。……不肖第山东潦倒书生耳，久欲私赫连状，而足未出户阈耳，未涉边庭。仁兄者以一切端委来，不惜十易烛，为拓天拔地之业，树颊胲耳。……仁兄借宠腆以相加，敢不拜大赐之重勤。一书温燠，失其隆寒，且词娴甚，如《国策》，如《内外传》，如班，如义庆，翁归文武，何必地下之陈。弟也残简蠹鱼，屈伸以寸，乐成小家子。夜郎犹大，矧望汉乎？杂刻数翻，聊当一面。手墨须之春和。行者促案，不能覼缕，唯仁兄贯在。”（页22A）

案：“南河朱抚公”名正色，与侗进士同年，原任巡抚宁夏、右副都御史，是年二月为科道所纠，奉旨致仕归。《明神宗实录》卷三三一：“（万历二十七年二月戊午）吏科都给事中赵完璧等，河南等道掌道事监察御史赵士登等，纠拾原任协理戎政右都御史沈思孝，原任经略宋应昌，兵部左侍郎许孚远，原任国子监祭酒刘应秋、萧良有，通政使田蕙，南京礼部尚书王弘诲，巡抚贵州佥都御史江东之，巡抚四川佥都御史谭希思，原任总督两广右都御史兼兵部侍郎陈大科，原任兵部左侍郎协理京营戎政李春光，原任巡抚宁夏右副都御史朱正色等各溺职。奉旨：许孚远、王弘诲留用，谭希思调南京别衙门用，沈思孝仍旧调理，李春光、陈大科在籍听用，江东之、萧良有、朱正色著致仕，宋应昌、刘应秋、田蕙冠带闲住。”（《明实录》第58册，页6118）据“自角巾归第，口不言平吴事，俨然谢傅一东山矣”，应为朱正色致仕归里后作，又“手墨须之春和”，知是书作于冬季。又云“杂刻数翻”，指侗此间所刻《来禽馆草》。

朱正色（1539—1606），字应明。北直隶南和人。万历二年（1574）进士，除偃师县令，调江陵，擢兵部员外郎，时有“南都六君子”之称。丁母忧，服除备兵肃州，教阵法，习技击，遂解金佛之围。转甘州副使，水泉告变，正色分守要害，设伏出奇，以大捷闻。累迁佥都御史，巡抚宁夏。擒哱承恩、刘东阳，俘馘阙下，晋右副都御史，致仕归。[乾隆]《顺德府志》卷一二有传。（页31A）

致书王稚登，时当清源民变之后。

《来禽》卷二六《与王百谷》：“明公岳岳巨人，乃亦病痎。……而仆以疾所患在龋，食饮都妨，正因击齿时事太多，故堕此口业耳。山泽林盐之外，靡所不搜。刑臣四出，亡命景从，用钺如戏。顷者清源告变，枭者三人，斫而不殊者四十五人。……三春无雨，禾尽卷焦，畿辅之间，嗷嗷转剧。天子第坐深宫啖肉，肄帝之使不假神明，东朝妙善居质，不册不婚，言官启事蒸仍，褎如充耳。剑撤周卫，仅及钩陈，足下试谓今天下治耶？乱耶？张郎行李久滞此中，深愧无能为藉。为作一札达苕川，傥以蚕织为桑榆乎？仆愿岁岁从长康树胲。”（页12A）

案：“王百谷”名稚登，书中忧及时事。皇上不理朝政，东宫“不册不婚”，

“言官启事”充耳不闻，矿监税使横行，重征迭税，激发民变。“清源告变”指是年七月，临清(清源)民众起而驱逐税监马堂事件。《明史》卷三〇五：“当奉劾商耕等时，临清民亦噪而逐马堂。马堂者，天津税监也，兼辖临清。始至，诸亡命从者数百人，白昼手锒铛夺人产，抗者辄以违禁罪之。僮告主者，畀以十之三，中人之家破者大半，远近为罢市。州民万余纵火焚堂署，毙其党三十七人，皆黥臂诸偷也。事闻，诏捕首恶，株连甚众。有王朝佐者，素仗义，慨然出曰：‘首难者，我也。’临刑，神色不变。知府李士登恤其母妻，临清民立祠以祀。”(第26册，页7808)

本年，二月，遣宦官领市泊司。三月，陈增肆虐山东。四月，以诸皇子婚，诏取太仓银二千四百万两，户部告匮，乃命中官严核各省积储，由是外帑日耗。是年，谢肇淛任东昌司理。

【诗文系年】

《送汪明生之古郑县访南太史子兴，时太史宅忧》《汪明生诗序》《寄王百谷》《答王百谷》《与抚台尹春寰年丈》《寿特进郑公七十序》《顾水部竹梧集序》《九日怀谢在杭》《与谢在杭司李》《与王潍县》《题苏东坡墨竹赠王潍县》《与于直指》《敕封征仕郎中书舍人加四品服色禹城东冈刘公暨封孺人元配王太君合葬墓志铭》《祭通议大夫按察使王柏翁暨配李宜人文》《答南河朱抚公》《与王百谷》。

万历二十八年庚子(1600)，五十岁

沛园家居。刻《来禽馆帖》，历时十四年工竣。

刻《来禽馆帖》，历时十四年终于工竣。吴门吴应祈、吴士端父子摹勒上石。

案：《来禽馆帖》由邢侗纂集，吴门刻帖名家吴应祈、吴士端父子精心摹刻而成。是年竣工之《来禽馆帖》，计《唐人双钩十七帖》《澄清堂帖》《兰亭序(定武本、褚遂良本和赵孟頫临本)》《出师颂》《黄庭经》七帖。除《唐人双钩十七帖》刻于万历二十年(1592)，六帖镌刻时间未详。万历三十八年(1610)，又刻《西园雅集图记》(吴尚端摹刻)，后亦附于《来禽馆帖》，故现存《来禽馆帖》总计八帖，石十九块。尤以《唐人双钩十七帖》和《澄清堂帖》最为著名，最为世

重，《唐人双钩十七帖》乃邢侗手自双钩。原石现存山东临邑县邢侗纪念馆，然清初即不知其存殁，梁巘《承晋斋积闻录》："《澄清堂》合《十七帖》，皆邢子愿刻，其石至今亦无，当时彼甚是宝重。余曾得一本，乃香墨拓，其刻瘦健可爱，间有一、二笔转折失度处，然其佳者，正如初脱手书也。"（页20）

夏，拓《澄清堂帖》十七本，并题跋。

《来禽》卷二一《澄清堂帖跋》："唐宋拓帖多用北墨北纸，微以骆驼油拂之，润而不粘，致足珍也。伏日晒书，偶从敝簏中得故陟厘数番，因命童子以吴怀梅小螺黛拓一十七本，并此一《澄清》，觉罗罗清疏，与定武稧叙隔一邻虚尘耳。异日从王子廓中丞上谷觅骆驼油至，或当顿还旧观。"（页9B）

案：拓《澄清堂帖》十七本并题此跋，应于《来禽馆帖》刻成后。跋云"异日从王子廓中丞上谷觅骆驼油至"，"王子廓中丞"即王象乾，宣府为古"上谷"郡，其万历二十三年（1595）至二十九年（1601）正月任宣府巡抚，故系于此。"吴怀梅"，歙人，金銮有《梅花酒・送吴怀梅归歙》，其他未详。

东昌司理谢肇淛有诗来谢寄赠银鱼。

谢肇淛《谢邢子愿侍御惠银鱼》："野人生长闽海曲，爱啖海鲜胜啖肉。就中银鱼称最强，腻如截肪白如玉。年来作吏向东方，无复余甘齿颊旁。空披食谱思染指，坐对盘餐忆故乡。去岁东巡淮海侧，忽见此鱼如旧识。今年得君远相饷，顿令俎爨生颜色。�笼冰合冻不腥，雪片参差玉筋横。霜刀飞作银丝脍，香韭和成锦带羹。使君大嚼醉且舞，报君金错那足数。何时缩地返江南，与君同啖江瑶柱。"（《小草斋诗集》卷九，《小草斋集》，页800）

案：诗云："去岁东巡淮海侧，忽见此鱼如旧识。今年得君远相饷，顿令俎爨生颜色。"谢肇淛上年由湖州司理改任东昌司理，故系于此。邢侗巡按三吴，喜食江南银鱼、鲥鱼。其外孙史以明《来禽馆集跋》："外祖素嗜鲥鱼，老母寓石头宦邸时，每寄奉。及闻讣，绝不加匕，如曾家羊枣矣。至今二十余年，每见南糟，思其所嗜，即望之流涕也。"（《来禽馆集》卷末）

七月，方问孝父子谒于慎行于东阿。

《东阿于文定公年谱》卷二："（万历二十八年七月）新安山人方问孝父子来馆之再浃。"（《山东文献集成》第三辑第10册，页728）

九月，葛昕刻《葛端肃公家乘集古法书》成，来书致谢。

葛昕《谢邢知吾观察》："……窃念先少保端肃公学严屋漏，业骏阶升。砥砺三朝,清望具时贤赠咏;经纶一代,吁谟载殿陛哀文。典刑易世犹新,继述惭愚未逮。属者感贻孝于柳笔,阐扬假墨妙之灵;仿集古于欧公,搜剔穷铁史之巧。正歉芜就,取笑大方,敢谓奇观,厚徼宠异。恭唯门下一方文献,六代云英。片言敷人世之华,道丕光于景曜;维心敦交游之谊,意尤急于追隆。爰抚腋集之章,过廑额言之辱。……躬诣未皇,迟将用歉,统唯照谅,不胜翘跂。"(《集玉山房稿》卷七,页8A)

案:葛昕石刻其祖家乘文献,名曰《葛端肃公家乘集古法书》。邢侗《奉政大夫修正庶尹尚宝司卿加四品服俸德平龙池葛公行状》:"又用魏晋名书行二父、王母志、传、阙、诔文,刊之乐石,极吴会精娴手。遂令般鬲之乡碑版走天下,天下若宝《淳化》《太清》。"(《来禽》卷一九,页8A)邢侗为撰序并书,又撰《葛大母传》并书。[光绪]《德平县志》卷一二:"集古书法墨拓六卷,以镌葛端肃公赠谥葬祭诸制文及碑表志传诔章挽歌也。经始于万历二十五年四月,二十八年九月工竣。序为临邑邢太仆公侗撰并书。皆细楷,成于万历二十三年九月,并《葛大母传》一篇,均邢太仆撰并书。"(页43A)故葛昕寄书致谢。

是月,登州府知府徐梦麟母七十寿辰,为撰寿序。

《来禽》卷九《寿徐母王太君七十袠序》:"宛陵徐先生,以嵎夷借也,盖自河南太守云。先生在所,皆奉其母王太君板舆行,今者东征逐子哉?先生若不怿于此行也。……太君曰:'君命也,王事也。尝闻贞臣不择官,劳臣不择地。夫二千石犹故也,而以夷陋辄敦汝,若不崇朝而亟亟焉者,日本未俘,朝鲜未腊故耳……'(及至任)太君日:'顾诚何如?若治登州如此,虾菜珍矣,盘中水晶甘矣,凛秋九夏矣,奚必河南?'先生跽受教:'儿安敢忘君命王事者?'两言窃又得之诸荐绅,称先生之为人,岂第而尽下,忠信而厚与,才敏而去汰,廉白而远名,居然公辅器也。……今庚子九月之吉,太君正七十,戴大将军以酌者之词属。顾侗山东潦倒书生耳,言语何能为太君重?"(页23A)

案:此文寿登州府知府徐梦麟母王太君,是年(庚子)九月作。[康熙]《登州府志》卷一二"知府":"徐梦麟,宣城人,进士,二十六年任,升观察使。"又:"程试,新河人,进士,二十九年任。"(页12B)则徐梦麟万历廿六年(1598)至廿八年(1600)任山东登州府知府。文中"戴大将军"为戴延春,时任镇守山东登、莱等处副总兵官。[康熙]《登州府志》卷五:"戴延春,榆林卫总兵,二十八年任副总兵。韩望东,德州籍山阳县人,武进士,三十年任副总兵。"(页4B)

徐梦麟，字惟仁，号钟岳。安徽宣城人。万历十四年(1586)进士，清刚绝俗，持论侃侃，人不能夺。除长葛知县，再迁南武库司郎中，出知河南府，改登州，擢青州兵备副使。复任山东提学，所拔多名士。历督粮参政、按察使，以母老乞养归。母卒，庐墓三年，起南太仆少卿，辞官归。[光绪]《宣城县志》卷一五有传。(页 47B)

秋，汪元范有诗寄怀。元范时访南氏叔侄于渭南寓庐。

汪元范《寄邢子愿三十韵》："自作西京客，深嗟阻旧游。凉风生远道，景色入清秋。董泽蒲先脆，樊川菊正稠。潦收鸧警露，霜落雁环洲。积气埆边合，寒烟木末流。夷犹频出郭，萧瑟一登楼。转切怀人思，宁销去国忧。眼穿临渭汭，神越绕齐州。忆过坊城畔，寻君沸水头。授餐存缱绻，下榻愧淹留。蓬径要真隐，瓜畦学故侯。避喧欹皂帽，抗世拥羊裘。侧目群公忌，修容众女仇。扶摇矜鷃雀，驰骋弃骅骝。贝锦徒虚织，华簪信久抽。雄心输寸翰，矫志傲崇丘。苑囿晴偏媚，文章老更优。垂成荆国宝，兴狎嵖湖鸥。漫拟归同趣，翻怜抱别愁。栖栖应去鲁，碌碌似依刘。旅服凋鹰组，行装断蒯缑。关门繻用弃，幸舍辖随投。促席倾宵雨，联床听晓筹。素交欣再接，新好竞相求。阮氏才皆俊，岑家燕屡修。未辞渼陂复，直爱竹林幽。卒岁惭多累，余生实寡谋。襟期良有待，会面渺无由。契托他山石，情悬剡曲舟。尺书题字灭，欲致定沉浮。"(《汪明生秦草》上)

案：《汪明生秦草》为汪元范往渭南访南师仲、南居益叔侄所作，题署："颍川汪元范著，渭上南居益校。"卷首雍丘侯应琛撰《汪明生秦草题辞》云："顷当南太史居庐之日，特修徐孺子束刍之谊，玟展江夏，不远千里秦关，绋执汝南，奚愧当年白马。……万历庚子冬十二月三日。""庚子"即万历二十八年(1600)，卷中诗均是年所作。

十月，应章丘李化龙之请，为其父李道暨母刘孺人撰墓志铭。

《来禽》卷一四《敕封文林郎杞县知县李公暨配刘孺人合葬墓志铭》："阳丘封杞县令李公，以乡射宾学宫，非徒以封爵贵也。乡人素称'李父'，亦非以子侍御君贵。公盖具长者行，而乡人瞿然顾化，不忍他字，故群然父之云。岁在庚子，冬十月，侍御君函币介书抵侗所，曰：'化龙所脱屣一官者，为二大人暮年色养地耳，乃今未十禩，而家严倍家慈旋踵继也。'……公讳道，字文明，别号南泉。其先冀之枣强人，迁祖李那儿占籍章丘清平乡。……迨于庚子正月十一日正寝，终得寿八十有五年。里中蒲伏来吊者数千人，强半即帷哭。又百余日，是为四月二十四日，孺人卒，得寿七十年。”(页 18A)

案：此李化龙山东章丘人，万历十一年(1583)进士，与长垣李化龙同名，非一人。《明故宜人先母墓志铭》篆额者为“赐进士第、文林郎、陕西道监察御史李化龙篆”，(《济南历代墓志铭》，页 155)即此人。章丘李化龙名不甚著，事迹未详，据[康熙]《章丘县志》卷五“进士”：“李化龙，登万历癸未朱国祚榜，官监察御史，历升河南布政使司左参议。”(页 3A)其万历七年(1579)乡试中举，十一年成进士，授杞县知县。[乾隆]《杞县志》卷九“知县”：“李化龙，章丘人，万历十一年由进士任。”(页 6B)十六年授监察御史，先后按蜀、陕，升河南左参议，以疾予告，归。

十二月，李维桢入京大计路经德州，约侗相见。侗因母疾未能前往。

案：是年十二月，浙江观察使李维桢入京上计，约侗于德州相见。邢侗《答李本宁》：“去腊亟拟一介伺前旌于广川道也，会老母偶被微疾，征医理药。忽忽逼岁除，开正甫挟日，北堂见倍矣。”(《来禽》卷二六，页 1A)因忙于为母“征医理药”，未能前往。

李维桢往东阿过访于慎行。时于方病，慷慨为李、邢鸣不平。

李维桢《祭邢子愿》：“往余过东阿，相国正病，坐余床头，慷慨言：‘世有两贤负俗之议，每用扼腕，君与子愿是也。君肝肠在舌，口不择言，杂以谑浪。人短君浮薄倨傲，无妨大致。若子愿乃诬其失节，冤甚矣！子愿自以治行高第拜御史，于王夷陵何与？夷陵慕子愿才名，以其子举业丐之延誉，且不直夷陵子也，所请不直子愿也。与子愿同台为夷陵奔走交者自有人，奈何以子愿同类并观乎？陈大丘吊张让，狄梁公与武氏决赌，程明道为条例不损贤声，子愿竟废。夫子愿孝弟廉让，君子也。’”(《大泌山房集》卷一一六，页 18B)

案：李维桢与于慎行为隆庆二年(1568)进士同年。是年十二月入京过访东阿，《东阿于文定公年谱》卷二：“(万历二十八年十二月)廉访李本宁先生过访。李公京山维桢。”(《山东文献集成》第三辑第 10 册，页 729)时于慎行病卧在床，于有《前赠李本宁歌》：“……去年君入越，曾讯朱公访禹穴，邀欢又作湖上吟，沈侯细腰可已折。今年君向燕京游，千骑朱衣唱八驺。道旁忽向鲁狂叟，半夜停车南陌头。我病伏床君坐膝，呼儿出酒陈曲宝。相看如梦烛影残，屈指良游话夙昔。”(《谷城山馆诗集》卷五，页 20B)诗云“屈指良游话夙昔”，于慎行论李之直、邢之冤，慷慨为其鸣不平。

有诗奉寄山东左布政使黄克缵。

《来禽》卷四《奉寄行省左丞黄公济上八韵》："左相清风肃省寮，依微郊甸辔声遥。探碑魏寺标麟枕，选树房园护凤条。月倚华岑莲似吐，风沦泺水客须招。黄金汉杏和云啖，白玉仙函扫地邀。进港画船开碧藻，隔花朱火散铜镳。犀毗带露围新竹，熊轼牵星度暝桥。触绪抗言忧国步，休衙有意驻年韶。惭余虚奉城隅宴，日日相思鬓欲彫。"（页10A）

案："行省左丞黄公"即黄克缵，上年闰四月至万历二十九年（1601）在山东左布政使任，此诗即作于其在任期间，姑系于此。明初各省设"行中书省"，故"左布政使"亦称"行省左丞"或"左丞"，《来禽》卷四又有《杨以德中丞遥自桂林寓书曲右丞，申答见臆》（页17A），"曲右丞"即广西右布政使曲迁乔，亦为同例。

黄克缵（1550—1634），字绍夫，号钟梅。福建晋江人。万历八年（1580）进士，除寿州知州，入为刑部员外郎。累官山东左布政使，就迁右副都御史，巡抚其地。在山东十二年，诏以故官参赞南京机务，五任兵部、刑部、工部、吏部尚书。历官中外，清强有执，多次上疏力陈弊政。乞休，卒于家，谥襄惠。著有《数马集》《疏治黄河全书》等。《明史》卷二五六有传。（第22册，页6606）

杨巍年逾八十，屏迹人外，与侗有诗酬和。

《来禽》卷三《太保海丰杨公逾耋期，屏迹人外，间携僧侣栖依禅寺，蒙示诗篇，敬此仰和》："投簪十载卧岩扉，遁迹人间愿息机。花雨石床僧共定，鸟啼山院吏来稀。宵分竹火烹藜馔，晓对松檀拥衲衣。为识永年遥寄语，白头长见白云飞。""冢宰勋名汉代贤，一星曾傍紫微边。梦辞丹禁依青嶂，老戴黄冠主白莲。亲供钵将菰米荐，公诗有'永怀慈母'，故云。佛香炉采桂枝然。因风愿进长生术，不数彭铿八百年。"（页29A）

案："海丰杨公"即杨巍，诗云"投簪十载卧岩扉"，其万历十八年（1590）由吏部尚书致仕，至是十年余。杨巍是年八十五岁，故诗题有"逾耋期"云云。杨巍高寿，其母亦以高寿闻。《万历野获编》卷一二："海丰杨梦山巍，以右都御史致仕，则嘉靖丁未进士也，得年九十四。……杨太宰乞身时，其母夫人尚在堂，年百十四岁始告终。"（页313）

姻亲王象乾来书请为《忠勤堂碑版集古法书》序，复书允诺。

《来禽》卷二八《答王霁宇年丈》："弟于乡曲鄙人也，于世畸人也，曾何毫末之足数,而我亲家眷眷弘奖之,插标树羽,直欲引而登之大雅之涂,不谓其鄙且畸也,则亦生平之大幸哉!尊门世德流芳,声华盖代,即有善鸣之辈,莫能彩绘绪余。顾侗黔谫,屡以大委相及,肩弱难胜。止虞弛担安所竟千山之重负乎?虽然业已命之矣,敢不敬承。唯是筐篚远临,动关异数,弟有悚悚不自宁而已。百拜领嘉,矢诸五内,藉使报还,伏唯台亮不具。"(页 19B)

案:"王霁宇年丈"名象乾。"而我亲家眷眷弘奖之",其时两家儿女已订亲。书云"屡以大委相及……虽然业已命之矣,敢不敬承",指王象乾来书请为《忠勤堂碑版集古法书》作序,且来仪馈赠,侗答书以允。

兵部职方司主事王惟俭寄赠"吴绮",致书以谢。

邢侗《致王惟俭》:"方山道民邢侗顿首上启。损仲先生尊丈词盟:再属远信,损书累幅,把以三复,次于面也。足下崤函之固,是称百二,不佞安敢托言?东秦桑弧棘矢,仅充童戏,一遇十重铁障,当不免大夏拉攞耳。寄来吴绮,罗罗朗映,更重以夷门之织,纯绵密理,谊存机杼。其无下拜綦履,何减罽宾之毳。家有小山,取以登蹑,不烦去谢公前后齿也。一笑。侗再拜。"(《钱镜塘藏明代名人尺牍》第四册,页 82)

案:"损仲先生"名惟俭,时任兵部职方司主事。书云:"足下崤函之固,是称百二,不佞安敢托言?东秦桑弧棘矢,仅充童戏,一遇十重铁障,当不免大夏拉攞耳。"即可证此。据上年所考,惟俭本年由潍县知县迁兵部职方司主事,又《明史》卷二八八本传,"三十年春,辽东总兵官马林以忤税使高淮被逮,兵部尚书田乐等救之。帝怒,责职方不推代者,空司而逐,惟俭亦削籍归"。(第 24 册,页 7399)则万历三十年(1602)春"削籍归",明年侗先是母丧,继又为父作九十寿庆,恐无暇致书,故系于此。又,《平生壮观》卷五著录:"(邢侗致)损仲札,'方山道民邢侗'。"(页 197)有目未录札文,疑即此札。

齐东县知县白鲲考绩上最敕褒其父母,撰序纪之。

《来禽》卷七《齐东白侯上最敕褒二尊人序》:"……白侯自长者治齐,必本父母,侯之言曰:'自先太公善《易》,而鲲学经。先太公笃孝谊让,而鲲知修内行。家太君孀单自厉,抚翼诸孤,鲲则靡事必禀成。犹夫铜川夫人好药,而王通氏检述方书也。'侗不佞,闻之嗟嗟叹,洒然异之曰:'白侯之政,其有始乎?'白侯之治齐东,齐东不必野,而我饰以儒;齐东不必诈,而我贯以丹悫。米盐案牍,靡密琐碎,在所必察,而弗行以臆也。……比岁侯三载上司功,司功用国令甲当侯最典。逮所生白太公地下贵，孙太君生贵矣。……于《传》有之：‘三代之兴，邦家有社稷。两汉之盛，牧守有子孙。’斯言而信，白太公其以齐东社，白太君其抚孙子十人者，寝昌百岁，乐哉！”（页12A）

案：“齐东白侯”名鲲，字图南，万历二十五年（1597）任齐东县知县，[道光]《济南府志》卷二七“齐东知府”：“白鲲，北直南和人。举人。二十五年任，升上元县。”（页71B）至是三年任满，考绩上最依制敕封，故撰序纪荣。

[道光]《济南府志》卷三六：“白鲲，北直南和人。举人。万历二十五年知齐东。诚信孚人，慷慨任事，裁侈靡，崇节俭，督课诸生，所赏识旋次登第，称人伦之鉴。遵行条编法，通以美意，吏习民安。邹平欲分漯水由减河入大清，邑人栗栗有漂泊之忧。率士民力争，得报罢。平反大狱，移案相左，必执法争之。榷使虎噬境上，立为驱除，使不扰民。岁饥，鲲百方赈恤，更捐俸广设粥厂，以食饥者，每入厂与饥民痛哭失声，遍行灾地，循声益著。调上元令，士民感之，为立德政碑，祀名宦。”（页36B）

齐东县知县白鲲转任上元县知县，有诗赠别。

《来禽》卷四《送白公之任上元》：“衣冠文物古今同，赤县衙斋近谢公。三辅旧推京兆急，九州偏让石城雄。江东借牧君都会，冀北论才尔大风。群孺竹争桃叶渡，一郎星照雨花丛。均输大府千艘集，传教长淮尺鲤通。……谁将父老频年苦，与达君王乙夜中。最喜清曹才咫尺，不须行李问艨艟。”（页11B）

案：“白公”名鲲，任满改授上元县知县。[康熙]《新修齐东县志》卷四：“（白鲲）寻补上元县令，士民感之，为立德政碑。”（页16B）检[乾隆]《上元县志》卷五“知县”万历间有“白鲲”，（页7A）然无任职时间。据上引[道光]《济南府志》卷二七，其万历廿五年（1597）任齐东县知县，任满当在是年。

张鹤鸣来书并赠西洋人所制大地图。一别三年，鹤鸣时任南吏部主事。

张鹤鸣《济上邢子愿书》：“书从榆次来，见寄雁深情，一函五六札，尤见惓惓，置念无已。济上人多不到越城，无从闻问，悬怅可知。令弟及郎君披录已知，天荫德门，留冠卯辰矣。不佞弟去冬至前有亡荆之变，人生离合生死，苦海良阔。前谕致声，朱虞岿、徐检吾俱为道意，可怜虞岿已为异物。迩者来禽松桂多少滋绿，门下食客日复有几，往者漏海之说，台丈时时衣袽乎？不佞弟渡江三年，尚未见文章翰墨灼灼如丈者，须从古人索之，不朽何疑？每见人便道饮海知音希耳。西洋异人制大地图，从来儒先未晓，亦大有理。天地大矣，

不独汉有释伽也,寄一奉览。”(《芦花湄集》卷一六,页 1A)

案:张鹤鸣万历二十五年(1597)由历城县知县选任南吏部主事。书云“弟渡江三年”,应作于是年(1600)。又云:“朱虞尌、徐检吾俱为道意,可怜虞尌已为异物。”“朱虞尌”名廷益,万历五年(1577)进士,时任南通政司左参议。[康熙]《重修嘉善县志》卷七“进士”:“万历五年丁丑,朱廷益,字汝虞,历官江南提学佥事,擢光禄寺少卿,升大理寺寺丞。”(页 19A)朱廷益卒于是年八月,郭正域《南京通政司左参议朱公廷益传》:“朱公廷益,字洪虞,别号虞尌。……庚子春,推提督四夷馆太常少卿,命未下,仲秋患痢十余日,卒。”(《国朝征献录》卷六七,页 68A)“徐检吾”名民式,字用敬,号俭吾,万历八年(1580)进士,福建浦城人,时任南京光禄寺少卿。《明神宗实录》卷二九九:“(万历二十四年七月甲申)安庆知府徐民式南京光禄寺少卿。”(《明实录》第 58 册,页 5606)又卷三五六:“(万历二十九年二月壬申)升南京光禄寺少卿徐民式为南京通政使右参议。”(第 59 册,页 6650)万历十一年(1583),邢侗巡按三吴,朱廷益时任嘉定县知县,徐民式为松江府推官,当年嘉定严重遭灾,侗力为赈灾,官声甚佳。时朱、徐与张鹤鸣同在南京为官,故侗在书中托张“道意”。又张书云:“令弟及郎君披录已知,天荫德门,留冠卯辰矣。”指令弟邢侃及长子王瑞,时准备参加科举试,“留冠卯辰”,指万历三十一年(癸卯)乡试,及三十二年(甲辰)会试。

德州太守刘道三年任满受诰,为撰赠序。

《来禽》卷七《广川守聚斋刘公受诰序》:“国家制霈貤臣下,独隆前代。六品而下所给告身率称敕,五品以下率称诰。敕所受墨书砑光花绫,而诰则五文五采,绚烂七襄,称至丽矣。……广川刘大夫,以江黄上材移守广川。谓广川烦而躬在简,谓广川侈而持在节,谓广川氓萌沉伙而用在尽下,谓广川军卒交杂而剂在洁均,谓广川如颍川置而戢之以化,谓广川如交道厩而服之以勤。以故誉言四起,剡书更仆,无虑二十余。……比三载而政成,而值大夫蒿目胶庠,并建杰阁于学宫之东南隅。岁当丁酉,林林中隽,即东省第一人。……盖大夫先是为凤阳令,业以七品考,恩逮父母及身与内矣,是所谓敕也。而今由州五品再拜诰,训词视昔有加焉……”(页 7B)

案:“聚斋刘公”名道,德州知州,湖广黄冈人。其万历廿五年(1597)始任德州,“比三载而政成”,至是考绩上最受诰封赠。[乾隆]《黄冈县志》卷七“封赠”:“刘承芳,以子道贵赠知州。”(页 61A)刘道万历元年(1573)举人,[乾隆]

《黄冈县志》卷六“举人”：“万历癸酉，刘道，承芳子，参政。前登州知府。”（页38B）万历十七年（1589）谒选授凤阳县知县。［光绪］《凤阳县志》卷五“知县”：“刘道，湖广黄冈人。举人，万历十七年任。”（页23A）在凤阳任满六年，亦因考绩为最受敕封。王之猷《送德州守刘聚斋入觐》云：“六年淮甸风尘吏，授简中原五骕骦。辱翰东南逮帝阙，咽喉水陆萃冠裳。雄才劈尽同游刃，苦节精莹胜结霜。云里句胪传上最，旌书捧出汉明光。”（《王柏峰诗稿》卷上）

八妹邢慈静随夫婿马拯宦游远方，思念家中双亲，有诗。

邢慈静《思亲》：“白发双亲喜惧时，迢迢分水动情思。风摇竹影疑人道，忽听林梢唤子规。”（《之室集帖·非非草》）

案：此诗当为邢慈静随夫宦游思念双亲所作，诗云“白发双亲喜惧时”，而万太君明年初卒，姑系于此。慈静婚后随夫宦游多地，故《自述诗》云：“归君薄海宦游多，光阴迅度如弹指。”集中思亲、思乡之作颇多，如《九日思家》：“千里愁多病未苏，登高无力倩人扶。茱萸此日应插遍，曾忆王维诗也无。”《思诸兄》：“千里关山锁暮愁，鹡鸰原在海东头。故园棠棣春常在，怅望犁云意未休。”（以上俱《之室集帖·非非草》）

冬，应姻亲王象乾之请，为《忠勤祠碑版集古法书》作序。

《来禽》卷六《忠勤祠碑版集古法书序》：“桓台王太公，自以参议死事，劳赠太仆。少以仲嗣户部公最，赠少司徒。生荣死哀，宠冠黄肠之题；金蹝织文，宝泛丹砂之玺。贲泉曜代，不翅足矣。乃所奉谕祭文，津津督木平蛮事，厥奉冢祀。上谷中丞象乾子廓，谋以刊诸庙也，以谂户部公。……于是备搜家乘，捡镜藏箧，厥有墓门之阙，祠告之制，列传播在寰寓，汇粹托以冠冕。以逮大母刘太淑人，素旂表懿，重闼诔幽，珪判璧联，犁然具矣。……是役也，麟阁旧勋，枉青云以载笔；词坛宿彦，眷缁衣以作诵。如纶如綍，震煜于庭。而乃觞滥以浊水，竽吹以猥管，狐裘饰以羔袖，郢曲发以郑唇，胡以称焉？子廓淹通，多许载历年所，辨甘蔗于十丈，析密蒙于四种。恒欲揖永和之高步，复淳化之大雅。而乃殚心匠构，托志作求。……侗窃私臆，太公而降，家擅万石，门对三戟。乐诗书于鼓吹，甘仁义于牢醴，恬素族以平进，渺华艳于脱屣。始兴之代，将永畅于鼎钟；太原之乡，允宜避乎钑镂云尔。”（页26B）

案：此序应姻亲王象乾之请而作。序云“上谷中丞象乾子廓”，则作于是年，时王象乾仍在巡抚宣府任上。忠勤祠为纪念其祖王重光而建，《忠勤祠石刻》始自万历十七年(1589),成于万历三十八年(1610),集名人帖五十余,题跋二十余,明人自书诗三十余,共刻石二百六十余。被誉为:“忠勤祠石刻琳琅满目,海内知名。”([民国]《重修新城县志》卷二三,页26A)

致书姻亲王象乾,告知撰序事竣,俟春暖手和再书正本。

《来禽》卷二八《与王霁宇年丈》:“伏拜序帖之命久矣,意兴未至,不敢草草下笔。留张定作催檄使者凡二十余日,一夕篝火成之,觉有当也。我亲家一片精思,弟私计颇能扬扢,中间回护时事,曲尽鄙心,庶几万一足报知已矣。为葛丈文,雄丽则有之,今而不古也。吴下号名文翰渊薮,令此等役付之,则皮肤勾当足矣,安能次骨,谈何容易乎?呵冻作字实难,先上副本,明春手和再计,黄鼠人参,俟作起予,用毕下折。”(页19A)

案:姻亲王象乾遣张定来催序帖,留二十余日,此《忠勤祠碑版集古法书序》撰毕,侗即致书告知,颇为自许,故曰:“为葛丈文,雄丽则有之,今而不古也。”“葛丈”为葛昕,属侗撰《平昌葛端肃公家乘集古法书序》,已见。此因天冷冻手,待明春天暖手和再书正本以供上石。

是年,致书同年凤阳巡抚李三才,为其书扇兼及书法,谓“无意为书书乃佳也”。

《来禽》卷二五《答淮抚李道甫》:“书法,我朝祝京兆放而不情,文待诏秀而不局,皆非晋书也。不肖留意此道四十年,自谓能窥典午门风。大王颖秀天挺,忽而如瑶台美媛,袅袅作态;忽而如当空落石,莫敢睥睨。五十外造于平淡,所谓无意为书书乃佳也。不肖从骨髓处翻出,节本帖而为之。高丽使臣每入贺购去,非敢为佞。至于诸体,法唐法米,取其有致,并以献技台次。但扇太长、太阔,不任运腕,乞照鄙式作百柄来,十日写去,以备送赠,且趁不肖眼明耳。当今书称汤邻初,此公是浙晋书,董玄宰得不肖、米一班也,勿讶。”(页19B)

案:“淮抚李道甫”名三才,上年五月为凤阳巡抚。《国榷》卷七八:“(万历二十七年五月)丁巳,李三才右佥都御史巡抚凤阳。”(第5册,页4837)书云“五十外造于平淡”,是年五十,故系于此。“汤邻初”即汤焕,“董玄宰”即董其昌,当时均以善书称。明史本传曰:“三才挥霍有大略。”此属邢侗书扇数量可观,实为用于送赠,故侗嘱“乞照鄙式作百柄来,十日写去,以备送赠”。

是年,父邢如约病重,几至濒危。广延名医,悉心侍奉,方得痊愈。

李维桢《邢公墓志》:“父病,药必亲尝,夜擗心呼天:‘作人如父,守固不偷,节度不携，德足以昭馨香，惠足以同民人，天顾降割耶？'坐医其傍，而身立侍，唇燥则舌润之，息微则鼻通之，大小遗则手受之，忘食忘寐。疲极或仆地。母视而惊：'两老人即死，有若在，若奈何先自毙？'对曰：'儿殊不觉至此。迫欲安父，且安母耳。'六戚问疾者见其状，啧啧孝子。"（《大泌山房集》卷七九，页38A）

案：此父病，几至濒危，李《志》未详何时，然据"父瘳……而母忽病"，因万太君次年春初病，不治而卒，故系于是年岁末。

本年，四月，除京师牙税。六月，李化龙率师进讨播州，克海龙囤，叛将杨应龙自缢死，播州平。李三才陈矿税之害。

【诗文系年】

《澄清堂帖跋》《寿徐母王太君七十袠序》《敕封文林郎杞县知县李公暨配刘孺人合葬墓志铭》《奉寄行者左丞黄公济上八韵》《太保海丰杨公逾耋期，屏迹人外，间携僧侣栖依禅寺，蒙示诗篇，敬此迎合》《答王霁宇年丈》《致王惟俭》《齐东白侯上最敕褒二尊人序》《送白公之任上元》《广川守聚斋刘公受诰序》《忠勤祠碑版集古法书序》《与王霁宇年丈》《答淮抚李道甫》。

万历二十九年辛丑(1601)，五十一岁

泲园家居。母万太君卒。父邢如约九十寿辰。

元旦，父母盛服南向当座，率二弟、儿女等拜于庭。

《万太君行状》："辛丑元辰，先侍御府君、家太君盛服南向当座，孤等拜于庭。是年府君正九十，而太君开耋与偕，孤意中恋恋私窃喜，猝不意沦于大故也。"（《来禽》卷一八，页23A）

案：是年，拟为父九十生辰祝寿，母将及八袠与偕。去年末即已筹备，在泲园新辟西第，名曰"云腴"，在此举办寿筵，筵后可憩息于此。又请诸亲友撰寿序贺幛等。葛昕《祭邢封公暨配太恭人》："（侗）且业约乡党于今春大张会筵，以介眉寿矣。"（《集玉山房稿》卷一〇，页1A）又《答李本宁》："已发浙函，则为严亲开袠赐也。"（《来禽》卷二六，页1A）又陈与郊《哭邢太夫人辞》序曰："顷撰书词上子愿两大人寿，未几王稚登谓余，邢太夫人弃代矣。"（《隅园集》卷一四，页18A）

奉万太君命赴齐河探望长女。长女原配陈氏生,嫁尹秉衡子功懋。

李维桢《邢公墓志》:"父瘳,母忆大女在齐河,命子愿省之。"(《大泌山房集》卷七九,页38A)

案:"大女"嫁齐河尹秉衡子功懋,为侗长女。李维桢《邢公墓志》:"女五人,一适齐河元戎尹公秉衡子,指挥佥事功懋。"(同上)尹家多难,先是功懋父丧,家有纠纷,侗"为解纷息谤",冯时可《邢公碑铭》:"婿尹功懋有父丧,少衅于难,子愿为解纷息谤。至今功懋行三年丧,如丧考妣焉。"(《家乘》卷五"家传二",页12B)后家产为人吞噬,以致功懋"不能糊其口",侗为其谋职。侗有《长女婿帖》:"不肖长女婿齐河尹公子功懋,台下所知也。功懋袭济南卫指挥,自其父汶汶后,家计十九为人吞噬,今不能糊其口。不肖力安能振之?功懋伟驱类父,谨饬似过之,一把总、守备官似亦可备员乎?夭媚父母,正在此时。祈尊收入队长次,俾其浸浸自奋,不肖之方寸借少宁帖,食加匕矣。事关儿女尊止……"(《来禽馆真迹》,页4)

初五日,在大女家忽闻母病,半夜自齐河策马驰归,呼邑门而入。

黄克缵《邢子愿传》:"一日,之齐河视其大女,忽闻母病,时已昏夜,从者请俟星月。君策马驰百里,呼城关而入,长跽请罪,谓:'儿不朝夕膝下,致母有此疾。'及医药致疗,百计不效,至于大故。"(《数马集》卷二七,页22B)

《来禽》卷二六《答□□□》:"老母素健无恙,迎春之日偶进一南中杨梅,寻有以德平三岁殇甥报者,遂结聚胸间。复旬日,而绵惙及于危矣。"(页2A)

案:万太君卒于正月十四日,据《万太君行状》:"在蓐未十日沦于大故。……孤侍太君疾凡九日,遍告百神,请代以身。"(《来禽》卷一八,页23A)可知侗自齐河策马驰归在初五日。"德平三岁殇甥",即七妹之子,见《万太君行状》:"乃以哭七妹甥过哀。"

十四日,母万太君病逝,年七十八。头触壁哭,昏眊不知人者三旬。

《万太君行状》:"太君素强无疾,望八之龄发尚纯黑,面颜和泽,孳孳作儿女缘如少壮时。孤私计百岁可券期也。乃以哭七妹甥过哀,腹中痞结,在蓐未十日沦于大故。……迨于大故,眊不知人者三旬。血喀喀在喉间,安望不死而活至今日乎!……太君生嘉靖甲申八月初七日,卒万历辛卯正月十四日,未登八袠者裁二年。"(《来禽》卷一八,页23A)

冯时可《邢公碑铭》:"子愿时顾大女于齐河,闻耗星夜言旋,长跽母前请死罪。反首抢地祷于天,百计医祷勿效。母终,头触壁哭如坏墙,水不下咽三日,几死。父弗善也,稍稍啜粥,杖而起。”(《家乘》卷五“家传二”,页12B)

亲撰母万太君行状。

案:侗亲撰《累敕封孺人先妣万太君行状》,见《来禽》卷一八(页23A),又载《家乘》卷六(页1A)。

姻亲葛昕来泲园吊唁万太君。

葛昕《祭邢封公暨配太恭人》:“往岁太母以垂耋考终,余走吊于堂,得以省太翁几杖。窃艳称望百之龄,犹自矍铄乃尔。”(《集玉山房稿》卷一〇,页1A)

陈与郊闻万太君逝,复得侗书,大哭失声,撰文祭奠。

陈与郊《哭邢太夫人辞》曰:“子愿出山东,少有盛名。今上初年,余与同考试登第,始相识,同宦三辅,又同在台省中,故天下闻余与子愿相知深。……顷撰书词上子愿两大人寿,未几,王稚登谓余:‘邢太夫人弃代矣。’余大惊,东西过者奔问不得实,得子愿书乃大哭失声。……子愿手讣兮若将有委,庙堂纶綍兮公卿颂诔,亦且无藉兮有子愿文,后千百年兮显显太君,不肖荐歠兮九瓯一歠。呜呼哀哉!声泪俱咽。”(《隅园集》卷一四,页18A)

案:先是,陈与郊为文祝侗父母偕寿:《贺邢太仆太公太夫人偕寿序》(《隅园集》卷四,页14A)。忽闻万太君遽逝,又撰《哭邢太夫人辞》为悼。

二月上旬,章丘县令游汉龙来泲园吊唁。

《来禽》卷二六《答李本宁》:“二月初旬,章丘令君枉车惠吊。”(页1A)

案:“章丘令君”即章丘县知县游汉龙。[康熙]《章丘县志》卷四“士宦”:章丘县知县有游汉龙,“江南徽州人,由进士(任)”。(页9B)同页载游汉龙前任董复亨“万历二十一年到任”,后任李养志“万历三十二年到任”,则游汉龙万历二十六年(1598)至三十一年(1603)在任。

游汉龙,字公雨,号蜇初。南直隶婺源人。万历二十六年(1598)进士,授山东章丘知县,政成奏最,得台省之选。寻领兵三关,尤多善政,大计首举卓异,晋山西参政,转浙江按察使,迁福建布政使,叙绩转南京光禄寺卿。寻归里,退居十余年,日以讲学明道为乐,卒。[道光]《婺源县志》卷一五有传。(页13B)

廿日,有书答李维桢,时为台谏劾奏,吏部议降用。

《来禽》卷二六《答李本宁》:“去腊亟拟一介伺前旌于广川道也,会老母偶被微疾,征医理药,忽忽逼岁除。开正甫挟日,北堂见倍矣。天乎！侗何罪也,严亲九十,慈母不及耋者二年。所望杖履则破涕承颜,睹杯棬则割心兴恋,生人之致,什九绝矣。以此不复及门外事,至于仁兄兴定,则又时时从苫次对弟儿一启齿也。二月初旬,章丘令君枉车惠吊,颇能尽都城耗,始知黄口龇仁兄。鸰原急难,何必萎萱？又数昔不成眠矣。齐川递至手书,叙致含凄,百心俱吐。已,发浙函,则为严亲开衮赐也。银花凿落,见命称觞,更信乃达,弥年寄悃。有是乎,仁兄之眷眷哉！陋用厚形,不孝何所辞其疏节乎？酌言献寝,旋酹几筵,感痛交集,首面几崩于抢地矣。再阅按君赵公一札,欲进蟠根于万乘之器,甚休。侗也今者待尽人耳,何以仰承明德,付诸儿辈,用作奕世美谈。寒孟霜柯,后雕可掬,令人一饭不能忘甫柏层台上也。是日先慈五七之期,晡顷上食,大尽一哭。举残灯伏荐授童曹,咫尺轺车,邈焉隔世。愿仁兄自爱,俟哀悰小定,更为仁兄商出处也。益都公频年往复,不下三十缄,为仁兄强半计,当终效大金刚力尔。"(页1A)

案:"李本宁"即李维桢,据书"是日先慈五七之期",约二月廿日作。是年,李维桢以浙江按察使上计京师,为吏科事礼科给事中王士昌等、御史周盘等劾不称任,五月,降为右参政。《国榷》卷三五九:"(万历二十九年五月)乙巳,浙江按察使李维桢降右参政。"(第5册,页4877)十月,又谪颍川兵备,李维桢《封文林郎杨公墓志铭》:"余作奉职无状,谪领颍上兵事,又以先夫人丧,扶服还。"(《大泌山房集》卷九〇,页15B)书中言及"益都公",即冯琦,侗石交密友,"频年往复不下三十缄",时任吏部右侍郎兼翰林院侍讲学士。书中又述及近况:"再阅按君赵公一札,欲进蟠根于万乘之器,甚休。侗也今者待尽人耳,何以仰承明德,付诸儿辈,用作奕世美谈。""按君赵公"即赵标,上年巡按山东。[道光]《济南府志》卷二五"巡按":"赵标,山西解州人,进士。"(页12A)据《家乘》卷一〇"艺文志二"《太仆崇祀文》,此间山东抚、按两院四荐侗于朝,所列仅严一鹏、温如璋、萧淳荐语,阙者或即此赵标。(页60A)

赵标(1565—1609),字准台。山西解州人。万历十四年(1586)进士,庶吉士,选庶常,升御史。首请册立东宫,劾罢寺僚。又言时政"诏旨不信、上下不交、臣节不振、人情不安"四大患,识者韪之。出按真定,病起,按四川、山东,为尚宝司卿,典河南试。方按蜀,以逆播匪茹,屡议征剿,既录播功,加太仆寺卿。万历三十七年卒,予祭葬。事具《国榷》卷七九(第5册,页5005),

[乾隆]《解州全志》卷九有传(页11A)。赵标《国榷》讹作“连标”。

姻亲乐陵史太公(袋)卒,年八十五,为撰墓志铭。

《来禽》卷一五《诰封奉政大夫陕西西安府同知拙斋史公墓志铭》:“公讳袋,字雍如,其自颜楣则曰‘拙斋’。……公精《易》专经,当席口授长公观察君,父子相难,郁为世儒。观察君省试魁其经,连第进士,靡所名经师。君每向人:‘直所由就业,父教之也。’公手纂‘十戒五箴’寄君官中,大抵皆禔身自下意。君服膺无替,在所著廉平声。而公亦用君五品贵,得受诰为奉政大夫。……观察君倏尔云亡,两雏孙舞象舞勺,文笔方遒,成毁反手间耳。遗书在箧,公破涕,程督如少壮时。且为召邑才士,为礷诸资,不数年俱成器业。差次为受室,不以老谢田中事,妨两孙学。……长孙伦魁之日,公从几筵受捷书,尚其灼灼人间世。史氏之天定矣,何必穷沧浪而问之?公所著《拙叟春秋记》藏于家。”(页1A)

案:“拙斋史公”名袋(1517—1601),史邦直父,侗婿史高先祖父。此《铭》未详史袋卒年,检《府君行状》:“府君与姻家乐陵史太公、禹城杨太公年德相望,鼎足为洧盘。辛丑,史太公谢,府君忽忽不乐。壬寅春,杨太公谢,府君弥不乐,曰:‘吾安能如鲁殁灵光而后二公者,岿然独存乎?’是年冬,府君谢孤。”(《来禽》卷一八,页1A)则史太公应卒于万历二十九年(1601)。又《铭》云:“长孙伦魁之日,公从几筵受捷书,尚其灼灼人间世”,史袋有孙二,长史高胤,次史高先。此指史高胤万历三十一年中举人,[乾隆]《乐陵县志》卷五“举人”:“万历三十一年癸卯科,史高印,第五名,己未进士。”(页11B)则与此《铭》“公从几筵受捷书,尚其灼灼人间世”及下引《祭文》之“晚抚二孙,若轼若辙,长先魁捷,仲乃耽耽”,可证两文作于史高印中举后,姑系于此。“高胤”又作“高印”“高荫”。

姻亲史太公落葬,又撰文祭奠。

《来禽》卷二〇《祭封奉政大夫拙斋史公文》:“吁嗟乎!伯翁之寿宜跻百岁未已也,胡为乎八十有五而遽已耶?夫八十有五,人间之上寿,最难得也,而犹为伯翁少之。以伯翁之德、之养论之,乃犹少之也。伯翁平生不识巧伪事,若璞未斫,含光弗露,身通六艺,魁然巨儒。……晚抚二孙,若轼若辙,长先魁捷,仲乃耽耽。……伯翁与先大人齿相亚,名实相颉颃,今之申奠,不能无近亲之感、俱萎之悲,虽然吾两家子姓悉可以不朽其先矣,又奚必为儿女之

拳拳乎？尊灵不昧，有颔愚言。”(页 25A)

致书吏部右侍郎兼翰林院侍讲学士冯琦，其主持辛丑科会试，取南居益及第。

《来禽》卷二八《与冯琢庵宗伯》：“伏蒙尊恤赐笺，枉赗借以仲兄之重，谨顿首肃书申答以谢迄。比日嫁孤侄女，即遵道舍侄最幼妹，二府先长兄所遗四岁孽也。不孝有少子女，自矢与平门要结，而此独拮据，令适大家。……台下念念亡侄，毛发关亡侄者，敢不以闻。春榜得士多名下先辈，如渭南南君居业，尤卓荦不群，品书肆汉魏以上，书法肆晋唐以上。都娴贵公子，结屋青柯坪，身以老仆自爨汲，俨若寒生，无论才具，此宋公序流等人也。居业诸父俱在，事不须不孝缓颊。盖居业父事不孝久，缘其先枣强与有死分，愦愦中慰其登路，乃复辄以辖尘台下，终收此士而置之砻砺之列。伊季父可二，潼关可三矣。华胄素族，唯材是取，唯质是凭，似无它嫌忌。右目近眚，不能自行笔，更希慈亮。”(页 4A)

案：“冯琢庵宗伯”名琦，时任吏部右侍郎兼翰林院侍讲学士，与礼部右侍郎曾朝节主是科会试。《国榷》卷七九：“(万历二十九年二月)吏部右侍郎冯琦、礼部右侍郎曾朝节主礼闱。”(第 5 册，页 4871)按明惯例，吏部侍郎应称“少冢宰”为是。正月万太君逝，冯琦“尊恤赐笺”，又委“仲兄”亲往吊唁。“仲兄”疑即其弟冯珂。于慎行《明故河南布政使司左参政诰封通议大夫礼部右侍郎兼翰林院侍讲学士仰芹冯公墓志铭》：“男二：长即琦……次珂，郡诸生，娶李氏，茂才延绪女。”(《谷城山馆文集》卷二一，页 13A)书云：“比日嫁孤侄女，即遵道舍侄最幼妹，二府先长兄所遗四岁孽也。”指元兄邢化幼女、邢王道幼妹出嫁。邢化卒于万历十九年(1591)，幼女四岁，则是年十四岁出嫁。冯琦与邢王道至交，故云：“台下念念亡侄，毛发关亡侄者，敢不以闻。”南居益本年及第，为已故好友枣强知县南宪仲子，侗曾荐于冯琦，“辖尘台下，终收此士”，故此致谢。

南居益(1566—1644)，字思受，号二太。陕西渭南人。万历二十九年进士。试政户曹，转饷榆溪。丁王母裴太夫人艰，复承重，服阕，补刑部，至郎中。擢山西督学，升本省右参政、按察司按察使，加升布政使。转太常卿，出为福建巡抚，后被削籍。崇祯初，起为户部右侍郎，总督仓场，后代张凤翔为工部尚书，不久削籍归乡。十六年，李自成攻克渭南，迫降不从，次年绝食而死。著有《青箱堂集》。《明史》卷二六四(第22册,页6817)、[雍正]《渭南县志》卷一〇(页23B)有传。

五月,山东大旱,赤地七百余里。

[同治]《临邑县志》卷一六:"(万历)二十九年夏五月,大旱,赤地七百余里。"(页7A)

致书山西巡抚魏允贞。允贞守边多年,屡有勋绩,颇具政声。

《来禽》卷二六《答中丞魏见泉》:"填抚三晋以来,爱利覃于庶人,威信著于夷狄。又建所不易办之勋,创所不易谈之事,甚都甚休。虎竹而上,通纶而下,荡胸相誓,凡不染指几何人?精祲不孚,犷悍食婪,凡被斥逐几何人?一意一迹,是关国脉,不第争颂名开府也。夺晋如保,还之台总,想望风裁,京夏颙颙。如侗黔谫,拊手太公,扪膺独契,不觉深情之倒极也。远荷如天,破常分俸,询之谒者,此是黄河一度再清,敢不敬拜温言!见命满纸霞光,惠而好我,不翅厚矣。疏旷久甘,实惧唐突。钺下昼吟宵寐,却望并州桑干,沛水可指此心耳。先此借使展言楼楼之私,须恪以尽。"(页16B)

案:"中丞魏见泉"名允贞,自万历二十一年(1593)任山西巡抚,将及十年。书云:"填抚三晋以来,爱利覃于庶人,威信著于夷狄。又建所不易办之勋,创所不易谈之事,甚都甚休。"即指其巡抚山西多年并建立勋绩。此书未署年月,魏允贞是月辞官终养,姑系于此。《国榷》卷七九:"(万历二十九年五月)壬子,巡抚山西右副都御史魏允贞终养。"(第5册,页4877)

是月,以万世德总督蓟辽保定等处,升兵部右侍郎兼右佥都御史,上特授也。

《明神宗实录》卷三五九:"(万历二十九年五月)丁巳,以左副都御史万世德总督蓟辽保定等处。时吏部两推皆不允,上以世德经理朝鲜熟知边情,命升兵部右侍郎兼右佥都,以往盖特简云。"(《明实录》第59册,页6714)

寄书蜀中姻亲王象乾,言及"吾家《十七帖》,竟树寰中赤帜"。

《来禽》卷二七《与王子廓中丞》:"金笺润丽,秋爽当拟各体书之。《三教经》用高句丽纸书,欲合作也。以上当俟以扇至泚毫。吾家《十七帖》,竟树寰中赤帜。《澄清》亦是秘本,略仿蝉翼拓,觉斐亹足好致。倘得川扇纸,薄如轻褣、绵如纯茧者拓之,宛然定武褉本矣。便赋数翻来。峨眉石小盈周尺、尺许者,幸命行人斫一二拳置来禽中,米氏癖日日以剧,卒难疗也。"(页21A)

案：由书中“川扇纸”、“峨眉石”，可知作于王象乾总督川湖贵州军务、巡抚四川任上。《国榷》卷七九：“(万历二十九年正月癸亥)巡抚宣府右副都御史王象乾为兵部右侍郎兼右佥都御史总督川湖贵州军务巡抚四川。”(第5册，页4869)此时《来禽馆帖》已刻成，侗颇自负于《十七帖》及《澄清堂帖》。

九月，黄克缵升右副都御史，巡抚山东。

《明神宗实录》卷三六三：“(万历二十九年九月)丁酉，升山东左布政使黄克缵为右副都御史，巡抚山东。”(《明实录》第59册，页6767)

案：黄克缵接替刘易从任山东巡抚，刘易从本年七月卒于任。黄克缵《通议大夫巡抚山东都察院右副都御史右川刘公墓志铭》：“公姓刘，讳易从，河南汲县人。登嘉靖乙丑进士。……公生于嘉靖乙未年十月十四日辰时，卒于万历辛丑年七月初八日子时，享年六十有七。”(《数马集》卷四八，页1A)

是月，原刑部郎中平原张敬落葬，为撰墓志铭。

《来禽》卷一三《刑部江西司郎中平原张公墓志铭》：“公名敬，字子聚，寓号成庵。……公及舞象年，历试俱第一，遂隶学官为弟子，自是督学岁较，御史观风较，又无不第一者。……丁卯，安成邹夫子来秉文柄，复首拔公。夫子世传道学，见公举止应对而说之，曰：‘此非徒艺文士，将衍吾南宗。’乃檄入臬署，与其二子游，即佥宪公德涵、编修公德溥是也。侗亦在列，共矢不为口耳剽窃，务究厥懿实。公名遂先我噪东秦间矣。……公数困春宫，丙戌见落，则从年家大宗伯冯公辞，且归。冯公力主谒选，而又考功赵公、文选刘公皆公谊，故遂相与合为地，得河南之罗山。……升刑部贵州司员外郎。时有大珰狱，大司寇特柬属公。公一意持三尺，竟当重比。执政递为先地，略不之恤，朝端靡不懔懔。又一岁，公奉命钦恤秦，少司寇吕公临别执手惓惓，谓：‘张君廉练，必能肉骨俭塞无辜人。’公奉长者言，时揭‘公恕仁明’四字于署所……倭寇朝鲜需异材亟，万中丞公疏置治粟使，语中津津往昔中州救荒得策、积粟数万者，宜越资用，意盖指公也。政府据疏问前抚户侍吾郡赵公，赵公以罗山实迹对。政府曰：‘若然，则当简任如疏中言。’公闻而骇，坚谢不可。识度大都类如此。己亥，当京察俄中旧属，风翔险令微词，益以贵势力，遂及罢。省程公、台赵公佥为不平。……公还舍，日下键卧，间阅道书、种树书，课子孙为制举文，悉有程度。不数数出见客，亦不数数诣县大夫。……长君奉治命，旦日嗛会济上，观察韩公以旧契遣名青乌赵君至，获吉于城东五里许。于是岁

九月二十二日即兆域。”(页19B)

案:“张公”名敬,已前见。张敬与侗交谊甚厚,嘉靖末、隆庆初同为督学邹善所赏,同入臬署与邹氏二公子游。[乾隆]《平原县志》卷七“举人”:“张敬,丁卯科七名,罗山知县,历升刑部郎中。”(页10B)则隆庆元年(1567)举人,累年不第,万历十四年(1586)谒选补罗山县知县,万历二十三年(1595)升刑部员外郎,“己亥,当京察……遂及罢”,则其罢官在万历廿七年(1599)。《墓志铭》未详张敬卒年,《铭》云“从年家大宗伯冯公辞,且归”,指乡人冯琦,冯琦任礼部尚书在万历廿九年(1601)十月,《明神宗实录》卷三六四:“(万历二十九年十月乙丑朔)升吏部左侍郎兼翰林院侍读学士冯琦为礼部尚书兼翰林院学士。”(《明实录》第59册,页6783)则张敬卒于是年或稍后,邢《铭》姑系于此。

是月,邢玠破倭功成,回乡省母过访泲园,别后寄书致谢。

《来禽》卷二五《答经略邢太保》:“自枉寒庐,奉娓娓之论,益知巨公伟度元自有真,肘后黄金累累如斗,文坛武略兼将相而树奇标,尽人喁望。上方汉南阳诸葛,下亦不减唐闻喜令公,矧有枌榆之契而忝宗人之分者乎?……往日双缣,嗛然未报,兹复重以兼金盈函,叙次霞蔚龙腾,何殊面命?……川阅水以成川,世阅人以成世,愿台端大其所阅,而成其为盖代之伐,幸甚!万抚公旷然广揽,堪共持筹,将不患同舟中柴棘也……”(页18B)

案:“经略邢太保”即邢玠,是年九月,奉旨恩准便道省母,准三月住。《明神宗实录》卷三六三:“(万历二十九年九月乙未朔)南京兵部尚书邢玠请在籍养母,奉旨:‘卿外国归来便道省母,准展限三月住,赞留枢,两全忠孝,不允所辞。’”(《明实录》第59册,页6765)冯琦有《邢太保破倭功成,以大司马筦留钥过家省太夫人》(《宗伯集》卷五,页29B)。书云“自枉寒庐”,盖指邢玠此间过访泲园,“复重以兼金盈函”,故侗寄书以谢。“万抚公”指万世德,本年五月始任都察院右副都御史总督蓟辽。

秋,黄嘉善任宁夏巡抚,有诗寄怀。

《来禽》卷三《秋日寄怀黄开府宁夏》:“云中数报霜鸿至,此日天西无雁来。一线浊河分内地,千年灵武峙高台。时平卧鼓闲清昼,猎出行营奏落梅。黄宪不将千顷挠,贺兰堪与斗崔嵬。”(页31B)

案:“黄开府”名嘉善,万历二十九年(1601)授宁夏巡抚。《明史》卷二二七“孙维城传”:“(万历)二十九年拜右佥都御史,巡抚延绥。……在宁夏者曰著宰，亦请之巡抚杨时宁。……维城方代(王)见宾，时宁亦迁去，以黄嘉善代。”(第20册，页5966)黄嘉善代杨时宁为宁夏巡抚，检《国榷》卷七九：“(万历二十九年三月)癸丑，巡抚宁夏、右都御史杨时宁为兵部右侍郎，总督宣大山西军务。”(第5册，页4873)邢诗作于此后，姑系于此。

黄嘉善(1549—1624)，字惟尚，号梓山。山东即墨人。万历五年(1577)进士。初令叶，历升大同知府。会抚臣汰兵，兵噪，嘉善单骑入军喻以利害，皆散去，明日取首恶诛之，事遂定。擢兵备，加按察使，寻升宁夏巡抚。时督税秦中者，欲持权扰兵务，请于朝永加衔镇守，命旦夕下。嘉善抗疏持不可，乃已。抚宁夏十年，休养生息，烽火不惊。授三边总督秋防，花马池虏薄城下请赏，嘉善登城约战，虏俱引去，击之大捷。旋移疾归。三年，抚顺失守，廷推大司马兼京营戎政，条上战守皆切机宜，加柱国、少保，赐铁券。二年，再移疾归，自宁夏受事历边疆二十年，入枢府两受顾命。及卒，上为辍朝，赠太保，予祭葬。著有《见山楼诗》《抚夏奏议》。[乾隆]《即墨县志》卷九有传。(页4B)

葛曦子如凤大婚，大伯葛昕请侗及朋戚长者当庭作证，将弟曦遗产、遗物及历年账册悉数面交。

《来禽》卷一九《奉政大夫修正庶尹尚宝司卿加四品服俸德平龙池葛公行状》：“辛丑付家柄，凤所籍记藏蓄及宗伯公所与旧寄箧而齿数，由侗者庭引朋戚长者面还之。于是友悌始终，远近惬服，而向所谓语侵家督流播宵小者，渐灭无遗。检讨门人黄、况诸公，乃加额向东曰：‘吾今而知伯父者，三齐九土之贤伯父也。’”(页8A)

案：葛曦卒时，子如凤十岁，是年十九，与杨士鸿女完婚。前由大伯代管之葛曦名下财物及帐籍，以及冯琦、康丕扬转交葛曦遗物、文稿等，均由邢侗及朋戚长者当庭见证面还之。葛昕《王莘川亲家》：“舍侄完亲，弟将释重负，亲家亦为我喜乎？非知我生我者，未有念及此者也。适检笥，得前冯琢庵、康骧汉为亡弟记遗财物单，并成父母用印记，季岱石、靳母舅、郭党诸君及各宅周亲同盘弟宅实在遗货册簿，方缄于盘石亲家览，且希为亲一验收，明吾心迹。又偶得弟遗词绝笔，感今思昔，不觉泪下，敢缄以奉览，使中幸达知吾丈见之。丈夫意气，唯求天知，非知我者不敢一披露也。蘧使旋，正值冗匆，附谢不尽。”(《集玉山房稿》卷九，页36A)“王莘川”即临邑王再聘，葛、邢、王三家均为姻亲。葛曦弥留时，曦家奴冒曦妻指申大伯葛昕窃据弟曦财物，闹出一场风波。时葛曦及配任孺人相继去世,遗孤如凤方才十岁,葛昕视如己出,对冯琦等转交遗物旧箧进行封存,又为如凤聘杨士鸿女,弟曦名下财物逐一簿录,经营积富,至如凤大婚时当庭面还。葛昕了此夙愿,葛曦门生黄辉、况上进等原有成见,至此亦已释然。

十月十四日,父邢如约九十寿辰,率弟及子侄称觞上寿。四远宾客分日展庆,尽月而罢。

黄克缵《邢子愿传》:"父年大耋,犹康强无恙。子愿每岁大会亲戚乡党,率子侄称觞上寿。征歌舞,开筵燕,旬日乃罢。或病其过侈,曰:'吾亲耋矣,苟可博一日之欢,虽倾家为乐,宁有爱乎?'"(《数马集》卷二七,页22B)

于慎行《邑涯公暨配墓志》:"岁辛丑,公满九十寿,四方士友筐篚交于途,祝词满壁。"(《谷城山馆文集》卷二三,页26B)

冯时可《邢公碑铭》:"父耄耋,子愿大会父老子姓上寿,通国人四远宾客分日展庆,尽月而罢。"(《家乘》卷五"家传二",页12B)

为父做寿,辟西第名"云腴"。邢如约恋居故楼,明日輂归。

《府君行状》:"辛丑寒孟,将率宗人祝延府君百年也,特辟西第,锡号'云腴',以居室尽白。府君比及览揆,饮于斯,已而憩于斯,乐矣。迟明,命輂归故楼,以好谓平头曰:'吾去,汝主必让汝,然吾魂梦在故楼,奈何?夫云腴岂不皑皑,吾目眩焉。吾亦安吾黯黯者耳。故楼,王父母几杖杯棬地也。'"(《来禽》卷一八,页1A)

于慎行师赋诗贺邢如约九十寿庆。

于慎行《寿封君邢翁九十长歌》:"翁年七十八十时,我曾两度为祝辞。今翁算十复过九,我辞三祝翁许否?济南古有九十人,辕生伏生席上珍。辕生为郎官不进,伏生授女口不真。翁今有官复有子,方瞳绿发身着紫。江南辞客久停毫,惆怅山东邢柱史。片纸真同片玉看,鸡林传宝出长安。书法妙入钟王室,骚命卑陵屈宋坛。苍梧碧竹复不少,何言玉山与琼岛。人生百岁苦多愁,如翁千龄颜更好。泲园东望是蓬瀛,清浅当年几度经。自是泰阶多景瑞,珠躔已现老人星。"(《谷城山馆诗集》卷五,页23A)

张鹤鸣代吏部尚书赵焕、侍郎李廷机撰寿序。

张鹤鸣《寿邢封公九十序代》:"冢宰吉亭赵公为不佞言,吾乡济上邢子愿且高士。高士玉立如魏叔宝,博謇如张平子、左太冲,文章如班掾、柳仪曹,内美修能如荀季和、陈元方，事亲如姜巨孝，至于书法精绝，直逼大令、河南，率更而下，不足数也。然官止侍御，年未四十，而遽遂丘壑之兴，其雅好故然。……吉亭喟然曰：‘嗟嗟子愿，孝在丘壑矣。汉张敞日退家尽心于亲，子愿尊人封公九十春秋矣。……况子愿聪明才美，天下莫不闻。弃轩冕而就膝下，凡可娱悦亲者罔不至，即百年可引也，丘壑何负哉？’不佞曰：‘吾两人者之言皆可记，遥付之子愿为封公寿。’……”(《芦花湄集》卷三，页1A)

案：此张鹤鸣代赵焕、李廷机作也，时三人同在南京吏部。赵焕(吉亭)为南吏部尚书，李廷机(九我)为侍郎，张鹤鸣为主事。邢侗跋：“吾乡大冢宰赵公业属张元平小宰用少宰九我先生口为家两大人颂矣。九我先生会曹事稍暇，与冢宰公道及不肖侗曰：‘子愿者余杵臼交也。’冢宰因答谓：‘顷藉明公为其两大人寿，草则属之张考功元平，不欲以雕虫技辄溷清严耳。’九我先生曰：‘主臣余当自为之。’乃援笔作邢太公偕寿篇，名章巨丽，取草茀而衮黼之，里闬称为最盛事矣。已元平复以先所属草来，念其至意，有独知之契焉，因并付劂以传。不肖自顾何缘宠承三宰公休德，世世万子孙不敢忘也。不肖侗谨跋。”(《家乘》卷一〇“艺文志二”，页46A)

李廷机与侗有厚谊，亲撰寿序。

李廷机《寿邢太公九十序》：“临邑有邢太公者，其子侗卿子愿，余所与同举于北畿者也。时隆庆庚午，侗卿年最少，而英爽博雅。其为文出入先秦两汉间，其书法学晋人，其与当时贤豪长者游，一见如平生欢，人人自以为子愿亲己。其见事敏，其于世故，时务朝章过体无所不明习，人谓子愿其少成者欤。或曰：‘本太公之教也。’盖是时太公年六十。及子愿举万历甲戌进士，宰南宫，征为御史，按鹾河东。癸未，按三吴，而余乃官翰林，会子愿于都下，问太公起居。无何，子愿参楚藩、晋侗卿，遂以丙戌县车济水之上。迨今庚子，优游子舍者十五年。而太公九十，偕太夫人在堂耦，俱无恙也。余副南铨，太宰掖县赵先生者与侗卿同里，称石交，欲余一言为太公寿。则谓余曰：‘夫邢侗卿公之所习也，其壮而休，未足而止，有可以大用之材具，而不蕲毕其用也。’……仁哉太公！孝哉侗卿！其父子蹩躠踶跂，为德于其乡者，博矣。此之为寿，何必奉养之藉而筋力之征乎？齐鲁海岱之间，风气敦庞淳固，人多寿考。赵太公今年九十四，与邢太公相望，数百里内如长松巨柏，并修竞茂，均之籛彭乔松之俦也。两太公行事相类，而赵氏伯仲得时则驾，侗卿善息均之以志养者。今太宰考绩过里，寿其尊人而遂及冏卿之太公，太宰谊厚矣。矧余年家子，重以太宰之命而可以无言？南京吏部右侍郎、前国子监祭酒、詹事府少詹事兼翰林院侍读学士晋江年家晚生李廷机拜叙，大同巡抚胡来贡、辽东巡抚赵耀、南京大理寺右寺丞董基同拜赠。"（《家乘》卷一〇，页42A）

案：此文作于"庚子"，即万历二十八年（1600），时万太君仍在世。同时署名拜赠者，有"大同巡抚胡来贡、辽东巡抚赵耀、南京大理寺右寺丞董基"，俱山东掖县人。胡来贡已前见。赵耀（1539—1609），字文明，号见田。赵焕兄，隆庆五年进士，仕至右佥都御史、巡抚保定。《国榷》卷八一有传。（第5册，页5004）董基（1551—1620），字巢雄，万历八年进士，仕至南京大理寺卿。《明史》卷二三四有传。（第20册，页6093）

陈与郊撰寿序，贺邢太公、太夫人偕寿。

陈与郊《贺邢太仆太公太夫人偕寿序》："不佞郊之受知子愿也，天下无不闻。既同年举进士，又同以三辅吏征拜御史、给事中，而先后又同解太仆、太常之少卿，归两家庐，见岁不南走海即走泲上。今年子愿两尊人偕九十高矣，郊求所以寿之。"（《隅园集》卷四，页14A）

案：陈与郊此文亦作于万太君病逝前。

冬，方问孝自东阿于慎行处来访，先有诗寄。

方问孝《冬末之临邑途中有作，先寄邢使君》："朔风卷地无行辙，岁晚天涯客心绝。野戍平沙雁避灯，荒村小店人愁雪。马坊城隔几重山，马足曾无一日闲。客向枕边闻木铎，人向渡口问刀环。晓色苍茫晓星起，村鸡咿喔村烟里。主人卖酒索青钱，僮仆沽泉煮红米。士生劳苦亦寻常，况复穷阴匿太阳。行人但怯板桥滑，离梦不知山水长。当时送君谷城路，今日寻君头尽素。遥遥行迈不停鞭，惊起寒鸦乱无数。"（《苍耳斋诗集》卷七，页24B）

案：是冬，方问孝赴东阿访于慎行师，于师有《冬夜方胥成过访》（《谷城山馆诗集》卷三，页12B）、《冬日送方胥成北游临邑访邢子愿侍御一首》（卷五，页14A）。后诗有云："黄石山头雪未晴，黄石山前送客行。天寒岁暮白日驶，北风猎猎吹冠缨。……平生肝胆向谁尽，但说邢公不离口。邢公好士无与伦，千金散尽家苦贫。此时无忌还留赵，何客冯驩可入秦。君今又向犂丘去，马首残阳明远树。山头望君酒欲醒，相思并在君行处。"

方问孝又来访临邑，有诗送方问孝赴蓟辽总督万世德幕府。

《来禽》卷四《送方胥成之蓟门诣督府万公》："双鬓爽然变，劳劳虚此生。故人怜药物，地主进藜羹。候至莎鸡语，离前朔雁征。客心黄叶渡，马足白檀城。幕府披襟待，将军执辔迎。旌旗开野况，诗句敌边声。羌管连鼙起，蒲桃共酪倾。沙昏愁玉塞，天近渴金茎。日月残杯尽，风霜裋褐惊。祖筵应破腊，乡路欲迁莺。草檄夸空冀，垂鞭忆偶耕。行行莫相负，长此通同盟。"(页5A)

方问孝《冬日别邢使君赴万督府幕府二十韵》："严驾星初没，酣杯曲未终。使君刍秣马，游子气当熊。肉以干将割，书凭羽檄通。……孤愤辞知己，虚名问上公。赋非干破虏，缨可系诸戎。笑向辕门揖，言邀幕府功。云深白檀古，天阔紫台空。鸟阵屯疑雨，龙骧列似虹。悬金期下士，操翰愧成翁。青海迷黄雾，乌恒走黑风。长羞勒铭者，千载一雕虫。"(《苍耳斋诗集》卷一四，页5A)

案："督府万公"即万世德，时任总督蓟辽保定等处。《国榷》卷七九："(万历二十九年五月)丁巳，左副都御史万世德为总督蓟辽保定军务，兵部右侍郎兼右都御史，上特授也。"(第5册，页4878)方问孝先访东阿、临邑，随即赴万世德蓟辽总督幕府。

是年，邑儒学被议低矮潮湿，父邢如约为造楼房。

《府君行状》："邑儒学玄武庳下，佥议宜楼，府君楼焉。是维岁辛丑，去大修学庙四十年。"(《来禽》卷一八，页1A)

广西巡抚杨芳致书本省右布政曲迁乔，忆及邢侗，有诗申答。

《来禽》卷四《杨以德中丞遥自桂林寓书曲右丞申答见臆》："荒戊逶迤度雁臣，八行邮自桂江滨。迢迢白社双传泪，寂寂青山半负春。熊画城中开节镇，铜标天末望嶙峋。……君王不问安疆策，开府须捐报国身。万里关河黄耳健，十年朋道白头新。计程风水无虚夕，取次书题动涉旬。今日只将藤纸去，剑虹终久借斯人。"(页17A)

案："杨以德中丞"即广西巡抚杨芳，"曲右丞"即广西右布政曲迁乔。杨芳万历二十六年(1598)升广西巡抚，《明神宗实录》卷三二七："(万历二十六年十月)戊寅，升杨芳为都察院右副都御史巡抚广西地方。"(《明实录》第58册，页6063)孙继皋有《贺方伯济寰杨公奏最蒙恩叙》(《方伯集》卷三，页13A)，陶望龄有《中丞济寰杨公恩命序》(《歇庵集》卷五，页41A)。曲迁乔同年任广西右布政使,《明神宗实录》卷三二七:"(万历二十六年十月)甲戌,升浙江按察使曲迁乔为广西右布政使。"(《明实录》第58册,页6062)诗云"十年朋道白头新",指杨芳万历二十年(1592)由山东右参政迁岢岚观察,侗送别有《杨以德使君以济南藩伯擢岢岚观察赋赠》(《来禽》卷五,页19B),至此十年,故系于此。

济南府通判署理府事刘文会擢睢州府知府,撰序赠别。

《来禽》卷八《念蓼刘公由济南相擢睢州牧序》:"……我念蓼刘公之为陈留也,是游梁始也。于时陈留多故矣,公以抚字行,而以鉟裁佐。抚字什而七,鉟裁什而三。鉟裁定而豪右饬,抚字裕而良弱宁。且也处膏无润,歃泉逾洁,公则有焉。以故三十四州邑咸避陈留异迹,诸上司无不剡牍上阙庭者。此其所崇积,内召不疑。无何,得济南,屈为别驾。此其故不能爹口谈矣。……而其最大最得誉,则在假守济南时。文符繁则办以敏,刑狱伙则办以平,囷帑棼则办以核,年谷嗛则办以调剂,用是三十属城民吏,竞廪廪于二千石,而日夜愿公真拜我济南也。此岂可以声音笑貌哉?盖山以东诸上司,亦无不剡牍上阙庭者,而仅擢方州以去,见谓非所以处先生也。……余因历城诸君之请,而以二言为旗亭藉焉。"(页6B)

案:"念蓼刘公"名文会,[道光]《济南府志》卷二七"通判":"刘文会,北直大名人,举人。"(页7B)万历廿九年,由济南府通判署理知府事擢睢州府知府。[光绪]《续修睢州志》卷四:"刘文会,大名人,举人。二十九年任。正大公平,爱民好士,修堤御患,其功尤伟,建去思碑。"(页23A)

刘文会,字宏道。北直大名人。初教授里中,中万历十年(1582)举人,任内丘县教谕,放情山水,题咏几遍,升陈留知县,历济南府通判、睢州知州。于陈留抚恤饥民有方,于济南庀战艘清香税,于睢州白诬狱,抵行贿者罪,皆表表有所建树,以疾卒于官。[乾隆]《大名县志》卷三四有传。(页11B)

为张登云《芝楼草》作序。

《来禽》卷六《张攀龙先生芝楼草序》:"夫庙堂之上,高文典册用相如;军旅之中,露檄巧捷用枚叔,固也。……(攀龙)走湟中,万虏薄城,啁噍流连,激矢仓皇间,左伊秩寒战,齿相击。攀龙单骑临之,冲口一二言,羯夷瞥然鸟散,颈项莫敢回。此不必赋诗退虏,诗人退虏矣。嗣之走朝鲜,饷乏问饷,兵缺问兵,乐浪玄菟之墟,满谰万出,几于骂矣,而攀龙植踵如岳,弗徇阿卒之。青海恬鸭头之色,白衣还翰如之封,此不必修文办贼,文士办贼矣。自顷角巾归里,口不言平吴,一纸之素,数袠之缃,与上下周旋耳。而寄余所为书,书凡诗文分部。余受而读,高文典册与露檄巧捷俱矣,诏秀藿靡与雄劲扶疏剂矣。……异日一杖过攀龙,攀龙出其威硕之婢,诵《鲁灵光赋》,坐邀子愿而尽。攀龙,余宁加前说上哉!有若天子受警甘泉宫,朝敕交道厩,攀龙暮不遑寝矣。攀龙身兼数器,材其无难此,则此论著一编者,姑庋芝楼可也。"(页20A)

案:"张攀龙"名登云,据序云"自顷角巾归里",当其归里后作。[光绪]《宁阳县志》卷一三:"好为诗古文词,规摹汉唐,音节笃雅。里居筑'日涉园',有'小西湖'、'瑞芝楼'诸胜,与邑名流张周历、朱永膺辈觞咏其中。尚书吴崇礼时方扬历中外,亦遥相酬唱焉。……曾裒集兖郡诸家诗编为《鲁雅》,副使戴爆为之序。所著有《芝楼草》《耕余杂语》……今所存唯《葛石山房诗》一卷。"(页15B)据《明神宗实录》卷三五五,万历廿九年正月,署吏科事礼科给事中王士昌等、御史周盘等劾奏张登云等,吏部议登云降用。(《明实录》第59册,页6641)登云解组归,或在此后不久,此序姑系于此。

同年王见宾原配张氏卒,属撰行状,三年始成。

《来禽》卷一九《累诰封淑人王公原配张氏行状》:"淑人偕中丞公懋钦于榆林塞,盖懋钦用白檀塞兵使徙。中丞行,淑人实从。抵榆林甫逾月,淑人痹疾发,塞俭无医师审诊,卒以不起。……懋钦念在官下,不能视襄事,恸不自持,乃列淑人素所行事,授振宗曰:'其谒临邑状之,东阿志之。'……戊戌三月,复如檀,越秋七月,偕懋钦之榆林塞,八月痹发,才逾旬,卒。……懋钦属状我,讨诺三年,宿逋是愧。实亦用懋钦自列淑人行事,经史并陈,质文并剂。侗盖遇作者弱焉,而又前怯东阿先生鸿巨,惧露形秽,故不知其遭缓如斯也。今无可终避矣,乃为状如右。"(页31B)

案:"中丞公懋钦"即同年王见宾,时任右佥都御史、巡抚延绥。《明神宗实录》卷三二一:"(万历二十六年四月癸未)升密云兵备副使王见宾为都察院右佥都御史、巡抚延绥等处赞理军务。"(《明实录》第58册,页5977)其原配张氏偕夫赴任,是年八月而卒。邢《状》云:"戊戌三月,复如檀,越秋七月,偕懋钦之榆林塞,八月痹发,才逾旬,卒。"邢《状》作于张氏逝后"三年"即是年作。张氏之逝,王见宾嘱"临邑状之,东阿志之",刘鸿训《明中宪大夫都察院右佥都御史巡抚延绥奉旨加级起用晴宇王公墓志铭》亦曰:"公生于嘉靖丙申九月初二日，距卒得年七十有二。将于天启二年十二月二十四日祔祖兆之左与张淑人合厝焉。淑人先公十年卒，徽音梱仪，具赵司徒、邢冏伯志传中。”(《济南历代墓志铭》，页229)检《谷城山馆文集》，未见于慎行所撰墓志，或其受托而未成。又“赵司徒”所撰墓志，亦未见。

本年，十月，立皇长子常洛为皇太子，封诸子为王，诏赦天下。十二月，诏复朵颜马市。是年，冯琦为礼部尚书兼翰林院学士。公鼐中进士。

【诗文系年】

《长女婿帖》《答□□□》《累敕封孺人先妣万太君行状》《答李本宁》《诰封奉政大夫陕西西安府同知拙斋史公墓志铭》《祭封奉政大夫拙斋史公文》《与冯琢庵宗伯》《答中丞魏见泉》《与王子廓中丞》《刑部江西司郎中平原张公墓志铭》《答经略邢太保》《秋日寄怀黄开府宁夏》《送方胥成之蓟门诣督府万公》《杨以德中丞遥自桂林寓书曲右丞，申答见臆》《念蓼刘公由济南相擢睢州牧序》《张攀龙先生芝楼草序》《累诰封淑人王公原配张氏行状》。

万历三十年壬寅(1602)，五十二岁

沵园家居。父邢如约卒，年九十一。次子邢王称聘葛昕之女。

二月，应城武县孙斯传知县之请，为其父孙宜编选《洞庭渔人续集》。

案：《洞庭渔人续集》十六卷，明孙宜撰，万历三十年孙斯传刻本，国家图书馆藏。卷端题：“华容孙宜仲可著，济南邢侗子愿选。”卷首有万历二十四年(1596)邹观光序：“渔人渔千古之业，撰数百万言，自校定，西京许中丞伯诚、乔太仆景放序而传之，而渔人场之四十年，仲子习儒世其学，更校其续集亦数百万言，而属邹子序。……万历丙申冬日，年家子九畹居士邹观光撰序，新安通家后学罗文瑞书。”孙斯传有跋叙其详：“右先渔人《续集》，古乐府暨诸古风凡四卷，五七言律、排律、绝句凡七卷，传、志、碑、叙、书启、杂文凡五卷，共一十六卷，其所著作者备矣。……先君弃背，兄兆孺携而南游，王元美先生拟刻之弇园未果。既不肖筮仕蒲骚，属邹孚如氏选次为集。……自量移东武，爰修通家之谊，获交于子愿邢先生。邢固雅尚先辈，稍加评次，俾付剞劂。按先君生平制作，若诸志传之所叙，及与夫先后之所刻传，皆艺苑不可一日阙者。……兹

刻也,始于今年之季秋朔日,凡四阅月而成书。……明万历壬寅孟冬二月,仲男城武令斯传顿首书。”孙斯传为孙宜次子,时任山东城武县知县。[乾隆]《华容县志》卷六“举人”:“万历癸酉,孙斯传,习儒,宜次子,城武知县。”(页12A)

孙宜(1507—1556),字仲可,号洞庭渔人。湖广华容人。孙继芳次子。嘉靖七年(1528)中举,后屡试礼部不售,年三十八绝意仕途,隐居洞庭,潜心著述,以诗名于时。著有《洞庭渔人集》六十九卷。王世贞《洞庭渔人传》称其“兴至泚笔而书,所为诗奇逸飞动,龙虬郁盘”。[乾隆]《华容县志》卷七有传。(页27B)

又代孙斯传为《孙使君家集》作序。

《来禽》卷六《孙使君家集序代作》:“夫郡二千石之难也,难在横金纡紫,篷诸藩臬席,而诸藩臬率求多南面拥专城,三十六幅听于轴,而一切属城咸我安车侯,偾辕待也。……不肖乃今曲跽敛容,以读《感遇编》也。而后知我观察孙公者,万人一人,千百年一身耳。《集》所裒,小则同人醵赠之言,卿士口碑之撰,楚居多;大则圣明褒厉之诏,金石题蹬之章,而为楚居多。则我公之幸楚,而楚之幸所天也,居然可概见矣。……侧闻在鄂,黧黮颔瘦以活,犷悍憍慢以驯,衣冠学徒以化,不可思议。猝至沓来之事,不申臂项而受成。是诚无难于二千石,而无难于鄂二千石也。……某极庸庸,侧在台皇下吏,又黄九里之所委流也。睹斯编而舞蹈,若置身于尧天,辄自忘其固陋,喛呓向前也。万人一人,千百年一身,讵某言哉?楚既已书之矣。”(页15B)

案:题下注曰:“代作”,疑代孙斯传作。“孙使君”即云南副使兼督学孙继芳,为孙斯传祖父,孙斯传既请侗编选《洞庭渔人续集》十六卷,或又拟续编《孙使君家集》,乞侗撰序。

又应孙羽侯请,为其曾祖孙继芳撰墓碑文。

《来禽》卷一六《明云南督学华容世其孙公碑》:“……羽侯以为沉泉无纪,巨叠逋阙,责在我躬,皇皇愕睨。于是问志于楚,征碑于齐。……公名继芳,世其字,别号石矶先生。以柳塘居士钊为王父,以处州郡丞封职方郎沱西先生荣为父,以刘忠宣公妹氏为母,以严宜人为夫人。以孝廉宗玉山令为元子,孝廉宜洞庭渔人海内词宗为仲子,以诸生完为季子。以布衣文雄斯亿为家孙,孝廉斯传为仲孙,韫籍如父兄,今补城武令,励操字人,行荒湔宿,浸浸以循吏闻。以诸生斯伋、斯保、斯佑为诸孙。曾孙嫡长羽侯出斯亿,继公成进士，为庶常吉士，为谏官，器业震寓中。羽侯弟蓄凡十人，通侯则斯传当户男，弱冠负神骏声。余婚家、姻家及诸玄来以有他志传，兹不详。公得寿五十有九，厥生成化，无禄即世嘉靖间。”（页1A）

案：“华容世其孙公”名继芳（1483—1541），字世其，号石矶。湖广华容人。为孙斯传祖父，孙羽侯曾祖。正德六年（1511）进士，历任刑部主事，兵部职方司郎中，云南督学按察司副使。著有《石矶集》《矶园稗史》《霞山集》等。（参见[乾隆]《华容县志》卷七，页23B）此文系孙羽侯所属，见万历二十三年（1595）。而撰毕应在本年或稍后，文云“孝廉斯传为仲孙，韫籍如父兄，今补城武令”，孙斯传是年来任城武县知县，与侗交善。又云：“羽侯……于是问志于楚，征碑于齐。”其属楚人李维桢撰《云南按察司副使孙公严宜人墓志铭》（《大泌山房集》卷九三，页1A），又征碑于齐人邢侗。

春，济南府知府沈烝三年考核上最，诰命封赠，撰文纪之。

《来禽》卷七《济南沈郡公上最膺命序》：“我郡公以济南三载最上考功，法宜四品誉命，上及所生，身及所敌体。而会东朝诏更优异天下贤久二千石，公乃奉五采织文之诰，蹬冒黄金，涂凡两轴。……其属历城陈令君，合三十余城诸绾绶长吏，谋所以当樽下者，以谓不佞侗。……公之守济南也，初非拜命济南也，其由闽大郡夺而之济南。则以尹大中丞具人伦赏识，特疏借公与共事，朝宁壮之。其所由借，则谓东方多故，濒海斥卤，皆称兵岛夷深矣。……窃又念公四年之内，难矣！郡及属娄嗛，公蒿目不寝动数十旬。旱则祈澍，蝗则戒捕，疫则偫药，枵则赋粥，死则办槥，槥不继则给藁。其所上记于两台监司，而下记于属城令长者，侧理如丘山。蹙额创肤，若弗一昔。自生活而后，属城以荒政应，两台监司报可相属也。以故积逋十余万，力请获蠲。其新之不办，则又称主臣甘罚，曰：‘腐骼任赋乎？太守任殿，足矣。’曩者倭之役，公实始终之。……盖尹大中丞以公借而不及耦，俱以终倭。公始倭及终倭，而未遂以非常职要相偿报也，则国家恒格为之哉？公勤于不腆济极矣。度元元意，冀公在郡抱孙焉。异时竟以万禩食不腆济明矣。则夫一阶誉命，虽出恩泽，诏书曾何足称？大府异等隆然者，公诚极心思奋，不爱徇民以希闻达，某等其以九列迟哉！侗等其真以万禩迟哉！”（页14B）

案：“济南沈郡公”名烝，[道光]《济南府志》卷二七“知府”：“沈烝，浙江桐乡人，进士。”（页3B）其守济南四年，文有“念公四年之内难矣”可知。是年三月升任山东副使，则始任于万历二十六年(1598)，《明神宗实录》卷三七〇："(万历三十年三月戊子)升直隶宁国府知府张明德为广东副使整饬南韶兵巡，山东济南府知府沈烝为副使，浙衢州府知府张尧文为山东副使。"(第59册，页6942)又文云："公之守济南也，初非拜命济南也，其由闽大郡夺而之济南，则以尹大中丞具人伦赏识，特疏借公与共事。""尹大中丞"即山东巡抚尹应元，其万历二十七年(1599)丁忧离任，故云："盖尹大中丞以公借而不及耦俱以终倭，公始倭及终倭。"

沈烝，字华东。浙江桐乡人。万历十一年(1583)进士，官亳州知州，晋兵部郎中，出为济南府知府。旋历藩臬，升南佥都御史、巡抚操江。生平言动不苟，相传守亳时有两生争壤者，叹曰："士不宜让耶，是真有司之不德?"思过屡日，各让畔去。始终未尝有玷官箴，居乡尤著清白。[嘉庆]《桐乡县志》卷七有传。(页10A)

济南士民称颂郡守沈烝政绩，有刘先生作《沈公谣》，有诗和之。

《来禽》卷一《济南太守檇李沈公德政歌》序曰："侗索居绵惙，人自齐城来，以刘先生《沈公谣》见示也，因嗟嗟叹焉。齐之民其犹有古之遗风乎？人情大抵饱则嬉，安则娱，愁乃吁，病则痡。我公去吁即嬉，起痡就娱，民是以谣焉。出口成声，情生而质，且文亦有之，其古之遗风乎？余于文质两无所底，庶几近情焉。齐民于而余则喁，以藉刘先生。"其二《美政歌》："古犹期月，公乃三月。文翁石室刘宽鞭，士有师保民有天。不茹不吐歌以弦，涂者击节渔扣船。"其三《平倭歌》："飓风扬兮天地黑，妖气瘴兮海无色。控扼塞兮保东国，岛夷平兮曜灵出，赖我公兮振威德。"其七《再生歌》："东土饥，民流离，妇姑不顾乳下儿。衰羸夫，卧道涂，鸮鸢睥睨号豺貙，况乃有赋官追呼。公为极状天子俞，公逋既缓吾私逋。一一不使沦沟洿，吁嗟兮！捐躯报公公不欲，愿公世世食天禄。"其八《借冠歌》："男安耕兮女安织，淫伪祛兮争讼息。饭蔬啜水民风一，治郡贤哉我大夫。三年功状天下无，只恐马鸣铃嘒嘒，愿借大夫留一岁。"(页6A)

案：此诗和刘先生作《沈公谣》，颂济南知府沈烝治绩也。"刘先生"未详其名。

德平葛昕共适园庭树产芝，与诸友好赋诗志贺。

邢侗《共适园庭树产芝》："爱此商山种，钟英尚宝堂。树棠交棣萼，茁干灿葩房。晔晔金光盛，团团露气瀼。青云曾入梦，元液许先尝。不羡铜池丽，种征宝砌芳。九茎争咄异，三秀允称祥。庆积滋云裔，文雄兆衮乡。蹇余葭依切，来共奉华觞。”([光绪]《德平县志》卷一二，页5B)

杨巍和诗：“高门世禄杳难期，秋白氤氲淑气滋。庭上忽生三秀草，朝中应睹万年枝。已知海岱名双起，会见凤麟萃一时。野老久将楮石弃，犹能扶病写新诗。”(同上)

案：邢侗此诗《来禽》未载。葛昕在德平筑有共适园，园之庭树产芝，侗及吏部尚书致仕杨巍、德平知县王霖有诗。王霖诗《题葛尚宝棣树产芝》，亦载[光绪]《德平县志》卷一二。

王霖，字儆恒。河南祥符人。万历二十九年(1601)进士，授德平知县。计擒巨盗，又昭雪已谳之狱，全活数十人。改行条鞭法宜民，续纂邑乘，废坠兴举，擢广东监察御史。[光绪]《德平县志》卷五有传。(页10A)

次子邢王称订亲，聘葛昕之女。

李维桢《邢公墓志》：“五子……二曰王称，庠生，侧室冯出，娶德平尚宝葛公昕女，太子太保左都御史端肃公守礼曾孙，进士、户部主事如麟女弟也。”(《大泌山房集》卷七九，页38A)

《府君行状》：“王称，聘德平尚宝司卿葛公昕女，即端肃公曾孙。”(《来禽》卷一八，页1A)

案：邢王称聘德平葛昕女，时间约在邢如约去世前不久。据葛昕《祭邢封公暨配太恭人》：“某追维世讲，悼之仪刑，近且辱子愿氏结为儿女之好。”(《集玉山房稿》卷一〇，页1A)王称生于万历二十一年(1593)，是年十岁。

春，姻家杨太翁卒，撰文祭典。

《来禽》卷二〇《祭封吏科给事中杨太公文》：“……哲人谁属？吾翁弘农。直方庞厚，古鳌巨钟。翁生亶聪，恳然玄企。等世浮荣，尘垢糠秕。九流四略，靡不抉精。经纶经世，韬于躬耕。抵掌雄谈，低昂千古。冠盖名流，尽避挥尘。教家孝悌，训里让仁。兹焉为政，高义允陈。翁乐园居，开畦粲绮。美实分行，来禽青李。揽时吉贝，曰吾有秋。尔宦尔仕，吾耽此丘。仕宦伊阿，吾兄谏议。……侗辱吾兄，埙篪道艺。矧也贤郎，繄我快婿。翁兮犹父，翁子吾兄。翁殁吾含，兄瘠我羹。他人啠言，第侈厥世。侗也敷词，出自渚涕。全昌正命，于古所稀。庶鉴愚诚，伫领音徽。”(页18B)

案:“杨太翁”即杨士鸿父,以子贵封吏科给事中,孙杨焘。《祭文》云:“侗辱吾兄,埙篪道艺。矧也贤郎,繄我快婿。翁兮犹父,翁子吾兄。”“杨太翁”姓名无考,卒于是年春。《府君行状》:“府君与姻家乐陵史太公、禹城杨太公年德相望,鼎足为洧盘,辛丑,史太公谢,府君忽忽不乐。壬寅春,杨太公谢,府君弥不乐,曰:‘吾安能如鲁殁灵光而后二公者岿然独存乎?是年冬,府君谢孤。’”(《来禽》卷一八,页1A)

武德观察董汉儒擢山东副使督淮治漕,撰送别序。

《来禽》卷八《武德观察董公擢淮上治漕参知序》:“公之以臬副治兵武德也,盖用朝鲜转饷绩,奏可优叙,辄从郎署超数阶所由受。受即以治兵借,借复以武德部也。天子无亦嘉鄮侯饱我师旅,张我挞伐,故不次遇之耶?……董公之借部武德也,所部以治兵也,其县官终始我公意哉。曩之日,举异域三百余万刍茭粮食而付之公。公朝而绎,夕而筹,心径寸也,费一千舟,费一千陆,鸟翔兽蹶之傥来,而吾以十万军徒佹应之。得南则失北,顾后则遗前。水则虞漂风,途则虞泥淖,齑则虞要梗,居则虞窃攘,戛戛乎难其为我公矣。而公三年所至无余算,三军所向无留匙,即两军相决,不无存亡,然以虚枵张口转徙于沟中者,绝迹其无焉。于时朝鲜复社稷之丘夷,还宫嫔之跬跔,提孩养其壮发,扶老益之年龄,伊谁之赐?公之明德不可诬也。则夫县官数阶之擢,安所云酬?唯是借部武德也,所部以治兵也,庶几县官终始我公意哉。……今复以治漕参伯行矣。漕控淮所,关京夏命脉筋, 最巨,不第一属国戈鋋事。县官诰主爵而属我公,要亦终始成其为鄮侯业尔。公慎旃哉!公此擢亦非常叙,要以朝鲜旧勋。故是行也,去淮抚及治漕尚书不跬武地。会见县官真能终始公,则中兴之盛可跂足俟矣。侗荷公独知契,敢因诸州牧邑令之请而聊一剖白之。公言如此,非以道私也。”(页5A)

案:“武德观察董公”名汉儒,据《明史》卷二五七:“朝鲜再用兵,以郎中出理饷务,寻迁山东佥事,进副使,历湖广左右布政使。”(第22册,页6619)其万历廿七年(1599)升山东副使,《明神宗实录》卷三三九:“(万历二十七年九月戊辰)加王士琦河南左布政使,仍支正二品俸,梁祖龄浙江按察使,董汉儒山东副使,以张辅之为太仆寺少卿,杨应文为刑科都给事中,杨应聘为光禄寺少卿,加张登云为河南右参政,项德祯为河南副使,张中鸿为山西按察使,并以东功叙者也。”(《明实录》第59册,页6300)文云“公三年所至无余算”,则任山东副使三年转湖广副使督淮治漕，故系于是年。

董汉儒(1562—1628)，河南开州人。万历十七年(1589)进士，授河南推官，入为户部主事，疏陈减织造、裁冒滥诸事。朝鲜再用兵，以郎中出理饷务，寻迁山东佥事，进副使，历湖广左右布政使，拜右副都御史、巡抚湖广。光宗即位，拜兵部右侍郎，总督宣府、大同、山西军务，升兵部尚书。明军在辽东累败，将士或降或逃，请逮治降将刘世勋等廿九人家属，立诛逃将蔡汝贤等。旋以母丧归里。后魏忠贤秉政，不起用，卒于家。赠少保，谥肃敏。《明史》卷二五七有传。(第22册，页6619)

又赋诗送别董汉儒之任。

《来禽》卷三《送武德董观察以治漕参知浮淮二首》："蛮夷芬扫奠遐荒，藉甚雄声遍庙廊。握节久劳临海岱，治漕今复借淮阳。云含五两摇秋水，风走十帆拂曙霜。若问圣朝飞挽事，从来恩宠胜东方。""飞飞玉敕下遥天，使者新恩督饷年。粟转万艘输上国，名从三载树朝鲜。淮南草木迎齐月，海上旌麾入甸烟。畿内自今仓廪实，君王不复问屯田。"(页33B)

案："武德董观察"亦汉儒。山东巡抚黄克缵有《送董学舒观察使之楚》(《数马集》卷一五，页21A)，亦同时送董汉儒之任所作。

四月，临邑县南大兴寺岁久湮废，邑人捐赀重修告成，撰文纪之。

邢侗《重修大兴寺碑》："……去临邑世里旧有大兴寺，年深莫纪，岁久湮废。寺北有优婆塞、营送堂等，目不忍其倾圮，心遂奋于创造。各出母钱若干，置社蓄息，载历几春秋，得子钱亦若干。兼以四境之表封，壤相接者之捐施，来或铢两而微储，纤羸以洪以巨，计度其程费，事可集矣。故合议撰辰，鸠工市材，聚经始之。众乘农力之暇，不逾年而厥绩告成也。……每当四、正两月，春、夏二时，人天际通，理俗化洽。男女杂沓以雾合，老稚缤纷犹鳞次。人烟扑地，篆气袅空，徼福异劫，缔因来世。信为大观，宛如都会。虽则众虑齐一，群力奋趋，实皆大雄氏之潜施冥助，俾其功用，神速以至此尔。功毕砻石，藉纪岁月，并缮修诸善男子姓名列于左方。"([同治]《临邑县志》卷一五，页57A)

案：此文《来禽馆集》未收。[同治]《临邑县志》卷六："大兴寺，在城南四十里。"(页25B)碑文题注："正书，在大兴寺。"末署："万历三十年岁次壬寅四月浴佛谷旦。""赐进士第、中顺大夫、陕西行太仆寺少卿兼按察司佥事邑人邢

侗撰文，逸民许用敬书丹。”(同上，页 57A)

九月，黄辉予告归蜀，来书拟访泲园，寄诗迟以未至。

《来禽》卷四《黄昭素宫允予告还里，寄声见访，诗以奉迟》：“紫闼登黄宪，清秋下赤墀。宁亲莱子服，给驿楚人炊。意共云西去，身邀雁北辞。几年怀隐豹，此日息禅枝。履道翻无伎，蓝田较有儿。客谈矜蜡面，僧供出精祇。盐火寻双井，泉桥认两碑。衲随筇竹杖，斋谢屈金卮。度渴丹椒雨，消烦缥蒂梨。幽瓜成野酱，蒙露摘朝葵。住岳蛾眉胜，观川濯锦奇。温文破坚悍，风素表清夷。天韵真难并，人伦迥在斯。夔龙暂巢许，无计重临岐。”(页 5B)

案：“黄昭素宫允”名辉，是年九月予告归里，汪元范有《送太子庶子黄昭素先生予告归蜀》(《汪明生借研斋草》)。《列朝诗集》丁集卷一五引袁小修(中道)曰：“壬寅冬，平倩请告归蜀。会葬伯修，予送之西陵，自取榜纸书《隆中》诗。”(页 5808)黄辉因好佛道为上官所恶，予告归里。《涌幢小品》卷一〇：“黄慎轩心口爽快，好佛，茹斋持颂若老僧，当道颇不谓然，因别事票旨，有‘熏修当入深山’之语。又因推祭酒，嗾言官劾之，黄遂注籍。”(页 217)又《万历野获编》卷一〇“黄慎轩之逐”：“黄慎轩辉以宫僚在京时，素心好道，与陶石篑辈结净社佛，一时高明士人多趋之。而侧目者亦渐众，尤为当途所深嫉。壬寅之春，礼科都给事张诚宇问达专疏劾李卓吾，其末段云：‘近来缙绅士大夫，亦有捧咒念佛，奉僧膜拜，手持数珠，以为律戒；室悬妙像，以为皈依；不遵孔子家法，而溺意禅教者。’盖暗攻黄慎轩及陶石篑诸君也。不十日而礼卿冯琢庵琦之疏继之，大抵如张都谏之言。上下旨云：‘览卿等奏，深于世教有裨。仙佛原是异术，宜在山林独修。有好尚者，任解官自便去。勿以儒术并进，以惑人心。’盖又专指黄辉，逐之速去矣。时康御史丕扬亦有疏与冯疏同日上，则单参达观，及朝士附会之非，二疏同时埙篪相和。张、康承首揆风旨不必言，冯宗伯非附四明者，特好尚与黄偶异耳。黄即移病请急归，再召遂不复出，与陶石篑俱不失学道本相。”(页 270)先是，黄辉寄书拟来访，而俟之不至，故侗有此诗，后黄辉似未来访临邑。

是月，万世德卒，年五十六。

陈懿典《总督蓟辽保定军务兼理粮饷备倭经略都察院右都御史兼兵部右侍郎震泽万公墓志铭》：“公自秉钺玄菟，羁身属藩，还朝未几，旋出总督，拮据鞅掌，竟以劳瘁致疾卒，时壬寅九月日也，距生嘉靖某年某月某日，享年五十

有六，真所谓以死勤事者。”（《陈学士先生初集》卷一三，页1A）

秋，与山东巡抚黄克缵会于济南历下亭，有诗唱酬。

《来禽》卷五《济上邮亭会黄中丞》：“空馆山樱开欲遍，仓皇主客坐东风。笑他沽酒剧亭长，醉数一片南来鸿。”（页30A）

黄克缵《酬邢子愿少卿》序曰：“子愿高才善诗，书法逼晋，访余历下，余邀三司同宴海右亭别。归，屡在书及诗念我实多，因有此答。”诗曰：“清秋湖上忆经过，诗座香风动碧荷。念我能携诗卷至，怜君已觉鬓霜多。别来廷尉门罗雀，书罢黄庭纸换鹅。中岁挂冠缘底事，空令才子久蹉跎。”（《数马集》卷一四，页13A）

案：“海右亭”即济南历下亭，是闻名遐迩的海右古亭。杜甫游济南，曾留诗：“海右此亭古，济南名士多。”

又有诗奉别黄克缵巡抚。

《来禽》卷五《奉别黄中丞一首》：“杨柳丝丝李花白，道傍特地迟征轩。戴笠乘车各随分，相看脉脉两无言。”（页30B）

谢于楚往访登莱总兵官戴延春，赋诗送别。

《来禽》卷二《送于楚之海上访戴大将军》：“此夕叹摇落，明朝君远征。雪宫问齐址，霜仗阅莱兵。市海出没见，劳山大小迎。论文复说剑，感激倾平生。”“海上将军第，秋花明夕天。巡游帝王迹，碑碣汉秦年。虾菜犹南国，悲歌似北边。一登蓬阁望，无数岛门连。”（页21B）

案：“于楚”疑即谢于楚，歙县人，工诗，足迹遍天下。袁宏道有《谢于楚历山草引》（《袁宏道集笺校》卷三五，页1112），即其人。“戴大将军”名延春，时为骠骑将军镇守山东登、莱等处总兵官。总督邢玠经略朝鲜，领兵东征御倭，选其为都督佥事兼中军副总兵，回国以功任副总兵。［乾隆］《保德州志》卷五：“戴延春，神宗万历三十年，诰授骠骑将军镇守山东登、莱等处总兵官。”（页65A）赵秉忠《贺戴大将军总戎序》：“今登郡总戎戴公，刚济柔克，多方略，文武材也。冲年学万人敌，即期荷戈东靖，按剑西征，恬鲸涨，熄狼焚，而后朝食，诚熊虎之将也。吾郡邢太保公经略高句丽，思当今名将，副总专行，而戴公兼四美，超三等，权制兵机，为诸将缀旒，而海东倚为长城，故东征功居多。”（《峡山集》卷三，页38B）

戴延春，号少泉，所正千户冕之孙。万历七年（1579）任大柏油守备，转入卫游击,升石塘岭参将,因白马关斩级功,升蓟镇总兵。二十六年(1598),以倭事,特升署都督佥事,管总督标下中军。倭平,实授都督佥事。二十九年(1601),升镇守山东备倭总兵,未久授骠骑将军,诰封两代镇守孤山,后特起阳和军门标下中军。游刃长才,贯虱神射,凡遇边情奏报,一挥立就,诚文事武备兼长者。父以忠死,母以节显,一门贤孝,于时罕匹。[乾隆]《保德州志》卷七有传。(页 42B)

秋,南居益奉使榆林,归里省亲过临邑,有诗送别。

《来禽》卷二《秋日送南思受进士奉使榆林,便道过家》:"擢第名都好,还家驿路长。竹林催晓宴,榆塞急秋装。牛引关门紫,云分陇树黄。华峰遥在眼,奋履欲凌霜。"(页 21B)

案:"南思受进士"名居益,同年南宪仲子,上年进士及第。[雍正]《渭南县志》卷一〇"南居业":"辛丑,登会试第。壬寅,以试政户曹,转饷榆溪。丁王母裴太夫人艰,复承重。"(页 23B)"壬寅"即本年在户部试政,"奉使榆林"即指"转饷榆溪",时试政户部。

汪元范追送南居益于磁州,又有诗赠之。

《来禽》卷三《奉别明生,由临邑追送思受进士于磁作》:"黄叶鸣阶朝露盈,留君不住复南征。河桥人迟深秋别,川路云述一夕程。壶酒市将荒菊泛,盘餐供处薄縻倾。临岐转忆函关道,曙角三乡共怆情。"(页 22A)

案:"明生"即汪元范,自临邑送南居益至磁州。其似随南居益到访临邑。

深秋,邢玠获允归里乞养,值其寿辰,赋诗六章为寿。

《来禽》卷五《寿青州邢太保六章》其一:"酒满金尊菊满筵,深秋旷朗白云天。当杯宾客应刘盛,都为汾阳颂大年。"其二:"甘镇阳和两借麾,四轮精采破规随。乞身不是君王意,保塞还须六出奇。"其四:"北阙讹传叛播夷,夜郎秋尽飒风旗。腁明檄下桑榆定,蛮墠于今嗷太师。"其五:"百万雄师手自提,乐浪重此兆碑鸡。还他箕甸浑如旧,画绛旌旗卷向西。"(页 25B)

案:"青州邢太保"名玠,据"乞身不是君王意,保塞还须六出奇",诗应为其破倭归国乞归养母后作。《明神宗实录》卷三七二:"(万历三十年五月癸亥)原任总督蓟辽尚书邢玠以人言十五疏陈情辞任,至是得允,曰:'卿功著东陲,方殷倚任,乃以养母苦情有难固违,准暂留家省侍,以待召用。'"(《明实录》第 60 册,页 6974)五月乞归得允,诗作于深秋,故诗云:"深秋旷朗白云天。”

暮秋，有诗赠闽中郑文学。

《来禽》卷三《暮秋，赠闽中郑文学以尚书授经济南》：“夜猿曾记别家时，今听燕南秋雁悲。衣上紫埃缁化素，鬓边青镜绿生丝。洛滨交甫仙妃佩，济水明经伏氏祠。怅望千年俱感慨，紫萸无那对衔卮。”（页 3A）

案：“郑文学”疑即郑元烈，为闽中郑日休（舒轩）子，舒轩为于慎行业师。《东阿于文定公年谱》卷二：“（万历三十年五月）出送华南属郑元烈兄弟。故业师闽舒轩子。”（《山东文献集成》第三辑第 10 册，页 734）郑元烈来济南教授《尚书》，或由于慎行师之介，其有《郑生成武自闽来访》（《谷城山房诗集》卷一三，页 22A）、《夏日东园诸友同郑成武小会》（页 22B）、《送郑成武还闽》（页 24A），俱赠郑元烈之什。“成武”为郑元烈字或号。

十月初二日，父邢如约卒，年九十有一。

《府君行状》：“府君生正德壬申十月十四日，卒万历壬寅十月初二日，得寿九十有一。”（《来禽》卷一八，页 1A）

邢如约之卒也，邑人巷哭罢市，来吊者累数万人。侗墨面泣血，哭泣过哀。

李维桢《邢公墓志》：“至是相议葬者，佛子也。葬佛子者，孝子也，礼宜加等，助之纁披、帷荒、楮纽、翣绥之属。采饰显明，文章比象，盖建邑以来未有。届期，环齐鲁境僦舍来观，累数万人。始见诸下里物，骇叹欢笑，已见子愿骨立墨面泣血，则皆恻然，泪淫淫濡其厕足处。”（《大泌山房集》卷七九，页 38A）

邢王称《赵太君行状》：“王父母两及大故，太君以家督妇，无所不须。其营综乃昼夜，减眠食，敁敪位置，自含殡以逮大襄，井井焉。胥相于礼，府君拊手谢曰：‘属者两尊人窀穸之役，夫人实手口卒瘏以助予不敏者，天或者欲厚其祚，而报汝以佳儿未可知也。’”（《家乘》卷六，页 14A）

临邑诸生私谥邢如约“庄惠先生”，宋仕上书荐之。

宋仕《敕封文林郎山西道监察御史临邑耄寿邢公野谥庄惠先生议》：“……于法履正志和曰‘庄’，施勤无私曰‘惠’，敬拟公为‘庄惠先生’。三复彝章，万夫允叶。夫易名草莽，业出邦族之公，惬志枌榆，何忝太常之籍。蔡颜不朽地下，其亦颔诸谨议。南京大理寺卿、前协理院事都察院左佥都御史、巡抚保定提督紫荆关古原眷晚生宋仕拜勒。”（《家乘》卷一〇“艺文志”，页 46B）

案：于慎行《邑涯公暨配墓志》：“诸生议荐私谥，号为‘庄惠先生’，自传闻

所未有也。”(《谷城山馆文集》卷二三,页 26B)

家藏定武《兰亭序帖》,为姻亲王象乾以四十貂皮易去。

邢侗《题定武兰亭》:“定武以玉兔金龟为证,此不足证。证当以拙如椎,含蓄如琐窗处子,一字一换,转秃毫之致可揣也。此本柯丹邱家藏,余以三十四千得之,王子廓用四十貂皮易之。”(《来禽》卷二一,页 12B)

案:此定武《兰亭序帖》即刻入《来禽馆帖》者,刻石底本原为元柯九思所藏,侗以三十四千购得。《庚子消夏记》卷四:“瘦本定武帖缺角初有柯九思印,盖其所藏也。……济南邢子愿曾翻刻之。……此本在赵中舍人士祯家,济南邢太仆得之。太仆殁,归于新城王氏。”(《中国书画全书》第 7 册,页 774 下)新城“王氏”即王象乾,字子廓,侗因连遭丧事,家贫如洗,不得已转让此帖,姻家王象乾以四十貂皮易得,亦有资助之意。

是月,程大约访于慎行索字,于师属侗书字一幅付之。

于慎行《与程君房书》:“……仆雅不工书,命侍史代草。托邢子愿公为书一幅,当从彼中付使矣。子愿尝索阿胶,云欲作墨,如须此品,仆当为足下供之。小诗二章,命儿书扇头奉谢。前盛使至汶上,为税使所阻,闻状戏作一诗纪之。已而墨至,幸未陆沉也,然此诗既成,须一呈览,亦有关谣俗耳。”(《墨苑》卷八,页 1917)

案:程大约访于慎行师,据《东阿于文定公年谱》卷二:“(万历三十年十月)歙程君房以《墨苑》来乞赋颂,予之。”(《山东文献集成》第三辑第 10 册,页 734)书云:“前盛使至汶上,为税使所阻,闻状戏作一诗纪之。”指其《新都程君房寄墨数螺,道中为税使所榷,戏作志感》:“客卿闻已渡江浒,乌有何从问艺林。楮国交游成落寞,松侯封爵付销沉。思玄但检张衡赋,守黑空遵老氏箴。为语中人休错误,隃麋原不化黄金。”(《谷城山馆诗集》卷一五,页 14B)又云:“子愿尝索阿胶,云欲作墨,如须此品,仆当为足下供之。”可知侗亦自制墨。《蕉轩随录》续录卷二:“邢太仆子愿侗以书名,人多假之以获利。太仆因取古墨重炼用之,故真迹墨色精彩夺目,人并其墨亦假之。太仆女弟慈净以手戏抟墨,纹独异,不复可假。尝得半丸于莱州,今无矣。”(页 560)又侗所自制墨中,有仿古“千杵阿胶”款墨,需用阿胶,胶为东阿特产。邢侗《诗册帖》云:“古墨款有‘千杵阿胶’四字,聊昉试制数笏,虽不甚深黑,而汁清如水,质坚如石,似亦一逸品也,今附致二件。八月初可多至觔许矣。”(《来禽馆真迹》,页 1)

程大约，字幼博，又名君房，南直隶歙县人。生卒年不详。君房制墨，不受陈法约束，博取众家之长，讲究配方、用料、墨模，首创超漆烟墨制法。作《程氏墨苑》十二卷，由丁云鹏等绘图，黄应泰、黄麟等手刻，徽州滋兰堂套色印刷，曾自言："我墨百年后可化黄金。"《万历野获编》卷二六"新安制墨"："新安人例工制墨，方于鲁名最著，汪太函司马与之联姻，奖饰稍过，名振宇内。所刻《墨谱》，穷极工巧，而同里程君房几超而上之。两人贸首深仇，程墨曾介内臣进之今上，方愈妒恨，程以不良死，则方力也。程亦刻《墨苑》，斗奇角异，似又胜方。"（页660）

仲冬，为杨巍校核《存家诗稿》八卷。

杨巍《存家诗稿》跋曰："予自幼习举子业，不知为诗，至嘉靖乙卯外补晋臬，督学使者为曹君纪山，始提挈余为诗。……门人李生善楷书，因命收掌。及余宦京师，李生病故，此物亦随化去。子侄辈复随处抄录，无论岁月朝野，得诗六百余篇，亦多矣。乃就正于临邑邢侍御知吾，为更数处，加之评品。今年舍弟岑以公事寓维扬，将此稿再就正于云梦邹君大泽。邹君旧铨部郎，与余有共事之雅，改窜逾多，又序之，乃加灾于木。……万历壬寅仲冬，梦山翁书于藜苋居中，时年八十有六。"（《存家诗稿》卷末）

案：杨巍《存家诗稿》八卷，收入《四库全书》。据《总目》卷一七二："《存家诗稿》八卷，明杨巍撰。……自跋称幼习举子业，不知诗。至嘉靖乙卯，补晋臬，提举曹忭始导之为诗。归田后，与诗人吕时臣相倡和，得诗六百余篇，属邢侗、邹观光评骘而存之。……士祯尝选订其诗为三卷，属谢重辉刻之，今未之见。此即邹观光删定之本，犹全集也。"（页1509上）

致书直隶学政高举，寄赠新著一部。

《来禽》卷二八《与高东溟学宪》："不肖伏在林麓，寂无音驿，辜负甄培。居恒自愧，匏苦不材，分应自系，其畴曰：'与人共济乎？一丘一壑，是吾事也。'台下岳岳岩廊，所为条牒诸章疏，不作他人口吻，语断在可行，言质而慊丹，迩来第一谏官矣。济南如馨地，赖莅盟神王，吾辈坛砧下人，即死声木色，当不作曹蜍、李志也。台下或咎不肖寂无音驿乎？盖名纸生毛，不北向者十三年，而遂苦匏自系也。千载人豁其襟，期包荒疏逖，所为咎其寂无音驿者，爱我耳。将生我羽毛，顾无奈其疮痏甚也。向病痎疟，如亥市间日一作，比及三年。客岁四月始及平，又奈何其不寂无音驿乎？新著一书，寥寥不盈咫尺，

颇借古为喻……”(页20B)

案:“高东溟学宪”名举,万历廿九年(1601)十二月至三十一年(1603)四月为北直隶巡按兼提督学政。《明神宗实录》卷三六六:“(万历二十九年十二月甲子)以河南道御史高举巡按北直隶提督学政。”(《明实录》第59册,页6844)又卷三八三:“(万历三十一年四月)丙午,以御史高举为大理寺右寺丞。”(上书第60册,页7213)故系于是年。书云:“新著一书,寥寥不盈咫尺,颇借古为喻。”侗所刻“借古为喻”之作,有《汉书朝鲜传疏》及《拟古十书》。《千顷堂书目》卷八:“邢侗《汉书朝鲜传疏》一卷。”(页216)《家乘》卷一〇“艺文志一”:“《拟古十书》,此太仆公拟古书原本也。文字雕镂精雅,纸札坚洁,的是当时家刻。……来禽馆藏札有云:‘如丈《拟古五篇》,直似熔冶旧铜重出炉锤,吴中赏鉴家见之,必谓商周时物无疑。’”(页4B)二书均已佚,未知孰是?

高举(1553—1624),字鹏程,号东溟。山东淄川人。万历四年(1576)举人,八年(1580)进士。授完县知县,调蒲圻县,擢河南道监察御史,巡按南直隶,三十年(1602)提督北直学政,改任大理丞、大理寺少卿,升右佥都御史、巡抚浙江。为官二十多年,以正直敢言、主持正义著称。[道光]《济南府志》卷五〇有传。(页32B)

郭汝贤新任乐陵县知县,有书寄之。

《来禽》卷二八《与郭禹门明府》:“不肖侗往游赵、魏间,雅习此中人文,绮粲韶秀而更优于品。即如今小宰董先生,其人也先生最善,不肖侗有雁行之谊。台下处其里闬,兰芳所袭,臭味与同之,所谓绮粲韶秀而有其品。齐东杨丈为侗言,若合符节而券偿焉。不肖侗即散材无当,何敢废然自外于门墙哉?下车未几,风听一新,盖岂弟神明之颂,万众无岐舌,远迩若一涂。不肖侗沾濡倍切,又不直河之润泛焉九里而已也。以董先生故,躬申未遂,先以一力候起居,周亲授室之地,竟将蹁履间玄奇。兹不尽伯一。”(页5A)

案:“郭禹门明府”名汝贤,是年任乐陵县知县。[乾隆]《乐陵县志》卷四:“郭汝贤,北直元城人。举人。万历三十年任,升兖州府同知。”(页9A)据“下车未几,风听一新”,当郭氏初上任时作。“小宰董先生”即董复亨,时为吏部验封司员外郎。《明神宗实录》卷三八六:“(万历三十一年七月甲子)命……吏部验封司员外郎董复亨往湖广,各充正副考官主乡试事。”(《明实录》第60册,页7258)郭、董俱元城人。

郭汝贤，北直元城人。万历三十年由举人任乐陵知县。修葺文庙，建置学田，以振文教，安民除弊，政绩皆可纪。升兖州府同知。［乾隆］《乐陵县志》卷四有传。（页 50B）

致书姻亲王象乾，言及“日来征文之使远自四邮，几拟弇州强半”。

《来禽》卷二八《与蜀抚王霁宇》：“一骑红尘来自巴蜀，解装见讯累累，悉盛情所注也。朱提精榼，制出王国，复陶佳织，珍属陇西。绿昌雅足消烦，丹椒正堪暖老。《杨集》书肆八宝，错落并陈，一时损重，下里惊奇，真所谓施者无倦而受者腼颜矣。孰无亲戚？谁乏朋俦？岁寒不改，晚节险深，唯亲家一人而已。拙序付刻未，弟亟须数幅以应人求，再谕大人之集古跋，未见大令所裒何文，一见即勉图寄上也。六扇颇拟原帖，秋风箧笥，毋至弃捐。以一易一画面贡品，何如？若五六分蜀扇，便惠二三十，散之诸儿侄。以伯翁督此地，封胡羯末，人人思把握蜀蚕耳。《升庵集》不知剜残至此，此老博综沉典，当朝不第二。有属弟暇中为更一铨次，亲家募吴匠镂之，此文献大举止也。代尊序，弟力为之，以颇悉此老平生。内江龚怀川道长，天下义烈丈夫。台中不受谢荐礼，独我二人。望尊破格一表章之，即弟辈山中嚆矢矣。其所著书亦有一种雄快处。水蔺事，移书与计之，此公定有卓见也。切实，切实。书中即道弟荐言云云。日来征文之使远自四邮，几拟弇州，强半吾亲家为啖。名士一解颜否？感忆离悰，百不尽一，临槭但有耿耿。”（页 6A）

注：“蜀抚王霁宇”即四川巡抚王象乾。书中所及数事：一、书云“拙序付刻未，弟亟须数幅，以应人求”，指侗撰《忠勤祠碑版集古法书序》，其时尚未刻竣，亦可知侗撰成此序不久。二、又云：“再谕大人之集古跋，未见大令所裒何文，一见即勉图寄上也。”指王之垣集唐虞世南书刻郭正域所撰《涞川王公传》，侗有题跋，详后。三、又云：“《升庵集》不知剜残至此，此老博综沉典，当朝不第二。有属弟暇中为更一铨次，亲家募吴匠镂之，此文献大举止也。代尊序，弟力为之，以颇悉此老平生。”指王象乾刻杨慎《升庵遗集》二十六卷，凡诗十九卷，文七卷。此书刻于万历三十四年，现存道光二十年新都古桂山房影印本，一仍其本，可复见旧观。四、又为“内江龚怀川”即龚懋贤说项。懋贤（1539—1598），字晋甫，号怀川，又号宁澹居士，四川内江人。隆庆二年（1568）进士，仕至陕西巡抚，著有《古本参同契注疏》《明发堂稿》等。万历中侗与龚懋贤同台为巡按御史，故云：“台中不受谢荐礼，独我二人。”五、言及

"日来征文之使远自四邮,几拟弇州","弇州"指王世贞,言求文求书之多,难以应付。

应王象乾之请,为石刻《涑川王公传》题跋。

《来禽》卷二一《题新城王太公集古书》:"……桓台太公,名德奕奕;山阴相公,名章烨烨;欧阳率更,名书卓卓。隧门片碣,遂成三绝。互发相重,盖将不湊矣。董恢圭首再盛于琅琊,孔宙螭环复辉于圣代,桓台其以王氏钟石重耶?钟石其以桓台王氏重耶?子廓既勒吴门、山阴二师相碑矣,会稽之蹋翅复飞,潭州之白骨再肉,无论家乘,艺林有力焉。兹更用伯施书集,填太公传文,文为江夏郭太史笔。立言沉粹,若登太华,百盘九折,委屈而入杳冥。负兹二妙,斯足不胫而走四裔也。吴生应祈,今之诸葛神力,与子廓致石不辞劳勚,因并纪之……"(页13B)

案:此文题为《题新城王太公集古书》,实为题郭正域撰《涑川王公传》石刻,此石王之垣集唐虞世南书,由吴门吴应祈摹勒上石,现存山东新城县忠勤祠内。"涑川王公"即王重光,王之垣之父,王象乾之祖。先是,王象乾已集晋王羲之书刻申时行撰《王公神道碑铭》,集唐欧阳询书刻王家屏撰《涑川王公墓表》,故曰"子廓既勒吴门、山阴二师相碑矣"。

本年,詹景凤卒。

【诗文系年】

《孙使君家集序》《明云南督学华容世其孙公碑》《济南沈郡公上最膺命序》《济南太守樵李沈公德政歌》《共适园庭树产芝》《祭封吏科给事中杨太翁文》《武德观察董公擢淮上治漕参知序》《送武德董观察以治漕参知浮淮二首》《重修大兴寺碑》《黄昭素宫允予告还里,寄声见访,诗以奉迓》《济上邮亭会黄中丞》《奉别黄中丞一首》《送于楚之海上访戴大将军》《秋日送南思受进士奉使榆林,便道过家》《奉别明生,由临邑追送思受进士于磁作》《寿青州邢太保六章》《暮秋,赠闽中郑文学以尚书授经济南》《题定武兰亭》《诗册帖》《与高东溟学宪》《与郭禹门明府》《与蜀抚王霁宇》《题新城王太公集古书》。

万历三十一年癸卯(1603),五十三岁

泲园家居。三月,葬父于城西卢庄新兆。妹婿马拯升大同府知府。

二月,撰《先侍御史府君行状》,属同邑门人张光裕填讳。

《行状》有张光裕跋曰:"吾师所列尊太公质行见示,裕三复读之,当实不虚,足以传矣。属裕备填先讳,裕敢不专承。翰林院庶吉士门人张光裕谨题。"(《家乘》卷五"家传一",页31B)

案:《家乘》卷五题作《先侍御史府君行列》。旧时子孙为祖先撰写行状碑志等,请人代写祖先名号,称填讳。侗属同邑门人张光裕太史填讳。

张光裕(?—1612),字德符,号太华。山东临邑人。万历二十六年(1598)进士,时为翰林院庶吉士,告假在家。《国榷》卷七九:"(万历三十一年九月)癸酉,翰林院庶吉士……张光裕……为检讨。"(第5册,页4915)其号"太华",又"泰华",见《程氏墨苑》附录"墨苑姓氏爵里":"张光裕,字德符,临邑县人。戊戌进士,改翰林院庶吉士,任检讨。"(第3册,页1247)又"墨苑人文":"张光裕,号泰华,七言律诗四首,书二。"(同上,页1276)黄克缵有《答张太华翰林》(《数马集》卷四一,页11A)。仕至右春坊右赞善,[同治]《临邑县志》卷八"戊戌科进士":"张光裕,任翰林院检讨,右春坊右赞善。"(页4B)卒于万历四十年,李若讷有《右春坊右赞善泰华张公诔》(上书卷一一,页62A),同年赵秉忠有《张宫赞祭文》(《峨山集》卷六,页48B)。

二月,前江西巡抚安丘马文炜卒,为撰诔文。

《来禽》卷一七《安丘大中丞马公诔有序》:"公姓马,讳文炜,字仲韬,定宇其寓号也。……嘉靖辛酉隽于省,明年成进士,以次令确山。……推毂书以数十上,隆庆丁卯,诏入为山西道监察御史。……乃出为德安守。……乙亥,擢兵备按察副使,治荆南。……辛巳,迁按察使,驻武昌。……癸未,以臬长上计,当事闵其久次,因拜江西右辖,旋转左辖。居顷,遂晋佥都御史,抚江西,则江陵没之又二岁也。……丙戌,中台抨悉抵诬勿罔事,铨部为覆其奏,若曰:'坐柏舟以宣淫,命伯夷以钞盗。'反复详辩,甚于慰楱,卒难言者,体议量调留都焉。……万历癸卯二月告终,春秋七十有一。"(页1A)

案:"安丘大中丞马公"名文炜,其子马从龙时任吏科给事中。同时哀悼

之作，有于慎行《明故中宪大夫都察院右佥都御史定宇马公墓志铭》(《谷城山馆文集》卷二三，页14A)、王锡爵《都察院右佥都御史定宇马公墓表》(《王文肃公全集》卷七，页32A)、焦竑《大中丞马公墓祠记》(《澹园集》卷二一，页257)。

马文炜(1533—1603)，字仲韬，号定宇。山东安丘人。嘉靖四十一年(1562)进士，为河南确山县令，考升御史，因触犯权相严嵩，出为湖北德安知府，擢按察司副使、荆南兵备道、江西右布政使，晋佥都御史巡抚江西。以疾归里，著有《雁门集》，又编纂《安丘县志》。[康熙]《续安丘县志》卷一八有传。(页7A)

二月，遣弟邢佑携书谒于慎行师，以父邢如约墓志铭为请。

《来禽》卷二九《上谷城座师于宗伯》："孤侗连岁所遭值，荼毒极矣！刳心折骨，几不自存。而以先大夫平生，先夫人阃德，不忍无传。埽孤抆泪，以不腆之言进焉。念吾师当朝鸿巨，百代儒宗，一语嘘枯，足垂不朽。而矧孤亲则门墙之列，宁靳以衮黼华之哉！又先大夫奉教席者且三十年，于世缔足称知己。使樽三锡，贲于草茆，今则其泉下者，此所用死生肉骨，颙颙南向而百稽上恩，觊之曹史者也。葬期太迫，误以形家之言为正，诸不得改移，所干志撰，万万不能及时，乡人之请，庶几可期。石大而字亦大，拟与颜鲁公碑同制，千言上下，撮其大略足矣。欲及三月初旬付之佳枣，侈会宾也。遣弟代陈送之，血泪孤侗则于襄事后抵谷城，跽而膝席称明恩。愦愦不伦，仰唯尊慈照察。"(页4B)

案：书云"遣弟代陈"，属弟邢佑携书往东阿。《东阿于文定公年谱》卷二："(万历三十一年)二月，子愿弟诸生佑来，乞父侍御史志，先作《像赞》归之。"(《山东文献集成》第三辑第10册，页736)由于时间紧迫，于师先撰《庄惠先生邢公画像赞》以应急之需。

于慎行为撰邢如约像赞。

于慎行《敕封监察御史庄惠先生邢公画像赞》："庄惠先生者，封御史邢公里谥也。……万历壬寅十月某日终于正寝，享年九十有一岁。空城走赴，罢市行哭，裂缃缣而献诔，捐珥玦以图铭。元嗣侗卿等乃以葬日，严奉像设，启先屦卫，万众瞻礼。……赞曰：夫不仕而称柱下，张北平之素封也。夫不儒而笥五经，伏博士之正宗也。夫不南面而杓于社，卫武侯之寓公也；夫不鹿裘而吟于野，荣启期之耦农也。宜旷代而年数同与，厥頠然而方，厥颀然而长，厥爽然而渥光，厥苍然而若玄霜。冕而绣衣，俨然在堂，庆钟于世，德流于乡。其人虽远，其名不忘。古之所谓逸民上老，祀百世而图芳者与。"(《谷城山馆

文集》卷三四,页 2B)

案:此文刻石现存临邑县邢侗纪念馆,末署:“万历癸卯仲春下浣,资政大夫、礼部尚书、翰林学士谷城于慎行顿首拜题。”

为父邢如约选定墓地,姻亲杨士鸿、王再聘参与选地。

《府君行状》:“初孤等难阡,凡历三名地,师语叶乃卜。已,姻家禹城吏谏杨公、邑观察王公临视无异,遂从树杨,凡三日灵鹊来巢。”(《家乘》卷五“家传一”,页 31B)

案:“禹城吏谏杨公”名士鸿,前吏科给事中,时丁父忧在籍。“邑观察王公”名再聘,前陕西副使备兵榆林。均为侗姻亲,侗一女适杨士鸿子杨明廷,一女字王再聘子王钟恒,又弟邢佑女字王再聘少子王钟华。

王再聘,号莘川。山东临邑人。登万历五年(1577)进士第,授屯田主事,晋员外郎,督太庙、乾清宫工,称旨,赐尚方朱提、文绮御书。出守真定,擢陕西副使备兵榆林。岁祲,请蠲赈,存活者万计。荆南、真定、榆林各纪石颂之。[同治]《临邑县志》卷九有传。(页 5B)

三月初三日,礼部尚书兼翰林学士冯琦卒,年四十六。

《国榷》卷七九:“(万历三十一年三月)己未,礼部尚书兼翰林学士冯琦卒。……年四十六。”(第 5 册,页 4906)

案:冯琦为侗乡人,交谊颇深。其“学识渊练,有公辅之望”,众公卿痛惜其逝,祭奠之诗文甚多,有沈一贯《资政大夫礼部尚书兼翰林院学士赠太子少保琢庵冯公神道碑》(《喙鸣文集》卷一七,页 30B)、王家屏《礼部尚书兼翰林院学士赠太子少保琢庵冯公墓志铭》(《王文肃公全集》卷一〇,页 53B)及《祭冯琢庵文》(同书卷一二,页 25B)、于慎行《哭冯大宗伯四首》(《谷城山馆诗集》卷一五,页 16A)、黄克缵《祭大宗伯冯琢庵》(《数马集》卷五〇,页 3A)及《祭大宗伯冯琢庵墓文》(《数马集》卷五〇,页 4B)、公鼐《大宗伯冯公挽章》(《问次斋稿》卷一四,页 157 下)、温纯《祭大宗伯冯用韫公文》(《温恭毅集》卷一六,页 16B)、董复亨《祭冯大宗伯》(《繁露园集》卷一六,页 2B)、顾起元《哭大宗伯冯琢庵先生十首》(《懒真草堂集》诗二一,页 34B)、蔡献臣《礼部公祭大宗伯冯琢庵文》(《清白堂集》卷一六,页 802)。

三月初四日,葬父于城西卢庄新兆,前母赵孺人、生母万孺人祔焉。

于慎行《邑涯公暨配墓志》:“子愿等于万历癸卯三月四日奉公于城西卢

庄新兆，二孺人祔。是日也，宾客会葬连数州邑，素车缟带，百里成尘，邑父老万人以上，醵金树碑为公纪德。”(《谷城山馆文集》卷二三，页 26B)

李维桢《临邑邢庄惠公墓表》：“比葬，于宗伯为志墓中石，四方荐绅学士诔之者数十百家。”(《大泌山房集》卷一〇五，页 8A)

案：邢侗前母“赵孺人”卒已六十年，此以祔葬。冯时可《邢公碑铭》：“前母赵葬且六十年，舁以祔而更美棺，奉笄珈褕翟以殉庐墓，手自封树，岁时之奠，哀如初丧。”(《家乘》卷五“家传二”，页 12B)

山东巡抚黄克缵撰文祭奠。

黄克缵《祭邢封君知吾父》：“维济南多名儒兮有伏生与辕固，咸行年九十余兮授诸生以章句。功羽翼乎圣经兮身何必其皆遇，在女子犹可以传业兮存灰烬于竹素。矧口传于令子兮非老年而谬误，盖先生为子才之后人兮素怡情于疏注。胸虽富乎丘索兮嗜学不替于迟暮，课厥子以传经兮为当世之武库。掇巍科而入仕兮遂驰骋于皇路，寇切云之崔巍兮列栖鸟之柏树。持绣斧而按吴晋兮威严霜而泽甘澍，爰赋政于三楚兮帝宽忧于南顾。是皆先生之遗泽兮挹于此而彼注，降丝纶于闾阎兮彰厥功于陶铸。先生之年既益高兮止厥子之驰骛，日徜徉于膝下兮效斑衣著莱孺。有孟光以偕老兮翁南极而媪婺，斯人闻之吉祥善事兮洵上帝之多祚。彼汉代之辕伏兮畴五福之咸具，与武公而齐年兮跻期颐之常数。乃乘白云而仙去兮望崦嵫而暂驻，痛仪刑之日远兮举邦人而驰慕……”(《数马集》卷五〇，页 5B)

葛昕撰文祭奠邢如约暨万太君。

葛昕《祭邢封公暨配太恭人》：“呜呼！太翁遂偕夫人以长往耶！唯翁受衷独粹，凝命永新，自事亲而从兄，而强仕而封而老，所为阅历世变者，几百十年。而翁之制行，孝弟任恤，清介忍让，笃敬好施，和光秉义，积德有显骘，为善如不及。……繄唯太母，夙备四德。俪体于翁，有音其徽；严以肃阃，慈以训子。盖诚俪风节于诗史，相修持于鼎彝，未易缕指而事述也。往岁太母以垂耋考终，余走吊于堂，得以省太翁几杖。窃艳称望百之龄，犹自矍铄乃尔。且业约乡党于今春，大张会筵，以介眉寿矣。……矧我子愿，追芳大雅，建勋明盛之世，蜚声述作之林。……而况子立琳琅，仲也畿闱待荐，季也东土储元，再及孙枝蔚焉。……近且辱子愿氏结为儿女之好，弥深肺腑之悲。明发归窆，我来执绋，薄言祖奠，侑以些词。”(《集玉山房稿》卷一〇，页 1A)

临邑士民感侗之孝行，将上书褒其孝子，固遮止之。

黄克缵《邢子愿传》：“父年九十余下世，哀毁如丧母，启前母赵孺人柩及母万孺人同葬，送者数千人。堂坊壤厦之筑，旌旄蒌翣之观，埏隧华表之树，坚固辉煌，唯力是视。齐鲁观者啧啧谓：‘今日始见仁人孝子之葬其亲也。’”（《数马集》卷二七，页22B）

李维桢《邢公墓志》：“邑博士弟子称其孝，白上官。子愿谢之：‘人子用亲取名，罪也。’事乃已。”（《大泌山房集》卷七九，页38A）

父邢如约入祀乡贤祠。

[同治]《临邑县志》卷五“乡贤”：“乡贤祠入祀者二十一人……万历间封山西道监察御史邢如约。”（页24A）

《家乘》卷一二“事纪”：“万历三十□年，敕封文林郎、山西道监察御史讳如约祀乡贤祠。”（页1B）

积劳成疾，卧经十旬，至秋方愈。

《来禽》卷二六《答康骧汉侍御》：“孤拮据襄事，积劳成病，一卧经十旬，几成异物。荷尊之芘，望秋小差，然精力已耗败什九矣。”（页15A）

案：邢侗因过于悲伤、忙于治丧而成疾，其《上蜀抚霁宇王姻家》云：“孤坐抱疴数月”，至夏末方才略愈，“望秋小差”。（《来禽》卷二九，页25A）又《答总河李于田》：“前勒报附使者，未五日而疾大作，凡六阅月，髓戚皆非生人。大抵受病在积劳积思，一旦骤发，遂成沉顿。”（上书卷二六，页17B）再《答康骧汉侍御》云：“一卧经十旬，几成异物。”（上书卷二六，页15A）

秋赋乡试前数月，致书长子王瑞馆师，呈县试卷请批阅，以玉扇坠一枚为谢礼。

邢侗《瑞儿县试帖》：“许时未敢上记台下，正恐烦清抱劳裁答耳。瑞儿县试卷敬呈台览，尊父师无日不期此儿腾踏，更剧于侗。今卷中文不知何似，唯尊父师大加批擿而实教之。去科场尚数月，当有奋励也。偶得旧玉扇坠一枚，聊申积阔，亦藉祝平陵世世冠上加蝉耳。将理诸墨，逋而苦之不律，敢请遣镂管中山数曹。治弟侗顿首上。”（《来禽馆真迹》，页80）

案：此书无上款，其称“尊父师”当为王瑞馆师，未详其人。末署“治弟侗”，时侗在守丧期内。是年为万历癸卯科乡试，书云“去科场尚数月”，当四五月间作。

病起，复书康丕扬，谢来书吊唁及奠仪两缣。

《来禽》卷二六《答康骧汉侍御》："孤拮据襄事，积劳成病，一卧经十旬，几成异物。荷尊之芘，望秋小差，然精力已耗败什九矣。忽叨使命，长跽捧读，何台下之与人周也如此！损致两缣，领已，容觅邮续布之节。阅报章，台下识度超轶万夫，而文章全力又足以发之。无论同列诸端避席，盖合台省而抗前茅，无论求之即目，总计四五十年。自孤有知觉而程批鳞之彦，台下宁第二屈指乎？三韩之命未下，合是朝宁不可一日无汲包俦。厌次如许地，曼倩以讽谏胜，而台下以正谏称，此洵数千年奇事，井间末学似不可无纪载也。望风威于千仞，殊自忘其壤虫之陋。附言踊跃，唯不罪饶聒幸甚。"(页15A)

案："康骧汉"名丕扬，时为山西道御史。书云"厌次如许地，曼倩以讽谏胜，而台下以正谏称"。西汉东方朔(曼倩)山东陵县(古厌次)人，康丕扬为其邑人，亦以讽谏名世。

康丕扬(1552—1632)，字士遇，号骧汉。山东陵县人。万历二十年(1592)进士，先后任宝坻县、密云县知县，山西巡按、辽阳巡按兼学政。三十七年(1609)告老还乡。编有《东方先生文集》，并为之序。年八十一岁卒。[光绪]《陵县志》卷一九有传。(页14B)

致书德州仓分司傅宾凤，家酿新出，送赠两器。

《来禽》卷二九《与傅民部》："张丈凡三寓言，三致隆指也。主臣，何以当先生肺腑哉！新酿才离糟床，敬上二器。此曲真用白莲花浆合成，清芬颇饶舌鼻间。先生大赏东秦酒汁，弟尚未降服。沧酒亦在品中，似不去菊花市肆气。菊固佳，然入酒殊滞酒香，乃浊如都城黑龙挂尔。……弟前向省下诸公言，刁家、赵家两樽，俱不堪大嚼，及大釂，诸老极相颔赏。座有青州从事，堇胜历下露，不甚挟甜耳。韵足村落，插花半残，尔馨娱不足隤吾玉山也。往在吴，聆弇州公妙论：'酒具有才德，才分十八，德分十二，乃著风采。'广川新样，其无乃清胜拟伯夷乎？伊尹将于何处生活？非犁丘生过任，请问诸舌。"(页6A)

案："傅民部"名宾凤，字腾阿，万历十七年(1589)进士，福建晋江人。时任户部主事司德州仓。[道光]《济南府志》卷二五"万历德州仓分司"："傅宾凤，福建晋江人，进士。"(页20A)其在任时间，据上引《济南府志》，接任傅宾凤者为阮以鼎，据顾起元《中大夫河南等处承宣布政司右参政兼按察司佥事盛唐阮公墓志铭》，阮氏"甲辰，晋员外，再被命督仓德州"。(《懒真草堂集》文卷二二，页 35B)“甲辰”为万历三十二年(1604)，又据邢侗《司农大夫温陵传公德庚去思碑》云“凡三年得代”，知傅宾凤在任三年，则其万历廿八年(1600)至三十一年(1603)在德州仓分司任。书云“弟尚未降服”，此书姑系于此。邢氏家酿以“雪水莲花酒”闻名，李维桢《邢公墓志》：“家酿清绝，其名寝盛，求者塞路。”(《大泌山房集》卷七九，页 38A)

六月，应友人嘱，临孙过庭《书谱》。

临孙过庭《书谱》文，尾联有跋：“圣老词坛，嘱录《书谱》，时癸卯伏日，挥汗节临，不计工拙也。邢侗。”(《临邑文史资料》第七辑，页 230)

七月，富平知县王正志秉公被诬入狱瘐死，天下冤之，为作碑文。

《来禽》卷一六《富平令大梁王君碑》“……王君名正志，字淑明，戊戌成进士，筮仕为富平令。以侍御公为大父，黄县公为父。奕叶缥缃，不忝琅琊之绪；联翩甲第，大衍长淮之流。淑明厥兄潍县公，力抚少孤，备极友笃。伯淮之被常燠，汜毓之衣递敝。……及为富平，精心出教，徇我单赤。渤海移风于牛犊，濮阳韬光于舆玩。青天白水，官方凛焉。……久之，密要敕号，日恣西园之驺；金玉罽旄，悉凭张汎之画。冒寒乞以富殖，肆田庐之发掘，骚然四境，詟犬骇鸡矣。……淑明遂决策拜章，为民请命，死生祸福，一唯置之。……而此曹飞条造语，疾驿以闻。霾翳障天，诏狱斯下。槛车肃邮亭之禁，械梏极累人之状。逮至榜掠加惨。爰属司隶系焉。……凡历三霜，溘焉贾卒。……归榇大梁，厥侄职方君任其丧事，靡不合经。置嗣唯佶，庶免若敖。潍县公华颠杖藜，雁行虚其接翅；职方君壮龄巾帻，竹林孤其泛斝。不第海内簪绅公共之恸，而实王氏公子悢悢必哭之私也。九重之阍正深，六月之霜弗零。姑掩黄墟，俟之青史云尔……”(页 4A)

案：《明神宗实录》卷三八六：“(万历三十一年七月乙亥)原任陕西富平知县王正志毙于狱北镇抚司，以闻。”(《明实录》第 60 册，页 7263)王正志因触犯税使而瘐死，时人冤之，顾起元有《同年奠富平王君文》(《懒真草堂集》文卷二九，页 25B)。

王正志，字淑明。河南祥符人。万历二十六年(1598)进士，除富平知县。二十八年，税使梁永、赵钦肆虐，正志捕其党李英，杖杀之，因极论二人不法罪。钦亦以李英事讦奏，帝怒，命逮之。给事中陈惟春言正志劾钦罪多，宜提讯，正志系诏狱四年，是年夏，瘐死。天启时，赠祭，荫子。《明史》卷二三七有

传。(第 20 册,页 6180)

长子邢王瑞将参加秋赋,致书山东督学徐梦麟,托其提携关照。

《来禽》卷二八《与徐钟岳学宪》:“……小儿王瑞,圈栏豚犊,猥荷尊师赐之提拂,一言标目,毕世人伦系之。顷当入棘,更辱台慈慰藉,推温布煦,笃于子孙。孤侗一得传闻,且惊且喜,不减蕊榜之署名焉。即大造无私,因材培植,乃偏承雨露者,宁甘草木于无知哉?欲一申谢鸿庥,趦且未敢。俄蒙使信,临之八行兼两,非料所及。分廉俸于概量,铿清商于琅磕,向南遥顿,恍若缞麻之锡衮也。瑞性质近迂,恪修常艺之外,颇留意于薛文清公之书,经旬闭阁,不交一外言,不迩一俗事,亟图勉成器业,不负尊师异恩。我老公祖知之,得无为此儿加匕乎?仰慑崇严,即寸缣不得辄奏,恒用慊然。薄有家藏《晋书》,出于旧印,聊供爇火。并以单姓家乘,请正裁。礼宜敦介,盖所为趦且者未释也。奈何极睇膺门,穆乎如对。孤侗久病,饰巾伏荐,不胜感戴皈依之切。”(页 16A)

案:“徐钟岳学宪”名梦麟,号“钟岳”,张鹤鸣有《和徐钟岳观察明湖纳凉之作》(《芦花湄集》卷二六,页 11B)、《送徐观察钟岳解组奉亲归里》(上书卷二七,页 1A),即其人。徐梦麟时任山东提学副使。《明神宗实录》卷三六三:“(万历二十九年九月丁酉)以山东副使徐梦麟为本省提学副使。”(《明实录》第 59 册,页 6767)其离任时间未详,于若瀛有《赠徐钟岳擢督粮参政序》云:“钟岳徐公之督学齐鲁也,实擢自登州守。万历甲辰春,督粮参政阙,主爵者数数疏公名上,至九月始得命。公凡三任皆东省云。”(《弗告堂集》卷二一,页 12B)则其卸任当在明年九月,接任者为李叔元。《明神宗实录》卷四〇三:“(万历三十二年十一月乙酉)升礼部郎中李叔元为山东提学副使。”(《明实录》第 60 册,页 7536)又侗之长子王瑞时在县学,《万太君行状》:“孤及仕宦,两弟及长儿制举颇负隽异声。”(《来禽》卷一八,页 23A)明年甲辰科会试,是年举行秋赋,书云“顷当入棘”语,当指入秋乡试,托其关照。知子莫若父,书中言及王瑞性格颇内向:“瑞性质近迂,恪修常艺之外,颇留意于薛文清公之书,经旬闭阁,不交一外言,不迩一俗事,亟图勉成器业,不负尊师异恩。”又邢侗所赠旧版《晋书》,疑即万历十年(1582)王世懋所赠也,王世懋《与邢子愿侍御》:“幸从子计偕乃敢践故约,囊《晋书》为献也。”(《王常侍集》卷三八,页 11A)

致书姻亲王象乾，介新安制墨名家程大约。

《来禽》卷二九《上蜀抚霁宇王姻家》："……新安固墨薮，以为技至方于鲁止焉，不知前有程君房为赤帜也。君房，江表名家，挥金借客，祖父以来皆尔，至君房弥甚。去一京朝官，若脱秋蝉之翼。殚精子墨，遂足通神。所称玄元灵气以漆汁和成，法无前古。若夫规摹象制之巧，过于化工。……此君慕亲家如渴，以为寰中第一名阀，不及蹁履，何以绝技为？亟欲买舟三峡，径造辕门，尽出平生指挥妙品，献之八宝书肆间。……君房舍中开局镂书，静雅在赵宋上，即《墨苑》可见一斑。亲家留神竹素，此又当把臂入林者。辕门万里，尊严迥邃如帝天，乃为一奇人游，计当失笑。然知亲家者，莫如弟，此吾辈散怀怡老至佳事，不欲以芹子匿嗜，故特与亲家共之耳。杨用修《文集》，板渐漫灭，倘能还复旧观，是漏天界中一大文献事。此老风流博奥，亦堪承领本朝状头。暇与伯俊督学兄商之，当有处分耳。……我亲家素多妙思，能于答版之余，手勒若干墨式付君房，俾世内号为新城王府忠勤堂制品，亦何所不佳？幸速图之。弟所创数新样，想君房一一往赞也。蜀古松心，极称善材，与君房面订，或可迫坡翁……"（页25A）

案：此书亦病愈后不久作，荐程大约入蜀拜谒。书云："暇与伯俊督学兄商之，当有处分耳。"指傅光宅，是年正月任四川督学。《明神宗实录》卷三八〇："（万历三十一年正月丁丑），改四川副使播州兵备傅光宅提督学政。"（《明实录》第60册，页7157）"杨用修《文集》板渐漫灭"，指王象乾拟重刻杨慎《升庵集》，见万历三十年。

德州仓分司傅宾凤有清誉，任满将代去，为撰去思碑。

《来禽》卷一一《司农大夫温陵傅公德庾去思碑》："余读关中王维桢氏说，而后悉长者之义焉。……余素服其立言之精。乃今司农大夫傅公其人足当之。公以深资剧望领德庾……凡三年，得代行……夫庾固豆区钟釜之薮，仕是职者，往往使人窥见囷腴，且社树其下，亦犹之聚涸耳。公一意精白，不自炫露，率心而行，一切剔划宿垢，犹浣敝裓而即维新，又如筑高基而法硕鼠，不倢眺而收功速，不盘諡而树轨端。一日其筹而百龄其算，四体其勤而两方万亿，其俦转之衽席也。君子之泽斩于五世，公其数十世不替也乎。……关中王氏之称长者固如此哉！以斯之世，畴用天下长者如公达阙下者。古谚有之：'桃李不言，下自成蹊。'阙下其不竟卓异酬公乎？则公道其澌灭无余矣。

七尺之石，敬砻以待，其无至侗也失言。公名宾凤，字腾阿，万历己丑进士，闽之晋江人。"(页25A)

案："温陵傅公"名宾凤，字腾阿，福建晋江人。[道光]《济南府志》卷二五"仓分司"："傅宾凤，福建晋江人，进士。"(页20A)万历十七年(1589)进士，仕至广东参政。

八月十五日，傅宾凤离任将去，席上有诗赠别。

《来禽》卷五《即席送傅使君》："使君襟韵映玙璠，挥尘西堂敞榼樽。方到瓜期秋始半，满川梨枣送高轩。""绿堤槲叶黄时去，逶砌菊花开复回。拼向并州三日住，家家缸面发新醅。"(页30A)

案："傅使君"名宾凤，诗云"方到瓜期秋始半"，应八月半作。黄克缵时为山东巡抚，兼又福建同乡，亦有诗送之，其《傅邦瑞兄司庾德州甚有清誉，兹得代将，追送内子渡江，即返旆入京，赋此赠兼以为嘲》："司农使者橐装贫，有俸全供曲米春。每念储糈关赤子，应加版筑是前人。细君罗袜凌波远，旧友芳樽对月新。忧国怀乡同此夕，相看蓬鬓渐如银。"(《数马集》卷一五，页13A)

九月，公鼐授翰林院编修。

《国榷》卷七九："(万历三十一年九月)癸酉，翰林院庶吉士……公鼐为编修。"(第5册，页4915)

淄川县文庙修缮一新，为撰碑文纪之，韩取善书丹。

《来禽》卷一一《淄川县文庙碑》："维兹古薛淄川者，幅员隶济，雄紧甲齐。年代相沿，庙庭不治。……濡须朱侯下车伊始，扼腕已然，期月政成，殚心力作。以为禺中不事，将薄景于崦嵫；黔首渐安，敢后期于逢掖。……盖乡大夫为维桑之彦，诸缙绅若众腋之材。……自冬以抵开岁，由孟以汔季春，丹青漆瀶之必储，土木石金之具徛。庑门更造，殿宇加崇。平直圆方，起输娄于再世；高明广大，揖贤圣于同时。……邑博士先生、博士弟子某某辈，征记余。余为嘉乐而记，复系以诗。侯名万春，字某，辛丑进士……"(页1A)

案：此文又载[乾隆]《淄川县志》卷七，题作《重修文庙碑记》，题下有注："明万历三十一年。"(页10A)又《钦定续通志》卷一百六十九"金石略三"(今有)："《修文庙碑》，邢侗撰，韩取善书。正书，万历三十一年，淄川。"(页43A)文云："侯名万春，字某，辛丑进士。"即淄川县知县朱万春。[乾隆]《淄川县志》卷四"知县"："朱万春，字长孺，无为州人。进士，二十九年任，三十一年调

上饶，修《县志》。"（13A）

朱万春，字长孺，号寰同。安徽无为人。万历二十九年（1601）进士，授淄川令，折狱均徭，加意学校。调上饶令，擢升御史，外补江右道。天启三年（1623），由太仆少卿升任左通政，值珰祸作，伏阙抗疏，仰药自毙。［嘉庆］《无为县志》卷一八有传。（页 23A）

十月，为历城赵焕（汝章）撰墓志铭。

邢侗《明待赠奉直大夫济南石川赵公墓志铭》："盖先侍御公往从济南称王国人，颇悉济南诸大夫人门世次。而侗时在龆龀，至今记忆不能忘。若赵侍御督学先生继本，则更记忆其谈说梗概，大抵志操鉴识、文章论著，非但矫矫今世人，以济前古名流大雅，不虞儁墨。而先生诸孙茂学、孝廉辈，厥后与侗群从子明、子御游，则又因以知先生之子石川公。……石川公讳焕，字汝章，于督学先生诸子仲也。……公殁于万历壬寅正月十六日，距生以嘉靖乙酉十二月十三日，得寿七十又八。……长君旹岚君谨筮癸卯十月二十一日吉，发途设□，归窀于祖茔之次。"（《济南历代墓志铭》，页 174）

案：此文《来禽馆集》未收。据《济南历代墓志铭》，此志 1990 年于济南东郊赵氏墓群出土。署曰："赐同进士出身、中顺大夫、陕西行太仆寺少卿兼按察司佥事、前按三河三吴监察御史、侍经筵官予告、同郡临邑邢侗撰文。"文云"与侗群从子明、子御游"，"子明"即邢倬，堂伯父如兰子，《家乘》卷四上："倬，字子明，号云章，贡生，任馆陶训导、青州府教授。"（页 2B）"子御"即邢倌，已见。

陈与郊有书寄至。

陈与郊《邢子愿太仆（四）》："此月中，正拟差仆兄门，且便走修太原师两岁之阙，而李郎适至，辄附致书。……尊币下存，却之无礼，服之又无处无时，潦倒布衣，不羞杀孔家禽耶？谨藏之。《澄清堂帖》无恙，黄伯埙无恙。来者简略，会病不得尽言。"（《苹川集》卷三，页 14B）

案："太原师"即王锡爵。书云："此月中，正拟差仆兄门，且便走修太原师两岁之阙。"据考，万历廿九年（1601）与郊往太仓谒王锡爵，贺其子王衡进士及第。（闫勖《陈与郊研究四题》，浙江大学硕士学位论文，2011 年）此后无太仓之行，故系于此。"李郎"即信使李商，常来往于两地充当信使。

初冬，致书同年河道总督李化龙，时大病初愈。

《来禽》卷二六《答总河李于田》："前勒报附使者，未五日而疾大作，凡六阅月，髓僱皆非生人。大抵受病在积劳积思，一旦骤发，遂成沉顿。入冬始胜巾栉，然衰相现矣。尊公祖莅盟济上，控驭东诸侯，海岱增其气色。况不肖侗三十年雁行末弟，方幅内鸡社同人，乃不能晋一笺修庆典，尚得称为有心胸者哉？……穷岁牢愁，拜书自远，十千相饷，桂玉不虞，不但酒赀矣。为尊伯翁执笔役，坐病不敏，抑慑伏大巫，数草数毁，念今终无可避矣。小吴生来自吴下，适当其时。呈稿后弟自书丹，不至再廑讨诺也。元枢虚席，计不久居东，推毂部下人流凡几许，预有讯焉。”(页 17B)

案："总河李于田"名化龙。是年四月，黄河发生重大水患，在家守制的李化龙，起复为工部侍郎，总督河道。《国榷》卷七九："(万历三十一年四月)己酉，李化龙以工部右侍郎总理河道。"(第 5 册，页 4910) 书云"不肖侗三十年雁行末第"，指万历二年(1574)同榜进士，至是三十年。"为尊伯翁执笔役"，指李化龙属侗撰其父墓志文事。"小吴生"或即吴尚端，吴应祈之子，吴士端之弟。

十二月，继室赵氏之大伯、前福建按察使赵焞卒，年七十八，为撰墓志铭。

《来禽》卷一五《进阶中大夫福建按察使司按察使平原缉斋赵公墓志铭》："余以平原为婿乡，受室于赵，而廉访公亲则余内之长伯父也，余得称岳伯父云。于情则尊于里闬，谊则先生长者，且其乡行宦绩燁燁满听睹，穿中之役，余何敢辞？按状：公讳焞，字子明，别号缉斋。……是岁戊午，获省荐。礼闱凡数踬，公矢志弥苦，三岁不浣服，文益精进。遂举乙丑试，令得长垣。……未几，征入拜河南道监察御史，以岳岳敢言显。……叙转江西参议以出。岁余，改陕西。再岁，迁副使。又再岁，迁苑马卿兼分巡平凉。……用是抚某内愧，衔之，以公入觐官不宜县次续食论，谪少卿。公业迁山西按察使，而秦两台以马政留，改陕西按察使兼马政，谪则视故三品秩。会亦以外艰赴，奔于家。公淹秦得窘后疾，至是转转以剧。朝一溢米，夕一溢米，哭声若断丝残竹不相属。勉已襄事，形意俱瘁，所为率诸弟修色而娱胡太君者万端，绝口诸弟出分事。凡三年，孝弟为乡闾范焉。服除，补陕西行太仆寺少卿，复迁苑马寺卿。顷之，迁参政，分守临巩道。……公以是年赍表如京师，归，丁胡太君忧。……服除，补福建参政，分守建南，简重清理，闽人甚宜之。而用前所见劾令从中媒孽，吏垣评官以老人弹事，然卒不能诖履素毛牦。曹议为屈，加按察使衔致仕……”(页 28B)

案：赵焞(1526—1603)为邢侗继室赵氏之大伯。《平原赵氏族谱》："(赵)焞，进士，字子明，号缉斋。娶蔡氏，一女。"附注："茔在城北五里万庄。"又："(赵)焞，戊午乡试第六十三名，嘉靖乙丑会试第二百二十名进士，殿试三甲第六十九名。吏部观政，授直隶大名府长垣县知县，选河南道御史，巡按广东，兼理盐政，升江西参议，调陕西参议，升副使，陕西苑马寺卿，升山西观察使。……谪本寺少卿，苑马寺卿。升陕西布政司参政。丁母忧，补福建参政，升按察使致政。后崇祀乡贤。生于嘉靖五年二月十六日，卒于万历三十一年十二月初二日，寿七十八岁。蔡氏封孺人。葬于城北八里原墓前。立石有遗像。"

寓公刘浮光卒，为作薶铭。

《来禽》卷一五《寓公刘叟薶铭》："浮光刘相，挟日者及相人术游余邑。余仲父断事公、父侍御公，宿昔恒衣食之。余仲季洎群从，次第亦给少衣食，不乏且三十年。……会邑盛疫，死于岁之六月中。余适之齐河，余仲棺而瘗之城南之阡。余归而痛焉。为岁要寒食十月月朝，若节春冬，属僮酹之，篼炊一柈，浊酒一壶，其毕余身，其不毕余身，以视此砧……"(页35A)

案："薶"，古同"埋"，罗振玉《六朝墓志菁英序》："墓志之传世者，莫盛于李唐，虽屠估走卒，亦有薶铭。"刘叟，相者，浮光人，为二伯及父亲所收留，给衣食且三十年。卒，买棺而葬，又撰薶铭。黄克缵《邢子愿传》："至如刘浮光者，以相人之术来依子愿父，非有许负之能，不过穷而无所归者耳。子愿乃馆谷之终身，怜其死而无后，每遇寒食，辄令家僮携鸡酒往祭其墓，若是者，徒念曾为父客，馁之是忘父也。公孙对食于故人，君卿供养乎吕公，古今一揆，而子愿仁孝，殆远过之矣。"(《数马集》卷二七，页22B)此文作于何时不详，应为邢如约卒后事，姑系于此。

致书马从龙，其来书谢为尊翁撰诔文，故复书答之。

《来禽》卷二八《与马见素给事》："侗厕乡间之末，凡庸无足比数，独于尊门夙钦通德。又仰棣华而咏韡韡，有遐思焉。未面驰神，诚非漫浪，盖此中有契分之合也。倚庐居守，忽枉素笺，推与过情，岂所应有？唯是太翁老先生宗盟一世，流羡后来，而以旐旐之言谬及不肖，主臣，主臣！身愧中郎附声介休之烈，非平生一大幸哉？敬拜宠加，期于春和，具草仍自写以通，备扶风大乘也。使者追我于涂，又迟我于家，挟旬暴露，可称良信。甫解缓，奉书不恪，祈

慈鉴,幸甚。”(页3B)

案:“马见素给事”名从龙,山东安丘人。马文炜子,与其兄马应龙万历十七年(1589)同榜进士,父子一门三进士,天下荣之,故书云:“尊门夙钦通德。又仰棣华而咏韡韡,有遐思焉。”李若讷有《马见素给谏公曾为雪谤,感赋见怀》(《五品稿》诗卷三,页11A),亦此人。邢侗为其父马文炜撰诔文,见前。

马从龙,字君升,别号见素。马文炜季子。万历十七年(1589)进士,任洪洞、高平县令,行取工科给事中。上疏十二条建议整顿朝政,继又上疏呼吁解决“民心之积怨,边饷之告匮”等,切中时弊。以母老辞官终养,凡十五载。崇祯十七年(1644)闻北京陷,扶病携家南渡,卒于句容。著有《掖垣疏草》。[康熙]《续安丘县志》卷二一有传。(页26B)

《庄惠先生邢公画像赞》上石。

案:此刻石左为于慎行撰《庄惠先生邢公画像赞》,右为邢如约阴纹画像,上有篆题:“敕封监察御史邢太公照。于慎行撰文,山东胶州崔淳书丹,万历三十一年上石。”(《临邑文史资料》第七辑,页127)石刻原存宿安镇邢太公祠堂内,现藏临邑县邢侗纪念馆。

妹婿马拯升大同府知府。

案:马拯由山西平阳府同知升大同府知府。其万历二十七年(1599)至三十年(1602)任山西平阳府同知,[乾隆]《平阳府志》卷一九“同知”:“马拯,山东武定人,进士,(万历)二十七年任。”(页8A)下一任“梁隆吉”,“(万历)三十一年任”。是年由平阳府同知升山西大同府知府。《明神宗实录》卷四一八:“(万历三十四年二月癸卯)升贵州副使冉德升为参政,湖广副使刘之龙为河南参政,兖州知府石九奏为辽东宁前道副使,大同知府马拯为山西副使,建宁知府沈茂荣为福建副使,户部郎中孙学易为贵州参议。”(《明实录》第61册,页7888)马拯太原府知府三年任满升山西副使,倒推三年,马拯应于是年升大同府知府。又《府君行状》:“女七……一适武定赠平阳府同知马公志德子,新除大同府知府拯,封宜人,于制得称恭人。”(《来禽》卷一八,页1A)此文作于“万历三十一年二月”,此时马拯新任大同府知府。

马拯平阳府同知任满上最,父母等封赠如例,邢慈静例封宜人。

领受封赠的,马拯父马志仁赠奉政大夫、山西平阳府同知:“岁贡生赠文林郎河南归德府宁陵县知县马志仁乃山西平阳府同知拯之父……赠尔为奉政大夫、山西平阳府同知。”母李氏赠宜人：“封孺人李氏乃山西平阳府同知拯之母……赠尔为宜人。”（［崇祯］《武定州志》卷三二，页39A）

马拯晋阶奉政大夫：“山西平阳府同知马拯……授尔阶奉政大夫。”原配李氏赠宜人：“尔山西平阳府同知马拯妻赠孺人李氏……赠尔为宜人。”继妻邢慈静封宜人，制曰：“夫郡丞上比其长，下拊其民。彼盖于大人士庶，无不宜也。鸡鸣文儆，是必有内助焉。尔山西平阳府同知马拯继妻、封孺人邢氏，毓秀名宗，作述彦士。识通图史，勤警戒于燕私；身适缟綦，佐洁修于恙□。瞻鸿勋于佐郡，知燕婉于中闺。是用封尔为宜人。敬荷宸纶，益襄郡尽。”（同上）

案：据制文可知，马拯父母及前妻李氏为已逝之人，故曰“赠”，马拯与慈静为身在之人，故曰“授”或“封”。又《府君行状》：“女七……一适武定赠平阳府同知马公志德子，新除大同府知府拯，封宜人，于制得称恭人。”（《来禽》卷一八，页1A）此时慈静因马拯平阳府同知任满“封宜人”，又因夫婿新任大同府知府“于制得称恭人”，但因未任满三年，故未实封。

应长清县知县曹一兰之请，为其父事迹作序。

《来禽》卷六《曹太公永思录小序》：“余读获嘉曹太公状及志，凡三遍。已醳卷而叹曰：‘先侍御公已矣，乃世有义烈仁质如太公者！近亲而慕，同好而述，余不觉淫淫泪下也。’太公，长清明府一兰父也。……长清君每向余泣曰：‘先公之所以教导不肖者，文义悉有度，阅世皆有法。在乡为乡祭酒，在家为家督，庶几陈太丘、王彦方其人焉。一兰今仕矣，而弗及以百里养，心慽慽若剸刀，先生其为兰发明之。’”（页22A）

案：“曹太公”名泉山，为长清县知县曹一兰父。［道光］《济南府志》卷二八“长清知县”：“曹一兰，河南汲县人，举人，升大理寺评事。”（页28A）曹应奎《重修八蜡庙碑记》：“公讳一兰，号芳铭，卫源人，授河南壬午乡书。莅清三载，奏最铨衡，下锡恩纶褒崇行且召。君厥功经始于乙巳岁之七月，告成于岁之十一月。后人睹庙貌而思创建之绩，令公重本之心垂世不朽矣。用勒诸石以记。明万历三十三年。”（［民国］《长清县志》卷九，页28B）曹一兰万历三十年至三十三年在长清任，文有“先侍御公已矣”，当为卒于邢如约逝世后。

曹一兰事迹诸书阙载，汲县碑刻中有《敕赠文林郎泉山曹公继室敕封太孺人马氏合葬墓志铭》，为其母马氏墓志铭，萧大亨撰文，作于万历三十五年，为研究曹一兰生平重要材料。录以备考：“马氏自国初以泽迁汲，乃祖二守公发祥科第，继耀为卫显族。父汝骖，母杨氏。太孺人行二，生而沉慧贞淑，寡言笑，颇谙《女戒》诸书。从伯父方伯公意，极爱重廷尉，伯祖与方伯公同甲榜，且世为朱陈好。闻赠君失偶，遂许字焉。于归曹氏，善事翁姑，躬调饪，奉沃盥，蔼蔼和睦，克尽妇道，每得欢心。尊公，宦族子姓，习侈喜饮，不善生人产，家道日削。封君以仲子多疾，废学明农。父母相继谢世，一旦肩巨，囊无厚积，太孺人襄之，鬻钏易妆，悉从礼厚葬。……封君卧疾，亲侍汤药，晨昏不倦，持斋请代，遇元日念佛，以□□为约，祈神之佑。及临大故，食不下咽，志欲即从。内戚再四解慰，始平。……廷尉襁褓能言时，即口授以诗，手捉以字。稍长，就外傅，归必课其业，晚读必伴，不夜分不止。廷尉总角游泮，即食廪，旋列乡书，皆太孺人功也。……廷尉屡上春官不利，太孺人曰：'汝父训汝成名，不见汝换头角，吾年已暮，汝尚株守耶？'促之谒选，除长清令。太孺人谕以砥砺名行，□□自持，大有惠政，迄今清人讴颂。三年奏最，躬被恩封，享此荣遇，亦孺人懿德自致也。……生于嘉靖丁酉十一月二十三日，卒于万历丁未十月十六日，享年七十一岁。子男二：长一兰，即廷尉也。初娶汲庠生周维新女，先卒，敕赠孺人；再娶吏目岳九道女，敕封孺人。次一桂，彭城卫镇抚，娶牛尧山女，先卒。女二。"

致书湖广副使董汉儒，言及督漕"与水争能"，艰辛异常。

《来禽》卷二九《上漕储董参知》："明公由汲直郡握宪，得苏公西湖，似足徜徉文酒。然时厄在河伯，诸大夫颇与水争能，非命世巨公，畴能一言两言而决？苏公当日起□楼大堤障水，徒步为士卒先，竟亦不妨文酒。明公今日得无一切似之乎？不肖草土余生，见明公登路荐间，为一见齿少，修手腕之逋而冀逭其讨也，死罪。五十外人，泼墨濡头为文士，技不直海内少年一噱……"(页 24B)

案："漕储董参知"名汉儒，上年任湖北副使督淮治漕。邢侗、马允登先后任职湖广督漕储，风里来，雨里去，故云："然时厄在河伯，诸大夫颇与水争能，非命世巨公，畴能一言两言而决？"又书云"五十外人"，应本年前后作，姑系于此。

赵南星来书，谈及近况，并为程大约《墨赞》撰文。

赵南星《与邢子愿》："郎生还，具道仁兄起居佳胜，欣喜之深，若观玉颜。所与直指书不知其能达否也？弟已自废，而见君于遍野，愿庙堂有起废之举，竟属空言，此乃国命，非人之所能为也。仁兄何乃言左海之事乎？若君子道泰，弟虽居山中，犹能为仁兄作沈尹也。严直指荐佐贰疏未见，有司乃无韩子端，人材乃无钟龙渊，何耶？梁别驾乃太宰之弟，从弟游者也，久不投书，想即金思玄久不奉书之意，以空书非时尚耶。呵呵，金过家必谒仁兄，能悉弟之近况矣。张曰肩病犹未较也，念之焦灼。弟先仁兄一饭，而须发先白，然狂奴之态不减，若遇知己，犹能饮百杯，大抵吾辈非造物者所能遽老也。楚唐生奉谒之便，答前书中语。唐生荐绅之子，有才志而命运不利，元孚为之先谈于于宗伯及亡兄，以怜才者，非大贤无望也。昨程君大约书来云，于宗伯与仁兄以文章许弟，弟高邑酒徒，何文章之有？然不能无感。比来困于酒食，不暇手书，篝灯作此字，不悉。"(《赵忠毅公文集》卷二三，页25B)

案：赵南星时罢职乡居。书云"昨程君大约书来云，于宗伯与仁兄以文章许弟"，程大约来访于慎行、邢侗，事在上年十月，二人又为介于赵南星。赵致程大约书云："得门下之《墨苑》读之，天下犹有人哉？何门下之文之雄艳，而意气之崚嶒突兀也。……墨以抒其奇思，又博求天下之文人共为赞述。仆非文人也，门下亦欲载其姓名，盖唯恐有所遗也。仆固愿托门下以通狂惑焉。无功而得妙墨五种，感德多矣。"(《铨部侪鹤赵公书》，《程氏墨苑》第4册，页1954)书中"严直指"名一鹏，字汝化，南直无锡人，万历五年(1577)进士，时任山东巡按御史。又云"弟先仁兄一饭"，赵南星生于嘉靖二十九年(1550)，长侗一岁，故云。书中涉及诸人，"韩子端"未详，赵南星又有《答韩子端》；"钟龙渊"名羽正，山东益都人，万历八年(1580)进士，与众言官请皇长子出阁被夺官为民。"张曰肩"未详，侗有《答张孝廉曰肩兼寄薛茂才》(《来禽》卷二，页15A)。

程大约再至泲园，坐谈二日，有诗纪之。

程大约《重过来禽馆作歌上知翁邢先生》："中原作者谁称雄，前有李生后邢公。落笔光芒掩星斗，词人滚滚争承风。李也长逝不复起，邢公好客真无比。缅想高风一纪余，担簦今始过名里。古人倒履重才贤，蒙公此日共周旋。谁谓古今不相及，高谊卓荦参云天。坐谈两日尽心曲，尊前咳唾生珠玉。仆夫促驾又分携，平原交情殊未足。书剑遥从塞外游，汉营星坠一军忧。劻勷马首便南指，怀公枉道再相求。何论一夕成千载，胶漆深心应不改。献春尚有北归鸿，当传尺素来东海。"(《家乘》卷一〇"艺文志三"，页17A)

案：据邢侗《墨纪》，其万历廿一年始闻"新安程氏君房"名，而"不知君房为何如人"。上年程大约到访临邑，此又重访，"坐谈两日"，成为知交，故程诗有云“缅想高风一纪余”。侗喜君房墨，诸友俱知，王世贞子王士祺致程大约书：“每见邢子愿侍御挥洒，焕若神明，以为佳墨实助之，今乃知程幼博先生力也。”(《程氏墨苑》第 4 册，页 1889)侗荐程大约及君房墨给诸好友，如前述王象乾、赵南星，又有门人张光裕，其致程大约书云：“拜命之辱，知寓来禽斋头，主客一时足称劲敌，今想唱和成卷帙乎？顷报匆匆，殊不尽意，不佞自谙不文，不敢溷瓦砾于珠玉，而足下必欲令嫫母涂泽，丑女捧心耶！纵足下忘其恶将如揽镜失笑，旁睨却走何矣。去人立马，冗极草复。”(《太史泰华张公书(二)》,《程氏墨苑》第 4 册，页 1958)

王士骐过德州，为邢如约撰画赞。先是，侗请于王世贞，未成而病卒，士骐承遗命而成之。

王士骐《敕封监察御史邢太公画赞》序云：“子愿先生往以尊大人侍御公像赞属先司寇公，先公颌之。已而会且寝疾，卒，负责诺计将二十年。余小子恭承遗命，耿耿不去中也。兹当北上过广川，望庐兴想，爰缀赞言，敬附武德兵使邮书中。极知雍容刻诵，无当作者之林，而先公心许颧如，庶逭地下修文之逋云尔。”赞曰：“岩岩岳立耶，休休海纳耶。为德于乡曰邢父耶，欿然常字曰佛子耶。式绣其衣形气下耶，逾耄其龄神理遒耶。我实图之唯先民耶，斯世斯文垂仪刑耶。”末署：“娄东通家晚生王士骐顿首拜书。”(《家乘》卷五“家传一”，页 7A)

案：王士骐为王世贞长子，万历十七年(1589)登进士，署吏部郎中。是年为权者所嫉，坐妖书狱削籍归。此文当削籍归里前作。侗万历十一年于吴门谒王世贞，“以尊大人侍御公像赞属先司寇公”当在此时，因弇州先生病卒而未成，“负责诺计将二十年”，是年王士骐撰成此文。

葛昕卒，年约六十，为撰行状。

《来禽》卷一九《奉政大夫修正庶尹尚宝司卿加四品服俸德平龙池葛公行状》：“今天下第嘉隆柱石名臣，则必用我端肃葛公褎然称首。而公冢孙为尚宝公幼明。公讳昕，幼明其字，别号龙池。厥考为赠户部员外公引生，器业所诣，足俪孔门，四科邑士林，荐谥‘贞悫先生’。所司以行履上闻，付史馆备正史，具在邑志。元配则赠靳宜人，幼明母也。……幼明生于端肃公督学河南之邸中。……庚午，端肃公之刑部尚书，幼明从。会当京兆举，待试铨曹，新郑相君亟谓：‘公贤孙磊落奇伟，宜令蚤试吏，及公目成。而尚随诸生试,何为?'幼明犹恋科举业,不敢言。而公卒难相公意,遂令领中军都督府都事。……壬申,迁太仆寺丞,职在提督越库藏,协理西堂事。……丁丑,迁户部陕西司员外郎,属督御马草场事。……辛巳,复除工部都水司员外郎,奉旨培筑永陵之宝城。条上六事,大司空首肯疏行之。越岁工讫,费仅所拟半。大司空白见其状政府,政府重之。顷晋都水司郎中,奉使临清。癸未,即家改屯田司郎中,实用曹议。……戊子十月,差次方中功,幼明晋尚宝寺卿,加四品服俸,仍理大工事。己丑乃回司。先是乙酉,幼明三年考,部留优叙,及戊子八月,再考注授五品勋,俟优叙,上为书名御屏。……辛卯,持节于汴,还以王母笃老,请予告,乃即南郊园。时奉王母甚适。壬辰,检讨公卒于京,人琴之痛,尽人则然,矧也幼明。为位为文而酹之,哭声动四邻。……癸巳,王母王夫人卒。……自是遂无仕宦心,而念端肃公缔造厥家不易,贞壸先生赍志苦,则为辑文集,辑家训,辑族谱,辑《四礼摘要》,辑《东山论草》。又用魏晋名书行二父、王母志、传、阙、诔文,刊之乐石,极吴会精娴手。……当属纩,举邑走幛皇,数日哀不绝声,弟鸿胪公皓侍含殡,皆有章。所著《工曹奏疏》见专刻,其文章、简牍、诗篇,龙等嗣有刻。癸卯,灵芝生有纂集。……邑文学聚族而谋,爰用'贞壸先生'故号,称'庄毅先生',斯名称情,即上太常,其无惧墨。吾师谷城先生其惠之铭:'海内巨公宗匠',惠之哀挽。"(页8A)

案:葛昕卒年,《行状》未详,然据"癸卯,灵芝生有纂集",是年为"癸卯",可知葛昕卒于是年。又"幼明生于端肃公督学河南之邸中",检于慎行《明端肃公葛守礼神道碑》:"壬寅(嘉靖二十一年,1542),擢河南提学副使。乙巳(嘉靖二十四年,1545),转山西参政,分守汾州。"(《德州明清墓志集注》,页229)则葛昕生于嘉靖二十一至二十四年,卒年逾六十,侗《祭尚宝司卿龙池葛公文》:"公年逾六,不应岱游。"(《来禽》卷二〇,页17B)则葛昕约生于嘉靖二十三年(1544),卒万历三十一年(1603)。

冬,葛昕落葬,撰文祭奠。

《来禽》卷二〇《祭尚宝司卿龙池葛公文》:"吾济之封,乔木维葛。勋业文章,风流未沫。……文章勋业,代雄阓闾。公所有余,人多不足。公所不足,未罄忠告。我知公意,公谢我勤。九原九土,会心欣欣。我男未髫,许以女妻。千载尹班,兼朱陈契。……孰无亲戚,知己者稀。孰无朋友,肤交者违。唯我与公,目成自少。垂四十年,朗皦互照。公年逾六,不应岱游。造化忌

完，精英见收。率男抚棺，一恸欲绝。雪地冰天，来鉴薄啜。”(页 17B)

岁暮，于慎行师邀游东郭园，有诗。

《来禽》卷三《岁暮东阿尊师邀游东郭园，即席漫赋》：“学士池亭傍谷城，山光面面晓岚生。幽栖欲下寥天鹤，倚杖如闻上苑莺。槛外花香供酌酒，松间春籁入调笙。十年才到杨雄宅，欢极侯芭更惨情。”(页 29B)

案：是年岁暮，侗应邀访于慎行于东阿，游东郭园。侗万历三十二年(1604)作《与李本宁》云：“弟去冬谒东阿先生谷城第，归而冒寒。今春大发，几賈其生，在簀三阅月，今复食新矣。”(《来禽》卷二八，页 1A)即指此次东阿之游。

本年，王家屏卒。李若讷成进士。

【诗文系年】

《先侍御史府君行状》《安丘大中丞马公诔》《上谷城座师于宗伯》《瑞儿县试帖》《答康骧汉侍御》《与傅民部》《富平令大梁王君碑》《与徐钟岳学宪》《上蜀抚霁宇王姻家》《司农大夫温陵傅公德庾去思碑》《即席送傅使君》《淄川县文庙碑》《明待赠奉直大夫济南石川赵公墓志铭》《答总河李于田》《进阶中大夫福建按察使司按察使平原缉斋赵公墓志铭》《寓公刘叟蕹铭》《与马见素给事》《曹太公永思录小序》《上漕储董参知》《奉政大夫修正庶尹尚宝司卿加四品服俸德平龙池葛公行状》《祭尚宝司卿龙池葛公文》《岁暮东阿尊师邀游东郭园，即席漫赋》。

万历三十二年甲辰(1604)，五十四岁

沛园家居。幼子邢王桓生。妹邢慈静回家探亲。

正月，校订《谷城山堂诗集》并撰序。

《来禽》卷六《谷城山堂诗草序》：“吾师宗伯学士先生，以日讲事今皇帝最久，受眷知最渥。其予告家食谷城，则以先生屡疏控恳，移疾休沐云。乃今居诸荏苒十余年往矣！先生时年正六十，色甚泽，志甚愉，而召还之旨迫在旦暮，先生一若弗闻也者。比以一编驰示小子侗，曰：‘此余平生所为韵语也，子其为我校之、纪之。’……先生贵为王佐，尊则帝师，托咏属词，卓焉名世，不亦

天授也欤？先生系著人心甚切。有顷，天子亟下黄麻而相之，属所司亲劝为驾焉。则马、班、李、杜一日而都伊、傅、夔、龙之席，所为称报张大盛明者，曷极？而盛明与先生遘，不徒以声诗故，斯又无前之绪矣。门下士侗老于一壑间，无俾崇濬，尚能勉撰中和乐，职宣布诗，以为先生藉手丹陛下也。"（页3A）

案：是年正月，于慎行师属邢侗校订《谷城山馆诗集》，并撰序。《东阿于文定公年谱》卷二："（万历三十二年正月）录诗集属子愿校之。由桐乡杨令日森、海盐杜令士全请也。"（《山东文献集成》第三辑第10册，页739）又："（二月）门人海盐杜令觐还，谒请诗集以归，刻之。"（同上）《诗集》之刻由桐乡知县杨日森、海盐知县杜士全董其事，至十月工竣。《东阿于文定公年谱》卷二："十月，平湖陆公子参军（基志）以海盐、桐乡令所刻诗集来归。"（上书，页741）是书卷端题署："东阿于慎行著，门人临邑邢侗、门人秋浦杨日森同校。"有万历甲辰陆树声序、邢侗序。（《明别集版本志》，页145）

是科会试榜发，王洽进士及第。

［同治］《临邑县志》卷八"进士"："（万历）甲辰科：王洽，浩之弟。任东光、任丘、长垣知县，吏部考功文选司郎中，翰林院提督四夷馆，太常寺少卿，都察院右佥都御史巡抚浙江，工部右侍郎，兵部尚书。"（页4A）

案：王洽为邑人姻亲王三迁次子。

公鼒再次落榜，心灰意冷，作《怀旧诗》。

公鼒《怀旧诗》序曰："余蒙辟在山中，若与世隔，然余自蚤岁即喜道海内闻人。适有天幸，得与计偕，又以家声臭味，纳交于一时诸俊。往往惠而顾余，无以应也。甲辰之役，三摈礼闱，怅惘人生终焉此。然交知中，时以尺一见投，缄诗慰藉。感余畴曩，不无耿耿，因为《怀旧诗》。其得八人，或里中姻娅，情切弟昆；或寓内贤豪，交孚一臂，然皆余之所为诵说而心慕之者也。虽有显晦两途，率以情之久近，相次于左。"其四《邢太仆子愿》诗："先生称好士，折节取雕虫。犁丘一倾盖，片语开童蒙。举觞罄家酿，厕我小友中。区区敝箒言，得君如顺风。大巫不见轧，薄技推先容。何时扫函丈，布席御犹龙。"（《浮来先生诗集》卷一，页8B）

案：公鼒万历廿五年（1597）举人，三次会试而不遇，故云"甲辰之役，三摈礼闱"。侗与其兄公鼐知交，与公鼒亦有交往，视为"小友"，公鼒有诗云："古交转向忘年好，小友真从异代论。"侗有《公一丈孝与书订晤期，因寄次丈敬与》:“去岁缄诗海右亭,今季秋水接天青。鲤鱼纵有河箚断,鸿雁欲来风雨冥。把酒孤饮飞仄镜,背人无语立空庭。此情可待何时写,会见沙头送鹡鸰。”(《来禽》卷三,页 9A)“次丈敬与”即公鼒。鼒有《寄邢子愿》(《浮来先生诗集》卷一,页 2B)、《得邢子愿》(同上,页 5B)等诗。

春,致书同年浙江巡抚尹应元,介郑国望搭乘浙之官舫,携家之任陵县教谕。

《来禽》卷二五《尹春寰年兄》:“曾忆附缄节下,丐《五车韵瑞》一部,冀托之吴兴。吴兴近书来,绝未道及,但述尊指招邀不肖弟为西湖重客。若怜弟之无家而欲为之计少资斧者,屠长卿好游,未闻尊贵长者招之游,弟即不成行,藉此可骄长卿加渠数等矣。江山孝廉郑君国望,夙在太仓相公笼中,王辰玉太史同社兄也。往与辰玉各用其经联魁,相公期以鼎甲,乃今犹落落也。今就陵邑校,弟识之逆旅,一言便尔投合。过其学舍,索茶饮,见一舞勺童子,白衣而色惨。问所以,乃海丰关道长郎君也。道长延师秣陵,得孝廉。道长客死,孝廉三千里衣阿锡二流,径还海丰。关长郎依依孝廉膝,甚于其父。而道长元配旋卒于还榇数旬内,于是关长郎遂真子于孝廉,饮食诵读于陵之庠舍中矣。异哉!于古史册有此否耶?孝廉乘春明迎其家过山东,弟念其官寒尠,道路费多,其意气敢僭干之慈台?浙之官舫坚致而当实者,望尊留神及之檄下。主者或本郡,或杭郡,俾孝廉真拜其赐而达于齐。孝廉聚首室家而毕其业,异日当以翁修撰之续图效黄雀环也。一部下孝廉,何得辄劳慈注?鄙意谓,损十日邢生西湖费,三千里山泽同年蹑屩资郑君,饶得之矣。弟作事庶昔颇离常格,皆复尔尔。唯尊鉴此情于世外,而颔之于世内,不胜幸甚幸甚。”(页 14A)

案:“尹春寰年兄”即尹应元,时任浙江巡抚。《明神宗实录》卷三七八:“(万历三十年十一月甲申)起都察院右都御史蹇达总督蓟辽保定等处军务,兼理粮饷、经略御倭;右佥都御史尹应元巡抚浙江等处地方提督军务。”(《明实录》第 60 册,页 7124)“吴兴”,未详其人。《五车韵瑞》一百六十卷,明凌稚隆著,为首部《华英字典》。“屠长卿”名隆,侗之好友,时罢官闲居,明年卒于里。郑国望,浙江江山人,为王锡爵门生,与其子王衡(辰玉)交善,万历十六年(1588)同举顺天乡试,后为言官举劾覆试。(详《万历野获编》卷一六,页 413)是年任陵县教谕。[康熙]《陵县志》卷四“教谕”:“郑国望,江山人,经魁,甲辰年任。"(页 18A)"太仓相公"即王锡爵,"王辰玉太史"即王衡,万历廿九年(1601)进士,授翰林院编修。

春,南海韩上桂赋诗送卢云之任临邑县教谕,兼讯邢侗。

韩上桂《送卢从龙署教临邑,兼讯邢太仆先辈》:"礼乐久不振,诗书今未删。世无开大觉,谁为订群顽。绛帐融陶郑,春风孔铸颜。白马空浮练,青牛早度关。吾子渊源宗鲁泗,析拔奥义谁相示。玄水今探象罔奇,荆山会剖如虹气。年来点额困沉鳞,一毡虽冷道常尊。入门问字纷从过,据席谈经静不喧。稷下才名追往盛,杏坛遗教几不并。近有邢公最好文,周礼遗编堪共证。到日应聆柱下言,兴来且作明堂咏。"(《蘧庐稿选》"七言古诗",页 25A)

案:"卢从龙"名云,广东南海人,是年来任临邑县教谕。[同治]《临邑县志》卷七"教谕":"卢云,南海人,举人,万历三十二年任。"(页 11B)韩上桂仰慕邢侗之名,因乡人卢云之任临邑而赠诗致意,此前似无交集。

韩上桂,字孟郁。广东南海人。万历二十二年(1594)举人,屡试不第,补定州学正、易州学正,迁南京国子博士。历官如皋县令、永平府通判,授建宁府同知,未赴。崇祯十七年(1644)三月,京师陷落,闻报恸哭不食,抱病数日而卒。著有《朵云山房遗稿》。事具钱谦益《列朝诗集》丁集第十三小传。(第 10 册,页 5498)

致书李维桢,乞撰父邢如约墓表。

《来禽》卷二八《与李本宁》:"从董观察所奉还书,所为不朽先人者,慨蒙允许,异时有藉以见先人地下矣。感镂之切,讵可名言?报礼过隆,两碑皆奇物,且并杯勺见还,转生惭恧。以鄙之私,俟拜文之日,将输王氏青毡以谢。然青毡适在质库,故前未及申,真如向所谓韩昌黎笑人矣。弟书不佳,闻高句丽颇耽之,每以中金如许易一条幅书。条幅,即今上四幅是也。仁兄得无为故人捧腹?即故人无文名,亦侥得书名也。黄抚翁急弟甚,便中为弟谢之。别谕领已,广川咫尺,弟当亲走下泽,为足下御过来禽耳。董观察,敝门人,又同郡戚属,业嘱以后辈礼事仞墙,不知何若?弟去冬谒东阿先生谷城第,归而冒寒。今春大发,几賨其生,在箦三阅月,今复食新矣。正亦不必以官为逃也。此段唯仁兄可与道之。携我妇子一二,里庄收二麦,黄鸡作羹,啖磨棋饼,大是田家瓦盆味,不堪持饷也。"(页 1A)

案:"李本宁"即李维桢,时丁忧在家。"董观察"名元学,山东历城人,万历八年(1580)进士，时任湖广副使。《明神宗实录》卷三八三："(万历三十一年四月己酉)调湖广右参政董元学为本省副使、辰沅兵备。"(《明实录》第60册，页7217)侗先以书寄李维桢，乞撰其父邢如约墓表，已蒙允诺，故云："所为不朽先人者，慨蒙允许，异时有藉以见先人地下矣。"此书即以致谢。

李维桢应侗之请，撰《临邑邢庄惠公墓表》。

李维桢《临邑邢庄惠公墓表》："邢季公之卒也，邑人巷哭罢市。则有颂德碑，博士弟子员谥之'庄惠'；则有乡校颂德碑，已请祀之学宫。邑人以为非凡民所，得骏奔走，就公生平课农宿安店为祠，貌祀之，岁时伏腊，香火相属。比葬，于宗伯为志墓中石，四方荐绅学士诔之者数十百家。按礼，贤者墓表道跸域，于是公子太仆侗昆季以属其友人某，某于季公父子有知生知死之义焉，是宜表……"(《大泌山房集》卷一〇五，页8A)

三月，寒食，偕继室赵氏赴平原祭祖，与赵氏诸兄弟燕集，分韵有诗。

《来禽》卷三《寒食与平原赵氏诸兄弟燕集，次日拟还舍中，得"寒"字》："雨色霏微上井栏，桃花独自怯春寒。依稀禁火当年事，合匝衔杯半日欢。客舍啼莺催别管，平原芳草促征鞍。明朝兄弟东楼会，还作荆花此夜看。"(页4B)

案："平原赵氏诸兄弟"，当指继室赵氏宗族兄弟。据《平原赵氏族谱》，继室赵氏仅一幼弟，而堂兄弟诸多。上年大伯赵焞卒，赵氏诸兄弟寒食燕集，或为大伯落葬并祭祖，侗偕赵氏同往祭奠。

是月，长泰戴熺会试落第，将往粤东依兄戴燿，途径临邑访汭园，有诗赠之。

《来禽》卷二《送戴孝廉落第南还，将就其兄岭南督府邸中》："相傍一龛灯，相将酒若渑。垂杨三月晓，远戍暮云层。战北余长剑，还南理敝縢。贤昆方轸念，宵被似姜肱。"(页23A)

案："戴孝廉"即戴熺，福建长泰人，其兄戴燿时任两广总督兼广东巡抚。[雍正]《广东通志》卷四一："戴熺，长泰人，进士，万历四十年守肇庆府。熺为长泰右族，兄弟相继宦岭，表兄熼岭东参议，燿两广总督、都御史。熺始至，值岁大水，赈饥恤灾，全活甚多，筑圩堤以杜后患，民尤德之，秩满转海南副使，擢广东右布政，卒于官。橐无美金，毁金带为殓。士民建清风堂于包孝肃祠后，岁时飨祀云。"(页15B)戴熺万历廿五年中举，三十五年成进士，其兄戴燿廿六年始任两广总督，其间万历廿九年(1601)、三十二年(1604)为会试年，据[康熙]《长泰县志》卷八"戴熺"传："丁酉甫登乡荐，又以母讣阻公车，蹉跎至丁未始成进士。"(页 58B)其落第姑系于此年。

五月,四川按察司提学副使傅光宅卒,撰文祭奠。

《来禽》卷二〇《祭四川督学傅伯俊文》:"……公举丁丑,豪杰如云。踵随肩篷,赤帜独君。……时移郎署,时出川东。大兵未戢,兄御艨艟。大役未举,兄鸠僝工。为国抡才,俄尔造士。玉垒苍峨,触目桃李。何来谗人?浮论以起。悠然赋归,万事不理。……兄为余言,最宜超忽。余答兄辞,不胜鹘突。两生同籍,又复同盟。所不及兄,余罥世情。……余将傅兄,昉古哀诔。兄兮轩渠,靳余刻晷。"(页 4B)

案:"傅伯俊"名光宅,卒于五月二十九日。于慎行《四川按察司提学副使傅光宅墓志铭》:"东省故多才士,以予生平所友有五人焉,年皆差后,以吾长者。历下于子冲氏,少予二岁,鬘则为同舍生。次则聊城傅伯俊氏,与子冲同庚,自未第时,相与不甚狎,不甚早。及甲戌分校南宫,得临邑邢子愿氏,年又稍后。无何,临朐冯用韫氏以弱冠入词林,同朝最久。而其故同舍生蒙阴公孝与氏,同用韫年相若,晚乃出其门下。此五君乃一时海岱之英,而吾皆得以世谊交之。……伯俊讳光宅,伯俊其字,别号金沙居士。……以其年五月二十九日终于正寝,距生嘉靖丁未,得寿五十八岁。"(《谷城山馆文集》卷二二,页 22A)同时吊唁之作,有方问孝《哭故西蜀学宪傅伯俊》(《苍耳斋诗集》卷一一,页 17B)。于慎行所友五人,均山东人氏,即于达真(子冲)、傅光宅(伯俊)、邢侗(子愿)、冯琦(用韫)、公鼐(孝与)。

是月,致书德州仓司阮以鼎,属书各件均以报命。

《来禽》卷二八《与阮民部》:"病差。窃伏思玄度五月,坐冰壶饮东头竹筱间,非天际真人,安能与此古欢乎?手毕,满陟厘诸云雨天花下矣。其所奖饰不肖者,悉非不肖所得当一二也。委至诸书,欣然领会,所拟呈拙技不止此,倾筐倒屣有日矣。君以为雄,谁敢不雄?而仍自惜其腕,不虞负长者负知己乎?拜公之赐,甚慝莒樽,山中人极易为德,况此重金!侗顿首白笺上复。"(页 2B)

案:"阮民部"名以鼎,是年以户部员外郎督德州仓司。顾起元《中大夫河南等处承宣布政司右参政兼按察司佥事盛唐阮公墓志铭》:"甲辰,晋员外,再被命督仓德州。"(《懒真草堂集》文卷二二,页 35B)阮自华、阮以鼎叔侄同登万历二十六年(1598)进士,又前后任德州仓司,从时间来看,此"阮民部"应为阮以鼎。冯时可有《赠阮户部太乙》(《冯元成选集》卷八,页 67A),亦其人。

阮以鼎(1560—1609),字太乙,别号盛唐,安徽桐城人。万历二十六年(1598)进士,授户部主事,升员外郎,督仓德州,仕至河南布政司参政。嗣子大钺,弟阮以巽子。事具顾起元《中大夫河南等处承宣布政使司右参政兼按察使司佥事盛唐阮公墓志铭》(《懒真草堂集》文卷二二,页35B)。

秋,来三聘任满入贺,有诗送别。

《来禽》卷三《送来观察从济入贺》:"玉帛梯航拱帝京,中原使者重行行。花披甸服秋犹丽,人向春风暑忽清。此日曙星陪六传,有时昏夜突双旌。尧樽正满君须及,绝胜相如渴露茎。"(页23A)

案:"来观察"疑为来三聘,万历二十八年(1600)任山东副使,《明神宗实录》卷三四二:"(万历二十八年五月癸卯朔)以原任四川副使来三聘调山东副使。"(《明实录》第59册,页6467)诗当任满入贺所作。

来三聘,字任卿,号熙庵。浙江萧山人。万历十一年(1583)进士,授黄梅,调合肥,十七年(1589)内征调兵部主事,外转参藩江西。明年,杨应龙叛播州,调守川东,改山东副使,寻改参政,备兵兖西,晋按察使。迁江西右布政使。乞休归,年七十三卒。[民国]《萧山县志稿》卷一五有传。(页15A)

邹迪光来书,介豫章郭生游泰岳、访临邑,附赠诗集一部、书扇一柄。

邹迪光《与邢子愿》:"记昔视事西曹,我二三兄弟联镳并席,臭味金兰,侈为盛事。居亡何,而萍梗东西,升沈异路,然或一二年一会,或三四年一会,或五六年一会,今与足下且三十年别矣。无百年人而有三十年别,能不扼腕?犬马齿加足下一龄,犹幸鬓发未变,匕箸加进。虽田光之精稍尔销亡,而山涯水澳尚堪济胜。足下朱霞肪玉,月中新柳,称吾榜璧,人今犹然乎否?……豫章郭生,年少能诗,风气日上,家贫弹铗,所与游尽贤豪长者。其蜡屐亦已半宇内,而独未一揖泰山神与邢先生芝宇,以为欠事。倾来济上补此两缺,愿足下出婆心、加青眼、赐齿牙,悉所以陪挈之力,无负担簦本意。若泰山神,不佞已移檄檄之矣。拙集一部,拙扇一柄,附郭生行李上政。"(《石语斋集》卷三五,页16A)

案:邹迪光时辞官家居。书云:"记昔视事西曹,我二三兄弟联镳并席,臭味金兰,侈为盛事。……今与足下且三十年别矣。"两人进士同年,又同在刑部试政,万历三年分别至今,虽有尺素往来,并未见面,故曰"今与足下且三十年别矣"。"郭生",未详俟考。

九月，于慎行六十寿辰，亲往东阿祝寿，并撰寿序。

《来禽》卷九《大宗伯尊师东阿于公六十寿序》：“吾师东阿宗伯学士先生予告闾门，盖十有四年许矣。今岁甲辰九月，则六十览揆辰，阃内秦母封淑人，白头偕也。……先生事今皇帝最久，其过见宠遇，则以说经故。先生往在石渠，与今二三硕辅比肩都肄经术，沉沉也。其相期许，要于修明先王之道，用经术为经济，破离左右贵人之助，不苟俗以求富贵已耳。及先生都秩宗，则屡言建储事，天子意微若不怿云者。又诸王国非礼非制之乞，阉尹居间之数，率以峻绝，而先生遂不能一日安于朝廷之上。然上犹知旧学，重先生，慰留数至。卒难屡疏，听之归。濒行，恩赉金币，中使敦临络绎续食，至隆厚也。先生归，筑别业黄石山，取赐书而旦旦精研之。邑文学弟子络绎投诚请，先生弗拒也。……余故曰：‘先生之为年，大年也。先生之为人，大人也。’彼夫耋耄期颐，自先生概之，世寿耳。而先生之为耋耄期颐者，极上天下地，往古来今，无刊磨焉。此其为大年大人也哉！侗小子惧无能为邑文学弟子酌者藉，而以素所知先生者，为先生献管窥蠡测，不识可当先生一轩渠否？元兄长文，博综藻识，克绍其家，而又每事必图懿实，其取余言而衡较之，四方之文如织，侗居其质，可矣。”（页1A）

案：是年九月二十九日，为于慎行六十寿辰。叶向高《太子少保礼部尚书兼东阁大学士赠太子太保谥文定于公墓志铭》：“公生于嘉靖乙巳年九月二十九日。”（《苍霞续草》卷一〇，页7A）侗亲往东阿为乃师祝寿，《东阿于文定公年谱》卷二：“（万历三十二年）九月丁丑，六十初度，远近毕贺。……是日，子愿来。……戊午，子愿归。”（《山东文献集成》第三辑第10册，页740）当日燕毕，于师与侗夜谈至契。《邢子愿杂著》：“甲辰秋杪，职秋山中展谢，师乃慰藉转深。职出职近作诗文相质，过蒙极口推许，谓职足继衣钵。北楼开燕，厌厌夜分，悉屏左右，谓：‘余老矣，数亩薄田，尽以授纬，所积数卷书，足下异日与纬中分之。’执手叮咛，职不觉泪下。”

于慎行为官忠原平恕，读书贯穿经史，在朝野颇孚人望，其祝寿之作，所见有申时行《寄寿于宗伯谷峰六十四首》（《赐闲堂集》卷六，页18B）、赵秉忠《寿谷峰于大宗伯》（《岨山集》卷九，页13B）、王衡《贺大宗伯谷峰于公六十序》（《缑山先生集》卷八，页1A）、董复亨《寿于宗伯谷山先生》（《繁露园集》卷二一，页5B）、顾起元《大宗伯谷山于公六十》（《懒真草堂集》诗卷一六，页3A）、汤宾尹

《于谷山先生六十寿序》(《睡庵文集》卷九,页10A)、郭应宠《寿宗伯谷山先生六十序》(《郭汝承集》卷三)、张萱《寿于大宗伯六十》(《西园存稿》卷六,页30B)、陈继儒《寿于谷峰》(《眉公诗钞》卷五,页27A)。

自东阿归,于慎行师来书致谢。

于慎行《谢邢知吾贺生辰启》:"老冉冉其将至,又值桑弧蓬矢之辰;芳菲菲其弥彰,敢当松茂竹苞之祝。乃廛掞藻,特赐嘘枯。分工女之寒机,衣安且燠;选食单之上品,物旨维偕。岂唯臭味之相符,更见解推之不厌。披槭感藉,拜使登嘉,虚劳大块之生,敬谢长年之贶。卷素书于圯上,多惭堕履之期;起高驾于隆中,尚切弹冠之望。"(《谷城山馆文集》卷三〇,页25A)

闰九月初九日,与李若讷、冒愈昌、程善长诸君饮于沛园。

李若讷《与冒伯麟、程善长诸君饮于邢氏沛园,时为闰九月九日》:"菊花不恼两重阳,客为名园兴寄长。风透罗衣秋欲迭,露凝纨扇夜犹扬。携来桂醖逾添色,剖向莲房已卸香。济木萧疏名士健,西风有负句堪偿。"(《五品稿》诗三,页1B)

案:据《郑表》,是年有闰九月。冒愈昌万历二十四年(1596)来访沛园,此又重至,居数月将返扬州。李若讷有《送冒伯麟茂才归广陵序》:"友人伯麟,广陵奇士也,而厄于遭。少补如皋诸生,词声烺烺,试辄冠,偶若掇之也。会为怨家所中,学使者祛其名籍,以是放浪游于燕、于吴楚、于齐鲁,双足茧矣。蹒跚而过余临邑,淹时月几忘归。秋深霜重,忽语余以束装也。余曰:'君岂思邗江八月涛耶?'……顾伯麟困于游,而余亦困于居,自顾一孝廉垂十五年,下泽款段,尚有不具。伯麟之归,既不能为觅青云知己,脱骖赎之;且不能资斧之以侑其装,附于分金之侠于其行也,第能惜之如是而已。无乃令伯麟反惜无居者耶。"(《五品稿》文一,页1A)李若讷万历十六年乡试中举,故曰"自顾一孝廉垂十五年"。"程善长",未详俟考。

十一月初九日,王之垣卒,年七十八,为撰行状。

《来禽》卷一九《资政大夫户部尚书王公行状》:"先生予告归养林间且二十年,且开八袠期。乃今甲辰十一月十九日,俄示微疾,薨于寝,距生嘉靖丁亥六月廿五日,得寿七十有八。所谓且开八袠期者也,楄柎藉干之具,含玉殓帛,靡不出冢公御史大夫夙昔经画,季公进士一一受成,事必诚必信,则自家法置相朝夕,奠皆如礼。殡于堂,戒使赴于蜀,冢公闻赴,号踊几绝。……亟以丧奏上，不报。伏荐，治军书，拉泪飞羽。疆事已于峻几两年，盱阅垫隘，始奔归。归而凭棺尽哭，惨于袒括，然后料理丧葬一切事，以状委之侗，侗于分于情俱不得辞。状曰：先生讳之垣，字尔式，里人称为见峰先生。先生以户部左侍郎予告奉母，既以冢公贵赠右都御史兼兵部左侍郎，今赠资政大夫户部尚书。而膺身所自致升爵，巍然八座，凛凛若生人。谕祭三坛，赐茔穿窀，制以二品。盖缘国典参亭酌叙，赠恤殊优厚云。冢公辈拟岁丁未八月十二日窆郑潢……”（页 1A）

案：王之垣卒于是年十一月十九日，年七十八。长子王象乾时任四川巡抚，因播州军务不得回乡为父治丧，委侗撰父行状，又请诸公卿撰墓碑传文。《东阿于文定公年谱》卷二：“（万历三十四年二月）新城王进士象晋以兄御史大夫书来乞尊府君少司徒志。御史大夫象乾、少司徒之垣。”（《山东文献集成》第三辑第 10 册，页 746）有于慎行《明故正议大夫户部左侍郎诰赠户部尚书见峰王公暨原配夫人于氏合葬墓志铭》（《谷城山馆文集》卷二四，页 7B）、郭正域《户部左侍郎见峰王公墓志铭》（《合并黄离草》卷二四，页 22A）、王锡爵《户部左侍郎见峰王公神道碑》（《王文肃公全集》卷五，页 16A）、冯时可《资政大夫户部尚书王公传》（《南征稿》传一，页 1A）。

乐陵县知县郭汝贤任满去，为撰去思碑。

邢侗《乐陵郭令君增修胶宫创置学田去思碑》：“……郭令君莅事匝月，乃临环桥，则见夫若殿、若庑、若门、若坊，与夫垣墙祭器，咸朴且陊也。于是敦匠庀徒，先圣殿，次两庑，次戟门，次棂星门，次市坊，最后墙若器，悉黝垩丹漆，而磊砌增补之。其牌则访颜柳者流役管城子，且饰以金。更相圣殿两山外间处构二门，扁以‘义路’、‘礼门’，计费俸百金。由是望之，恢恢燿燿，奕奕堂堂，凡祗谒者，俱瞻顾徘徊而不忍去。令君又……向邑礼魁史君高允处，价鬻地二百五十亩，永为学田，计费俸五十金。高允，故宪副邦直子，素佩乃父喻义训，即同弟禀生高先慨然出不价地二百五十亩，亦为学田，共得五百亩。招民佃种，计亩纳租若干石，就诸青衿中检其藜苋肠者，岁终给散之。其应助婚赙丧者，俄闻俄给，务令雍容于矩矱，不至固陋为也。……令君意尚欲构魁星楼，建文昌阁。亡何，会命下，擢陇右天水郡丞，监督甘州兵饷。乃深念母苗臻眉寿，不任道途险巇，安忍效温太真绝裾者？为会抚按两御史台，题请改东鲁郡丞，管沂州事。……令君名汝贤，魏之元城人，万历戊子乡贡进士，别

号禹门……”([乾隆]《乐陵县志》卷七,页7B)

案:此文《来禽》未收。题注:“万历三十二年。明太仆少卿邢侗,临邑人。”郭汝贤,万历三十年(1602)任乐陵县知县,是年任满为东鲁郡丞。任内修葺文庙,建置学田,以振文教,为民所颂。文云:“高允,故宪副邦直子,素佩乃父喻义训,即同弟禀生高先慨然出不价地二百五十亩,亦为学田,共得五百亩。”史邦直二子:高胤、高先,“高允”当为高胤。

郭汝贤任内又订《乐陵乡约》,为撰序。

《来禽》卷六《乐陵乡约序》:“蜀王公以廉访治兵武德,盖屈第三品秩而亲董训饬,封疆见若谓官尊地重,嚣然不屑其为武德也。乃公下车,与郡邑长吏要,亟取圣谕六端,而精为言,动关元元之民。纲以统目,目以系纲,大段用昔先达先生之纂录,傅以己意,蕴汇骘评之。已又为洁法若干条,一以化俗弥奸为务,而本之深衷,绎其归指。文不虞艰,质不涉俚,要在田里妇孺靡不晓畅而佩膺焉。遒铎所经,振聋觉聩。凡再历岁,而无棣四履之乡,割齐之强半达于长河,若撤宿蔀一新之。心志濯濯,靡然风草,子言孝,父言慈,兄弟言友悌,妇女言从婉。土著井闾,病相问而贫相假,仿佛华胥化人之国,庶乎隆古之际矣。……乐陵郭令君,廉平籍甚,悉意师承。其在车轴邻之强辐,蹈遐胜重,洵相藉旃。”(页23B)

案:《乐陵乡约》为知县郭汝贤在任期间所订。“蜀王公以廉访治兵武德”指王任,万历二年(1574)进士,时为山东按察使兼武德兵备。[道光]《济南府志》卷二六“按察使”:“王任,四川潼川州人,进士。”(页5A)同卷“武德道”:“王任,南直武进人,进士,升按察使。”(页34B)唯云“南直武进人”,误。据《明神宗实录》卷三四四:“(万历二十七年十二月庚寅)河南巡按御史崔邦亮劾参政王任,量调简僻,部覆从之。”(《明实录》第59册,页6409)又卷四一四:“(万历三十三年十月乙卯)山东按察使王任为福建右布政使。”(上书第61册,页7762)据此,王任万历二十七年(1599)“量调简僻”,可能即守武德兵备,万历三十年(1602)左右升山东按察使,兼武德兵备,至三十三年(1605)离任,故文云“蜀王公以廉访治兵武德”。

[乾隆]《潼川府志》:“王任,旧州人。万历二年进士,授户部主事,寻转刑部郎中,恤刑湖广,多平反。升陕西参议,有边功,赐金绮。进河南参政,镇汝南,值荒馑,上便宜十二事,全活者众。又讨寇纪功,累进福建右布政,卒于

官。著有《南岭草》。”（页 20A）

同年姚三让卒，其长子文光来乞为撰墓志铭。

《来禽》卷一五《文林郎河南道监察御史广平益轩姚公墓志铭》：“公姚姓，三让名，厥字崇谦。益轩，其所署别号也。……稍长从叔父学，颖悟绝伦，十岁，娴为制举文，骎骎令上。又数年，为嘉靖壬戌，吴兴潘公以督学试，拔置文学弟子第一。屡试不再屈指，声振胶庠间。唯时郡人春台蔡公讲明心学，而公以后进过见，延接讨论《尚书》，悉其奥旨，公遂推择为大师，从者云集矣。万历癸酉，举于乡，连第进士。逾年，用次得祁门令，抵舍寿二亲，旋以板舆之邸。……三载上绩，父母以下受四敕如制。又二岁，公及于征矣。……癸未，服阕，拜山东道监察御史。乙酉，出按三河鹾。……丁亥，出按陕。值岁大侵，公一意荒政，发赈劝贷，迄无余术，至感神示者石为糗粮，石烂可啖也。奏石于朝，举朝咤异，谓公诚感。……辛卯，起补浙江道，出按应天诸郡。……骤闻封翁疾，疾置以归，尚及扶持，未几，罹于大故，哀毁逾恒。丙申，服阕，犹委顿不能北。会台檄屡至，不得已，趣驾入台，补河南道掌道事，用职掌清理军政拾遗，疏中多冒时所讳。阉尹为政，公遂不能一日安于其位。……公晚居林麓，杜门扫轨，即密戚执友，无故不一面。遇婚丧可哀怜事，则不吝倾身倾橐，期于得当而后已。……侗与公甲戌同年，又先后台谊甚昵，文光谨筮某日吉，葬公于某阡，举李孺人合。以谏议卢公状来征窀中文……”（页 10B）

案：姚三让（1540—1604）墓志与其父姚佀墓志《明敕赠文林郎祁门县知县姚公墓志铭》，同时出土于永年县姚氏墓地，现藏于姚氏祠堂。其墓志署曰：“赐进士第、中顺大夫、陕西行太仆寺少卿兼宁夏河东兵粮道按察司佥事、前按三河三吴监察御史、侍经筵官、予告济南临邑邢侗撰文，赐进士第、中宪大夫、直隶淮安府知府、前南京兵科给事中邑人杜縻篆额，赐进士第、奉议大夫、户部山西司郎中、邑人宋师程书丹。”姚三让万历二十四年（1596）与诸科道以霍文炳事不纠，削籍归里。《国榷》卷七七：“（万历二十四年正月丁丑）给事中耿随龙、邹廷彦、黄运泰、黎道照、孙羽侯、毛一公、伍文焕、费必兴、卢大中，御史李宗延、姚三让、王慎德、薛继茂、冯从吾、顾际明、袁可立、綦才、吴礼嘉、王有功、李本固、柳左、聂应科、李文熙，俱削籍，以霍文炳事不纠也。吏部尚书孙丕扬、左都御史衷贞吉等各疏救，不听。”（第 5 册，页 4766）文中“文光”

为姚三让长子。

十二月,前兵部侍郎齐河房守士卒,撰文祭奠。

《来禽》卷二〇《祭齐河房大中丞文》:“……公之力学,于古为徒。公之立身,衾影不渝。公而幼清,孝丰见赏。既遇安成,独探象罔。声华籍甚,拔萃对廷。时余小子,亦附修翎。齐鲁大师,桥门讲艺。威凤迟回,洊登甲第。初宦户省,钱谷秩然。一麾出守,民戴所天。望重翁归,假公戎地。数载臬藩,历竖边帜。暂移中土,以需搿循。饮冰左省,不染一尘。天子曰吁,中兴良吏。金绮玺书,旌显卓异。云中旗鼓,遂用借公。清风被疆,坐袪雷同。巨万之赀,不填沟壑。十万之师,饱其饘橐。……如公人理,毫发无亏。如公天全,举世所希。巨儒大人,公其不负。遍齐之封,竞酹公酒。侗叨小友,亦忝姻亲。特来执绋,洒泪青春。”(页23A)

案:“房大中丞”名守士,卒于是年十二月二十八日。孙承宗《兵部尚书房公墓志铭》:“万历之甲辰十二月二十八日,巡抚大同、兵部右侍郎兼都察院右佥都御史齐河房公卒于家。明年东省抚臣以恤请,会上念云中大阅劳,诏从优恤。得再荫次子入胄,其葬祭如例,赠兵部尚书。”([民国]《齐河县志》卷三三,页7B)文云:“既遇安成,独探象罔。声华籍甚,拔萃对廷。时余小子,亦附修翎。”“安成”为督学邹善,亦选“拔萃”,与侗同入太学。又云:“侗叨小友,亦忝姻亲。”其次子房美奂娶山阳令郭鐩女,郭鐩为侗姊丈,故云。

房守士(1537—1605),字升甫,号备吾。山东齐河人。万历五年(1577)中进士,授户部陕西司主事,历云南司员外郎、贵州司郎中,外转承天府知府,调郧阳。迁陕西按察司榆林兵备副使,迁陕西参政,以功加按察使。二十二年(1594),迁山西右布政使,又二年,迁河南左布政使。二十六年(1598),迁大同巡抚、兵部侍郎兼都察院右佥都御史,加兵部右侍郎。因病告归,年六十九,卒,赠兵部尚书。事具孙承宗《兵部尚书房公墓志铭》([民国]《齐河县志》卷三三,页7B),[民国]《齐河县志》卷二四有传(页2A)。

岁末,少子邢王嘉生。

邢侗《致马拯书》:“唯是瑞儿学殖颇进,仓官以下三稚俱肆小学,新雏呱呱在褓,已足陶潜之数。然强半好弄纸笔,差胜之也。”(《来禽馆真迹》,页92)

案:《致马拯书》作于次年二月(详后),书云“新雏呱呱在褓”,当生于是年。又云“已足陶潜之数”,陶潜五子,见于《宋书·陶潜传》。“瑞儿”即长子王瑞,“仓官以下三稚”即指王称、王蔼、王嘉,“仓官”疑为王称乳名,“新雏”当即五子王嘉,继配赵氏生。《家乘》卷四下:“王嘉,字□□,号玉褒。奉祀生。配王氏,生一子。乡饮大宾。”(页 12B)

妹邢慈静携子媳归临邑探亲。

邢侗《致马拯书》:“比日贤妹将佳儿、佳妇抵舍中,后楼一带,严密深靓可居,驰装欣慁,敬报以慰远怀。”(《来禽馆真迹》,页 92)

案:“贤妹”即邢慈静,随夫婿马拯仕宦太原。钮琇《觚剩》卷六:“山左邢子愿之妹名慈净,嫁于马氏,善画观音像,其书法亦有子愿风格。《来禽馆帖》所称‘比日贤妹将佳儿、佳妇抵舍中,后楼一带,严密深靓可居,驰装欣慁’者,即谓慈净也。合阳康子孟谋为余言之。”(页 16B)慈静将“佳儿、佳妇”抵舍探亲,前考慈静约万历十七年(1589)或稍前出嫁,则此已婚之儿未详为马拯前妻李氏所生,抑或慈静所生。马拯有子马天行,客居沛园课读。慈静此次归里探亲,或为有孕生子。据邢慈静《为夫请恤典疏》:“臣痛夫为官三十余年,而死于远徼,一子在侧,黄口多病,不能托以后事。”([同治]《临邑县志》卷一一,页 10A)又《追笔黔途略》:“氏思万里殊荒,携一弱小儿安得妥榇还也。”《家乘》一〇“艺文志二”(页 11B)马拯卒于万历四十五年(1617),此儿时“黄口多病”“弱小儿”,很可能为慈静此时所生。

冬,致书黄克缵巡抚,觅得隋《龙藏碑》拓本送呈赏鉴,黄克缵有复书。

《来禽》卷二八《答黄抚台》:“节奉台下手椟,字衷天拔,法度丰姿,靡所不有。即今竟日临池之辈,莫能蠡测其妙,侗真汗下矣。斋阁箸筹之暇,一刻不离青箱黄卷,间发为文笔,笼盖时才万万。元美有其慁而无其整,于鳞有其法而乏其逸,身兼数器,吐喝川云,其在温陵更何疑何说?侗以末技获奉门墙研席,讵非至幸至幸与哉!字史晋人之外极重隋碑,以承晋而启初唐,欧、虞嚆矢也。真定张公礼《龙藏碑》,求之数年始得,敬附一纸。罗山人伯符雅慕此,此足以洗吴门纤媚之陋矣。顷过广川,见宋守所造兵仗,龙雀之刀,绿沉之枪,雄于武库。抚辖中自有人。行道远归,冒寒拥絮,庚三日,乃得勒报典签。唯毋督过行人,侗庶逭余罪。”(页 11A)

黄克缵《柬邢知吾同卿》:“人旋,复拜旨酒、香豉、楂膏之惠,咸饮馔之佳珍,卫生之要物也。隋碑精工古雅,实为欧阳率更书法之祖,承晋开唐,良不我欺,箧中又增一古帖矣。罗伯符为李霖老荐来,在此二十余日。此生真书有分，草书无功，行书大幅尽有遒劲处，惜其用心不虚，时有粗疏之病，始信书法之难耳。不佞入仕以来，以簿书为勋绩，古帖随时寓目，临池未有十日。右军有云，若使寡人耽之至此，未必谢之，此张芝池水尽黑，所以独步千古也。门下摹临晋帖，几夺二王，唯时杂以米南宫笔，遂稍逊之。曾于青州见足下为冯大宗伯书屏风，典雅苍劲，纯是二王笔法，此体似未尤胜，恃爱敢私布之。寄去一卷，俟春和有暇，乞为挥洒，将传之世世，永以为宝也。寒甚，千万珍重，不宣。"(《数马集》卷三五，页10B)

案："黄抚台"即黄克缵。书中言及广川"宋守"，即德州知州宋明德。[道光]《济南府志》卷二八"德州知州"："宋明德，号毅谦，河南祥符人，举人。"(页46A)然未详在任时间。上书同页所载，宋明德之前知德州者为刘道、陆敏捷，刘道万历二十五年(1597)至廿八年(1600)在任，已前见。陆敏捷接任刘道，又据[乾隆]《天津县志》卷一四，其万历三十二年(1604)任天津同知(页33A)，则在任时间为万历廿九年(1601)至三十一年(1603)，而宋明德本年始任德州知州，邢侗此书则作于本年或稍后。侗觅得之《龙藏碑》，隋开皇六年(586)刻，楷书，张公礼撰并书，藏河北正定隆兴寺。"李霖老"即李化龙，号霖寰。"罗山人伯符"名文瑞，字伯符，一字范阳，安徽歙县人。工诗，能书善画。于若瀛《罗伯符草书歌》称其："于时亦复称罗晖，伯符笔法争光辉。"(《弗告堂集》卷五，页2A)《来禽》卷二《罗伯浮来自中山喜而有作》(页2B)、卷二一《题罗伯浮秦国入宫图》(页16B)之"罗伯浮"，亦同一人。

本年，十月，始叙平播功，李化龙兵部尚书，晋少保。

【诗文系年】

《谷城山堂诗草序》《尹春寰年兄》《与李本宁》《寒食与平原赵氏诸兄弟燕集，次日拟还舍中，得"寒"字》《送戴孝廉落第南还，将就兄岭南督府邸中》《祭四川督学傅伯俊文》《与阮民部》《送来观察从济入贺》《大宗伯尊师东阿于公六十寿序》《资政大夫户部尚书王公行状》《乐陵郭令君增修胶宫创置学田去思碑》《乐陵乡约序》《文林郎河南道监察御史广平益轩姚公墓志铭》《祭齐河房大中丞文》《答黄抚台》。

万历三十三年乙巳(1605),五十五岁

泲园家居。妹邢慈静探亲居于泲园。

正月,致书妹婿马拯,告知慈静在泲园近况。

邢侗《致马拯书》:“比日,贤妹将佳儿佳妇抵舍中,后楼一带,严密深靓可居。驰装欣慰,敬报以慰远怀。年来拜惠数矣,兹便重以兼金,虽施者略无倦矣,奈当之者有愧覎何?不肖倏尔及禫,转生百感,行年五十有五,故业尽荒,唯是瑞儿学殖颇进,仓官以下三稚,俱肆小学,新雏呱呱在褓,已足陶潜之数。然强半好弄纸笔,差胜之也。旬日来省城,当涂忽然物色公除,人似不乘置剡外矣。弟须末事之前,先一通会都中故旧,方备内援,乃一帕一书都不能具,失此良会,莫非命也。恃吾丈肺府手足,敢露曲私,即弟儿亦未雅告,望且为秘之,往往中梗矜泄之故耳。华俸渐深,建牙积望,不肖单骑观塞垣风气,当有日也。正月晦日,大雪盈尺,使人行蹇,亮之。武州府故人高品,附闻。侗顿首具复。”(《来禽馆真迹》,页 92)

案:此书不具上款,据考可知为致妹婿马拯书。慈静上年岁末回娘家居住,此书告知慈静近况。据“不肖倏尔及禫,转生百感,行年五十有五”“正月晦日大雪盈尺,使人行蹇”,可知作于是年“正月晦日”即正月末。又其父邢如约卒于万历三十年十月,按例服丧二十七月,至是将服满,故曰“倏尔及禫”。再,书云:“旬日来省城,当涂忽然物色公除,人似不乘置剡外矣。弟须末事之前,先一通会都中故旧,方备内援,乃一帕一书都不能具,失此良会,莫非命也。恃吾丈肺府手足,敢露曲私,即弟儿亦未雅告,望且为秘之,往往中梗矜泄之故耳。”上年冬,山东巡按严一鹏为侗昭雪,上书荐于朝廷起用,而户部尚书赵世卿、凤阳巡抚李三才、山东左布政沈季文出力尤多。侗《与大司农赵南渚先生》:“去冬,按台剡削,不肖获以黔谫,缀诸尾末,秋毫悉属大恩。盖得之督漕李公,沈公者甚具。”(《来禽》卷二六,页 7B)又《与张仲仪转致历城赵大司徒》:“顷者严按台挂剡,秋毫皆我先生力也。”(《来禽》卷二七,页 17B)此时屡有昭雪及被荐消息,侗之心情欣喜,满怀期待,然只能与个别密友契交私下议论,即使与二弟、儿子亦慎谈此事。

三月,同邑御史高攀枝改任攒运粮储,赴任过里,有诗赠之。

《来禽》卷三《赠同邑高进士》:“仙郎擢第经冬夏,试转军刍向雁门。紫马

晓风肥苜蓿，绿芜疏雨殢王孙。过家牛酒君王赐，抵掌桑麻父老言。我亦忝君枌社侣，几回相对道寒温。”(页25A)

案：“同邑高进士”名攀枝，万历二十年(1592)进士。[同治]《临邑县志》卷八“万历壬辰科进士”：“高攀枝，历任南阳府推官，云南道监察御史。”(页4A)是年由淮扬巡按御史改任攒运粮储。《明神宗实录》卷四〇七：“(万历三十三年三月)丁丑，改命淮扬巡按御史高攀枝攒运粮储，敕御史黄吉士巡按淮扬。”(第60册，页7588)

是年，药济众来任临邑县知县。

[同治]《临邑县志》卷七“知县”：“药济众，和顺人，举人。”(页5B)

案：药济众任临邑县知县时间，诸书阙载。据李生秀《临邑县重修城隍庙记》：“邑令君药父师以上党人豪，来宰吾邑，承十年积弊之后，当贤智束手莫措之时，独宵旦拮据极力振刷三年，百废俱兴，举已坏之邑而再造焉。”末有注：“万历三十六年岁次戊申菊月月谷旦。文林郎知临邑事和顺药济众、县丞龚鋾……”([同治]《临邑县志》卷一五，页67B)前推“三年”，则是年来任。

五月，前礼部尚书海丰杨巍九十寿辰，奉诏优存，撰序祝寿。

《来禽》卷九《冢宰杨梦翁奉诏优存兼开九衮序》：“海丰大冢宰杨翁，奉身归田间凡逾一纪。又数岁，会上举丽明典，诏所属丘园三数大老，自宰执外若尚书，则翁首蒙存问，礼数綦隆，里门惊诧。而翁于时年且迨九十矣。邑乡校诸君谋为酌者之词，则以下问侗。……翁以进士起家，为长令，入为夕郎，序迁藩臬，显跻开府，浸用陟贰卿，回翔南北，最后正天卿席，宠承衮玉，于人臣极矣。盖优游膴路且六十年，由青鬓而黄发，由初政而悬车。此六十年中，合则出，不合则退，退而出，出而退，数进数退，数退数进，犹之神龙，时泥蟠，时天飞。……一二黄口间谓：‘杨翁平平无奇。’翁笑谓：‘天风激波，稽天走石，是为奇观。风恬日朗，万顷镜如，固自平平耳。’……翁以百岁称吾乡先生，而以大老光吾熙代，蔚然人瑞。用我生我，天且不能以甲子限量之……”(页19B)

案：“冢宰杨梦翁”名巍，是年九十。其乞老归里后，上每年遣使存问。《东阿于文定公年谱》卷二：“(万历三十二年五月)遣贺海丰太宰杨公存问。(杨公巍)”(《山东文献集成》第三辑第10册，页740)谢肇淛《明故荣禄大夫柱国少保兼太子太保吏部尚书二山杨公神道碑铭》：“年九十，时上令有司存问。又以覃恩遣礼臣存问，加柱国。”(《小草斋文集》卷一六，页327)

同题之作，于慎行《贺太宰梦山杨老先生九十存问叙》(《谷城山馆文集》卷八，页 1A)、沈一贯《海丰杨太宰九十》(《啄鸣诗集》卷一三，页 10B)。

六月，李同芳授山东右布政使，有书寄之。

《来禽》卷二九《与李方伯》："伏自抚齐得命，不肖弟即抃跃无喻，真古所谓二天云者，日夜望台旌临幸。闻于六月下浣之吉莅行省政事堂矣，百寮瞻肃，万众喁于，谣戴一日，有同情焉。不肖弟乃反后士民歌儛乎？一昨长公太史丈发解连魁，身都铃阁，名满八埏间。……弟年来情事，计沈太素公祖能谈之。良产半削，谷嗛相继，血属二百指殆并日一食，非复念年之不腆寒宗矣。秋深或蹦屣仞墙，图而以罄一切焉。向所寓孙震老公祖指者，意良厚，迄今耿耿。省城气颇佳，后湖之鲫不减秦淮，碧藕芡菱亦自不乏。唯是酒汁如寒食饧。再过五浃辰，当以新醅献也。欲语万千，转成讷涩，诸唯尊鉴照。"(页 16A)

案：此书万历本《来禽》原题《与抚台李》，崇祯本题为《与李方伯》(卷九，页 16B)，应据崇祯本改。据考，此书致李同芳：一、"李方伯"为山东右布政使李同芳，本年由广东参政升山东右布政使，三十五年(1607)三月改左布政使，《明神宗实录》卷四一四："(万历三十三年十月丙辰)升山东右布政使刘尚志为左布政使。"(《明实录》第 61 册，页 7763)又卷四三一："(万历三十五年三月壬申)升山东右布政李同芳为左布政。"(《明实录》第 61 册，页 8136)书云："伏自抚齐得命，不肖弟即抃跃无喻……闻于六月下浣之吉莅行省政事堂矣。"此书应作于是年六月。二、据[道光]《济南府志》卷二五，此间山东巡抚李姓仅李同芳一人(页 3B)，于万历四十年(1612)四月接黄克缵任，《明神宗实录》卷四九四："(万历四十年四月戊子)升山东左布政李同芳为都察院右副都御史巡抚山东，仍谕黄克缵代后即赴新任，以部言留枢，自孙矿去任虚悬五年，乞命克缵星赴云。"(《明实录》第 63 册，页 9308)又郑《表》，是年四月戊子为二十四日，则李同芳万历四十年四月二十四日授山东巡抚，离邢侗之逝仅三天，侗并无可能致书"抚台"李同芳。三、书中言及："一昨长公太史丈发解连魁，身都铃阁，名满八埏间。"指其子李允昌，字文长，万历二十八年(1600)江苏解元，次年连第进士，官翰林院编修。明代新科进士，任翰林院例应庶吉士三年。其授翰林院编修，应万历三十二年(1604)事，与李同芳新任山东右布政使时间正合。又，公鼐《昆山李太史得请过历下觐省，密近下邑不能往会，寓书寄怀》(《问次斋稿》卷一五，页 167 上)，即指李允昌往济南觐省事。书中"沈太素公祖”指山东左布政使沈季友,将升河南巡抚。

李同芳,字济美。南直隶昆山人。万历八年(1580)进士,授刑部主事,迁礼部员外郎,进郎中。时上将幸西山阅寿宫,旧例费巨万。同芳曰:“礼官不止游幸,更导之耶?”为削去烦例上之。出为浙江提学副使,绝造请,精藻鉴,所拔多名士,升湖广荆南道参政、贵州按察使,改广东参政,旋进按察使,升山东布政使,寻擢副都御史、巡抚山东。请告归。卒,赠工部右侍郎。子允昌,字文长,万历二十八年(1600)解元,明年进士,官翰林院编修。[乾隆]《苏州府志》卷六〇有传。(页 4B)又,李同芳墓园在上海法华镇,1957 年文物普查时仍存。

八月,济南府知府文球擢任济南兵巡道副使,撰文志贺。

《来禽》卷八《济南郡守文翁擢济兵巡观察序》:“……天子为济置守,每难其选。往往用郎高等出,不则试守他郡而最在高等者移治之。……我文翁之莅济也,以司农郎高等出。其出而莅济也。由吾乡先生之嶷然孤介者请,请其曹之名郎有梓里籍也。铨曹则以司农之名郎,为嶷然孤介之重臣,梓里籍也。……夫文翁岂不诚车朱两幡,享二千石不概禄,而所自奉才馔食练衣,非高堂重客不加豆。雅性爱利人,意欲人人向德。而当意所不可,即台监司不得一阿徇语,秉节如山,贲育不能夺也。莅济且三年,绰绰余暇,若他僻小郡,即余暇亦未尝数数过王母青鸟之宫,房豹山池之次。宴会稀简,恬然自适,其天授然矣。台用资望疏乞为臬观察,仍治济三十属城地,旋踵报可。台意洵深远,谓此剧疲济宜用轻驰熟,福此济人,谅亦当乡先生嶷然孤介者指。文翁无难二千石济,乃至难观察济哉!济属州宋君辈,邑陈君辈,合三十属城虔洁书币而征文侗,曰:‘无以报所天,庶几公为济南生词,代我曹张之言。’盖不肖侗夙欲自言答所天久矣,矧也三十余城之郑重乎?文翁之历济久,而以济显,则远之为朱少保、宋司马,近之为抚中丞黄公,则不肖之言将更仆有加焉。”(页 8B)

案:“济南郡守文翁”即文球,时三年任满,升济南兵巡道副使。《明神宗实录》卷四一二:“(万历三十三年八月癸卯)准山东抚按奏,以济南府知府文球为济南兵巡道副使,调登州府知府俞维宇于济南府。”(第 60 册,页 7709)同时之作,有谢肇淛《送济南文太守入朝》(《小草斋诗集》卷二一,《小草斋集》,页 1116)。

文球，字受寰。河南固始人。万历二十三年(1595)进士，授户部主事，管天津钞。先是每岁钞额不足，人皆视为畏途。公至，除积弊，减榷税，商贾争赴，历年陈逋俱清。既去，仍有余贮，众以为能。遴守济南，廉洁率属，一郡肃然。累升大同巡抚，时蓟辽用兵，朝议非重臣不能镇，迁公总督蓟辽，训练有方，士卒精锐，当世倚为长城。积劳致政，又特除团练营尚书，三疏乞骸，不允，旋卒。赐祭葬。[康熙]《固始县志》卷七有传。(页26A)

仲秋，于慎行师病作剧，昏迷中呼曰："临邑，临邑！"

邢侗《揭帖》："师以乙巳仲秋，病痂作剧，家人沾沾有请，第曰：'临邑！临邑！'师微指亲隐关情，比于骨肉，何以加焉。"(《邢子愿杂著》)

九月，沈季文升河南巡抚，以诗送别。

《来禽》卷四《拟送沈方伯》："雄藩拥笏镇垂鱼，恩命辉煌出帝居。错绣五花天女织，开函什袭史臣书。当官祖父崇衔并，表懿闺门宠诰舒。三锡侈承三代备，百祥欣伫百年余。蒜山晴日遥迎锦，蓬海春涛近应胪。经世业唯夔吕共，名家文复马迁如。籯多韦氏矜黄卷，掌有隋侯照驷闾。西吏面供盐猗顿，东人犹上蟹匡胥。齐盟莅处阳嘘满，赵璧完来意气纾。蒙昧幸深千厦芘，钝椎无计万言誉。徒将丹慊申芹缕，末座依稀听珮裾。"(页10B)

案："沈方伯"名季文，由山东左布政升任河南巡抚，《明神宗实录》卷四一三："(万历三十三年九月壬午)升山东左布政使沈季文为右副都御史、巡抚河南等处地方提督军务。"(《明实录》第61册，页7739)

沈季文，字少卿，号太素。南直隶吴江人。万历五年(1577)，与兄孚闻同登进士。授工部主事，累迁福建参政，调四川按察使、山西右布政使，改山东左布政使。时以备倭故，增饷至五十余万，季文汰去二十四万，山东兑运唯临清、德州、小滩为艰，乃议官敛解，酌远近输钱粟，量丰歉为制，不以累民。擢副都御史、巡抚河南。会河决，大浚朱旺口，役夫十八万，经费不给。季文以河南岁输临清二仓米颇充溢，石直八钱，而河上米价赢三之一，请以沿河州县应输二仓者留万石，以八千金输之。两河旱、蝗，请蠲赈、垦荒、积谷。三十六年(1608)，以疾乞休。逾年，卒。[光绪]《震泽县志》卷一五有传。(页21B)

秋，同邑门生张光裕省亲假满赴京，有诗送之。

《来禽》卷二《秋杪送张德符太史赴阙》："霜落愁行路，情深眷所亲。且扳将秃柳，行渡未冰津。金马人相待，荷衣我不贫。凭君报朋好，心断洛阳尘。"

“宁亲逾二载，诣阙及三秋。去接云边翅，行经日下邮。离筵花屦列，别思曙云愁。君莫言轩盖，惊翻海上鸥。”(页18B)

案：“张德符太史”名光裕，侗之门生，亦临邑人。[同治]《临邑县志》卷一二录“张光裕德符”诗一首(页11B)，可知“德符”为其字。光裕时以翰林院编修告假宁亲，诗云：“宁亲逾二载，诣阙及三秋。”万历三十一年(1603)归里，至是假满还朝。

秋，致书茅国缙，屡得来函并扇头见怀诗，复书告以近况。

《来禽》卷二八《与茅二岑》：“先从东光舍亲王令君处得寄声耗，已切注心。寻自广川道中奉温函，大贶之，辱及扇头见怀诗，再拜领受，且感且愧。弟之疏节极矣，何犹荷尊丈拳拳至此！读新编清婉足致，风骨沉厚，殊无吴侬故态，家学可知。弟家荒学荒，徒有五男儿，其四都弄纸笔。大者举业差成，然秋禾何以济春困乎？足下膝下凡几辈？亟欲有闻。迩来朋道渐薄，即乌镇一残书尚不受乞，若见尊丈此情，当恧颜死矣。僻居东鄙，如坐甑中，南来音驿，频岁不通，庆吊阙如，岂其本意？则唯足下亮之耳。……弟五十又五之年，发无一茎白者，只是釜尘不滑其和。来人立马嗣有致托之吾邑太史张公也。”(页8B)

案：“茅二岑”名国缙，前任章丘县知县，与讠交。国缙时为南工部郎中。茅元仪《先考工部都水司郎中二岑府君行实》：“补南都水，己亥，抵南都。……甲辰，服阕，除故官。”(《石民四十集》卷三六，页1A)书云：“僻居东鄙，如坐甑中，南来音驿，频岁不通，庆吊阙如，岂其本意？则唯足下亮之耳。”疑指其父茅坤卒于万历二十九年(1601)，而侗未得讯息，凭吊阙如。书中“东光舍亲王令君”即王洽，万历二十九年(1601)进士，授东光令。“吾邑太史张公”即张光裕，时省亲假满赴京。侗幼子王恒上年生，故有“弟家荒学荒，徒有五男儿”之说。

致书曹县知县孟习孔，荐王士龙、士枢兄弟。

《来禽》卷二六《与曹县孟明府》：“士有异代抚尘之感，直用气谊相说慕焉耳。不肖之于台下，生同熙世，千里接声闻。而又不肖昔游楚，台下今游齐，讵不成孔李通家契哉！……曹实才薮，有如王茂才士龙，笔锋足凌太华，腹笥可拟四溟，束脩擅誉，今尚逐逐子矜，曹大宗师其有以振之也。厥弟王士枢，器如握璧，德若持盈，家渐削而好施，学已成而未售，则愿大宗师意外赏拔之

也。二君圃富名花，时而分我，我乃藉艳阳而订岁寒。又其家都宪与先都谏年家也。……手创初寒，不尽什一。”（页6A）

案：“曹县孟明府”名习孔，是年任曹县知县，次年即入为南工部主事。［光绪］《曹州府曹县志》卷九“知县”：“孟习孔，字古徙，湖广武昌人。进士，万历三十三年任。”（页5A）此书荐曹县“二龙”，茂才王士龙及弟士枢。“二王”善养花，书云“二君圃富名花，时而分我”，公鼐《题曹县王生桃花舍》（《问次斋稿》卷二四，页251下），亦此人。

孟习孔，字古徙，号鲁难。湖广武昌人。工制举，名动三楚，万历二十三年（1595）进士，初任香山，调吴县，后移曹县，三举卓异。擢南京工部主事，转兵部车驾司主事，寻擢开封府知府，两擢兵备使，晋太仆寺卿。卒年七十六。事具谭元春《孟习孔墓志铭》。（［康熙］《武昌县志》卷六，页11A）

是年，致同年赵南星书，言饮酒之兴。

邢侗《致赵南星书》：“弟近饮酒可三十小银盏，年已五十有五，须发无一茎白者，不能挥霍词场，或得寄傲肴盘耳。”（辽宁博物馆藏墨迹）

案：辽宁博物馆藏《行书尺牍十三通》，为邢侗、孙矿、王洽手迹。上述侗与赵南星书，言及饮酒之趣。侗又有《余家雪水莲花酒甚佳，再柬梦白，期一过临》：“酿出藕花缸面碧，分将降雪百壶春。试携千日中山酒，来作平原社里人。”（《来禽》卷五，页36A）赵南星《酬邢子愿自夸雪水莲花酒因约过从》：“相如酿酒琴心妙，不寄情亲祗自夸。雪水共知天上水，莲花岂是世上花。杯含美韵宜徐动，兴对骚人恐太歙。满口流涎禁不得，欲驰怒马到君家。”（《赵忠毅公集》卷五，页39A）

冬，冯时可入京补官，因运河结冰不得行，滞留德州。

冯时可《五子赞》：“万历乙巳冬，余以待补诣燕，道广川值河冰结，青雀不得前，州守移余马氏舍馆焉。”（《冯元成选集》卷三二，页49B）

案：冯时可（约1551—1621），字元成，号文所。南直隶华亭人。冯恩之子。隆庆五年（1571）进士，授刑部主事，累官至浙江观察使。扬历中外，咸有治绩，尤以著述为海内所重。历事五尚书，凡有建白，辄属时可起草。肆力为古文辞，日益有名。由蓟门历河洛、荆蜀，入夜郎，去国益远，自粤而楚、而浙，往来万里，文誉四驰，著述满家。著有《冯元成选集》等。［嘉庆］《松江府志》卷五四有传。（页7A）

冯时可有书邀至德州，冠服自临邑驰百里来晤，与订交。

冯时可《邢子愿少卿自犁丘来访》:“命驾远相访，新知乐未穷。云霞流笔底，丘壑写胸中。促席深杯暖，当筵高烛红。千秋并推毂，意气欲干虹。”“拥炉夜分坐，语语共明心。捐产轻千亩，藏书胜万金。一官鸡肋味，片撰凤箫音。伯仲堪相许，深盟不待焊。”(《冯元成选集》卷八，页52B)

案：冯时可《邢公碑铭》:“万历乙巳冬，余以待补诣燕，道广川，值河冰不得前，馆于马氏。子愿乃自临邑驰百里至广川，冠服修谒，谓余曰：‘余甚敬公，自家即冠服矣。’余留之饮，至半夜，子愿曰：‘余自今与公为硕交矣，后死者请为铭。’”(《家乘》卷五“家传二”，页12B)

德州张仲仪集王稚登、李维桢、董其昌、邢侗、冯时可诗，名曰“中兴五子诗”，请冯时可撰《五子赞》，侗至德州亦曰“是余志也”。

冯时可《五子赞》:“万历乙巳冬，余以待补诣燕，道广川，值河冰结，青雀不得前，州守移余马氏舍馆焉。闲居雅游程给事公业，因识公业所善友张仲仪，其人高自置，目无上驷，独心仪晋陵王征君稚登、云杜李宪长维桢、犁丘邢参知侗、云间董学宪其昌，及不肖时可。类其诗曰‘中兴五子诗’。余览而诧曰：‘何仲仪得我肺本，若车辙符节哉？’征君弃史局，还隐吴市，与余同为寓公；李、董二君皆从故太史外迁，累客吴习余。独邢君希接羽，而篇泳流传相耳，辄相臭味。四君子者，才藻同，气谊同，郁塞沉浮同，而不肖刻鹄，庶几仿佛仲仪知言哉。居有间，邢君来自黎邱，余告之，则跃然曰：‘是余志也，函之良久。子之来，天赞耶。邀天之灵，与子刑牲相要，无紫兰青松自剪，尚赖子之力，以九合三君子也。’余唯唯。……因为《五子赞》，以复子愿、仲仪。其他荐绅鹖冠，实繁有隽。或地望高，或齿行后，欢愉感慨，风马差池，未敢概挈。则有国宝艺苑诸编，别记载矣。……吴郡冯时可元成甫撰。”(《冯元成选集》卷三二，页49B)

案：有关“中兴五子”之由来，冯时可《五子赞》及《邢公碑铭》叙之甚详，董其昌亦论及“中兴五子”，《邢子愿法帖序》云：“余既久卧山中，而冯元成时以小草往来燕齐，得与子愿谈对。两君皆作五君咏，谓李本宁、王百谷、冯元成、子愿，与余也。余愧不能当，未有和歌，子愿亦复千古。”(《容台集》卷一，页23A)冯文提及“程给事公业”即程绍，字公业，山东德州人。万历十七年(1589)进士，时以吏科左给事中罢官家居，后仕至河南巡抚。《明史》卷二四

二有传。(第 21 册,页 6282)

致书户部尚书赵世卿,就其力推为侗昭雪表示谢意。

《来禽》卷二六《与大司农赵南渚先生》:“……不肖还山廿载,自分于世常违。夫不可青黄之木,而欲晋之万乘之器,孰不惊而骇走者?独尊台持平通国,蟠木加先。去冬按台剡削,不肖获以黔谫,缀诸尾末,秋毫悉属大恩,盖得之督漕李公、方伯沈公者甚具。夫尊台雅心树植,直欲付之不言,而蠡李荒桃猥承雨露,畴则云施其于斯际,木亦不能无情矣。侗犹所谓具心胸者,中宵扪忖,诚于何地报鸿私?侗计廿年伊兰见染,一日及于昭明,则乙巳以后之身,天所予也,尊所成也。人间贵仕,固已绝意无营,而竹素缥缃之故,则时轸于怀。……有明一代,朝堂闳巨之业,至矣尽矣,蔑以加矣。吾郡于鳞先辈,创然独造,拔地拓天,几足名代。顾其所标榜人流者,拟古之雄、鸡坛之霸耳。求如尊台,探骊批逆,聚米画石,抒谋王之悃素,调万汇之灵和,起垂死之枿萌,裕九边之厚实,则于鳞有掩面不前耳。夫尊台所有而于鳞无之,于鳞所有而尊台则彩毫挥斥之余耳。拟古之雄,鸡坛之霸,即在今日,畴敢舍吾大司农之历下而属他人?侗所拟展答鸿私者,于尊台柱国十年之后,携邛鼓箧,从杖履屡于十亩水云之间,前而于,后而喁,执笔而记一代藏山之磊磊者,侗其王蓝田之裴迪也乎。此实不肖本怀,不敢一毫假饰。所为不竟汶汶甄铸大恩者,如是止矣。久图上书谢台慈,以家居悭于境外,使萦萦者几一岁,罪诚无所解矣。今属苍头随本邑张翰林干力行,明其积悃如此。冯元成感成就不薄,词人之运差赖此兄及李本宁一振之。海内牢落仕宦不及中人之文章,至两君极矣。北向百首,不尽愿言。”(页 7B)

案:“大司农赵南渚先生”名世卿,自万历三十年(1602)任户部尚书至今。上年冬,巡按严一鹏上奏,为邢侗洗刷不白之冤,并荐于朝。《太仆崇祀文》载其词曰:“又蒙按院严荐:‘高谊不愧古人,雄文直追作者,清时逸品,艺苑宗工。’”(《家乘》卷一〇“艺文志二”,页 60A)而推荐最力者,即为赵世卿,故云:“久图上书谢台慈,以家居悭于境外,使萦萦者几一岁,罪诚无所解矣。”书中“本邑张翰林”指张光裕,是年赴京复官。又荐及冯时可、李维桢,谓“海内牢落仕宦不及中人之文章,至两君极矣”。

致书张仲仪,转致户部尚书赵世卿,荐冯时可为武德兵备。

《来禽》卷二七《与张仲仪转致历城赵大司徒》:“云间冯元成先生侨寓此州,

思光之舫胶于河浒。……元成绝世天才，所为文上造九天，下薄九地，推岱华而负溟渤，罗万有而走群灵，侗以元成方北地，觉北地小伧元成，垆锤极矣。居平私窃品目，时子若元成者，风期类闵仲叔，天韵似李长源，至于文章擅代，卑史子而翼九经，似非文士足例。……元成持牒将如京，能使不持牒如京而就近除一官，省一切交酬费。有云杜李本宁傍州可差拟。今武德使君未有人，元成用参知兼佥事，甚宜此缺。……程公业丈极颔弟言，慨许为恿之，以为非我历下司徒先生不可。先生当代人伦，方吐握，知名士片长之必收。……顷者严按台挂剡，秋毫皆我先生力也。王正自有一介来兹，不敢率然。”(页17B)

案：此书名为致张仲仪，实为荐冯时可于“赵大司徒”(赵世卿)，恰此时武德兵备缺位，故有此荐。

又致书门生张光裕，比及禫除，谢其“贶以双缣”。

《来禽》卷二六《与张太华太史》：“不肖擱而在服者殆五年许，以尊之庇，比及禫除。先王之礼，时王之制，差已于事而竣矣。唯是孺慕在中，时切隆天重地之感。荷台下远函尺牍，贶以双缣，温厚劳存，深心独至。吾丈之重典章而洽同社，盖不肖欣然与凄然合焉。一昨之秋过谷城，谷城先生所为起居台下者甚备。……行年五十有五，头颅可知，税驾已二十年，前路康庄有几？愿观麟阁之业，安我北窗凉飔。贡生之冠垢尘久矣，奈何任弹也。”(页7B)

案：“张太华太史”名光裕，此书作于光裕假满还朝后，据“行年五十有五”“税驾已二十年”，知作于是年。又云“不肖擱而在服者殆五年许”，侗万历二十九年(1601)元月遭母丧，三十年十月叠遭父丧，至是五年。

谢肇淛擢南京刑部山西司主事，为其《居东集》作序。

《来禽》卷六《居东集序》：“……在杭冕黼冠族，缃橐世绪。幼而清令，寖长英特。书乃诵可等身，人谓公是卿座。蚤成进士，颇厌时学。屈首司李，逊业董帷，遂乃抉微灵祖，淹函雅故，褎褎惧惧，为世巨儒。爰自吴兴量移东郡，依类托寓，一意著书。发轫射书之阃，驻车历山之麓。厌次吊乎方朔，菑里感乎次卿。任城忆太白之旧，阿曲寻陈思之迹。雪宫留墟乎齐境，蜃市示幻于海澨。不其之书带俺存，成山之瑑文垂灭。触时抚景，其能舍旃？抑或讼庭谳虑，积有余闲，寮佐周旋，间成曲筵。山邮揽空馆之蕊，鬼庑借青磷之炬。字劳编绝而欣以会心，肤粟手创而凄然寄慨。凡于此际，文笔乃遒。……在杭一官拓落，茹菜饭粗，虎犊殊其所如，伧奴绝于常隶。报友输一端之疏缟，娱内足四种之好香。写论将付诸官奴，营壁窃比于宗氏。风期美矣，官何负乎？……余曰：'在杭在杭，旷志如许，是能自作文字田。僧超结撰，那得不佳？'在杭大噱。集署'居东'，记地也，亦有风人之托也夫。"（页5B）

案："在杭"即谢肇淛，是年擢南刑部主事，徐㶿《中奉大夫广西左布政使武林谢公行状》："乙巳，擢南京刑部山西司主事。"（《小草斋集》附，页1485）黄克缵《送谢在杭秋官之留都》："白门南望流依依，画省为郎愿不违。台上已闻双凤去，江头犹见六龙飞。唯将佳丽供吟咏，莫向升沉论是非。我亦爽鸠曾作吏，只今偏忆谢玄晖。"（《数马集》卷一五，页19A）谢肇淛《居东集》所收为东昌司理任上作，邢序当在是年或稍后作。《明别集版本志》："《居东集》六卷，明刻本，首有邢侗《居东集序》，卷端题：'陈留谢肇淛著，历下刘敕校。'南京图书馆等藏。"（页44）

为杨玉润诗集作序，其升归德府知府将行。

《来禽》卷六《杨德润青李园集序》："德润以《春秋》肄名，烨烨擅中土，海内贤士大夫靡不愿交之，亦靡不以太仓、汉阳大物相期许。而究之以拔萃贡，出身胶庠，非其志也。德润北走上都，所交悉贤士大夫。诸贤士大夫初谓德润《春秋》明经耳。及睹其文，班史之轨也，及披其诗，三唐之矩也，及尽其杂言、旁记，则国是世故犁然矣。以莫不拱揖相向，谓德润身兼数器，绝才殊致哉。……德润数上都试，卒不第。乃就选人，得邑令。邑为通渭。……满制，复得吾济之齐东，……满考，则以归州借矣。……今世贤士大夫往往谓中原一片地，风烈勋名胜，而不屑于雕虫之技，赖德润差为一洗之。不佞生山东，乃文质两无所底，以视德润，腆颜矣。齐文学王君、江君辈以《青李园集》序请余，序之乃如前云。"（页9B）

案："杨德润"名玉润。据[道光]《济南府志》卷二七，杨玉润万历三十年任齐东知县，续任陶崇古三十四年任。（页72B）则其万历三十年（1602）至三十三年（1605）在任，此序当其离任时作。杨玉润与邢侗、王稚登、莫是龙俱有交往，王稚登《与杨德润》："杨先生者，读赠诗犹将友事之蛩吟，兄事之表湮，则师事之矣。……千里函封，不减命驾，诚无以报也。乃出其远豕以求称万一，安保足下冠缨之不绝哉？览诵诸篇，则吾子愿使君及廷韩太学姓名咸在，可谓因五人而得献子矣。然一存一亡，又不胜朝露之感耳。"（《谋野集丙集》卷六，页16A）

杨玉润,字德润,号二室,河南孟津人。博学宏才,善书法,工草隶篆。[康熙]《新修齐东县志》卷四:“杨玉润,清廉简静,与民不扰常为便俗,诗歌以化愚民。会清河大水侵城,鸠工修筑之。又补葺学宫,并建察院,民皆乐于趋事。升归州守,囊空如洗,不给路费,士民怜之。祀名宦祠。”(页 17B)

淄川高汝登卒,年八十一,撰文祭奠。

《来禽》卷二〇《祭封柱史淄川廷尉高太公文》:“维菑大国,历产勋贤。笃生我公,羲皇以前。醇质渊懿,刻画不沿。泳游道真,以乐其天。不以儒显,乃以儒甄。钟廷尉公,舟济大川。……人伦人理,唯公独全。侗厕戚末,感此绝弦。孤鹤横飞,恣情瑶田。有酒新泲,有豆亦鬻。生刍何人,侗胡不然?文章节义,翁与作缘。翁之里门,屹乎不迁。我旌明信,不逐言诠。翁其下歆,怳乎几筵。”(页 14A)

案:“高太公”名汝登,高举之父,以子贵封侍御史。据[道光]《济南府志》卷五〇,高汝登卒于万历三十三年,又《明神宗实录》卷四四六:“(万历三十六年五月丙午)复除大理寺左寺丞高举原官。”(《明实录》第 61 册,页 8464)也可证高汝登卒于是年。书云“侗厕戚末”,似两家为姻亲。

高汝登(1525—1605),字自卑,号柳溪。受学于舅氏王崇义,淹贯经史,以病眩辍业。事亲以孝闻,自奉勤俭,人以急告,靡不应车马器物与人共之。有田四千亩,尽佐施与。修学宫,独缮一楹以为倡,创建五里桥,再易灵虹桥栏,以施济著齐鲁间,而口不言惠。万历三十三年卒,年八十一。先三日,诸子侍侧,犹淳淳以畏天为训。殁后,邑人建祠立像祭祀之。[道光]《济南府志》卷五〇有传。(页 32A)

十二月,应河南巡抚沈季文请,为乃师方范撰七十寿序。

《来禽》卷九《方中宪先生七十暨配陆恭人偕寿序》:“余左伯沈公,搚循我人久,且以中州中丞之节旦日抗旌去矣。而念其座师昆丘叙道方先生,今腊嘉平正七十矣。乃其俪陆夫人齐年黄发,合受祝延,此亦东南冠舄人门一吉祥事也。为书致侗曰:‘将荐币我先生及夫人,愿闻酌者之词。’侗被公国士知,而于先生为同籍弟,敢辞有言?余向行部首昆丘,获以故事,式先生闾舍,先生于时赴铜仁,守门阒其无人也。微见署楣若逢礼、若宫宷、若台寮云。问其乡大夫,则曰:‘逢礼,先生大父;宫宷,先生世父;台寮,先生父也。盖兄弟父子间致位通显,蝉联赫奕。而其庐儿守舍蓝缕,若阒其无人者。’余因窃窃叹焉，曰：'异哉！'又三年，则先生谢铜仁归，膂力方刚，发鬒然纯漆。有与疑年，先生实逮艾期耳。……吾甲戌籍中诸兄弟，而望先生之全盛，指宁三四屈耶？左伯公于先生为高弟，先生所属为房、魏弥天之业者，适见诸行事。崑丘撮土地，自是何减河汾王氏乡？侗且意公必将取先生所著元经诸秘密而公诸人，则先生所为全盛云者，复出家庭赫奕之外，岂不称人间大年与哉！余谫谫不文，不能悉道左伯公祝延指，计亦无足堪先生觚爵初筵，藉我能用我法，则齐东野人之技如是焉止矣。"（页13A）

案："方中宪先生"名范，为沈季文座师，与侗甲戌同年。方范万历十一年（1583）为铜仁府知府，任满三年即十四年（1586）辞归。文云："又三年，则先生谢铜仁归……先生实逮艾期耳。"年五十谓"艾期"，至是家居二十年。

冬，黄克缵巡抚有书寄，言及淮徐道抽取过税事，并索书扇六握。

黄克缵《启邢知吾》："不奉起居又半载矣。俗事苦人，日不暇给，想在谅察。近为抽取过税事，不能含忍，具一揭于部科，斥徐道之非。贵同年李修吾以其属也，助之相攻，语具疏中。不佞以李参程、王，致令被逮，诚有风力。第陈增物故，税事即归并暨禄。时正隆冬，纵不抽税以宽商民，亦何不可？淮徐道即呈请抽银，甘以其身行中涓之事，又开手本送暨禄，令其踵陈增故事议抽山东，不知不佞方疏请包税，专禁抽扰。新奉明旨，何敢以弁髦视之？幸暨禄中止，又于进银疏内明言，山东越省不便委官抽取，以致税银亏少，兹诚不知何心，淮徐道无责也，而李亦凭之入疏何也？世变江河，日甚一日，凡抽税进银，皆税珰事，而公然为之，且负气凌人，至斥人为委官经纪，不知代税监抽税者为委官乎？抑止其抽者为委官乎？不佞辨疏，虽详其始末，中间犹多隐晦，不欲效市井所为，兹附一册奉览，以当捧腹。前小卷求挥洒者，计必久竣，专役来领扇六握，并求草书外，不腆为门下取酒，非敢云润笔也。呵呵。"（《数马集》卷三六，页12B）

案：书中所云"抽取过税事"，指黄克缵年内数次上疏辩抽取过税事。六月，上《辩论不宜越境抽税疏》（《数马集》卷三，页1A）；九月，上《再辩抽取过税始末疏》（同上，页11A）；十一月，再上《参临清税监欺隐税银疏》（同上，页17A）。"贵同年李修吾"指李三才，时任右佥都御史总督漕运，巡抚凤阳诸府。陈增、暨禄俱为中使，先后为山东税监。

汪元范携南居益书来，乞为其尊甫撰墓志文，复书允诺。

《来禽》卷二九《答南比部》："明生来，具悉雅尚，即失之目睫所得，则千岁万里长矣。过承挹谢，只益厚颜。略读大兄诸作，风骨棱棱而饶于藻，异时必以此道树鸿名。书法率更家学，顿令常吉无处生活。不孝老矣，唯尊君老年兄墓阙尚虚，是为缺事。伏蒙敦教，敢不竭蹶以从？抵舍幸速料理遗迹，付东邮。撰已，勉作手书，藉申腹痛之要，不负也。明生伏膺贤竹林，不直在文章同调，多于家法行事。闻大兄差满还朝，便过来禽一晤，小作商略，何如何如？举业文遂有汉人气，江左粉光釉色一扫，可空数岁后督学基地也。偶痰火盛发，据案不能尽半幅纸，容差日书写以致。”(页 23B)

案："南比部"名居益，同年南宪仲子，时任职刑部，往关外审决。《明神宗实录》卷四一一："(万历三十三年七月辛卯)敕刑部主事王善继往关内，南居益关外，黄景峨江南，黄体仁江北，各审决。"(《明实录》第 60 册，页 7698)"明生"即汪元范，曾从南氏叔侄往关中，见前，故云："明生伏膺贤竹林，不直在文章同调，多于家法行事间。"又书中言及："大兄差满还朝，便过来禽一晤，小作商略。"侗所念及者，为同年南宪仲"墓阙尚虚"及"料理遗迹"，允以撰文并"勉作手书"。南宪仲有《广川集》四卷，其子编纂付刻。《万历二年甲戌科会试小录》："南宪仲《广川集》四卷，字子章，渭南人，枣强知县。"(《中国科举录汇编》第八册，页 230)

蕲水周延光来书致意，答之以书。

《来禽》卷二六《答周斗垣民部》："侗也陀薛伧儒，世所畏恶吐弃人也。徒以畸曩执珪仕楚，楚诸大夫国人皆我欲焉，曰：'是夫也，子鳞李子之乡人，而好为奇节雄文以自标异者也。'计今且二十年，岩穴日深，交游渐散，畏恶吐弃日以相循，而独先生用楚之旧而问余于山中。……先生高揭坛旌，雄风四被，清英韶令，要诸白头。即黄冈下雉不足为，而乃过意济南精已销亡之长物。……岱岳在瞻，计必登临，有日迂程，蓬荜实所跂予。齐赋具搜，无足当熊绎兰台之胜，以于鳞比壤，或可藉为酿酒，期平原十日，盖赵国贱臣，长跽而请此楚大夫，其勿鄙夷于斯焉。野芹蜇口，何以答休明？一切须之异日。"(页 6B)

案："周斗垣民部"名延光，湖广蕲水人。书云"徒以畸曩执珪仕楚……计今且二十年"，昔侗曾任湖广参议，以万历十四年(1586)以疾辞归，倒推二十年，应是年作。周延光曾任民部(户部)，诸书皆阙，考其万历三十二年(1604)进士，[光绪]《蕲水县志》小传谓其"知金华府"，殆其举进士后初仕户部，出为金华府知府。

周延光，字斗垣，万历三十二年进士，知金华府，政静民和。晋副使，提督浙学，春秋两元魁皆所拔士。遂升浙左布政使，收篦关支，躬自阅视，主藏吏抱牍，记出纳而已，宿弊一清。归里，允符乡论，祀乡贤。［光绪］《蕲水县志》卷一〇有传。（页15A）又，《蕲水县志》谓其“万历辛丑（1601）进士”，误。

冯时可自德州寄书至，将单骑来访临邑度岁。

冯时可《与邢子愿》：“不肖初拟明春造来禽馆，适中丞有尺一来邀。不肖即同台从并辔历下，同登华不注，观郤献子援枹逸马逐齐侯处，因眺函山，觅汉武玉函，此真一时胜事。顾斯际冰雪满峰头，安所觅绿秀芙蓉状。而来禽主人又欲手朱提白粲赋窭人子，恐无暇与客清谈雅谑共炉香茗椀也。倘可拨冗相留，即单骑至贵邑度除，令程季说饼，束晰赋之，亦一段佳话。元正次日，遂问济南道何如？”（《冯元成选集》卷三六，页16A）

案：书中“中丞”指山东巡抚黄克缵，冯时可本拟明春造访泲园，因黄克缵修书邀其游济南，故来书拟泲园度岁。

十二月廿六日，冯时可拟访泲园，先以书寄。

冯时可《与邢子愿》：“当以单骑直扣来禽，所析真率，相与不重，几不宰牲，不张乐，不卜夜，令贵邑人知素心交若此，而又以表不肖仁俭于一方，其为爱我，岂直仪文细节也。杜康妙酿，清芬绝尘，虽半滴不沾唇齿，而知己对饮，不废啸歌，则不肖胸中为之浩浩，抑何待倾三稚。而后使垒块消形神亲耶？西园雅洁，可称幽居，仁兄但令侍者煨榾拙，热沉檀，茗椀递进，清谈雅谑，有余乐矣。”（《冯元成选集》卷三六，页19A）

冯时可至临邑，初馆于邢家南园。

冯时可《馆子愿南园》：“驱车访词伯，舍馆就南园。飒飒庭柯落，啾啾檐雀喧。风凄雁柱涩，烟袅鹊炉温。宁畏犁丘鬼，鱼肠匣里存。”其二：“甲舍敞朱扉，疏帘映旭微。风霜满院冷，烟火四邻希。彩帐春客丽，红炉暖气围。还听主人咏，错落灿珠玑。”（《冯元成选集》卷八，页55B）

案：冯时可《邢公碑铭》：“遂邀余至临邑，初馆余于南园。”（《家乘》卷五“家传二”，页12B）“南园”似为邢家邸舍，不在泲园内。

移冯时可馆于泲园之后舍，凡一月，在家度岁。

冯时可《邢公碑铭》：“后馆余于家之后舍，凡一月。子愿酒甚美，肴甚佳，四方之馔以享余，余不能当也。是岁，余在其家度除。”（《家乘》卷五“家传

二”,页 12B)

冯时可《跋邢侍御子愿千字文书》:“余与子愿最相厚,馆余啖面斋旬余。”(《壬子续北征稿》“跋”,页 1A)

与冯时可同游泲园,属其作《泲园记》。

冯时可《泲园记》:“邢子愿治泲园,为封大夫庄惠先生治也。邢始未析箸,时富甲邑。及子愿世父给事公没,封公辄推善产与伯子,而甘其瘠。已而鼎分其三子,视前业百不什也。子愿又耽铅椠而仇钱刀,按鹾按吴,膏脂无一染,追还山,而上供亲,下供客,质贷无虚日,诸庄与酒枪诸器物并尽,仅一大第为鲁灵光耳。子愿虞亲不欢,舌佃笔耕,以其获治园,名‘泲园’。泲古犁丘穆王八骏实历此地,《水经》:‘泲水出临邑。’今尚仿佛清泚君亭焉,名‘泲亭’。叠石为山,岩峦洞壑,具体而微,名‘东山’,客题以方安石也。余石为涧、为岛,名曰‘南峤’。有阜名‘中阜’,覆土不盈,寻亦可资延眺。有堂曰‘疏豁台’,杜陵诗语。馆曰‘来禽’,取名右军帖语,子愿临池不让右军,园产此种亦不乏,当是实际。有斋曰‘半舫磐’,折若舰,东南推窗,城头万杨柳争致美荫。有沼曰‘空游’,文鱼历历可数。沼南嵌一洲,结亭洲上,三面临流,名‘畅叙亭’。出南峤,中有泉伏流仰溅,如郡城趵突,名‘小趵突’。甃石子为曲沟,左右凡九叠,曰‘亦山阴’,仿兰亭浮杯也。有‘团槐坞’,槐蔽芾然,似张青油幕。竹桥数折,中突小滩,上有垂杨,曰‘思曼湖’。似见张绪,楚楚当年,临湖面山,有厦屋曰‘浮螺馆’。悬崖置屋,登高自下渐行,树端波文映壁,人若在冰壶,曰‘冰廊’。有阁曰‘毗昙阁’,集方外友于此演无生。上接阁口,缩腹宽中,曰‘长房洞’。又有亭题‘临高台以轩’,取乐府语五字署亭,以意自匠。有曰‘浩叠洞天’者,思海外福庭,翩翩意凌云矣。面东岩有亭曰‘夕佳’,尽收晚照。池曰‘优钵罗’,憩此便足解缚藤葛。榭曰‘鹅群’,子愿盖自负,未知笼得若干红掌?据池有台,曰‘觞醥’,谁与君醽?想见其颓唐态。台下启白扉,樊木为柴,以居胎禽名‘鹤田’,岂自华亭携来匹焦尾耶?他日试问之。又有堂曰‘清隐山堂’,疏篱四蔽,前列五石,如五老人,未知与雁荡五老孰得隐趣?子愿曰:自余为此园,而拮据卒瘏无宁也。以笔润则笔供之,以券乞则券供之,笔或灵与不灵,而我肺日镂;券或酬与不酬,而我肠日轮,以笔不啻百,以券不啻十,而卒以是媒木与石,媒土与甓,辇以十曳以百,相踵相禅,若感冬笋而跃冰鱼也。我园岂易成哉?念我往也,发如毛,今也须如发,不于兹竭力中大人欢，而以拙宦、减产两事，俾之闷闷，余何容于天地？自园成，而吾奉吾亲日御版舆，携鹿卢床，选树徙倚，午展桃簟供高眠，醒则进茗一瓯。芳辰令节席长筵，举寿觞吾以草树当斑衣，以壅培芟薙当舞戏，庶几子哉。太公年九十终，而馆不复治。子愿不复来，衰草离离，荒云黯黯，所署二十六景，字不能辨。冬月余至，相携一憩前亭，啖面酌茗，□子愿泪，双双流涕，与共成冰矣。余感其志，为之记。"(《冯元成选集》卷一八，页2A)

冯时可在泲园识邢王瑞，有书寄之。

冯时可《与邢王符》："不肖笺笺者耳，守六经脚注，称陋儒偶窃龙渊残沉，为文无千古不可磨灭语，安所得门下称之？至欲掩前哲秀也，汗流且至踵矣。喜兹来犁丘，得友邢先生，又交邢先生子如邢先生也，河间之风大振哉。览时义清声古色，追逐前人，不但武青云而已。羡服，羡服。适病肺，当从容批阅以复。"(《冯元成选集》卷三六，页19B)

邢家自制蒸饼，冯时可有诗赞之。

冯时可《谢子愿惠饼》："分甘意良厚，蒸饼胜珍羞。十字何家柝，一珠贺监投。酪奴堪作伴，酒母却非仇。更有笼炊胜，琼瑶色并流。"附识："余素不善曲生，所齿子愿酒，实耳食于习曲生者，客不及者尤之，曰：'主人发种种矣，得名酒胡独温柔乡自润，而它鸡肤老哉。'有平头效毕吏部者波及之，则盱衡曰：'此于我乡莲花白，仅能作婢胡珍焉。'习曲生者以告曰：'我所善生，亦挂寮苍口，请主人韵语。'雪之儿在傍曰：'邢公饼适我馋，宁独遗也。'乃复咏之。而子愿自负笼炊为绝尘，顾江东人以无馅不习口，仍以啖北人，不能领其妙，仅目其色。为志于末，子愿勿伧父余也。"(《冯元成选集》卷八，页34A)

邢家自酿莲花白酒，冯时可又赋诗美之。

冯时可《子愿惠酒甚美，咏二律美之》："青州知不远，从事日相携。甘淡适吾口，清香媚汝卮。湘江波乍绿，吴苑竹初枝。岂特高红友，天浆亦逊姿。""人间自超出，仙掌擘霓裳。羞斗邯郸艳，应欺琥珀觞。五铢衣映玉，一滴口生香。帝女传来法，河东笑索郎。"(《冯元成选集》卷八，页53A)

又《子愿再致酒更美，余亦唇沾焉，侍者请再咏》："犁丘来妙酿，清芬厌众珍。梅花描月貌，莲蕊舞风沦。休敌羊羔腻，欢倾翡翠频。藉兹浇垒块，顿使形神亲。""俗物多拜意，曲生趣独长。朱霞媚春柳，雨露洒□商。高引羲皇境，沉冥稽阮乡。还称养生主，天乳胜昌阳。"(《冯元成选集》卷八，页53B)

应杜文焕之请，为作《投辖馆记》，适冯时可来访，亦撰文记之。

《来禽》卷一一《投辖馆记》:“榆塞杜日章氏，三千里走訾黄之足，以《投辖馆》属记于余。余为濡笔记之曰：汉陈遵嗜酒，每大饮，宾客满堂，辄关门取客车辖投井中，虽有急终不得去。千载而下，遂归遵大度好客，争艳为口实。日章生长榆塞，日所坐卧便习，非犀渠之甲则勃卢之矛，非訇雷之鼓则蔺石之具。身手撇旋若惊鸟捷猿，卞武击技佽飞射声之与伍，而牛酒椎酾之为政尔。胡取于‘投辖’而颜之楣？日章大度好客类陈遵，袭其大人大将军之业，略一染指坛坫间，即谢冠军安家食。……客过吾庐，辄言日章不第聪明才藻士，其于敦朴检柙、精娴治办，盖天性然。视遵放纵不拘废曹甘适者，不可同年语。则日章于遵投辖事，取节焉可耳。………义烈慷慨，为雕幰驾而飞鞚骤，其勿徒以称过宾客也。而以厉兵秣马为封侯画像图，则投辖之馆，余且用武都丸土为日章封之矣。日章，日章，其颔之否?”(页 35A)

案:“榆塞杜日章”名文焕，《投辖馆记》又载其《太霞洞集》(附杂序，页 11A)，题为《投辖馆文笔序》。邢侗撰写此文，适冯时可来访沛园，其亦有《投辖馆记》，云:“榆塞杜冠军日章作馆家园，以投辖名，既命客图之，而使急足抵犁丘乞子愿文。逾两月，子愿文成，将遣使，会不肖客子愿来禽馆，更命不肖记之。余三复斯图，辄叹子愿之词工，而冠军之意远也。……安得与子愿相继为节度以宾君而听之？子愿词最巨丽，悬于君室，能使藜杖增辉，莲花腾焰，吾即以子愿所致雪酒先君赏也。”(《冯元成选集》卷一八，页 1A)时人题投辖馆之作，又有公鼐《投辖馆为榆中杜将军作》(《问次斋稿》卷九，页 112 下)、孙继皋《寄[日]章都护四首》之二《题投辖馆》(《宗伯集》卷一〇，页 95A)。时杜文焕又遣使访于慎行乞文，《东阿于文定公年谱》卷二:“(万历三十四年正月)作榆林参戎杜文焕《园记》。”(《山东文献集成》第三辑第 10 册，页 745)

杜文焕遍请当世名公巨卿撰文题诗，《太霞洞集》所载题咏诗文有屠隆、李维桢、汤显祖、赵南星、申时行、邢侗、沈思孝、冯时可、董其昌、傅洲训、蔡毅中、傅振商、南师仲、黄士彦、王鼎彦、钱希言等。见于诸公文集有，焦竑《杜日章集序》(《澹园集》卷一六，页 177)，李化龙《榆溪钓徒歌赠杜将军日章有序》(《李于田诗集》场居稿，页 16B)，孙继皋《榆林杜日章都护自署三教逸史索赠》(《宗伯集》卷一〇，页 94B)，于慎行《城南别业图记》(《谷城山馆文集》卷一三，页 39B)，黄克缵《杜将军以三教清词索诗赋赠》(《数马集》卷一六，页 2B)、《寄题杜将军五岳草堂》(同上,页 6A)、《杜将军出塞歌》(同上,页 6B),于若瀛《杜日章露布并防秋檄序》(《弗告堂集》卷二一,页 1A),李维桢《杜日章集序》(《大泌山房集》卷一二,页 31A)。

杜文焕,字弢武,号日章。南直隶昆山人,徙延安卫。杜桐子。由荫叙,历延绥游击将军,累进参将、副总兵。万历四十三年(1615),擢署都督佥事、宁夏总兵官。延绥被寇,文焕赴救,大破之。明年,遂镇延绥,屡败寇,延绥遂少事,寻以疾归。天启元年(1621),再镇延绥。诏文焕援辽,寻擢总理,尽统川、贵、湖广军。坐延绥失事罪,戍边。七年,起镇宁夏,进右都督,调守关门。寻引疾去。崇祯三年(1630),陕西乱起,起为署延镇事,兼督固原军,后兼统山、陕军协讨。御史吴甡劾其杀延川难民冒功,给事中张承诏复劾之,下狱褫职。十五年(1642),用总督杨文岳荐,以故官讨贼。无功,复谢病归。著有《太霞洞集》。《明史》卷二三九有传。(第 20 册,页 6219)

钟代英自塞下来访,将别,有书寄之。

《来禽》卷二五《与钟幼芝》:"足下东南异禀,西北壮游,眷言齐同。恃此意气,足下精冢璧之书,发烧馔之秘,茂先输其博物,元常埒其才技。卢谌重德乎越石,许迈缔好于逸少,世中人外,庶几兼之矣。君从塞下,远枉敝庐,哀挟霜姿,面染沙气,三尺之崽,能操胡音。吹笳则行旅生悲,挢舌则坐客舒笑,嗟哉!吾子御儿清淑,云何轻去?甘心湩酪弓刀之习,为丈夫生不画麒麟,要当用马革裹其四体,舆还故乡,死诀妻孥,灰面握手,君不为矣。吾子手秉如椽,铭山勒碣,孟坚何人乎?君当嗣美。"(页 20A)

案:"钟幼芝"名代英,浙江嘉兴人,游幕边塞,与杜文焕交善,此次来访临邑抑或为杜文焕所遣,携《投辖馆图》征文索题。故书云:"足下东南异禀,西北壮游……君从塞下,远枉敝庐。"钟代英善诗,有诗集《四壁堂稿》,杜文焕为序(见《太霞洞集》卷二六,页 10A),又龙膺有《钟幼芝四壁堂稿序》(《龙膺集》卷三,页 86)。钟代英尝为杜文焕校《太霞集选》(国家图书馆藏),卷端署曰:"榆中杜文焕弢武著,槜李钟代英幼芝校。"杜文焕有《钟幼芝小像赞》:"幼芝凤藻翩翩,龙性矫矫。今也和乐可亲,其养移乎?赞曰:图者谁子,闲雅甚都。曰钟幼芝,是耶非欤?默默欣欣,非复故吾。气以养移,山泽之癯。"(《太霞洞集》卷二一,页 12B)

邢侗与钟代英"订为石交",多有短札寄之,录以俟考。其一《致钟先生札》:“钟先生一札,自长安及我于济西也。语语作六朝书法,则登善、元章哉!仆闻士多矣,有如足下,累百中一鹗耳。图记以下,诸贶遗种种名珍,仆何以得此于足下耶?请自是订为石交,愿以文字之役,执鞭明公,明公其许之否?如教作吾邑吉士书,幸验而递之。暝色映窗,殊草草。方山道民邢侗顿首。”(《岳雪楼书画录》卷五,《过云楼书画记、岳雪楼书画录》,页543)其二《与幼芝札》:“米南宫昉褚河南,河南昉谢庄、顾恺之,世间书法未有不从晋入门者。苏长公虽作颜行,行楷师徐浩,今隶则王僧虔,亦自晋人矩矱也。啖面生邢侗写馕幼芝社友。”(《故宫藏明清名人书札墨迹选》,页115)

本年,十一月,明神宗以元孙生,昭告天下。屠隆卒。

【诗文系年】

《致马拯书》《赠同邑高进士》《冢宰杨梦翁奉诏优存兼开九衮序》《与李方伯》《济南郡守文翁擢济兵巡观察序》《拟送沈方伯》《秋杪送张德符太史赴阙》《与茅二岑》《与曹县孟明府》《致赵南星书》《与大司农赵南渚先生》《与张仲仪转致历城赵大司徒》《与张太华太史》《居东集序》《杨德润青李园集序》《祭封柱史淄川廷尉高太公文》《方中宪先生七十暨配陆恭人偕寿序》《答南比部》《答周斗垣民部》《投辖馆记》《与钟幼芝》。

万历三十四年丙午(1606),五十六岁

沵园家居。邑人于宿安店建庄惠先生祠。三子王蔼订婚。

正月初二日,冯时可应山东巡抚黄克缵之邀,往访济南。

冯时可《邢公碑铭》:“是岁,余在其家度除。已而赴黄中丞之召,则初春也。”(《家乘》卷五“家传二”,页12B)

案:冯时可正月初二往济南。其《与邢子愿》书曰:“不肖初拟明春造来禽馆,适中丞有尺一来邀。……元正次日,遂问济南道何如?”(《冯元成选集》卷三六,页16A)又有《答黄中丞》曰:“岁云暮矣,寒风凄其,方问犁丘道,从邢家精舍煨榾柮、燃甲煎以茗椀、诗筒度岁。新正次日,即相与拔沐,趋历下亭奉侍台席。第子愿善麹生,而不肖不能受杜康半滴,即稍习韵语,仅于茅舍蓬窗推敲自豪恣耳,宁敢从尊前掀举伊吾,骚人自命也。”(同上,页54B)冯时可在

沛园，有《临邑除夕》《除夕又得新字》《临邑元日》《读临邑志漫述》诗。（上书卷八，页56AB）

冯时可自济南来书，邀游济上。侗适足疾复发，未能成行。

《来禽》卷三《冯元成客临邑，黄中丞邀济上，余病未能偕往，遥同历下亭、千佛山作》："同人春首赴佳期，地主娱宾小队随。溪似浣花堪取醉，曲翻杨柳却伤离。鞍回列炬千灯合，月带疏更五夜移。此日招邀原忝窃，东风吹梦未须疑。""城头王母玉函宫，并辔来游二马骢。卜夜未遑先白昼，题诗端合领群公。乍看华注青莲出，却忆明湖画艈通。共道中丞深作事，可能无意醉春风。"（页23B）

黄克缵《春夜冯元成宪长游大明湖及赵司徒园，邀邢子愿参知不至，有怀二首》："移棹摇空碧，系舟得树根。尘心川上涤，古意曲中论。晴月明高柳，寒云滞远村。相思人不见，何处采芳荪。""霁色湖中水，清阴竹外亭。堂开卿是月，贤聚德为星。吐凤思摛藻，换鹅忆写经。谁能琴酒会，忘却河间邢。"（《数马集》卷一六，页8A）

是月，兵部右侍郎魏允贞卒。

赵南星《明通议大夫兵部右侍郎见泉魏公传》："公生于嘉靖二十一年六月初七日，卒于万历三十四年正月十五日，年六十有五。"（《赵忠毅公文集》卷一一，页12B）

案：吊魏允贞之逝，郭正域有《大司马魏确庵墓志铭》（《合并黄离草》卷二四，页64A）、《明太子少保兵部尚书兼都察院右副都御史确庵魏公碑铭》（上书卷二六，页30A），顾宪成有《祭中丞魏见泉先生》（《泾皋藏稿》卷二〇，页15A），李化龙有《挽魏中丞见泉十首》（《李于田诗集·场居稿》，页22B）。

是月，邢玠母郑太君落葬，撰文祭奠。

《来禽》卷二〇《祭累诰封一品夫人郑太君文》："夫人间世称母以子贵，贵子足贵母矣。而贵子复大贤，贤子不足贤母乎？且也母自贤母，则贵所不必言矣。我司马公唾手建异域勋，六合之内，六合之外，同口一辞，靡不汾阳晋国归之。而母以太君处其上，聪明善饭，坐闺闼而受扶余之捷书贺，色动天地。于时，绅弁军氓畴不申颂及所生，曰：'邢太师之母，何等母也？而太师盖代乃尔也。'司马公既多受祉爵赏，本所生母从闺闼衣虬锦、围虹玉，名为'八座一品太夫人'。其所膺主上之褒嘉，烂然天章矣。而母犹然卑躬自抑，手不离绩，旦夕常蔬食，诸所御房栊什器动安窳敝，有故剑之思焉。见者惊谓曰：'太师之母，何等母也！而斤斤俭慎乃如此也。'司马公由总镇纳白檀之节归，辞以奉母故。而母亦洒然便上公之养，孙子满前，缇绮孝廉，骈肩文武，而母分甘割炙，恬愉于桑榆。朝暮焚香，向空拜礼，曰：'何以答沧浪天，吾家所得于造物者，亦既隆重极矣。'……母之意行于家政者如此，岂不成大贤哉？……是母是子，交相为重，则在闾在门，有征言矣。侗忝司马公宗姓之列，实不致以雁行进。乃若以雁行进也，则以司马公劳谦茹纳之以耳。母诚吾母，侗诚小弱子侄侍，捐环献诔，荐瓣陈帛，母其用河间氏之一脉而歆之勿吐也。"(页19B)

案："郑太君"即邢玠之母，以子贵累诰封一品夫人。其卒年，诸书记载歧异：一、王锡爵曰万历三十四年(1606)正月初八日，其《明诰赠光禄大夫太子太保兵部尚书兼都察院右副都御史西冈邢公暨配累封一品太夫人郑氏合葬墓志铭》："按钟都谏所为状，赠公名镔，字大用。……赠公生于正德十五年十月初十日，卒于嘉靖三十五年二月二十一日，享年三十有七岁。太夫人生于正德十四年正月十一日，卒于万历三十四年正月初八日，享年八十有七岁。累封至一品太夫人。"二、于慎行曰万历三十三年(1605)十二月廿六日，其《明累赠太子太保兵部尚书兼都察院右副都御史西冈邢公暨配累封一品太夫人郑氏敕葬墓表》："疏十四上，乃予告归，又三年所，而太夫人终天年也。诏发少府金钱大治赠公之兆以祔太夫人，而命守臣称制临祠者，再有加豆焉。时万历乙巳十二月廿六日也。"(《谷城山馆文集》卷二七，页6A)三、《明神宗实录》曰万历三十三年(1605)六月，《明神宗实录》卷四一〇："(万历三十三年六月辛亥)予原任蓟辽总督邢玠母郑氏登二坛，仍加祭一坛造坟合葬。"(《明实录》第60册，页7652)据青州市博物馆藏《明诰赠光禄大夫太子太保兵部尚书兼都察院右副都御史西冈邢公暨配累封一品太夫人郑氏合葬墓志铭》，内阁首辅致仕王锡爵撰文，兵部尚书蹇达篆盖，兵部右侍郎万世德书丹，吴门吴尚瑞镌石。(李森《明代抗倭援朝名臣邢玠父母墓志考析》，《中国国家图书馆馆刊》2011年第2期，页91)郑氏卒于万历三十四年(1606)正月初八日，可从。

郑太君之逝，同邑钟羽正撰行状，刘一相有《挽诰封邢太夫人诗五章》(《燕喜堂集》卷二，《山东文献集成》第二辑第28册，页64上)，黄克缵有《祭邢母郑太夫人》，题注："益郡邢昆田母。"(《数马集》卷五一，页15A)

是月，山西偏关兵使赵彦升本省左布政使，撰序贺之。

《来禽》卷八《偏关兵使赵公阅叙晋左方伯序》："往者吾友万伯修司马书寄余，数数其乡之虏，及今赵先生所为策虏状。大抵谓偏关在山西，与宁武、雁门并，而偏关界极西，视二关尤重焉。……比余则问先生策何居，先生则又谓余：'蒙也，何知策虏乎？今者不过以中国治夷狄也，抑以夷狄治夷狄也？经其可也，权其可也，经而未始不权也，权而未始不经也，经权互用其可也。……'伯修绸缪尺素字命余。子愿其谓：'赵先生何等也，侗盖心降焉。'积至今，而明将军姚公为赵先生征言余，余因述畴曩伯修问答语如此，即伯修地下陈，当不谓余饰言相谩矣。余又闻：'赵先生仁智廉果人也。仁则尽下，智则应猝，廉则饱士，果则断疑。四者备而于伯修问答语策也何有？'及毕姚公札所刺刺赵先生欸，战悉堪重寄。它兴学校，设常平，字孤恤嫠，振业种种，乃其大者。储偫至十数万，在镇几十载，盖俭塞犹之家焉。即左丞显秩，亦未酬勋什一，秉钺讵尽酬哉？由前伯修称偏关兼防秋冬、兼防东西语，俟先生秉钺时，余为员下吏面证之。余老矣，犹耽耽济南请缨少年也。"（页16B）

案："偏关兵使赵公"名彦，万历二十七年（1599）任岢岚兵备（即偏关），是年正月升山西左布政。［民国］《偏关志》卷上："赵彦，陕西延安，万历二十七年任。"（页51A）《明神宗实录》卷四一七："（万历三十四年正月戊戌）以阅视加恩，升陕西右布政荆州俊为左布政，按察使董国光为右布政，副使高世芳为参政，大同阳和等兵备樊东谟、刘尔康俱山西右布政，山西按察使李芳、岢岚兵备赵彦、参政徐准俱山西左布政，辽海兵备、左布政张中鸿升俸一级，霸州兵备刘卿为山东左布政，密云兵备边有猷为山东右布政，各照旧管事。"（《明实录》第61册，页7883）赵彦在任政绩，［民国］《偏关志》多有记载："二边在关北六十里。……万历二十六年兵宪赵彦久任本关兼署宁武、雁门二道，大修边政，广建空心砖楼并各隘口望台，永为金汤保障。"（卷上，页3B）"黄河边在关西。……万历二十六年兵宪赵彦大修边政，沿河多建烽敦，望台视前更为完固。"（页4A）"红门隘口，在关东北八十余里。……万历二十六年兵宪赵彦大修边政，复以砖甃石砌，增筑左右翼台。"（页5A）"老营东关河隘口，在老营城东一里。……万历二十九年兵宪赵彦重修。"（页5B）"城池……二十六年兵使赵彦大修边政于城南关庙，沿河筑石堤，东置重阁洞门一，南置水门二，其西亦如之。由是规模大备，始称九塞屏藩云。"（页14A）"楼沟保，在关南四十里。……

万历三十一年兵使赵彦展拓新城,周广一里。”(页 16B)“桦林保,在关西二十里。……明万历二十七年兵使赵彦修复。”(页 17A)“至圣先师庙……万历二十七年兵使赵彦、崇祯十一年兵使范廷翰相继重修,庙模悉备。”(页 22B)“社学,在城西厢。……明万历三十年兵使赵彦修复。择志趋端正、文理通达生员韩世勋、贺大仕二人为社师,月给课银一两五钱、童子纸笔银一两。”(页 32A)

赵彦(? —1621),字毓美,号明宇。陕西肤施人。万历十一年(1583)进士。官至兵部尚书,加太子太保。多次巡边出征,战功显赫。为人沉敏有智略,临大事不乱,一生戎马,多在边地任职。天启间巡抚山东,与登莱巡抚袁可立共同剿抚邹、藤一带白莲教。后出使广东,屯兵粤东。所著有《筹边略》。参见《明史》卷二五七(第 22 册,页 6621),[康熙]《延安府志》卷八(页 18B)有传。

二月,石九奏升辽东宁前道副使,以诗送别。

《来禽》卷一《伯城石观察度辽》:“石卿石卿二千石,先借东莱后东鲁。肝肠一片照雪霜,郭解朱家让明主。吐辞如锦气如兰,醉里挥毫洒素纨。奇乃张颠纵怀素,琳琅风雨惊珊珊。呼我河间真小友,酌我蒲桃满瘿柳。……鸭绿江边晓波绿,漂缨走马看红旭。还军一道练光凝,却是前溪飞属玉。弯弓直下毛羽陨,高招大纛相喧豗。回眸一兵进玄菟。淋漓斫脍称云罍,乐哉石卿谁可拟,万岁千秋聊尔尔。鹰冠绣服等浮云,不道他人马头驶。”(页 5B)

案:“伯城石观察”名九奏,时由兖州知府升辽东宁前道副使。《明神宗实录》卷四一八:“(万历三十四年二月癸卯)升贵州副使冉德升为参政,湖广副使刘之龙为河南参政,兖州知府石九奏为辽东宁前道副使,大同知府马拯为山西副使,建宁知府沈茂荣为福建副使,户部郎中孙学易为贵州参议。”(《明实录》第 61 册,页 7888)

石九奏,字伯成。北直隶冀州人。万历廿年(1592)进士,官至辽东副使兵备宁前道,进右参政。著有《石伯成诗稿》四卷。其诗多学《才调集》,朱彝尊《明诗综》选入《春郊》一绝。参见《四库全书总目》卷一七九。(页 1619 上)

是月,冯时可由济南再至临邑,寄书应允撰邢庄惠先生祠堂碑记。

冯时可《答邢子愿(一)》:“逆旅中方患离索,伏蒙命驾相存,促膝连日。丈心侠气,纵横千古,即系马高楼,击筑都市,不足言矣。紫气东行,余香留座，方切怀想，而阿段复来尺书，锦字照耀，蓬庐肴果饼饵堆盈案，顿使荆妇舒眉，稚子曲踊，抑何绸迭隆厚若斯也！贵邑耆老所请尊府君祠堂记，忝在通家，自当为役，何烦厚币？但恐拙笔不能扬明德，更请从墨水之罚耳。”（《冯元成选集》卷三六，页13A）

案：冯时可自济南归，再至临邑，其《邢公碑铭》云：“归而复过其家。”（《家乘》卷五“家传二”，页12B）

冯时可又有书至，言及正撰写祠堂碑记。

冯时可《答邢子愿（二）》：“辱遗尺一见方，谓仆视北地觉北地小伧，仆护锤极矣，此何以副尊评？江南文弱，其天性然。矧不肖任心纵笔，宁有锻炼而蒙丈夸诩如此，使人汗淫淫不自止也。读《赵缉斋志》，当使班氏退舍；《二节母传》，东京以还，鲜此俪语，还视不肖真江东伧乎？《祠记》如命，即用端肃作起语，其中叙事识其大者，他不能一一举也。小犬赐履适足，快甚！因而纵蹴踏红尘，缕缕昏一舍矣。白五味自甘凉来，益人岂直木瓜，何处觅琼瑶报也。《端肃志传》假一阅，老成典刑，不知其人可乎？”（《冯元成选集》卷三六，页14B）

案：书云“读《赵缉斋志》，当使班氏退舍；《二节母传》，东京以还，鲜此俪语”。《赵缉斋志》即《进阶中大夫福建按察使司按察使平原缉斋赵公墓志铭》（《来禽》卷一五，页28B），《二节母传》即《广川何氏二节母传》（《来禽》卷一二，页23A）。《端肃志传》，或指葛昕所刻《葛端肃公家乘集古法书》。

冯时可再寄书至，告知《祠堂碑记》已脱稿。

冯时可《答邢子愿（三）》：“尊作古处直追禹钟文操，其雄处又时有秦气楚声，前所谓班史、六朝就所示两作言之耳。玄圃积玉，胡能尽探尽状哉！不佞从菰芦中学吴鬼缓声轻调，胡能当天下文章之目！昨复阳信公书云：‘有子愿在此，景兴、子布之流不能使陈琳为雄伯也。’此非诳语。天少暖，且策驷相寻，毋使人题凤哉？芳醪精脍，遗及稚子，何其仁也。苏饼更精，屡尝异味，不能如程季作说为赧颜耳。《碑记》前已脱稿，俟平头书之即令诸父老驰上。尚容特荐苹蘩，并瞩畏垒里人作何状？”（《冯元成选集》卷三六，页15A）

案：书中“阳信公”即张光纪，此间任阳信县知县。［民国］《阳信县志》卷二：“张光纪，河间人，进士。爱民执法，不避权要。”（页24B）冯时可有《寄张阳信》（《冯元成选集》卷三六，页15B）。

二月,冯时可撰《犁丘邢庄惠先生祠堂碑记》上石,由王稚登集王羲之行草字,吴士端刻石。邑人建祠于宿安镇。

冯时可《犁丘邢庄惠先生祠堂碑记》:“山以东有葛端肃公守礼,鸿声方轨,柱石三朝,天下雅拜之,没而德平人俎豆其邑。端肃公生平鲜所昵,独严事犁丘邢庄惠先生,称畏友。先生沉冥莛轴,无所见于天下,而人伦物望、粉斧冰壶,与端肃埒。其没也,远近争踊,马鬣前呼,昊天泣者万余人,声震数里,已复相率醵钱,立万众碑茔左,一时侈谈。而先生所受业地名宿安店,距城二十五里,耕稼其间六十稔,其人尤深沐浴,则又私相醵钱为祠三楹,肖先生像伏腊焉。后三楹为享室,傍建精庐,奉薄伽氏以永香火。祠成,言言翼翼,与端肃公祠相望四十里间,诸邑父老朝于葛而夕于邢,爇萧奉瓶相絜焉。……按祀法,德加于民则祀,法施于民则祀,先生庄为法,惠为德,合二宜祀,以荐其馨香。”(《冯元成选集》卷一九,页41A)

案:邢庄惠先生祠堂建于宿安镇。《家乘》卷一二“事纪”:“万历三十四年,敕封文林郎山西道监察御史讳如约、里谥庄惠先生建祠宿安店,立社岁时奉祀。”(页1B)[同治]《临邑县志》卷六“境内各祠庙”:“邢庄惠先生祠,在宿安镇,庄惠即如约里谥。”(页21A)又卷一五“金石志下”:“《犁丘邢庄惠先生祠堂碑记》,行书,在宿安祠堂。……晋陵通家子王稚登集晋王羲之书。万历三十四年二月八日。”(页59A)邢倌监勒,吴士端刻石,此碑至今仍存于宿安街。

冯时可将之京师,送至椒园,不忍为别。

冯时可《邢公碑铭》:“归而复过其家,则送余于椒园,握手涕零,不能为别。”(《家乘》卷五“家传二”,页12B)

是月,妹婿马拯升任山西副使。

《明神宗实录》卷四一八:“(万历三十四年二月癸卯)升贵州副使冉德升为参政,湖广副使刘之龙为河南参政,兖州知府石九奏为辽东宁前道副使,大同知府马拯为山西副使,建宁知府沈茂荣为福建副使,户部郎中孙学易为贵州参议。”(《明实录》第61册,页7888)

案:马拯大同府知府三年任满,升山西按察司副使。

是月,遣季弟邢侊护送八妹慈静赴山西马拯官府。

《来禽》卷二《季弟、八妹之云中塞》:“弟妹驾言迈,含辛将奈何? 同林乖

去翼，立马伫鸣珂。首路邮餐供，稽程塞草多。官衙定南望，才说鬓先皤。”（页 19A）

案：“季弟”为邢侃，“八妹”为慈静，慈静前年底回乡探亲兼生子，至此一年有余。冯时可《邢公碑铭》：“季弟送其妹之辽左，而妾范病，遣婢问候，及终以所藏美椟殓之。”（《家乘》卷五“家传二”，页 12B）邢王称《赵太君行状》：“季父如辽左，如婶范硕人病瘵，卒家矣。太君风府君为具美棺，身亲其含襚，而慰藉其子女，里中已服其至心。”（《家乘》卷六，页 14A）邢诗云“之云中塞”，即之山西，而冯《铭》及《赵太君行状》均曰“之辽左”，马拯时由太原府知府升任山西副使，故以“之云中塞”为是。抑或马拯未久又迁辽东副使兼宁前道副使，见万历三十七年。

是月，朱之蕃使朝鲜，随从携侗字两幅，朝鲜人购之与黄金同价。

李维桢《邢公墓志》：“朱宗伯出使，从人适携其字两幅，购之黄金同价。”（《大泌山房集》卷七九，页 38A）

冯时可《邢公碑铭》：“朱宗伯出使，从人适携其字二幅，购之黄金同价。琉球使者入贡，愿少留买书去。”（《家乘》卷五“家传二”，页 12B）

案：此事侗亦颇自诩，其《与李本宁》云：“弟书不佳，闻高句丽颇耽之，每以中金如许，易一条幅书。”（《来禽》卷二八，页 1A）“朱宗伯”名之蕃，是年二月出使朝鲜。《明神宗实录》卷四一八：“（万历三十四年二月壬寅）以皇太子第一子生，遣使敕谕朝鲜国王李昖，赐王纻丝十匹、妆锦四段、熟素绢十匹，王妃纻丝六匹、纻锦二段、熟素绢六匹。……特遣翰林修撰朱之蕃、礼科左给事梁有年充正副使，捧赍诏谕并赐王及妃彩币文锦，至可受赐，见朕优礼之意。”（《明实录》第 61 册，页 7885）朱之蕃出使时为翰林院修撰，“宗伯”为李、冯撰文时朱之任职，《明神宗实录》卷四九七：“（万历四十年七月）辛丑，升少詹事朱之蕃为南京礼部右侍郎。”（上书第 63 册，页 9365）

朱之蕃（1558—1624），字符升，号兰隅。原籍山东茌平，隶南直锦衣卫。万历二十三（1595）年状元，仕至礼部右侍郎。参见顾起元《通议大夫吏部右侍郎兼翰林院侍读学士协理詹事府事赠礼部尚书兰隅朱公墓志铭》。（《雪堂随笔》卷三，页 22A）

三月，邢倌于宿安镇新建白衣菩萨庵成，为其室杨氏所立。

张光裕《宿安店新建白衣菩萨庵碑记》：“盖吾邑故无白衣庵，有之自贡生邢善士讳倌建自宿安店始也。自庵之建,而先后获嗣子之应者四焉。至准提之奉,则以其室人杨信士构危病,感菩萨灵显护佑而奉也。余唯顶礼白衣生,生以启多男,持戒准提病,病而跻寿域。……至信士自以为善病不宜子,微独樛木逮下,而无嫉妒,且虔为捧诵白衣数千过,则今嗣子之应,力宏多也。若其一患经症而愈,再患背疽而愈,实菩萨用出世间法,尽为蠲除宿业耳。……计庵建于万历辛卯年三月,基址并园二亩有奇。大门一座,白衣法堂三楹,俱丹青藻缋,华香供养,准提莲座并之,原拟别起高阁,以不便居民,故止茶房三间,静室三间,随庵田地十五亩,给司香火僧人于时。奉法道侣皆精戒律者,以虔禋祀。邢善士倌为都谏公第九子,盖九折之派,河润独深,宜其嗣子绳绳也。……其室杨信士为今谏议讳士鸿元妹,娴于女史,工于翰墨,准提经卷跋书暨剞劂精装,信心传布,其大愿夙慧可少概见。人皆以为渐于谏议谭道之训,而不知其得之往因者深也。信夫是记也。业有成言三季,今始黾勉如愿,要不过就事论事,纪因缘颠末,其于西来妙胜微言,付之不可思议云尔。"([同治]《临邑县志》卷一五,页64B)

案:此文末署:"赐进士第、翰林院检讨、征仕郎邑人张光裕撰文,邑人许用敬书丹。万历三十四年岁次丙午三月吉旦。"(同上)白衣菩萨庵邢倌建,为其妻子杨氏得子病愈而布施。《家乘》卷四上"世系表二":"(邢)倌,字子御,贡生……。喜施乐济,睦族尤笃。"(页10A)据《家乘》,倌四子,长子王宠生母不详,二子王允、三子王充王氏生,四子王俞许氏生。(同上)而上文云杨氏得子,或即长子王宠。又云"其室杨信士为今谏议讳士鸿元妹,娴于女史,工于翰墨",此即"九嫂"杨氏,非杨巍之妹,前已辨之,此不赘。

春,山东副使文球母卒,撰文祭奠。

《来禽》卷二〇《祭文太母文》:"太母之逐子于东也,盖自刺史及今观察之邸中云。我观察公英邵而练于事,文妙而老于吏,啮柏而砺其操,载星而宣其勤。孰是禀成,则太母断机,丸熊夙昔,懿教之以也。观察公仲春班荆坐侗于齐河之路次,首言太母时时恋土状,亟图挂冠奉板舆,作介山之隐,而会赍捧属且见敦,意可藉是便母南归,遂厥雅志。遽期太母一夕无禄即世乎?……故侗小子荷公国士,知力欲去枯集菀,而侗子黄口复蒙以青云,期两世丐沾,谊出诸缙绅上,则一卮奉祖,诚悃衷所不能已也。"(页15B)

案:"文太母"即济南兵巡道副使文球母,随文球官至济南,由济南府知府，再济南兵巡道副使，故文云：“母之逐子于东也，盖自刺史及今观察之邸中云。”文母卒年不详，据文球宦迹，应在此年或稍后。

四月十四日，临邑缙绅王三迁、王再聘、邢侗、张所志、李徽猷等，谋之在朝任官邑人李汝相、马拯、王浩、王洽、李若讷、张光裕及刘宏光、李宣猷等，拟集资重修泰山行宫。

李徽猷《重修泰山行宫碑记》：“元君主岱宗，灵爽燀赫，祝厘酬贶者倾海内。吾犁丘距岱仅十舍，郭以南故有支宫，灵异特著。会事之盛，为二东冠。宏治间一修葺之，久渐湮圮，谋新而诎力者数矣。万历丙午四月既望，余徽猷方伏苫块，会诸缙绅大夫封太常王君三迁、臬副王君再聘、太仆邢君侗、封宫赞张君所志，以会期修谒，余荷麻从之，周览踟躇，相顾浩叹。……乃谋之少参李君汝相、方伯马君拯、宪副王君浩、中丞王君洽、宪副李君若讷、太史张君光裕，嗣及侍御刘君宏光与余弟二守宣猷，各捐赀为大众倡，诸内主咸脱珥佐之。鸠工庀材，目程指授，则属之李州倅恕、菅邑倅允；虔疏广募则属之端居士松，弟梅继之；经营综画，拮据昕夕，则属之任居士宗禄、范居士臣、马居士启元、夏居士自南等。……兴役于戊申丙月，落成于庚戌丁月……”（［同治］《临邑县志》卷一五，页84B）

初夏，刘余泽母胡太恭人七十寿，为撰序。

《来禽》卷九《刘母胡太恭人七十寿序》：“榆林观察刘恩征先生，生而少孤，母氏太恭人集蓼含辛抚观察，长养教督至勤戚也。……恩征由进士、庶常吉士历谏大夫，上书自言母单孀茹苦状，所司稽核覆奏，诏表给事中刘余泽母胡氏门，于人世甚煜赫踔耸矣。而恩征复用官阀数封太恭人，为太恭人拜诰焉，里人更荣之。若前所称良媛，则为今督漕都御史道甫李公配夫人。……丙午初夏，太恭人届七十龄。……侗与恩征之于滨棣，则吾同井也。于词赋，则吾同盟也。敢吝太恭人酌者言？且督漕李公，又吾同籍吾同盟，三十年肺腑交也。此谫谫絮语，为恩征也者而可，为道甫也者而可。”（页9A）

案：“刘恩征”名余泽，时为榆林兵备，胡太恭人为刘余泽母。《明神宗实录》卷三七〇：“（万历三十年三月丙寅）升陕西分巡关内道佥事刘余泽为右参议兼佥事，调管榆林中路兵备。”（《明实录》第59册，页6934）“督漕都御史道甫李公”即李三才。

刘余泽，字恩征。山东滨州人。万历十四年(1586)进士，授庶吉士，任翰林院编修、升给事中，升陕西佥事、右参议兼管榆林中路兵备，擢山西岢岚兵备副使、山西按察使，仕至山西右布政使。（见《明神宗实录》卷二八六、卷三一三、卷三三一、卷三七〇、卷四三〇、卷四四六、卷四五五）

冯时可自京之任广东佥事，再过德州，侗遣使送别。

冯时可《邢公碑铭》："既余走燕京，补官广东，子愿复走使为送。是时信使不绝，未尝不夸其齿发之无恙。"（《家乘》卷五"家传二"，页12B）

冯时可两过德州，馆沛园旬余，未尝索书，众为之惜。

冯时可《跋邢侍御子愿千字文书》："余与子愿最相厚，馆余唊面斋旬余，未尝丐其一字。及归，群从日来索曰：'子愿书，金媒也。大人未尝以月俸金润余辈，而邢家金媒亦为余辈靳哉。'"（《壬子续北征稿》"跋"，页1A）

六月，山东蝗虫成灾，巡抚黄克缵上疏请求赈恤，并停横征杂捐。

黄克缵《蝗蝻生发乞赐赈恤疏》："据济南府属济阳、德平等县申称，城北尚家河、索家庙等处蝗蝻生发，行如蚊蝇，聚如星密，将种出蕊禾等苗尽食毁，又据武定州及利津、海丰、平原、乐陵、阳信、新城、长山、金乡、恩县、寿光、高密、潍县各申称蝗蝻生发，有一县捕过一千余石。……考之经义，既以虫灾为赋役繁重所致，则今欲弥灾，当先自轻徭薄赋始矣。……皇上留意国本，发内帑以济户部之急，罢横征以恤灾沴之民而已。"（《数马集》卷四，页13B）

案：此疏题注："万历三十四年六月。"山东各地连年遭受灾害，水旱虫蝗，田亩歉收，侗之家计本日渐衰落，此又雪上加霜。

八月，属冯起震写竹数帧，拟作拳石配。

邢侗《冯青方竹帖》："丙午秋八月，要青州冯青方先生写竹数帧，余亦效颦作此，不堪令西施见也。"（《来禽馆真迹》，页74）

案："冯青方"名起震，善画竹，侗亟称之，数题其墨竹图。潍坊市博物馆所藏冯起震与冯可宾合作之竹画屏刻石，共十方，其三《竹石图》画一枝细竹从画面左下角挺拔而上，斜伸向右上角，左下角画散石一组，石缝中冒出尖尖小草，画面左上有邢侗题跋："青方先生访余绛雪斋，余案头偶画奇石一娑，青方乃补竹二，蟠竹毓毓成龙，似飘飞去，石则以拳顽然示士品。妍媸如此，余安能强焉。来禽生邢侗观于玄霜绛雪之斋。"

冯起震，字青方。山东益都人。岁贡生。少负异资，淹贯经史，为诸生试辄冠其曹。隐居教授，不希仕进。为官当地者，钦其学行，均造访一瞻风采为幸。年八十余神明不衰。善画竹,董其昌、邢侗亟称之,以为文与可后数百年所仅见。子可宾,字桢卿,进士,官至太常寺少卿,著有《石蒲斋诗集》。[光绪]《益都县图志》卷三八有传。(页 15A)

是月,李维桢任山西右参政,有诗寄慰。

《来禽》卷四《寄李本宁参知并州》:"廿载参藩旧,如何尚积薪。马蹄恒咄咄,驹隙共兟兟。度陇经狐塞,行边感雁臣。一官非小草,三仕岂逡巡。梦剧虎祁观,心闲沛漯滨。朋俦多落拓,吾道弗沉沦。课子还经笥,怀乡每钓缗。夙知家本素,无奈业常贫。门故寒晖外,篇章踸踔新。头颅吾与尔,意气笑兼颦。书信违黄阁,词名入紫宸。退非明主意,来是奉身人。末路风云起,千秋伊傅邻。未妨今屈宋,翻叹古良湮。引分浮生酒,忘机挂体绅。并州佳且住,无限绿杨津。"(页 6A)

案:"李本宁"名维桢,是年八月起复为山西右参政,《明神宗实录》卷四二四:"(万历三十四年八月癸丑)起原任陕西右参政李维桢为山西右参政。"(第61 册,页 8011)诗云:"廿载参藩旧,如何尚积薪。"李维桢仕途坎坷,举步维艰,在从三品的参政到正三品的按察使之间,徘徊二十七年。于慎行《后赠李本宁歌》叹曰:"李君李君,汝今坎壈何甚哉!七命藩臣二十载,朝天有奉除书回。"(《谷城山馆诗集》卷五,页 21A)

李维桢入晋,闻晋人仍传诵邢侗任巡盐御史之廉正事迹。

李维桢《邢公墓志》:"故事,游徼捕私盐,不满品有罚,不得其人则谬,为私贩名具狱,而诸卒代之赎。主者惩其妄,狱上必系诣台,赭衣弥道,十无一生。子愿罢无逮,活数千人。既得代,羡课赎锾累万,一无所取。盖余后二十年入晋,晋人犹诵说不置。"(《大泌山房集》卷七九,页 38A)

十月,僧悦往访东阿,托带致于慎行书。

《东阿于文定公年谱》卷二:"(万历三十四年十月)僧悦来自犁丘,以子愿书至。"(《山东文献集成》第三辑第 10 册,页 747)

致书大同巡抚霍鹏,荐诗人方问孝。

《来禽》卷二六《与云中霍抚台》:"……窃见新都处士方君问孝,字胥成,天质贞亮,瑰才卓跞。掭发之岁厌薄时制,绝目举子之业,充耳公车之学。谓姬孔之绪徒标都讲,风雅之道足抗前麾。非嬴秦、炎汉以前之书弗观,非武德、开元以上之言不涉。浸精沐艳,吮理刻肌。以故发为论撰,彝鼎失色,竹素非陈。骤而即之,若暗晹其奇,徐而绎之,则沉典其则。无论文篇,就其有韵之语,业几万首。……东阿大宗伯,一世人伦,倾筐倒屐,谓见方迟。遍誉公卿,长其遒誉。仆也沾丐师门,获奉遗唾,其为方也置喙,宁不愿长三尺已哉。方裋褐北来,尚嗛一遇,宗伯以外,阒无其人。即今游道交市,形吠相接,有如此士,何必古人?伏愿公乘坐啸之暇,踵胡床之致,一谈一咏,清风穆如,庶几真龙在庭,辔弁夺气。方也无鱼无车,何足多虑?造次奏笺,不胜肝胆之切。"(页11A)

案:"云中霍抚台"名鹏,上年任大同巡抚,《明神宗实录》卷四一一:"(万历三十三年七月壬午),升河南左布政使霍鹏为右佥都御史巡抚大同地方赞理军务。"(《明实录》第60册,页7686)先是,侗荐问孝于万世德,数年往来于山西、辽东等边塞之地,万世德卒后问孝无所依恃,故侗又致书荐于大同巡抚霍鹏。

霍鹏(1554—1610),字抟南。北直隶井陉人。万历五年(1577)进士。授潞城县知县,寻调长子县。丁外艰,服阕,补江南句容县,升南京大理寺评事。历湖广司主事,本部广东司郎中,升汝宁府知府。开河灌田,民赖其利。及丁大父忧,复补卫辉府知府,升陕西按察司副使,整饬肃州兵备道。升陕西布政使司左布政。丁继母忧,补河南布政,升大同巡抚。恩威并著,五年间,边圉安靖。母病,乞休,暂准回籍,抵里而卒。[雍正]《井陉县志》卷六有传。(页7B)

冬,原陕西按察使司副使章丘张汝蕴卒,为撰墓志铭。

《来禽》卷一三《中宪大夫陕西按察使司副使章丘逢原张公墓志铭》:"宪副公署号逢原,字子发,汝蕴其名也。……直指吴公观风试,列名第一,品目起东秦。济南谢司理延为子弟师。……庚辰,成进士,以次当令领东安。……满考三年,治行为三辅最,受敕两世。立俟征书应公车北。……而会墨守以墨闻,口语不无连栖,遂罢公车,仅迁南京工部主事。……公莅南曹,时弇州先生为大司寇,见公所为诗,嗟赏不已,曰:'一昨得子愿,今复得子发,济上何多贤也。'因序其诗,付劂工,遂定石交。……满三载,考当如都,拟过家为二尊人寿,一时名卿大夫及知名快士歌咏烂发,缣缃满载,弇州先生实为倡首。归奏,二尊人不胜色喜,邑称旷典云。……丙午冬,竟无禄即世。"(页5B)

案:据"丙午冬,竟无禄即世",知此铭作于是年。"济南谢司理",疑即谢廷寀,[道光]《济南府志》卷二七"嘉靖推官":"谢廷寀,江西金溪人,进士。"

（页 7A）

致书门人李应期，延其为三子王蔼馆师。时王蔼将订亲，望其学业更进。

邢侗《柬门人李仲昌》："桓樨而蒙，不足齿矣。蔼将受室，文理无眉眼毫毛，将若何，尊仲兄忍坐视乎？句栉而字比也，其亦句训而字提之乎？倘有少进焉，敢望死报。"（崇祯本《来禽馆集》卷九，页 32A）

案："李仲昌"名"应期"。《家乘》卷一〇"艺文志三"载《齐河旅中寄邢无誉四首》，卷中题"李应期"撰，（页 18A）卷首目录题"李仲昌"撰，（页 6A）则"李仲昌"与"李应期"为同一人可知。李应期，临邑人，万历三十七年（1609）举人。［同治］《临邑县志》卷八"举人"："万历己酉科，李应期。"（页 10A）又李应期为侗门人，李维桢《邢公墓志》："取李应期、刘弘光两生才，俾与子同笔研，而赙其亲丧。"（《大泌山房集》卷七九，页 38A）书云"蔼将受室"，王蔼为侗第三子，继室赵氏生，约生于万历二十五年（1597），订亲受室约在本年（详后），此书为延请李应期为三子王蔼师。李应期与同邑李若讷、吴桥范景文善。李若讷有《慰李仲昌鼓盆》（《五品稿》诗卷二，页 30A）、《邢文宇招饮园中，同李仲昌坐，园不甚阔而备致》（上书诗卷三，页 25A），范景文有《夏夜同李仲昌小坐，阅邢子愿书》（《宗伯集》卷一〇，页 15B），即此人。

冯时可之任行至江西庾岭，有诗寄怀。

冯时可《怀邢子愿》："旅岁客犁丘，主人举嘉宴。有酒绿如渑，兼以珍羞荐。兔翰扫星铓，尘尾流云片。臭味两相契，肝胆尊前见。一别万里余，何由读黄娟。庾岭富梅花，双鲤苦无便。亮志敦久要，明信祈不变。"（《冯元成选集》卷四，页 33A）

案：冯时可之任广东佥事，据"庾岭富梅花，双鲤苦无便"，应行至江西庾岭所作。

致友人书，言及为汤焕墨迹镌刻上石事。

邢侗《诗册帖》："诗册并前卷日日置案头，俟精心仰和，备书呈上。汤卷以字多不能手摹，先此纳返，末题数语，当博一笑。镌者小吴生，临手亦佳，今在广川理傅腾老碑，若欲摹刻，发至彼中，十日可竣付，镌则二十日足矣。石则长清有细理者，前亦与曹令语次及之，计已有备。摹完携至彼中过朱，良便，所费只十数金。一则台下衮衣久于东国，留此片石，足抵岘山。又邻初丈妙迹藉传，亦可尽僚谊友情也，何如？何如？螺蟹考订详核，世南行秘书邪？

但不知此物竟得入目沾唇否？古墨款有‘千杵阿胶’四字，聊昉试制数笏，虽不甚深黑，而汁清如水，质坚如石，似亦一逸品也，今附致二件。八月初可多至舫许矣。拙书六篷，用备挥蝇，恭顺扇坠一枚，微鲜甚忆，芳兰竟体，辄忘其渎尊尔。龚丞得一小邑署事，即可了元成丈宿诺。屡寄言而未应，则无奈居停主人面孔何？冒昧附陈，无任皇恐。”(《来禽馆真迹》，页 1)

案：此书《来禽》未载，无上款，收信人未详。书云：“石则长清有细理者，前亦与曹令语次及之，计已有备。”“曹令”名一兰，万历三十年(1602)至三十三年(1605)任长清县知县，时已离任，见前。“邻初”即汤焕，此书言及为其墨迹镌刻上石事。又云：“龚丞得一小邑署事，即可了元成丈宿诺。”“龚丞”为龚鋾，时任临邑县丞，“元成”为冯时可，此指冯时可来访临邑，允诺为其谋新职事，见后。

临邑县丞龚鋾三年任满，升任蓬州别驾，有诗送行。

《来禽》卷一《送别龚丞之蓬州别驾》：“桓谭将去安陵境，黄绶解挂犁城门。方州佐政良不恶，蓬山蓬水开屏轓。蜀道虽难君不顾，盖转清秋阆西路。由来儒术重儒冠，别驾虔刀割江雾。与君交谊三年强，把酒曾同月未央。诘朝倏忽成畴昔，满眼桃花都不芳。临岐肯效儿女哭，但祝香名满华毂。莫羞持版常拜人，邓粲王祥匪君独。”(页 10B)

案：“龚丞”名鋾，[同治]《临邑县志》卷七“县丞”：“龚鋾，澧州人，贡士。”(页 7A)龚鋾升任，实得冯时可之助。冯时可访泲园时识龚鋾，有《赠临邑龚承钧》(《冯元成选集》卷八，页 61A)，并对龚鋾提供帮助。故邢侗《诗册帖》曰：“龚丞得一小邑署事，即可了元成丈宿诺。”(《来禽馆真迹》，页 1)龚鋾迁蓬州别驾当在是时。“承钧”为龚鋾字或号。

为嵩山题字，正书。

《钦定续通志》卷一七〇“金石略四”(今无)：“嵩山题字，邢侗书，正书，万历三十四年，登封。”(页 52B)

温如璋新任山东巡按，荐侗于朝并为昭雪，上书致谢。

《来禽》卷二六《上温按台》：“我公祖骢马按大东，盖以伯夷之清，躬伊尹之任，而推诚尽下，则又具柳下惠之和。所谓褚季野身备四气，奚足埒之也？……侗少而励操，不属为庸常人，中遭连染，浸及沉沦，于世长已矣。乃尊台天空日霁，无隐不周，剡书达阙，谬采微薄姓名而光扬之。……台下荐我而兼昭雪我,是一疏而倍两疏指也。且自玄黄以判,此恩有两哉?侗生平自许,直欲捐七尺报人,然须罔极如亲者,今获负墙门,仞有死所矣。不宁斯世镌珉勒策,世世万子孙讵敢忘之?唯是承颜尚逖,跽请无期,云海茫茫,托之梦寐。伏愿锦堂倍玉,少俟春明,驾言几甸,以对苍赤社稷,实式赖之。"(页19A)

案:"温按台"名如璋,上年十一月接替严一鹏任山东巡按御史。《明神宗实录》卷四一五:"(万历三十三年十一月乙未)敕御史金忠士往浙江、温如璋往山东,各巡按。"(《明实录》第61册,页7806)书云:"侗少而励操,不属为庸常人,中遭连染,浸及沉沦,于世长已矣。……台下荐我而兼昭雪我,是一疏而倍两疏指也。"前年严一鹏上疏为侗昭雪,温如璋接任后又荐于朝,其文载《太仆崇祀文》:"(又蒙)按院温荐:'文章出入西汉,墨妙纵横右军,鸷鹜高标,芝兰逸品。'"(《家乘》卷一〇"艺文志二",页60A)

温如璋,字孚德。福建海澄人。万历十七年(1589)进士,初授贵溪令,有治声,丁艰。服阕,补霍丘。甫至境,捕盗魁数百人,悉诛之。岁大疫,捐俸施药,所活甚伙。行取拜广西道御史,其在豸直多所匡济,出视两浙鹾政,宿弊顿清。嗣按东土,威惠双施,税监马堂暴横所部,如璋疏纠甚力,珰为气缩。事竣还里,奉命按吴,病疮而卒。[乾隆]《海澄县志》卷一一有传。(页16B)

公鼐出使过浙江,陈与郊以侗故旧访于行台,并致书为子祖皋求情。

陈与郊《公孝与太史》:"不肖海滨逐吏,何敢通门状于阁下之行台?恃有湿阴一脉。阁下持节道浙上,俨如山斗,何肯遂下阶而延见逐臣?亦如有湿阴一脉尔。而布衣躄躠,甫奏起居,辄叙沉冤,涕泪迸落,蒙阁下听之恻然,哀怜之曰:'有是哉?'还过湿阴,具示之子愿,果而推子愿意,为子愿而重矜井孺,不爱一金。仆姑实体子愿举手投足之未能,岂贱子郊而冀非常之恩,命哉!德音既霈,在稿犹苏,盖相公心一怜雨,露一落唾,简牍一布,即活一命,尽室四五命,天帝已注之云籍,宁问白不白也。伏愿蚤正揆席,以福海隅苍生,郊幸甚,天下实幸甚。"(《蘋川集》卷一,页8B)

案:"公孝与太史"即公鼐,是年春奉诏出使湖广、江西,至秋方还都。公鼐有《丙午春,以皇孙生加上圣母尊号,奉德音使江西、湖广》(《问次斋稿》卷二〇,页218下)、《丙午秋自楚返,初抵家园,山行书意》(上书卷二一,页222下)等。事竣返程过浙江,有《自江楚取道浙江,留杭州西湖旬日乃行》(上书卷二〇,页221下),与郊以邢侗故旧访公鼐于浙江行台,并致书为子祖皋狱案求情。

为三子王藹订婚,聘思州太守殷公麟女,少保大学士殷士儋孙。

邢侗《为藹帖》:“为藹完婚,百尔拮据,筋力物力俱竭矣!用是未得数数候起居,感德伤离,正月不能为抱也。至冗中,念行期将近,特走足□侦信,幸示之。五六日内专申积悃。不尽,不尽。”(《来禽馆真迹》,页16)

案:邢王藹为侗第三子,继室赵氏生,约生于万历二十五年(1597),是年十岁。“完婚”当指订婚。前已考证,侗次子王称为侧室冯氏万历二十一年(1593)生,继室赵氏生三子王藹应在此后,具体时间不详。据邢王称《赵太君行状》:“戊午秋,忽发危疾……惜长兄(王瑞)不祀也,即床褥间以藹子嗣焉。”(《家乘》卷六,页14A)又《马氏传》:“王瑞病卒,氏男女皆无所出,独居七年,王藹始生仲子琪,甫三月氏取之为嗣。”(上书,页21B)“戊午”为万历四十六年,亦即王藹次子琪生于是年。据此可推测王藹若二十岁生长子,隔年生次子琪,则生于万历二十五年左右,应不至误差很大。王藹聘殷氏,李维桢《邢公墓志》:“三曰王藹,庠生,赵出,娶思州太守殷公麟女,少保大学士文庄公士儋孙也。”(《大泌山房集》卷七九,页38A)

王藹,字无贰,号玉相,庠生。配殷氏、王氏,生五子。仲子琪出嗣王瑞,三子珽出嗣王称,少子玿出嗣王枚。(《家乘》卷四上“世系表二”,页12A)

冬,致书同年兵部尚书李化龙,言所委文尚未着笔,成篇后将付吴士端摹刻上石。

《来禽》卷二六《答大司马李于田》:“天家柱石,人士膺门,凡在含生,俱极倾仰。而矧四十年同籍末品,粗知义理,寥寥疏简,果尔惛懵出壁蠹坏虫下哉!两岁来,又时时窥窃口风,欲伸理败铁青黄乎!斫榴感恩弥切,疏节亦岂其情?正缘所委文未敢轻率着笔,一思一汗下,遂乃寝,寻若甘开罪者。不肖每谓今之作者如林,求其于碑板沉雄、韵言典质者,似未多得。意欲抗颜宗昉,在六季之先,而经笥嗛腹,书秘愧行,将俟五车浸涉,而夺于家贫学殖弗茂,致难执笔。兼之伏慑大巫,转成荒蹋,则若何矣。目今自唯万千谢过,只拙书一事,少可自强。事迹业归檃栝,但未联络为篇,竣日酌褚、米书丹,付大吴生运劂,庶几稍谢时装,仰规前匠,以微暴于域中,鄙心或小降也。不虚,不虚。子长天拔,子瞻雄逸,唯台下足兼之。侗也何人,敢污乐厩,妄称帛仪氏哉?寒研轧轧,捉管不尽,素悰填积,容春和敬奏不宣。”(页8B)

案:“大司马李于田”即李化龙,万历三十二年(1604)二月丁母忧,三十五年(1607)六月服阕。《明神宗实录》卷四三四:“(万历三十五年六月庚戌)起少保、兵部尚书李化龙为兵部尚书,协理京营戎政。”(《明实录》第61册,页8215)书云:“两岁来,又时时窥窃口风……正缘所委文未敢轻率着笔,一思一汗下,遂乃寝。”“所委文”指李化龙属撰亡父母墓志铭,侗应诺二年而未着笔,因而复书说明缘由,由此可知此书作于是年冬。又云“四十年同籍末品”,李化龙与侗进士同年,万历二年(1574)至今为三十三年,此盖为约数也。“大吴生”应即吴应祈之子吴士端,吴尚端之兄,吴门碑刻名手,已前见。

本年,郭子直卒。

【诗文系年】

《冯元成客临邑,黄中丞邀济上,余病未能偕往,遥同历下亭、千佛山作》《祭累诰封一品夫人郑太君文》《偏关兵使赵公阅叙晋左方伯序》《伯城石观察度辽》《季弟、八妹之云中塞》《祭文太母文》《刘母胡太恭人七十寿序》《冯青方竹帖》《寄李本宁参知并州》《与云中霍抚台》《中宪大夫陕西按察使司副使章丘逢原张公墓志铭》《柬门人李仲昌》《诗册帖》《送别龚丞之蓬州别驾》《上温按台》《为蔼帖》《答大司马李于田》。

万历三十五年丁未(1607),五十七岁

沛园家居。于慎行师入相,至京而逝。

正月初七日,人日,冯时可于福建大横驿有诗寄怀。

冯时可《人日大横驿怀子愿》:“去岁逢人日,犁丘遇佳主。今兹又人日,孤驿侣僮竖。幸无黄尘飞,且有青山聚。梅作寿阳庄,柑胜永嘉乳。和风披林来,春光漏几许。搔首万里人,清言方拂尘。”(《冯元成选集》卷五,页22A)

案:诗云:“去岁逢人日,犁丘遇佳主。今兹又人日,孤驿侣僮竖。”冯时可去年人日在沛园相聚之乐,此又人日旅邸怀人,故有此诗。大横驿在福建建阳郡。《徐霞客游记》卷一下“闽游日记”:“(十六日),抵建宁郡。雨不止。……十七日,水涨数丈,同舟俱阁不行。上午得三板舟,附之行。四十里,太平驿,四十里,大横驿,过如飞鸟。”(页56)

二月,往东阿谒于慎行师,携赠家酿。

《东阿于文定公年谱》卷二:"(万历三十五年二月)邢子愿归,酒。"(《山东文献集成》第三辑第10册,页749)

三月,致书王稚登,告以近年被灾情形。

《来禽》卷二九《与王百谷》:"叶君至,奉到八行。恍然面对。明月峡是冯开之卷中津津物,清珍极矣。谷雨及期,望半盛新茗。齐遭俭岁,不肖几向厮贱分食。往日盐官,阿堵且巨万,悔不携归饱孥子也。笑笑。数年前,谢仁祖载米馕历下伧,遂成词林佳话,迄今无以报,嗛甚。倘藉天幸南征,敢不倾橐?案上乏管城堪作擘窠者、十行草今隶者,倍足啖面斋中事矣。拙书百幅非多,一俟彩毫漓然而至,即时课上也。登路望许商,从邮亭拈秃颖,聊用申覆。手颤端怯大巫,大巫,陈孟公也。"(页10B)

案:书云:"齐遭俭岁,不肖几向厮贱分食。"应是年所作。又云"谷雨及期",郑《表》,本年"谷雨"为三月二十四日,书当作于三月。可注意者,王稚登索书达百幅,故书云:"拙书百幅非多,一俟彩毫漓然而至,即时课上也。"又"冯开之"名梦祯,浙江秀水人,万历五年(1577)进士,仕至国子祭酒,卒于万历三十三年(1605)。

春,为同年李化龙父母撰墓阙文。

《来禽》卷一六《少保李太公暨元配一品吴夫人墓阙》:"长垣赠少保李太公讳栋,字良材,人称湖西先生。由谱,祖四世而下三赠为少保,太公其一也,配吴太君赠一品夫人,今少保、兵部尚书于田化龙则其仲子云。……驰其日月,大河为梗,圣人图兹保任:'唯吾劳臣。'于田数控,弗获奉母以上。沉涛须彼白马,下揵罄厥淇竹,功几就绪,母乃亡禄。肠凑夙沐,口玉素葳,九饭沦于陨绝,只扇兴其感怆。天子命以一品礼,启太公圹合焉,则以播功故云。……太公以万历庚子四月廿三日卒,得年六十有九。吴太君以万历甲辰七月八日卒,得年七十有四。……于田向人:'甲戌同籍,则鄗赵子、隰邢子,相望齐赵,藉甚文笔,先人钟石岂宜无言。'侗也良久,却避主臣,则念于田中原赤帜,野鹜非类,梦白吾党上座,连璜自失,勉为结撰,聊备餐诵,词之工拙所不计尔。"(页14B)

案:同年李化龙父李栋(1532—1600)卒于万历二十八年。先是,孙矿撰《明累封通议大夫兵部右侍郎兼都察院右佥都御史湖西李公行状》(《居业次编》卷四，页 44A）李化龙又乞于慎行撰墓表，《东阿于文定公年谱》卷二："（万历三十一年）六月，河院李公请太公表。化龙，长垣人。"（《山东文献集成》第三辑第 10 册，页 736）文未成而李母吴太君又于三十二年七月卒。于是，于慎行撰《明诰赠少保兵部尚书湖西李公暨配一品吴夫人墓表》（《谷城山馆文集》卷二七，页 1A），沈一贯撰《封通议大夫兵部右侍郎兼都察院右佥都御史赠少保兵部尚书湖西李公暨配封淑人赠一品夫人吴氏神道碑铭》（《喙鸣文集》卷一七，页 46B）。"鄗赵子"指赵南星（梦白），与李化龙、邢侗同年进士。赵南星所撰文未见，邢侗此文当作于是年春，上年侗有《答大司马李于田》可参见。

又致书李化龙，释墓志与墓阙之别。

《来禽》卷二八《与李于田年丈》："汉人无神道碑，只有墓阙或墓阙铭。无铭曰阙，有铭曰墓阙铭，今郭明老文正合也。阙者，碑石上阙一孔，丽牲也，吴孟元亦知之。入圹为志铭，在地为阙铭，极重大，极古雅。哀辞似未灼灼，幸信而勿疑，更之如何？"（页 15A）

案：此书短似便笺，或随上述《墓阙》同送李化龙处，为释墓志与墓阙之别。书中"郭明老"即郭正域，其文未见。"吴孟元"即吴士端，即前书之"大吴生"，因刻碑而著于齐鲁间。

四月，长子邢王瑞书《白衣经》。

《家乘》卷一一"翰墨志一"："《白衣经》，正书，木刻，万历丁未年清和月。"（页 10B）

案："清和月"即四月。《白衣经》有跋："公（王瑞）自十余岁已能为颜平原麻姑坛书，晚又善薛文清公书，顾无可考见。比阅顾氏《画谱》，得所题临邑邢王瑞鉴定行书小字，及《庄子》批本所署'无恋厌子评阅'六正书，遒逸端严，各极其致，惜不多觏耳。是经虽出板本，而精采焕发，雅足擅妙临池，其于来禽亦犹大令之于右军，信可宝也。"（《家乘》卷一一"翰墨志一"，页 10B）

大病初起，即作《奇石图》扇面。

题识："丁未病初起，和墨作此图。幸不能画，乃复沾沾矜伎俩耶。一笑。来禽生。"（中国嘉德 2014 春季拍卖会"重要私人珍藏（四）——黄山之影"图录）

案：此扇面经张岳崧、孔广陶、潘正炜、潘佩赏诸家递藏，钤有"邢侗之印"，有孔广陶题识："邢子愿爱写石，此幅得笔法于叔明，而又参用元章意。少唐。"

五月，于慎行入相，以礼部尚书兼太子太保、东阁大学士参赞军机要务，寄书致贺。

《来禽》卷二四《贺东阿于尊师命相》："金瓯名覆，郁四海之云霓；黄阁麻宣，焕九重之日月。主上英明，独断朝端，鼓舞维均，恭唯阁下。扶舆间气，盖代鸿儒，清拟圣人，任优天下。……顾侗束发皈依，觉负墙之独昵；中年落拓，赖大冶之洪甄。今兹敢篴俊以弹冠，聊欲从祖筵而结袜。三熏三沐，一抃一言，望少岱之山房暂闲封薜，喜卧云之茆栋将去为霖。谷城一夕，鸣轲泗上，诸侯夹毂伫观，周舄何羡蒲车。从来命相之欢，无此惬舆之美。所愿倍加珍鼎，胜彼炎涂，谌式荣倌，惠兹下国。"(页 2B)

案：五月，于慎行与李廷机、叶向高同时拜相。《明史》卷二一："(万历三十五年)五月戊子，前礼部尚书于慎行及礼部侍郎李廷机、南京吏部侍郎叶向高并礼部尚书兼东阁大学士，预机务。"(第 2 册，页 286) 又上书卷二一七："(万历三十五年)廷推阁臣七人，首慎行。诏加太子少保兼东阁大学士，入参机务。再辞不允，乃就道。"(第 19 册，页 5737)

五月初五日，端午，应德州仓使阮以鼎之请，撰《德州户部司庾使者题名记》。

《来禽》卷一一《德州户部司庾使者题名记》："国家定鼎燕都，则德水实雄紧咽喉地，盖倾东南郡国漕纲，舭艪艒宿所必涉历境。而厥初建议截贮漕，实屹然京坻，以示近甸重，而示天下备。是名水次仓，大农外府之政。兹实当海内甲，良匪细故。迨常丰仓并建，所由出纳在卫所，官军城守与蕃戍之役几中分。而主者持权执概以酌金粟宜，则恩怨实府焉。其所布在方册，兼总庶事，未更仆数。若漕白二艘，则以我为风伯天吴使；若榷署，则以我为缗算使。由前所云，大农外府之政，如缠絯然，如俪佹然，主者得无告劳乎？劳则何知？唯是莹冰其操，而以大智周其务，则今桐城阮大夫其几矣。……庾自永乐乙未设，诸监督姓名则自天顺五年始，大夫砻石记焉，亦自天顺五年始迨于今，方幅留余。大夫世所名文章家，逊弗操笔，而属之侗。侗则奚任焉？记石意在备厥观省，当其碑拱手向愿，闭目眵眯。凡两途，孰为嚆矢，孰为炯监，则天地鬼神实式临质之，大夫勿谓余言廓豁哉……"(页 7B)

案：此碑又称"德州仓使碑"，现藏德州苏禄文化博物馆。碑上为半圆形碑帽状，中为"德州仓使碑"正文，下为"仓使题名"。邢侗撰文、书丹、篆额，末署："万历丁未孟夏五日，赐进士第、中顺大夫、陕西行太仆寺少卿兼宁夏河东兵粮道按察司佥事、前按三河三吴、山西道监察御史、侍经筵官、济南临邑邢侗撰。”“桐城阮大夫”，为德州仓使阮以鼎，是年仍在任，《东阿于文定公年谱》卷二：“（万历三十五年正月）华从子仓部以鼎自德州来谒。”（《山东文献集成》第三辑第10册，页748）文中“大司徒肥乡张公”，为万历中户部尚书张学颜，《明史》卷二二二有传。

闰六月，往东阿谒于慎行师。

《东阿于文定公年谱》卷二：“闰六月，邢子愿来。”（《山东文献集成》第三辑第10册，页751）

广西参政曲迁乔携广西巡抚杨芳书至，有书答之。

《来禽》卷二五《答广西杨中丞》：“往者滇校文李司农还我济北之里，甫下车而以函书及也，有清俸焉。万里深衷，至今衔戢，缺然未以报也，赤鳞苍距难矣。曲方伯丈来自粤西，复以函书及也，有清俸焉。……论交半世，晚合而盟金石，侗即无幸盖棺，蹝履垂缨，发梦而来赴者，以德足下乎。日来家业凋残，僮奴千指不能再饱，此七寸管又不能生活，台下谓此夫者人间冗长物耳。娄阅疏词，良为县官吐气。伫延北召，相与晤言。”（页6B）

案：“广西杨中丞”名芳，自万历廿六年（1598）为广西巡抚，至今十年，故有“伫延北召，相与晤言”云云。“曲方伯丈”名迁乔，时以广西左布政升顺天府尹，上任顺道省亲。《明神宗实录》卷四三五：“（万历三十五年闰六月己卯）升广西左布政曲迁乔为顺天府尹。”（《明实录》第61册，页8230）

致书户部尚书赵世卿，荐举德州仓使阮以鼎，并告以近况。

《来禽》卷二八《上大司徒赵南渚》：“德庾之敝也久矣，赖阮使君一洗而新之。大都使君不以日力称过，使客不以阿堵数娑点。家门清白，斤斤敕厉三年，如持玉奉盈处女之贞、巨鳌之负也。尊台伦鉴，灼灼八方，每先之部辖。即如秦使君鄘衍之竖，今得阳和，阮使君其文学选乎？失之聊鲁，将酬之何所欤？不肖见善如饴，夙辱门墙，谊切敢乐告焉。顷过东阿，谷城师所推尊一世龙门而敛然自避者，出于由衷，且曰：‘既稽大拜，复稽冢席，如此世界，圆盖遂将转方舆。’不肖冲口答：‘大拜冢席俱不足入吾郡司徒相公心，唯是片善必扬，唯恐有闻，拮据国是，入对不崇朝，矢以身徇师，其念旃，式旃！’相与大笑，釂斝二三。不肖将以六十未至之三岁，穷《易》、读《尚书》，高蹇瘁行人，达士也，不肖愿学焉。张仲仪贡士津津我者，非我所毕世自期者也。岂其如此面孔而遽厕先生之下足乎？别有坐进，以俟振策。”（页12B）

案:“大司徒赵南渚”名世卿,时任户部尚书。其万历三十一年(1603)兼任吏部尚书,两年后仍任户部尚书。书云“不肖将以六十未至之三岁”,应五十七岁即是年作。此书荐德州仓使阮以鼎:“德庾之敝也,久矣,赖阮使君一洗而新之。”“阮使君”即阮以鼎,时三年任满将离任。

七月,山东饥,齐属各县以旱灾告。

黄克缵《霖雨为灾请发内帑赈济并议改折疏》:“今岁自正月不雨,至六月终乃雨,已无麦矣。晚种禾黍方望有秋,不意自闰月之三日至七月之六日,昼夜淫雨,城郭庐舍倾倒殆尽,平原广野悉成巨侵,道途不通,人民漂没,百里内不见田畴。……臣愚谓国以民为本,民以食为天……唯宜急发内帑三十万金,俟水退之后,容臣督行道府,分历州县,凡灾沴余民大加赈济,使不至流亡思乱……”(《数马集》卷五,页1A)

案:黄克缵此疏有题注:“万历三十五年七月。”是年山东受灾情况严重且范围甚广,黄克缵万历三十六年四月作《请发临德仓米以继济饥粥费疏》云:“去岁山东夏末、秋初,两月淫雨,田禾尽没,被灾者凡七十余州县。”(《数马集》卷五,页5B)闰月即是年闰六月。又《明通鉴》卷七三:“(万历三十五年)冬十月癸酉。山东饥,齐属以旱灾告,其被灾最重者禹城、濮州、临邑、陵等二十六州县;次重者商河、平原、邹平、德平等二十三州县;又次重者沂州、宁阳、长青、德州、肥城等十二州县,俱酌量赈济蠲免有差。”(页567下)

临邑连遭阴雨,十不一得,赋诗报灾。

《来禽》卷二《敝邑今岁几大熟,连遭阴雨,十不一得,室庐半毁,徙爨通逵,即事成诗,且以呈诸当路》:“有岁占天意,淫霖奈浃旬。壤垣连万屋,浮瓮及比邻。无计医禾耳,还谁念甑尘。裁书报凭轼,临纸泪痕新。”(页11A)

案:临邑连遭旱蝗之灾,生民困极,侗以诗向当事者反映民情。冯时可《邢公碑铭》:“邑苦旱蝗,走白黄中丞,调谷济之。邑为他邑代养二马,奏记当路罢其征。”(《家乘》卷五“家传二”,页12B)

八月十二日,王之垣落葬,撰文祭奠。

《来禽》卷一七《新城大司徒王公诔》:“某厕在世牒,复连姻籍,而先生素与先侍御公讲德砥名,是称夙好。旐旐之役,谁则任之?至人至心,至德至行,光光函夏,讵第重渤岱宗间。某因抒哀作诔,以广德观。言辞弗斐,非所计也。”(页7A)

案："新城大司徒王公"名之垣，卒于万历三十二年（1604）十一月，长子四川巡抚王象乾因播州军务不得回乡，至此方才奔归治丧。据侗《资政大夫户部尚书王公行状》："事已于竣几两年，（象乾）盱间垫隘始奔归，归而凭棺尽哭。"（《来禽》卷一九，页1A）又据山东桓台出土于慎行撰《明故正议大夫户部左侍郎诰赠户部尚书见峰王公暨原配夫人于氏合葬墓志铭》，其万历三十五年八月十二日落葬。（《北京大学图书馆藏历代墓志拓片目录》，页963）

诸公卿祭奠诗文，有黄克缵《祭少司农王见峰》（《数马集》卷五〇，页6B）、黄辉《祭王见峰少司徒》（《黄慎轩先生文集》，页28A）、公鼐《司徒新城王公挽章》（《问次斋稿》卷二四，页253下），汤显祖有《挽司徒新城王公十四韵》诗，题注："蜀制府公尊人也。"（《汤显祖集全编》诗文卷一八，页1084）

于慎行将赴京就任，专往临邑看望邢侗，随车携带六十盒菊花，侗报以家酿雪酒。

碑刻释文："谷城师辇至，黄花六十，色色俱足，仆报以家酿雪酒廿盛。"（石刻现藏临邑邢侗纪念馆）

案：于慎行将入相，行前来访邢侗，侗欣喜甚，写下二十个行书大字："谷城师辇至，黄花六十，色色俱足，仆报以家酿雪酒廿盛。"后又镌刻上石，成为传世佳作。

九月，于慎行赴京上任，专程送至恩县旅邸，对灯相饮，承欢颇怡。侗告以"无以小子示天下私"。

邢侗《揭帖》："属当职师大拜如京，侗以间道送之恩县旅邸，明灯杯酒，欢悰甚洽。不意相别未几，职师一旦溘先萎。"（《邢子愿杂著》）

李维桢《邢公墓志》："座主东阿于文定里居，岁一往候之，文定公恒语人：'子愿君子，世无知者。'意甚不平。既相，子愿饯之境上，祝曰：'天下人才何限，吾师翕受敷施，无以小子示天下私。'"（《大泌山房集》卷七九，页38A）

案：于慎行之任入京，邢侗专程送别恩师。侗《玄照帖》："前托都人寄致一札，想达玄照，节蒙参药之惠，甚得济也。今岁水潦为灾，木棉无半两之入，奈何！奈何！不日送于师广川道中，当备述寒塞之苦，或可借子公力乎？吾丈其且秘之，此中小大粗安再报。九月廿八日，侗顿首具。"（《来禽馆真迹》，页91）

十一月廿二日，于慎行不幸病逝于京。赠太子太保，谥文定。

《明史》卷二一七："诏加太子少保兼东阁大学士，入参机务。再辞不允，乃就道。时慎行已得疾。及廷谢拜起不如仪,上疏请罪,归卧于家,遂草遗疏,请帝亲大臣、录遗逸、补言官。数日卒,六十三。”(第19册,页5737)

案:于慎行带病入都赴任,到京后十三天即去世,谥号“文定”。《东阿于文定公年谱》卷二:“(万历三十五年十一月)壬午,内阁以讣闻及遗疏上。上震惜,诏治丧。有旨:‘辅臣于慎行特召简用,未几病故,良可悼惜,应得恤典。该部从优查例来看,遗疏留览。’”(《山东文献集成》第三辑第10册,页758)

朝士公卿撰祭文奠诗众多,有叶向高撰《太子少保礼部尚书兼东阁大学士赠太子太保谥文定于公墓志铭》(《苍霞续草》卷一〇,页7A),又有叶向高《祭于谷峰先生文》(《苍霞续草》卷八,页25A)、黄克缵《祭相国于文定公》(《数马集》卷五一,页7A)、李维桢《祭于文定》(《大泌山房集》卷一一五,页7B)、吕绅《于文定公诔辞》(《去伪斋文集》卷九,页43A)、于若瀛《闻于相国讣有感十韵》(《弗告堂集》卷一五,页5A)、公鼐《哭于相国谷城先生》(《问次斋稿》卷二一,页224上)、顾起元《于文定公挽章六首》(《懒真草堂集》诗卷一一,页24A)、陈与郊《祭阁老于谷峰文》(《隅园集》卷一六,页12A),还有杜文焕作《挽东阿于相国老师二首》,自注:“师尝为余作《城南别业记》《五岳隐居诗》。”(《太霞洞集》卷八,页7A)

在家中设灵堂,置于慎行木主,着麻衣祭拜。

邢侗《揭帖》:“职师讣至,职瘟怆承亲讳,即置木主设寝,酌古服绖。亲友相唁,麻衣拜之。”(《邢子愿杂著》)

同邑姻亲王三迁卒,为撰行状。

《来禽》卷一九《累诰封中宪大夫潞安府知府绍庭王公行状》:“封公讳三迁,字养蒙,寓号绍庭。……稍长则抚舅氏典客刘公所,舅母则侗先侍御公同产妹也。……注心学庙,与侗等谋先以三十千坊诸巽,若元君祠、城隍庙、龙王祠,皆公倡议庀徒云。……望七之龄,谨视五十岁许。”(页19A)

案:“绍庭王公”名三迁,其舅母为侗姑母,其子王浩、王洽均中进士第。王洽与赵南星善,南星为撰《绍庭王公传》(《赵忠毅公文集》卷一三,页20B)、《明封中宪大夫山西潞安府知府绍庭王公合举乡贤公移》([同治]《临邑县志》卷一五,页75A)。王三迁卒年不详,[同治]《临邑县志》“王浩传”云:“擢河南宪副,老幼卧车辙而泣不得行者三日,旋闻封公讣。”(卷九,页6A),据《明神宗实录》卷四三一:“(万历三十五年三月丁亥)吉安知府王浩为河南按察副使。”

(《明实录》第 61 册，页 8147)"吉安"当为潞安之误。则王三迁当逝于是年，卒年五十多岁，《行状》云"望七之龄，谨视五十岁许"。

山东提学副使靳于中为题坊门"一代龙门"，坊建在泲园前。

李维桢《邢公墓志》："靳尔时颜其庐'一代龙门'云。"(《大泌山房集》卷七九，页 38A)

《家乘》卷九"坊表志"："'一代龙门'坊，在泲园前，靳尔时为太仆公题。"(页 1B)

案："靳尔时"名于中，是年六月由户部郎中任山东提学副使，至万历三十八年(1610)闰三月升本省右参政。《明神宗实录》卷四三四："(万历三十五年六月庚戌)户部郎中靳于中为山东提学副使。"(《明实录》第 61 册，页 8215)又卷四六九："(万历三十八年闰三月癸丑)山东副使靳于中为本省右参政。"(同书，页 8855)靳于中题额当在提学副使任内，姑系于此。

靳于中(1562—1644)，字尔时，号习鲁。河南尉氏人。少颖异，万历二十六年(1598)举进士，以户曹主事出监浙税，擢郎中。迁秩山东副使督学山东，又备兵辽海，割俸金修边围六十余里。为官清廉，办事干练，政绩赫然。迁山西左布政，不到一年升佥都御史巡抚保定，官至南京工部尚书。享年八十三。详见《靳公行略》。([道光]《尉氏县志》卷一九，页 16A)

杨巍卒，年九十二。

谢肇淛《明故荣禄大夫柱国少保兼太子太保吏部尚书二山杨公神道碑铭》："殁之日，上遣官祭葬，赐黄肠䘏襚，赠少保，任一孙中书舍人。哀荣郑重，当世无两。……公讳巍，字伯谦，别号二山。……公生于正德丙子，历四朝，至万历丁未卒，春秋九十有二。"(《小草斋文集》卷一六，页 327)

案：时谢肇淛以南京兵部职方司主事丁忧家居，杨巍"季子司理君以余尝受事公宇下"，属为撰神道碑文。山东巡抚黄克缵有《祭太宰杨梦山》(《数马集》卷五〇，页 13A)。

公鼐得侗寄书，有诗见答。

公鼐《得子愿书》："河上闻悲曲，西来见好音。比邻千里意，末路百年心。远岫寒云结，孤城夕照沉。一言歌往事，东武为谁吟。"(《问次斋稿》卷一五，页 164 下)

案：侗所寄书未见，公鼐此诗未详作于何时，据《问次斋稿》序次，此诗前有《丁未初度山居作》,后有《丁未除夕》,姑系于此。

历城刘敕母王太君卒,撰文祭奠。

《来禽》卷二〇《祭济南刘母王太君文》:“……五云有母,孟家有邻。三迁断杼,一颚腾旻。十上迍邅,百家淹博。彩笔纵横,万灵挥霍。不名官阀,今日李边。……君欲报生,侗敢忘万。先太君姓。偕豆偕登,君殁我倾。是日来哭,天寒雪昏……”(页9B)

案:“五云”即刘敕,字君授,号五云,山东历城人。其母卒于何时不详,检张鹤鸣有《挽历下刘五云母》云:“历山刘五云,不爱腰间组。看妇煮江鱼,问寝月卓午。窗里铺古书,窗外钟其花。上堂怡颜色,下堂课桑麻。教儿读书声,母也乐且嘉。……绝裾匡晋室,弃亲良可伤。隐身入深山,焚母已不祥。何如刘五云,寸步依萱堂。况有丹凤碑,千载历山傍。”(《芦花湄集》卷二一,页4B)张鹤鸣曾二度任官山东,万历廿年(1592)至廿五年(1597)任历城县知县,三十五年(1607)至三十八年(1610)任山东副使,此当为任山东副使时作。(据邢文自注:“先太君姓。”)姑系于此。

刘敕(1560—1639),字君授,号五云。山东历城人。万历七年(1579)中举,授富平县知县,未几母丧辞归,后再未入仕,著述数十种,有《历乘》传于世。参见[乾隆]《历城县志》卷二九。(页34B)

临《十七帖》手卷赠张山人,刘敕有跋。

邢侗草书临《十七帖》手卷,末署:“邢侗写。”又刘敕跋:“邢侍御临池之业直逼钟王,而上苑之日,购者不惜千金,人有只字珍若拱璧。余与侍御素相交善,所有者不过往来手札耳。顷见张山人所携卷,真侍御平生所不多见之笔,心甚赏之。第不敢夺人所好,山人其珍藏之,勿为人轻购焉。刘敕识。”(中国嘉德2014秋季中国古代书画专场图录)

案:此卷长达八米八二,为邢侗临帖罕见之作。卷中钤有“邢侗之印”“邢氏子愿”“邢侗之印”“云云亭亭间人”四印,均见《中国书画家印鉴款识》(页636)。另有二印,一为“刘敕之印”,一为“五云”之印,均为刘敕印,其号“五云”。邢侗此作未详书于何时,姑系于此。

岁暮,致书门生张昕,言及连年旱蝗,了无心绪。

《来禽》卷二九《与张北海公子》:“冰清玉润,后彦所希,而在吾维桑之昵,敢不矢其岁寒!拙书留从者,颇有深意。苦旱忧蝗,不能遂也,须之菊绽时。”

（页 30A）

案："张北海公子"名忻，从邢侗学书。李放《画家知希录》卷三引"山左诗钞"："张忻，字静之，号北海。掖县人。明天启乙丑进士，本朝官至天津巡抚，书法邢太仆，画宗董宗伯。"（页 12B）张昕为太常寺少卿张孔教（1567—1638）子，[乾隆]《掖县志》卷四有传。（页 32B）书云"苦旱忧蝗，不能遂也"，因山东连年旱蝗，故无心绪也。此书又载《来禽馆真迹》（页 75），姑系于此。

本年，同年王见宾卒，年七十二。郑汝璧卒。

【诗文系年】

《与王百谷》《少保李太公暨原配一品吴夫人墓阙》《与李于田年丈》《贺东阿于尊师命相》《德州户部司庾使者题名记》《答广西杨中丞》《上大司徒赵南渚》《敝邑今岁几大熟，连遭阴雨，十不一得，室庐半毁，徙爨通逵，即事成诗，且以呈诸当路》《新城大司徒王公诔》《累诰封中宪大夫潞安府知府绍庭王公行状》《祭济南刘母王太君文》《与张北海公子》。

万历三十六戊申（1608），五十八岁

泲园家居。以嗣女字于慎行师之孙元瑛。

正月初三日，携粮北上，未便入京，于潞河畔迎师还柩。

邢侗《揭帖》："侗系养病致仕四品职官，猝然入京未便朝谒，且恐人以北面之大途为终南之捷径。若夫易橐毁形，微行匍匐，则职犹未敢尽言。唯是职师归榇有日，千里摇摇，殊艰跋涉。皇上尚遣官给驿，侗岂木石？侗已决策，预备十日干糗，一鞴芒鞋，直抵近京半程野店，迎师还柩。"（《邢子愿杂著》）

《来禽》卷二六《又与黄抚台》："侗于正月三日裹粮北首，十七日抵张湾，侨居萧寺，候谷城尊师还柩耗。"（页 4A）

十七日，抵张湾，侨居萧寺，等候恩师还柩消息。

《来禽》卷二八《上李相公九我》："侗于新正月半潜抵潞河祗候。以此间近都会，耳目颇长，故未敢以短疏上恩。"（页 12A）

十九日，得山东巡抚黄克缵书，其又遣僚属赴京迎丧。

《来禽》卷二六《又与黄抚台》："十七日抵张湾，侨居萧寺……又二日，而

舍中儿敬赍台翰至，读之反复，若睹慈宇，旅况为之小展。”(页4A)

《东阿于文定公年谱》卷二：“(万历三十六年二月)行中丞黄公遣材官来逆丧，藉良于行。”(《山东文献集成》第三辑第10册，页759)

于潞河旅次，得山东副使俞维宇书，复之。

《来禽》卷二六《与俞参知》：“岁暮人还麈尊手削，兼拜精谷方珍之赐，不肖从潞河萧寺中得之，不自觉其喜心倒极也。谨此南向百拜以谢。不肖伴护先师还梓，已抵东阿城矣。于长君迫在柩次，不肖原拟躬诣堂皇，代长君有所丐请于赐坛之重，不意节旄尚在济州，用是未敢以羁旅之踪远慁行部。维是命使金先生专伺宠临，以获与于趋陪为幸。真以日为岁，业有特椷达记，不肖敢副陈焉。伏乞惠之期日，以便蹁履恭迎于宅。祭轴已备，伏乞祈先以台衔检示，令其肃付史曹。”(页5B)

案：“俞参知”名维宇，时为山东副使兼东兖兵备道。《明神宗实录》卷四三九：“(万历三十五年十月癸亥)升济南府知府俞维宇为东兖道副使。”(《明实录》第61册，页8310)又据《东阿于文定公年谱》卷二：“(万历三十六年三月)参议俞公维宇来。”(《山东文献集成》第三辑第10册，页760)书云“不肖伴护先师还梓，已抵东阿城矣”，此书即葬礼前作。

俞维宇，字宪乔，号如愚。福建莆田人。万历二十三年(1595)进士，授户部主事。补山东登州知府、济南知府，擢山东副使，晋山东右布政，湖广左布政，补广西左布政，署巡抚。丁内艰，服未阕卒，年五十四。[光绪]《兴化府莆田县志》卷二四有传。(页57A)

廿六日，于慎行灵柩至潞河，晤长君于纬，议及为于师建祠事，并致书山东巡抚黄克缵。

《来禽》卷二六《又与黄抚台》：“侗于正月三日裹粮北首，十七日抵张湾，侨居萧寺，候谷城尊师还柩耗。鱼而鱼服，即僧众不识为何等。又二日，而舍中儿敬赍台翰至，读之反复，若观慈宇，旅况为之小展。廿六日唔于长君，备述尊台轸注之切，相对泫然。因议及为师建祠事，正值所天抚莅，实千载一时，祠址择于学宫之傍，自市故宅，一木植、一瓴甓不敢烦有司毛发。盖德平葛端肃公有傍州在，阖学诸生具呈台次，望尊批允锡以美祠，更劳会按台合发扁署，以光大典，即据为向后疏题敕建之张本，幸甚。窃念师素叨尊台气调文字之知，盖棺俎豆首藉口风，师地下当颔而欣顾。至于于氏之子姓捐糜衔戴，更何可言！不肖厕在门墙，谬称莫逆，今日之请，敢代于长君碎首。长君纬一切颇能自致，以逢掖分未敢辄奏尊者前，统祈俯垂灼亮。”（页4A）

二月初二日，于慎行师灵柩自潞河出发往东阿。

《东阿于文定公年谱》卷二：“（万历三十六年）二月己未，潞水泮始发。子愿逆诸潞水之次。”（《山东文献集成》第三辑第10册，页759）

《来禽》卷二八《上李相公九我》：“二月二日，张湾戒榜。”（页12A）

案：郑《表》，“二月己未”为初二日。

一路扶护于慎行师灵柩至东阿。

邢侗《揭帖》：“随孤子纬，朝则与朝，暮则与暮，沿途伴护，徐达东阿正寝，以安灵魂。盖纬为当户之男，而侗自附于族众之强丁；纬为徒跣之孤，而侗自列于攀棺之死士。”（《邢子愿杂著》）

《东阿于文定公年谱》卷二：“（万历三十六年）三月庚申，大輂归自京师。辅卿寺、四方行中丞、御史台、藩臬郡县皆遣会葬，境内者及亲宾毕至。赐阡于祖茔之麓，以明年冬十二月庚申葬。”（《山东文献集成》第三辑第10册，页760）

案：据郑《表》，是年三月无“庚申”，《年谱》记日有误。

二月，同邑表兄许葑卒，将葬，为撰墓志铭。

《来禽》卷一三《诏授征仕郎官故孝廉洲亭许公墓志铭》：“余里中称乔木，庶几余不腆邢与南许。窠条相望又世婚姻家，洲亭许公，则余小子中表兄也。……公讳葑，字君采，洲亭其寓号也。公子尔实辈拟于戊申二月五日举公窆于城南之祖阡，问志余。余亦骨肉雁行处其卑齿，又素辱公眷知异恒常，且嘉尔实辈图所以不朽其亲者，有至心也，乃为志之。尔实辈英茂具科第才，矧绳绳者未可量乎。”（页26B）

案：文有“戊申二月五日”，故系于是年。

三月初三日，再至东阿，于慎行灵柩暂厝谷城正寝。

《来禽》卷二八《上李相公九我》：“三月三日，侗随命使共厝文定先师于谷城正寝，阖眷都无所疾苦，秋毫尽尊之芘也。”（页12A）

于慎行厝棺后，又致书黄克缵巡抚代于纬表示谢意。

《来禽》卷二六《与黄抚台》：“先师文定公捐谢翟门之署，业自撤帷之辰，尊台兴言，旧雨竖谊，千秋爰有。概于辅臣之重，特属材官逆之境上。旌旗在前，弓弩在后，续食县道，在所钦承。高门之裔，生者死者获保于家，秋毫皆大赐矣。厝棺之夕，餟赗临门，云汉巍章，宠于谕命。唯闾左右籍籍交谈，此足以起逝九原，妥生百口矣。于生以下，其敢汶汶生成！侗等繄唯是颂，义无穷时矣。祠堂之事，既蒙慈俞，即有专申。侗此中尚有挟日之留，正在经纪，不及一二，先代于生鸣感激如此。”(页2B)

案：此书作于于慎行师厝棺后，据“侗此中尚有挟日之留”，时仍在东阿于师家中。又“祠堂之事，既蒙慈俞，即有专申”。指侗所撰《上黄抚台呈词》，呈请修建于文定公祠堂事，详后。

在东阿，辑理于慎行遗书授于纬。

《来禽》卷二八《上李相公九我》：“侗住郓城尚有日月，为小商略家事及辑理遗书。已从新城迎得青鸟为卜，赐茔数筵地，方得还蜗舍也。”(页12A)

《东阿于文定公年谱》卷二：“(万历三十六年三月)……子愿榇封毕，叙诸遗集授子纬。先生所著有《谷城山馆全集》《兖州志》《东阿志》行于世，《经筵讲章》《南宫奏议》《笔尘漫录》《枕史》藏于家。”(《山东文献集成》第三辑第10册，页759)

有书寄呈李廷机相公。

《来禽》卷二八《上李相公九我》：“腊嘉平有所咨禀于墙仞下，荷尊留神俯答，娓娓数百言，莫非格训？乃今而后，夫子之发吾覆也。侗懵懵，敢不戢尊良箴！侗于新正月半潜抵潞河祗候，以此间近都会，耳目颇长，故未敢以短疏上恩。仰仞尊爱我而曲成我，雅有深指，白鱼鱼服，乃所以戢尊良箴。二月二日，张湾戒榜。三月三日，侗随命使共厝文定先师于谷城正寝。阖眷都无所疾苦，秋毫尽尊之芘也。侗住郓城尚有日月，为小商略家事及辑理遗书。已从新城迎得青鸟，为卜赐茔数筵地，方得还蜗舍也。碑板一切，则须会葬前图之。伫正家席，以对天下。”(页12A)

案：“李相公九我”名廷机，与于慎行、叶向高一同入阁，参与机务，时以礼部尚书兼东阁大学士。

事毕将还临邑，再寄书呈山东巡抚黄克缵以谢。

《来禽》卷二六《又与黄抚台》：“伏承尊远遣材官健力来会谷城葬事，典出无前，荣侈生死。不肖陈情荷允，抑又厚借龙光。事已，率于公子纬北向叩首，以谢异恩。纬持重有心计，大襄巨细必求哀礼，矢不以阿堵俭亲。然自先师讲筵正亚卿座，所得俸赉业已洗然尽矣。题主乃萧少傅，祀后土属之衍圣，储长双玉在瞻，谓一时盛际。总之，所天温盎，一切悉系波余，即二公亦交口明台隆极，他宾客不必言矣。奔会奁顿间辄俯还人，用报成事，野次不尽缕曲云。"（页5A）

案："黄抚台"亦山东巡抚黄克缵。书中"萧少傅"，名大亨（1532—1612），山东泰安人，时任兵部尚书，上年三月以甘肃斩获海虏功，加少傅。《明神宗实录》卷四三一："（万历三十五年三月戊寅）论甘肃斩获海虏功，沙赖台吉处决枭示，总镇李汶、总督徐三畏、总兵达云各加勋荫，赐银币及诸将佐有差。兵部尚书萧大亨、原任尚书田乐、户部尚书赵世卿，以运筹各赐银币有差，萧大亨加少傅，荫一子锦衣卫百户。"（《明实录》第61册，页8139）

自东阿回，撰文祭奠座师于慎行。

《来禽》卷二〇《自东阿回祭文定尊师文》："客冬送师，绿酒恩州。今春迎师，潞河素旒。我迓我随，以抵故丘。皇餟孔殷，间欢咿呦。孱侗相之，唯礼是求。休阳福唐，实尸厥谋。长君茕茕，二连抗驺。我服加麻，我怀日抽。台允建祠，作计千秋。垂当复穿，侗则疾邮。暂斯告还，一杯清流。师其鉴旃，神弥六幽。"（页6A）

又撰文回忆座师于慎行。

邢侗《揭帖》："原任陕西行太仆寺少卿兼按察司佥事、今养病致仕邢侗，为在三义重惊闻师讣，亟愿行丧以全大分至情事。职侗厕名万历二年进士，实出故大学士东阿于先生之门，计令且三十余年往矣。职自筮仕县令，以迨为巡盐巡按御史、粮储参议，节受训督，随分尽职，未至败常渝守。……窃念职师粹德清忠，为帝者师阅历垂四十年，夷夏同倾，妇孺尽服。其所应该恤谥，诸恩自有公评。……夫桃李贵在不言，躬行何必出口。而侗以穴居废顿，正恐赴义不卒。用是感慨露陈以自矜奋，用以质之当世主盟大人长者，俾若持券而次第齿责焉。则相成之雅宠于更生，不泯之丹揭于未死。大伦幸甚，孱侗幸甚。须至揭帖者。"（《邢子愿杂著》）

案：于慎行师卒，邢侗哀痛之极，撰文回忆，以哀悼乃师，表以心迹。此文万历本、崇祯本《来禽馆集》俱未载，见《邢子愿杂著》。文原无题，据"须至揭帖者"，题曰《揭帖》。

编纂《东阿尊师于文正公年谱》，同撰者有阮自华。

邢侗《东阿尊师于文正公年谱叙》："门人邢侗曰：我先生实钟岳灵星采应

梦而生，天挺灵异，少而凝重，敏慧绝伦。即舞象之年，去炎甘寂，业已具大人度矣。逾冠都翰林，器业为一时冠冕。即海内自负才俊，各睥睨不相下，见先生不觉伛偻而弱其傍，先生逊谢弗当也。不宁唯是名宰翰林，前辈咸谓先生：‘海涵泰峙，我辈所不及。经筵敷奏，莫非沃主德而抑邪萌。’即主上亦谓：‘于先生郎朗超著，一字朕所会心。’此岂咄咤偶合者？先生徘徊进退，不欲与时贤竞进。人先而我独后，劳勋深而敛然不自明焉。桃李不言，下乃成蹊，信乎其不虚也。……比长君纬以先生行履谬属侗，侗惧黔谫弗胜，幸先生《枕史》在，可据也。……盖存者什六，去者什四，差似成书，名曰《年谱》。侗非敢借掠美先生事词，妄谓不仍则不备，不竭一得则不情。左氏拟经，马迁袭用秦以上书，颜籍汇汉，孝标疏明《世说》，不专一法。要于前代圣贤，互有商考。侗也其义则窃取之矣。拜麻以后，则据郭、唐二孝廉扎遗疏布载方册，此其荦荦大者，可与倡议江陵疏、上邱司寇书并行于世。……长君纬呕心竭蹶以图，先生身后可谓有子。我开府司马黄公书及侗：‘于公子老成敏练，文定公为不死。’如言哉！知言哉！巨公长者，其闵而惠之不朽之词，纬也厚幸，侗等厚幸。”(《家乘》卷一〇“艺文志二”，页1A)

案：《东阿于文定公年谱》二卷，署明邢侗、阮自华撰，山东省图书馆藏明末钞本。叶向高《太子少保礼部尚书兼东阁大学士赠太子太保谥文定于公墓志铭》：“盖再逾年，而始克葬。门人邢子愿次公之生平为年谱，李公道甫状之，而公子纬持以乞志铭于余。”(《苍霞续草》卷一〇，页7A)此谱署邢侗、阮自华撰，据于师《枕史》增删而成。

阮自华，字坚之，号澹宇。安徽怀宁人。万历廿六年(1598)中进士后，初任福建福州推官，再任江西饶州，后转户部郎，榷税山东德州。因“著廉干声”，升任庆阳知府，调邵武太守，兴利除弊，不遗余力。以病老辞归，卒。著有《雾灵诗集》。[道光]《怀宁县志》卷二〇有传，(页5A)

春，致书康丕扬，并赠以歙墨数螺。

《来禽》卷二八《与康骧汉侍御》：“是月之十有八日亭午，不肖身手西京琬琰，穷弇阆之致，而冯仲君匹马见过，面尽黄埃。解带相寒喧，坐而进茗汁。问所之，则曰：‘康尊师将以爱息字先元兄三郎也，余其往谢之。’不肖不觉喜气浸浸满大宅，已咨嗟叹焉。古人不作，古道安复？今于台下见古人古道矣。顷闻宗伯先生之门阒其如扫，太夫人日以泪沉洗面耳。台下慨以大事然许之，轻数百里之涂而割寻常儿女之恋，置目前华膴婚姻之要，而徇冢间宿草之尚。……不肖亦宗伯髫龀交，敢因便道悃悰。薄有歙人置墨数螺，借以明殷勤。台下篝灯起草，月费上方隃麋凡几斛，此实不足供白简用，聊为最少郎君涂鸠耳。春渐暄融，唯为社稷苍生自爱。”（页13B）

案：“康骧汉”名丕扬，时为山西巡按御史。“冯仲君”名珂，冯琦弟，于慎行《明故河南布政使司左参政诰封通议大夫礼部右侍郎兼翰林院侍讲学士仰芹冯公墓志铭》：“公子男二：长即琦……次珂，郡诸生，娶李氏茂才延绪女。”（《谷城山馆文集》卷二一，页13A）丕扬与冯琦莫逆之交，琦卒，以女字琦第三子，故侗赞曰“古人古道”。

历城县知县陈升满考上绩，撰文纪之。

《来禽》卷七《历城陈公满考上绩序》：“历城明府夏邑陈公，为都谏太公元子，世受田何《易》，通明经术，颖秀多文，绝迈伦等。绮岁连上射策成进士，以次授我邑。几历期月，辄登上理，誉望卓卓百城东诸侯间，而以才大换县历城。……公居平翛然自远，衣履不冒纤尘污。传家笃素，见诸吴越巧伪器，为之蹙頞。衙斋缥缃数卷，退食萧萧，与庭树对，恒有余闲。交酬鞅掌，咄咄马蹄，悉不能为公困。……公先令吾邑，吾邑鄙小，不得竟有公。于其去而兴歌曰：‘衮衣章甫。’今历之人不谋而兴歌曰：‘章甫衮衣。’公之异日社于齐两邑，不必论，而今以三载上功状也，铨宰且将何以处我公？则唯前令陈公之傍州在，则又唯太公都谏之箕裘在，若夫织文誉命之典，此公家狎承事，不必刺刺谈矣。历城诸佐尉以公休明问词余，余则何辞？虽然词不惧戛哉？则有两邑细民‘衮衣章甫’、‘章甫衮衣’之辞，腾诸碑口具矣。”（页18A）

案：“历城陈公”名升，［乾隆］《历城县志》卷三四：“陈升，字抑吾，夏邑人。万历二十八年进士，除历城知县。刻《李攀龙集》，修其墓。升户部主事。”（页6A）陈升先任临邑，改历城，然诸书均未详时间。据［同治］《临邑县志》卷七“知县”：“陈升，夏邑人。进士。”（页5B）其后任有药济众，而药万历三十三年（1605）莅任，则陈升廿八年（1600）举进士，授临邑县知县，三年任满，于三十二年以才望改历城，故序云：“成进士，以次授我邑。凡历期月，辄登上理，誉望卓卓百城东诸侯间，而以才大换县历城。”又据《历城陈明府首应公车序》“先生宰历凡四年”，则陈升任历城四年，故系此文于此。于若瀛有《赠历城令陈仰吾考绩受封序》（《弗告堂集》卷二二，页6B），亦同时作。

应历城县知县陈升之请，为其父陈世恩撰传。

《来禽》卷一二《工部都给事中两峰陈公传》："……都谏公名世恩，字庆远，两峰其寓号也。……举已卯省试，又八年丙戌，举礼部，未及对策即谒告归。……己丑入对于廷，用次得保定理。……遂以天下治行第一，征入拜户部给事中，寻转右，递转左。公触事拜黄白纸，悉关国是，主德、人、材、民、命之大，不乐为苛细毛举，辇下籍籍'陈给事真谏议'云。甲午持节奉使，乙未北入还报，迁为工部都给事中，未几遘疾，卒，得年才四十有四。……子男三，长升，继公成进士，为临邑、历城两邑，声迹卓卓冠百城。时以高第征，犹公保定已事焉。……侗事历城公久，窃与有独知契，命侗传其先……"(页19A)

案："两峰陈公"名世恩(1552—1595)，字庆远，号两峰，河南夏邑人。万历十七年(1589)进士，仕至工部都给事中。《明神宗实录》卷二八三："(万历二十三年三月)乙未，升耿随龙户科、陈世恩工科，俱都给事中。张企程礼科左给事中，孙羽侯刑科右给事中。"(《明实录》第57册，页5244)传云："未几遘疾，卒，得年才四十四。"则其生于嘉靖三十一年(1552)，卒于万历廿三年(1595)。陈世恩子陈升，传云"时以高第征"，当为陈升是年历城知县任满，征入户部主事时作。

陈升入都为户部主事，撰送别序。

《来禽》卷八《历城陈明府首应公车序》："先生名谏议子。身自为绮年名甲第，风神气尚著见睫间。……先生去我邑极难，我邑万众走台挽之，莫可得。历之民胡以逭临民诅？先生宰历凡四年奇，首尾于菑相岁月。旱则祈澍，潦则祈曝，蝗则祈出境，飓则祈返风。饥者粥，病者药，流者劳，殍者霾，荒政具矣。……先生今且赴公交车，命驾行矣。缙坤士皇皇曰：'奚而夺我父？'穷檐遐甸残癃之众则曰：'奚而夺我母？'拟且画像伐石，纪厥去后垂不朽。而历之僚佐幕则亟亟先有请焉，曰：'吾辈赖先生不至废职守，不至受意外督责，厥惠实大。愿公数语报先生。'余嘉诸君指，为差次素所知先生者如此。临民昔群而诅历，令历将胡诅乎？先生必且曰：'两邑者，吾骄子也。吾旦夕不忘历之民，试以临之口。'其证焉，其须焉。"(页1A)

案：侗与陈升交厚，始于临邑，继于历城，故云"侗事历城公久，窃与有独知契"。陈升之去，侗撰三文以记，于是可见一斑。

临邑县知县药济众三年满考上最，撰文纪之。

《来禽》卷七《药令公三载上绩承恩序》："……我令公才授职辇下，辇下率啧啧：‘临邑难治，难治。’令公初亦谓难治云何。比莅事，而毫末必审谛，手记心存亦必尽毫末。然又坦其胸怀，不逆亿人事。……于是邑尽洗一纪丛弊，以较嘉、隆又大悬绝。民怀吏畏，渐以康阜，几还四纪前葛天无怀、大槐安境景光矣。凡历三年，台使尉荐二十许，卓然齐鲁冠冕。两台上最如令，获以誉命及二人身，授阶爵及内，此洵洵官摘民之明验也……”（页 21B）

案：“药令公”名济众，万历三十三年(1605)来任临邑县知县，任满考绩上最，赠封如令。侗对药济众临邑政绩颇有好评，求其续任。其《许表兄帖》云：“许表兄还舍，拜琅函，悲感交至，丈之知我、念我深矣。药老父母覆露吾辈百年，所仅见者，恐一旦所天见夺。详在华老启中，唯丈速赐脱回。依然借冠，犁丘万户实式承之，讵唯吾二三乡绅伏枕奏言？冻毫不次，侗顿首具。”（《来禽馆真迹》，页 86）

药济众，号润苍。山西和顺人。万历二十五年(1597)中举，选临邑县知县，迁顺天府通判，历官昌平兵备道副使，以老乞归。家居殉难，赠太仆寺少卿，从祀乡贤。[乾隆]《重修和顺县志》卷六有传。（页 22A）

药济众知县考绩上最，代山东巡按御史撰文纪之。

《来禽》卷七《临邑药明府考绩承恩序》：“余代匮谏官，滥司天省，其于铨序流品，盖窃窃萦念焉。向困家食，每从邻境默默程长人者，未数数厌心也。若临邑明府药先生，则余愿为执鞭非虚矣。先生以三载考上司功，司功按令甲，为疏请誉命。上逮二尊人身授阶，内子并拜誉命，煌煌烈矣。……先生尉荐几二十许，剡最绩于齐鲁不二三屈指。执是而付铨序，行膺膴要为其先代重。不直今一命及尊人，暨其身与内，然而临之缙绅士、三老子弟，颂休美而报其勤，愿自今始矣，愿自今始矣！”（页 9B）

案：题注：“代作。”文云“余代匮谏官，滥司天省”，即代巡按御史作也。时萧淳为山东巡按御史，当代其所作。《明神宗实录》卷四三九：“（万历三十五年十月丁卯）山东巡按萧淳劾代管中右所游击赵之牧、代管中后所游击吴贡卿及守堡官孔朝用、陈尧勋等，当宁前失事时，皆隐匿情弊，掩败为功，宜行提问，从之。”（《明实录》第 61 册，页 8311）

五月，唐昭甫来学书，喜而有作。

《来禽》卷四《王正廿三日唐昭甫以元学书至，喜而有作》：“腊雪融春坞，征鞍驻此辰。小僮青箬笠，孤客白纶巾。君欲闻齐语，吾能爱楚人。行踪欣有托，篇咏契无邻。朋道频年绝，书邮少日亲。一谈偿忆梦，千里问迷津。寓赵豪持罼,辞燕笑数缗。阮涂车轧轧,冯舍铗璘璘。坐迟新莺动,行逢别筵陈。拂衣乌戍柳,逐路马蹄尘。望望南湖棹,悠悠北道宾。伤离兼惜侣,相嘱重加轸。”(页7B)

案:“唐昭甫”,事迹未详,李化龙《送唐昭父游秦归楚》(《李于田诗集》“场居稿”下,页12B)、杜文焕《答唐昭甫题会教庵》(《太霞洞集》卷八,页6B),均此人。其人访沛园从邢侗学书,侗有《五月廿九日同昭甫座间即事》条幅:“避炎楼阁昼长闲,与尔开尊面远山。瓜本邵平浮远盎,巾犹郭泰折青纶。天朝命相初宣制,人世还山且驻颜。湖海茫茫关底事,视君腰铗有缑管。来禽侗顿首具稿。”(《式古堂书画汇考》,第6册,页633下)

唐昭甫居留沛园,贫无所供,书一扇市钱以作酒赀。

邢侗《与昭甫札》:“上宾过此,不能具酒赀,殊愧殊愧。今以一扇易得青钱百文,足下持至市上垆头,试与许孟与共醉也。昭甫年家兄。侗顿首。”(《式古堂书画汇考》,第6册,页633上)

案:“许孟与”名用敬,亦从侗学书者,详前。

过继季弟邢伉之女,许配于慎行之孙元瑛。

李维桢《邢公墓志》:“尝女季弟女,因以字内史子元瑛。……嗣女一,字东阿礼部尚书大学士于文定公孙、今中书舍人纬子官生元瑛,即前所云女弟女者。”(《大泌山房集》卷七九,页38A)

叶向高《大明资政大夫太子少保礼部尚书兼东阁大学士赠太子太保谥文定谷山于公墓志铭》:“孙男元瑛,公没后,太仆少卿邢公侗许以女,即撰公年谱者。”(《苍霞续草》卷一〇,页7A)

邢王称《赵太君行状》:“东阿文定公孙元煐以世谊求聘府君,府君诸前范氏女,付太君侪诸两妹推解。顾复长,而规以内则,戒以鸣环,劳爱无间于所生。迄今蔚然称贤淑两家者,母之力也。”(《家乘》卷六,页14A)

案:嗣女为季弟邢伉女,伉配范氏所生,订亲在师母秦氏病逝之前。《祭东阿尊师文定公文》:“感元兄之至孝,许结谛而备除蠲。盖师母生而闻此,而今此豆登之设,聊作二大人儿女婚姻之几筵也。”(《来禽》卷二〇,页3A)订亲时女尚幼,至天启二年(1622)方出嫁,详后。

就两家缔亲致书于纬,赞曰:“式玉式金,佳儿佳妇。”

《来禽》卷二四《答于长文》:“伏以两姓人伦,悬诸日月,百年吾道,不废江河。仰附有因，俯存增愧，恭唯台下，中原阀阅，东鲁箕裘。少承严训于鲤庭，名高尼阙；长阐芳华于韦老，望切汉京。孝追曾氏之踪，业遡文饶之美。顾侗疏放扪臆，思唯先师，万里闻孙，不肖片言。许女敢曰大而非耦，实缘缔则益亲。式玉式金，佳儿佳妇，虽则拟之而少逊，第取合之而什全。特荷瑶音，不胜雀抃。展言李谢，永矢松盟。伏冀台慈照鉴。”(页 1B)

七月，于慎行之妻秦氏卒，再往东阿吊唁，撰文祭奠。

《来禽》卷二〇《祭东阿于师母文》：“……我师至人，含真抱朴。夫人相之，不扬以缩。我师及第，蜚声曜文。夫人佐之，不溢以坟。我师在朝，金华入讲。夫人进饔，倾耳珂玤。我师在列，玉署同盟。夫人解珮，雅志琮璜。我师孔云，闾党亹亹。夫人曰于，我酒有萸。我师永慕，手足偲偲。夫人曰喁，我铛有糜。我师起家，无心贵仕。夫人庶而，轩冕泥滓。我师阅世，驻颜大还。夫人企其，烟霞粥饘……”(页 13A)

案：师母秦氏卒于是年七月，年六十三。萧大亨《秦氏合葬墓志铭》：“状淑人者，纳言孟公秦之所自出，词综而无溢，不佞辱同。……故譬淑人之造于于也，犹夫文定公之造于国也。则为淑人志，不佞何敢以不文辞？……生于嘉靖二十五年十月初八日，卒于万历三十六年七月二十四日，得年六十有三，寿与公同。”(《济南历代墓志铭》，页 193)

上书巡抚黄克缵，请循前例，准建于文定公祠。

《来禽》卷二二《上黄抚台呈词》：“窃照于文定公扶舆间气，昭代伟人。蚤起誉于圣童，咸预占乎国宝。……正直忠厚，近古所稀矣。复藉法筵，洊登宗伯，持藩封于政府，净国本于圣人。……公为德乡闾，若躬创巨，悯齐民之沟壑，恒蒿目以调停，敢云分政所司，聊以厝安吾土。……窃闻历下殷文庄公业有专祠，其家疏请敕建，下部覆议。德平葛端肃公，亦有专祠，久蒙两台批允，署扁表楣。而德平已允春秋二祀，所有祭品合用，一切久入正支，征办可查。今公长男官生于纬，情愿自行营建，不扰官司。水石垩丹置买有绪，且学宫东侧基址相应，伏乞俯赐准从。令其家特建祠堂，比照德平，一体编银，有司举祀，实与前例相合。至于敕建丐恩，且不敢轻议。生等聚族稽礼，义切情真，不任百代瞻仰。颙颙俟命之至。”(页 5B)

再致书巡抚黄克缵，乞为于文定公祠题额。

《来禽》卷二九《答黄抚台》：“……文定先师已矣，孑然嗣子，族哄里欢。

猥沐仁膏，晏兮礼次，一丝一发，实赖所天。祠额允题，先期示指，凡叨门故，畴不锲中。方正是嘉靖间名险糜，男冕，孙男凤岐，奕世绍徽，家声不替。邵格之青丘青蓝，擅誉罗氏。云来属耳于鲁，初制坚润玉如，于此道略无遗法。君房漆灂，可谓极玄，但质不甚腻，杵不及千也。前蒙湖颖刁樽之赐，久失谢言。天海旷沦，率难摹答。王正转律，伫伺宸函。”(页 7A)

于文定公祠成，撰文祭奠。

《来禽》卷二〇《祭先师文定公祠》：“唯师大造所铸，拟古哲人。晚藉纶扉，溘焉观化。举朝及野，畴不尽然。乃建特祠，出诸曹议。两台合肯，永秩仪章。殁社于乡，唯师无忝。侗来奔会，敬奠一觞。庶几传焰，神其洋洋。”(页 6B)

案：于文定公祠建成，于纬请黄克缵撰文纪之，其《太子太保礼部尚书东阁大学士文定于公祠堂记》曰：“时大宗伯文定于公召入辅阁，没于京师。谷城士民惜高山之已颓，叹仰止之无从，请立祠以祀，垂之世世。余与藩臬大夫及督学使者佥曰：‘是宜祀。’居数岁，予改官南枢，闻言乞归。而先生之子秘书君遣使入闽，问记于余。……立祠崇报，以式乡闾，有司之责也。予不佞，昔忝齐台，其敢不勉竭鄙陋以慰邦人属望之意？遂书此以复中秘君，庶几附名石末，赖公以传。”(《数马集》卷二六，页 13A)

泰安知州江湛然来书，寄其母郑氏行状，属为撰传。

《来禽》卷一二《江大母传》：“泰山太守江君，治泰山政理甚著，荐疏凡二十上。一日函书及余，渍泪盈其函。余发书露状，则悉其大母事，意属余传之。……今上在宥三十六年，歙诸生以母状上邑郡监司，会直指宋公巡方竣，报母得如例，奏列天子，报可。旌其间，竖棹楔焉。……母得寿七十有九，仗节五十有九年，丧厥天，实唯二十有一岁。清臣名湛然，文章名辈，自为母状甚晰……”(页 17A)

案：“泰山太守江君”名湛然，安徽歙县人，时任泰安州知州。[乾隆]《歙县志》卷一一：“江湛然，字清臣。由举人初授泰安知州，迁婺州同知，两署府事，六绾邑符，晋两浙盐运同知，出守桂林。予告归。”(页 38B)

致书陈与郊，告知连遭乃师、师母之丧，甚为拮据。

邢侗《与陈广野(七)》：“念毛牦未效，愧且无却自容，乃辱分金，隆泰滋用，不安于心。镫毬华艳，目所未睹；白粲盈车，浮淮远达。总之皆异宠也。年来荒顿，转不可支缺，然称答须之未即即土日耳。一秦复陶得之兰州，计曹奉作绵袍。清酒二盛，差具黍味，但恐未便得至，奈何！弟拮据，谷城一切，几卖此身于于公之门，往来百许日，方得妥师于寝。近师母又逝，复赴拮据，所小稽使，以此祭于师，文足当典谟，何又重之币？具死者复生，生者不愧矣。传述节烈，敢不如指。应酬扰扰，绝无片刻清适。明春当勉课自书褚、米，付梨赍往也。问虎头兄索数两岕茶，靳不予，殊笑人。弟迩日酒可饮三十小杯，饭亦健，须尚无一茎白者，读书觉有味，想当有数十年活也。"（《泲园集》卷五，页79A）

案：此书《来禽》未载。此书告知好友陈与郊，连遭于慎行师、秦师母之丧，往来奔波，花费颇多，故而家计拮据。又《与李本宁》云："俟拜文之日，将输王氏青毡以谢。然青毡适在质库，故前未及申，真如向所谓韩昌黎笑人矣。……携我妇子一二，里庄收二麦，黄鸡作羹，啖磨棋饼，大是田家瓦盆味，不堪持饷也。"（《来禽》卷二八，页1A）李维桢《祭邢子愿》述及邢侗晚年家境情况："太公家饶益而好施，又听公施。与诸子析箸，家督居薄，客以平昔意气望公，公无以望客之腹。衣冠满座，浊酒啖面，与之书一纸、诗一章，或小画一帧而已。诗不恒作，画尤不易得，唯八行书贵于南金，即朝鲜诸国争购之。而公贫日益，所构黎丘园，颓垣破椽，鞠为茂草。子女婚嫁事繁，取给麦与木绵，往往听命于岁。不足用，流移见公出拥舆而啼，极知公亡何有。然舍公将安杖，蹙然沉吟，为贷质以资之，天下不悉也。"（《大泌山房集》卷一一六，页18B）

九月，王象乾服阕将入都起复，来访泲园，有诗送之。

《来禽》卷三《新城王一丈入贺见访》："河洛风烟满素秋，笋舆朝发问东邮。中郎待漏行宣表，内史还家暂浣牏。画省冠裳清晓梦，绕衣嵩少白云流。相拼一醉山中客，明日天涯襆被愁。"（页6A）

案："新城王一丈"即王象乾，为王之垣长子，故称。是时服阕起复，《明神宗实录》卷四五〇："（万历三十六年九月丙申）起原任都御史王象乾为都察院右都御史兼兵部右侍郎，总督蓟辽保定等处。"（《明实录》第62册，页8516）王象乾入都拜领新职前，先访泲园。侗《仁丈资深帖》："王霁老果借蓟督，此生平骨肉亲友忘形至契，无事不来商榷。"（《来禽馆真迹》，页95）

致书妹婿马拯，告知家中近况。

邢侗《仁丈资深帖》："计仁丈资渐深矣，不知将借何缺何地？王霁老果借蓟督，此生平骨肉亲友忘形至契，无事不来商榷。俟过邑时，另以四拜，敦嘱必咨如意一镇，以少答年来眷雅也。虽召望无所须此，人亦各尽赤忠耳。孙五老老师仍入秉铨鉴，当别作一番新样，都察院长多属吾乡赵吉老也。九兄通在省城，携诸郎亲授，觉有至趣。近日巡舍，二豚亦知向学，况与贤甥当相砥砻也。渐寒，衣裘加至，远睎何任悬悬？侗顿首具。”(《来禽馆真迹》，页95)

案：此书无上款，观其内容，“仁丈”为马拯无疑。其万历三十四年(1606)二月任山西副使，至此将及三年，故曰“计仁丈资渐深矣”。“王霁老”为王象乾，是年九月起复为蓟辽总督。“赵吉老”为赵焕，字吉亭。又云“九兄通在省城，携诸郎亲授，觉有至趣。近日巡舍，二豚亦知向学，况与贤甥当相砥砻也。”“九兄”为堂兄邢倌，时携王瑞、王称及马拯子天行在济南读书。

为曾台清美亭题诗，曾台为太史曾可前之父。

《来禽》卷一《寄曾太公清美亭》：“龙盖山头风日好，踏步闲将落花扫。方罫移来水石间，交樾天垂荫芳草。退如徙倚太公傍，为避陶家覆局狂。南风竞甚客子北，太公却擅支公长。傥然败棋亦可喜，成败何缘电光似。只今清昼美遨游，冠履衿绅都不滓。退如风调相如流，我欲从之云梦搜。相思莽莽湖南路，一片寒烟杜若洲。”(页12A)

案：“曾太公”名台，为曾可前父，湖广石首人，里人称“怀云先生”，喜弈，筑“清美亭”。［乾隆］《石首县志》卷五：“曾台，以子可前贵封翰林院编修，妻李氏封孺人。”(页4B)刘士骥有《清美亭诗》，引曰：“曾太师翁怀云先生始居，约与客斗棋松下，无论胜负，意甚适也。比既贵，时时召故所善客赌酒为乐，吾师太史公请假归侍，间以手谈当戏彩，先生从傍指点，竟日无倦色。于是取东坡诗语颜其亭曰‘清美’，而小子骥赋十绝句。”(《蟋蟀轩草》，页元六十A)“吾师太史公”即曾可前，万历三十二年(1604)为会试同考官，刘士骥即其所收士。曾可前三十三年告假侍养，三十六年(1608)入朝复官，邢侗此诗及刘诗俱为其复官后作。

曾可前，字退如，号长石。湖广石首人。万历廿九年(1601)进士，廷试第三人。三十二年(1604)任会试同考官，所收多名士，以父年高告假里居三年。父强之出，勉赴阙，未几即归。邑多水患，上书请赈，昌言当事筑堤防，两遇涨决，尽捐己囊以全活梓里。其门生为乡邑令，岁时馈遗，一概谢绝。父卒，以哀毁过亦卒。著有《石柟馆》等。［乾隆］《石首县志》卷二有传。(页42B)

同年吕坤家居，遣仆来索书。留住数日，所委诸书俱作，并寄书告以近况。

《来禽》卷二六《答吕心吾总宪》："伊周颜闵，峙岳中原，天下翕然宗之。李所谓龙门，谢所云东山，直喀喀孩臭谈耳。侗受知遇独深，提拂甚切，乃不裹粮负笈造庭阶，寒暄炙侍，即亦不克时陈竿牍代未面之私也，尚得戴齿发称人哉？则以年来谷悭岁俭，食力佣书，昕夕拮据，落柘极矣，安能周四境外乎？忽报台傔惊皇，与坐徐伸尊翰，宛转百心，且重以多仪谊均天壤，鄙人何以称也？具悉庆堂融洽乡里，归诚片语垂型，一丝系鼎，此独座之所由亟藉耳。不审台骈北指，可容不肖侗长踞谒邮舍，躬奏雕虫末技否？所委诸书一一干上，卷用褚河南法，是比来趋尚。纸则勉效颜平原，取其俨雅，用配训言，海奉细流，泰延撮土，即日宪府题才应类是。留傔旬日，不敢假手儿子门生，赤心可念也。长男三上名场不遇，颇泛滥群书。近兢兢学道，见伯父咳唾必饮。次未冠，亦观场。三四俱授经，五则在龀乡。此先大人之遗，侗薄德，安所得多男及书种未绝乎？连三按使者争荐侗于朝，此不过面上眉耳，不能通耳目用也。因忆往岁明台极心扬诩，今尚其余波耳。"（页 14A）

案："吕心吾总宪"名坤，与侗进士同年，前任山东参政，已前见，时以刑部左侍郎告老家居。《明神宗实录》卷五七二："（万历四十六年七月壬寅）原任刑部左侍郎吕坤卒。坤，河南宁陵人，登隆庆辛未进士，由县令入为铨部郎，历藩臬、巡抚，至今官。翱翔仕路者三十余年，居林下二十余年，而天性忱恂，居身谦素，有古人风。"（《明实录》第 64 册，页 10805）侗书中言及五子情况："长男三上名场不遇，颇泛滥群书，近兢兢学道"，长子王瑞时年三十一，三次乡试不中；"次未冠，亦观场"，次子王称十六岁，隶在县学；"三四俱授经"，三子王霱约十二岁，四子王桓年与王霱相若；"五则在龀乡"，五子王嘉时年五岁。又曰："连三按使者争荐侗于朝，此不过面上眉耳，不能通耳目用也。"指三任山东巡按严一鹏、温如璋、萧淳，先后为侗昭雪并荐于朝而未果。

书云"所委诸书"今已不存，唯上海博物馆藏《行书吕氏家训》，可资参考。释文如下："少而患不才，产业不患贫而患憙，张门户不患衰而患无志，交游不患寡而患从邪。不肖子孙，眼底无几句诗，胸中无一段道理，神昏如醉，体懈如瘫，意纵如狂，行卑如丐，败祖宗成业，辱父母家声。是人也，乡党为之羞，妻子为之泣，岂可汝吾祠葬吾茔乎？戒石具在朝夕诵思。济南临邑末学邢侗顿首恭录。"（《中国古代书画图目》第 3 册，页 242）

岁暮,致书吏部尚书赵焕,告知近况。

《来禽》卷二八《与赵吉亭冢宰》:“……伫俟蒲驾北来,扫室焚香,跽聆明训,兼出一二藏轶,少博清欢。处士星猥参台躔间,不免烦太史惊奏,亦齐鲁部中一奇耳。侗入山廿载,近颇有物色之者,秋毫以上莫匪明恩,志所称‘结草衔环’,似关稗说,侗则欲躬自试之也。谷城师一旦至此,侗春初身抵潞河,沿途经纪其丧者百日许,比师母继捐,复抵其家,为一妥其族器,计台下所欲知者。岁暮隆寒,伏唯珍调餐膳,以需即日温纶。”(页2A)

案:“赵吉亭冢宰”即赵焕,时任吏部尚书。据“谷城师一旦至此,侗春初身抵潞河,沿途经纪其丧者百日许,比师母继捐,复抵其家”及“岁暮隆寒”,则是年岁暮所作。

本年,山东再遭旱灾,春、夏、秋三旱,民众苦不堪言。

【诗文系年】

《与俞参知》《又与黄抚台》《诏授征仕郎官故孝廉洲亭许公墓志铭》《与黄抚台》《上李相公九我》《又与黄抚台》《自东阿回祭文定尊师文》《揭帖》《东阿尊师于文正公年谱叙》《与康骧汉侍御》《历城陈公满考上绩序》《工部都给事中两峰陈公传》《历城陈明府首应公车序》《药令公三载上绩承恩序》《许表兄帖》《临邑药明府考绩承恩序》《王正廿三日唐昭甫以元学书至,喜而有作》《与昭甫札》《答于长文》《祭东阿于师母》《上黄抚台呈词》《答黄抚台》《祭先师文定公祠》《江大母传》《与陈广野(七)》《新城王一丈入贺见访》《仁丈资深帖》《寄曾太公清美亭》《答吕心吾总宪》《与赵吉亭冢宰》。

万历三十七年己酉(1609),五十九岁

泲园家居。李维桢来访泲园,居留三日。

正月,于若瀛为佥都御史巡抚陕西。

《明神宗实录》卷四五四:“(万历三十七年正月辛丑)于若瀛为佥都御史巡抚陕西。”(《明实录》第62册,页8572)

姻亲王三迁落葬,撰文祭奠。

《来禽》卷二〇《祭封中宪大夫上党郡守王绍庭姊丈》:“自公离世,亦越两

期。卜云其吉，归窆在兹。孝子尽志，厥物孔治。无巨无细，营综靡遗。微言海内，勒诸彝碑。哲人瑰行，偕天壤垂。不朽为虑，罔俭是仪。百千万亿，畤窥藩篱。唯侗作状，当实匪奇。没而祀社，足乡闾师。马坊有赫，马鬣生姿。我来临殡，爰哭其私。骨肉肺腑，痛则奚持？……”（页14B）

案："王绍庭"名三迁，约卒于万历三十五年（1607），见前。据"自公离世，亦越两期"，其落葬当在是年。题云"封中宪大夫、上党郡守"，盖其子王浩前为潞安府知府，秩满受封。又"姊丈"与《行状》所云"稍长则抚舅氏典客刘公所，舅母则侗先侍御公同产妹也"稍异，未知孰是？

三月，《东阿尊师于文定公碑》上石，撰文并手书，吴士端摹勒。

《来禽》卷一六《先师谷城于文定公碑》："万历岁在丁未十一月二十二日，吾师于先生薨于都城相舍之正寝，春秋六十有三。呜呼，痛哉！……先生履宦近要，赏赉绸叠，疏金晏禄，班亲逮逖。礼本宁俭，贵而安窭。学徒不倦于鸣铎，眚灾数勤于抵掌。藩户悉刀笔之地，亵燕著仪刑之美。文章立乎正统，训词还于大雅。括族则河东，琅琊未足以方驷；程度则叔度，林宗胡惭于均薵者哉。……侗念景鸾以齐诗见系，元宾用殊操动轸，商苞致石于太尉，曹稆标嵑于凉国。肪宁抒其赤悬，后沛享其义钱。侗也业酌斩绖，远就奔会，高彪引绋，侯芭土篑，宁敢后焉？乃与元兄纬谋，击石佗山，爰勒斯作……”（页6B）

案：此文邢侗所撰并手自行书书丹，"姑苏吴士端摹并镌"，为书法佳作。冯时可《邢公碑铭》："为（于慎行师）碑仍手书之，人称二绝。"（《家乘》卷五"家传二"，页12B）又任玥跋曰："子愿先生吾乡前辈善书者，推为白眉，或题赠尺幅，或写意邱壑，人争传重之，此帖撰并书。真字字珠玉，清逸绝不可及。先生书法，斯为至矣。时己酉三月清明任玥跋。"（《家乘》卷一一"翰墨志一"，页1B）

春，作《仿李唐拳石图》寄赠冯起震，后起震补竹其上。

邢侗《仿李唐拳石图》款识："己酉春日，仿李唐小法作石一拳，寄青方社兄一览。来禽生邢侗。"后冯起震又补竹，题曰："子愿先生实当代名公，只字片纸世人郑重，奚啻拱璧？余得此小幅以转萧株兄，盖重之也。乃又反余补竹，识为续貂矣。癸丑冬北海冯起震白。"（故宫博物院藏，《中国古代书画图目》第21册，页95）

案："青方社兄"即冯起震，善画竹，与侗多有翰墨往来。先是，侗仿南宋李唐画拳石，寄赠冯起震，起震"癸丑冬"即万历四十一年（1613）补竹。

四月,妹婿马拯秩满升大同左卫道参政。

《明神宗实录》卷四五七:“(万历三十七年四月乙卯)升宁前道副使马拯为大同左卫道布[参]政。”(《明实录》第62册,页8614)

案:马拯任辽东副使兼宁前道兵备三年秩满迁官,“布政”当为参政之误,见上书卷四六〇:“以新升大同左卫参政马拯仍为宁前道。”(页8689)

七月,因辽东抚按所请,妹婿马拯留任辽东副使兼宁前道兵备。

《明神宗实录》卷四六〇:“(万历三十七年七月癸卯)升开原道副使石九奏为江西参政,以新升大同左卫参政马拯仍为宁前道,新升宁前佥事高折枝调为开原道,从辽东抚按请也。”(《明实录》第62册,页8689)

案:邢慈静《为夫请恤典疏》云:“唯是先任辽东宁前兵备时,正在按臣熊廷弼部下。……虏喜其坐镇,军士服其推心。六七年间边尘不起,良有以也。盖致身虽属职分,而呕血已成痼疾。”([同治]《临邑县志》卷一一,页10A)又《追笔黔途略》云:“追忆先大夫辽阳坐镇六载,清宁鸡犬相安,一离界即戎马相蹂,败不及收,至今泯不为叙也。”(《家乘》卷一一“翰墨志一”,页9B)邢侗与马拯交善,因爱妹慈静之故,感情更为亲近。有《马镜石像赞》云:“端靖鸿庞,则泰山之凝立,八九云梦,则合灵襟而吞吐。以出入笔掞天花,蹴踏文士而敛之。若无佗枝,坐镇边庭,不烦缯匹而虏部输诚。陋彼幻茅,开府建牙,伫廑乎丹扆。公方偃曝南荣,笑扪虱虮,概其平生,不进而退,不驶而迟。知白守黑,竟占九枰之胜,如今兹者耶。”(《来禽》卷二一,页22B)据“坐镇边庭”之语,应为马拯任职辽东所作。

邢慈静随夫在辽东,有诗思兄。

邢慈静《思诸兄》:“千里瑶台锁暮愁,鹡鸰原在海东头。故园棠棣春常在,怅望犁云意未休。”(《之室集帖·非非草》)

上书山东巡抚黄克缵,反映本邑受灾实情,民生惨状,恳乞“第一改折,即次停征”。

《来禽》卷二九《上黄抚台》:“生等厕在台台抚育之下,一纪余矣。……唯是今岁之情形,更岌岌危矣。弥年雪雨愆期,麦秋如扫,沾沾妄觊者,谷秋耳。五月终透雨较迟,立苗率晚,所幸澍霖相接匝月,茂密可观。不意积湿,胎虫油然蕴蠹,一夕而蚕丛陡布,三日而颖穗尽截。……鄙小邑半借木棉易米为活,乃今千斤之地秤鲜斤余,百金之家斗绝糠核,又何论乎数亩贫民、佣身窭子哉！生等窃睹近状，率担稚幼望小熟地面窃逃。无奈数日绝食，妇羸向风僵死，男子力竭弃稚于涂。生等间从五里庙、清凉店路傍拾得遗孩，付童奴代乳。自余目所不见、力所不赡，讵可更仆？大抵出门一望，百家之聚，数口之家，屋上则椽檀皆空，屋下则人烟尽绝。穷鸟初巢，饥乌渐逝，有科在簿，无主应催。有地在图，何人办种？树榆尽白，老蓿连萎，井溢墙颓，即一二遗民，栖身无所，戴星披月，枵腹号空，如是而已。我老公祖忠谊对天，慈仁优圣，望恩汲汲，所不必言。伏审按台老公祖，一念闵恤至心，形诸累疏者，不减郑侠流民之奏。巡行所至，曲纳空牒，广加咨度，在在已回阳矣。今所恳冀者，尊台亟为生等敝小邑转道如许情形，赐之均照，幸甚，幸甚！缘按台老公祖宪纲崇峻，及瓜候代，书椟例不得通。生等者虽系为桑梓诵言，迹邻私启，故趑且未敢也。诸生百姓各具禀呈，伏唯尊台俯垂允议，第一改折，即次停征……”（页27A）

案：“黄抚台”即巡抚黄克缵。此书极言本邑灾情，上年冬大雪连绵不断，今春连降大雨，五月又发生大旱，秋天再遭虫害，秋成无获，民不聊生，惨不忍睹。侗为民代言，词言情切。书云：“生等厕在台台抚育之下一纪余矣。”黄克缵万历二十六年(1598)来任山东右布政使，至今十二年，故曰“一纪余矣”。

往平原县访康丕扬，会好友徐迪吉在座，赋诗八章。

《来禽》卷五《偶过平原厌次访康先辈，会同社徐汝惠在座夜话，辄成八章》，其一：“赵胜遗墟草树平，东方荒冢暮烟生。凭车吊古思无那，又听前滩沙鸟鸣。”其二：“开元旧事已茫然，太守平原尔独贤。晚上玩花台上望，牧樵牛马下平田。”其五：“逢占射覆有遗书，一任田家饱蠹鱼。赖得孝廉公子在，梁尘翻出数行余。”其七：“离披杂宝间银黄，古堞摧颓辱斧斨。官府至神民至戆，至今犹说姓名香。比有假令，尽攫宝器去，故及。”（页31A）

案：“康先辈”名丕扬，是年春辞官归里。[光绪]《陵县志》卷一九：“三十七年春归里，杜门不问户外。”（页14B）其辞官缘于被劾“素行不谨”，见《明神宗实录》卷四八三。（《明实录》第62册，页9095）“同社徐汝惠”名迪吉，与康丕扬为姻亲好友。邢侗《文林郎洛南县知县心禹徐公元配郭孺人暨次配王令人合葬墓志铭》：“时就厌次姻家康侍御质难同异，务极洞明然后已。”（《来禽》卷一四，页10A）诗注云：“比有假令，尽攫宝器去，故及。”指徐迪吉任洛南县知县时事。上引侗撰墓志铭述其事：“秦善为幻者，赝冒阉人校诡私公，谓：‘矿使税使迹公遗事，疏且不利于公，于公云何？’公心口语：‘矿业满品，而洛无税，是自实其诈也。’姑饭之，已，听入白济臬台。臬诘问本末，赝校色变口塞，臬为颂系，夜逃。”(引略)

八月廿五日，邑人端松卒，为撰碣辞。

《来禽》卷一六《端道人碣辞》：“端叟名松，里人也。其父为巡徼小官，以洁廉称。从井间事先侍御公如父，先侍御公视松则诸孙辈也。松质性木朴，内实慧，遇事井然有条理。即寓身卖浆胃脯间，取予不苟一钱。独好檀施，……远近有善人名矣。邑近郭泰山行宫圮，松发愿来谋倜募修。计资银千许，钱数十万，米百斛，不干没毛发。即在僝工，啖一杯粥，辄出私钱偿。操行懔懔质鬼神。邑大夫、邑绅士争榜其门，比于通德，此亦间气布衣也。……俄于今岁八月中旬病痢，不十日卒。卒之日为廿有五，得年六十有三。吁嗟乎！松不宜死，死矣，所不死者，视余碣言。”(页20B)

案：“端道人”名松(约1547—1609)，临邑人。李维桢《邢公墓志》：“泰山行宫之毁也，邑子端松募缮，介而诣邑令药公通力合作，而表松门为善士，死则会葬，为传其事。”(《大泌山房集》卷七九，页38A)又据李徽猷《重修泰山行宫碑记》：“鸠工庀材，目程指授，则属之李州倅恕、菅邑倅允；虔疏广募，则属之端居士松，弟梅继之；……兴役于戊申丙月，落成于庚戌丁月。”([同治]《临邑县志》卷一五，页84B)泰山行宫始建于万历三十六年(1608)，竣工于三十八年(1610)，工未成而端松卒，由“弟梅继之”，则松约卒于是年。

是月，许国瓒升山东按察使，致书为贺。

《来禽》卷二四《上廉访许公》：“法宿载临，芒动岱溟之会；龙门肆辟，辉腾齐鲁之封。吏士交欢，绅氓竞跃。恭唯台下，扶兴间气，盖代伟人。兰熏舒纕佩之芬，雪白表光明之德。襟期海纳，体履山凝。朝端推为正人，寰宇归其玄鉴。台轶洊至，化雨覃敷，洵大东天，幸所私慰。小子云瞻之切，躬趋末遂，牍奏先陈。孔迩赓歌，敢佐舆人之万口；承风有日，愿依沟座之三鳣。”(页8A)

案：“廉访许公”名国瓒，据[道光]《济南府志》卷二六，万历间“山东按察使”许姓者仅一人：“许国瓒，福建晋江人，进士。”(页5A)其万历三十七年(1609)八月至三十八年(1610)三月在任。《明神宗实录》卷四六一：“(万历三十七年八月乙丑)升……广西参政许国瓒为山东按察使，湖广参政郭显忠为山西冀北道按察使。”(《明实录》第62册，页8703)又卷四六八：“(万历三十八年三月辛巳)升山东按察使许国瓒为江西右布政使。”(同书,页 8828)书云“小子云瞻之切,躬趋未遂,牍奏先陈”,当许国瓒初到任时作。

许国瓒,字鼎卿,号仲葵。福建晋江人。万历五年(1577)进士,授南京礼部主事,丁外艰归。服除,改户部,出监兑苏松,催攒有法,官民称便。五载擢广东佥事,驻北海处置。晋贵州参议,以内艰归,会徐闻令被纠,科臣谓司宪有所曲庇,当左谪。服除,得楚郴州牧。约已裕民,听断平恕,岁余,迁南京户部员外郎。三载擢守桂林,递擢副使、参政,皆在西粤。晋山东按察使,未三月以入计行归,卒于官,时已迁江西布政使。事具黄凤翔《许公暨配李氏合葬墓志铭》(《田亭草》卷一七,页 19A),[同治]《泉州府志》卷四九有传(页 19A)。

秋,邢王瑞参加山东乡试,连续数场文第一,竟以触犯忌讳被除名。

《茂才玉符公传》:“己酉秋,闱场牍邑侯药公见而击节曰:‘七作宛然陶汤,山东解有人矣。’竟以余场犯忌落第。”(《家乘》卷五“家传二”,页 28B)

案:“邑侯药公”即药济众,时任临邑县知县。

女婿史高先山东乡试中举,得第七十三名。

[乾隆]《乐陵县志》卷五“举人”:“万历三十七年己酉科,史高先,第七十三名。”(页 12A)

致书史高胤、高先兄弟,示以鼓励。

《来禽》卷二九《答乐陵史婿锡卿、绍卿》:“学台文心慧目,既以为雄,谁敢不雄?音驿至矣,将为君举一卮也。累累负担,见存于百里外,厚哉!绿帻传鞲,人疲以筋僪,仆将为谒居摩足矣。易牙调味,不应以茧足麈也。贤婿其爱我哉?果肴醑俱领矣。礼魁及亚,正在厌次之里,通德之门,敢预庆焉。嗣有专使。”(页 21A)

案:“绍卿”为史高先,“锡卿”为史高胤。《武定明诗钞》卷下小传:“(史)高荫字梦瓜,号锡庭。”“(史)高先字梦斗,号绍庭。”史氏兄弟先后中举,史高胤为山东乡试第五名。[乾隆]《乐陵县志》卷五“举人”:“万历三十一年癸卯科,史高印,第五名,己未进士。”(页 11B)

十月,李维桢迂道来访临邑,先以诗寄,侗答以诗。

李维桢《薄暮趣驾赴临邑,先寄子愿》:“候人为导忽生猜,蓬葆何方客远来。匹马冲寒秋色尽,孤城带雨夕阳开。将无爝火迎门路,莫有商歌相国才。

二十六年千里驾，那能兴尽便空回。”(《大泌山房集》卷三，页 17B)

《来禽》卷二《本宁丈由清源枉道见访》其一：“征轺千里命，宪府一秋违。语共清尊倒。门惊紫鹫肥。支离惭我贵，幽独和人稀。不尽钟牙意，相期保布衣。”其四：“一借西陲节，飘然拂袖归。鹤犀甘脱屣，猿鹿任牵衣。酒罢香凝座，诗成月入扉。从他严檄至，肯使寸心违。”(页 17B)

案：李维桢是年八月由山西按察使升陕西洮、岷道右布政使，因仲弟急难，以病辞官东下。李维桢《济阳令李公墓志铭》：“己酉秋，余自晋迁秦，寻上书病免。”(《大泌山房集》卷八四，页 25A)又黄克缵《李本宁方伯从扬州寄诗四章，次韵奉答》自注：“公新从五台来，近客扬州。”“君弟为萧令，方被重劾，奔走往救，予新有同产之戚。”(《数马集》卷一六，页 20A)两人自万历十二年(1584)别后，再次相晤，故李诗有“二十六年千里驾”之句。

两人寒宵秉烛夜谈，李维桢有诗纪之。

李维桢《与子愿夜谈作》：“门剪蓬蒿径扫苔，寒宵秉烛坐徘徊。屠龙学误干时策，歌凤狂非济世才。青汗长贫仍削简，素心多病未成灰。埙篪旧好飞腾尽，莫问何人壹者来。”(《大泌山房集》卷三，页 17B)

与李维桢言及陈与郊子冤屈事，请其相助。

李维桢《太常寺少卿陈公墓志铭》：“又十年，余解分陕节，访邢子愿临邑，则公子祖皋中文罔身，亦几不免。子愿潸然出公书示余：‘李本宁能排难解纷而无所取，今之鲁仲连也。且与君善，君何不为余言？’余不知公何所知，余比侨寓江淮，从浙人问公家事，云：‘当事者亦知祖皋冤，爰书再三谳明审，独以公故，狱不可反。’而公邑邑病卒也。”(《大泌山房集》卷七八，页 34A)

李维桢为邢王瑞制义稿撰序。

李维桢《邢生制义序》：“邢子愿先生甫弱冠以茂才高等伏齐鲁之士数千人，贡成均，举京兆，寻成进士。其举子业故踔绝人，然海内称先生者，古文辞与书法而已。先生冢子无咎亦茂才高等，而选贡法既罢不行，每三年省闱之役，读无咎文无不心仪，举首者数不见录，其古文辞与书法有父风，而齐鲁人顾独称无咎举子业。……余读无咎举子业，无不自古文辞出，以彼法、用此法能兼所长，岂唯齐鲁士宜避三舍？而数不见录，窃不晓其故。或谓子愿虽少年登科第不在人前，以无咎举子业，必大魁天下，天之所忌无如名，无咎早取科第，必专以古文辞与父齐名。取科第，即大魁天下在浮名中，是区区者不畀

无咎，而父子一时以古文辞显名，天能无咎乎！……”（《大泌山房集》卷二六，页31A）

案：“无咎”即邢王瑞，三上省试而未第，是秋又因试场犯忌落第。李维桢此序当在泲园所作。《茂才玉符公传》：“公童孺而神，夙以才彦自负，所著制义若干篇，李本宁序称：‘举子业无不自古文辞出，以彼法用此法，能兼所长者。’”（《家乘》卷五“家传二”，页28B）

两人谈文论诗，相得甚欢，李维桢留三日去，有诗辞别。

李维桢《子愿斋中作》：“解道卿唯月，相从士若云。五车穷鸟篆，三管窗龙文。榻自南州下，庭谁左席分。盘餐时不继，将帖换鹅群。”“三径竹萧森，跫然到足音。谛观灯下色，款语梦中心。地觉河山缩，天容岁月深。无为浮海叹，文字贵鸡林。”“鸿鹄元千里，龙蛇各一时。终南羞径道，剡曲谢山赀。闭户成玄草，畲田种紫芝。无书辇上客，名自震京师。”“人情多虿尾，世路总羊肠。嘉尔能肥遁，怜余亦瘦狂。上床容并坐，东壁借余光。昏嫁何年毕，相邀学向长。”（《大泌山房集》卷二，页10A）

送别李维桢，饯之中道，风霜袭袂，村鸡啼曙，依依不忍。

李维桢《祭邢子愿》：“己酉秋，余因急难解官，间舟东下，迂道而谒公里第。三日夜始别。公饯之中道，风霜袭袂，村鸡啼曙，依依不忍去。”（《大泌山房集》卷一一六，页18B）

是月，好友徐迪吉卒，为撰墓志铭。

《来禽》卷一四《文林郎洛南县知县心禹徐公元配郭孺人暨次配王令人合葬墓志铭》：“迪吉，字汝惠，别号心禹，稍仕洛南令，人称洛南公。……丁卯，督学安成邹公校济南部，公复为其邑第一，德平葛太史曦德平第一，不肖侗侂亦如之。三人用一时气调相结，为襟契盟，而邹公大开湖南书院，推公为都讲，与青州朱侍郎鸿谟埒也。戊辰，诏天下郡邑昉古拔萃异等科举士，公时弱冠，首应诏，侗亦与在选中。会入太学，日与孟尚玺秋、郭侍御大夫子章、曲京兆迁乔、崔郡丞淳、不肖侗辈卜居萧寺，下上古今，制业而外，不废为安成学。蜀黄太史辉稍后至，更相慕悦，为尔汝昵，诸同人无不上第相期许，而以时命不淑见落。……公以余力艺洛阳牡丹、徂徕松、淇园竹筱、泰山樱桃，无一不根株滋茁，擢本成林。侗过公饮，戏谓公：‘公树植得天甚，学植乃失之，何耶？’公答谓：‘学植弟让兄，树植兄让我。’盖侗泲园花木秃如獠，奴不率职，公用为清谑耳。

公怡然林麓，绝意珪组久，偶以知交劝驾，遂从选次，得洛南。……于时藩臬监司交最洛南，从史台察荐书旦日上，而公不顾，解绶去。……今陕督府顾公，前为其省左辖，侗书证徐公洛南赝校事，公答谓：'徐君洁廉，爱利洛南，直欲尸祝之，赝校洵赝，不足介徐君方寸也。'顾公寻且柄大政，其人与言足重，故系之，何必上洛碑？公晚暮得丈夫子，时时属塾师刘文学课，亦时时自教儿。公每诵李献吉任公羡鳌语，意终不怿，曰：'天下有落魄徐生哉！'儿又不速成，侵寻及病。病剧，执文学手：'以是孱藐孤重委君。'……"(页10A)

案：徐迪吉为侗好友，此文未详其生卒年。据侗《偶过平原厌次访康先辈，会同社徐汝惠在座夜话，辄成八章》(《来禽》卷五，页31A)，则迪吉是年六七月间尚在世，又此文云："今陕督府顾公，前为其省左辖，侗书证徐公洛南赝校事"，"顾公"为顾其志，《国榷》卷八一："(万历三十八年二月己未)总督三边军务右都御史顾其志改南京右都御史。"(第5册，页5017)明年二月顾即离陕西督府任，则徐迪吉应卒于是年下半年。文又云："戊辰，诏天下郡邑昉古拔萃异等科举士，公时弱冠，首应诏。""戊辰"为隆庆二年(1568)，其年"弱冠"即二十岁，则生于嘉靖二十八年(1549)。又书云"会入太学，日与……曲京兆迁乔……卜居萧寺"，检《国榷》卷八〇："(万历三十五年闰六月己卯)广西左布政曲迁乔为顺天府尹。"(第5册，页4974)又卷八一："(万历三十七年十一月丁酉)顺天府尹曲迁乔为通政司使。"(上书，页5013)则徐迪吉应卒于是年十一月前。

李维桢时留滞扬州，山西大计考察众官，有诗寄讯。

《来禽》卷一《得山西大计耗，走笔寄李本宁宪使》："并州已谢廉访使，何事台抨复相及。一夫见誉胡尔为，岱岳惊摧海波立。顾余沦落更甚君。泪眼模糊百忧集。君今侨寓邗沟傍，想象瑶花根入蛰。才名大抵不惬人，铁剑无光转羞涩。同年同馆多相臣，畴也升车畴戴笠。一生一死休问天，愿占鸥沙饱残粒。浮云卷尽日未西，且教儿曹扩书笈。"(页11A)

又致书李维桢，推荐吴人伯起。

《来禽》卷二八《与李本宁社兄》："高、范二君至，小悉维扬旅况，但不知近日动静何似？偶从一书估闻已卜居秦淮，作欧公隶尾计，计自今鱼腹得向浮沉故处寄将矣。弟久不荐布衣辈尊所，今李君子有吴人伯起，百谷座上小友也。业举无成，迁而为诗。诗有王、孟风，画法亦祖文休承行径，风流楚楚，德足以将之。客弟处岁余矣，敢为蛙客诣台下。此君贫甚，然有志操，墨沈余波，足当洪润，弟何翅躬自被之乎！缘寓此中，毫无为装橐地，敢烦台下仁兄，即谢客，或不谢犁丘客也。新郎君掌上明珠，并问安好。”（页15B）

案：“李本宁”名维桢，书云“小悉维扬旅况”，则其寓淮扬时作。“吴人伯起”，未详其人，据书应为王稚登荐来，栖居沛园一年有余。

致书王稚登，索寄岕茗一盛。

《来禽》卷二九《与王百谷》：“先生笑仆恋恋进贤乎？读来书，冠缨欲绝矣。仆实有意先生同升此段，计本宁、元成二丈能达也。《五子赞》中有微指，瞿待诏非迩日旁州耶？平生向慕先生，由衷不可解，岂敢负春酒诗？行将以五千言修祝延缺事耳。即墨机近作斑斓，似楚乡蛮织，不中裁服，幞被或须此。叶生行，曾将一扇去不？至浮沉不？本宁久客邗沟，不审书椟往来频数不？岕茗佳者，望寄一笠盛。垂老始知此味，人安可量山海珍？椿油一器，器仅方管仲，到便启赏之。”（页8A）

案：“王百谷”即王稚登。“瞿待诏”名九思，是年十月以湖广抚按荐举，为翰林院待诏，《明神宗实录》卷四六三：“（万历三十七年十月甲寅）以湖广黄梅县举人瞿九思为翰林院待诏，从抚按荐举也。”（《明实录》第62册，页8731）书云“瞿诗诏非迩日旁册耶”，以此比况王稚登。

瞿九思，字睿夫。湖广黄梅人。十岁从父官吉安，事罗洪先。十五作《定志论》。后从同郡耿定向游，学益进。举万历元年（1572）乡试。三十七年，以抚按疏荐，授翰林待诏，力辞不受。诏有司岁给米六十石，终其身。著有《乐章》《万历武功录》等。事具《明史》卷二八八本传（第24册，页7390），[光绪]《黄梅县志》卷二二有传（页1A）。

钟羽正来书多有弘奖，复书谢之。

《来禽》卷二九《与钟都谏龙原》：“不肖之视台下，俨然函丈之席，实不敢妄齿金兰之籍也。天下都以海岱为龙门，而侗也青齐相望、蹑履卒后时，岂真木石其心胸？……台下之著述，精矣，大矣，此又侗辈扪膺增恧，抢地无隙，所用皈心函丈，不能一夕自宁耳。俄承鼎翰，弘奖过情，缅叙先牒，依依古道。侗所为感千百而思逃万亿者也。辄凭校官兄先此尘覆，容专布积阔以尽。”（页24A）

案：“钟都谏龙原”名羽正，时罢官闲居在家。书云“频年二竖相缠，年荒嗛黐，兼之羸车小马，实未易营耳"，姑系于是。

钟羽正(约 1554—1637)，字叔濂，号龙渊。山东益都人。万历八年(1580)进士，除滑县令。时年甫弱冠，多惠政。迁工科、兵科、吏科都给事中，与众言官请皇长子出阁，触帝怒，遂夺官为民。光宗立，复官，累官至工部尚书。羽正诗多感激时事之作，有《崇雅堂集》行于世。《明史》卷二四一有传。(第 21 册，页 6273)

陈与郊两侄中乡举，来书以报，致书答之。

邢侗《与陈广野(四)》："奉仁兄初六日报书，具悉两侄各得隽，伯母而下喜可知也。所具尚悭夙盟，伯一乃廛沾沾见谢耶？望黄门先生门阑，贺色缭绕。吴使者末缘一躔履户外，盈盈脉脉，此日更轸情耳。虎头阿兄来此已五日，高车鹰绣，招摇吴市中，极不减豪举，弟堇堇一往拜，一小迟署中，尚未得折简筵集。此来殊不似居恒谑浪，想再晤，当露本色。君房比有书，微露华转意，盖亦知已视我耳。吉水仲兄论定矣，何但留曹郎。近游吴城徐少参园，乃是匏翁故址，大有致。贵邑酒虾，风味殊绝，何日得一沾唇？"(《沛园集》卷五，页 76B)

案："陈广野"即与郊，书云"具悉两侄各得隽"，"得隽"指士人应试及第，"两侄"指其弟陈与相子元辉、祖苞，是年双双乡举中式。据《海宁渤海陈氏宗谱》卷六："元辉，字无象，号俶真，海盐廪生。入太学，中万历己酉顺天乡试第二名。癸丑，会试第二百五十一名，廷试赐进士第，二甲第四十九名。"(页 8B)又："祖苞，字尔翔，号孝威。……海盐廪生。中万历己酉乡试第三十名。癸丑，会试第二百七十一名，廷试赐进士第，三甲七十三名。"(同上)元辉、祖苞兄弟两度同时得隽，一为万历三十七年(1609)乡试及第，一为万历四十一年(1613)进士及第。此当为乡试及第，元辉中顺天乡试第二名，祖苞中浙江乡试第三十名。书中"君房"指程大约，侗向赵南星、王象乾、黄克缵、张光裕等好友推荐其墨，或亦荐于陈与郊。

岁末，得郭正域书，有书答之。时郭正域罢官归里闲居。

《来禽》卷二九《与少宗伯郭明龙》："……是年十月上浣，李本宁先生迂程过访。屈指海内文章冠冕，辄相推戴，不第以张楚为言。侗谓先生之文，醉六经而酣正史，副谐稗而伍风谣，风骨独存，笔参造化。入乎规矩，出乎规矩，出乎规矩，入乎规矩。觉弇州漫而济南僻，先生去其二短而兼浩浩洪流、巉巉奇绝之二长，是之谓卓然立统、不旁门墙者，明兴讵有二哉！两人更相颔叹，不能已已。……违教命几三十年矣，仿佛隆堂设醴，优孟二曹递进互呈，才如浃日，人安得不速老也？广川之浒，专待邮签先生，可许布衣门旧前而伏谒乎？膝下绳绳肆文溺简之状，可得闻欤？侗有五男儿，大者遒上，小亦授读，则皆先君子之遗也。侗凉德不及此也。瞿先生待诏为翰林，足使缥湘吐气，然亦唯楚当此材。廉吏一科，寥寥不振，先生尚有意乎？则又非不肖所宜言也。不肖对结二庵，一署'天茁'，一署'黄妳'焉。观生稳睡，此外都无所营。侗明岁六十，须发无半茎白，齿犹堪砺。敢曰天逸人隐之勋乎？第佐捧腹。"（页 29A）

案："少宗伯郭明龙"名正域，仕至礼部侍郎，因数忤首辅沈一贯，万历三十二年(1604)被罢官还籍，时在家闲居。书中"瞿先生"名九思，时授翰林院待诏，当为询问正域是否有意重出。郭正域博通经籍，勇于任事，有经济大略，人望归之，与沈鲤、吕坤同被誉为万历年间天下"三大贤"。此书言及李维桢来访，评骘海内文章，对郭氏文章有定评。此书所作评述，以《题黄离草》为题，置于郭集卷首："是年十月上浣，李本宁先生迂程过访。屈指海内文章冠冕，辄相推戴，不第以张楚为言。侗谓先生之文，醉六经而酣正史，副谐稗而伍风谣，风骨独存，笔参造化，入乎规矩，出乎规矩，出乎规矩，入乎规矩，觉弇州漫而济南僻，先生去其二短而兼浩浩洪流、巉巉奇绝之二长，是之谓卓然立统、不旁门墙者，明兴讵有二哉？两人更相颔叹，不能已已。邢侗顿首。"（《合并黄离草三十卷》卷首）

致书浙江巡抚高举，其两惠书并馈赠钱物，书以致谢。

《来禽》卷二八《与高东溟中丞》："每从南来士大夫及商贩游客得台下莅浙状，咸谓冰玉凛然，辕门日入少，鲑菜、脱粟数升耳。……侗日夕望越云加额而大问，及之两笺温厚，藉甚古欢。且辱之多贶，有币有金，有奇珍异物，穷巷惊谓：'邢生多显贵游乎，何得长者之使者及门也？'至念我出处，大谊可知。侗伊兰有臭，自矢不敢妄意攀上人。旃檀非下劣类，侗自谙之。沸滨烟月分已与樵牧平分，台下再过当悉。蒙也独座虚一席，计冬寒得代，野人其走淄水，赍雪酿，劳傔从乎？洵非貌言耳。感激万千，毫颖莫既，皈依之切，天日临之。"（页 14A）

案："高东溟中丞"名举，时任浙江巡抚，《明神宗实录》卷四五四："（万历三十七年正月辛丑）以高举为佥都御史，巡抚浙江。"（《明实录》第 62 册，

页 8572)

徐民式新任苏松巡抚,来书问候,有书答谢。

《来禽》卷二五《与苏松徐抚台》:"昔所栽花地,而持斧临之,此并州别一地天。明公巍然南面御吏民,言念旧游,身若灵光鲁殿,余则晨星落落,出者处者仅同矍相,射堂参半状,将不能不致慨于离合升沉之际也。……明公还朝有日,千里迂程一过,七十二君而觞焉,兼及配林。如不肖,当与节下剧谈一出,流漫纵横,方圆下上,此手中指麾物,或不终汶汶以死也。侗不善为家,邸田垂尽,半生乐国忽坠瘴乡。转思尊先翁教仆以处世大方,谓丰年之玉不及荒年之谷,于今信矣……"(页 15B)

案:"苏松徐抚台"名民式,万历八年(1580)进士,授松江府推官,与侗巡按三吴时有交集。是年十一月,由分管西路太仆寺少卿升右佥都御史巡抚应天,《明神宗实录》卷四六四:"(万历三十七年十一月丁酉)以太仆寺少卿徐民式为右佥都御史巡抚应天。"(《明实录》第 62 册,页 8761)故云:"昔所栽花地,而持斧临之,此并州别一地天。"此书又载《沛园集》卷五(页 3A),题为《与徐直指》,疑误,应以"徐抚台"为是。

徐民式(1549—1617),字用敬,号俭吾。福建浦城人。万历八年进士,授松江府推官。后改任南京户部江西司主事,升为山西司郎中,出任安庆府知府。擢南京光禄寺少卿,历通政司参议,转太仆寺少卿,升都察院右佥都御史、巡抚应天。巡抚江南六年,以母年高,请告乞养。卒于家。著有《抚吴疏草》十二卷。[乾隆]《重修浦城县志》卷九有传。(页 51B)

十二月十三日,于慎行落葬。为师执绋,撰文祭奠。

《来禽》卷二〇《祭东阿尊师文定公文》:"小子何知,辱师甄拔。眷言三纪,托迹半生。……往当益都公之北上,与师暨孝与要会于泰岱之巅,倒清尊而吐露,言必及于济北之蒙孱。属斯人以挽毂,若曰:'余其处而以出,付之帐下之阿玄。'益都不禄,事乃寂然。迨师麻拜,借曰:'姑是舍旃,第四目以相击,嗒然于落落穆穆之境而已也。'斯文倏丧,神返山川,虽师杳茫于一吷,而小子则抱公私二恸以弥年。驾牛车以逆旐,爰迫及于河干;旋衔舟以抚榇,抵故里以成攒。悠悠六合,芒负刀刑,盖心焉如丧考,而不计夫经麻群居如往之有无矣。兹濒寒腊,师偕师母归窆于冥漠之泉。念白头之翁媪,戢万古于丘田;顾赐阡之弘旷,卜昆嗣于斯千。感元兄之至孝,许结谛而备除黝。盖师母

生而闻此，而今此豆登之设，聊作二大人儿女婚姻之几筵也。”（页3A）

案：冯时可《邢公碑铭》：“葬日，执绋泪如縻。”（《家乘》卷五“家传二”，页12B）于慎行师葬于是月十三日，叶向高《于慎行墓志铭》：“葬于万历三十七年十二月十三日，赐茔在大左山右竖山洪范之原。”（《济宁历代墓志铭》，页191）又《东阿于文定公年谱》卷二：“（万历三十六年三月）赐阡于祖茔之麓，以明年冬十二月庚申葬。”（《山东文献集成》第三辑第10册，页760）郑《表》，是年十二月庚申为十三日，两者记载契合。

【诗文系年】

《祭封中宪大夫上党郡守王绍庭姊丈》《先师谷城于文定公碑》《马镜石像赞》《上黄抚台》《偶过平原厌次访康先辈，会同社徐汝惠在座夜话，辄成八章》《端道人碣辞》《上廉访许公》《答乐陵史婿锡卿、绍卿》《本宁丈由清源枉道见访》《文林郎洛南县知县心禹徐公元配郭孺人暨次配王令人合葬墓志铭》《得山西大计耗，走笔寄李本宁宪使》《与李本宁社兄》《与王百谷》《与钟都谏龙原》《与陈广野（四）》《与少宗伯郭明龙》《与高东溟中丞》《与苏松徐抚台》《祭东阿尊师文定公文》。

万历三十八年庚戌（1610），六十岁

泲园家居。女婿史高先中进士。临《西园雅集图记》上石。

春，平原康丕扬有书寄至并馈以珍物，复书以谢。

《来禽》卷二八《与康骧汉侍御》：“去岁锦旋厌次，不肖获奉后堂款燕，冰壶照座，明露五中，平生之韫惬什九尽矣。已，复络绎承笺函，娓娓相命，重以珍贻，惠而好我，温厚有加，都非林壑菅蒯所宜蒙被也。……息壤之盟，刻衷日切，未敢率然以渎，须面承乃践矣。倚岱泳沧，三辰在上，台下其有意收之乎？重遣立马索还言，不及抒写，唯尊俯鉴。”（页7A）

案：“康骧汉侍御”名丕扬，上年罢官归里，侗曾往平原访之，故云：“去岁锦旋厌次，不肖获奉后堂款燕。”

王洽服阕，补任长垣县令，有诗送别。

《来禽》卷二《嘉平送王次公之长垣任》：“两借郊圻旧，今鸣右辅琴。仲由

当日政,汲黯异时心。蜡色冰霜集,乡思棣萼深。但凭骅骒在,衢道自骎骎。”(页20A)

案:“王次公”名洽,姻亲王三迁次子。《明史》卷二五七:“王洽,字和仲,临邑人。万历三十二年进士。历知东光、任丘。服阕,补长垣。洽仪表颀伟,危坐堂上,吏民望之若神明。其廉能为一方最。”(第22册,页6624)据王洽跋《来禽馆真迹》曰:“向尝亲侍先生濡毫,见其年六十余,双眸炯如,运腕圆迅,盈楮洒洒,如鸿惊云际,蜃幻海湄,而五陵少年裘马扬扬,白纻舞鹅,纤腰娜娜,又不足为其蒨逸佚宕也。”(《来禽馆真迹》,页137)王三迁卒于万历三十五年(1607),是年王洽服阕,补任长垣县知县,且侗年恰六十,与王跋“其年六十余”契合。

是年庚戌科会试揭榜,女婿史高先中进士。

[乾隆]《乐陵县志》卷五“进士”:“万历三十八年庚戌科韩敬榜,史高先,第二百六十名,殿试二甲十九名。任南京户部广东司主事、郎中,襄阳府知府,湖北兵备佥事,贵州提学副使。”(页4B)

临邑县知县药济众任满,调任顺天通判,有诗送别。

《来禽》卷一《赠药令君权顺天判》:“野老相扶话晴雨,取次殷勤及明府。五年无吏到板扉,四境恬眠遍环堵。……誉冠东秦书置驿,中朝竟慕王乔舄。一朝帝命下犁城,京兆冠裳延半席。从来三辅重才贤,夙望今归尺五天。羞将便面来驱马,且奏民碞圣主前。”(页11B)

案:“药令”即药济众,万历三十三年(1605)来任知县,至是五年,故云“五年无吏到板扉”。其升任顺天府通判以去,见[乾隆]《重修和顺县志》卷六(页22A)。

又为知县药济众去思册题辞。

邢侗《邑侯药公去思册题辞》:“……若我父母药大人,产天下莫强之雄区,裕君子不器之大受。烹薜拔薙,畝水县鱼,五年绩著露章,一日歌翻骊唱。上都鼎借,争传籍籍罪车;内史符分,共仰恢恢赞政。汲黯徙而居右,祭遵市以为弹,处季孟间,饶公辅地。侗等林中樗散,素希偃室之履,蓁陌上柳条;祗见乌伤之笠,伞荀安阳生。……盖赠言盈箧,悉珠贝玙璠;而续尾于貂,忘瓦砾泥涂云尔。”(崇祯本《来禽馆集》卷二三,页40B)

案:此文万历本《来禽》未载。药济众离职别去时,邑人有《去思册》,属侗题辞。

重修泰山行宫竣工，焕然一新。此役为乡绅及在朝任官邑人所倡。

李徽猷《重修泰山行宫碑记》："兴役于戊申丙月，落成于庚戌丁月。余纵目久之，曰：'是伟观也夫，是昭化也夫。'……越十余年，碑始告成。端子踵余而请曰：'役竣矣。岁月如驰，沧桑易改，无论昔之创者、修者湮没无闻，即一纪以还倡议巨公效勤下走，业半为千古。后之视今，犹今视昔，敢藉一言以垂不朽。'……是用次之为记，十方善信名具碑阴。"（[同治]《临邑县志》卷一五，页84B）

案：重修泰山行宫，倡始于邢侗等临邑乡绅及在朝任官邑人，并集资于万历三十六年(1608)动工，是年竣工。"端子踵余而请"，指邑人端松子，端松募缮最力，工未成而身先卒，侗为撰铭，见前。

齐河县知县霍惟准任满考绩，撰文纪之。

《来禽》卷七《齐河令霍公考绩荣膺异宠序》："齐河大令晋沁霍公，以今齐河绩合前阳谷资历，满三载，例上功司考，两台为疏请于朝。……迨再令于齐，策轻就熟，指誓弥厉，其所驭吏平刑，一用阳谷法。齐邻省会，诸上官竟相惊诧，谓：'安得通练如此令者？'一切疑难大狱，往往属讯。公视荫而决，爰书确于金石，上官藉手转报，不更窜一字。……公行且以公车征命行矣。身依日月，持国是而赞皇猷，此不卜卦事。两邑人士拭目，我公之重以五文锡也，都甚休甚哉！齐之孝秀冠裳，强半余戚属也。三揖而问言余。余何能光扬我公万一？第述所闻于两邑及齐鲁间曹谈，大段类如此。"（页26B）

案：此文又见[民国]《齐河县志》卷三一（页5A）。"齐河令霍公"名惟准，先任阳谷县知县，转齐河县。[民国]《齐河县志》卷二一"知县"："霍惟准，山西沁水县人，举人，万历三十五年任。"（页3B）又卷二二"宦绩志"："霍惟准，山西沁水县人，万历间知县事。莅政明敏，听断得情，民无冤抑，咸以神君称焉。"（页3A）

路升来任阳信县知县，有诗寄赠。

《来禽》卷二《赠阳信路明府》其一："明府瞻云处，中山卧大儒。含光韬异彩，赤电老神驹。门阀分苻旧，郎君擢秀殊。试看棠树荫，奕世尽堪图。"其三："君今令北海，方幅亦东秦。缅想严亲泽，同教野雉驯。家声推宝树，国宴忆芳春。惇史何人纪，徘回绝后尘。"（页20A）

案:"阳信路明府"名升,万历三十五年(1607)进士,授新泰知县,约是年改任阳信知县。[民国]《阳信县志》卷二:"路升,饶阳人,进士。维时社学久废,侯出无砖银二百四十两,建学八区,各延一师,给馆谷二十四石,教训生徒。又修'申明''旌善'二亭,以行惩劝,详载《去思碑记》。"(页24B)

路升,字天衢。北直隶饶阳人。年四十举于乡,万历三十五年(1607)进士。初令新泰,继调阳信,报最,擢户部主事,寻改吏部,迁员外郎,丰裁矫矫,人不可干以私。归养里门,建青藜阁,以造后学。起为文选司郎中,迁太常寺少卿,晋正卿,改南京大理寺卿,未逾月卒。博学能文,居亲丧一遵古礼,无子。著有《卷石山房文稿》。[乾隆]《饶阳县志》卷下有传。(页42B)

临褚遂良蝇头楷书《阴符经》,不讹谬,李维桢赞曰:"子愿不似人间人,似仙似神。"

冯时可《邢公碑铭》:"年垂六十,目无纤翳,灯下蝇头书,不爽黍杪。齿利啖坚,步履矫健,孰意其一疾不起耶!"(《家乘》卷五"家传二",页12B)

《来禽》卷二五《与苏松徐按台》:"行年六十,须发无一茎白,齿尚可砺。漏三十下,矻矻作褚河南《阴符》细书,不讹谬,本宁有云:'子愿不似人间人,似仙似神。'不肖自乃称老,附发一粲何如?"(页17B)

应吴桥范永年之请,为撰其四世祖范鉴传。

崇祯本《来禽》卷一一《郯城公传》:"盖余获交范仁元先生暨子梦章孝廉,恂恂粥粥,瑶光四映。尝作而叹曰:'深山大泽,是生龙蛇,兹必有异矣。'既而考其世代有闻人。其自仁元以上,凡四世为郯城公。……公讳鉴,字克明,直隶吴桥人。少有奇节,性严峭,又拓拔磊落,不屑屑章句儒。读书一再过,辄通晓,亦辄厌去。稍稍用干材起家,贰令于郯。……郯以大治,属费令缺,费人诣台请公署。公一出其丞郯者署费,而费亦大治。居亡何,乃郯令亦以他事去,郯人亟复公居摄,且恨不即令公,而费人固已心难之矣。两邑人相率争于台,台贤而两界之。……及瓜,辄倦游,两邑人坂号泣送,至有达里门始去者。……邢生曰:以予观于公之乡,前代若张承吉、刘莘老,史多称其狷介峭直。公以小吏归,蹑乡先生后尘,不嗫嚅屏息,乃独能引伸大义,抗色折邑令长,俾至下车引谢,识者壮之,倘古人未之闻耶!即拓拨磊落不屑章句乎?乃廉于官,谊于家,宁贫不具膏而耻以四壁余明黉缘邑大夫,所称不因人热者矣。出处辞受间抑何皎皎光明也。吾以为真读书人,如是耳。公即振蹑千仞，旁睨众流，而位列仅仅，雅不配其才志，又何怪仁元先生之吐纳万斛，梦章孝廉之莹然冰玉，行且振先生之绪而光大于无垠也哉。”（页24A）

案：“范仁元”名永年，“梦章孝廉”即范景文。范景文万历三十七年（1609）中举，四十一年（1613）成进士。[康熙]《吴桥县志》卷五“举人”：“（万历）己酉科，范景文，登癸丑进士。”（页5A）既称“梦章孝廉”，当其中举后、成进士前作，姑系于是。

范永年（1569—1632），字延龄，号仁元。直隶吴桥人。奇颖蚤慧，成童即知名于时，博洽群书，下笔千言立就。应万历廿一年（1593）拔萃。初倅通州，再判湖州，丞松江，历著徽绩，晋留都参军，升部郎，冶造度支，不一染指，廉声特茂。擢南宁太守，辞不赴。生平著书甚富，有《水部词》《山行杂咏》《会奇类编》《思本堂稿》《海畔吟》《水部草》藏于家。事具范景文《先君仁元公行述》（《文忠集》卷七，页28B），[康熙]《吴桥县志》卷六有传（页9A）。

范景文（1587—1644），字梦章，号思仁。范永年子。万历四十一年（1613）进士，历官东昌府推官、吏部文选郎中、工部尚书兼东阁大学士。崇祯十七年（1644）李自成破宣府，烽火逼京师，众臣请崇祯帝南幸，景文劝帝“固结人心，坚守待援”。京师陷，崇祯帝自缢，景文草遗疏，赴井死，赠太傅，谥文忠。著有《范文忠公文集》《战守全书》。事具《明史》卷二六五（第22册，页6833），[康熙]《吴桥县志》卷六有传（页9A）。

户部尚书赵世卿素持清节，为人所侧目，微文刺讥者日至，致书慰之。

《来禽》卷二八《与赵南渚司徒》：“浮云蔽日，狂霾涨天，周有流言，孔遭伐木，此何足毫毛损至德！不肖今年政六十，阅世颇深矣。富平冢翁己事，是台下三五年后旁州也，万万勿为时局介怀，乞留此纸为异日券焉。荷口风寝以隆极，复叨按剡半字，悉尊慈镕铸。侗虽至鄙，宁不知恩？日夜俟加官衔，暂如里第，奉身百叩阶墀下称门墙贱子，效千百年延祝，此外有幅后者云。向为于师拮据一切，近勉营一螭首，手书拙撰，石尚在犁丘之乡，先拓二本，一上政府，一上台次，用以报成事，纡眷眷谷城亭下雅怀。侗今日入土，不至负非徒之诮矣。李北海当年横被多口，岌岌矣。许昌出一男子孔璋为申雪，北海得无恙，璋流遵化。侗亦俟时而起，必不作杉栢四周牖下汶汶鬼也。天若祚明，当不令侗捐七尺。虫豸有知，侗尚笑于鳞一夕心痛死，死非所焉耳。天地神明，昭察此五内。廿五曰言。”（页7B）

案:"赵南渚司徒"名世卿,时遭科臣弹劾,侗寄书慰之:"浮云蔽日,狂霾涨天,周有流言,孔遭伐木,此何足毫毛损至德!"其中原委,见黄克缵《明资德大夫户部尚书赠太子少保兰渚赵公墓志铭》:"妖书事起,科臣某罗织缙绅,中以奇祸,举朝凛凛,莫敢撄其锋。公借年例外补之,人心称快。然主覆楚者,亦以妖书被逐,狼狈去。国人颇怜之,其党不能无望于公。而公又素持清节,为贪夫所侧目,于是以微文刺讥者日至。"(《济南历代墓志铭》,页221)书云"不肖今年政六十",知作于是年。又云:"向为于师拮据一切,近勉营一螭首,手书拙撰,石尚在犁丘之乡,先拓二本,一上政府,一上台次,用以报成事,纡眷眷谷城亭下雅怀。"指所撰《东阿尊师于文定公碑》,手自书丹,已上石。"富平冢翁"指孙丕扬,陕西富平人,时为礼部尚书。

五月初,长子王瑞、次子王称递病,携之静养服药。

《来禽》卷二八《与总河刘华石年丈》:"不意五月初旬,两儿递病,才就可而末弟足病顿发,足肿如瓜瓠,骨节尽痛,昼夜叫号不休。"(页18B)

邢侗《致弟书》:"自别吾弟于许□,称儿病尚未愈,因携之周游于临封亲友家,以便静养服药。五月初一二日,全复元矣。此必轸叔父怀者,特此报知。"(《来禽馆真迹》,页118)

案:五月以来,二子先后病,稍有好转,侗又足疾复发。侗《致弟书》云"此必轸叔父怀者","叔父"未知邢佑、邢伉孰是。

嗣后足疾复发,几七十日方愈。

《来禽》卷二八《与总河刘华石年丈》:"末弟足病顿发,足肿如瓜瓠,骨节尽痛,昼夜叫号不休。盖病本受于按吴时,嘉定中湿,时时举发,不似今年之甚也。使来,不省人事者二旬,及小愈,唯从枕上额感,手为足困不能执笔,日饭使人属其小候,不谓竟淹至今也。末弟今且进食饮如平时矣,保有数年活矣。然气弱不能远出,晋谒或于明春。"(页18B)

《来禽》卷二九《与黄抚台》:"侗往役吴中,中湿,得脚气,每岁一发。今六月初,郁蒸之极,时用盆水濯足,引起沉痼作剧,不任救药。盖展转床荐者整整三阅月,近始就平坐,是笔研都绝。"(页10A)

《来禽》卷二九《答青州赵太史》:"不肖空巇羸卧人耳,辱尊惠椟及诗,言语妙天下,感在五中。以脚疾偃蹇不履庭户凡七旬,手为足困,缺然久不报也。"(页9A)

邢侗《致某书》:“足病七十日,几作鬼箓中人,道远想未之悉耳。刻稿佳妙,即拟撰序亲书,故少迟应命耳。”(《来禽馆真迹》,页12)

案:邢侗足疾为按吴时所得,时而发作,是年最甚。

致书苏松巡抚徐民式,忆当年嘉定就荒事,自觉无愧。

《来禽》卷二五《与苏松徐按台》:“向从药令悉台下念我深,自怍恧无德以堪。近复从一二应朝官知台下念我不置,益复怍恧。不肖老矣,无能为矣,台下何不忘簪履而亟欲怜之耶?不肖平生行检莫逃慈昭,贫廉邪正尽付东流,唯数卷敝书堪度白日,觉年来游泳颇深耳。台下莅吴,吴自并州士民加额祷祠而得之者,非漫偶尔也。当年嘉定救荒事,极仗苦心,不知曾有纪述者否?良夜静思,唯此一段无惭官下。回首三十年,都成陈迹,计吾子孙能标我于圆石间耳。百谷先生千载名流,去秋与本宁太史屈指,言此兄真布衣间气。台下素加礼遇,今一切更望作护法韦驮耳。将椟者为秀才薛生。生长小儿业师,笃重士也。无何营求,愿节下知其姓名足矣。行年六十,须发无一茎白,齿尚可砺,漏三十下,矻矻作褚河南《阴符》细书,不讹谬。本宁有云:‘子愿不似人间人,似仙似神。’不肖自乃称老,附发一粲何如?”(页17B)

案:此文又载《泲园集》卷五,题为《与徐直指(二)》。(页66B)“苏松徐按台”即苏松巡抚徐民式,已前见。其万历九年(1781)至十四年(1586)为松江推官([嘉庆]《松江府志》卷三六“职官”,页15A),与苏松巡按邢侗相识于此时,共同赈济救灾,故有“当年嘉定救荒事,极仗苦心,不知曾有纪述者否?”之语。“药令”即药济众。书云“行年六十”,又云“去秋与本宁太史屈指”,当作于是年。

致书山东巡抚黄克缵,李维桢别去前往扬州,有书托侗代转。

《来禽》卷二九《与黄抚台》:“侗往役吴中,中湿,得脚气,每岁一发。今六月初,郁蒸之极,时用盆水濯足,引起沉痼作剧,不任救药。盖展转床荐者整整三阅月,近始就平坐。……斋居赋得秋菊佳色凡几首,拓得《兰亭》凡几纸,侗也无分面承之。鸰原告急,应轸素怀,敬庀尺书申慰。侗有人乎?本宁李公之侨次也,附寄函封上台下,此公尚客维扬,周旋乃弟萧县事,风义可嘉。卖文自给,立获千金,半以分贫士,转眼依然徒四壁尔。阔久奏言。”(页10A)

案:“黄抚台”即黄克缵,得邢侗代转李维桢书后,作《李本宁方伯从扬州寄诗四章,次韵奉答》,其二:“遨游新向代中来,六月冰坚上五台。不二法从摩诘问，三生身悟永师回。已嫌图籍高东壁，肯羡孤卿接上台。想到迷楼回首处，燕梁佳句不堪裁。”自注：“公新从五台来，近客扬州。”其四：“问奇曾扣子云居，留滞东秦十载余。急难君惊三至杼，死生予怯断行书。风霜入鬓人将老，金石尾交信莫疏。欲和四愁微平子，江头雨雪正纷如。”自注：“君弟为萧令，方被重劾，奔走往救，予新有同产之戚。”(《数马集》卷一六，页20A)“同产之戚”指黄克缵时有弟逝，作《哭弟四首》(《数马集》卷一六，页21B)，故邢侗书云：“鸰原告急，应轸素怀，敬庀尺书申慰。”

青州赵秉忠筑软绿园成，来札乞书题额，并约以秋中来访沛园。

赵秉忠《与邢子愿书》：“莲叶真人，遨游天际，即在榆枋井干者，莫不跂羡，况耳而目面、觌而躬逢者耶！吾丈明德大业，美埒岘碑，远不具述；一树帜词坛，执牛耳者垂三十载，亦不具述；即近所惠新刻数种，种种奇胜文章，俨如六朝。夫论六朝，于今绝响久矣，丈独追琢砻错，造极峰顶，何论空谷足音也。房澹师昨过名园，即席走笔，有‘不醉花移檄，催行我怨莺’寄言铃阁友。吾老愧称兄，不觉踊跃，携袖欲舞。窃念雄辉悲壮诗之气格，清和娴婉诗之韵致，格高令人慷慨，韵胜令人欣畅。若离此境，尚得称诗、尚可谭诗耶！老丈篇什，弟见颇多有沉雄严整处，有俊语亮节处，总不作第二想，乃近日诗清闲如话，于丰韵作胜场，谓不兼王杜而有之耶。至吾丈染翰，不必山阴，不山阴只是总众材，而独运出己意以争奇，以故若大若小，若楷书、行书、草书，都已入神化，人争宝之。弟有荒园约数亩，中作大小共四区，每区各以花木屈曲环之，有亭、有台、有石、有池、有佛堂丈室，中亭五楹稍宽敞，亭前有四柏树，盖数百年物。敷阴浓缛，翠幄覆之，客坐其下，四五月不知暑，如在凉云绿雪间也。此亭乞大书一匾，不拘是何字，是几字，唯恃老丈裁定。书成未有不称善者。此外再求草书数幅，悬之壁间，以助清兴。又求小楷一二纸，长昼无事，熏风徐来，展净几时时披玩，便是餐霞饮沆瀣，可遂天际真人之想，快不可言。然唯吾丈慨然挥洒，弟方得有此快瞻，慕芝宇寄美榛苓。秋中凉爽，必策蹇驴挂一壶酒，卧游于半舫斋中以听清话，此快更有不可以言喻者，老丈谓何？”(《峨山集》卷六，页31B)

案：青州赵秉忠，万历廿六年(1598)状元，授翰林院修撰，时罢官归里闲居。[民国]《临朐续志》卷一七“金石略”：“赵秉忠观沂山瀑布泉诗刻。诗近体五律二首，草书。……末署‘万历甲寅夏北海赵秉忠题’。石刻现存孔村冯姓家。按傅国云：……(秉忠)在史馆逾年，丁父忧。癸卯起复，甲辰知贡举，所得士多以勋业文章显。旋以御史李养志、兵使黄君炜陷以匿沂水盗竿杨朝野事，罢官，时在戊申、己酉间也。秉忠既家居，肆情山水，每跨蹇驴纵游，当其会心，辄低回勾留，移日不去。东南一带诸名胜，游踪几遍。此诗之作，当在其罢官家居四五年时也。”(页 25A)其罢官在“戊申、己酉间”，即万历三十五六年，在城内筑“软绿园”。《青州明诗钞》卷三赵秉忠小传：“尚书故第在城内青龙巷软绿园，内有浓翠轩。公忤逆挡，罢归园居，著书甚富。当万历戊戌大魁后，建坊于第前，莲塘在公第后。”(页 46B)此书即乞侗为软绿园书额等。

赵秉忠(1573—1626)，字季卿。山东益都人。出身官宦之家，礼部右侍郎赵信子。万历廿六(1598)年状元，授翰林修撰，三十一年(1603)知贡举，所得士多以勋业文章显。以事罢官，召为翰林编修，晋庶子，典江西乡试。迁侍读学士，累迁礼部尚书。年五十三，卒。著有《崌山集》。[光绪]《益都县图志》卷三六有传。(页 12B)

赵秉忠又赋诗五首寄赠。

赵秉忠《赠邢子愿五首》序云：“房澹师使留都，道出济上子愿坐中，数念云山下人，新诗寄怀，宛如披对一片热肠，转成淡语，咄嗟间得诗五章答赠。”其一：“岱山凌中天，济水回方流。中有隐沦士，托迹在犁丘。舒文轶潘陆，洒翰踪羲由。更敦独往意，奇趣自千秋。”其二：“早岁赋孤蓬，华京兰台阁。息阴谢世缘，邈焉独先觉。玢豳夺玫瑰，馥郁欺兰若。愿假清济滨，一为尘缨濯。”其四：“平泉月露深，携友就花栏。殷勤吐芳讯，注情心所欢。遗我琼树枝，不觉六月寒。托好无终极，属美谢琅玕。”(《崌山集》卷七，页 2A)

案：序云：“房澹师使留都，道出济上子愿坐中。”“房澹师”与赵秉忠交善，《崌山集》有数诗涉此人，除上述《与邢子愿书》《赠邢子愿五首》外，又有《冯季韫、德韫、世韫召游冶湖，时房澹师在焉，赋此》。检顾起元《房澹师侍御按部两淮，奉寄二首》(《顾太史编年集》第 5 册，《蛰庵日录》壬戌上，页 11A)，疑即为房可壮，见《明熹宗实录》卷一一：“(天启元年六月己卯)差广西道御史王一中巡按山东，房可壮督两淮盐课。”(《明实录》第 66 册，页 557)。房可壮万历三十五年(1607)进士，留部“署丞”，是年有南都之行，顺道回乡省亲。房可壮有《余以署丞出都为南铨之行》(《偕园诗草》，页 7B)、《都门送潭柘兄之任白下，兼寄声同志，时余亦有白下之行》(同上，页 8B)可证。其出使南京，途经山东访侗于沛园。

新任武德观察陈亮采泉州觐亲，至秋未还，以诗寄讯。

《来禽》卷四《武德陈观察惠甫以入贺先期还温陵，迟以秋信》："无棣仍周履，明公宠汉旓。盐田宽夜色，关戍绝烽烟。端鹰三齐重，行骢一道便。饮冰寒彻骨，霏屑剑如泉。天际疑真侣，人群仰大贤。时情都欲尽，古道独推先。……波春吴越里，园夏葛蕉前。靡盐须行役，趋程试整鞲。征衫秋度暑，换节燕移蝉。人吏欣相迟，川原会有缘。入甄山启事，辑瑞舜垓埏。体国家还置，纾忠孝并全。劳劳萦寸念，沾沾释双挛。期尔迎霜雁，偕余缩项鳊。旌旗遮满道，拭目冠君旋。"(页 3A)

案："武德陈观察惠甫"名亮采，是年三月任山东副使兼武德兵备。《明神宗实录》卷四六八："(万历三十八年三月壬辰)升山东莱州府知府陈亮采为本省副使。"(第 62 册，页 8840)"温陵"为泉州别称，其三月授职，先归里省亲，至秋未归，故侗有诗问讯。

陈亮采，字惠甫，号希唐。福建晋江人。万历廿三年(1595)进士，历刑部郎中，出守台州，转湖州，调莱州守。设学田，培养士类，举卓异，擢山东兵备道，所至廉干有声。转粤东参政，调山东登莱道，升浙江观察使，以亲老乞归。[同治]《泉州府志》卷四九有传。(页 80B)

临小楷书《西园雅集图记》，吴门吴尚瑞手摹上石。

邢侗《西园雅集图记》跋："李伯时效唐小李将军为着色泉石云物、草木花竹，皆绝妙动人。而人物秀发，各肖其形，自林下风味，无一点尘埃气，不为凡笔也。其乌帽、黄道服，捉笔而书者为东坡先生；仙桃巾、紫裘而坐观者为王晋卿；幅巾青衣、据方机而凝伫者为丹阳蔡天启；捉椅而视者为李端叔；后有女奴，云鬟翠饰侍立，自然富贵风韵，乃晋卿之家姬也。孤松盘郁，上有凌霄缠络，红绿相间；下有大石案陈设古器，芭蕉围绕。坐于石盘傍，道帽紫衣，右手倚石，左手执卷而观书者为苏子由；团巾茧衣，手秉焦箑而熟观者为黄鲁直；幅巾野褐，据横卷画渊明《归去来》者为李伯时；披巾青服，抚肩而立者为晁无咎；跪而捉石观画者为张文潜；道巾素衣，按膝俯视者为郑靖老，后有童子执灵寿杖而立；二人坐于盘根古桧下，幅巾青衣、袖手侧听者为秦少游，琴尾冠、紫道服摘阮者为陈碧虚；唐巾深衣，昂首而题石者为米元章；幅巾袖手而仰观者为王仲至。前有鬅头顽童捧古砚而立，后有锦石桥、竹径，缭绕于清溪深处，翠阴茂密，中有袈裟坐蒲团而说《无生论》者为圆通大师；傍有幅巾褐衣而谛听者为刘巨济。二人并坐于怪石之上，下有激湍大潨流于大溪之中。水石潺湲，风竹相吞，炉烟方袅，草木自馨，人间清旷之乐，不过于此。嗟乎！汹涌于名利之域而不知退者，岂易得此耶？自东坡而下，凡十有六人，以文章议论、博学辨识、美辞妙墨、好古多闻，雄豪绝俗之资，高僧羽流之杰，卓然高彂[致]，名动四夷。后之揽者，不独图画之可观，亦足仿佛其人耳。万历庚戌仲夏，济南临邑邢侗手临。吴门吴尚端摹上并镌。"(临邑县邢侗纪念馆藏石刻)

案：《西园雅集图》，北宋画家李公麟作。此图所绘苏轼、米芾等十六人集于王诜都尉府之西园，吟咏书画，谈禅论道，犹如王羲之当年兰亭禊集，后为历代辗转临摹或另作别构。是年仲夏，邢侗细楷手临米芾《西园雅集图记》，吴门吴尚端摹镌上石，刻法亦精。《家乘》卷一一"翰墨志一"："《西园雅集图记》，万历庚戌仲夏济南临邑邢某手书。"(页 7B)

又有赵孟頫《墨竹图》上石，并撰题跋。

《来禽》卷二一《题赵子昂画》："湖州之竹，真而不妙；彭城之竹，妙而不真。湖州疏疏密密，彭城不密而疏。二君直气凛凛，是以笔底劲多和少，森然剑戟，琐窗猗傩无有也。子昂此幅，于至和处见笔，至密处见墨，未尝不劲，未尝不疏，所谓瑶台缓步，罗绮骄春，或足拟之。余家旧藏管夫人《蛱蝶》一枝，犹之芳天和畅，丽人临风亸袖，醉娇袅袅，殊不胜情。此花此竹，差足当荣禄朝回，仲姬紫绫半臂，援瓯酌茗，嬛姗相盼时也。"(页 15B)

案：赵孟頫《墨竹图》，为邢侗旧藏，石刻现存临邑县邢侗纪念馆。[同治]《临邑县志》卷一五"金石志"著录《赵子昂画竹》："上刻赵子昂诗，行书，下刻邢跋，小楷，在宿安。"(页 88A)

致楚中友人书，允以今冬撰朱期昌兄弟所属二文。

邢侗《致某书》："南太史公嗣有专启谢，武林公亦望宛达。不敏幸不见姜尔一，密生之且勿南来。此时李本宁在徐州，来要作大会也。更报尔一，致户科官老父再及朱康侯年丈二文，今冬必完，不见李大司马以文九年，亦得当年，笑笑。末二事千万勿忘勿忘。侗再拜。"(《来禽馆真迹》，页 12)

案：本书受信人不详，阅其内容，当为楚中友人。"姜尔一"即姜夔，由王一鸣介绍为侗家塾馆师，见前。据汤显祖《蕲水朱康侯行义记》云："子声尝为我语姜夔于长安，以为才。坐游大吏贵人所口语，捕逮急对。子声已前死，莫为言。夔跳声亡去,北至代。所在十年矣……后稍有哀夔者,得白。夔乃出。"(《汤显祖集全编》诗文卷三四,页 1571)则此时"蜚语所覆没"事已解,复出未久。文云"致户科官老父再及朱康侯年丈二文","户科官"指朱期昌,朱袗仲子,是年进士及第,授官户部,属侗为其尊甫朱袗撰传。[光绪]《蕲水县志》卷九:"期昌,字辰翁,万历庚戌进士,由户部郎视通州,旋升常州知府,未赴任卒。承父兄之绪,屏去一切,贪书好古,博文强记,为文务原本,其所自早年即以才名楚十二子之一。祀乡贤。"(页 7B)"朱康侯"名期晋,朱袗季子,属侗作《管鲍千秋录序》,详后。[光绪]《蕲水县志》卷九:"朱期晋,字康侯,邑诸生。博奥多才,万历间为邑令阎士选修县志,后人赖焉。"(页 6B)其兄朱期至与侗进士同年,相交至契。

九月初九日,有诗寄青州赵秉忠,再约面晤。

《来禽》卷四《九日对菊有怀赵季卿,兼订晤言》:"摇落霜天迥,幽怀对菊新。槲林纷似锦,鸟翼倦如人。北海宾盈座,南端月入茵。云停思作赋,湖碧欲呈莼。落落陈蕃榻,依依郭泰巾。三秋成偃蹇,一疾误音尘。白玉堂虚席,青油幕芘身。课儿朝与夕,求友贱兼贫。我已追禽向,君休叹凤麟。世贻安是业,老觉退为真。晚暮论知己,高风独可亲。固文深比漆,齐契笃于姻。倏尔通今古,翛然爱隐沦。野鹰呼里醉,塞燕笑中驯。策杖期宁负,登堂意乃申。此州矜从事,何地狎征轮。十日端非滞,双眉尽展颦。稷丘千万户,应共颂陈荀。"(页 2B)

案:"赵季卿"名秉忠,先前来书约以秋晤而未成,诗云"三秋成偃蹇,一疾误音尘",指时患足疾,至重阳仍未能晤言,故以诗约再订时间。

十月,高出过访沛园有诗,时侗患寒疾病甚。

高出《过访邢侍御子愿投赠》序曰:"庚戌十月,余以使事道临邑,未舍馆投刺谒。子愿寒疾,辄呼余就视榻前,子愿倾筐倒箧,若不能尽之一语。余罔然无所措说,因相与商略下上,移夜命酌。余少饮辄醉方园,赠章四韵。"诗曰:"十年今得御龙门,下榻还空北海尊。海内一人真不憾,斯文千古重须论。兴酣讶许狂奴在,调合翻怜大雅存。却愧昔贤称小友,唯因明月更留髡。"(《郎潜集》卷二,页 6B)

案:高出时为南京户部主事,出使过访沛园。高出视侗为前辈乡贤,诗云"却愧昔贤称小友",冯时可《邢公碑铭》亦云:"高孩之一时独步,然推子愿为海内杰出。”(《家乘》卷五“家传二”,页 12B)高出又有《题邢子愿画松》:“托根非泰岱,移植或徂徕。静听虚牖晓,有声如殷雷。”(《郎潜集》卷二,页 29B)此诗或亦是时所作,子愿画石多,此为题画松诗似不多见,甚为难得。

高出(1579—1630),字孩之。山东莱阳人。万历廿六年(1598)进士。历任曲周、卢氏知县,南京户部主事、郎中,江南布政使司参议,山西按察使,辽阳监军道等,谪山西按察使司副使、广宁监军道,因军事失利,下狱十二载。著有《镜山庵全集》。[民国]《莱阳县志》卷三之一有传。(页 19B)

刘士忠任总理河道,因足疾未得拜晤,致书述及近况。

《来禽》卷二八《与总河刘华石年丈》:“初意俟宪车临镇半月后,即跽请睹风仪,叙积阔,其证具之于长君书中。不意五月初旬,两儿递病,才就可而末弟足病顿发,足肿如瓜瓠,骨节尽痛,昼夜叫号不休。盖病本受于按吴时,嘉定中湿,时时举发,不似今年之甚也。使来,不省人事者二旬,及小愈,唯从枕上颔感,手为足困不能执笔,日饭使人属其小候,不谓竟淹至今也。末弟今且进食饮如平时矣,保有数年活矣。然气弱不能远出,晋谒或于明春。连年李修吾年兄楼船见迓者三,而趦且未应,徒戴其厚。要之,人有性不能辄强也。于长君博雅君子,举业可冀一捷,非他任子比。至孝至谊,元老以下皆敬礼之,末弟近结为儿女姻矣。如以诸生分入见,望尊霁颜破格遇之。无论大贤之后,末弟之屋上乌,即其人,固自佳品耳。诸所欲言,须之专布。”(页 18B)

案:“总河刘华石年丈”名士忠,是年三月来总理河道,《明神宗实录》卷四六八:“(万历三十八年三月壬辰)起升刘士忠为都察院右佥都御史,敕遣总理河道。”(《明实录》第 62 册,页 8840)侗此书作于十月前后。“于长君”名纬,于慎行子,与侗“近结为儿女姻矣”。

献县知县刘重庆书至,复书以答。

《来禽》卷二四《答献县徐[刘]明府》:“百年井里,蒙幸切于赡依;千载心期,公更深于披豁。盖祢衡片刺,才通宓子之堂;而逸少八行,遂反求生之径。报惊施薄,愧较感浮。唯是明台,蔚为国秀,擅是海珍。蚤射策于天廷,风标磊落;聊试刀于花县,政术通明。一清真类悬鱼,四境争看;下风用其余暇,相彼嘤鸣。九河秋色缤纷,与信使马蹄而俱下;三辅风威肃爽,捋君侯雁足以来仪。朱提富有,半流皂帽,欣然一饱,此情兹德,轻岳浅江。恭疏芜秽之词,小

答温肫之贶。伏唯慈亮,不既仰私。”(页7A)

案:此书又见崇祯本《来禽馆集》卷一〇,题作《答献县刘幼孙明府》(页7B)。应从崇祯本,“徐明府”为“刘幼孙明府”之讹,即刘重庆,是年成进士,授献县知县。刘重庆与邢氏兄妹均有交往。陈维崧《妇人集》:“临邑邢慈净,子愿名侗,官太仆先生之妹,善画观音大士,庄严妙丽,用笔如玉台腻发,春日游丝。慈净适武定马方伯。马夫人雅工诗文,诗有《非非草》《兰雪斋集》二种。钱宗伯选入《列朝诗集》者非其佳制也。从马官黔中,马卒于官,夫人扶柩还,途中作《黔途略》一书,文笔高古,有班惠姬之风。予在莱海时,于刘幼孙先生家见夫人答刘一书,词极雅健。又于张渤海家见其砚铭二首,亦有致。妇人笔墨,见于金石者,房璘妻高而外,殆不多有。然高文词不多见,则夫人兼长为尤难矣。”(页26A)

刘重庆(1579—1632),字幼孙,号耳枝。山东掖城人。万历三十八年(1610)中进士,由献县令擢御史,因不附魏忠贤,斥归。崇祯初,再起御史,上疏劾魏逆奸党,俱逮治之。历大理通政,官至户部侍郎。崇祯五年(1632)卒。[乾隆]《掖县志》卷四有传。(页12B)

致书新任武德观察陈亮采,分析广川地势之要。

《来禽》卷二六《与武德陈观察》:“侗往从筵私获侍,湖头数语,已涉汪洋大都矣。已,得其所条牒数则读之,董之醇、贾之切、陆之婉致,所谓国是民情备焉。……无隶,古渤海望,盛汉杨仆下楼船即其地。维四野萧条,盐田错畛,则岛夷汛泊,最紧关处也。秦晋上谷、云中、白檀、乐浪诸边略,有边略形则著边略情,耳目习为防御。无隶无边略形情,而居其紧重,隐忧在焉。近铨衡拟此于固原、阳和二大镇,故所借率巨公名世,明公勿薄无隶也。且河最要无如广川,津门南望若徐关、水府,清源北视为碣石重扃,明公自顾所借轻重何如也。布令一新……不肖履宦十年,目中仅睹山林下一快心事也。……处三伏生秋……”(页13A)

案:“武德陈观察”名亮采,是年来任,治在德州。书云“布令一新”“处三伏生秋”,当其新秋初上任时所作。

秦镐藏邢侗临王羲之七帖,乞李维桢题跋。

李维桢《跋秦京藏邢子愿七帖》:“王右军十七帖,尔时亦寻常应酬耳,传之后人,乃为瑰宝。邢子愿太仆临右军书,如出一手,其自运亦买王得羊。秦京遂有七纸，穷措大塞破屋子矣。余所获子愿手迹，往往为人持去，见此便欲作叶法善摄李北海伎俩。"(《大泌山房集》卷一三三，页25A)

案："秦京"即秦镐。此跋所作时间，李维桢又有《跋秦京藏黄昭素六帖》云："前年秦京得子愿七帖属余为识，今年邢遂为古人，而昭素亦先物故矣。"(《大泌山房集》卷一三三，页25A)据此，李跋应作于是年。钟惺亦有《题邢子愿黄平倩手书》，亦跋是卷，录以备考："微独书凡夫操之一人，而能为可久者，其精神学问，必有一段不敢苟不肯轻为同者也。尝见前辈不必尽学书，至有文章名天下，而作字不能成形者。有一人为之，则遂入古人之室，何者皆不为而为之，自一人则受命，独用志一，其所以可久之道，常郁郁然，森森然，立于笔墨之中，而游乎其外，不息则久，诚之所为也。观秦京所藏邢子愿、黄平倩二公札，悟此理焉。今遍地皆书家，而古人书法已亡，无他同而不求其至，叩之以精神学问四字，而茫然不能应。吾有以知其为苟道也，古书家斯邕钟王，其人皆北产，不在江南，今言书必称江南，以江南人遍地皆书也。试叩之以精神学问，应者几人哉？乃齐得一人焉，即为子愿，蜀得一人焉，即为平倩，齐与蜀固不必夫人而为书也。受命独则人不能同，用志一则我不敢苟，虽欲不久而不可得也，诚之所为也。"(《隐秀轩集》题跋二，页16A)

十一月廿六日，六十寿辰，王稚登有长诗祝寿。

王稚登《忆昔行寄邢子愿》："忆昔使君方少年，绣衣骢马何蹁跹。手捧天书按吴会，清标孤映人中仙。是时我与华亭忤，江陵傲士亦相左。黑貂畅尽乍还家，我未识君君识我。俾我才华为绝调，荐我欲如文待诏。未几迁官遂不果，文人相憎俗人笑。送君一舸过扬州，邗沟明月照迷楼。茱萸湾下一为别，泪痕迸作黄河流。秦中太仆曹何冷，众口含沙犹射影。潘舆莱彩乐未央，一官弃去如萍梗。太公黄发将百岁，尝药求巫日憔悴。中裙厕牏亲浣涤，忧心如焚复如醉。化鹤上天哀欲绝，乌鸟啼霜猿叫月。玄黄筐篚走四方，黄娟银钩碑巀嵲。云卧东山终不起，白简露章空尔尔。数奇不逢汉文帝，前席贾生今已矣。幸舍朝朝交履舄，日费万钱供饮食。茹蔬啖面甘自俭，烹羊蒸羔厚飨客。朱家季布安足云，鲁连先生善解纷。索租焚券徒市义，彼哉何足夸田文。银台门下朝鲜使，大鼻深眸衣曳地。千金一纸购君书，笑杀鹅群贫道士。沛上名园似金谷，迭石疏泉艺花木。山水清音本自然，何必繁弦与哀竹。君今行年正六十，犬马颓龄七十七。望秋安可比凌寒，蒲柳松筠不相及。昔年意气今何有，昔日豪华岂能久。甲子宁须论短长，千古文章名不朽。绿绨方底墨淋漓，题诗正忆昔年时。劝君善饭祝君寿，莫遣青青鬓有丝。”(《南有堂诗集》卷三，页65B)

案：诗云：“君今行年正六十，犬马颓龄七十七。”当侗六十寿辰所作。此诗回顾二人相识、相知过程。“甲子宁须论短长，千古文章名不朽。”对邢侗文章评价甚高。

张燮撰寿序为贺。

张燮《寿侍御邢子愿先生序》：“盖自世庙寿考作人，词坛蔚起，最著者无如济南李观察、琅琊王司寇。今虽互有短长，未有能捣其垒而夺其席者。穆庙初年，邢子愿先生起济北，与济南武相踵，骎骎欲度骅骝前。迨乎持斧按吴，集琅琊弇园，举杯相属，似有平分麟角之势，不独豸冠崔嵬云。是先生当两公时，已隐然继起之敌国，非若世之属鞬而乞其剩矢残戈，以恢耀铜盘后者也。自先生之弃太仆归卧泲水上，盖二十有五载。而先生年甫六十余，朱颜方新，黑头未改也。中朝之缙绅大夫及骚人韵士，以至舆童走卒，无不知世间有邢先生者。每使者按齐，报命阙下，辄疏先生名以请。先生夷然不屑，曰：‘吾岂以万卷易南面百城哉？’先生之为文驱策有氏而不名一家，含咀众长而不离自法，盖骨髓在汉秦以上人，而时出以六代，溢目徽徽，辨为几千年间物。……燮尝诣先生于玄霜绛雪之居，魁梧丰伟，望而知为福人。嗣而接其起止，嚬笑温然也；嗣而接其文，苍然也；又嗣而接其阿季及诸郎，蔼然也。泲水人为余言，岁之不恒，东齐之间，就公索食者日数千计，公悉捐炊给之，盖士倚为丰玉，而民倚为荒谷。……今者岁华屡徙，良晤未期，冬仲念有六日，为先生览揆之辰，聊纪一言，爰附青鸟，为先生举觞。……而先生绍述前徽，期斯文之未丧，绝不作诋诃只语，其气甚平。以此处世，必不负人；以此立朝，必不负国，是皆先生不朽之大者。今天子寿考作人，不减肃皇时，词坛最著，谁如先生？夫登东岳，而后知众山之逦迤也。乃触石□云，成霖肤寸，若先生者，其亦世之岱宗也哉。”(《霏云居集》卷二二，页1A)

冬，西粤高山人游京师过访泲园，囊空无以为赠，赋诗送别。

《来禽》卷二《送西粤高山人北游》序曰：“西粤客鲜游京国者，公先高先生担簦万里至，不异行脚头陀。问所以之，访萧少宰公乡尊宿，敝裘伞笠无所求也。本宁社兄为先谈，见过，留三日即请行。仆则闵焉，脉脉动情矣，囊空靡所赠，赠之以诗。诗寥寥数语，腹亦空空如也。诸公悉大书行卷，仆乃作学人细字。六十老人强勉跳跋，率如此。”诗曰：“百粤牵乡梦，燕游事事难。鹔鹴经岁敝，风雨去涂塞。度岭梅初发，还家腊已残。故园鱼稻美，天末忆加餐。”（页24B）

案：“西粤高山人”，未详俟考。序云“六十老人”，故系于是年。又诗云：“度岭梅初发，还家腊已残。”应是年腊月所作。高山人此行访“萧少宰公乡尊宿”，即萧云举，字允升，号县圃，广西宣化人。时任吏部左侍郎，《明神宗实录》卷四五六：“（万历三十七年三月丙午）吏部侍郎萧云举条言铨政，一定国是……”（《明实录》第62册，页8607）

为赵秉忠软绿园书扁、联、扇、画共十二幅，寄书奉上。

《来禽》卷二九《答青州赵太史》：“……以脚疾偃蹇，不履庭户凡七旬，手为足困，缺然久不报也。……再廑蘧使，弥不自安，留垂匝月，所课正不能多，扁、联、扇、画共十二事，黔技止此矣。不肖周尺、径尺斋阁额书，颇不落夹堂署，天固限之，不欲自捉床头刀，令夫已氏据榻间也。所拟致书肆者，当不减牦牛腰，以须兴到。《褚帖》不肖弱冠时所获，即在敝麓已四十年。漫题前后共十则，或可作吾两家子孙异时佳话耳。寒季可命驾如上都乎？不肖预炙地垆以俟。促膝所倾写，计不第鱼子笺中剌剌矣。公子兄灼然玉举，辄为题楣。河已流澌，鼎茵自爱。晨拈秃颖，转使殊不随人，端是小巫气索，不免奉谢安石纸尾掷还也。”（页9A）

案：“青州赵太史”名秉忠，前以软绿园书各件相属，此以报命。书云“寒季可命驾如上都乎？”当指已闻赵秉忠将归朝复官。《明神宗实录》卷四八四：“（万历三十九年六月乙未）升修撰赵秉忠编修。……先是，内阁题催云：‘翰林官有百余皆由阁臣题推，而停寝日久，其最淹滞者尤是戊戌一科，经十四年未得迁转，从来所无之事也。’数日得旨云。”（《明实录》第62册，页9130）

应朱期昌之请，为其尊甫朱袗撰传。

《来禽》卷一二《朱方伯先生传》：“朱先生名袗，字汝衷，黄州蕲水县人也。……举壬子省试第七人……其明年成进士，为徐文贞公门人，拜官大行。……丙辰，擢南床，历城江诸巡。……报政最，以无援平调常州。……寻擢陕西备兵使，去，士女遮道拥留，谋为立祠绘像以祀。……阅岁庚子，凡三十有七年，先生墓柏拱矣，而梁溪邹公彦吉、宜兴吴公安节为先生门下士，复鸠,其长年祠先生于东郊,而属其记于云间冯公。……隆庆庚午,先生总裁秋试,得人最盛。冬,擢浙江按察使,旋以左辖复之滇。其明年,姚恭人卒,自滇奔归,服竟当出,中宪公亦卒,与宁。家食连七年,哀毁骨立,两丧一如孺慕。乐不御,味不兼,瘗骼施槥,疗病粥饥,好行其德,绝无意小草人间。而两浙之命又下。……竟老病自劾。凡再上,始得请。……吴公明卿勒珉为纪其事,先生生平美懿,更仆不易语,具督学邹公彦吉墓碑、宫谕顾公太初墓志中。……先生伯子期至与余同举甲戌进士,历官河内守,河内人从祀寇公祠。有《王屋稿》十二卷、《覃怀录》二卷行于世。仲子期昌举庚戌进士,与余友黄冈王伯固一鸣,黄梅瞿孟坚甲,麻城周子中应嵩、子良应明,黄安吴敦之化诸子结社,称诗号'江汉间十二子'……"(页26B)

案:朱裕为侗好友朱期至兄弟之父,此传应其仲子期昌之请而撰。邹迪光有《朱公浠桂墓碑》:"方伯朱公戊子春卒,距今二十三年,至庚寅冬而葬,距今亦二十一年。墓之木林林矣,而公之次子期昌越数千里持所为状请文勒之碑。"([光绪]《蕲水县志》卷一八,页49B)朱裕卒于万历十六年(1588),"距今二十三年",即作于是年。

又为朱期晋序《管鲍千秋录》。

《来禽》卷六《管鲍千秋录小序》:"夫康侯,一书生耳。父兄没而称当户,上无所要束,下无所忌惮,轻裘肥马,击钟鸣瑟之,奚不足贵游所乎?而乃沾沾丈夫事,今日置义田,明日从从兄计常产。此犹为吾折槛公族地耳。至念友人姜君尔一妻子费,慨然捐五六百斛之业,而弁髦赋之,豪矣哉!……康侯上下千载,知有吾族、吾兄弟、朋友而已,赀产关何事焉?若康侯者,以津济天下可也,张楚云乎哉?"(页11A)

案:"康侯"即朱期晋,已前见。《管鲍千秋录》即以期晋割田食好友姜夔妻儿事,以管仲、鲍叔典故方之,征集好友文士赋咏其事。李维桢《书管鲍千秋卷后》:"黄人朱康侯与姜尔一一十二子者,皆以词赋意气定交,今其人生死贵贱迥殊矣。而尔一为蜚语所覆,没十余年无资生之策,康侯困诸生,久力不能振之。尔一糊口四方,康侯割名田为食其妻子。海内学士大夫高康侯之义以方管鲍,而歌咏之。"(《大泌山房集》卷一三三,页16A)又有汤显祖《蕲水朱康侯行义记》云:"一时闻人,如郭美命、瞿睿夫、焦弱侯皆相慕艳,为之记以传康侯。"(《汤显祖集全编》诗文卷三四,页1571)"郭美命"为郭正域,"瞿睿夫"

为瞿九思,“焦弱侯”为焦竑,其咏其事之诗文未见。

范景文来书,乞为其祖父范汝河墨迹题跋。

范景文来札:“先君志铭而借老伯椽笔,感泐金石。今已刻成,特奉上览。又先祖遗墨一帙,并求尊跋,以传不朽,知无靳一挥毫耳。临启可胜颙切,文再顿首。”(《上海图书馆藏明代尺牍》第7册,页138)

案:此书无上款,然观其“先君志铭而借老伯椽笔”,当指其父范永年请邢侗撰《郯城公传》,已前见。“又先祖遗墨一帙,并求尊跋,以传不朽”,则指请邢侗为其祖父范汝河墨迹题跋,详下。

应范景文之请,作《跋吴桥范会川公书》。

邢侗《跋吴桥范会川公书》:“吴川范氏有会川公,名德绍先,高才擅世,惜赋鹏太蚤,不及大吐珠光。虽生平雅善临池,妙迹堪传,然四方不多见也。其子仁元先生与孙孝廉梦章,孝思渊挚,不忍没公手泽,检之残编剩幅,中得公所书《后赤壁赋》一卷,装潢成帙,留在人间。孝廉驰一函介而示余,曰:‘此吾大父遗书,吾家天球河图也,愿先生鉴之。’余拜受谛观,见其骨法苍秀,天真烂然,出入山谷、子昂间,不觉敛衽悚服,起慕先辈典型。宜乎仁元桥梓知善宝之矣。闻仁元文行两绝,梦章少年脱颖,貌如冰玉,才如相如、子长,立志如文正、忠宣,行当掞藻木天,为国之雄俊宝臣,则公之所留,又不直妙迹数行已也。”(崇祯本《来禽》卷二三,页20A)

案:“吴桥范会川”名汝河,吴桥范永年之父,景文之祖。范景文《先君仁元公行述》:“曾王父儒官公二子,次曰汝河,则我王父会川公也。会川公公名噪诸生间,无禄蚤世,初娶马,再娶李,三娶宋,而生府君。”(《文忠集》卷七,页28B)

有寄刘本初姻弟书。

邢侗《柬平原刘本初姻弟(四)》:“济上于文若雅善丹青,自此公殁后,江以北与斯道者盖寥寥也。一日,憩历下天茁园,从称儿睹任仁卿画扇,苍秀奇古,勃勃有宝光。不佞色然异之,喜其笔姿天授,非近日吴习,仿佛其视文若先生所谓‘后来之彦’矣。闻敦彝兄长郎负隽,已为学使者擢冠朋曹,而次君又当以丹青名世。敦彝盛德,宜有佳儿之报也。仆忝戚契,为之快然不已。便中致鄙意何如?”(崇祯本《来禽》卷五,页26A)

案:“平原刘本初”,为侗姻弟。“于文若”名若瀛,卒于本年二月,书云“济上于文若雅善丹青,自此公殁后”,当是年二月后作,姑系于此。

十二月，同年陈与郊卒，年六十七。

李维桢《太常寺少卿陈公墓志铭》：“安仁吴中丞过武林，公诣之，语良久，舆归中道疾作，遂卒。朱孺人与仲子以丧还，万历庚戌十二月四日也，距生嘉靖甲辰二月二十有三日，年六十有七。”(《大泌山房集》卷七八，页34A)

德州仓使刘戡之离任，有诗送之。

《来禽》卷四《送元定先生》序云：“司农郎夷陵刘使君元定者，才成天拔，系出名家。万卷蟠其胸中，三象驱之几下。经纶夙富，何必李赞皇之雄标；丘壑独存，雅类白香山之风致。司仓德水，治粟齐方，铣然抱雪而寒，彻矣，澄江共湛。……忽忽莼鲈夙念，车马星言，气凌南纪之云，书动北辰之座。顾侗自惭驽劣，谬荷嘤鸣。一尊小阻拏舟，十韵聊将折柳。不娴者语，不晦者心。”诗云：“使者劳于役，移书返汉槎。里人虚尔雅，乡路转章华。冥果先尝橘，幽蔬续啖瓜。斗身归客健，采蜡稚儿嘉。告祖祠如在，遗荣合不哗。东床推肮脏，南郡绝纷葩。往事真堪述，新声更莫加。饮冰朝治粟，调鹤暮休衙。彩笔干骊纬，雄心问莫邪。侠儒双纪传，文武并名家。柳辫依依线，芦掀细细芽。板桥开祖道，珂马恋兰阁。念子投朝策，怜余寄串茶。风尘正扰扰，相订老烟霞。”(页1A)

案：“元定先生”即刘戡之，时任德州仓使。[道光]《济南府志》卷二五“仓分司”：“刘戡之，湖广夷陵州人，官生。”(页20A)其前任为宋师程，师程由德州仓使出守嘉兴知府。据[嘉庆]《嘉兴府志》卷三六，其在任时间为万历三十五年(1607)至三十七年(1609)。(页29A)则刘戡之接替宋师程约万历三十五年(1608)至三十八年(1610)在任。

刘戡之，字符定，一作元定，号石华。湖广夷陵人。尚书一儒长子，相国张居正婿。少敏达，刻意制举业，居正当国，引嫌不与试，以荫补后府参军，历升户部郎中。奉使秦中，修《华山志》，出知德州，建游龙馆，以课多士，一时名流多其所造。就抽分浒墅立便民桥，省来往商税。既解组，归田营室父墓侧，与海内名士酬无虚日。焦竑有《刘元定诗集序》(《澹园集》卷一六，页173)，曹学佺有《刘民部诗序》(《石仓文稿》卷一，页35A)。[同治]《宜昌府志》卷一三有传。(页12A)

本年，刘重庆、朱期昌中进士。李汝相卒。二月，陕西巡抚于若瀛卒于官。九月，袁宏道卒。十二月，王锡爵卒。

【诗文系年】

《与康骧汉侍御》《嘉平送王次公之长垣任》《赠药令君权顺天判》《邑侯药公去思册题辞》《齐河令霍公考绩荣膺异宠序》《赠阳信路明府》《郯城公传》《与赵南渚司徒》《致弟书》《与总河刘华石年丈》《与苏松徐按台》《与黄抚台》《武德陈观察惠甫以入贺先期还温陵，迟以秋信》《题赵子昂画》《致某书》《九日对菊有怀赵季卿，兼订晤言》《答献县徐[刘]明府》《与武德陈观察》《送西粤高山人北游》《答青州赵太史》《朱方伯先生传》《管鲍千秋录小序》《跋吴桥范会川公书》《柬平原刘本初姻弟(四)》《送元定先生》。

万历三十九年辛亥(1611)，六十一岁

泲园家居。长子邢王瑞卒。

正月初七日，人日，作《拳石图》并题跋七行。

《拳石图》题识："允修先生赋此研光织，计八年许，都未敢命不律。今春辛亥人日晴煦，偶从'南双啜明月，岍觉有佳致'，遂泼墨为此图。征书而应之画。仆可谓巧于藏拙矣。子兴学士极嗜仆拳石一姿者，傥令见之乎，仆当依样馕之。董玄宰每对人：'犁丘画品有叔明及虞山大痴风，恨懒甚不作事。'若睹此帧中笔华，或不笑齐虏骖也。邢侗题字七行。"(《中国古代书画图目》第7册，页66)

案：《拳石图》，南京博物馆藏。《鸥陂渔话》卷六"邢子愿画石"著录此画："明临邑邢太仆书名最著，有《来禽馆帖》传世。画则唯《无声诗史》称其间写文石，亦艺林片玉，盖甚名贵也。近得其绫本盘石立帧，石身高九寸，广赢其半，礌砢崚嶒，略缀藓发，全仿黄鹤山樵解索皴笔，极苍浑。上有长题云：……笔法神似南宫。侧有三印：一'济南邢侗氏图书印'，一'山中人兮芳杜若，歈石泉兮荫松柏'，一'云云亭亭间人'，皆朱文。下有'基喆私印'、'东昌邓氏骞之□藏图书'二印。'辛亥'为万历三十九年，太仆是年六十一。允修、子兴不详何人。'一姿'亦未解其义。犁丘则邢氏所居地名，因以自号者耳。"(页6B)"允修"疑即朱延禧，字允修，山东聊城人。万历二十三年(1595)进士，授翰林院检讨，仕至礼部右侍郎。邢侗画不多见，尤以画拳石名世，邢侗《与张北海公子》云："昨与足下谈，如入山阴道中，应接不暇，吾党复得一快士，终夜喜不寐，晨起呵冻画《拳石》，颇不恶，幸即付演，留作往来公案耳。"(《来禽》卷二

九,页 30A,又见《来禽馆真迹》,页 75)

是月,黄克缵晋升兵部尚书,仍兼山东巡抚,撰文纪之。

《来禽》卷八《中丞黄公晋大司马兼宪填齐序》:“今上之辛亥春王正月上浣维吉,我抚翁黄公用上命晋秩兵部尚书,仍兼右副都御史巡抚如旧。宠隆赫奕,叶暖律而迓齐邦,人天交畅。氓士竞前曰:‘我公而留,缁衣可嗣也。我公弗归,衮衣无庸也。’其属济南太守丁大夫,则以某等备在,公纪纲恩义良笃,谊宜有辞以颂,属言于侗。顾侗鄙生,安取为华膴?借然而大夫命之矣,敢百拜稽首而缀之言,曰:‘国家于省直置抚,凡几大都,主拊循百姓,兼理六察而已。’边徼则专兵,河漕则专运,至于非时之设,行荒则言荒,契勘则言勘,得未曾有总统而兼司者。则以势不相能而力难周摄,所从来久矣。……公壹意细民燠咻百出,而其察大吏,则于六条所云,倍公聚敛,任刑剥截、阿附豪强、通行货赂者,尤加之审。百城凛凛承奉相慕为洁廉,循良直道,齐治甲天下焉。……公其至人哉!凡九年而晋今秩,不可谓弗尊弗荣。”(页 13A)

案:黄克缵是年正月晋兵部尚书,仍兼山东巡抚。《国榷》卷八一:“(万历三十九正月)癸卯,巡抚山东、兵部右侍郎黄克缵九年考满,进兵部尚书兼右都御史。”(第 5 册,页 5029)“济南太守丁大夫”即丁浚,《明神宗实录》卷四九一:“(万历四十年正月戊申)升济南府知府丁浚为四川副使。”(《明实录》第 62 册,页 9238)黄克缵巡抚山东以廉能著称,黄景昉《宦梦录》:“少保黄公克缵,居官廉甚,抚齐十二载,家无厚赀。”

又上书黄克缵致贺。

《来禽》卷二四《上黄大司马》:“三考程考,擅九垓之蚕誉;一人加悦,陟八座之穹阶。缅追玄沪,凤图快睹,彤庭紫绶雎鸠,肇命葆吹增仪。陋典午之陈骞,迹成周之毕老。然而衮衮东国,无以公归;绣斧齐台,犹仍节镇。……忝厕门墙,倍深踊跃。即寸草有心于报德,而大炉何意于品形?含育休明,泳游空洞。”(页 7B)

案:“黄大司马”即黄克缵。书云:“三考程考,擅九垓之蚕誉;一人加悦,陟八座之穹阶。”则当其晋兵部尚书时所作。又“绣斧齐台,犹仍节镇”,指其仍兼山东巡抚。

二月,代同年刘士忠撰吏部尚书孙丕扬八十寿序。

《来禽》卷九《寿太子少保大冢宰孙翁八十序》:“今年辛亥王春届仲,吾师大冢宰孙翁政八十春秋矣。……而师弱冠登途,回翔朝野者垂六十年,士林有天下大老之称,黔首切中流一壶之想,盱衡跂足,咸籍籍幸所天,是为得人。……某谓吾师之大年,庶几齐光日月,等敝天壤,不在今日三雅八珍之加爵,大椿度索之幻说而已也。夫念诵则膻芗具,沾丐则谱牒长。竟百世而富平大冢宰与冯翊之疆,偕不朽中国四夷之名,永永不澌灭……"(页15B)

案:题注:"代刘华石作。"代同年刘士忠作。"大冢宰孙翁"即孙丕扬(1531—1614),陕西富平人。嘉靖三十五年(1556)丙辰进士,历任应天府尹、南京都察院右佥都御史,大理寺卿、户部右侍郎;诏拜刑部尚书、吏部尚书,太子太保等。是年主持京察,次年"挂冠出都",居家二年卒。《明史》卷二二四有传。(第19册,页5900)

春,两旬间连续忙于婚丧喜庆之事,行旅中致书山东巡抚黄克缵。

《来禽》卷二五《上黄抚台》:"此月初七日,之禹城唁刘翰简内子之戚,旋过平原赴宋廷尉聘女之宴,已取道四女寺一晤淮抚公祖,已之景州祝王氏妹,已之乐陵送史婿北行。凡两旬间,化不肖之右臂为轮,而左臂为马矣。行住乐陵,始接先后尊函,不胜失报之惧。如兹琐细,特荷挂诸胸臆中。……河上会广川邵守,亟出邻初先生数卷相示,古雅醇和,种种极是。时万柳联堧,余花表岸,为揭船窗,濡题殆尽,旅中一快事也。高邑赵梦白一札,怀之数月未敢冒呈。比来讨诺,乃此尘记曹,不审便中肯惠一字,俾区区借手否?不敏悚皇,恃唯慈亮。"(页23A)

案:"黄抚台"即黄克缵。书云:"时万柳联堧,余花表岸,为揭船窗,濡题殆尽,旅中一快事也。"时当春季。"淮抚公祖"为李三才,时以疾罢漕运总督,侗赴四女寺为其送行。《国榷》卷八一:"(万历三十九年二月)戊子。总督漕运李三才疾罢,令总理河道都御史刘士忠署事。"(第5册,页5030)"乐陵送史婿北行"指史高先,上年中进士,此当入京授官,秋以南户部主事赴任,详后。又云"河上会广川邵守,亟出邻初先生数卷相示","广川邵守"为德州太守邵士斗,"邻初先生"为汤焕,《来禽》卷二一有《题汤翰林千字文》(页18B),或即其一。"高邑赵梦白"为赵南星。

又为德州太守邵士斗题《家庆图》。

《来禽》卷二一《题德州牧邵北卿家庆图》:"此德州牧北卿大夫《家庆图》也。北卿以艺林才士藉典方州,其政德也,以德政者也,有才而不衔才也。

洁身徇众，严使人爱，宽使人畏。盖聚德万亿，欢心以享北堂，北堂乐融融也。非徒以五鼎口腹养也，以德政养志焉者也。贵至方州，及于北堂，良食且志养焉，郁都甚矣。北卿功名遒上，荷天未艾也。北卿，成其为孝子也乎！”(页20B)

案：“德州牧北卿大夫”名士斗。［康熙］《德州志》卷八：“知州邵士斗，桐庐人，举人。”(页16A)其后任为马明瑞，万历四十三年(1615)在任，改建董子书院易其名曰“醇儒书院”。则邵士斗此前任德州知州。据上引《上黄抚台》：“河上会广川邵守，亟出邻初先生数卷相示，古雅醇和，种种极是。时万柳联堧，余花表岸，为揭船窗，濡题殆尽，旅中一快事也。”(引略)其时邢侗为邵士斗所题各件《汤翰林千字文》《家庆图》《董太史字卷》《题沈石田画》，抑或均是时所作。邢侗有《畴昔帖》，即致邵士斗书，录以备考：“……言取拟多蓄奇文，广收名帖，与刺史先生往复三十年，不至寒盟方外耳。何日驾东州，令小斋香留月许？自浚晋，短笺都用佳陟厘。北卿尊先生。邢侗顿首具复。”(《来禽馆真迹》，页89)

［乾隆］《桐庐县志》卷一一：“邵士斗，钟山乡人，领乡荐授山东德州知州。地滨河，民苦水患，乃督役，运甓成堤。州旧无城郭，公始议兴建，事竣而民不劳，人皆德之。后选应州守。致仕归，奉母尤以孝闻。”(页10A)又卷九：“万历丁酉科乡试，任知州。”(页6A)

又为邵士斗太守题董其昌墨迹卷子。

《来禽》卷二一《题董太史字卷》：“仆生平见玄宰真迹几百种，此卷大有李邕、徐浩风。虽小下晋人一等，总之名世业也。是日广川刺史北卿先生馕至，彩笔遂濡墨为题此，此时波撼河楼，不减岳阳，惜笔势不堪作敌。”(页14B)

案：题云：“是日广川刺史北卿先生馕至，彩笔遂濡墨为题此，此时波撼河楼，不减岳阳，惜笔势不堪作敌。”亦“河上会广川邵守”，为其所题之证。

又为邵士斗太守题沈周画。

《来禽》卷二一《题沈石田画》：“启南先生画法高一代，所为阔帧巨轴，位置稳密，水墨淋漓，天工人巧蔑以加矣。宜吴阊光价登伯虎、衡山上也。此卷都昉董此苑，长且二丈许，靡一笔不惬。可顿之米家船，恐蛟龙攫之而去。北卿其善有之，勿令向日禁脔臭，咄咄，逼人合作，旃檀供养为得。”(页14B)

案：题云“北卿其善有之”，亦为邵士斗太守所题。

二月，文翔凤之任莱阳县知县，过临邑，侗与其晤。

文翔凤《辛亥东征诗十五首》序："二月，奉太夫人东征，始得涉全齐之概，自德州如济北，矢志于陵县馆，其日至临邑，邢子愿先生来顾云：'先知有异人来。'遂如青城谒于泰寰先生，先生有玉质金相之梦。寻至新城访王季木，诸王咸集，过青州登云门山，以三月二日视令事。旅馆吟颣，汰之得十五首。"(《东极篇》之《海云集》，页1A)

案：文翔凤上年中进士，除莱阳县知县，是年二月之任。"于泰寰先生"名永清，时休官乡居。"王季木"名象春，王象乾从弟，与文翔凤同年进士。

文翔凤，字天瑞，号太青。陕西三水人。万历三十八年(1610)进士，除莱阳等知县，文学、政事并著。迁南京吏部主事，以副使提学山西，入为光禄寺少卿，不赴，卒于家。著有《太微经》《九极篇》等，"世以为(邵)尧夫之后一人而已"。[乾隆]《三水县志》卷八有传。(页7B)

别后，又致书文翔凤。

《来禽》卷二九《答莱阳文太青》："自聆尘谈，每每五夜不成寐，白日亦不入黄婦乡，明公沐浴蒙也深哉。美人千里，目送神摇，徒以二竖相凌，末缘东首。临邛主人有意，或烦张高两地主佐足下，日朝相如尔。不虚，不虚！观海不如观文，公尚有涯际哉？拜郎官俸何隆泰如此？良足十日酒赀，何云茗椀？尊大人杀青编，真是提玄辅易，人间未见书也。即致抚翁道所以，便乞顺下二三翻。足下自栋厦材，造化欲从甑尘砻厉之。当路高范云不直廉靖一事，足下勿攒眉，簿书鞭挞间也。会薄冗，又行人立马，不既愿言。"(页9A)

案：此书当与文翔凤别后所作。其父文在中，与侗同年进士，年三十挂冠归，以教学著述为事，文翔凤此来或携其父所著书相赠，故云："尊大人杀青编，真是提玄辅易，人间未见书也。"

文在中(1552—?)，字法充，别字少白。陕西三水人。隆庆四年(1570)登解元，万历二年(1574)会试魁元，廷对拟第一，张居正因策对有"一气未通，两孽未除"之语，恶其刺己，遂抑之。初授淮安府教授，升国子监博士，仕至祠部郎，三十挂冠归里，建乐育书院，从学者甚众。有"关西夫子"之称。著有《观宇》《天经》等书。[乾隆]《三水县志》卷八有传。(页7A)

春，万历帝让内官以邢侗字扇进览，为击节称赏，命女史学其书。

李维桢《邢公墓志》："辛亥春，上语内竖，以邢某字扇进览。偶得之

某黄门所,上欣赏,命女史学其书,随置以图记。”(《大泌山房集》卷七九,页38A)

冯时可《邢公碑铭》:“辛亥春,今上令内竖以邢侗字扇进览,为击节称赏。”(《家乘》卷五“家传二”,页12B)

春,馈赠旨酒佳肴贺黄克缵巡抚生辰,有书来谢。

黄克缵《答邢知吾冏卿贺寿启》:“行百里者半九十,盖言末路之难至百年者。衰于耳顺,益信古稀之语。不佞游宦大邦,栖迟已十四载,获跻下寿蹉跎又过三年。迭遭旱蝗,忧民束手无策;自譬犬马,临老瘦骨空存。唯有知难而辞官,敢喜逢春而增寿?门下情深世讲,贶出岁除。旨酒佳肴,醉饱不遗稚子;缛词名翰,辉煌可到云孙。不直破久客愁颜,抑且回残年春色。斯之为感,将何以酬?”(《数马集》卷三〇,页19B)

案:书云“不佞游宦大邦,栖迟已十四载,获跻下寿蹉跎又过三年”,是年为黄克缵巡抚六十三岁生辰,故有“旨酒佳肴”之赠。

长子邢王瑞卒。

《茂才玉符公传》:“公讳王瑞,字无咎,号玉符,先太仆公长子。母陈恭人方娠有异征而生。……己酉秋,闱场牍邑侯药公见而击节曰:‘七作宛然陶汤,山东解有人矣。’竟以余场犯忌落第。……既屡试被刖,益感奋,下帷经岁,伏案足不出阈。一日仰卧,忽闻空中音乐,俄异香满室而卒,年三十四。”(《家乘》卷五“家传二”,页28B)

案:邢王瑞生于万历七年(1579),已见前考。王瑞早其父一年卒,李维桢《祭邢子愿》:“旧年公丧伯子,觉不胜哀。”(《大泌山房集》卷一一六,页18B)又《邢公墓志》云:“哀伤逾年,遂病四十日(卒)。”(上书卷七九,页38A)则王瑞卒于是年。而《茂才玉符公传》云:“卒,年三十四。”(引略)疑有误,若生于万历七年(1579),此年三十三岁。

葛如麟有《祭邢玉符文》(《家乘》卷一〇“艺文志二”,页66A)。王瑞娶妇马氏,《府君行状》:“王瑞,邑廪生,妇为德州贡士马公兆明女,都御史九德孙。”(《来禽》卷一八,页1A)卒时无子,后以邢王蔼仲子琪为嗣。详后。

因长子王瑞之逝,大病四十日。

李维桢《邢公墓志》:“子愿故壮无疾,而陈孺人遗长子王瑞有美才,死无子,哀伤逾年,遂病四十日。”(《大泌山房集》卷七九,页38A)

山东巡抚黄克缵闻有丧子之痛，寄书慰之。

黄克缵《柬邢知吾冏卿》："年华易迈，春事更新。不佞处多忧多惧之时，门下当大变大故之日。一言相慰为幸，已多腼仪辱临，无乃过侈。唯是饭精菰米，出自内厨；酒酿葡萄，发从春瓮。方丈之席让珍，一石之醉谢德，在遗者既无病于体，即受之亦何损于廉，敢拜赐而共于妻孥？人有余饱，且纵饮而乐，兹节序肺亦生春。"（《数马集》卷二八，页6A）

案：书云"不佞处多忧多惧之时，门下当大变大故之日"，兹当闻长子王瑞卒后所寄慰。山东连年遭受旱蝗之灾，黄克缵作为巡抚自然"多忧多惧"，且上年有丧弟之痛，故云。

八月，妹婿马拯升山西按察使。

《明神宗实录》卷四八六："（万历三十九年八月戊子）以原任陕西左参政于士廉山西右参政，马拯为按察使。"（《明实录》第62册，页9159）

案：侗致书好友为其子马天行说项，应在此后不久。《来禽馆真迹》所载《陈公祖碑帖》："今日见陈公祖碑，甚悉。已别作一格下笔，期手书答平生知己也，亦旬日内耳，必不稽也，再稽罪不容诛矣。连日头痛如破，杨医在此，三剂可愈矣。武定州童生马天行，山西总宪马镜老子，不肖亲甥也，望尊专移片字，抵王老公祖所，乞得五名以内，幸甚！甥已文笔通彻，顺风可呼，留意，意非敢为佞也。侗顿首具。廿六日。"（页90）"山西总宪马镜老"即马拯，应作于其升任山西按察使之后。"马镜老"刘本释作"马铳老"，误，马拯号镜石，故称。

同年吴显之子吴宷来访泲园，携张燮书至。

张燮《寄邢子愿》："别后如长房，拄杖归葛陂中，欲更觅壶公索斗酒，了不可得。尝念泲水如蓬瀛，夫真仙坐金银室间，原非凡夫所可频到，即欲托致书于青鸟，犹难期也。尚忆曩者贵邑蘧使诣温侍御，温蘧相报云：'邢先生有八行书来，可为君作书邮矣。'尔时曾勒陋札及二诗附去，度不至沉浮。去夏胡以惠参知入齐，燮正丁先君子之变，茹荼饮血，不任作书，仅托胡君齿牙为道相念，盖形影顿睽，然梦中犹时时来往不绝耳。……代燮将书者为吴亮恭，亮恭文如星辅锦灿，气谊大类古人。尊甫观察公亦以甲戌成进士举者也。此君度有所自，通于高坛，明公试一品定之。先状一册呈览，墓中之石敢以相累，燮泉石剩人，不能博清时纶綍以报所生，恃有长者片言，以辉耀其深松茂柏，且以先子两附同籍，知明公之未遽遐弃也。不朽之赐，非七尺躯所敢忘矣。"

(《霏云居集》卷四八,页 1A)

案:书云"代燮将书者为吴亮恭",即吴宷,万历二十三年曾访沛园,乞为其父吴显诗集作序,已见前。又云"去夏胡以惠参知入齐","胡以惠"名廷宴,[道光]《济南府志》卷二六"佥事":"胡廷宴,福建漳浦人,进士。"(页 22A)其是年三月改任江西右参议,任山东参议则在此前,《明神宗实录》卷四六八:"(万历三十八年三月癸未)调山东右参议胡廷宴为江西右参议。"(《明实录》第 62 册,页 8830)张燮有《胡以惠擢参知之镇山东,间道过漳,适余郊游,归而造访,已返梁山上矣,寄此讯之》(《霏云居集》卷一四,第 1 册,页 131)。书云"燮正丁先君子之变",其父张廷榜卒于万历三十七年。黄道周《张大夫墓表》:"大夫名廷榜,字春宇,生嘉靖乙巳,卒万历己酉,享年六十有五。"(《黄道周集》第 3 册,页 1120)

秋,董其昌仿董源笔法画《吴绡图》并题诗寄赠。

董其昌《辛亥秋,仿吾家北苑笔于渎川山庄,寄邢子愿侍御》:"吴绡图就枕烟庭,揽得齐东一片青。莫信三生擅丘壑,信从神武事鸿冥。"(《容台集》卷四,页 34B)

秋,再致书黄克缵为贺。

《来禽》卷二九《贺黄抚台》:"我老公祖莅盟齐鲁,岁月滋久矣。士民于喁,畴不欲借寇?仍数年而地望日隆,窃恐未遂卧攀之愿耳。唯天幸此敝邑,主上若察群情而赐之便,晋衔司马,无改节旄,小东人士当亦有利乎?……前在谷城奉于师,座中言其所依恋阳春、服膺冰玉者,颊劳未已,辄取少宰止翁为配。已而曰:'操趣同焉,才力倍蓰不及也。'秘谈如此,宰天下者宁无意乎?乃侗则又以暂借节旄为至会心事,即尊台或亦以不即弃远犁丘下士如侗者,为一段世外情适耳。辕门旗鼓载新,侗未亟从吏人上版,嗛嗛可如何焉!谨肃家僮,庸申贺候。秋气渐凉,伏冀衣衷饮啜,时加保爱。"(页 5A)

案:黄克缵正月以秩满晋兵部尚书,仍兼山东巡抚,侗撰《中丞黄公晋大司马兼宪填齐序》为纪,又有《上黄抚台》致贺,已前见。此又致书为贺,书云:"辕门旗鼓载新,侗未亟从吏人上版,嗛嗛可如何焉!"又云"秋气渐凉",当秋深作也。

秋,女婿史高先将赴南京户部任,携子以明来访,以明年方五岁。

《来禽》卷二《送绍卿史甥之任留都司农署,即席赋此》:"锦秋秣陵好,之

子适之官。绿鬓司农署，清尊白鹭滩。衰颜对玉润，幽梦逐鸿残。应有相思字，双鱼下碧湍。”（页30B）

案：“绍卿史甥”即次女婿史高先。史以明《重订来禽馆集跋》：“当万历辛亥，府君携赴南京民部任计，方五岁。时过外家，仅记外祖右口旁一大黑痣，并仿佛冠裳肃客容，及取小子抱置膝上一二事。”（康熙十九年郑雍重修本《来禽馆集》卷末）《武定诗续钞》卷三：“史以明，字子敏，乐陵人。岁贡。《郡志》文苑传：‘以明博极群书，二十一史皆上口，工诗，千言立就，为诸生有声。甲申闻变，以祖、父世受明恩，悲不自胜，郁郁成癫。自此不应试，终以岁贡老。’”（《山东文献集成》第二辑第40册，页852下）

秋，兰州荆州俊来书，有诗寄答。

《来禽》卷三《秋日寄答荆使君兰州》：“洮河双鲤绿波盈，书到加餐万里情。晚碛皋兰愁玉塞，秋风羌管忆金城。盘中赤奈霜前果，寨外黄羊腊后羹。圣主垂衣莫西顾，已将方略付营平。”（页31B）

案：“荆使君”名州俊，时为陕西左布政兼副使，《明神宗实录》卷四六九：“（万历三十八年闰三月丁巳）复除原任陕西左布政使荆州俊为原官兼副使，仍支正二品禄。”（《明实录》第61册，页8860）前任山东参议时与侗相识交善。

又撰文记荆州俊创设洮阳府学仓使学子受益事。

《来禽》卷一一《观察方伯荆公洮阳府属学仓记》：“方伯荆公以名谏官不能于权贵人，出历藩臬，迟回皋兰塞，盖有年所矣。诸所为饬武备、营屯田、膳关陀、拓边略者，靡所不具至。……唯是洮实龛狭不毛地，执殳什七，乘障半之。就其中躬弦诵而肄诗书，则千百不得一。……于是为调停均节之法，议偫储焉。问诸郡，问诸州，问诸县，于喁佥同，莅厥盟矣。而置之囷，名曰‘洮阳学仓’。建乃自郡以统诸州邑也。诸州邑续有输灌，以需源源请也，而观察总焉。而郡、而州邑，唯所奏记，唯其实也，唯其时也。实则无滥予，时则无滞期，厥制详焉。饱食供其读，稾梩供其葬，禽采供其婚。而金城千里幅员之内，缝衣之辈若恃外府而一意于弦诵，勿替乎诗书，则公创始之功大矣哉。……公先是置巩昌学田若干顷，盖捐俸为诸属倡。公不传舍，其官即摄职亦兢兢学校事，合今洮阳仓并观焉。公之官方节概，大抵可知已。公讳州俊，别号吁吾，晋之猗氏人，起家万历癸未进士。”（页19A）

案：荆州俊时以陕西左布政兼副使，故称“观察方伯荆公”。其在任上多助学之举。[光绪]《甘肃新通志》卷二六：“兰州府文庙，在府治东南，元顺帝至正五年(1345)知州姚谅建，为州学。……嘉靖三十八年兵部副使彭灿、万历二十九年兵部副使荆州俊屡修。”(页2A)

山东左布政李同芳任满六年最绩，撰文为纪。

《来禽》卷七《藩伯晴原李公奏绩六载序》：“我邦藩伯李公，比合左右辖满考六载，功状奏阙廷矣。历城长某等，操牍向侗曰：‘愚辈沐浴藩伯大人恩德隆厚，甚愿效一言为颂。幸当最绩，会又先生与大人杵臼交也，唯所命令勿辞。’侗受牍赧然。已，洒然若有当也。遂言曰：公盖昆岗良璞云。片玉初剖，首应戊辰拔萃科，是时海内流品推第吴越甚，然而吴越推第文章巨匠，则又未始不公第一屈指也。……居且久，庚辰竟魁，其易为第二人。对策又高第。初得刑部，稍迁为礼部郎。乙酉，出典楚试。……己丑，督学浙。……寻为参政，为廉访，周历楚、黔、东粤地，回翔万里，壹意秉节。盖迟速衰序之际，公实有概于衷矣。最后晋吾齐右方伯，递迁为左方伯。右优游养望，而左则无事不总统。齐列专城以百计，元元之众以百万计，文武青紫官属以千计，钱谷以三百万计。公日荡胸而虑，蒿目而筹。两台朋寮间，不恤同异，故数壹求其当。……然则公者，讵方伯藩屏才哉！我抚黄公适推择大司寇，则有旁州例在，公不犹之以左辖取辕门印代焉乎！公资二品六载满，于仕不为不掩久，固自主上重迁徙，然适当事会，唯时齐抚舍公其谁？……侗不惯为夸诩言，又不喜为无稽相漫语，此障中刺刺指历长诸君辈，其私而载之椟，不再月，不佞之言如符左右契矣。”(页3B)

案：“藩伯晴原李公”即李同芳，号晴原，万历三十三年(1605)任山东右布政使，三十五年(1607)改左布政使，至是任满六年。文云：“我抚黄公适推择大司寇……唯时齐抚舍公其谁？”次年黄克缵调任南都兵部尚书，如言由李同芳接任山东巡抚。

十月，户部尚书赵世卿拜疏自去。

《明史》卷二一：“(万历三十九年)十月丁卯，户部尚书赵世卿拜疏自去。”(第2册，页288)

重修泰山碧霞元君灵应宫工竣，为撰碑记。

《来禽》卷一一《重修泰山碧霞元君灵应宫碑》：“……岱宗爰长诸岳，冠以帝称，庙貌崇闳，雄峙州治。而碧霞元君灵应宫，则巍然托阯，抗擢岱椒，其列在《集仙》《搜神》《道箓》等编，未究元君之始，宁袭耳食之谬。唯是四岳，避峻九山，推烈碧霞，于斯宫焉。……窃见降瑞锡祉，调风布霖，肤寸泽乎遐表，弥天饱其至德。所谓亶谷嗛而被丰牀，则又唯一人之所暨及也。元元之众，则有疾疠，觊愈愚蒙，思牖年寿。丐延子嗣，祈伙水火，希远离睽，求聚休嘉。启梦各副所怀，亦有梁父云亭。敛焉听命，共驱族炊施糜之属，益广金银链铜之用。凡此有位，可无报旃？睹杰构之少渝，乃鸠僝而不懈。藻井连茹，会遘脊茅之地；飞云丽日，若开宝鸡之天。席葺苴秸，典还岳畤，子来者可念，行筑者云劳。遡唯画议之先，实出尊明之断。方诸前哲，今古同符，则此碧霞宫者胡可以不修也？胡可以不纪也？[是役也，合岱庙计费四千九百五十金有奇，抚中丞今晋右司马晋江黄公名克缵主议。]……"（页8A）

案：此文又载《邢子愿杂著》，方括号内文字《来禽》本无，据《杂著》补入。泰山灵应宫，明正德年间（1506—1521）创建，原名天仙祠，万历三十九年（1611）巡抚黄克缵遵敕旨对其进行拓建，上赐额"灵应宫"。唐仲冕《岱览》又载《明重修灵应宫碑记》，亦记重修事，署曰："右赞善古燕张邦纪撰，太常寺少卿成纪胡忻书，英国公古瀛张惟贤篆。万历三十九年岁次辛亥孟夏十八日立。"（卷二〇，页18A）。

临《右军霜寒帖》赠门生张沂。

邢侗跋曰："晋楷劲胜，所谓铁画银钩也，下一解则唐初虞褚，小带姿媚矣。余临晋仅得唐矣，征者亦只买王得羊耳。是日用宋局研、方正墨、陆氏笔，惜册如东海沙鱼涩甚，甚不能尽所长。异日购得高句骊细薄纸，先书而后付潢人，庶几不负大方来意也。济北邢侗记。"（《家乘》卷一一"翰墨志一"，页6A）

又张忻跋："此先生辛亥年书遗予册，盖绝笔也。先生临晋帖宇内合有数本，大都皆临川迹，此本以技尽之年，神话纵横，直与山阴分座。昔人讥乱真，谓步骤有余，自运不足，此本复汉官威仪，不独代汾阳壁垒已也。九京可作右军，应把臂入林。门人张忻题。"（同上）

案：据上引《家乘》，此帖"正书"，应门人张昕属。张忻跋曰："此先生辛亥年书遗余册，盖绝笔也。"此册书于是年（辛亥），然并非绝笔。

张燮有书寄至，告以《霏云居集》"已付梨枣"。

张燮《寄邢子愿侍御》："……今夫怀墨持毫之士，所望为高坛，而尽愿戴以为归者，则邢先生之门矣。……吴亮恭信至，知向所乞言，尚欲得半月之暇，杜门了此。然则明公亦太郑重于夔，而未遽以偏师待之者，喜慰既深，乃冀望遂复转迫，未知何日得果此缘，与吴观察游稿序双映漳水耶？……近作已付梨枣，他日竣事，或得躬负短箧，肃请芸锄。"(《霏云居续集》卷五〇，第2册，页832)

案：书云"近作已付梨枣"，指《霏云居集》五十四卷，此书有万历四十年刻本。又云："吴亮恭信至，知向所乞言，尚欲得半月之暇，杜门了此。"或指为其"近作"《霏云居集》撰序，"与吴观察游稿序双映漳水"，指为吴寀之父吴显所作《吴景猷先生诗序》(《来禽》卷六，页1A)，然邢侗似未能为张夔撰序。

户部主事张萱罢职归里，有诗寄赠。

张萱《寄赠邢子愿太仆》："……朝辞京辇尘，夕宿沧州湄。崩波发轻棹，遥遥将何之。结交满四海，谁为久要期。踯躅寡所欢，长趣伐木诗。仰视高冥鸿，哀鸣求其侪。亹亹走圹兽，嗷嗷失群悲。所宗慎厥因，古人有明规。褰裳遵枉渚，采采江上蓠。感物惜芬芳，将以贻所思。投分托金石，副此长渴饥。"其三："……伫立望东国，空谷维白驹。形影不得亲，何以投漆胶。既无凌风翮，道路阻且悠。临川结遐想，永叹赠劳忧。迢迢参商乖，忡忡寤寐逑。所托声与音，万里效绸缪。神交自昔然，何必抚尘游。君卧东山岑，余归南海头。一矢期代兴，努力共千秋。"(《西园存稿》卷二，页5A)

案：诗云："朝辞京辇尘，夕宿沧州湄。""君卧东山岑，余归南海头。"此当张萱罢职归里，途径沧州时作。《明神宗实录》卷四八三："(万历三十九年五月癸卯)诏吏部百官既考察停当，年老有疾并老疾者勒令致仕，贪酷为民，罢软不谨冠带闲住，浮躁不及降一级调外任。先是三月初二日，吏部等衙门以察疏上，至是始下。……户部主事张萱等贪……"(《明实录》第62册，页9095)是时张萱在户部主事任上，因考察为"贪"罢职为民。

张萱(约1553—1636)，一作(1557—1641)，字孟奇，号九岳山人、青真居士，别号西园。广东博罗人。万历十年(1582)举人，授殿阁中书，纂修正史，侍经筵，得发秘阁所藏书读之。时与焦竑、冯梦祯诸名流结社赋诗，往来莫逆。转户部主事，署奏曹，榷浒墅关，授平越知府，未任而归。卒，享年八十四岁。著有《秘阁藏书录》《西园闻见录》《西园集》等。[乾隆]《博罗县志》卷一二有传。(页42B)

十二月，同年兵部尚书李化龙卒于任，年五十八。

赵南星《明少傅兼太子太傅傅兵部尚书李公碑》："公生于嘉靖甲寅三月十日，卒于万历辛亥十二月十五日，年五十八耳。以平播功及秩满，加柱国、少傅兼太子太保，卒后赠少师。"(《赵忠毅公文集》卷一一，页6B)

本年，顾尔行卒，年七十七。

【诗文系年】

《中丞黄公晋大司马兼宪填齐序》《上黄大司马》《寿太子少保大冢宰孙翁八十序》《上黄抚台》《题德州牧邵北卿家庆图》《畴昔帖》《题董太史字卷》《题沈石田画》《答莱阳文太青》《陈公祖碑帖》《贺黄抚台》《送绍卿史甥之任留都司农署，即席赋此》《秋日寄答荆使君兰州》《观察方伯荆公洮阳府属学仓记》《藩伯晴原李公奏绩六载序》《重修泰山碧霞元君灵应宫碑》。

万历四十年壬子(1612)，六十二岁

泲园家居。四月廿七日，邢侗逝世。

二月，山东巡抚黄克缵任南京兵部尚书。

《国榷》卷八一："(万历四十年二月)庚寅，巡抚山东、兵部尚书兼右副都御史黄克缵为南京兵部尚书。"(第5册，页5043)

案：黄克缵巡抚山东十二年，"惠政甚著"。[同治]《泉州府志》卷四三："是时，岁比不登，税使又所在减削，克瓒力为调剂，与民裁阔狭，蠲烦苛，惠政甚著。屡以平盗功，加至兵部尚书。"(页93A)《明史》卷二五六本传："请停矿税，论劾税使陈增、马堂，他惠政甚著。"(第22册，页6606)

是月廿九日，为德州知州邵士斗书《千字文》。

冯时可《跋邢侍御子愿千字文书》："余生平寡嗜好，金玉宝石，未尝贵重，即有相遗，辄为人取去。唯法书名画，一见辄目豁心开，如遇佳山水。然山水于我最称相知，亦未尝爱恋也。天地清英，首为山水，次为文章书画。有道者视之，皆物也，即我身亦物也，物交物于太虚，何爱恋之有？余与子愿最相厚，馆余啖面斋旬余，未尝丐其一字。及归，群从日来索曰：'子愿书，金媒也，大人未尝以月俸金润余辈，而邢家金媒亦为余辈靳哉。'董玄宰书名重天下，尝

自松过苏,辄止余斋终日。一日得名墨古砚,玄宰兴溢发,为余书可百纸。书罢,邻人子尽手以去。群从复笑曰:'大人真挥金如土哉。'……舟过德水,张君凤翼追送,携所为邢直指草书《千文》,盖为德州守邵见台书,时万历壬子清明前五日,又五十六日子愿乘箕矣。邵守甚珍之,藏之采菊馆。而乞余一跋。子愿自谓其书酌怀素技山间,恐骎骎欲度骅骝前也。张君又盛称邵守治州清白,诗文皆逼古。余观其玄览如是,其挥却阿堵,洗尽风尘俗吏色,何异哉!是岁九月廿四日书于武城。"(《壬子续北征稿》"跋",页1A)

案:"邵见台"名士斗,德州知州,已前见。据郑《表》,是年三月初四日清明,跋云"万历壬子清明前五日",则二月廿九日所书,与"又五十六日子愿乘箕矣"相合。冯跋是年九月廿四日作于武城县,为山东东昌府高唐州辖县。时冯时可入贺经德州,路遇黄克缵悉邢侗已逝。冯时可《邢公碑铭》:"壬子,余将入贺,拟复过其家,中道遇黄中丞,始知其没于四月二十七日,遂与中丞相泣。"(《家乘》卷五"家传二",页12B)"张君凤翼"德平人,贡生,邢佑之姻亲,佑子王玺娶张凤翼女。

重修德州城竣工,因巡抚黄克缵之请,撰文纪之,盖绝笔也。

《来禽》卷一一《大司马御史中丞黄公城德州碑记》:"德州北拱天邑津门,怗为要键。南控水府漕纲,通其利涉。困窌仓城之所屯偫,备御番休之所归宿。东秦十二,斯为吭喉,顾不重哉!唯是蓄众容民,繄城是赖,眷兹德水,则何如矣!百雉残于飓潦,下鱼宅乎狐鼠。……我抚大司马黄公,叠长藩臬,以逮临拊。所忘城德,唯寐为然。第连嗛有秋,人尽诅岁,兼之河倭两剧,公私百孔。既剥肤以椎髓,复罄盖而竭帑,徘徊惝恍,靡有底极。……公曰:'大夫国人无异喙矣。职在疆土,何说之辞?'爰及议资五万,故欻数四。……乃檄济南二郡孙君来董其事。孙君以告武德观察陈公,陈公颔谓:'敏练廉平,君宜为政。下记方略,不惮力图。'孙君左顾州牧邵君:'今日之政,愿邀断金。'邵君唯唯。……于稽功伐,不亦伟哉!我公我不自我,故物乃相物如此。乃若师表,百僚主盟,斯道是关,营缮所不敢及。夫櫓榅量敌,无粟议守,鲱保失策,眺激艰舟。既城之后,责在守土,完城足恃,毋徇管言,此又我公激厉当职意尔。侗质愧颖擢,词谢章采,腼面为记,系以韵言……"(页14A)

案:万历三十八年(1610)始,山东巡抚黄克缵命济南府同知孙森重修德州城,用时三年,耗钱五万。在西城上建"振河阁",在东南角修"奎星楼",并将"定边门”易名“聚秀门”。文中“济南二郡孙君”即孙森，“武德观察陈公”为陈亮采，“州牧邵君”为德州知州邵士斗。［康熙］《德州志》卷二：“万历四十年，巡抚黄克缵命济南府同知孙森重修，周一十里一百八十步，高三丈七尺，池深一丈，阔五尺，门五，东曰‘长乐’，南曰‘朝阳’，正西曰‘聚秀’，偏西‘广川’，北曰‘拱极’。”（页 1A）《志》又载武德道晋江陈亮采《修德州城记》。邢侗应巡抚黄克缵之请而撰此文，不久即病逝，为绝笔之作。黄克缵《邢子愿传》：“时方为余作城安德记，遂为绝笔云。”（《数马集》卷二七，页 22B）邢固《哭先侍御子愿从祖五言长律四十韵》诗注：“为抚军作德城碑，是其绝笔。”（《家乘》卷一〇“艺文志三”，页 6A）

三月十七日，大病。因长子王瑞卒而无子，哀伤逾年。

李维桢《邢公墓志》：“子愿故壮无疾，而陈孺人遗长子王瑞有美才，死无子，哀伤逾年，遂病四十日。”（《大泌山房集》卷七九，页 38A）

黄克缵《邢子愿传》：“子愿素寡疾，因长子王瑞才而早夭，思念成疾。患秘结，医者骤以利剂投之，取快一时。余在济南闻之曰：‘噫！子愿已矣。姚僧坦之言曾不闻乎？’逾半月讣至。死之日，海内知与不知，皆为泣下。”（《数马集》卷二七，页 22B）

案：李《志》云“遂病四十日”，则始病于是日。

病情加重，大呼曰：“海内知己唯李本宁一人！”

李维桢《祭邢子愿》：“公病四十日。恃其壮，庸医以利下药治，遂革，大呼：‘海内知己唯李本宁一人！’”（《大泌山房集》卷一一六，页 18B）

至殁，其神不乱，挥笔写下：“天高水长，学则如此，止唯五峰小圃未成，《西汉书》未烂耳。”

冯时可《邢公碑铭》：“临没，神不乱，援笔书曰：‘天高水长，学则如此。止唯五峰小圃未成，《西汉书》未烂耳。’正容端坐而瞑。”（《家乘》卷五“家传二”，页 12B）

案：邢侗临终书此遗言，唯念“五峰小圃未成”及“《西汉书》未烂”。邢固《哭先侍御子愿从祖五言长律四十韵》有“遗言嗛孟坚”，注云：“《西汉书》未烂之语。”（《家乘》卷一〇“艺文志三”，页 6A）万历朝由于倭祸迭起，邢侗始终关注朝鲜问题，曾上疏谋划倭事十余条，“上不能用”。沛园家居，又作《汉书朝鲜传疏》（《来禽馆集》卷一〇《汉书朝鲜》，页 1A）。此书曾刻印，《千顷堂书目》卷八：“邢侗《汉书朝鲜传疏》一卷。”（页 216）

大病四十日不愈，四月廿七日子时，自理衣襟，正容端坐而逝。享年六十有二。

《家乘》引《前贤履历纪》："寿六十二岁，生于嘉靖辛亥十一月二十六日亥时，卒于万历壬子四月二十七日子时。"(卷四上"世系表二"，页11B)

冯时可《邢公碑铭》："临没……正容端坐而瞑。其夕烈风雷雨，俄而天鼓鸣，逾日颜若生。"(《家乘》卷五"家传二"，页12B)

门人李徽猷、女婿史高先、次子王称等共撰行状。

黄克缵《邢子愿传》："其门人李徽猷、子婿史高先、子王称等撰其行列，语皆实事，非苟溢美而已。"(《数马集》卷二七，页22B)

李维桢《邢公墓志》："余长子愿五岁，而才行远逊之。子愿引为知己，病时犹呼余不置。仲子胪列行事万余言，与史襄阳参稽之，以嘱余志。"(《大泌山房集》卷七九，页38A)

南京兵部尚书黄克缵撰《邢子愿先生传》。

黄克缵《邢子愿传》："邢子愿，名侗，济南临邑人。曷为称字？贤也，贤不可名。故齐之三尺童子，皆知有子愿先生云。……子愿素寡疾，因长子王瑞才而早夭，思念成疾。患秘结，医者骤以利剂投之，取快一时。余在济南闻之曰：'噫！子愿已矣。姚僧坦之言曾不闻乎？'逾半月讣至。死之日，海内知与不知，皆为泣下。时方为余作《城安德记》，遂为绝笔云。黄某曰：'世但知子愿文章翰墨之美，不知其笃于人伦，厚于故旧，行谊甚高，虽古人不能及也。余宦齐十五年，与子愿会者屡矣。相见唯评骘古今，商榷文艺，时或为地方求赈，为贤士先容，此外无一语及他事也。'子愿有木棉地二十余顷，所入尽以供客。客去颇有赠遗，最后赠以字一幅、箑一二握而已。人以文艺富，而子愿以文艺贫。其门人李徽猷、子婿史高先、子王称等撰其行列，语皆实事，非苟溢美而已。余又闻邢大司马从朝鲜归，彼国闺秀曾介之求子愿文翰。昔白傅诗篇，鸡林贾争市；萧子云笔迹，高丽使望舟拜求，不谓子愿词翰乃为外国妇人女子珍爱。噫，名盛矣，不令他美俱为所掩乎！唯焦弱侯之言曰：'吾乡子愿，礼义之宗也。'噫！舍其小而取其大，世之深知子愿者，其在斯人乎！其在斯人乎！"(《数马集》卷二七，页22B)

案：时黄克缵以兵部尚书参赞南京机务，以山东巡抚接任者未到，仍留山东。

属纩之夕，继室赵氏作主由次子王称当户，时王称年方二十。

邢王称《赵太君行状》："太君当府君疾时，侍药祷祠，所谓营身后者，甚腆而精。属纩之夕，卒哭城隅，欲崩焉，呼不孝藐前曰：'儿孱然弱冠耳，遭家不造，以蚊负山，其尚务自祓濯应之刚柔韦弦之间乎？'孤受命哭，太君亦哭。孤自是竭蹶当户，太君操家政益饬，母子相掖拉攞者，日以渐支。"（《家乘》卷六，页14A）

南京兵部尚书黄克缵撰文祭侗。

黄克缵《祭少卿邢子愿》："呜呼！唯上天之生才兮历数百年而一见，人才之有大小兮若九州岛之有郡县。……某从东来始识蘧瑗，多君孝友之行，美君幼妇之撰，时或下榻，时或饮筵，我以君为峄阳孤桐，君以我为东南竹箭。近读君所撰筑城之碑，方谓君苗当焚其笔砚，天岂虚生乎此人！方草疏而上荐，而君固已下厌浊世，骑星辰而鞭雷电。呜呼！世宁复有斯人乎？使我淫淫而泪溅。闻君疾犹可为兮为庸医误投于一煎，岂天意亦妒才兮故令等毒药于肴膳。余方移官于金陵兮聊为文以致奠，倾明湖之水不足以写恨兮增余衷之悁悁。寄生刍之一束兮焚沉香之一瓣，嗟余肠之九回兮君岂能起而食予之馔。"（《数马集》卷五一，页1A）

好友李维桢闻公之讣，为文祭奠，涕泗哽噎。

李维桢《祭邢子愿》："余以公登第之年知公，以公参藩之年交公，盖四十年矣。寸人不知其所由合，而胶漆苎缟，针芥金兰，可方古人。己酉秋，余因急难解官，问舟东下，迂路而谒公里第，三日夜始别。公饯之中道，风霜袭袂，村鸡啼曙，依依不忍去。昔公少年姣好，至是肌革丰盈，须髯尺许，如拂马肝石。而叹余已龙钟，谓：'当先作泉台主人。'既羁旅白门，书疏往返以十数。旧年公丧伯子，觉不胜哀。今年公书来，谓：'某公品题词场，以邢生与李君并，烦足下墓志中入此论，死有余荣。'私怪言何不祥，而讵意其为永诀语耶。……嗟乎！知则知矣，何补公生前，何益公身后。悲愤之极，为文祭公。涕泗哽噎，如可赎兮人百其身。'民今方殆，视天梦梦。'为此诗者，先得我心。公事可远有服勤至死之义，地下周旋，定不苦寂寂耳。"（《大泌山房集》卷一一六，页18B）

侄孙邢固赋五言长律哭从祖。

邢固《哭先侍御子愿从祖五言长律四十韵》："一代龙门失，千秋失大贤。

阴阳真舛错，纲纪若颓颠。未识穹苍意，徒增血泪涟。俄而崩五岳，忽复倒三川。传说星精掩，公明词赋专。蚊螭为驭驾，鸾凤引旌旃。风雨昏时至，音容夜后竣。黎云含冷色，沛水咽寒烟。邱里俱生惨，河山遍改妍。德流九里润，才出万夫先。族类依嘘气，都城借解悬。世虽留法则，人尚忆陶甄。代国而为政，于家实作天。雄文班并马，净业佛兼仙。书法钟王耦，诗声鲍谢肩。鸡林争尺素，牛耳赖微权。玉帛诸方走，言诠百粤传。忽凋颜如玉，畴定笔如椽。易写东方貌，难消孺子悁。东吴嗟俊秀，西楚唁便儇。獬豸追平昔，花骢怅往年。谁操郢上调，长断伯牙弦。鹏入贾生室，蚁无虞舜膻。风流垂欲尽，涕泗已成渊。感旧耄鼽切，衔悲宾客捐。埋光吾哽塞，流美众腾骞。哭死李元礼，本宁。哀伤王仲宣。百谷。冯君兴思苦，元成。董史益悲缠。玄宰。绝笔贻黄霸，为抚军作德城碑是其绝笔。遗言嗛孟坚。西汉书未烂之语。鸿飞何杳杳，蝉蜕本翩翩。形影初绵邈，菁华久刻镌。笥收内史帖，囊少大官钱。事业元成继，心精阿敬便。于公多善庆，万石信蝉联。更擅南州誉，群趋杨氏元。须知身不死，永托绪无前。屈子招宁返，王乔去岂还。芳名烈嗷名，沉痛及重泉。赑负岘山石，郁葱京兆阡。西州门外恨，挥洒独潸然。”(《家乘》卷一〇“艺文志三”，页6A)

九月，冯时可赴京述职，拟访沛园，遇黄克缵得悉侗卒，相对垂泪。

冯时可《邢公碑铭》：“壬子，余将入贺，拟复过其家，中道遇黄中丞，始知其没于四月二十七日，遂与中丞相泣。”(《家乘》卷五“家传二”，页12B)

秋，谢肇淛北上张秋，途次平原，闻讣有诗哭之。

谢肇淛《平原闻邢子愿讣哭之》：“尺书万里恨难裁，此日相思隔夜台。书寄名山真迹散，园临流水影堂开。青牛夜度真人去，白鹤寒随吊客来。独有旧时骢马在，秋风憔悴暮嘶哀。”(《小草斋诗集》卷二四，《小草斋集》下册，页1192)

案：谢肇淛时任工部都水司郎中，驻节张秋。八月由家赴署，途经山东。陈调元《谢肇淛年表》：“(万历三十九年)转本部都水司郎中，督理北河，驻节张秋。以屯田持节归里。”又：“(万历四十年)八月，北上张秋。”(《小草斋集》附，页1500)

谢肇淛邮馆旅次，忆及邢侗、于若瀛二友，怀念赋诗，痛呼“文星一夜摧黎丘”。

谢肇淛《重怀邢子愿并于文若》：“我在齐东交尔汝，于氏中丞邢侍御。把酒时挥落尘毛，谈诗每作惊人句。别来踪迹两悠悠，死生契阔增离忧。素旐三秋迎渭水，文星一夜摧黎丘。泰岱峰颓东海稿，地下想从何草草？孟尝相堕雍门吟，伯牙弦绝高山操。人亡地在空相忆，落月犹疑见颜色。梦回邮馆孤灯残，永夜寒蛩叫秋壁。”（《小草斋诗集》卷一〇，《小草斋集》下册，页831）

案：“于文若”名若瀛，万历三十八年（1610）二月卒于陕西巡抚任上。

冬，张燮北上赴考，德州道中闻讣，诗以哭之。

张燮《德州道中闻邢子愿太仆之讣，诗以哭之》：“不尽投胶意，翻违挂剑心。斯文天未丧，吾道陆全沉。彩笔仍琼玖，玄经乍古今。尘寰悲野马，高馆失来禽。与国赊齐晋，同时逝向歆。公有子最才，先公偕逝。青牛书久著，红鹤羽难寻。斧敝轻衣绣，囊空为散金。但标乡拟郑，不记子名任。第一书名古，三千客舍深。变桑沛水北，颓石泰山阴。柳下聊堪谥，瓶居别有箴。车过甘腹痛，跪石向谁吟？”（《霏云居续集》卷二〇，《张燮集》第2册，页430）

案：张燮是年北上赴考。陈庆元《张燮年表》：“（万历四十年）秋冬，北上赴考。”（《南京师范大学文学院学报》2013年第1期，页182）

张燮又撰文祭奠。

张燮《祭邢子愿侍御文》：“呜呼！曜灵不居，埋光华之藻景；逝波终委，涸清浅之文澜。彼林峙而管吹，固隐辚交射；若山崩而钟应，亦气类攸关。悼彼徂芳，怀哉式燕。唯寰中之盟上国，在济北而得先生。谊行续子颙之后身，词章迈子才之前轨。……清尘遗芳之言，每形于造次；晨灯夜烛之许，倍觉其怀惭。别后星霜，翻成隔世。简中鱼雁，枉触沾襟。已矣来禽，伤也谢豹。羊昙策马，叩渐近于西州；褚蓁骑牛，系犹迟于外柱。既深疹瘁之叹，爰陈冥契之辞；薄拟生刍，空悲宿草云耳。”（《霏云居续集》卷四七，《张燮集》第2册，页791）

冬，吴门吴士端闻讣，不远千里来犁丘吊唁，邢固有诗赠之。

邢固《吴孟元哭家侍御不远千里至也，予杯酒相劳，作此赠之》：“临风雪涕素车来，却似山阳道上哀。季子不忘他日剑，袁家宁负旧时杯。遗文百卷君须次，斗酒千钱我欲开。门故于今谁第一，侯芭应是出群才。”（《家乘》卷一〇“艺文志三”，页5A）

案：“吴孟元”名士端。万历四十六年（1618）王洽刻《来禽馆真迹》五卷，即由吴士端奏刀。王洽《来禽馆真迹》跋：“吴生孟元，两载来为余广觅而精摹之，如写照点睛，无不形神俱得者。……而孟元呵冻攻坚，妙同削郢，先生精神，长在人间焉。”(《家乘》卷一一“翰墨志一”，页4A)又张延登跋曰：“余同年友王涵仲衮邢子愿先生行草杂笔，釐为四卷，命吴郡吴生士端双钩上石，命曰《来禽真迹》。”(北京大学图书馆藏《来禽馆法书》拓本)可证“孟元”即吴士端之字或号。吴门吴应祈与吴士端、吴尚端父子，均为一流刻工，可谓镌刻世家，尤善摹刻先贤字上石。吴应祈与吴士端历时十四年，为邢侗刻成《来禽馆帖》；历时廿一年为王象乾刻成《忠勤祠碑》，刻石二百六十余，洋洋大观，堪称瑰宝；万历三十六年(1608)，吴士端、吴尚瑞兄弟摹魏司徒钟繇字上石，刻成《于慎行墓志铭》(《济南历代墓志铭》，页186)；万历三十八年(1610)，吴尚端刻《西园雅集图记》，署款“吴门吴尚端摹上并镌”；万历四十年(1612)，吴尚端刻《柱史丁公石祠记》碑，署款“吴郡吴尚端摹上并镌”；万历四十一年(1613)，吴尚端为石愔夫妇、邢从言夫妇刻《白衣大悲五印心陀罗尼经》，署款“吴门吴尚端临摹上石并刻”；万历四十三年(1615)，吴尚端刻邢玠父母墓志和《明奉政大夫南京户部郎中西屿董公暨配封安人徐氏次配钦旌贞节丘氏合葬墓志铭》，分别署款“吴门吴尚端摹上并镌”“吴郡吴尚端刻”。另有年代不明的《题少滨丁宪副公祖石祠四首》碑，署款“姑苏吴尚端刻”；赵秉忠撰文临朐县沂山东镇庙碑，有署款“姑苏吴尚端镌”。是年冬，吴士端闻讣自吴门来临邑吊唁，“临风雪涕素车来”，之后即留山东为王洽刻《来禽馆真迹》。

邑人李若纳有诗挽吊，时在里守制。

李若纳《挽邢冏卿先生》：“隰城一夕黯重云，兰室西风未散熏。官署人间曾作吏，星躔天上总为文。上林不愧双司马，青李堪标小右军。转忆当年流翰墨，乐浪玄菟也知君。”“辞官脱迹古犁丘，那见青山不胜游。座客盈千真北海，交知大半似西州。名人姓字需班笔，才鬼文章寄玉楼。庭下芝兰俱秀郁，封胡劫末复英流。”(《五品稿》诗三，页11B)

案：李若讷时守制在家。其父李汝相卒于万历三十八年(1610)三月，刘士骥《明河南布政司左参议进阶朝议大夫岩宾李公行状》：“卒，盖万历庚戌三月八日也，距其生嘉靖己亥七月二日，得年七十有二。”(《蟋蟀轩草》，页利55A)李若讷将服阕，复任归德府同知，公鼐《季重起守归德，道出鲁西，迟之不遇》(《问次斋稿》卷二一，页231下)，即此时作。李若讷《山居自记》：“李子家于济北临邑。少奉父训读书应举，即获乡荐。已而久困计偕，颇好文学，壮年乃成进士。由县令被征召，不与选，而外补郡贰。于时葬先大夫，读礼山中，殆

不复图进者。已而强起贰郡，甫一年获内迁计部。”（《四品稿》文稿六，页 38B）

公鼐到访来禽馆，物是人非，有诗伤怀。

公鼐《过临邑，馆邢太仆旧馆》：“未到犁丘心自伤，不须邻笛似山阳。方思对案同班尹，岂意停车类范张。宿草含悲朝挹露，空梁吊影月如霜。遗编副在供雠校，附骥微名托后亡。”（《问次斋稿》卷二二，页 237 上）

案：公鼐时以左庶子引疾在家。《明史》卷二一六：“鼐举万历二十九年进士，改庶吉士，授编修。屡迁左谕德，为东宫讲官。进左庶子，引疾归。光宗立，召拜祭酒。”（第 19 册，页 5716）诗云“遗编副在供雠校”，当闻知史高先、邢王称在编校《来禽馆集》。

李维桢为秦镐所藏黄辉墨迹题跋，有“人琴俱亡之感”。

李维桢《跋秦京藏黄昭素六帖》：“海内以能书名，强半在江南，唯蜀黄昭素詹事、齐邢子愿太仆崛起西北，遂擅胜场。子愿模临二王几于夺真，而自运故佳。昭素独操机杼，而置古帖中亦不复可辨。前年秦京得子愿七帖属余为识，今年邢遂为古人，而昭素亦先物故矣。秦京复以黄六帖，属余识之。天下不少恶札，乃今两君死，两君皆余知交，非直以辞翰命世者。展玩反复，不任人琴俱亡之感。”（《大泌山房集》卷一三三，页 25A）

案：“黄昭素”名辉，卒于是年七月。《国榷》卷八一：“（万历四十年七月）少詹事黄辉卒。辉字平倩，南充人，万历己丑进士，自庶吉士授编修，进右中允，直东宫，历谕德左右庶子，迁今官，累推礼部右侍郎，不下。其人清正绝尘，文古劲，为时所重。”（第 5 册，页 5049）据《国榷》，黄辉卒于七月，在侗之后，而李跋云“而昭素亦先物故矣”，未知孰是？

本年，努尔哈赤叛变明朝，自称金国汗，建元天命，建立后金政权。邢玠、黄辉、王稚登、顾其志卒。十二月，兵部请严海禁。

【诗文系年】

《大司马御史中丞黄公城德州碑记》。

卷五　生命余响

万历四十一年至天启三年

（1613—1623）

引　言

邢侗平静地走了，虽有遗憾但很从容。他临终所书遗言未流传后世，却留下了丰厚的文学和书法遗产，其思想和艺术的生命仍在延续。

邢侗之逝，“海内知与不知，皆为泣下”。次子王称、女婿史高先及门人李徽猷等撰行状。至交黄克缵，巡抚山东十二年，待邢侗以“国士”之知，年初刚升任南京兵部尚书，以继任者未到仍留济南，得讣十分悲痛，不仅撰文祭奠，还撰写了《邢子愿先生传》。知交李维桢时在南京，邢侗病中不停地呼其名，并以墓志相托，闻讣涕泗哽噎，为文祭奠并应命撰铭。好友冯时可时宦广东，九月赴京述职，拟访泲园，在济南遇黄克缵知邢侗已逝，两人相对垂泪。他与邢侗有生者为死者撰铭之约，数年后冯时可兑现承诺为撰碑铭。生前友人谢肇淛、王洽、公鼐、李若讷、张燮、吴士端及侄孙邢固等，纷纷前来祭奠或撰文赋诗悼念，谢肇淛诗痛呼：“文星一夜摧黎丘！”

邢侗葬于临邑城西南八里的卢家庄。此时诸子已分户，家无余财，继室赵夫人借贷于亲戚方才蒇事。墓碑由赵焕题“海内大孝名公子愿邢先生之墓”，刘重庆书丹。李维桢所撰墓志铭由宋仕书丹，赵秉忠篆盖。万历四十三年(1615)，邑人呈送《太仆公崇祀乡贤文移》，经山东督学吴邦相批准，邢侗祀于乡贤祠，“以光盛典”。邑人又在城西二里建“太仆公祠”，肖像祠之。

邢侗去世这年，四个儿子中最大的王称正好二十，少子王嘉还未满十岁。赵夫人在安葬丈夫的当日，召来王称，将当户的重任交给了年方弱冠的次子王称。不久，又为诸子析产分户。万历四十六年(1618)秋，赵夫人因劳瘁忽发危疾，昏迷中醒来说：“为我亟娶第五妇，及吾目成，死且无憾。”“娶第五妇”，即为年方十五的少子王嘉娶妻。赵氏又将三子王蔼之子琪过继给长子王瑞，长媳马氏孀居七年幸而有嗣。安顿完这些家事，赵夫人竟又病愈复和，如有神助。嗣女原已许配于慎行之孙元英，天启二年(1622)正式过门，赵夫人执其手叮嘱再三，后又派王称看望于津门邸中。又过了一年，即天启三年(1623)三月，四十九岁的赵夫人病逝，诸子孙奉其柩与邢侗合葬。次子王称能诗、善书，号称“小邢”。崇祯十一年(1638)冬，乱兵犯临邑，王称聚众与县令分城而守，城陷遇害，悲壮殉节，次年也合葬于此。

邢侗逝后，其子邢王称、女婿史高先搜集父亲遗稿，编集《来禽馆集》二十九卷，请父亲好友李维桢、冯时可审阅，又请冒愈昌(伯麟)、喻应益(叔虞)等人校阅，邑人王洽与山东盐运使牟志夔(凤区)协商捐资，于万历四十六年(1618)刻行。与此同时，邢侗生前至交陈与郊子祖皋，裒辑家藏邢侗“邮致文”，编成《沛园集》五卷，陈祖皋序，祖皋子之佶“赐绯堂”天启四年刻印。此外，《来禽馆集》还有一个重要版本，即崇祯十年(1637)版筑居刻本，范景文序，邢侗外孙史以明跋。

与编纂《来禽馆集》同时并行的，是邑人王洽镌刻《来禽馆真迹》。晚明不少书家生前就摹刻自己作品的刻帖，邢侗生前没有个人作品刻帖，去世后陆续有亲朋好友收集其遗作并付诸刻帖。最重要且传世的，有王洽刻《来禽馆真迹》七卷，现藏乐陵县文化馆；邢慈静等木刻之兰室《来禽馆真迹》，现藏临邑县邢侗纪念馆。另外，张孔印刻《来禽馆法书》八卷，原石已佚，有拓本传世。

值得一提的是，邢侗的胞妹慈静，史载：“博学善属文，诗有清致，书画俱称绝品，与兄侗齐名。”年二十八始嫁武定州马拯，多年随夫宦游边地，万历四十四年(1616)，马拯升任贵州左布政使，慈静携幼子从夫宦黔中，会苗夷叛乱，马拯尽瘁卒于官。慈静历尽艰险，扶梓归里，她不忍草草葬夫，因自入京诣阙上奏，列夫劳绩。天启元年(1621)，上悯其“义烈”，赠马拯太常寺卿，并遣山东布政使司堂上官谕祭，赐祭一坛。慈静晚年在家孀居，信佛，常怀念亡夫马拯，她有《自述诗》云：“侬自闺房处女子，闻君博览通古史。归君薄海宦游多，光阴迅度如弹指。万里黔方道路长，松柏森森云杳茫。辽阳刀剑如林密，征马南催鬓如霜。……平生功绩皆烟没，侬身何自见君王。恨杀乌纱能误人，始知名利如罗网。春去秋来愁又结，坐看衰草心焦热。杜宇啼我心中悲，我啼杜宇枝头血。”她至死书画未辍，天启四年(1624)二月作《自书诗册》(苏州博物馆藏)，同年秋又作《三星图》(见《邢氏家乘》)。大约一年后的天启五年(1625)，一代才女邢慈静卒于家中，邑人王洽时罢官归里，为之立传。

万历四十一年癸丑(1613)

邢王称赴南京乞李维桢撰墓铭。

次子邢王称奉母命,赴南京乞李维桢撰邢侗墓志铭。去逾百日,携文而归。

邢王称《赵太君行状》:"(府君卒)越岁,太君遣孤于南都征本宁先生志。去逾百日许,太君遂痛不自持,从数千里外络绎问于旅邸,归而且悲且喜。"(《家乘》卷六,页14A)

案:李维桢《大泌山房集》卷七九有《陕西行太仆寺少卿邢公墓志铭》(页38A),《家乘》亦载此文,题为《明中顺大夫陕西行太仆寺少卿知吾邢公墓志铭》(卷五"家传二",页1A)。

万历四十二年甲寅(1614)

妹婿马拯授广东右布政。王洽始刻《来禽馆真迹》。

正月,妹婿马拯三年秩满,授广东右布政使。

《明神宗实录》卷五一六:"(万历四十二年正月庚申)山西按察使马拯为广东右布政使。"(《明实录》第63册,页9725)

案:马拯在山西按察使任满三年,迁广东右布政使。然查诸文献,并无马拯在广东任职的记载。或因其熟悉边庭军务,改留山西任职。

是月,邢慈静作《白衣观音图》。

题识:"世传白衣观音菩萨送子,凡祈嗣者寿焉。其灵变奇验,彰彰在人耳目,未易殚述。余今为五像,以志皈奉之尔。因为之赞曰:'唯其好生,是为慈悲。昔无慈悲,生亦奚为。既已有生,何能无情?人之钟情,乃在所生。佛于一切,皆作子视。丢忍丢嗔,以畜吾子。庄严者像,匪像唯心。吾心未昧,是谓观音。'万历甲寅元月,奉佛弟子马室邢氏沐手写于兰雪斋。"(青岛博物馆藏,《中国古代书画图目》第16册,页299)

二月,女婿杨燾得邢藏《澄清堂帖》,有题跋。

杨燾跋邢藏《澄清堂帖》曰:"之泰山者几三十稔,寝处不离,奚啻什袭而珍,百朋不易也。晚年颇售诸藏品以佐笔耕,竟不忍割此。迨病剧愦愦中,犹思一抚，视其殆至宝是宝者耶。焘于泰山为快婿，其于斯道亦稍窥一斑，故敢赋之精金，而帖归妙香矣。自顾谫劣不能留此神物，然护藏之秘密，等之七尺，当不逊玄霜绛雪之居耳。我弘农万子孙其永保勿失。时万历甲寅仲春十有二日。”(《中国法帖全集》第10册，页150)

案：邢侗家藏《澄清堂帖》，现存故宫博物院。邢侗逝后二年，其婿杨焘从岳父家族购得此帖。杨焘为吏部给事中杨士鸿子，又名“端明”“明庭”“元朗”，娶邢侗与原配陈氏所生次女。《亡妻陈氏墓志》：“女三：长适齐河都督尹君秉衡子功懋，次许禹城乡进士杨君士鸿子端明，又次许乐陵营田副使史君邦直子高先。”(《来禽》卷一三，页1A)《府君行状》：“孙女八：……一适禹城吏科给事中杨公士鸿子，廪生明庭。”(《来禽》卷一八，页1A)李维桢《邢公墓志》：“女五人……一适禹城给事杨公士鸿子，太学生焘。”(《大泌山房集》卷七九，页38A)王洽《来禽馆真迹跋》：“与次君玉衡、佳婿杨君元朗商略往复。”(《家乘》卷一一“翰墨志一”，页4A)

公鼐赋《八哀诗》，有哀悼邢侗诗。

公鼐《八哀诗》之四《太仆寺少卿前监察御史临邑邢公侗》：“河间本先觉，德行实堂堂。少负倍年慧，赋诗即盈囊。……壮年谢轩冕，余事寄缣缃。摛毫凌鲍谢，悬帐对钟王。鸡林每相问，萧斋行见藏。时闻入贡夷人有问邢太仆书者。纸着堂陛遍，体兼龙凤翔。犁丘成笔冢，来禽倍珪璋。来禽，公馆名。桃蹊夙知慕，邂逅等阋阆。契合比胶漆，飞伏或参商。……恒恐书匣坠，陈根空自伤。”(《问次斋稿》卷七，页92上)

案：公鼐《八哀诗》所悼蓟辽总督蹇达、礼部尚书冯琦、河南巡抚钟化民、翰林院编修王衡、翰林院检讨王升、翰林院检讨雷思霈、浙江道御史宋焘，王升生卒年不详，其余诸人之卒年，最早为冯琦卒于万历三十一年(1603)，最晚宋焘卒于万历四十二年(1624)，姑系于此。

是年，王洽始刻《来禽馆真迹》。

王洽《来禽馆真迹》跋：“是役也，石采太湖，削付国工，精遴逐迹，酷拔殊尤，较初刻存十之三增者倍。余为次君无誉拮据商订，盖六阅岁而告成事云。……泰昌龙飞之月，邑人王洽函仲父跋，临来禽书。”(《来禽馆真迹》，页137)

邢王称《来禽馆真迹》跋：“涵仲先生向刻先大夫遗书，播之海内矣。缘创始之役，不尽四方梁上牍。先生殊未厌心，与余小子称谋更而广之。……先人没甫三岁，涵仲遽首倡风雅，及铝藻之未谢而聿新之，令后之学者知所宗溯，不啻如兰亭之于定武。”(《来禽馆真迹》，页150)

万历四十三年乙卯(1615)

祀乡贤祠。邑人又建太仆公祠。

上巳，宋仕为邢固诗集《幸舍草》撰序。

宋仕《幸舍草序》：“临邑邢子愿侍御，古今才也。以三寸管玉帛四方，所谓无胫而走暇裔，于麟伯仲焉。众已为国琛，不复再见。乃更有其从孙太学固，英年好文，读书染翰，所尤工者诗。三百篇皆已潜会，而汉魏无论，已一摛词即合先轨，二十年曾未谡闻具其美，茫然不识其人，可惜！夫太学为予仲子婿，怜其下帷攻苦，落落难遇，时质以尺幅寸帧，致赏至三。然其人酒狂自命，不顾生产，牢骚沉郁，于世殆矣，是不益加深慨哉！会予拜新命之官留都，携与之俱，欲有以偿其牢骚沉郁也。抵衙而诗盈帙矣，急取付之杀青，使世有斯人不即沦没，实用为太学蒿矢云。……万历乙卯上巳宋仕汝学父题。”(《家乘》卷一〇“艺文志二”，页68A)

案：邢固有《诗草十集》：《缥瓷馆草》《勃窣斋草》《爨余草》《条桑草》《隃麋草》《萧斋草》《三舍草》《逋客草》《吹箫草》《静便草》。(《家乘》卷一〇“艺文志一”，页12A)《幸舍草》为《三舍草》之一。

督学吴邦相特檄祀邢侗于乡贤祠。

[同治]《临邑县志》卷五“乡贤”：“乡贤祠入祀者二十一人：……万历间陕西行太仆寺少卿邢侗。”(页24A)

李维桢《邢公墓志》：“没三岁，督学吴公特檄祀乡贤。”(《大泌山房集》卷七九，页38A)

案：“督学吴公”即吴邦相。[道光]《济南府志》卷二六“提学道”：“吴邦相，浙江仁和人，进士，由郎中以副使任。”(页25B)邢侗入祀乡贤祠公文即《太仆崇祀文》(残)(《家乘》卷一〇“艺文志二”，页60A)，题注：“文板约十余页，日久残毁，故即现存者录出，余俟补入。”作者未详。

邑人在城内东南隅又建太仆公祠，肖像祠之。

[同治]《临邑县志》卷六“境内各祠庙”：“邢子愿先生祠，在城内东南隅。”

又“太仆公祠”：“太仆公祠在城西二里古万柳行村，祠基周围若干步，堂三楹，木像。公没三岁，督学吴公特檄入乡贤，里人复肖像祠之，屡奉院道明文，世给衣巾，生员奉祀。”（页21B）

《家乘》卷八：“来禽馆太仆祠，地基东横可二十一步，西横可二十步，北长可四十步，南长可三十一步，共计三亩三厘三毫三……”（页1A）

十二月，山西右布政使马拯拟代觐入都。

案：马拯上年升广东右布政使，似未之任而改山西右布政使。《明神宗实录》卷五四〇：“（万历四十三年十二月）辛亥，山西巡抚吴仁度题山西左布政使韩策以被参请告回籍，拟将右布政使马拯代觐。”（《明实录》第64册，页10267）

本年，陈与郊之子陈祖皋出狱。

万历四十四年丙辰(1616)

马拯为贵州左布政。入葬临邑城西南卢家庄。

二月，妹婿马拯为贵州左布政，慈静携幼子随夫赴任。

《明神宗实录》卷五四二：“（万历四十四年二月戊申）山西右布政马拯为贵州左布政。”（《明实录》第64册，页10302）

邢慈静《追笔黔途略》：“黔之役，周戚昵识，百尔辍其辖。先大夫笑谓：‘辽不必莵于黔也，当涂者或以宜辽必宜黔耳。余而辍行，将余为选事乎？妄意未叙于辽者，或叙于黔。’此先大夫意中事，默不以发也，竟成行。”（《家乘》卷一〇“艺文志二”，页11B）

按：时慈静携幼子随夫赴任贵州。幼子疑即慈静万历三十二年(1604)回家探亲时所生子，时年约十三岁。邢慈静《为夫请恤典疏》：“臣痛夫为官三十余年，而死于远徼。一子在侧，黄口多病，不能托以后事。”（[同治]《临邑县志》卷一一，页10A）

邢侗葬临邑城西南卢家庄，借贷于周亲方葳事。

[同治]《临邑县志》卷六“陵墓”：“太仆少卿邢侗墓，在城西南八里卢家庄。”（页24A）

案：邢侗落葬时，诸子已分箸，家无余财，继室赵氏向周亲借贷方才葳事。邢王称《赵太君行状》：“虽不孝扶护者百方，然而精固已销亡矣。即为诸孤分箬，举府君书笈悉授孤等，自阉不取一陟厘纨扇，唯是念探篚乏金无以葬我先人者，泣数行下耳。丙辰，借周亲襄事，太君已从病中经纪，生人之致，十仅余三。”(《家乘》卷六，页14A)“丙辰”即为是年。

赵焕题墓碑“海内大孝名公子愿邢先生之墓”，刘重庆书丹。

《家乘》卷四上“世系表二”：“葬城西茔，东莱赵吉亭先生题墓碑云：‘海内大孝名公子愿邢先生之墓’，书丹为刘耳枝先生。”(页11B)

案：“东莱赵吉亭先生”名焕，任刑部尚书时连续上疏荐侗于朝，俱未得以起用，令人扼腕。“刘耳枝先生”名重庆。

墓志铭由李维桢撰文，宋仕书丹，赵秉忠篆盖。

案：此碑出土于临邑县郊，署曰：“赐进士出身、通奉大夫、山西布政使司右布政使兼按察司佥事予告，前奉敕提督陕西学政、翰林院修撰、国史馆修纂，京山友人李维桢撰文；赐进士出身、通议大夫、南京刑部侍郎，前都察院左佥都御史、巡抚保定提督紫荆等关，掌京畿道事、浙江道御史、侍经筵官，平原宋仕书丹；赐进士及第、奉议大夫、左春坊左谕德，前翰林院修撰、记注起居、编纂章奏、管理诰敕，北海友弟赵秉忠篆盖。”(《德州明清墓志集注》，页233)

万历四十五年丁巳(1617)

妹婿马拯卒。邢慈静赴阙为夫请恤典。

四月初一日，马拯因痨症卒于贵州左布政使任上。

邢慈静《追笔黔途略》：“黔之役……抵任则败石支床、绉木为案、茶铛毁耳、药灶折梁、匕箸长短参差状。先大夫微哂相对曰：‘节钺遐方，供帐器释不减王者居，人言不尽然矣。若用为调，实用为啸云。’会苗议违心，不视事者几月，月中支费悉属氏簪珥及箧中赍为往费余者。乃四月一日，所天见背矣。”(《家乘》卷一〇“艺文志二”，页11B)

案：慈静携幼子随夫历尽艰难到达贵州，尚未一年即卒于任。崇祯中知州刘嘉祯赞曰：“镜石性廉正，所诣独醇深。循政皆如锦，奴祸已早谌。沙漠先树绩，瘴乡复勒岑。文星殒潘署，卿月昭隶阴。”([崇祯]《武定州志》卷一七，页6A)

邢慈静携幼子扶梓还乡，历尽艰险。

邢慈静《为夫请恤典疏》："臣痛夫为官三十余年，而死于远徼。一子在侧，黄口多病，不能托以后事。与言及此，哀晕踣地。臣子痛其父之已死，惊其母之垂绝，亦不觉五中崩裂，昏不知人。盖至亲三口，死者死，僵者僵，痛绝伤割之状，天地为之惨淡，山岳为之摧颓。及臣少醒，断发毁面，更无生理，剩息残骸，尚何有首邱之望？幸赖抚臣张鹤鸣、按臣杨鹤多方吊慰，百尔周全，馈药回生。庀棺逮死，徐发符传为臣治装。臣奉夫灵舆，履尽山险，遍涉惊涛，几葬鱼腹，数月方登平陆。驿递凉薄，处处梗涩，臣母子备茹艰辛，幸厝夫骨。"（[同治]《临邑县志》卷一一，页10A）

灵柩至家，邢慈静为夫请恤典，自赴阙上疏。

邢慈静《为夫请恤典疏》："原任贵州左布政使已故马拯妻、封恭人臣邢氏谨奏：为比例陈情恳乞天恩俯怜死事劳臣特加厚恤以信诏旨以光泉壤事。按邸报，兵部一本为仰仗天威等事，奉圣旨，内马拯、张守让酌量厚恤，钦此。臣即仰天泣血，谓臣夫勤劳王事，委身瘴乡，特蒙恩恤，念积劳于即隳，肉白骨于黄壤，典何渥也。……及伏读《大明会典》一款：'凡在京在外，不拘文武品级，其以死勤事者，具实优恤。'查得嘉靖年间贵州右参议王重光奉命采木，毙于转输，当时赐祭一坛，后加赠太仆寺卿衔。夫奉诏布政贵州，死于平苗，实勤王事，即有恩例可援，宁甘自外？况覃恩广被，草木沾荣，皇上浩荡之仁，必不靳一劳苦粪土之臣。故不避斧诛，仰干天听，伏乞俯怜死事微劳，敕下吏、礼二部。如果臣所奏不虚，亦比照先臣王重光事例，特加优恤。逝者有知，宁忘衔结。即圣恩高厚，莫报涓埃，尚可焚香祝寿以延圣天子之景，命臣不胜激切待命之至。为此具本亲斋，谨具奏闻。"（[同治]《临邑县志》卷一一，页10A）

案：慈静此次亲往京师，上书为夫请恤典。[同治]《临邑县志》卷九"节妇"："（邢慈静）扶榇还武定，复赴阙上疏，列夫劳绩，得赠恤并赐祭一坛。"（页2A）

五月，李汝相、邢侗、王三迁崇祀乡贤祠，有《明三贤崇祀碑》。

周之纲《明三贤崇祀碑》："此犁丘三大夫同祀于乡，而侈光典礼也。方余俯首受书，则窃闻参议李公希说、太仆邢公子愿业以直谏臣声震霜台锁闼间，岳岳乎批鳞履虎之不爱驱命、不避碪铁也。逮观察、吏部两王君成进士，而后封公绍庭先生之孝友节烈闻天下，海内愿为执鞭。则三大夫谊至高也。……三大夫之祀学宫，宁独不以著述，余固录其忠孝之概以风世也。……万历四

十五年岁在丁巳孟夏吉旦。"([同治]《临邑县志》卷一五,页81A)

案:三贤为李汝相(希说)、邢侗(子愿)、王三迁(绍庭)。《家乘》卷一二:"万历四十五年,陕西行太仆寺少卿前监察御史讳侗祀乡贤祠。"原注:"祠外有三贤崇祀碑,顺天并入名宦。"(页1B)

是月,陈祖皋命子之佶镌刻《沸园集》五卷,为撰序。

陈祖皋《沸园集序》:"先太常金兰交不乏,而莫逆无过临邑邢太仆先生。故虽越数千里而遥,邮致其所著作不绝于道。先太常受读已,辄作小巫意态,而辍翰而隐赋者数数然也。后渐成帙,珍不啻秘藏,谓北地隔远,恐异日者不易复得。迨罹奇冤,百凡沦丧,即先太常副墨散遗几尽,而先生诸制独幸无恙。嗣脱棘而蜗息稍宁,儿子佶于故纸堆中检阅,戚友家征求,得先太常佚藁若干篇,请寿之梓。余嘉其克念尔祖,因命镌先生邮致文曰'传藁'。俾知邢太仆、陈太常两先生称深相知于海内者,不第同获南宫选、同宦三辅、同作天子耳目臣云尔。若先生全集,当必有和盘托出五侯鲭以公,人脍炙者其何有乎一脔?万历丁巳孟夏,天放居士陈祖皋后书。"(《沸园集》(五卷本)卷首)

案:《沸园集》五卷,邢侗撰,天启间赐绯堂刻本,国家图书馆藏。陈祖皋序作于万历四十五年丁巳(1617)孟夏。所收为陈与郊在世时邢侗"邮致文",由陈祖皋子之佶"赐绯堂"所刻。《沸园集》一至四卷,每卷末题"乙丑春刻",第五卷末题"甲子夏春赐绯堂刻",则《沸园集》刻于天启四年甲子(1624)至天启五年乙丑(1625)春。

万历四十六年戊午(1618)

《来禽馆集》二十九卷刻成。王洽刻《来禽馆真迹》。少子邢王嘉娶亲。王蔼子琪过继王瑞为嗣。

二月,邢慈静撰文忆由黔扶梓返乡艰难历程。

邢慈静《追笔黔途略》:"……乃四月一日,所天见背矣。氏思万里殊荒,携一弱小儿安得妥榇还也。一恸倒地,不知身之在远,即微息脉脉喉间,妪婢不能嘘吸探也。王媪从旁泣曰:'浃日不获听微息,而冀生致是惑矣。'即不克备下里一切,何至一簪不得着身,仓皇间,贯颠以钗,强作寸人。数日苏,以诘媪,媪曰:'向虞著之不坚耳,何知今日相持而泣,竟月水浆不入口,昕夕督仆上食，哭临，涕竭血继者屡矣。’轻尘之身，不惜一死，即弱小儿亦付无可奈何，独此亡大夫之榇，不手厝家寝，死且不瞑，何妇人为？乃厌厌扶榇还，沿涂有死无生之状，百口不能摹。危山险水、魄震魂摇者，千口不能摹。封豕长蛇之怒，豺号虎啸之威，俾母子瞬不及顾者，万口不能摹。痛定思痛，姑条分其概，俾[后]世子孙知余之苦，远谢一死万万耳。……所列诸条或后先错，或名居舛，皆病中偶醒，若寤若寐，随笔札记耳。若夫程程张目，跂乡关而冀分执一绋，口不啻出者。不能记先大夫奉命殁于荒裔，氏以笄黛不获叩天子庭而请恤典也；不能记追忆先大夫辽阳坐镇六载，清宁鸡犬相安，一离界即戎马相蹂，败不及收，至今泯不为叙也；不能记氏族河间，视弟侄辈疏眉秀目、鱼轩青衿者几三十人，乃文弱无为，不能为氏白，又禁氏不得自为白，何河间之族为氏弱小儿日作蠹鱼窗几间，大类渭阳文弱，氏即意气填胸奈何哉？舍其大而区区一陆一舟之劳，是记也不足存已。万历戊午仲春月马室未亡人邢氏具草，壬戌四月望日手书。”（《家乘》卷一〇“艺文志二”，页11B）

案：《追笔黔途略》又见[崇祯]《武定州志》卷三四。（页68A）末署：“万历戊午仲春月马室未亡人邢氏具草，壬戌四月望日手书。”则是年二月撰，天启二年(1622)四月手书付刻。

秋，继室赵氏忽发危疾，急为少子王嘉娶妇。

邢王称《赵太君行状》：“越戊午秋，忽发危疾。弥日齁齁不醒，孤等延名医急投，瞑眩俄而醒曰：‘为我亟娶第五妇，及吾目成，死且无憾。’五弟匆匆娶妇，太君无恙也。”（《家乘》卷六，页14A）

案：邢王嘉为赵氏生，生于万历三十二年(1604)，年仅十五。《家乘》卷四下：“王嘉，字□□，号玉褒，奉祀生。配王氏，生一子，乡饮大宾。”（页12B）

又以王蔼子琪为长子王瑞嗣。

邢王称《赵太君行状》：“惜长兄之不祀也，即床蓐间以蔼子嗣焉。”（《家乘》卷六，页14A）

《家乘》卷四下：“王蔼仲子琪出嗣王瑞。”（页12A）

案：王瑞卒而无子，其妻马氏孀居七年，继母赵氏以王蔼仲子琪过继为嗣。《马氏传》：“马氏，禀生讳王瑞妻，太仆公之长男妇也。端慧肃穆，幼读《女诫》《内则》诸书，尤谙九章法。洎于归，佐夫诵读，相敬如宾，有梁孟之风。王瑞病卒，氏男女皆无所出。独居七年，王蔼始生仲子琪，甫三月，氏取之为

嗣，抚养成立。家秉独操，烦剧致疾，竭作之余，犹浏览书文，年五十四岁而卒。”(《家乘》卷六“内传”，页21B)

次子邢王称、女婿史高先编辑遗文，刻成《来禽馆集》二十九卷。

史高先《来禽馆集小引》：“《来禽馆集》，余外舅氏世称邢子愿先生所著也。……殁之日，余方官白下，竟未及诀袂一恸。讣闻，亟趣录贮先生遗稿。藐诸四人，幸长君饶才藻，有父风，综缉笥中椟，凡若干卷寄余。余破涕谋诸李本宁、冯元成两先生，翻阅再过，则付之冒伯麟、喻叔虞，遍购杀青氏。蹉跎匝再岁，携归，复谋诸王涵仲兄。涵仲谋诸牟凤区公祖。时牟公以鹾台按东秦，慨然括镘羡，拟寿梓矣。会余有襄阳之役，薄俸可佐不给。矧也牟公首倡风雅，涵仲从中怂恿，余虽蒙愚，宁忍舍旃？且在今日，非余之任而谁任焉？于是更番考订，集中用古最深，属司李洪声希、襄阳令王士完、南漳令李玉峦、谷城令张玉笥，参伍质证，期于义协文通。仍有一二阙疑，若三数鲁鱼亥豕之讹。是集也，散佚什之三，删削什之一，俟异日搜罗续补可耳。若乃字栉句比，校雠编次，始终厥事，则枣阳谕陆敬叔。此君大雅，又缃橐世绪，不负鉴裁，致足嘉也。……万历戊午九月九日同郡乐陵子婿史高先顿首书于襄阳之凝清堂。”(《来禽馆集》卷末)

案：《来禽馆集》二十九卷，由次子邢王称、女婿史高先编辑，李维桢、冯时可审阅，又请冒愈昌(伯麟)、喻应益(叔虞)校阅，王洽商诸山东盐运使牟志夔(凤区)捐资刻印。前后校阅者，尚有司李洪声希、襄阳令王士完、南漳令李玉峦、谷城令张玉笥、枣阳谕陆敬叔等人。“冒伯麟”名愈昌，时与史高先在南京。《伯麟先生家传》：“南中为陪京重地，人士侨寓者尤多，李本宁、曹能始、徐子卿诸先生先后官于南，能诗歌、喜宾客，争招致天下士。士之通经侠负才气者争归之，如潘景升、王百谷、梅子马、王太古、陆无从、柳成父暨先生诸君。”(《冒伯麟先生集》卷末)“喻叔虞”名应益，《孤本明代人物小传》：“喻应益，字叔虞，新建人。”(第3册，页206)“牟凤区”名志夔，[道光]《济南府志》卷二五“巡盐”：“牟志夔，字用一，四川南溪人。进士，四十三年任。”(页18A)

此《来禽馆集》二十九卷，襄阳史高先万历四十六年刻本，李维桢、史高先序。又有崇祯十年(1637)版筑居刻本《来禽馆集》二十八卷，台北“故宫博物院”藏崇祯十年留都书肆刻本为同一版本，卷首有范景文《重订来禽馆文集序》，史高先子史以明有《重订来禽馆集跋》。范景文序云：“……余犹及见临邑邢先生。先生生济南后，为人自标风简，豪翥乐易，推贤爱士，尝若不及。其为文，韵生于才，肤冒其骨，有子长之沉郁，极长卿之绚丽。选征刻羽，比事属词，即使邹、枚八公及子政父子，未能或之先也。虽漱润摭采，时亦体兼众妙，而气格遒上，直逼东西二京。本宁止以六朝相方，犹非通论矣。色光日煊，神理不磨，则真六朝非艳六朝，真两汉非窜两汉。上下古今，岂随气运升降者哉。……且其临池墨妙，擅能近代，祖祢钟、王，绝无一毫唐宋气息。昔人谓右军以书法掩其文，令先生之文具在此，岂得以书法掩者耶？余故为序而传之。时崇祯丁丑春日书于留都公署，河间范景文题。”史高先跋云：“外祖子愿先生继历下、弇州而起，薄海内外奉为一代宗工。……会今丁丑，留都书肆重梓以行。大司马范质公先生庚为之序，其论外祖人品、文品甚悉，所言‘气格遒上，直逼东西二京。本宁止以六朝相方，未为通论’；又以外祖为‘真六朝非艳六朝；真两汉非窜两汉’，尤为知言。……时崇祯丁丑八月二十二日乐陵外孙史以明顿首百拜跋于家之鸣和堂。”

八月，李维桢为《来禽馆集》撰序。

李维桢《来禽馆集序》：“今所在文章之士，皆高谈两京，薄视六朝，而不知六朝故不易为也。……国家文治休明，几与三代等埒。自二三作者沦丧，坛坫虚无人，邢子愿崛起山东，而海内倾乡之，如岱宗之长五岳，如东海之表大风。其文出周、秦、汉、晋诸家，殊非六朝所能尽。虽然即目子愿为六朝，亦吾丘寿王所谓天下少双、海内寡二者也。……顷日后进广先辈之说，谓：‘为伪两京易，为真六朝难。’真能为六朝如子愿，岂不难哉！余尝以邢子才比子愿，特取其同姓耳。子才，六朝人，在北易为雄长，令与江左诸君并驱，或亦韩陵片石之类耳。山东有子愿，而南北士林推逊率服，不谋同辞，岂不难哉！子愿每有撰著，注想沉吟，良工不示人以朴，故其遗集视弇州、太函、冯元敏、邹彦吉诸公，仅可十一。又精六书，多古文奇字，常手校雠，付家梓人。仲子与婿史民部畀余审定，余谢不能，属之冒伯麟、喻叔虞、茅止生参伍讨论，而后缮写，可以剞劂。因述居平所评鉴如此，象白髦残，鹄酸蠵臛，世所希御之珍，不尽悦口，唯识者知其味。地下修文郎庶几快然若雌霓之读矣。万历戊午仲秋月谷旦大泌山人李维桢本宁父撰。”（《来禽馆集》卷首）

案：万历四十六年刻本《来禽馆集》卷首又收李维桢《邢子愿小集序》，未明撰写时间。序云：“客有传子愿诗文十许篇示余，将授梓，使为序。……子愿《全集》出，自有识者，所共赞述，兹特桂林偶枝、昆山片玉耳。余第取子才相方，子愿当不受也。”此则为邢侗生前所刻小集所作。

十一月，冯时可为撰墓道碑铭。

冯时可《明中顺大夫陕西行太仆寺少卿知吾邢公墓道碑铭》：“往邢子愿以甲戌成进士，余闻其出，而与司礼冯保相直于道。保时负上宠，气势赫然，从者驱公马使避。公大声曰：‘余山东邢侗，岂畏人者！吾将叫诸天阍。’保卒让路而去，举朝以为快。万历乙巳冬，余以待补诣燕道广川，值河冰不得前，馆于马氏。子愿乃自临邑驰百里至广川，冠服修谒，谓余曰：‘余甚敬公，自家即冠服矣。’余留之，饮至半夜，子愿曰：‘余自今与公为硕交矣，后死者请为铭。’……遂邀余至临邑，初馆余于南园，后馆余于家之后舍，凡一月。子愿酒甚美，肴甚佳，集四方之馔以享余，余不能当也。是岁，余在其家度除。已而赴黄中丞绍夫之召，则初春也。归而复过其家，则送余于椒园，握手涕零，不能为别。既余走燕京，补官广东，子愿复走使为送。是时信使不绝，未尝不夸其齿发之无恙。壬子，余将入贺，拟复过其家，中道遇黄中丞，始知其没于四月二十七日。遂与中丞相泣。又数年，而得铭其墓。……没三岁，督学吴公檄祀乡贤。……万历戊午孟冬月旧治通家友弟冯时可顿首撰。”(《家乘》卷五“家传二”，页12B)

案：冯时可与邢侗至交，生前相约后逝为撰铭。侗卒之年，其赴京述职拟往访之，至济南闻侗已卒。至此，冯时可兑现诺言，为撰碑铭。

十二月，邑人王洽刻《来禽馆真迹》，并跋后。

王洽《来禽馆真迹跋》：“邢子愿先生妙迹，不胫而驰四裔。余邑顾独少，向虞至宝散佚，久致湮没，多方悬购，遴付他山，戛戛乎难之矣。吴生孟元，两载来为余广觅而精摹之，如写照点睛，无不形神俱得者。于是与次君玉衡、佳婿杨君元朗商略往复，汰前帙之滥收，增新迹之殊绝，贵精贵少，且镌且更刻也。成试一展玩，俨若先生须眉在对，运肘洒洒。盖至此殆无遗憾焉。窃尝妄评先生书法，晚末数载中，超神入化，墨沈淋漓，满楮生动，殆如飞虹饮涧，夭娇千寻，蜃阁翔空，灵幻莫测。而一种韵致，则又若京洛少年，鲜衣怒马，手接飞鸾，白纻舞女，袅弱娇凝，含情嚬笑。人巧天工，可谓各臻其至，亦各极其趣者也。史绍卿兄于此举助赀逾半，而孟元呵冻攻坚，妙同削郢，先生精神，长在人间焉。余忝懿谊，且有所藉手矣。万历戊午嘉平既望，邑人王洽涵仲父识。”(《家乘》卷一一“翰墨志一”，页4A)

案：王洽刻《来禽馆真迹》，自万历四十二年始。王洽天启元年(1621)跋云："余刻子愿书凡三易矣。初刻草创，真即收之；次则唯晚迹是求；最后购之既广，晚笔大出，于是致精致约，淘汰转剧，而先刻二种，十不一二存矣。"(《来禽馆真迹》，页140)初刻约成于万历四十四年，此为次刻，"唯晚迹是求"，为时"两载"，至四十六年(1618)四月始告成。跋云"史绍卿兄于此举助赀逾半"，"绍卿"为史高先。"吴生孟元"即吴士端"广览而精摹之"，"佳婿杨君元朗"，应即杨焘，邢侗五婿中，杨姓仅此人。

是年，女婿史高先任襄阳府知府。

案：史高先万历四十六至四十八年(1618—1620)任襄阳府知府。[光绪]《襄阳府志》卷一九"知府"："史高先，乐陵人，四十六年。李为京，东阳人。天启元年。"(页46B)

万历四十七年己未(1619)

张忻跋《来禽馆泰山残碑》。

九月，门人张忻观邢侗书泰山残碑，有跋。

张忻跋《来禽馆泰山残碑》："先生书谷城碑，天下共珍之《圣教》《云麾》。此书泰山残碑夸之褚，龙翔而稳严，遒宕奕奕，清于蓝微。嗛者以不克全豹，抑岣嵝为岱灵所閟耶？恨不丐而问之。万历己未季秋北海张忻跋。"(《家乘》卷一一"翰墨志一"，页6A)

案："谷城碑"即邢侗撰并书《先师谷城于文定公碑》，见前。

万历四十八年　泰昌元年庚申(1620)

王洽又刻《来禽馆真迹》。

邑人王洽又刻《来禽馆真迹》，有跋。

王洽跋："子愿先生墨妙，不胫而驰四裔。然真赝并行莫可诘也。余初抵里，博搜远购，得断简数行即付他山，贵其真耳。然先生晚岁书乃入化而得之者，不以饱蠹鱼即亦斗粟易去耳。余忝里闬，恐久且减没无余，所关文献不浅，遂命管驷卿挟槧就摹，摹已还之，数更番而帙成焉。向尝亲侍先生濡毫，见其年六十余,双眸炯如,运腕圆迅,盈楮洒洒,如鸿惊云际,蜃幻海湄,而五陵少年裘马扬扬,白纻舞鹅纤腰娜娜,又不足为其蒨逸侠宕也。鉴别自近,定评者久,若天下后世居之何等?余则曷敢知,曷敢知?是役也,石采太湖,削付国工,精遴逐迹,酷拔殊尤,较初刻存十之三增者倍。余为次君无誉拮据商订,盖六阅岁而告成事云。观者得别本,尚以此印,无为赝鼎所眩。泰昌龙飞之月,邑人王洽函仲父跋,临来禽书。”(《来禽馆真迹》,页137)

案:泰昌元年即万历四十八年。王洽天启元年跋云:“余刻子愿书凡三易矣。”(《来禽馆真迹》,页140)此应为三刻,即现存于世之《来禽馆真迹》。此帖“管驷卿”镌刻,驷卿亦苏州人,万历三十九年(1611)为金坛王肯堂镌刻《郁冈斋墨妙帖》。

本年,七月,明神宗崩,八月,太子朱常洛即位,是为明光宗,在位仅一月崩。九月,明熹宗即位,诏以明年为天启元年,又改万历四十八年八月后为泰昌元年。

天启元年辛酉(1621)

王洽续刻《来禽馆真迹》。邢王称是年乡试不售。

三月,王洽续刻《来禽馆真迹》,王洽再跋,刘重庆、邢王称有跋。

王洽《来禽馆真迹》跋:“余刻子愿书凡三易矣。初刻草创,真即收之;次则唯晚迹是求;最后购之既广,晚笔大出,于是致精致约,淘汰转剧,而先刻二种,十不一二存矣。盖先生壮岁临二王,肖其形神,海内传之。末年取精愈多,运笔愈化,而无意间天趣淋漓,则往来书牍尤独为海内所珍。故余帖中绝无临晋一笔,此续刻则尽尺牍书也。事竣,余心力物力俱殚,虽先生神情所寄,不尽在是,而吉光片羽留在人间,欲窥龙函宝气者,以此为孤甲可矣。天启元年季春日,瑞露馆主人再识。”(《来禽馆真迹》,页140)

刘重庆跋:“子愿先生文迫汉魏,一字不轻下;书追钟王,一波不苟作。然其文古博雄深,少窥其藩;而其书则挺秀圆浑,多尊其似,虽海外犹争购之矣。其法凡三变,其拟议二王,标韵褚、米者,其池水未墨时也。晚造玄微,特精章草,拟议之极,变化出焉。是本乃其尺一往来游神之技,曾无复拟议之似,变化之力矣!先生书种种入妙,而小书行草之妙,颇足致于此。若海内明眼,必欲睹其大全，备极诸法，则有太常、来禽之初拓在。忆昔右军当年，经济之略，为晋代一人。而潭府一以清言枕之，其书异代始永宝为训，而当日且目为野鹜，名浚大令。子愿文章，伯仲于蟠，足擅一代而雌黄不乏，即书亦止知宝其临晋一种，又真赝杂收，辄事弹射唐突千秋右军，令人同叹！赖有太常拈示之耳。待晚出即为摩诘、为浩然；戏作拳石枯木，即为子瞻、为叔明。异味殊品，世鲜有知之者！刘重庆耳枝氏跋。"(《来禽馆真迹》，页 143)

邢王称跋："涵仲先生向刻先大夫遗书，播之海内矣。缘创始之役，不尽四方梁上牍，先生殊未厌心，与余小子称谋更而广之。数岁来加意征求，晚迹渐出。以先生大家裁鉴，必老笔纵横、功力超乘者，乃在标目中，爰付之管君受成，而画工巧传化工。一切悉翘秀天拔，殆无留憾，然主人之心力、物力俱竭矣！愚忆琅琊翰迹，不闻渠当代为之致石，浸假至唐宋乃显。先人没甫三岁，涵仲遽首倡风雅，及铝藻之未谢而聿新之，令后之学者知所宗溯，不啻如兰亭之于定武。然则涵仲之功，在文献庸有艾也哉！邢王称百顿首跋。"(《来禽馆真迹》，页 150)

案：王跋署曰"天启元年季春日"，应是年三月续刻竣工时作。《来禽馆真迹续刻》计行押尺牍五卷，集诸明公跋语一卷、千文一卷，共七卷，以"天、地、元、黄、宇、宙、洪"，分签标题。《续刻》即六、七两卷。《分甘余话》卷一"邢侗书法"："临邑行太仆卿邢子愿先生侗以书名万历间，取法晋人，不落唐、宋窠臼。其邑人王葱岳大司马洽萃其书为《来禽馆帖》，凡数十卷，时号'北邢南董'。今董书盛行海内，而邢书知之者鲜矣，余西城别墅'茂林修竹'四大字是其真迹。"(页 23)

以上王洽、刘重庆、邢王称三跋，现存石刻《来禽馆真迹》，而又有董其昌序、张延登跋石已佚，录以备考。董其昌《邢子愿法帖序》云："……今王司封结集其书，刻成五卷见寄，且所取唯晚年行押尺牍，不矜庄而自合者，尤为具眼。夫子云之玄，待知异世；林宗之鉴，直取神情。岂特翰墨之林一段奇事耶？子愿书名满海内，非授梨致石之难，唯是自谓人好者，若水乳和合，莫为拈出耳。得司封此举，如子愿复生，俾余闻《广陵》旧曲，真翰墨中一段奇事，亦非直翰墨林中一段奇事也！嗟叹不足，书此以附不朽。"(《容台集》卷一，页 23A)张延登跋曰："余同年友王涵仲裒邢子愿先生行草杂笔，釐为四卷，命吴郡吴生士端双钩上石，命曰《来禽真迹》。镌既成，以一部寄余，书法大小不一,大抵尺牍赫蹄居多,其中攊捺不差毫发,剧有生气,余观未竟,不觉身势飞动,为之起舞。忆往年尝备茧纸数番,求先生书自作新诗,先生答谓:'拙书唯临晋一种为世所尚。'竟出十七帖见遗。此书俊美圆逸,天骨遒发,迥出临晋之外,辛苦成此快举,有功书道非浅。兰亭禊本,定武为佳,获者幸珍重之。丁巳孟夏廿日,济东张延登济美父题于六茂亭。"(北京大学图书馆藏《来禽馆法书》拓本)

张延登(1566—1641),字济美,号华东。山东邹平人。万历二十年(1592)进士,历内黄县、上蔡县知县,迁给事中。时朋党角立,张延登上疏皆切中时弊。后历官太仆寺少卿、大理寺左少卿、太仆寺卿、浙江巡抚、南京都察院右都御史、工部尚书、都察院左都御史。崇祯十四年(1641),署刑部,因积劳成疾病逝,时年七十六岁。赠太子太保。南明弘光时,追谥忠定。著有《京营巡视事宜》《黄门纪事》《悬袖便方》等。事具刘理顺《张太保墓碑》。([康熙]《邹平县志》卷七,页42B)

徐元化集邢侗书千字文,十年始成,王洽、董其昌有跋。王洽刻于《来禽馆真迹》洪字卷。

王洽跋:"先生书千文绝少,此其故掌记徐元化十年集缀而成,无一不晚笔者。玉贯珠联,足为临池妙赏,千金狐白,正不以一腋珍也。王洽识。"(《家乘》卷一一"翰墨志一",页5A)

董其昌跋:"蔡忠惠公书《画锦记》,每一字书数字,择其合作者存之,名为百衲碑。邢太仆千文亦然,乃荟萃而成,既入石,谁知为碎金者。董其昌题。"(同上书,页5B)

案:徐元化集邢侗书千字文,以及王洽、董其昌跋,瑞露馆刻之《来禽馆真迹》洪字卷(见《来禽馆石刻拓本》,页151、156、157)。徐元化为邢侗掌书记,余不详。据王跋"其掌书记徐元化十年集缀而成",以邢侗卒年(1612)推之,应成于天启元年(1621)。

黄之芳刻《来禽馆真迹》四卷。

案:《家乘》卷一一著录黄之芳刻《来禽馆真迹》,题注:"天、地、人、物四卷。"("翰墨志一",页5B)此帖所刻时间未详,石刻不存,拓本未见。黄之芳,山东兖州人,诸生。[光绪]《郓城志》卷一五有《梁渠凫影》(页24A)、《盘沟夜月》(页30B)诗,题注:"兖诸生。"

是年或稍前，张忻刻《来禽真迹》一卷。

《家乘》卷一一“翰墨志一”：“张忻刻《来禽真迹》一卷。”（页5B）

案：张忻刻《来禽真迹》一卷，未有石刻及拓本存世，除上引《邢氏家乘》，亦未见著录。至于其内容，张忻《题来禽馆手摹十七帖》云：“昔余镌临晋帖，乃其老笔纷披，奕奕自运。”（《家乘》卷一一“翰墨志一”，页2B）或以邢侗晚年所临晋帖为主。《家乘》录有刘重庆《来禽真迹跋》：“昔弇州之论诗也，曰：‘昔唯子美，今或于鳞，乍言似惊，久当论定，兹论定矣。’今静之氏之嗜书也，亦唯曰：‘前有逸少，今或犁丘，夏夷共珍，金石如左，不祈其论定而论定矣。’乃余读犁丘《来禽集》，古博闳深不减于鳞，而复腕兼逸少，假令弇州而至今存，不知又作如何论也。东莱刘重庆耳枝识。”（卷一一“翰墨志一”，页5B）

又，张忻之叔父张孔印镌刻《来禽馆法书》八卷，北京大学图书馆藏拓本。其第七卷为《来禽馆临晋帖》，均为邢侗临王羲之十七帖，卷末有张昕跋八行：“此先生辛亥年书遗予册，盖绝笔也。先生临圣帖，宇内合有数本，大都法临川迹，此本以投老之年，神化纵横，直与山阴分座。昔人讥乱真谓步骤有余，自运不足。此本复汉官威仪，不独代汾阳壁垒已也。九京可作右军，应把臂入林。门人北海张忻题。”其文与张昕《邢侗临右军霜寒帖》跋相比较，除五六字有异，其他皆同，颇疑其叔移录张忻《邢侗临右军霜寒帖》跋，镌刻收入《来禽馆临晋帖》。

又，张忻有《来禽手摹十七帖》跋云：“子愿先生自言，于右军书坐卧几三十年，始克入化。昔余镌临晋帖，乃其老笔，纷披奕奕，自运此十七帖全本，虽系中年，然不矜而妍，不轶而豪，不束而严。每对硬黄十七真所谓毫发，唯肖其萧散若春雨之霖，森疏如伴月之星，宛转若缅丝之茧，或足拟之，始知古人书法，过江临川，未可便以先后定其优劣。致石吴生文鬯，为孟元季子，双钩悬椎，足绍家风，吴门牌版如文之停云、顾潘阁帖，皆世出吴手，它莫能及。则有三桥百谷之前评在。丁丑上巳日张忻题于白门之冰玉堂。”此跋题注：“前题尚古堂藏帖，后署暾面斋邢某臆稿。”（《家乘》卷一一“翰墨志一”，页2B）张忻跋之“丁丑”，解《谱》系于万历五年（1577），误，实为崇祯十年（1673）。

又冯可宾刻《邢来禽先生法帖》。

李日华《跋邢来禽先生法帖》：“此刻大都与冯青方先生往来游戏翰墨之语，气酣神肆，有类中散《绝交书》者，有类虚白《神仙起居法》者，情韵逾廓，轨度逾超。桢卿使君携以入苕，而刻石署中。正如甓社之珠，泳波而达震泽，照耀南天，光景煜煜。其裨益我南土不浅。使君神明，此特政之刃余，顾琳琅宝秘，即与嘉胏二石并垂，谁曰非可？”(《恬致堂集》卷三七，页1346)

案：此帖不存，所刻邢侗与冯起震手札。“桢卿使君”即冯可宾，冯起震子。天启二年(1622)进士，历任兵、工、户、礼四科给事中，官至太常寺少卿；四子可宗，以武职起家，官至掌锦衣卫事、左都督。此文又见《御定书画谱》卷八〇“明邢侗法帖”(57B)。

秋，邢王称乡试报罢。将游都门，两弟饯于宿西庄。

邢王称《辛酉下第，秋尽有都门之行，两弟饯宿西庄，书此留别》：“揽衣郭外暂相留，刺刺衷谈是远游。残烛借看鸿雁序，敝貂聊当鹔鹴裘。鸡声夜落姜肱被，马首朝违宋玉秋。临别俱余双白眼，且将虹气付吴钩。”(《家乘》卷一一“艺文志三”，页3B)

案：邢王称是春县试得胜，乡试不售。其《赵太君行状》：“幸辛酉春不孝称得胜，既廪，余弟辈亦叨入琐闱。太君輾然喜曰：‘余向者几谢人间，安望及诸郎竞奋功名乎！’及撤闱不售，始嘘唏心口：‘此生虚矣，老人病且笃，势不待黄河清也。’”(《家乘》卷六，页14A)

季秋，朝鲜使臣权进巳题诗赠邢王称。

《家乘》卷一二“事纪”：“天启元年季秋，朝鲜使臣权进巳题诗赠玉衡公：‘星斗蟠胸笔有神，炯然风骨照青春。他时礼乐三千字，应占龙头第一人。’即闻公子声华，行色匆匆，未接丰容，伏呈拙句，仰尘清案，幸一哂如何？朝鲜陪臣永嘉权进巳顿首拜。”(页2A)

案：“玉衡公”即邢侗次子王称。

陈祖夔刻《海宁陈氏石刻》四卷，刻沈度、王宠、祝允明、文徵明四家一卷，邢侗一卷，自书二卷。

案：石刻现藏海宁盐官镇。邢侗一卷所收多为尺牍，系陈氏家藏。张伯英：“其无香光书者，因有《玉烟堂》专刻，故此不复列入。摹勒精善，与《玉烟》《藏真》等帖相似。元瑞从邢、董游，受书家之熏陶，其书自亦不同庸俗，小楷尤佳。此刻《千文》，甚有香光法度，唯大书则略逊。唐《子西古砚铭》，字径寸，便形散弱。”(《碑帖论稿》，页294)“陈氏此刻意在自传其书，遂有两卷之多，他家乃附刻，而书之可传，固在彼不在此也。”(同上)陈祖夔天启、崇祯间刻帖甚多。杨宾《大瓢偶笔》卷六:“海宁陈增城刻《玉烟堂帖》四卷,《渤海藏真帖》一套,《秀餐轩帖》一套。《渤海藏真》《玉烟堂》余家有之。《渤海藏真》有两三种可观,闻《秀餐轩帖》更佳,恨未之见也。”(《杨宾集》,页308)《秀餐轩帖》似非陈祖夔所刻。吴骞《尖阳丛笔》卷五:“《秀餐轩帖》本吴江某氏刻石,陈增城购置于玉烟堂中。帖凡四册,今皆散佚。予见楮槚河褚姓残石三块。”(《续修四库全书》第1139册,页479上)

陈祖夔又刻《观复堂帖》,有明人沈度、王宠、祝允明、文徵明、邢侗、王稚登、董其昌、陈祖夔八家书。

清惠兆壬《集帖目》卷中“明刻”:“明《观复堂帖》不分卷,海昌陈氏刻,帖刻沈度、王宠、祝允明、文徵明、邢侗、王稚登、董其昌、陈䕫八家书。”邢侗书有“晚晴赋、观音赞、临帖、尺牍”。

杨震方《碑帖叙录》:“《观复堂帖》,明天启间海宁陈元瑞刻。全四卷,均为明人书。”(页268)

案:《观复堂帖》,收明人八家书,陈祖夔天启间刻,已佚。杨宾《大瓢偶笔》卷六:“陈增城家刻《观复堂帖》,皆董迹之佳者,在其子十房下,十早世,其未亡人以碑石衬地板,世遂无传者。”(《杨宾集》,页308)

天启二年壬戌(1622)

马拯赠太常寺卿。嗣女出嫁。

三月,奉旨马拯赠太常寺卿。

制曰:“朝廷有晋秩疏荣之典,以待大僚,而罕及外吏,制也。然或戳力军兴,鞠躬荒服,功成身陨,而不与其赏,特昭异数,夫宁有靳焉。尔原任贵州布政使司左布政使马拯,负才倜傥,任事忠贞,由守令以践臬藩,懋循良而宪文武。官辙久老塞上,军威丕振师中。简组练而气夺欃枪,詟毡裘而声驰沙漠,边尘不耸,国势綦尊。晋辖贵阳,克歼苗寇,岳疲饷绌,呕血以济。呼庚食少事烦,捐躯竟同裹革,忠勤可愍,褒恤宜隆。是用赠尔为太常寺卿,锡之诰命。于戏!老臣尽瘁荒陲之伟伐如新,常伯升华册府之休光永贲。歆兹紫綍,耀力玄扃。”([崇祯]《武定州志》卷三二,页41A)

案:邢慈静扶梓归里,“诣阙上言”,获得诰赠。[崇祯]《武定州志》卷一九:"邢氏讳慈静,贵州左布政使马拯妻。少卿邢侗子愿之胞妹也。……从夫官黔中,会苗夷作乱,拯尽瘁卒于官,氏断发毁面,恸至于死,药之三日乃苏。既由水路归,氏与夫榇独据以舟,遇风险辄拊柩大号。榇还,氏不忍草葬,因自诣阙上言,列夫劳绩。纳之,赠太常寺正卿,赐祭一坛。于外官为异数,氏以义烈为之也。"(页3A)检《明熹宗实录》卷二〇:"(天启二年三月己酉)赠原任贵州右布政马拯太常寺卿。"(《明实录》第67册,页1012)故系于是年三月。

熹宗皇帝遣山东布政使司堂上官谕祭,赐祭一坛。

诏曰:"维天启二年皇帝遣本布政使司堂上官谕祭,原任贵州左布政使令赠太常寺卿马拯。文曰:唯尔清操,卓识亮节。通才结绶,凫封露岭。声流召杜,握符熊轼。云中治迈,龚黄分枭。边陲枕戈,塞上逮总。藩于贵竹,适蠢动于有苗。乃佐视师,兼司转馕。苦心饷务,常思负米。先驱蒿目军兴,能使唱筹不绝。故士饱于伍,获剪鲸鲵;而劳瘁于身,溘先朝露。诸将士方策勋而饮至,子大夫顾尽瘁以长终。深恻朕怀,可忘尔勚。锡之俎豆,贲以牺尊。眷以明灵,歆兹茂渥。"([崇祯]《武定州志》卷三二,页39A)

四月十五日,邢慈静手书《追笔黔途略》并付刻。

案:《追笔黔途略》末署:"万历戊午仲春月马室未亡人邢氏具草,壬戌四月望日手书。"(《家乘》卷一一"翰墨志一",页9B)此文撰于万历四十六年戊午(1618)仲春,慈静手书刻于天启二年壬戌(1622)十月。有翁庵氏题识:"余性嗜古人墨刻,间以点化,疑摹镌者失古人笔意。长安市见邢慈静真迹,笔法本其兄子愿先生,喜购之,朝夕披玩,讵云取益,借以怡我旅怀云尔。翁庵氏识。"(《家乘》卷一一"翰墨志一",页9B)"翁庵氏",未详俟考。

邢慈静有诗怀念亡夫马拯。

邢慈静《自述诗》:"侬自闺房处女子,闻君博览通古史。归君薄海宦游多,光阴迅度如弹指。万里黔方道路长,松柏森森云杳茫。辽阳刀剑如林密,征马南催鬓如霜。何以君病抱沉疴,与君报国酬英主。日为三苗乱我黎,君家呕血归幽旅。不见夫君旧日容,唯思携手君所言。君家何处侣烟霞,白云来处空舒卷。独伴遗儿归故乡,修途万里多炎凉。昔去云拥驷马车,今日孤舟住夕阳。子母寥寥泪暗流,几番欲葬江鱼腹。忆昔白头人去时,依稀点首将予嘱。教子朝夕名未成,春光不驻东流急。小庵日日拜空王,思君不见空断肠。百鸟啼声惊梦里,觉来犹是泪千行。君家功若小邱山,谁与夫君奏庙廊。平生功绩皆湮没，依身何自见君王。恨杀乌纱能误人，始知名利如罗网。春去秋来愁又结，坐看衰草心焦热。杜宇啼我心中悲，我啼杜宇枝头血。”（《式古堂书画汇考》书卷二八，《中国书画全书》第6册，页646上）

案：《式古堂书画汇考》著录题为《邢夫人自述诗帖》，题注：“行书，乌丝栏纸本。”末署：“慈静自述。”此诗未署年款，姑系于此。

嗣女出嫁于元英，继室赵氏执其手叮嘱。

邢王称《赵太君行状》：“壬戌，受于氏妹纳征，从枕上指画装遣，亲结其褵而送之。三日，妹来拜太君，太君执其手谓：‘吾垂死而不甘于死，徒以有若在。若且有家尔，毋唯是顺命委蛇尔。’是岁尚少良食，遣视妹津门之邸中。”（《家乘》卷六，页14A）

案：“于氏妹”即邢伉之女，出嗣邢侗。万历三十六年（1608）许配于慎行师之孙元英，至是长成出嫁。

天启三年癸亥(1623)

继室赵氏卒。慈静家居，刻成《之室集帖》。

三月，继室赵氏卒，年四十九。邢王称撰《行状》。

邢王称《赵太君行状》：“癸亥三月，一夕作喘，太君犹跲踔自健，恶闻不祥语，不虞遂以及也。”（《家乘》卷六，页14A）

案：邢侗继室赵氏（1575—1623）卒于是年三月，生于万历三年，年四十有九。邢王称撰《先妣恭人赵太君行状》。

十月或稍后，张孔印镌刻《来禽馆法书》八卷。

张孔印跋：“子愿先生书出晋入唐，余家山房摹勒诸体差备。此卷小行草，大都尺蹄，语精谨合度，中有急就数行，尤擅幼安堂室，至于精神骨力，则由镌法领之而出，善坐卧者其自得之。天启癸亥重九张孔印谨跋。”（北京大学图书馆藏拓本）

案：此帖未见著录，拓本藏北京大学图书馆。此帖八卷，凡九十九帖，木刻。邢侗书，张孔印辑刻。张孔印，山东掖县人。张孔教之弟，张忻之叔。生平不详。署“天启癸亥重九张孔印谨跋”，又有黄之芳“天启癸亥后十月拙隐黄之芳题识”，应刻于是年十月或稍后。卷一至卷四卷端题“来禽馆真迹”，卷五至卷六卷端题“来禽馆书”，卷七卷端题“来禽馆临晋帖”，卷八卷端题“来禽馆临晋宋帖”。卷一有王洽跋四行、张延登跋二十行，从《来禽馆真迹》选入重刻，黄之芳题识六行他处未见，云：“余旧蓄邢草千字文一卷，因去年莲妖作祟，书笥未曝，随为鼠牙所啮，日疚怏怏，几于成病。今年复走临邑，谌得此种，校前尤为精绝，念如许重宝，私自吝惜，又恐为造物所忌，爰勒之石，而与好奇者共焉。天启癸亥后十月拙隐黄之芳题识。”卷七《来禽馆临晋帖》末有张昕跋八行，其文与张昕《邢侗临右军霜寒帖》跋基本相同，见前。

十月十三日，诸子孙奉赵氏柩与邢侗合葬。

邢王称《赵太君行状》：“兹择于今岁之十月十三日奉太君柩与府君合，追唯芳烈。”(《家乘》卷六，页 14A)

同邑王洽为赵氏撰墓铭。

王洽《明陕西行太仆寺少卿知吾邢公继配赵氏墓铭》：“铭曰：系平原嫔，临邑作配。哲人唯德，敌柔嘉慈。惠永贞吉，纪编彤管。内作则新，阡佳气饶。葱郁重光，马鬣需纶。赍千万亿，龄兹不敝。巡抚浙江都察院右佥都御史眷晚生王洽撰。”(《家乘》卷六，页 20B)

是年，邢慈静约六十二岁，在家孀居，信佛，书画未辍。

案：邢慈静安葬丈夫马拯后，归里孀居，卒年不详。席文天先生根据邢慈静《墨石图》轴跋：“庚辰孟冬日，写似兄丈清玩。”(山东省博物馆藏，《书画鉴影》卷二二，页 23B)认为“庚辰”即崇祯十三年(1640)，定慈静卒于崇祯十三年后，年约六十八。此说不可信，邢侗卒于万历四十年(1612)，此时不可能再“写似兄丈清玩”。另外，[崇祯]《武定州志》为邢慈静立传，当在慈静卒后，而此志刻于崇祯十二年。“庚辰”应为万历八年(1580)，见前。

邢慈静应卒于天启五年或稍后。理由有二：一、邢慈静著录及存世的系年作品，最晚的为天启四年，凡二件：一为天启四年二月作《自书诗册》，苏州博物馆藏，题识：“天启甲子花朝月书于兰雪斋中，蒲团主人马邢慈静。”一为天启四年秋作《三星图》。《家乘》卷一一“翰墨志二”：“《三星图》，是卷余家所藏，题云：‘兰雪斋《三星图》’。又一卷题云：‘南极之精，东华之英，寿躔浩劫与天齐。’并署：‘天启甲子秋日，马邢慈静沐手书。’”(页 2B)二、据[崇祯]《武定州志》卷一九“邢慈静传”：“邢氏讳慈静，贵州左布政使马拯妻，少卿邢侗子愿之胞妹也。……兵部尚书王洽为之立传。”(页 3A)邑人王洽当于慈静卒后为立传，而据《明史》卷二五七，浙江巡抚王洽天启五年(1625)四月被革职归里，崇祯元年(1628)复召为工部右侍郎，未久擢兵部尚书，因清兵入关不能拒，下狱，崇祯三年(1630)四月瘐死。(第22册，页6624)王洽革职还乡家居仅天启五年、六年，故为慈静立传亦应在此间。综此，慈静约卒于天启五年(1625)，年约六十四。

慈静家居，刻成《之室集帖》，梨木板刻，共计十页，现存七页，临邑县邢侗纪念馆藏。内容有三：一为手书自作诗四十一首；二为手临《兰亭序》；三为长兄邢侗尺牍手迹《来禽馆真迹》。邢慈静跋曰："生平笃嗜先太仆兄笔迹，至今病中尚勤寤寐，检笥得此，遂拭目双钩，命镌工劂之，匪曰不朽名书，聊藉以便规昉云。慈静。"又有萧协中跋："邢子愿先生与其妹慈静夫人俱擅临池之妙，传行海内久矣。余以甥婿谊□先生往来牍者，辄存之。今积而成帙，将欲镌石，复得夫人《兰亭序》书，双璧夺目，自是奇赏，因合勒焉以不朽也。时□泰山萧协中书识。"萧协中(？—1644)，字公黼，山东泰安人，萧大亨次子。以父荫入仕，授上林苑监丞等职。崇祯末致仕，甲申之变，投井死。著有《泰山小史》。([道光]《泰安府志》卷九，页66B)

邢侗书画作品知见录

序次	作品名称	式样、尺寸、款识、钤印	收藏	著　　录
1	行书饯送汪元启诗	纸本，立轴。142 cm×33.2 cm。款识："三月三日置酒前池，饯汪元启先生南访沈孝丰明府，兼讯东吴王百谷诸公。""济南邢侗。"钤印："子愿父""济南生"。	故宫博物院	《中国古代书画图目》第21册，页95
2	仿李唐拳石图	纸本，立轴。款识："乙酉(1609)春日，仿李唐小法作石一拳寄青方社兄一览。来禽生邢侗。""癸丑(1613)冬北海冯起震白。"	故宫博物院	《中国古代书画图目》第21册，页95
3	行书致东老札	纸本。21.4 cm×20.3 cm。款识："侗顿首具启。"	故宫博物院	《中国古代书画图目》第21册，页95
4	行书临十七帖	纸本。27.1 cm×67.5 cm。款识："临邑邢侗。"	故宫博物院	《中国古代书画图目》第21册，页95
5	行书临阁帖	纸本。款识："侗白事。"	故宫博物院	《中国古代书画图目》第21册，页95
6	草书临王羲之帖	纸本，立轴。款识："邢侗。"	故宫博物院	《中国古代书画图目》第21册，页95
7	行书致幼芝札	纸本。29.2 cm×49.6 cm。款识："啖面生邢侗写馕幼芝社友。"	故宫博物院	《故宫藏明清名人书札墨迹选》，页291
8	草书临汉时讲堂帖	淡碧笺本。26.7 cm×36.5 cm。款识："此右军书，东坡临之，点画未必皆似，颇有逸少风气。"钤印："邢子愿氏。"(白)	故宫博物院	《故宫藏明清名人书札墨迹选》，页293
9	草书临王羲之袁生帖	绫本，立轴。175.5 cm×25.4 cm。款识："邢侗临。"钤印："邢侗之印""子愿氏"。	故宫博物院	《故宫书法图典》，页260

（续表）

序次	作品名称	式样、尺寸、款识、钤印	收藏	著　　录
10	行书惠泉帖	纸本。19.3 cm×28 cm。款识：“二月十九日。侗顿首具。”钤印：“邢侗印。”（白）	故宫博物院	《古书画过眼要录》第3册，页1173
11	行书主盟帖	纸本。20 cm×35.3 cm。款识：“弟侗顿首上启。”钤印：“邢侗印。”	故宫博物院	《古书画过眼要录》第3册，页1173
12	行书尘溷帖	花边笺。款识：“侗再拜启事。”钤印：“邢侗之印。”（朱）		《明清书画家尺牍》，页87
13	拳石图	纸本，扇页。冯超然跋曰：“左石中有‘侗’字印，明眼人自能辨之也。”	故宫博物院	《故宫博物院藏明清扇面书画集》第二集，第22幅
14	草书晚晴赋册	纸本，册页。26.1 cm×11.8 cm不等。题识：“邢侗临。”钤印：“邢侗之印。”（白）	故宫博物院	《故宫博物院藏品大系（书法编）》第15册，页150
15	草书临王献之帖	纸本，立轴。170.7 cm×28.8 cm。题识：“春分后日邢侗写。”钤印：“邢侗之印。”（白）	故宫博物院	《故宫博物院藏品大系（书法编）》第15册，页158
16	行草作书帖	纸本。款识：“侗笺。”	—	《明代名人墨宝》，页167
17	论书册	行书，纸、绢本。19.4 cm×9 cm不等，十四页。款识：“方山道民邢侗子愿甫题。”	台北“故宫博物院”	《故宫历代法书全集》第19册
18	草书古诗卷	纸本。28.2 cm×442.8 cm。款识：“来禽馆人邢侗子愿甫。”钤印：“邢子愿氏”“邢侗之印”。	台北“故宫博物院”	《古书画过眼要录》第3册，页1171
19	草书扇面临王羲之帖	纸本，扇面。款识：“邢侗临。”	台北“故宫博物院”	—
20	草书来禽馆诗册	纸本。27 cm×11.9 cm，十四开半。七绝诗句十首，未见于《来禽馆集》。题识：“为子卫、本初走笔十章，辛卯嘉平十八日，临邑邢侗手书。”	国家博物馆	《中国国家博物馆藏中国古代书法》，页528

（续表）

序次	作品名称	式样、尺寸、款识、钤印	收藏	著　　录
21	临米芾书轴	纸本，立轴。215 cm×55 cm。题识：“邢侗摹米。”钤印：“邢侗之印”（白）、“邢氏子愿”（白）。	国家博物馆	《中国国家博物馆藏中国古代书法》，页527
22	拳石图	扇页，金笺。17 cm×49 cm。款识：“济南临邑邢侗画。”	中国历史博物馆	《中国古代书画图目》第1册，页236
23	草书临阁帖册	册页，十四开。款识：“万历辛卯（1591）嘉平。”	中国历史博物馆	《宋元明清书画家传世作品年表》，页255
24	草书临十七帖	绫本，立轴。款识：“邢侗书。”	首都博物馆	《中国古代书画图目》第1册，页393
25	行草书唐七言绝句	金笺，扇页。款识：“邢侗临。”	首都博物馆	《中国古代书画图目》第1册，页292
26	行草书岑参诗轴	绫本，立轴。170 cm×26 cm。款识：“邢侗书。”钤印：“邢侗之印”（白）、“子愿氏”（白）。	上海博物馆	《中国古代书画图目》第3册，页242
27	行书吕氏家训	纸本，卷轴。27.7 cm×198.1 cm。款识：“济南临邑末学邢侗顿首恭录。”	上海博物馆	《中国古代书画图目》第3册，页241
28	草书临袁生帖	纸本，立轴。154.9 cm×28.9 cm。款识：“邢侗。”	上海博物馆	《中国古代书画图目》第3册，页242
29	草书临右军女儿帖	金笺，扇面。18 cm×51 cm。题识：“邢侗临。”钤印：“邢侗之印。”（白）	上海博物馆	《中国书法全集》第52册，页311
30	行书临柳公权论笔帖	纸本，扇面。题识：“邢侗书。”钤印：“邢侗之印。”（白）	上海博物馆	《上海博物馆藏明清书画扇面名品百选》
31	草书节临王羲之豹奴帖轴	纸本。176.6 cm×28.8 cm。钤印：“邢侗之印”（白）、“子愿氏”（白）。	上海博物馆	《书法丛刊》第13辑，页70
32	致王惟俭札	纸本。款识：“方山道民邢侗顿首上启，损仲先生尊丈词盟……侗再拜。”	上海博物馆	《钱镜塘藏明代名人尺牍》第四册，页82

（续表）

序次	作品名称	式样、尺寸、款识、钤印	收藏	著　录
33	远道帖	草书，纸本。27 cm×12 cm。款识："治侗顿首。"	上海图书馆	《上海图书馆藏明代尺牍》第5册，页94
34	草书临帖	纸质，立轴。178.5 cm×45 cm。款识："邢侗。"	天津市历史博物馆	《中国古代书画图目》第8册，页185
35	草书诗	扇页，纸本。款识："邢侗临。"	天津市艺术博物馆	《中国古代书画图目》第9册，页130
36	草书临帖	纸本。18 cm×51 cm。	浙江省博物馆	《中国古代书画图目》第11册，页43
37	蟹生帖	草书，纸本。27.8 cm×10.2 cm×2。款识："侗稽颡。"	浙江省博物馆	《明清名家书法大成》第2卷，页2
38	草书临王帖	扇页，金笺。款识："邢侗临。"	湖州市博物馆	《中国古代书画图目》第11册，页241
39	草书临十七帖	扇面，纸本。15.6 cm×48.5 cm。款识："邢侗。"	广东省博物馆	《书法丛刊》2005年第2期，页29
40	拳石图	绫本，立轴。139 cm×52 cm。题款："今春辛亥(1611)人日晴煦……邢侗题字七行。"	南京博物院	《中国古代书画图目》第7册，页66
41	邢侗手札册	行书，纸本。四十二页，27.5 cm×10.7 cm、25.1 cm×6.6 cm不一。	南京博物院	《书法丛刊》1996年第4期，页22
42	邢侗尺牍	行书，有《闻且有帖》《所具香帖》等。	苏州博物馆	《明邢侗尺牍》，2007年
43	草书《宋词》册	纸本，册页。题签："清雅。澄晖。绛雪斋邢侗题。"题识："雲腴生书。"钤印："邢侗之印。"(白)	济南市博物馆	《书法丛刊》2008年第4期，页3
44	草书七言诗轴	纸本，立轴。164.5 cm×55 cm。题识："伯英年兄奉使太原，取道相访，再赠别去，短赋为赠，书似鸣皋词丈览教。丙子(1576)春三月廿又四日。济南邢侗。"	济南市博物馆	《济南市博物馆藏精品(法书)》，页24

(续表)

序次	作品名称	式样、尺寸、款识、钤印	收藏	著　录
45	草书临帖轴	纸本，立轴。168.5 cm×31 cm。钤印"邢侗之印""邢氏子愿"(白)。	济南市博物馆	《济南市博物馆藏精品(法书)》，页25
46	行草书临袁生帖	纸本，立轴。题识："邢侗。"	烟台市文物商店	《中国古代书画图目》第16册，页338
47	草书临王羲之女儿帖	纸本，立轴。139.4 cm×47 cm。题识："邢侗。"	青岛市博物馆	青岛市博物馆网站
48	草书七绝诗	纸本，立轴。172 cm×27 cm。书怀素《题张僧繇醉僧图》。钤印："邢侗之印"(白)、"邢氏子愿"(白)。	湖北省博物馆	《中国古代书画图目》第18册，页43
49	枯木竹石图	纸本，立轴。163 cm×37 cm。题识："来禽。"	武汉市文物商店	《中国古代书画图目》第18册，页120
50	行书七古诗	纸本，卷。题识："来禽生邢侗题。"	辽宁省博物馆	《中国古代书画图目》第15册，页111
51	行书寄赠王百谷诗轴	绫本，立轴。168 cm×53.5 cm。题识："闻王百谷客维扬寄此为赠。邢侗。"钤印："邢侗之印"(白)、"子愿氏"(白)。	辽宁省博物馆	《朵云轩捐藏国家博物馆书画选》，页30
52	行草题画竹诗卷	手卷，纸本。30.5 cm×128.5 cm。题识："来禽生邢侗题。"钤印："邢侗之印""子愿"。	辽宁省博物馆	《中国书画全集》第52册，页311
53	跋鲜于枢行书王安石诗	行书，纸本。题识："济南邢侗识。赵宋贡研，方于鲁墨，敬题。"钤印："邢氏子愿""邢侗印"。	辽宁省博物馆	《中国古代书画图目》第15册，页61
54	行书尺牍十三通	纸本，卷。26 cm×48.3 cm。为邢侗、孙矿、王洽手迹。	辽宁省博物馆	—
55	行书致赵忠毅书札卷	纸本，卷。八页。致赵南星手札。	长春博物馆	—
56	行草临帖	四条屏，绢本。164.5 cm×26 cm×4。临王羲之"吾前""得袁""虞安""吾有"。钤印："邢侗之印""子愿氏"。	四川省博物馆	《中国古代书画图目》第17册，页37

（续表）

序次	作品名称	式样、尺寸、款识、钤印	收藏	著　录
57	草书临王羲之轴	纸本。150.7 cm × 26.6 cm。临“得袁”帖。题识：“与蔺弟。”	云南省博物馆	《书法丛刊》1999 年第 3 期，页 20
58	草书临孙过庭书谱	款识：“圣老词坛，嘱录书谱。时癸卯（1603）伏日，挥汗节临，不计工拙也，邢侗。”钤印：“邢侗之印”（白）、“子愿”（朱）。	河北南宫县某先生藏	《临邑文史资料》第七辑，页 230
59	兰州诗	15.2 cm×48.3 cm。	美国大都会博物馆	—
60	行草书《琵琶行》	手卷，纸本。题识：“元羽先生殊嗜拙书，犹嗜痂然。……辛卯（1591）嘉平重题。”钤印：“邢侗之印”“子愿父”“邢氏子愿”。	—	中国嘉德 2003 春季拍卖会中国古代书画专场
61	广川故家帖	纸本。题识：“广川故家有册府元龟善本，从臾观察兄借钞。……弟侗顿首。”钤印：“井侯”“济南生”。	—	北京匡时 2011 春季明代书法专场图录
62	行书册页	纸本，册页。款识：“甲申冬月见庭下积雪……呵冻书此。邢侗书。”钤印：“邢侗之印”（白）、“子愿父”（朱）。	—	朵云轩 1997 春古代字画专场图录
63	远奉帖	行书，纸本。题识：“远奉手教见报，一体之谊可知，感激不已。……侗顿首。”	—	中国嘉德 1999 年春古籍善本专场图录
64	日前帖	行书，纸本。题识：“望日侗顿首再拜再拜。”钤印：“子愿父。”（白）	—	西泠印社 2014 秋中国书画古代作品专场拍卖图录
65	连日帖	行草书，纸本。约 26 cm×14 cm。题识：“侗顿首。”	—	中国嘉德 2009 秋宋元明清法书墨迹专场图录
66	草书临《十七帖》	手卷，纸本。题识：“邢侗写”。钤印：“邢侗之印”“邢氏子愿”“云云亭亭闲[间]人”。	—	中国嘉德 2014 秋拍卖会中国古代书画专场图录

(续表)

序次	作品名称	式样、尺寸、款识、钤印	收藏	著　　录
67	临潭府帖	行书，纸本。题识："丙申（1596）九月二日，来禽馆摹唐贤帖。邢侗。"钤印："邢侗之印。"	—	中国嘉德2005秋拍卖会"攻玉山房藏中国古代暨近现代书画专场"图录

邢慈静书画作品知见录

序次	作品名称	式样、尺寸、款识、钤印	收藏	著录
1	草书临帖	绫本，立轴。题识："慈静书。"	故宫博物院	《中国古代书画图目》第21册，页155
2	草书临帖	绫本，立轴。题识："慈静书。"	故宫博物院	《中国古代书画图目》第21册，页155
3	大士像	纸本，泥金画大士立莲花瓣上。55.2 cm×22.2 cm。题识："感应无方，智慧无碍，以最胜缘。得大自在，清波莲叶，法相胥融，亦仙亦佛。长生之宗。信女人慈静画并赞。"	台北"故宫博物院"	《故宫书画图录》第9册，页35
4	观世音菩萨三十二应身相	折装，纸本泥金画（册）。28.5 cm×29.5 cm。今存二十四幅，每幅题三十二字赞语一首。	台北"故宫博物院"	《故宫书画图录》第23册，页34
5	草书临王羲之虞安帖	绫本，立轴。155.3 cm×26.6 cm。题识："慈静临。"	上海博物馆	《中国古代书画图目》第3册，页300
6	梅花图	轴花绫，墨笔。46.5 cm×27.5 cm。题识："梅花开处玉为林，先报江南第一春。梦入罗浮尘世外，觉来天地几闲人。慈静。"有吴湖帆跋。	上海博物馆	《中国古代书画图目》第3册，页300
7	行草临王帖	绫本，立轴。155.6 cm×27 cm。题识："慈静书。"	南京博物院	《中国古代书画图目》第7册，页74

(续表)

序次	作品名称	式样、尺寸、款识、钤印	收藏	著录
8	自书书册	纸本,册页,三十五页,四十一首诗。题识:“时在天启甲子(1624)花朝月书于兰雪斋中,蒲团主人马邢慈静。”	苏州博物馆	《书法》1981年第2期,页9
9	临赵孟頫尺牍	册页,金笺,五开,临赵二开,书写诗句三开。28.3 cm×12.3 cm。题识:“慈静临”“慈静”。	天津市艺术博物馆	《中国古代书画图目》第9册,页141
10	行书临帖	纸本,立轴。	湖北省图书馆	—
11	墨石图	纸本,立轴。题识:“瑶浴汉日,金峙翔烟,寓尔形于萧斋几案之间,游吾神于寥廓壶中之天。庚辰(1580)孟冬日,写似兄丈清玩。”	山东省博物馆	《书画鉴影》卷二二,页23B
12	行书五言诗轴	纸本。123 cm×29 cm。题识:“慈静。”钤印:“马邢卿印”(白)、“慈静”(白)、“兰雪斋”(白)。	济南市博物馆	《济南市博物馆藏精品(法书)》,页24
13	古木竹石图	绫本,册页。26.7 cm×18.7 cm×8 cm。	济南市博物馆	—
14	白衣观音图	纸本,卷,墨笔。30.3 cm×371.5 cm。题识:“世传白衣观音菩萨送子,凡祈嗣者寿焉。其灵变奇验,彰彰在人耳目,未易殚述。余今为五像,以志畈奉之尔。因为之赞曰:‘唯其好生,是为慈悲。昔无慈悲,生亦奚为。既已有生,何能无情?人之钟情,乃在所生。佛于一切,皆作子视。丢忍丢嗔,以畜吾子。庄严者像,匪像唯心。吾心未昧,是谓观音。’万历甲寅(1614)元月,奉佛弟子马室邢氏沐手写于兰雪斋。”	青岛市博物馆	《中国古代书画图目》第16册,页299

征引文献

一、邢侗著述及其墨迹

1.《来禽馆集》二十九卷，明邢侗撰，万历四十六年(1618)刻本。

2.《来禽馆集》二十八卷，明邢侗撰，崇祯十年(1637)版筑居刻本。

3.《邢子愿杂著》不分卷，明邢侗撰，万历间刻本。

4.《泲园集》一卷，明邢侗撰，明万历刻本。

5.《泲园集》五卷，明邢侗撰，天启四年(1624)赐绯堂刻本。

6.《邢侗集》，明邢侗撰，宫晓卫、修广利辑校，齐鲁书社，2017 年。

7.《世说新语广抄》二卷，明邢侗辑、陈信校，明万历刻本。

8.《来禽馆真迹》，刘文海编著，天津人民美术出版社，2016 年。

9.《之室集帖》，明邢慈静、萧协中镌刻，清道光拓本，国家图书馆藏。

10.《来禽馆法书》八卷，明张孔印镌刻，北京大学图书馆藏拓本。

11.《邢氏家乘》十二卷，民国元年(1911)重修本。

二、其他文献

(一) 史部文献

1.《明史》，张廷玉等撰，中华书局，1975 年。

2.《明实录》，上海书店影印本，1982 年。

3.《国榷》一百〇八卷，明谈迁撰，中华书局，1958 年。

4.《明通鉴》一百卷，清夏燮撰，上海古籍出版社影印光绪二十三年(1897)湖北官书处重校刊本，1990 年。

5.《近世中西史日对照表》，郑鹤声编，中华书局，1981 年。

6.《钦定续通志》五百二十七卷，清嵇璜撰，文渊阁四库全书本。

7.《新刻御颁新例三台明律正宗》，明舒化等辑，明末余象斗双峰堂刻本。

8.《万历疏钞》五十卷，明吴亮编，万历三十七年(1609)刻本。

9.《不愧堂刻奏疏》六卷，明吴道行辑，万历三十五年(1607)金陵唐氏刻本。

10.《国朝献征录》一百二十卷，明焦竑编，广陵书社，2013 年。

11.《明清进士题名碑录索引》，朱保炯、谢沛霖编，上海古籍出版社，1979 年。

12.《万历二年进士登科录》，《天一阁藏明代科举录选刊》“登科录”点校本下，宁波出版社，2016 年。

13.《掖垣人鉴》十七卷附录一卷，明萧彦、王致祥等撰，天启间刻本。

14.《中国古代名人生卒・历史大事年谱》，清吴荣光编，北京图书馆出版社，2002 年。

15.《历代名人生卒年表》，梁光灿编，台湾商务印书馆，1979 年。

16.《中国历史人物生卒年表》，吴海林、李延沛编，黑龙江人民出版社，1981 年。

17.《疑年录集成》，贾贵荣编，北京图书馆出版社，2002 年。

18.《明代名人年谱》，于浩辑，北京图书馆出版社，2006 年。

19.《孤本明代人物小传》，董光和、张国乔编，全国图书馆文献缩微中心，2003 年。

20.《明清江苏文人年表》，张慧剑著，上海古籍出版社，2006 年。

21.《画家知希录》，清李放撰，《丛书集成续编》影印《辽海丛书》本。

22.《妇人集》，清陈维崧撰，海山仙馆丛书本，道光二十六年(1846)刊本。

23.《东阿于文定公年谱》二卷，明邢侗、阮自华撰，山东省图书馆藏明末抄本。

24.《琅琊凤麟两公年谱合编》，清王瑞国编，康熙五十二年(1713)琅琊王良谷抄本。

25.《王文肃公年谱》，明王衡编、清王时敏续编，光绪二十五年(1899)刻本。

26.《沈文恭公年谱》，明沈泰藩编，上海图书馆藏清抄本。

27.《资德大夫兵部尚书郭公青螺年谱》，明郭孔延编，民国间朱丝栏抄本。

28.《王象乾传》，佚名撰，国家图书馆藏清抄本，《中华历史人物别传集》

第 22 册。

29.《屠隆年谱》,徐美洁著,上海人民出版社,2015 年。

30.《明五部尚书黄克缵年谱》,李国宏著,香港人民出版社,2006 年。

31.《汤显祖年谱》,徐朔方著,上海古籍出版社,1980 年。

32.《王世贞年谱》,郑利华著,复旦大学出版社,1993 年。

33.《邢侗邢慈静研究》,党月异、孙建功著,线装书局,2012 年。

34.《邢侗年谱》,解长青撰,兰州大学硕士论文,2013 年。

35.《平原赵氏族谱》,清赵其容续修,乾隆五十九年(1794)续修抄本。

36.《御书堂・丁氏族谱》,丁承炎、丁承建编修,1993 年。

37.《海宁渤海陈氏宗谱》,陈赓笙重修,民国五年(1916)刻本。

38.《读史方舆纪要》一百三十卷,清顾祖禹撰,中华书局,2005 年。

39.《大清一统志》五百六十卷,清穆彰阿、潘锡恩等纂修,上海古籍出版社影印《四部丛刊》本,2008 年。

40.[雍正]《畿辅通志》一百二十卷,清唐执玉、李卫修,陈仪、田易纂,雍正十三年(1735)刻本。

41.[乾隆]《顺德府志》十六卷,清徐景增纂修,乾隆十五年(1750)刻本。

42.[康熙]《永平府志》二十四卷首一卷,清宋琬纂修,康熙五十年(1711)刻本。

43.[光绪]《通州直隶州志》十六卷首一卷末一卷,清梁悦馨、莫祥芝修,季念诒、沈鍠纂,光绪元年(1875)刻本。

44.[民国]《密云县志》八卷首一卷,臧理臣等修,宗庆煦纂,民国三年(1914)铅印本。

45.[乾隆]《天津县志》二十四卷,清朱奎扬、张志奇修,吴廷华等纂,乾隆四年(1739)刻本。

46.[万历]《南宫县志》十三卷,明邢侗纂修,国家图书馆藏清抄本(一说为明写本)。

47.[康熙]《南宫县志》十二卷,清胡胤全纂修,康熙十二年(1673)刻本。

48.[嘉庆]《枣强县志》二十卷,清任衔蕙修,杨元锡纂,嘉庆八年(1803)刻本。

49.[康熙]《文安县志》,清杨朝麟撰,康熙四十二(1703)年刻本。

50.［同治］《清苑县志》十八卷首一卷，清李逢源修，褚崇俭纂，同治十二年(1873)刻本。

51.［乾隆］《平乡县志》十二卷，清杨乔纂修，乾隆十六年(1751)刻本。

52.［康熙］《广平县志》五卷，清夏显煜修，王俞巽纂，康熙十五年(1676)刻本。

53.［光绪］《获鹿县志》十四卷首一卷末一卷，清俞德纲等修，曹鏻纂，光绪七年(1881)刻本。

54.［雍正］《井陉县志》八卷，清钟文英纂修，雍正九年(1727)刻本。

55.［同治］《续修元城县志》六卷首一卷，清吴大镛修，王仲牲纂，同治十一年(1872)刻本。

56.［乾隆］《获鹿县志》十二卷，清韩国瓒修，石光玺纂，乾隆元年(1736)刻本。

57.［康熙］《吴桥县志》十卷，清任先觉修，杨萃纂，康熙十九年(1680)增刻本。

58.［乾隆］《大名县志》四十卷首一卷，清张维祺修，李棠纂，乾隆五十四年(1789)刻本。

59.［乾隆］《上元县志》二十七卷首一卷末一卷，清蓝应袭修，何梦篆等纂，乾隆十六年(1751)刻本。

60.［光绪］《临漳县志》十八卷首一卷，清周秉彝修，周寿梓、李耀中纂，光绪三十年(1904)刻本。

61.［康熙］《唐山县志》四卷，清孙瓒修，张鹏翎纂，康熙十九年(1680)增刻本。

62.［乾隆］《饶阳县志》二卷首一卷末一卷，清单作哲纂修，乾隆十四年(1749)刻本。

63.［道光］《济南府志》七十二卷首一卷，清王赠芳、王镇修，成瓘、冷烜纂，道光二十年(1840)刻本。

64.《历乘》十九卷，明归养性修，刘敕纂，北京中国书店影印崇祯刻本，1959年。

65.［乾隆］《历城县志》五十卷首一卷，清胡德琳修，李文藻等纂，乾隆三十八年(1773)刻本。

66. [乾隆]《淄川县志》八卷首一卷,清张鸣铎修,张廷寀等纂,民国九年(1920)石印本。

67. [康熙]《德州志》十卷,清金祖彭修,程先贞纂,康熙十二年(1673)刻本。

68. [光绪]《德平县志》十二卷首一卷,清凌锡祺修,李敬熙纂,民国二十五年(1936)铅印本。

69. [康熙]《陵县志》六卷,清史扬廷纂修,康熙十二年(1673)刻本。

70. [民国]《齐河县志》三十四卷首一卷,杨豫修等修,郝金章等纂,民国二十二年(1933)铅印本。

71. [嘉庆]《禹城县志》十二卷,清董鹏翱修,牟应震纂,嘉庆十三年(1808)刻本。

72. [顺治]《临邑县志》十六卷,清陈起凤修,邢琮纂,顺治九年(1652)刻本。

73. [康熙]《重修临邑县志》十六卷首一卷,清唐开陶修,高元贞纂,康熙二十五年(1686)刻本。

74. [同治]《临邑县志》十六卷首一卷末一卷,清沈淮原本,陈鸿翙续修,翟振庆续纂,同治十三年(1874)续补刻本。

75. [万历]《平原县志》二卷,明刘思诚修,高知止纂,万历十八年(1590)刻本。

76. [民国]《平原县志》十二卷首一卷,曹梦九修,赵祥俊、张元钧纂,民国二十五年(1936)铅印本。

77. [乾隆]《乐陵县志》八卷首一卷末一卷,清王谦益修,郑成中纂,乾隆二十七年(1762)刻本。

78. [万历]《武定州志》十五卷,明桑东阳修、邢侗撰,明万历十六年(1588)刻清修补印本。

79. [崇祯]《武定州志》存二十九卷,明王永积修,刘嘉祯纂,崇祯十二年(1639)刻本。

80. [民国]《阳信县志》八卷补遗一卷,朱兰修,劳乃宣纂,民国十五年(1926)铅印本。

81. [康熙]《新修齐东县志》八卷,清余为霖修,郭国琦等纂,康熙二十四年(1685)刻本。

82.[咸丰]《滨州志》十二卷首一卷,清李熙龄纂修,咸丰十年(1860)刻本。

83.[康熙]《邹平县志》八卷,清程素期修,程之芳等纂,康熙三十四年(1769)刻本。

84.[乾隆]《青城县志》十二卷,清方凤修,戴文炽、周珹纂,乾隆二十四年(1759)刻本。

85.[民国]《重修新城县志》二十六卷首一卷,袁励杰、张汝玉修,王寀廷纂,民国二十二年(1933)铅印本。

86.[光绪]《益都县图志》五十四卷首一卷,清张承燮修,法伟堂等纂,光绪三十三年(1907)刻本。

87.[光绪]《临朐县志》十六卷首一卷,清姚延福修,邓嘉辑,蒋师辙纂,光绪十年(1884)刻本。

88.[民国]《临朐续志》二十二卷,周钧英修,刘仞千纂,民国二十四年(1935)铅印本。

89.[民国]《潍县志稿》四十二卷图一卷,常之英修,刘祖干纂,民国三十年(1941)铅印本。

90.[道光]《重修平度州志》,保忠、吴慈修,道光二十九年(1849)刻本。

91.[康熙]《胶州志》八卷,清孙蕴韬修,高国槱纂,康熙十二年(1673)刻本。

92.[乾隆]《莱州府志》十六卷首一卷,清严有禧纂修,乾隆五年(1740)刻本。

93.[康熙]《莱阳县志》十二卷,清万邦维、卫元爵修,邹知新等纂,康熙十七年(1678)刻本。

94.[乾隆]《掖县志》八卷首一卷,清张思勉修,于始瞻纂,乾隆二十三年(1758)刻本。

95.[乾隆]《即墨县志》十二卷首一卷,清尤淑孝修,李正元纂,乾隆二十九年(1764)刻本。

96.[康熙]《登州府志》,清施闰章修,杨奇烈纂,康熙三十三年(1694)刻本。

97.［乾隆］《沂州府志》三十六卷首一卷，清李希贤修，潘遇莘、丁恺曾纂，乾隆二十五年（1760）刻本。

98.［康熙］《蒙阴县志》八卷，清刘德芳纂修，康熙二十四年（1685）刻本。

99.［道光］《泰安县志》十二卷首一卷末一卷，清徐宗干修，蒋大庆纂，道光八年（1828）刻本。

100.［光绪］《肥城县志》十卷首一卷，清凌绂曾修，邵承照纂，光绪十七年（1891）刻本。

101.［道光］《长清县志》十六卷首四卷末二卷，清舒化民等修，徐德成等纂，道光十五年（1835）刻本。

102.［民国］《长清县志》十六卷首一卷末一卷，李起元修，王连儒纂，民国二十四年（1935）铅印本。

103.［康熙］《章丘县志》十二卷首一卷，清钟运泰纂修，康熙三十年（1691）刻本。

104.［道光］《章丘县志》十六卷首一卷末一卷，清吴璋修，曹楙坚纂，道光十三年（1833）刻本。

105.［光绪］《宁阳县志》二十四卷，清高升荣修，黄恩彤纂，光绪五年（1879）刻本。

106.［康熙］《滋阳县志》四卷，清李溁修，仲弘道等纂，康熙十一年（1672）刻本。

107.［康熙］《济宁州志》十卷，清廖有恒修，杨通睿纂，康熙十二年（1673）刻本。

108.［康熙］《邹县志》三卷，清娄一均修，周翼纂，康熙五十五年（1716）刻本。

109.［康熙］《金乡县志》十六卷首一卷，清沈渊修，孙中翘纂，康熙五十一年（1712）刻本。

110.［咸丰］《金乡县志略》十二卷首一卷，清李垒纂修，同治元年（1862）刻本。

111.［康熙］《城武县志》十卷图一卷，清赵嗣晋纂修，康熙四十一年（1702）刻本。

112.［光绪］《曹县志》十八卷首一卷，清陈嗣良修，孟庆来、贾乃延纂，光绪十年(1884)刻本。

113.[康熙]《聊城县志》四卷,清何一杰纂修,康熙二年(1663)刻本。

114.[康熙]《茌平县志》五卷,清王世臣修,孙克绪纂,康熙四十九年(1710)刻本。

115.[康熙]《临清州志》四卷,清于睿明修,胡悉明纂,康熙十二年(1673)刻本。

116.[乾隆]《潼川府志》十二卷首一卷,张松孙等纂修,乾隆五十一年(1786)刻本。

117.[康熙]《延安府志》十卷首一卷,清陈天植修,刘尔榉纂,康熙十九年(1680)刻本。

118.[乾隆]《华容县志》十二卷首一卷,清狄兰标修,罗时暄纂,乾隆二十五年(1760)刻本。

119.[雍正]《渭南县志》十五卷,清岳冠华纂修,雍正十年(1732)刻本。

120.[光绪]《续耀州志》十一卷,清汪灏修,钟麟书纂,据乾隆刻版光绪十六年(1890)增刻本。

121.[乾隆]《山阳县志》二十二卷,清金秉祚修,丁一焘等纂,乾隆十四年(1749)刻本。

122.[光绪]《山西通志》一百八十四卷首一卷,清曾国荃、张煦等修,王轩、杨笃等纂,光绪十八年(1892)刻本。

123.[乾隆]《太原府志》六十卷,清费淳、沈树声纂修,乾隆四十八年(1783)刻本。

124.[乾隆]《高平县志》二十二卷末一卷,清傅德宜修,戴纯纂,乾隆三十九年(1774)刻本。

125.[乾隆]《保德州志》十二卷首一卷,清王克昌原本,王秉韬续纂修,乾隆五十年(1785)续刻康熙本。

126.[乾隆]《重修和顺县志》八卷首一卷,清黄玉衡修,贾讱纂,乾隆三十三年(1768)刻本。

127.[光绪]《汾阳县志》十四卷首一卷,清方家驹、庆文修,王文员纂,光绪十年(1884)刻本。

128.[光绪]《郓城县志》十六卷首一卷,清毕炳炎、胡建枢修,赵翰銮、李承先纂，光绪十九年(1893)刻本。

129.［乾隆］《解州全志》十八卷图一卷，清言如泗修，吕瀶等纂，乾隆二十九年(1764)刻本。

130.［乾隆］《解州安邑县志》十六卷首一卷，清言如泗修，吕瀶、郑必阳纂，乾隆二十九年(1764)刻本。

131.［雍正］《猗氏县志》八卷，清潘钺等纂，光绪六年(1880)重印本。

132.［光绪］《甘肃新通志》一百卷首五卷，清升允、长庚修，安维峻纂，宣统元年(1909)刻本。

133.［民国］《偏关志》二卷，清马振文增修，民国四年(1915)王有宗重订铅印本。

134.［雍正］《河南通志》八十卷，清田文镜等修，孙灏等纂，光绪二十八年(1902)补刻本。

135.［康熙］《汝宁府志》十六卷首一卷，清金镇修，孔暹纂，康熙元年(1662)刻本。

136.［乾隆］《嵩县志》三十卷首一卷，清康基渊纂修，乾隆三十二年(1767)刻本。

137.［道光］《汝州全志》十卷首一卷，清白明义修，赵林成纂，道光二十年(1840)刻本。

138.［道光］《尉氏县志》二十卷首一卷，清刘厚滋、沈溎修，王观潮等纂，道光十一年(1831)刻本。

139.［乾隆］《杞县志》二十卷首一卷，清周玑修，朱璇纂，乾隆五十三年(1788)刻本。

140.［同治］《清丰县志》十卷，清杨燝纂修，高俊续修，同治十年(1871)增补康熙本。

141.［康熙］《南乐县志》十五卷，清王培宗修，丘性善纂，乾隆五十年(1711)增修本。

142.［乾隆］《罗山县志》八卷，清葛荃修，李之杜等纂，乾隆十一年(1746)刻版清末重修。

143.［嘉庆］《浚县志》二十二卷首一卷末一卷，清熊象阶修，武穆淳纂，嘉庆六年(1801)刻本。

144.［康熙］《续安邱县志》二十八卷，清任周鼎修，王训纂，康熙元年(1662)刻本。

145.［康熙］《固始县志》十二卷首一卷，清杨汝楫纂修，康熙三十二年(1693)刻本。

146.［光绪］《续修睢州志》十二卷首一卷，清王枚修，徐绍廉纂，光绪十八年(1892)刻本。

147.［康熙］《湖广通志》八十卷图考一卷，清徐国相、丁思孔修，宫梦仁、姚淳焘纂，康熙二十三年(1684)刻本。

148.［同治］《宜昌府志》十六卷首一卷，清聂光銮修，王柏心、雷春沼纂，同治四年(1865)刻本。

149.［光绪］《襄阳府志》二十六卷志余一卷，清恩联等修，王万芳等纂，光绪十一年(1885)刻本。

150.［康熙］《武昌县志》八卷，清熊登修，孟振祖纂，康熙十三年(1674)刻本。

151.［民国］《寿昌县志》十卷首一卷，陈焕、潘绍隽修，李任、陈举恺纂，民国十九年(1930)铅印本。

152.［乾隆］《黄冈县志》二十卷首一卷，清王凤仪修，胡绍鼎纂，王正常续修，乾隆五十四年(1789)刻本。

153.［光绪］《沔阳州志》十二卷首一卷，清葛振元修，杨钜纂，光绪二十年(1894)刻本。

154.［光绪］《蕲水县志》二十二卷首一卷末一卷，清多祺纂修，光绪六年(1880)刻本。

155.［康熙］《麻城县志》十卷，清屈振奇修，王汝霖纂，康熙九年(1670)刻本。

156.［乾隆］《江夏县志》十五卷首一卷，清陈元京纂修，乾隆五十八年(1793)刻本。

157.［光绪］《黄梅县志》四十卷首一卷，清覃瀚元、袁瓒等纂，光绪二年(1876)刻本。

158.［乾隆］《石首县志》七卷，清张坦修，成师吕纂，乾隆元年(1736)刻本。

159.[光绪]《罗田县志》八卷首一卷,清管贻葵修,陈锦纂,光绪二年(1876)刻本。

160.[乾隆]《苏州府志》八十卷首一卷,清雅尔哈善、傅椿修,习寯、王峻纂,乾隆十三年(1748)刻本。

161.[康熙]《常州府志》三十八卷首一卷,清丁琨修,陈玉璂纂,康熙三十四年(1695)刻本。

162.[嘉庆]《松江府志》八十四卷首二卷图一卷,清宋如林修,孙星衍、莫晋纂,嘉庆二十三年(1818)刻本。

163.[民国]《吴县志》八十卷,吴秀之等修,曹允源等撰,民国二十二年(1933)铅印本。

164.[乾隆]《长洲县志》三十四卷首一卷,清李光祚修,顾诒禄等纂,乾隆十八年(1753)刻本。

165.[光绪]《震泽县志》三十八卷首一卷,清陈和志修,沈彤、沈师孟纂,光绪十九年(1893)徐元圃刻本。

166.[乾隆]《昆山新阳合志》三十八卷首一卷末一卷,清张介予等修,顾登等纂,乾隆十六年(1751)刻本。

167.[民国]《太仓州志》二十八卷首一卷末一卷,王祖畬纂修,民国八年(1919)刻本。

168.[道光]《武进阳湖合志》三十六卷首一卷,清孙琬、王德茂修,李兆洛、周仪玮纂,道光二十三年(1843)刻本。

169.[光绪]《金坛县志》十六卷首一卷,清夏宗彝修,汪国凤等纂,光绪十一年(1885)活字本。

170.[光绪]《靖江县志》十六卷首一卷,清叶滋森修,褚翔等纂,光绪五年(1879)刻本。

171.[嘉庆]《丹徒县志》四十七卷首四卷,清贵中孚、万承纪修,蒋宗海、张崟纂,嘉庆十年(1805)刻本。

172.[咸丰]《重修兴化县志》十卷,清梁园棣修,郑之侨、赵彦俞纂,咸丰二年(1852)刻本。

173.[光绪]《凤阳府志》二十一卷,清冯煦修,魏家骅等纂,张德霈续纂,光绪三十四年(1908)刻本。

174. [乾隆]《桐庐县志》十六卷，清严正身、王德让修，金嘉琰纂，乾隆二十一年(1756)刻本。

175. [光绪]《宣城县志》四十卷首一卷，清李应泰等修，章绶纂，光绪十四年(1888)刻本。

176. [道光]《婺源县志》三十九卷首一卷，清黄应昀、朱元理纂修，道光六年(1826)刻本。

177. [乾隆]《邳州志》十卷首一卷，清邬承显修，吴从信纂，乾隆十五年(1750)刻本。

178. [嘉庆]《无为州志》三十六卷首一卷，清顾浩修，吴元庆等纂，嘉庆八年(1803)刻本。

179. [康熙]《歙县志》十二卷，清靳治荆修，吴苑、程浚纂，康熙二十九年(1690)刻本。

180. [乾隆]《歙县志》二十卷首一卷，清张佩芳修，刘大櫆等纂，乾隆二十六年(1761)刻本。

181. [光绪]《凤阳县志》十六卷首一卷，清于万培纂修，谢承泰续修，王汝琛续纂，光绪十三年(1887)刻本。

182. [道光]《怀宁县志》二十八卷首一卷末一卷，清王毓芳等纂，道光五年(1825)刻本。

183. [雍正]《浙江通志》二百八十卷首三卷，清李卫、嵇曾筠等修，沈翼机、傅王露纂，雍正十三年(1735)刻本，嘉庆十七年(1812)校补刻本。

184. [乾隆]《杭州府志》一百十卷首六卷，清郑沄修，邵齐然等纂，乾隆四十九年(1784)刻本。

185. [嘉庆]《嘉兴府志》八十卷首三卷，清伊汤安修，冯应榴、沈启震纂，嘉庆五年(1800)刻本。

186. [雍正]《平阳府志》三十六卷，清章廷珪修，范安治纂，雍正十三年(1735)修，乾隆元年(1736)刻本。

187. [光绪]《余姚县志》二十七卷首一卷末一卷，清周炳麟修，邵友濂、孙德祖纂，光绪二十五年(1899)刻本。

188. [道光]《常山县志》十二卷首一卷，清陈珄修，徐始搏纂，道光二十八年(1848)据嘉庆十八年(1813)刻版重修。

189.［光绪］《黄岩县志》四十卷首一卷，清陈宝善等纂修，光绪三年(1877)刻本。

190.［康熙］《重修嘉善县志》十二卷，清杨廉修，郁之章纂，康熙十六年(1677)刻本。

191.［民国］《萧山县志稿》三十三卷首一卷末一卷，彭延庆修，姚莹俊纂，张宗海续修，民国二十四年(1935)铅印本。

192.［光绪］《台州府志》一百卷，清赵亮熙等修，王舟瑶等纂，民国十五年(1926)铅印本。

193.［嘉庆］《桐乡县志》十二卷，清李廷辉修，徐志鼎等纂，嘉庆四年(1799)刻本。

194.［乾隆］《鄞县志》三十卷首一卷，清钱维乔修，钱大昕等纂，乾隆五十三年(1788)刻本。

195.［光绪］《平湖县志》二十五卷首一卷末一卷，清彭润章等修，叶廉锷等纂，光绪十二年(1886)刻本。

196.［康熙］《海宁县志》十三卷图一卷，清许三礼纂修，康熙二十二年(1683)刻本。

197.［嘉庆］《兰溪县志》十八卷首一卷末一卷，清张许修，陈凤举等纂，嘉庆五年(1800)刻本。

198.［乾隆］《南昌府志》七十六卷首一卷末一卷，清陈兰森等修，谢启昆纂，乾隆五十四年(1789)刻本。

199.［康熙］《南康府志》十二卷，清廖文英、伦品卓修，熊维典、钱正振纂，康熙六十年(1721)刻本。

200.［同治］《玉山县志》十卷首一卷附补遗一卷，清黄寿祺修，吴华辰、任廷槐纂，同治十二年(1873)刻本。

201.［同治］《新淦县志》十卷首一卷，清王肇赐修，陈锡麟纂，同治十二年(1873)活字本。

202.［同治］《泉州府志》七十六卷首一卷，清怀荫布修，黄任、郭赓武纂，同治九年(1870)刻本。

203.［康熙］《漳州府志》三十四卷，清魏荔彤修，蔡世远、陈元麟等纂，康熙五十四年(1715)刻本。

204.[道光]《晋江县志》七十七卷首一卷,清胡之鋘修,周学曾等纂,道光九年(1829)抄本。

205.[康熙]《诏安县志》十二卷志余一卷,清秦炯纂修,康熙三十年(1691)刻本。

206.[光绪]《龙溪县志》二十四卷首一卷,清吴宜燮修,黄惠、李畴纂,光绪五年(1879)增补重刻本。

207.[乾隆]《海澄县志》二十四卷首一卷,清陈锳、王作霖修,叶廷推、邓来祚纂,乾隆二十七年(1762)刻本。

208.[康熙]《长泰县志》十卷,清王珏修,叶先登、吴一蜚纂,康熙二十六年(1687)刻本。

209.[民国]《云霄县志》二十二卷首一卷末一卷,徐炳文修,郑丰稔纂,民国三十六年(1947)铅印本。

210.[光绪]《兴化府莆田县志》三十六卷首一卷,清汪大经等修,廖必琦等纂,光绪五年(1879)潘文凤补刻本。

211.[乾隆]《重修浦城县志》十三卷,清李藩修,林鸿等纂,乾隆八年(1743)刻本。

212.[嘉庆]《成都县志》六卷首一卷,清王泰云等修,衷以埙等纂,杨芳灿续纂,嘉庆二十一年(1816)刻本。

213.[同治]《巴县志》四卷,清霍为棻、王宫午修,熊家彦等纂,同治六年(1867)刻本。

214.[民国]《贵州通志》十九卷首一卷,刘显世、吴鼎昌修,任可澄、杨恩元纂,民国三十七年(1948)铅印本。

215.[道光]《铜仁府志》十一卷补遗一卷,清敬文等修,徐如澍纂,贵州省图书馆据道光四年(1824)刻本油印。

216.[雍正]《广东通志》六十四卷,清郝玉麟修,鲁曾煜等纂,雍正九年(1731)刻本。

217.[乾隆]《博罗县志》十四卷,清陈裔虞纂修,乾隆二十八年(1763)刻本。

218.[乾隆]《三水县志》十一卷,清朱延模等修,孙星衍纂,乾隆五十年(1785)刻本。

219.《岱览》三十二卷，清唐仲冕撰，嘉庆果克山房刻本。

220.《徐霞客游记》十卷，明徐弘祖撰，上海古籍出版社，2007 年。

221.《集帖目》三卷，清惠兆壬辑，上海图书馆藏抄本。

222.《碑帖叙录》，杨震方著，上海古籍出版社，1982 年。

223.《程氏墨苑》，明程大约编，黄山书社，2009 年。

224.《北京大学图书馆藏历代墓志拓片目录》，上海古籍出版社，2013 年。

225.《小蓬莱阁金石文字》，清黄易撰，道光十四年(1834)石墨轩刻本。

226.《济南历代墓志铭》，孙常印主编，黄河出版社，2002 年。

227.《济宁历代墓志铭》，李恒法、解华英编著，齐鲁书社，2011 年。

228.《德州明清墓志集注》，张明福著，线装书局，2015 年。

229.《中国法帖全集》，启功、王靖宪主编，湖北美术出版社，2002 年。

230.《宋拓澄清堂帖(邢侗旧藏本)》，施安昌、王祎著，紫禁城出版社，2010 年。

231.《余庆斋法帖》，明吴廷刻，安徽美术出版社，1992 年。

232.《碑帖论稿》，张伯英著，河北教育出版社，2006 年。

233.《四库全书总目》二百卷，清永瑢等撰，中华书局，1965 年。

234.《千顷堂书目》三十二卷，清黄虞稷撰，上海古籍出版社，1990 年。

235.《明别集版本志》，崔建英辑，中华书局，2006 年。

(二) 子部文献

1.《宋元明清书画家传世作品年表》，刘九庵著，上海书画出版社，1997 年。

2.《中国书画家印鉴款识》，上海博物馆编，上海书画出版社，1987 年。

3.《明画录》八卷，清徐沁撰，《中国书画全书》据“读画斋丛书乙种”排印，上海书画出版社，1996 年。

4.《中国古代书画图目》，文物出版社，2000 年。

5.《御定佩文斋书画谱》一百卷，清王原祁、孙岳颁等纂辑，文渊阁四库全书本。

6.《式古堂书画汇考》书三十卷画三十卷，清卞永誉纂辑，《中国书画全书》据蒋氏密韵楼藏本排印，上海书画出版社，1996 年。

7.《古书画过眼要录》，徐邦达著，荣宝斋出版社，2005 年。

8.《詹东图玄览编》四卷附录一卷，明詹景凤撰，《中国书画全书》据“读画斋丛书乙种”本排印，上海书画出版社，1996 年。

9.《岳雪楼书画录》五卷，清孔广陶撰，上海古籍出版社，2011 年。

10.《听帆楼书画记》五卷续刻二卷，清潘正炜撰，《中国书画全书》据“美术丛书”本排印，上海书画出版社，1996 年。

11.《红豆树馆书画记》八卷，清陶梁撰，《中国书画全书》据光绪八年铧园藏本排印，上海书画出版社，1996 年。

12.《壮陶阁书画录》，清裴景福撰，据中华书局聚珍本影印，学苑出版社，2006 年。

13.《平生壮观》，清顾复撰，上海古籍出版社，2011 年。

14.《庚子消夏记》八卷，清孙承泽撰，《中国书画全书》据乾隆刻本排印，上海书画出版社，1996 年。

15.《董华亭书画录》，清青浮山人编，丛书集成初编据“灵鹣阁丛书”本排印，中华书局，1985 年。

16.《明代名人墨宝》，上海书店出版社，1995 年。

17.《钱镜塘藏明代名人尺牍》，上海古籍出版社，2002 年。

18.《上海图书馆藏明代尺牍》，上海科学技术文献出版社，2002 年。

19.《故宫藏明清名人书札墨迹选》，荣宝斋出版社，1993 年。

20.《明清名家书法大成》，上海书画出版社，1994 年。

21.《明清书画家尺牍》，潘承厚编，上海书店出版社，1996 年。

22.《上海博物馆藏明清法书》，上海书画出版社，1981 年。

23.《画禅室随笔》四卷，明董其昌撰，文渊阁四库全书本。

24.《游鹤堂墨薮》二卷，明周之士撰，万历周氏游鹤堂刻本。

25.《承晋斋积闻录》，清梁巘撰，上海书画出版社，1984 年。

26.《万历书坛——邢侗个案研究》，孟庆星著，人民文学出版社，2017 年。

27.《清稗类钞》，徐珂编撰，中华书局，2010 年。

28.《万历野获编》三十卷补遗四卷，明沈德符撰，中华书局，1959 年。

29.《涌幢小品》三十二卷，明朱国祯撰，中华书局，1959 年。

30.《池北偶谈》二十六卷，清王士祯撰，中华书局，1982 年。

31.《分甘余话》四卷，清王士祯撰，中华书局，1989 年。

32.《筠廊偶笔》二卷，清宋荦撰，上海古籍出版社，2012 年。

33.《蕉轩随录》十二卷、《续录》二卷，清方浚师撰，中华书局，1995 年。

34.《枣林杂俎》，明谈迁撰，中华书局，2006 年。

35.《敝帚轩剩语》三卷《补遗》一卷，明沈德符撰，清道光十一年（1831）六安晁氏木活字学海类编本。

36.《五杂俎》十六卷，明谢肇淛撰，上海古籍出版社，2012 年。

37.《鸥陂渔话》六卷，清叶廷琯撰，同治九年（1870）刻本。

38.《觚剩》八卷、《觚剩续编》四卷，清钮琇撰，康熙临野堂刻本。

39.《国史唯疑》，明黄景昉撰，上海古籍出版社，2002 年。

40.《东城杂记》二卷，清厉鹗撰，文渊阁四库全书本。

41.《少室山房笔丛》四十八卷，明胡应麟撰，上海书店出版社，2009 年。

42.《新刻耳谈》十五卷，明王同轨撰，明末刻本。

43.《尖阳丛笔》十卷《续笔》一卷，清吴骞撰，《续修四库全书》影印国家图书馆藏清抄本。

44.《守官漫录》四卷，明刘万春撰，万历四十八（1620）刘氏澹然居刻本。

45.《嘉禾献征录》五十二卷外纪八卷，清盛枫撰，《四库全书存目丛书》影印上海图书馆藏稿本。

46.《蜀中广记》，明曹学佺撰，文渊阁四库全书本。

47.《亘史钞》一一六卷，明潘之恒撰，天启六年（1626）鸑啸轩刻本。

48.《寄园寄所寄》十二卷，清赵吉士辑，康熙三十五年（1696）刻本。

（三）集部文献

1.《震川先生集》，明归有光撰，上海古籍出版社，2007 年。

2.《浒东先生文集》十四卷，明张卤撰，天启五年（1625）张永忠刻本。

3.《洞庭渔人续集》十六卷，明孙宜撰，万历三十年（1602）孙斯传刻本。

4.《钟台先生文集》十二卷附录一卷，明田一俊撰，万历二十八年（1600）田元振刻本。

5.《弇州山人续稿》，明王世贞撰，文渊阁四库全书本。

6.《王奉常集》诗十五卷，文五十四卷，明王世懋撰，万历间刻本。

7.《欧虞部集》十五种七十九卷，明欧大任撰，清刻本。

8.《金舆山房稿》十四卷，明殷士儋撰，万历十七年（1589）邵升刻本。

9.《谷城山馆诗集》二十卷，明于慎行撰，文渊阁四库全书本。

10.《谷城山馆文集》四十二卷，明于慎行撰，万历间于纬刻本。

11.《温恭毅集》三十卷，明温纯撰，文渊阁四库全书本。

12.《赐闲堂集》四十卷，明申时行撰，万历间刻本。

13.《纶扉简牍》十卷，明申时行撰，万历二十四年(1596)刊本。

14.《王文端公诗集》十四卷，明王家屏撰，万历四十年(1612)至四十五年(1613)刻本。

15.《宗伯集》八十一卷，明冯琦撰，万历间刻本。

16.《大泌山人集》一百三十四卷，明李维桢撰，万历三十九年(1611)刻本。

17.《新刻楚郢大泌山人四游集》，明李维桢撰，明末刻本。

18.《条麓堂集》二十四卷，明张四维撰，万历二十三年(1595)刻本。

19.《葛端肃公文集》十卷，明葛守礼撰，万历十年(1582)刻本。

20.《葛端肃公集》十卷，明葛守礼撰，嘉庆七年(1802)树滋堂重刊本。

21.《存家诗稿》八卷，明杨巍撰，文渊阁四库全书本。

22.《徐氏海隅集诗编》二十二卷、文编四十三卷、外编十四卷，明徐学谟撰，万历五年(1577)刻四十年徐元嘏重修本。

23.《归有园稿》二十九卷，明徐学谟撰，明万历二十一年(1593)张汝济刻、四十年(1612)徐元嘏重修本。

24.《朱秉器全集》十四卷，明朱孟震撰，万历刻本。

25.《弗告堂集》二十六卷，明于若瀛撰，万历刻本。

26.《喙鸣文集》二十一卷、《诗集》十八卷，明沈一贯撰，明刻本。

27.《甔甀洞稿》五十四卷、《续稿》二十七卷，明吴国伦撰，万历间刻本。

28.《李文节集》二十八卷，明李廷机撰，明人文集丛刊影印崇祯间刻本，台海出版社，1970年。

29.《吕新吾先生去伪斋文集》十卷，明吕坤撰，清康熙三十三年(1694)吕慎多刻本。

30.《交绣阁诗草》四卷，明张梦鲤撰，山东图书馆藏乾隆六十年(1795)抄本。

31.《王文肃公全集》五十五卷，明王锡爵撰，唐氏广庆堂万历刻本。

32.《王百谷集十九种》三十九卷，明王稚登撰，明刻本。

33.《南有堂诗集》十卷，明王稚登撰，崇祯九年(1636)刻本。

34.《谋野集》十卷，明王稚登撰，万历江阴郁氏王树堂刻本。

35.《谋野乙集》十卷，明王稚登撰，万历十九年(1591)韩从亨刻本。

36.《谋野丙集》十卷，明王稚登撰，明自锄园刻本。

37.《伐檀斋集》十二卷，明张元凯撰，万历七年(1579)刻本。

38.《余清楼稿》二十五卷，明张维新撰，万历间刻本。

39.《开府魏见泉先生诗》三卷，明魏允贞撰。万历间刻本。

40.《魏仲子集》八卷，明魏允中撰，万历间刻本。

41.《傅伯俊诗草》七卷，明傅光宅撰，万历间刻本。

42.《王士性集》，明王士性撰，浙江古籍出版社，2013 年。

43.《数马集》五十一卷，明黄克缵撰，清刻本。

44.《合并黄离草》三十卷，明郭正域撰，万历四十年(1612)刻本。

45.《繁露园集》二十二卷，明董复亨撰，万历四十年(1612)张铨刻本。

46.《容台文集》九卷、《诗集》四卷、《别集》四卷，明董其昌撰，崇祯三年(1630)董庭刻本。

47.《汤显祖集全编》，明汤显祖撰，徐朔方笺校，上海古籍出版社，2016 年。

48.《袁宏道集笺校》，明袁宏道撰，钱伯城笺校，上海古籍出版社，2008 年。

49.《白苏斋类集》，明袁宗道撰，上海古籍出版社，2007 年。

50.《澹园集》，明焦竑撰，中华书局，1999 年。

51.《黄慎轩先生文集》，明黄辉撰，天启七年(1627)刻本。

52.《遥连堂订王损仲先生诗乙稿》一卷，明王惟俭撰，天启元年(1621)刻本。

53.《芦花湄集》二十九卷，明张鹤鸣撰，万历间刻本。

54.《小草斋集》，明谢肇淛撰，福建人民出版社，2009 年。

55.《居东集》六卷，明谢肇淛撰，明末刊本。

56.《少室山房集》一百二十卷，明胡应麟撰，文渊阁四库全书本。

57.《镜山庵集》二十五卷，明高出撰，天启五年(1625)刻本。

58.《郭汝承集》四卷，明郭应宠撰，国家图书馆藏抄本。

59.《宋布衣集》三卷，明宋登春撰，文渊阁四库全书本。

60.《五品稿》九卷，明李若讷撰，明天启刻清光绪二十二年(1896)重刻本。

61.《四品稿》九卷，明李若讷撰，天启二年(1622)刻本。

62.《陈学士先生初集》三十六卷，明陈懿典撰，万历四十八年(1620)曹宪来刻本。

63.《冒伯麟先生集》二十四卷，明冒愈昌撰，民国十年(1921)刻本。

64.《绿蕉馆集》四卷，明冒愈昌撰，万历二十六年(1598)刻本。

65.《朱太复文集》五十二卷，《朱太复乙集》三十八卷，明朱长春撰，万历间刻本。

66.《苍耳集诗集》十七卷，明方问孝撰，万历间蒋之秀刻本。

67.《文忠集》十二卷，明范景文撰，文渊阁四库全书本。

68.《张燮集》，明张燮撰，中华书局，2015年。

69.《浮来先生诗集》十四卷，明公鼒撰，天启五年(1625)刻本。

70.《西园存稿》四十三卷附录二卷，明张萱撰，康熙四年(1665)刻本。

71.《梦泽集》十八卷附录五卷，明王廷陈撰，王追淳撰附录，文渊阁四库全书本。

72.《宗伯集》十卷，明孙继皋撰，文渊阁四库全书本。

73.《赵忠毅公诗文集》二十四卷，明赵南星撰，崇祯十一年(1638)范景文等刻本。

74.《集玉山房稿》十卷，明葛昕撰，文渊阁四库全书本。

75.《葛太史公集》五卷，明葛曦撰，嘉庆八年(1803)刻本。

76.《月峰先生居业》四卷，明孙矿撰，明刻本。

77.《月峰先生居业次编》五卷，明孙矿撰，万历四十年(1612)吕胤筠刻本。

78.《隅园集》十八卷，《蒧川集》八卷，明陈与郊撰，万历四十五年(1617)至天启元年(1621)赐绯堂刻本。

79.《雍野李先生快独集》十八卷，明李尧民撰，万历三十六年(1608)康丕扬刻本。

80.《燕喜堂集》，明刘一相撰，山东图书馆藏抄本。

81.《崇雅堂集》十五卷附录一卷，明钟羽正撰，清顺治十五年(1658)丁耀亢刻本。

82.《泾皋藏稿》二十二卷，明顾宪成撰，文渊阁四库全书本。

83.《歇庵集》二十卷附三卷，明陶望龄撰，万历三十九年(1611)刻本。

84.《岘山集》十二卷，明赵秉忠撰，明刻本。

85.《蟋蟀轩草》，明刘士骥撰，明刻本。

86.《恬致堂集》四十卷，明李日华撰，上海古籍出版社，2012 年。

87.《石民四十集》九十八卷，明茅元仪撰，明刻本。

88.《兼济堂文集》，清魏裔介撰，中华书局，2007 年。

89.《顾太史编年集》十五卷，明顾起元撰，明末刻本。

90.《懒真草堂集》五十卷，明顾起元撰，明刻本。

91.《偕园诗草》，明房可壮撰，光绪三十三年(1907)房氏家塾重刊本。

92.《朱陵洞稿》三十二卷，《朱陵洞稿拾残》一卷，明王一鸣撰，湖北省图书馆藏抄本。

93.《郁仪楼集》五十四卷，明邹迪光撰，明刻本。

94.《白榆集》二十八卷，明屠隆撰，万历间龚尧惠刻本。

95.《由拳集》二十三卷，明屠隆撰，明刻本。

96.《栖真馆集》三十一卷，明屠隆撰，明刻本。

97.《鹿裘石室集》五十二卷，明梅鼎祚撰，明刻本。

98.《冯元成选集》八十三卷，明冯时可撰，明刻本。

99.《南征稿》二十一卷，明冯时可撰，明刻本。

100.《冯元成壬子续北征稿》十六卷，明冯时可撰，明刻本。

101.《二酉园文集》十四卷，《二酉园诗集》十二卷，《续集》二十三卷，明陈文烛撰，万历刻本天启五年(1625)续刻本。

102.《隐秀轩集》三十三卷，明钟惺撰，天启二年(1622)沈春泽刻本。

103.《松门稿》八卷附录一卷，明王庭譔撰，万历四十一年(1613)汪学海刻本。

104.《太霞洞集》三十二卷，明杜文焕撰，天启刻本。

105.《万二愚先生遗集》六卷，明万国钦撰，万历万尚烈刻本。

106.《牧斋杂著》，清钱谦益撰，上海古籍出版社，2007 年。

107.《田亭草》二十卷，明黄凤翔撰，万历四十年(1612)刻本。

108.《沈璟集》，明沈璟撰，上海古籍出版社，2012 年。

109.《玄象山馆诗草》十五卷，明南师仲撰，万历十七年(1589)刊本。

110.《瑶石山人稿》十六卷，明黎民表撰，文渊阁四库全书本。

111.《司空校秦翰牍一卷抚蜀翰牍一卷平蛮余录二卷》，明曾省吾撰，万历九年(1581)顾尔行杜和春刻本。

112.《蘧庐稿选》十三卷,明韩上佳撰,天启刻本。

113.《王柏峰诗稿》二卷,明王之猷撰,上海图书馆藏抄本。

114.《雪柏堂稿》十卷,明姜士昌撰,天启三年(1623)刻本。

115.《随在集》十卷,明潘榛撰,万历刻本。

116.《淡然轩集》八卷,明余继登撰,文渊阁四库全书本。

117.《汪明生诗草》《汪明生借研斋草》《汪明生齐梁草》《汪明生秦草》,明汪元范撰,万历间刻本。

118.《憨山老人梦游集》四十卷,明释德清撰,清顺治十七年(1660)刻本。

119.《周季平先生青藜馆集》四卷,明周如砥撰,崇祯十五年(1642)刻本。

120.《石仓诗文集》二十卷,明曹学佺撰,明末刻本。

121.《师竹堂集》三十七卷,明王祖嫡撰,天启刻本。

122.《青莲阁集》十卷,明李言恭撰,万历十八年(1590)刻本。

123.《清白堂集》十七卷,明蔡献臣撰,厦门大学出版社,2012 年。

124.《雪堂随笔》五卷,明顾起元撰,崇祯续刻本。

125.《东极篇》,明文翔凤撰,万历间刻本。

126.《黄道周集》,明黄道周撰,中华书局,2017 年。

127.《杨宾集》,清杨宾撰,浙江古籍出版社,2012 年。

128.《明诗纪事》,明陈田撰,上海古籍出版社,1993 年。

129.《静志居诗话》二十四卷,清朱彝尊撰,人民文学出版社,1990 年。

130.《列朝诗集》,清钱谦益辑,中华书局,2007 年。

131.《盛明百家诗》三百卷,明俞宪编,嘉靖至万历刻本。

132.《青州明诗钞》四卷续编一卷,赵愚轩辑,民国二十九年(1940)排印本。

133.《山左明诗钞》三十五卷,清宋弼编,乾隆三十六年(1771)刻本。

134.《武定明诗钞》二卷,清李衍孙辑,山东省图书馆藏抄本。

135.《武定诗续钞》二十四卷,清李佐贤辑,同治六年(1867)刻本。

136.《明诗综》,清朱彝尊编,上海古籍出版社,1993 年。

137.《文选章句》二十八卷,明陈与郊编,明天启赐绯堂刻本。

138.《文章辨体汇选》七百八十卷,明贺复征辑,文渊阁四库全书本。

人 名 索 引

【F】

【G】

【H】

【S】

【T】

【W】

【X】

【Y】

【Z】

后　记

谭平国

去年夏秋间，笔者完成了《伊秉绶年谱》书稿，即开始《邢侗年谱》的研究和写作。

之所以还是编纂年谱，因为这是一项基础性的学术工作，能为研究者提供参考，有所助益并减少翻检之劳。考证史实、辨析事件、臧否人物，离不开扎实的文献功夫。而由于年谱体裁的特殊性，一部有生命力的年谱，必能提供不少原文原貌的文献资料，为深入、系统地开展学术研究提供参考。判断年谱价值的一个很重要因素，就是看谱主的史料及相关素材收集是否完备与可靠。

当然，除此以外，谱主的成就与影响及其历史地位，也是决定一部年谱的使用价值的重要因素。之所以选择邢侗作为研究对象，是因为他是晚明一位声名显赫、光耀一时的历史人物，他生活的时代是明王朝由盛转衰的时期，他亲历了万历朝许多重大事件，他与当朝许多政治、军事重臣和文学、书法大家都有交游，再现谱主一生的行迹，有助于了解明中晚期的政治、社会和文艺生态。

同时，邢侗才华横溢，多才多艺，善诗文，擅书法，工绘画，著述颇丰。其文学和书学观念以及所取得的成就，在当时文坛有着相当的影响力，一直到明末仍享有盛名。就诗文来说，他与于慎行、冯琦、公鼐共同倡导构建山左地域人文，与李维桢、冯时可、董其昌、王稚登并称为“中兴五子”；而书法成就更高，与董其昌、米万钟、张瑞图并称“晚明四大家”。但以往的邢侗研究，还有不少薄弱点甚至空白点，需要从坚实的文献工作做起，为深入的、系统的研究奠定基础。

作为一位历史人物，邢侗是值得深入研究的，其家世、生平、官迹、诗文、书法，还有不少问题和悬疑需要解决，这也是诱发笔者研究兴趣的一个因素。为什么少年得志、三十多岁官拜四品的他，三十六岁就辞官隐退，二十六年没有复出，晚年生活贫困而凄凉？为什么曾经书迹与黄金同价、声名远播海外的书法大家，清初以后光芒逐渐黯淡，以至于今天仍显得寂寞，与曾经齐名的董其昌不可同日而语？还有，如邢侗"偶罣浮议"的真相、"五先生"的来龙去脉、被荐入朝修史的细节、平反昭雪并荐于朝的过程、邢慈静年龄的新证等，都需要厘清事实，揭示真相。

之所以选择邢侗，还有一点，即有山东临邑修广利先生的支持和鼓励。广利先生书法造诣很深，旁涉古籍碑帖及古书画研究，学养深厚。执掌临邑县文化局、县史志办二十多年，对地方文化和乡邦文献贡献甚巨，主持搜集、整理、印刷了不少地方文献，他积十年之功点校整理《来禽馆集》，该书与人合作，已经出版。他崇敬乡贤邢侗，每年十一月廿六日邢侗生日，他都去邢侗纪念馆拜谒，拂拭邢侗铜像的灰尘，几十年如此不变。笔者与广利先生素昧平生，经人介绍前往拜访。他热情接待，交流了诸多信息，陪同笔者参观邢侗纪念馆，祭扫邢侗墓，并对笔者的研究工作给予热情鼓励，还馈赠了一些珍贵文献资料。笔者从事邢侗研究并能坚持下来，与广利先生的鼓励和帮助是分不开的。

本书以邢侗为中心，从作品、史料两个源头出发，广泛搜集相关史籍、方志、别集、墨迹等文献资料，做好资料搜集、事实考订、文本分析和归纳概括。文献研究与综合分析相结合，实证研究与宏观思考相结合。立论要有依据，依据要有出处。笔者既聚焦于邢侗的个体研究，又将其置于当时的大背景下进行考察分析；既注重对邢侗《来禽馆集》及其相关文献的搜集和考索，又关注同时代人别集、诗文评、笔记中的文献资料；既重视各种史籍、文集、方志及《邢氏家乘》等文献研究，也重视墨迹、碑帖、墓志铭及各相关人物的年谱等研究利用。征引文献达四百多种，包括不少稿本、抄本、孤本，如十二卷本《邢氏家乘》，稿本《朱陵洞稿》《集帖目》《平原赵氏族谱》，孤本《汪明生诗草》《随在集》《司空校秦翰牍一卷抚蜀翰牍一卷平蛮余录二卷》等。通过对邢侗的家世、生平、交游和创作进行深入而系统的考察和研究，尽可能详尽勾勒邢侗一生的行迹。

年谱，实际上也是一种工具书。为了方便读者查阅、检索，笔者尝试编制了《临邑邢氏世系表》《诗文系年》《邢侗书画作品知见录》《人名索引》。即以《诗文系年》来说，邢侗全部诗文大约一千多篇（首），这些诗文一般不署写作时间，为理解文章内容或开展研究带来很大困难。笔者经过仔细考证，现在能够确定或大致可以确定写作时间的约占六成，为进一步开展研究提供了有用的参考。其中涉及的一些人物，在文中仅有官职、字号、地望，笔者通过查阅各种方志、文集、史籍、笔记等书，搜索钩稽，查明其姓名，确定其时间，有的还补充考证了生卒、字号、籍贯等。对本谱中涉及的邢侗朋辈交游人物，按照"易见者较略，罕见者较详"的原则撰写小传，既便于理解有关内容，又免了翻检之劳。这些事属新创，一无依傍，所遇困难殊多，荒疏讹误难免，望方家予以指正。

本书的研究和出版，离不开各公共图书馆及高校图书馆提供的支持和方便，离不开各界、各级领导和朋友给予的关心和帮助，在此一并表示感谢。

上海大学饶龙隼教授，在教学、科研百忙中拨冗阅读书稿并作序。饶教授学养精深，在中国古典文学研究领域富有开创性，其序文于我多所勖勉，多有指教，谨致谢忱。

本书书名仍由沪上书法家丁恵增先生题签。说来真是一段文缘，笔者编纂《伊秉绶年谱》时有幸结识丁先生。他的先人丁如玉与墨卿先生至交，并救先生于大难，他提供的伊秉绶、伊念曾父子为丁行举、丁如玉父子所撰墓志铭，以及题写的《伊秉绶年谱》书名，为拙著增色不少。此次在邢侗研究中，笔者意外发现其先祖丁士美为邢侗隆庆四年（1570）顺天乡试的主考官，也即邢侗的乡试座师。丁士美为嘉靖三十八年（1559）状元，仕至吏部左侍郎。有此因缘，丁恵增先生欣然为本书题签。

中国出版集团东方出版中心的郑纳新副总编辑、赵明责任编辑，为本书的编辑、出版付出了辛勤的劳动，并申报2018年国家出版基金资助项目获得成功；戎礼平编审在本书前期立项中也做了不少工作，在此一并致谢。

要特别感谢国家出版基金对本书出版给予资助，使本书得以顺利出版。同时感谢上海图书馆周德明副馆长、四川大学向以鲜教授撰写专家推荐意见，使本项目得以顺利通过评审。

最后要感谢我的妻子和女儿，是她们一如既往的支持和鼓励，使我能耐得住寂寞完成书稿并顺利出版此书。

千秋万岁名，寂寞身后事。明代文学家、书法家邢侗逝世已有四百多年了，但他留下的宝贵精神遗产永载史册。正如明王洽跋《来禽馆真迹》所说："先生精神，长在人间焉。"

2017年冬至于沪上东篱书屋